河北省社会科学重要学术著作出版资助项目

资本经济学
道法术技

刘永佶 主编

中国社会科学出版社

家、阶级、制度共同作用的体现，而以"实证"为标榜的"现代经济学"家却置国家、阶级、制度于不顾，那么，他们单纯地按供需数量关系推演的"现代市场经济规律"，又是从何而来，真的是纯量的"数字经济"吗？

只要"实证"一下我们自己的生活，"实证"一下我们所处的环境，"实证"一下美国大财团对世界经济的控制，"实证"一下日益加剧的贫富差距，"实证"一下我们的思想和行为受到国家权力的无微不至的关怀，"实证"一下大财团利用它们制定并操纵的货币金融体系和机制对全世界劳动者的层层盘剥，就能轻而易举地明确国度性、阶级性、制度性不仅存在，而且比历史上任何时代都更严重地存在。只不过采取了与历史上各时代不同的形式罢了。

"现代经济学家"并不是上帝的使者，也不是地球上自然生出的与人类无关的某种植物，他们是在资本制度下生存的人，是靠出卖脑力劳动而生存的人，因为职业的特殊性，他们只能站在能够购买他们脑力劳动和劳动成果的资本大财团及其控制的国家机构的立场，按照其利益和意愿去"实证"材料，进而设计各种公式和模型，猜测经济趋势，并给大财团及其机构提供获取最大化的"资本边际效率"的建议；为了生存，他们从观念上与自身所在的整个雇佣劳动者阶级相对立；为了自己生存条件更优越些，他们在绞尽脑汁地为大资本财团设计机制、出谋划策的同时，努力改造利用黑格尔所蔑视的"知性逻辑"的诡辩手法，掩饰，甚至抹杀自己学说的国度性、阶级性、制度性所集合的主体性。避谈主体性所决定的主义，隐蔽主题涉及的阶级矛盾，将其主张所追求的资本利益修改为"国家利益""民族利益"甚至"全人类利益"。为此，他们切断历史，否认与显示国度性、阶级性、制度性的斯密和李嘉图等"古典经济学"的内在联系，进而在论述中避而不谈其学说体系本有的道、法层次，在将它们作为宗旨和原则牢记心中，贯彻于术、技层次的同时，以言辞和数学公式模糊道、法层次对术、技层次的主导，由此制造出"放之四海而皆准"的"客观"表述的没有主体人，只是由"要素"

"资源"构成的"现代市场经济规律"。

但是,"现代经济学"的"现代",仍然是资本主义时代,资产阶级的统治既没有弱化,更没有消除,而是充分利用国家机器,强化资本主义制度,更为全面彻底地控制全世界劳动者的命运和生活。"现代经济学"是有坚定、明确主体性的学说,这个主体,就是资本,是资本所有者阶级,它不是"古典经济学"之后的又一阶级主体的经济学,而是在坚持"古典经济学"主体、主义基础上,以掩饰道、法层次只表现术、技层次的"半截"经济学。一棵大树并不只是地面上的干、枝、叶,它地下的根才是生命之源。对"现代经济学"的认识,不仅要看其地上部分的干、枝、叶,还要看其地下部分的根。为此,就要从它形成和生长的历史全面进行探讨,由此而界定其本质属性,即资本经济学。"现代经济学"不过是资本经济学在现时期的存在形式。

上帝通过"圣经"为教材的神学控制人的信念,资本则以经济学为主要内容的意识形态操纵人的思想。从重商主义起,资本经济学作为资本人格化的思想体系,不断丰富壮大,主导人类生产、生活和社会关系的演变。它比基督教更为切实和牢固地控制人们的意识:极少数人利用资本合理合法的所有其雇佣的劳动者创造的剩余价值,并由之积累、再生产自己的统治地位;绝大多数人为了活命理所当然地顺从甚至感谢资本所提供的被雇佣的机会。资本经济学的实质,就在于从自然权利和社会契约论证这种经济关系的合理与必然:既然世界是物质的,人是物质的一种特殊形态,就要服从自然秩序,而自然权利是自然秩序的核心,它所规定的人身权和财产所有权是物质的人存在的依据。社会契约是自然权利的交换关系,资本所有者购买劳动者的劳动力使用权并所有其生产的价值,是合乎社会契约的,是自然权利的体现。人只要还是物质的存在,就应遵守自然秩序,在自己自然权利的基础上与他人缔结社会契约,而资本雇佣劳动则是最基本的契约。被写作和讲授的那么丰厚深奥的资本经济学,其实质就在论证并维护、实现资本对利润的追逐与所有，进而扩大资本统治势力。资本经济学随资本统治的扩展及其促动的技术进步和社会矛盾演变，行业分化、竞争、垄断，国家管控和企业经营日益复杂和细致，资本所有者及其集合的阶级，通过国家与相关的机构雇佣一大批脑力劳动者，专门从事经济学的研究、探讨、分化、论争，以至用逻辑和数学证明与包装，形成了诸多流派，写出了海量著述，编出了无数公式、模型。乍一看，资本经济学比蒙古大漠的沙尘暴还要气势汹汹，而且派别林立，混杂纷乱，但细究起来，与其他任何统治人类意识的思想一样，它也有自己的主体、主义、主题、主张，进而又表现为道、法、术、技层次。只要从"四主"体会其实质和内容，并从道、法、术、技分析其架构和形式，就可以总体理清并把握这个庞然大物。

我在大学里教的课程首先是经济学说史，讲了二十多年，为此自编了一部教材，并着力进行政治经济学方法论研究。本书可以说是四十余年前那部教材和后来写的《政治经济学方法论史》[①]的继续，其差别在于不是以时间，而是以道、法、术、技四层次从抽象到具体的概念运动为体系，虽然在各章中还是依从历史顺序，但大框架则是从资本经济学的逻辑系统说明其四层次的内在统一。

资本经济学道、法、术、技四层次并不是我从它之外强加于它，也不是事先做好四个筐，把有关内容分装。这四层次的划分，是一个大思想体系由其主体、主义、主题、主张所决定的，是在历史的演进中逐步完成的。而某一学者的关注点是在哪一个或二三个层次，又受当时历史条件和他本人的思维方法制约。如斯密、李嘉图、萨伊处在资本雇佣劳动制全面发展的初期，其资产阶级主体性要求他们关注道、法层次，他们也尽力履行了自己的历史责任，虽也涉及术、技层次，但那是其道、法层次的展开和辅助。而19世纪末的门格尔、杰文斯、庞巴维克、马歇尔等人，则侧重

---

① 刘永佶：《政治经济学方法论史》，中共中央党校出版社1988年版。

从心理和数理角度构建"科学"的"纯经济学",有意不谈或少谈道、法层次,只在术、技层次下功夫。这与资本雇佣劳动制已经巩固,其主要矛盾从资产阶级与专制和封建势力的矛盾转化为与雇佣劳动者阶级的矛盾,资本主义之道已经成为"客观真理"密切相关,资产阶级所需要经济学的,并不是向旧势力论证资本雇佣劳动制的合理性,而是探寻如何最大限度地增加利润,壮大资本统治,同时要向雇佣劳动者阶级说清资本家并没有无偿占有其剩余价值。也正是从这个意义上,他们才为资本经济学法层次的辩护和维持环节提供了新要素。而到20世纪下半叶,资本经济学的"主流派",则干脆不说道、法层次的内容,只从工具化的"微观""宏观"来论说其经济学。由此,完全掩饰了资本经济学的资产阶级主体性及其主义,并将主题和主张放在如何促进国家经济增长或企业经营。而这也为资本大财团向"社会主义阵营"的国家输出其意识形态,进而改变经济体制和制度提供了方便。以隐"性"改名的手法,不从道、法层次谈主义和社会制度的资本经济学教科书,以"市场经济规律"的名义堂而皇之地传入这些国家,从术、技两层次入手,进行道、法层次的转变。这些看似不论主义和制度的术、技层次,实则是道、法层次主义和制度的具体化,而其推行者在成功地传播了术、技层次思想后,理所当然地要求道、法层次的主义和制度的改变。从20世纪八九十年代至今,资本经济学就这样胜利地占领了作为人类生存基础的经济领地。

以无"性"面目出现的资本经济学,是主体性明确的资产阶级意识形态的重要组成部分,这不仅抽象地体现于道、法层次,更具体地存在于术、技层次。引入其术、技层次不仅会引发道、法层次变化,而且大资本财团还指使其雇佣的经济学家在术、技层次为其他国家设置了许多只能依附大资本财团的要件,并预设了阻抑其发展的陷阱和地雷。如以GDP增长代替经济发展,只要片面追求GDP增长,就势必打乱经济结构;滥发货币,形成巨大房地产金融"堰塞湖",时刻危及经济健康发展等。当特朗普秉承大资本财团旨意,发动对中国的经济干预和打压时,他相当清楚如何利用资本经济学预设的陷阱和地雷,而拜登政府运用美元霸主地位准备大打出手的金融制裁,更是以资本经济学多年的渗透作用为必要条件,而其要求中国、俄国等遵守的"规则",基本内容就是资本经济学,也是大财团榨取、控制地球人的主要机制。资本经济学是大资本财团统治世界、打击对手的重要武器。

  资本主义及其制度化,资本通过其经济学对人类的统治达到极致,这是封建主义基督教所远不能企及的。但是,就像以上帝为依据的封建主义会被人类发展所否定一样,以物质为依据的资本主义也必将被否定。作为资本主义思想体系重要内容的资本经济学,因其道、法层次的保守和辩护,不能正视并解决制度和体制的矛盾,只能在术、技层次就经济结构、经营管理进行修修补补,并运用其货币优势在国际经济关系中耍些伎俩。当主流经济学家以工具化思维沉沦于"数理八股文"的写作和以高能计算机演算不断被自己否决的"预测"时,其没落就已不可挽回了。资本经济学主宰人类经济思想和行为的时代,历经几百年,也算是功成名就,但它因主体、主义、主题、主张的局限,以及道、法、术、技层次的矛盾,不可能阻止自身的没落。特朗普和拜登的政治表演,也是这种没落的体现。从理论上说,资本经济学已是"过去式"。但资本统治不会自行退出历史舞台,资本经济学也不可能自行消失。

  对资本经济学的批判与资本雇佣劳动制的否定是统一的历史过程。马克思说:"批判的武器当然不能代替武器的批判,物质力量只能用物质力量来摧毁;但是理论一经掌握群众,也会变成物质力量。理论只要说服人,就能掌握群众;而理论只要彻底,就能说服人。所谓彻底,就是抓住事物的根本。但是,人的根本就是人本身。"[①]从马克思开始的对资本经济学的批判,是资本雇佣劳动制主要矛盾

[①] 马克思:《<黑格尔法哲学批判>导言》,《马克思恩格斯选集》第1卷,人民出版社1995年版,第9页。

次要方面劳动者阶级利益和意识的体现，虽然延续一个多世纪，但受社会主义运动内部矛盾的制约，并没有实质性进展。资本雇佣劳动制矛盾的激化，体现着人类否定这已经几百年的旧制度束缚的内在要求，但这个要求必须有明确系统的理论指导，即马克思说的"能说服人"的"掌握群众"的思想体系指导的社会变革运动才能实现。对资本经济学的批判是否定资本雇佣劳动制的必要环节，在马克思已有的基础上，从人本质发展和人性升华大趋势批判资本经济学这个特殊历史阶段的思想体系，既要承认它的历史必然性，又要说明其历史局限性。以概括现代劳动者阶级主体利益的主义为基本观念，对资本经济学道层次基本观念的资本主义及其展开的法、术、技层次进行系统批判，是否定资本经济学与资本雇佣劳动制，进而建立新的经济制度的必要内容。也是劳本经济学的首要环节。我们是从劳动者为主体的新的时代精神审视已过时的资本经济学，是从人本质发展和人性升华的高度俯察其思想和体系。这是人类在进步过程中思想发展不可回避的任务，也是需要几代人艰苦漫长的努力去进行探讨的课题。

刘永佶

2021 年 5 月 31 日

目 录

导 论 资本经济学是资产阶级经济意识的学理表述 …………… 1
　一 经济学是人类进入资本雇佣劳动制后
　　　经济思想的学理形式 ……………………………………… 1
　二 资本经济学的主体、主义、主题、主张 ……………… 8
　三 资本经济学的道、法、术、技 ………………………… 16

第一章 资本经济学道层次：资本主义 ………………………… 25
　一 资本主义的哲学观念：物质主义 ……………………… 25
　二 基础概念：自然权利、社会契约和国家 ……………… 34
　三 资本主义经济观：保证资本所有权
　　　及其获取利润的竞争 ……………………………………… 44
　四 资本主义政治观："民主"政治维护资本
　　　为主要内容的财产所有权 ………………………………… 53
　五 资本主义文化观：围绕以资本为主要内容
　　　的财产所有权的个人自由主义 …………………………… 62

第二章　资本经济学法层次：论证、辩护、维持资本雇佣劳动制的方法论……73
  一　对旧制度的批判和否定……74
  二　对资本雇佣劳动制的论证……84
  三　对资本雇佣劳动制经济矛盾的辩护……98
  四　探讨维持资本雇佣劳动制经济运行的实用原则……109
  五　"经济人"假设……119

第三章　资本经济学术层次【1】：统制经济阶段……129
  一　统制经济：商业资本与专制国家结合的经济体制……130
  二　重商主义：商工业资本为适应专制国家统制而形成的经济学说……136
  三　货币财富论：重商主义的基础观念……143
  四　交换价值论……150
  五　交换利润说……154

第四章　资本经济学术层次【2】：自由竞争阶段……161
  一　自由竞争：资产阶级从总体控制国家促进个体资本发展的阶段……162
  二　重农学派的纯产品说……168
  三　斯密的二重价值论：劳动价值论与要素价值论……175
  四　斯密、李嘉图的利润论……182
  五　萨伊的要素价值论与"三位一体公式"……191
  六　西尼尔的"节欲论"……199
  七　效用价值论……204
  八　时差利息说……213
  九　资本生产力说……217

十　需求与供给均衡说 …………………………………… 224
十一　货币数量论 ……………………………………… 230
十二　维克塞尔的累积过程论 ………………………… 237
十三　比较优势说 ……………………………………… 246
十四　历史学派之"国民经济"论 …………………… 251
十五　制度学派的"制度"说 ………………………… 257

第五章　资本经济学术层次【3】：市场经济阶段 …………… 263

一　"市场经济"是资本雇佣劳动制
　　特殊阶段的体制形式 ………………………………… 264
二　经济危机与"凯恩斯革命" ……………………… 270
三　国家经济职能的强化 ……………………………… 279
四　总量分析 …………………………………………… 282
五　国民收入和国内生产总值 ………………………… 285
六　有效需求、消费倾向与投资诱导 ………………… 290
七　资本边际效率 ……………………………………… 299
八　收入—支出模型与均衡国民收入的决定 ………… 309
九　IS—LM 模型：产品市场与货币市场同时均衡 …… 318
十　凯恩斯对货币数量论的挑战
　　与弗里德曼对货币数量论的修正 ………………… 331
十一　公共选择论 ……………………………………… 339
十二　产权析分论 ……………………………………… 346

第六章　资本经济学技层次【1】：统制经济阶段 ……………… 352

一　增加本国货币财富的具体方式 …………………… 353
二　货币差额论 ………………………………………… 356
三　贸易差额论 ………………………………………… 363

四　为发展商业而发展制造业 …………………………… 370
　　五　货币政策 …………………………………………… 378
　　六　外贸政策 …………………………………………… 388
　　七　财政政策 …………………………………………… 397
　　八　殖民政策 …………………………………………… 399

第七章　资本经济学技层次【2】：自由竞争阶段 …………… 405
　　一　魁奈的《经济表》：初级的国家经济均衡论 ……… 406
　　二　斯密的分工论 ……………………………………… 414
　　三　斯密和李嘉图的财政政策思想 …………………… 420
　　四　斯密和李嘉图的货币政策思想 …………………… 434
　　五　自由贸易与保护关税政策 ………………………… 446
　　六　边际报酬说 ………………………………………… 452
　　七　需求曲线 …………………………………………… 455
　　八　供给曲线 …………………………………………… 463
　　九　不完全竞争论与反垄断法 ………………………… 469
　　十　帕累托最优 ………………………………………… 477
　　十一　市场不灵及其对策 ……………………………… 480
　　十二　维克塞尔的货币均衡论 ………………………… 485
　　十三　马歇尔的国际收支平衡说 ……………………… 489

第八章　资本经济学技层次【3】：市场经济阶段 …………… 493
　　一　国家调控经济的手段 ……………………………… 494
　　二　总需求——总供给模型 …………………………… 500
　　三　凯恩斯主义的财政政策思想 ……………………… 510
　　四　凯恩斯主义的货币政策思想 ……………………… 517
　　五　货币主义的货币政策思想 ………………………… 523

六　产业政策 …………………………………… 534
七　失业与通货膨胀论 …………………………… 541
八　IS－LM－BP 模型：国际收支平衡 ………… 551
九　汇率政策与对外贸易政策 …………………… 558
十　经济计量学 …………………………………… 565
十一　博弈论 ……………………………………… 575
十二　经济周期论 ………………………………… 582
十三　"增长经济学"与"发展经济学" ………… 591

第九章　资本经济学的内在矛盾与没落 ……… 605

一　道层次资本主义与人本质的背离和
　　人性升华大趋势的冲突 ……………………… 607
二　法层次以诡辩论掩饰矛盾，编造"经济规律" …… 617
三　术层次实用功能的局限与派系冲突 ………… 625
四　技层次的急功近利与短期效应 ……………… 633
五　劳本经济学对资本经济学的否定 …………… 642

跋 …………………………………………………… 655

导　论
资本经济学是资产阶级经济意识的学理表述

经济学是人类进入资本雇佣劳动制时代形成并演化的，各派经济学都有其"性"——阶级主体性及由此产生的主义、主题、主张。自诩是代表全人类的西方"主流"经济学家宣扬：他们的经济学是"客观"的，是本原于自然的"市场经济规律"的表述。这是揣着明白说糊涂，他们相当清楚自己是为了谁，又是为了什么写论著、编公式的。他们既不是上帝派来的传教士，也不是外星人考察团，他们所写所说的一切，都是为了自身利益和名誉而依从主宰当代世界的资本大财团的要求，为其获取最大化利润和支配人类命运服务的。资本经济学并不等于"西方经济学"，西方国家的经济学还有马克思主义、激进主义等学派，它们与资本经济学有区别，甚至是对立的。现代资本经济学是主宰世界的大资本财团意识的体现，是有强烈阶级主体性的，是资本雇佣劳动制时代资产阶级意识的学理表述，是资本统治意识形态的重要组成部分。

一　经济学是人类进入资本雇佣劳动制后经济思想的学理形式

经济是人以劳动在交往中有意识地满足需要的社会活动，是人类存在和发展的基础。人存在的本质要素是劳动、需要、交往、意识，劳动是人本质的核心。人本质四要素都体现于经济，经济是人本质四要素展开并统一作用的过程。在经济中，劳动作为人本质四要素的核心得以确立并充分展示，需要、交往、意识在劳动中得以实现并制约劳动。劳动是人与动物的根本区别，是动物一般性升华为人性的根据。劳动的动因是需要，即人的生命力所体现的生理和心理欲求，劳动作为人类特有的行为方式，满足人不能从自然界得到满足的需要。由于劳动，人不断地改变和提升需要。人的需要已是自然和社会的集合，它在劳动基础上改变的同时对劳动提出要求，促使人改变劳动方式和提高劳动技能，从而进一步改造和引导人的需要。劳动和需要在相互制约中演变着，人类就在二者的演变中生存发展，这个过程，交往和意识都是必要制约因素。意识是连接劳动和需要的关键，人的生理和心理由意识集合为需要，由意识支配进行满足需要的行为，并对物质条件进行认识，促成改造物质条件和人自身素质技能的劳动生产。也是因为意识，人才能记忆、总结、反思、改进劳动技能，并在人群中交流，进而有人将之专门探讨、提升、传授。劳动是个人行为，又是社会行为，由意识将个人的技能、经验集合，形成社会的劳动生产方式，并从总体上制约、导引个体劳动。每个劳动者的技能和工具，都是个体意识对历史形成的总体技能、经验的认知和展现。意识在总结和提升劳动的同时，也总结和提升需要，通过交往形成社会的生活方式，从总体上导引、制约个体需要的实现。人们所说的生活幸福，以及困苦、贫穷和富裕，都由社会意识界定的需要衡量。个人劳动和需要的社会化，取决于交往，交往是个体人与他人关系的体现，是个体人社会存在的必要方式和内容。劳动的社会性，不仅体现于劳动技能，也体现于劳动过程的分工与协作。分工与协作是在交往中进行的，并通过交往而实现劳动与需要的内在联系和社会化。人类是社会存在的群体动物，社会存在形式是人类总体交往的集合，随劳动生产方式和满足需要的生活方式，以及相应意识的发展而演进。家庭、家族、氏族、氏族联合体、部族、部族联盟、民族、国家，是社会存在形式的演进阶段，也是交往逐步扩展，并充实其内容，不断提高劳动技能，强化对自然物质资源的改造，改进和完善需要，丰富和系统意识的过程。交往以劳动为基础，在意识的导引下，进行包括产品和服务的交换，以至货币与商品、服务的交换，资本与劳动力使用权的交换，从而将劳动成果的分配和消费都纳入交往过程。交往不仅密切了人与人之间的关系，而且确定了人的社会地位和权利，形成社会分化和矛盾，导致劳动和社会关系的异化，形成非劳动者所有劳动成果、支配劳动者，以及劳动与劳动成果分配和消费的矛盾。交往是劳动与需要的社会联结，交往由意识导引并改变意识。在交往中个体意识集合为总体意识，总体意识制约个体意识并通过交往形成社会经济关系，即由社会意识界定，以法律、道德、伦理等体现，并为个体意识认可的社会地位和秩序。

人本质四要素是经济活动的基本内容，经济活动及其关系构成经济矛盾，经济矛盾是人本质四要素在不同社会制度所构成的历史阶段的存在和演化过程。经济活动以物质资源作为必要条件，不论自然资源还是人为的生产资料，都是劳动的对象和手段，劳动改造物质和借助物质手段满足人的需要，交往和意识也必然涉及物质条件。经济的物质条件是人之外的，又是人所控制并经劳动而纳入经济活动的，人与人的经济关系往往体现于对物质条件的支配和使用上，由此导致经济矛盾，并在一定历史时期形成了少数人以暴力掠夺和掌控物质条件，进而在交往和社会关系中居统治地位，操纵大多数人的劳动和需要，由此构成阶级和阶级社会的经济矛盾。

经济学是对人经济意识和经济矛盾的学理性认识，但在资本雇佣劳动制之前的各社会制度中，由于人的认识能力低下和经济矛盾相对简单，尚未形成系统学理性的经济学，人的经济意识及其对经济矛盾的认识还处于经济思想和经济观念阶段。

经济思想是意识这一人本质要素所形成的对经济矛盾的初级和基本的理性认识。经济思想是理性思维所概括的经济意识和对经济矛盾的认识，相对松散且没有系统。经济思想的进一步发展，形成经济观念，经济观念是经济思想的概括，具有一定的系统性，以概念更为明确和集中地规定了经济意识和经济矛盾，并提出了相应的解决矛盾的主张。资本雇佣劳动制之前的奴隶制、封建领主制、集权官僚制阶段，对经济的认识停留于思想和观念阶段，而且主要是占统治地位的奴隶主阶级、封建领主阶级、官僚地主阶级的思想代表提出并论证的，集中体现了统治阶级的经济利益和意识，表达了其对经济矛盾的规定及解决矛盾的意愿和主张。而被统治的奴隶、农奴、农民，则未能形成明确独立的经济思想和观念，只有在屈从统治阶级的经济意识中包含其对阶级统治现状的不满和摆脱困境的希求。

以劳动者素质技能提高为内在依据的经济发展，形成了资本雇佣劳动制。这是人类经济矛盾演进的一个新阶段，其特点就是在普遍的商品经济中，使劳动力使用权成为商品，并因劳动者没有必要生产资料的所有权而不得不将其劳动力使用权出卖给资本所有者，购买了劳动力使用权的资本所有者不仅可以支配劳动力的使用，更因这种使用而所有了超出其购买劳动力使用权所付货币价格的剩余价值，并将剩余价值再转化为资本，购买劳动力使用权和生产资料，进行再生产，从而使资本雇佣劳动关系得以延续。这是比奴隶主利用其所有的生产资料和奴隶的人身权直接组织生产、并所有奴隶剩余劳动产品的奴隶制，封建领主利用其所有的生产资料和农奴对其人身依附，将小块土地"承包"给农奴收取贡赋，并强迫农奴在领主自留土地上劳作而无偿所有其劳动产品的封建领主制，官僚地主通过税收和出租土地使用权收取地租，所有劳动者剩余产品的集权官僚制等制度都先进的制度，是历史上这几个阶段性制度演化的结果，也是经济和文明发展的体现。资本雇佣劳动制的先进，首先体现于生产资料的资本化和劳动者人身权的确立，从而为工业生产方式提供了必要的交往和经济制度条件。生产资料的资本化使货币转化为资本，资本所有者通过购买生产资料和劳动力使用权来组织生产，为获取利润而展开竞争，从而促进了经济向广度和深度扩展；而劳动者人身权的确立又使没有生产资料的劳动者必须出卖其人身权体现的劳动力所有权派生的使用权，这也是为了生活不得不的"自由"行为，而为了将自己劳动力使用权卖得出去，卖个好价格，劳动者又必须努力提高自己的劳动技能，并在出卖劳动力使用权之后服从已是其所有者的买主的指挥。

资本雇佣劳动制扩大了经济活动的范围，丰富了经济过程的内容，同时也使经济矛盾深化和系统。日益增殖其资本并居统治地位的资产阶级和不断提高素质技能的劳动者，都在深入系统思考自身利益，而人类的思维能力和思维方式，也在历史积累和思想者的深入探索中不断提升，对人生和世界系统的学理性研究全面展开。运用提高了的思维能力和系统的思维形式对经济意识的概括与经济矛盾的研究，形成了经济思想和观念以至学理性的经济学。

首先对经济进行学理性研究的，是资产阶级。由商人和海盗、"开明贵族"演变而来的资本所有者，从十二世纪开始，就在欧洲几个较大的部族联盟向民族国家的转变中发挥着重要作用。这些部族联盟的君主为了强化和扩大自己家族的统治，开始了效法东方大国中国集权官僚制的变革，但他们却采取了与中国集权官僚制"重农抑商"不同的重商主义政策，他们认识到发展商业和手工业是增强经济实力的最快途径，而为了发展商业和手工业，就要给商人及其商业活动提供相应的制度环境，为此设立了若干"经济特区"，使商人可以摆脱分立的部族封建领主的束缚，直接服从国王统治并为之提供税收。"市民"作为一个新的社会阶层由此形成，并很快吸收了海盗及"开明贵族"等加入其中，他们的资财增加了商业、手工业资本，扩展了商业活动范围，又为提升手工业劳动者素质技能提供了必要条件。商人阶层的壮大及其与国王事实上的结盟，冲击并危害了封建领主制，并在意大利、荷兰、葡萄牙、西班牙、英吉利、法兰西、德意志等建立了初级的集权官僚制和民族国家。而这些国家相互的竞争和战争，进一步加剧了社会矛盾，促进了社会变革，商业和商业资本的迅速发展造就了初级的资产阶级，当这个阶级为了获取更多利润而将资本转向工业，由此导致手工业向机器工业的转化，不仅极大地促进了劳动者素质技能所集合的社会生产力发展，引起生产方式和生活方式的变革，也要求并促进了思想和科学技术的演进。"文艺复兴"和启蒙运动相继展开，以自然神论和物质主义冲破了上帝主义，带动人文和自然科学发展，颠覆了封建主义和专制主义的思想基础，在深化、拓展对人生和社会及其物质条件认识的过程中，提升了思维能力与系统性。

作为这场社会和思想变革主力的资产阶级，在变革中形成和壮大，阶级意识不断成熟，其经济思想日益丰富，形成了重商主义和重农主义等初级的学理性的经济学说，进而亚当·斯密依据物质主义的自然权利、社会契约和国家观写出了《国民财富的性质和原因的研究》，这是人类第一部系统的经济学著作，既是对重商主义、重农主义初级经济学说的总结和扩展，更是对已经在英国占统治地位的资产阶级经济利益的集中概括，并由此对经济矛盾进行了系统论证。斯密的经济学说不仅为英国的资产阶级，也为欧洲及美国资产阶级铸造了其阶级意识的重要一环，导引着资产阶级进行经济和政治的变革。在斯密经济学说的基础上，李嘉图、萨伊、李斯特等一批英、法、德等国的资产阶级学者，不断充实、改进经济学，形成了服务资产阶级的世界一般性和国度特殊性的经济学。

作为经济思想的学理形式，经济学（亦称政治经济学）首先由进入资本雇佣劳动制时代的资产阶级学者创立，这是人类思想和社会发展与变革的产物。作为资产阶级意识重要组成部分的经济学，在概括资产阶级利益和经济意识的同时，对资产阶级主导的经济矛盾系统进行了规定，形成了道、法、术、技四层次内在统一的学理系统，它既在道、法层次论证了资本雇佣劳动制的思想基础，也从术、技层次为资产阶级获取最大化的利润，增殖其资本，进而为在强化对本国劳动者统治的同时，向全世界扩张提供了必要指导。资产阶级经济学形成以来的二百多年，不断充实、丰富、改进，成为一个庞大的学理性思想体系，广泛而深刻地影响着人类的经济意识和生活，是资本雇佣劳动制社会主要矛盾主要方面资产阶级意识形态的重要内容。

资产阶级思想的基本观念，就是以物质主义为指导的资本主义，是资本雇佣劳动，进而支配劳动，所有劳动者剩余价值以积累资本的主义。从这个意义上说，资产阶级经济学就是资本经济学。

不论资产阶级如何提升和改进其雇佣劳动、支配劳动的能力和方式，其所有的剩余价值的增加，从而社会生产力的发展，仍然都是劳动者创造的，是劳动者素质技能提高和发挥的表现。劳动者素质技能的提高，不仅体现于技能素质，更体现于文化精神素质，在社会化工业生产中的分工、协作，使劳动者更为深入地认识到自己个体利益与总体阶级利益的统一，并在其思想代表的学理性思维中，概括了劳动者阶级的经济意识，形成了以劳动者为主体的经济思想、经济观念、经济学说。劳动者经济学说的形成，以马克思《资本论》为标志。马克思继承早期社会主义者的经济思想和观念（这些经济观念往往依托资本经济学的学理体系和概念表达劳动者的经济意识），概括了产业工人阶级的经济意识，通过对资本经济学的深入评判，系统揭示了资本雇佣劳动制的矛盾。马克思的经济学说使劳动者阶级的经济思想得以学理性概述，因而也可以说开创了劳本经济学的基本理念。在一个多世纪的时间内，劳本经济学不仅使资本经济学有了一个学理上的对立面，更在指导劳动者阶级进行社会变革的进程中，不断演进，并孕育着进一步理性的思考和系统化，同时也制约着资本经济学的演化，在我们探讨资本雇佣劳动制巩固后的资本经济学时，可以明显看出它与劳本经济学的对立以及劳本经济学对它的制约。

二 资本经济学的主体、主义、主题、主张

经济学并非上帝旨意或天道或"自然规律"的体现，而是生存于现实经济并代表特定人群的经济意识的学理概括。经济意识是人本质要素之一的意识在经济活动和关系的体现，是对经济利益和经济现象的直接认识。经过理性思考，经济意识聚合为经济思想，进而形成经济观念，经济学是对经济思想和经济观念的学理性概括，是反复思考而得出的对经济意识的系统概念规定和论证。任何经济学的研究和论说者都是生活于现实经济矛盾中的人，他们有自己的利益和欲求，并以理性思维自己及与自己利益相同群体的总体经济意识。认识的主体性和存在的主体性内在统一于个体和总体关系，统一于经济学的研究中，由此形成了经济学的基本观念，也就是主义。经济学的主义是个体与总体统一的主体经济利益和意识的集中概括，是各经济学说和派别的抽象本质，它源于从其主体利益和意识对经济矛盾现象的具体思考和规定，是一系列从具体到抽象的学理研究的结果，也是进一步从抽象到具体研究和论证的出发点与原则。经济学的主义展开并贯彻于主题中，经济学的主题是从主义规定的目的对所需研究问题的界定和探讨。主题贯彻主义，展开并充

实主义，形成对主体所生存的经济活动和矛盾的系统认识，进而提出主体对经济矛盾的态度和行为准则，这就是主张。主张是各经济学说的必要内容，是主体利益和意识的表达与实现途径，是主义经主题的具体化，是特定群体总体社会行动的理论依据。

资本经济学的论说者从来不承认，甚至掩饰其主体性，将它说成"国家""国民"共同利益的论证，是对"自然的经济规律"、"市场经济规律"的"客观"探讨和表述，是与物理学、数学等一样的"科学"。然而，正是资本经济学充分地体现了其主体利益和意识，并将之贯彻于其主义、主题、主张之中。

资本经济学的主体就是资产阶级。"资产阶级"是总体性概念，其个体是资本所有者。从现象上看，资本所有者都是个体存在的，他们遍布于经济生活的各环节和方面，而且资本所有者之间也有利益冲突，有相互的竞争和矛盾。但这并不妨碍他们在经济利益和意识上的共同点和一般性。任何资本所有者，不论他们在哪个年代、哪个国家，都是以其所有的资本直接或间接购买劳动者的劳动力使用权，通过所有对劳动力使用权的支配而生产的剩余价值，使自己的资本增殖。即使那些不投资生产和服务，而是投资于金融、房地产的人，其利益也只能来自剩余价值，是资本雇佣劳动关系链中的一个环节，他们所投的货币资本，终归体现于生产和服务业的资本，由此作用于劳动力使用权的支配上，并要与生产和服务业的资本所有者分割剩余价值。资本经济学虽然不承认剩余价值，但却将资本获取利润作为其体系的核心，这正是资本所有者个体与阶级利益的集中体现。资本雇佣劳动制的扩展和充实，使生产和服务各行业形成一个社会系统，任何资本所有者都只能存在于这个系统，作为系统的一环或一点。生产和服务行业的社会系统，内在地将大大小小的资本所有者连接起来，作为利益共同体而统一于资本雇佣劳动制，并由这个制度而结成阶级。个体资本所有者对自己的利益和地位的意识，又以资本雇佣劳动制为依托，经代表其利益的思想者从阶级总体加以概括，形成了资本所有者总体的阶级意识。资产阶级因其阶级意识而从自在阶级成为自为阶级，而资产阶级意识的提升概括，从思想到观念到学说，其中经济学是基础性环节。

当专业的经济学研究者从学理上论述资产阶级经济意识，或者说资产阶级意识的经济内容时，都会利用思辨语言和数学公式等，努力将资产阶级的阶级意识掩饰起来，在资本雇佣劳动制还未巩固，资产阶级还未成为社会统治阶级的时候，资产阶级经济意识的学理概括处于初级阶段，也即重商主义和重农主义时期，这时资产阶级的思想代表还要兼顾初级集权官僚制的专制统治者，论证资本所有者与国王、国家利益的一致性，说明发展资本经济对富强国家的重要性。而到资本雇佣劳动制已经巩固，资产阶级成为统治阶级，资本经济学形成系统，也即斯密及李嘉图、萨伊时期，他们则从"国民"全体代表的角度立论，似乎其经济学说是全体国民共同利益的体现，他们是在代表全体"国民"探讨和论证源于自然的"客观经济规律"。而当资本雇佣劳动制扩展于全世界，资本统治已从国家垄断进入国际垄断，国际大资本财团已成为全人类的统治者，资产阶级经济学论说者则以全人类思想代表的口吻，"公正"而"客观"地宣讲通行全世界的"市场经济规律"。虽然资本经济学的论说者都在有意掩饰其主体性，但他们所论说的内容，从主义到主题到主张，都充分地体现着资本所有者个体及资产阶级总体的利益，是资产阶级经济意识的学理概括。

资本经济学的主义是资本主义。资本主义是以资本为根据，以资本所有者阶级为主体的主义，是资本所有者阶级利益和意识集中概括的基本观念。资本，首先是以货币集合的物质财富，不论其来源何处，或以什么手段获取，都要归特定个人所有，并用于获取剩余价值。货币化的物质财富并不直接成为资本，只有其所有者不是将它用于消费或贮藏，而是用于购买劳动力使用权和生产资料，组织企业生产和服务经营，获取并所有超过劳动力使用权价格的剩余价值，这样的货币化物质财富才是资本。因此，资本是以货币集合的物质财富增殖的过程，这个过程的实质是资本所有者与劳动力使用权出卖者对立统一的经济关系，货币物质财富不过这种经济关系的条件，是资本所有者购买劳动力使用权和生产资料，进而所有剩余价值的手段。资本所有者依其对资本的所有权所有了由劳动者劳动力使用权的使用所创造的剩余价值，并将剩余价值再转化为资本，进行积累和再生产，资本雇佣劳动关系得以延续，资本所有者在资本积累过程聚合成有共同利益和意识的资产阶级，并掌控政权，实行对劳动者阶级的总体支配和统治。

资本主义就是资本所有者个体利益和意识成为阶级的总体利益和意识的集中概括，资本主义的核心概念就是资本，保证资本所有权及其投资经营获取利润，是资本主义的宗旨和原则。为此，就要打破封建血统等级制和集权专制的束缚，为资本的增殖创造条件。其首要内容点，就是对资本主导经济和社会生活，以及对资产阶级支配无资产的劳动者阶级的正当性、合理性、可行性的论证。

资本主义发端于欧洲十二三世纪的重商主义时期，意图变革封建领主制为集权官僚制的国王，鼓励和支持商业、手工业发展，以获取大量税收，促进了商业资本的发展，形成了受国王特别保护的以商业资本家为主体的城市和"市民社会"。商业资本虽然不直接生产商品，但其也要购买劳动力使用权从事商品交换的服务活动，并由此所有剩余价值。随着商业的发展，部分商业资本转化为从属于商业的手工业生产。产业资本及为商业、手工业服务的金融资本在经济中的作用日益突出，资本经济关系贯通于全部社会活动。在资本不断增长并在经济中占主导地位的过程中，资本所有者的资本量日益扩充，其相互关系愈加紧密，资产阶级初步形成。在其思想代表的概括性思考中，初级资产阶级意识逐步聚集为总体性的资本主义。这一时期的资产阶级仍处于集权专制的政治统治下，因此其资本主义尚不包含如何组建资产阶级的国家，以及如何利用国家进行总体阶级统治的内容，而是注重适应并要求改进专制统制经济体制，获取利润、增殖和积累资本。

初级资本主义的不成熟，不仅在于资产阶级尚未强大到成为统治阶级，还在于没有明确的哲学观念。作为重商主义哲学前提的，是自然神论中可以为资产阶级所利用的内容，但自然神论毕竟不完全是资产阶级的哲学观念，它的主干内容是为君主专制的集权官僚制提供哲学观念的，初级资本主义只有在承认君主专制的前提下，才能以自然神论和与它相统一的自然科学论证资产阶级的阶级意识。这种情况到启蒙运动时得到彻底改变。启蒙运动是已经壮大并从商业向工业转变时期资产阶级主导的文化和社会变革运动，其哲学上的主要成就，是以物质主义摧毁了自然神论和上帝主义，为推翻君主专制和清除封建领主制残余提供了哲学观念，进而也为资本主义的明确和成熟奠定了基础。世界是物质的，物质是自然的，人是物质的自然演化的产物，并因此而拥有与生俱来的生命权和以劳动或其他方式生产、占有物质财富的所有权。所有人都是平等的，以血缘将人分为不同等级，以专制侵犯人的自然权利，都是不合理的。国家作为个体人自然权利派生的"共同权力"，是"社会契约"的结果和表现，必须服务于维护个体人的自然权利。物质主义的哲学观念为资本雇佣劳动制中的资本所有者提供了正当性——他们购买劳动力使用权并所有剩余价值是自然权利的体现；也为劳动者出卖自己劳动力使用权提供了条件——劳动者个人是拥有其人身权的自由人，为了谋生，他可以自由地出卖其劳动力使用权。而这两点，正是资本雇佣劳动制的基本。据此，资产阶级思想家就可以理直气壮地宣布：资本雇佣劳动及其对剩余价值的所有，是物质的自然规律的体现,其合理性就在自然规律。物质主义消除了上帝主义对人意识的统治,以发展了的理性思维和自然科学成果证明上帝并不存在,它只是人们意识的产物,根本不存在的上帝既不能创世造人,也不能决定人的社会地位和关系。人类只有依从物质的自然规律,才能正常地生活并形成正当的社会关系,这是资本主义的根据。

启蒙运动及其导引的资产阶级革命确立了资产阶级在经济、政治、文化上的统治地位,资本主义由此而成熟并系统。斯密等资产阶级学者对资产阶级经济意识的概括,既是资本主义的充实,也为资本经济学确立了基本观念。在以后两个多世纪资本经济学的演变中,出现了众多因国度、时段及代表不同集团、阶层的学说和学派,对具体层次经济问题的认识日益丰富,各学派间的论争不断激化,但资本经济学的主义却是所有论说者共同坚持的,对具体问题的认识和各学派间的论争,也都是以资本主义为大前提而展开的。资本主义贯彻于资本经济学主题的各个环节。

资本经济学的主题是探讨论证资本支配劳动、所有利润的有效方式。主题是主义的展开,是主体利益和意识在研究和论证过程的体现。资本主义的实质是资本统治和资本增殖,展开于资本经济学的主题,就是探讨论证资本支配劳动、所有利润的适宜方式。

作为资本所有者经济意识的学理概括,资本经济学研究论证者也和资本所有者一样不承认其无偿所有劳动者的剩余价值,他们只承认利润,即所投资本量与总产品或服务价格之比。资本所有者关注的只是资本量的增加,至于这种增加是来自资本所购买的生产资料还是劳动力使用权,是他们所不关心的,他们也不可能从劳动者角度论证利润是劳动力的无偿使用所创造的超过劳动力价格的剩余价值的转化形式。资本经济学从其初步形成到现代系统体系,涉及经济矛盾的各个层次,但主题只有一个,就是资本如何支配劳动,进而所有利润,既要论证其合理性,也要探讨有效的方式,几百年来，资本经济学就是围绕这个主题而展开和演化的。对于其主题，资本经济学者往往避开资本获取利润这个核心，不论斯密的"国民财富"论，还是凯恩斯的"就业论"，都是如此。

虽然初级的重商主义只将利润视为交换的产物，不承认劳动创造价值及利润来自劳动，但重商主义者在探讨如何有效地所有利润时也不得不涉及劳动，而商业资本家所获取的利润，也是其所雇佣的商业劳动者及个体手工业者、农民创造的。重商主义者的著作也在一定程度上涉及商业资本家对商业劳动者的支配管理，以及商业资本家与为其提供商品的个体手工业者和农民的关系。到重农主义，尤其斯密、李嘉图那里，资本对劳动的支配与如何有效获取利润这个主题已相当明确，甚至提出了初级不彻底的劳动价值论，而当李嘉图用劳动价值论说明利润，从而使资本所有利润的合理性受到质疑之后，资本经济学的论说者或是以"要素论"，或是以"效用论"来规定价值，切断了利润与劳动的内在联系。虽然不承认利润源于劳动，但资本经济学的论说者却强化了以制度和体制保证资本对劳动的支配，深入系统探讨了如何从经济结构和机制、经营管理、国际交往等层次有效地增加利润。资本雇佣劳动制已经巩固，资本对劳动的支配已是普遍的"客观规律"，资本经济学论说者除了在面对劳动者思想代表的攻击时要重申"要素论"、"效用论"以说明资本利润的合理性外，主要的精力放在了有效获取利润这个环节，这也是 20 世纪以来资本经济学主题的特点。

资本经济学的主张是以制度、体制保证资本所有权，以改进经济结构和运行机制、强化经营管理、扩大和密切国际交往来增加利润。资本所有者是注重实用的，他们之所以需要一些人专业从事经济学的探讨和论证，绝不是"关爱"、"发展"经济科学，而是要经济学能为其利益服务。依循实用这一原则，将资本经济学的主义贯彻于其主题，而主题的探讨和论证又必须体现于主张，以便为资本所有者个体和总体获取利润、维持统治提供相应建议。

资本是在初级集权官僚制中形成发展起来的，资本所有者深知制度对于其所有权的重要，为此，他们集合为阶级并展开革命，从要求专制统治者承认其资本所有权，到建立资产阶级统治的制度来保证所有权，经历了几百年的时间。专制君主为了强大国力，曾一定程度承认资本所有权及其购买劳动力使用权，由此形成初级的资本雇佣劳动制度，但此时的制度并不完善，不能充分保证资本所有权。资产阶级革命的核心，就是要建立充分保证资本所有权及其派生各种权利的制度，资本雇佣劳动制是以政治上的资主权和一系列法律规定并保证资本所有权的制度。斯密、李嘉图、萨伊等人的经济学说，对资产阶级革命胜利后建立完善资本雇佣劳动制进行了充分论证。其后的资本经济学论说者，也都完全拥护这一制度。由于资本雇佣劳动制已经巩固，他们除在反驳劳动者阶级思想代表对资本雇佣劳动制的批判时，几乎不谈这个制度，但这并不说明他们认为制度不重要，而是知道资本雇佣劳动制已经稳固成熟到不必再论说，就能作为前提导引对具体层次经济问题的探讨。

经济体制是制度的阶段性形式，资本雇佣劳动制经历了统制经济体制、自由竞争体制、市场经济体制三个阶段，资本经济学的演化也由此而呈现其阶段性。三个阶段的资本经济学都涉及经济体制，分别由重商主义者、斯密、凯恩斯为代表，具体论证了资本雇佣劳动制在三个阶段的特殊性，主张以体制的改革适应资本增殖的需要，并保证资本所有权及其对劳动力使用权的购买和支配。

在维护制度和改革体制的前提下，资本经济学的论说者还从经济结构和机制、经营管理、国际经济交往三个层次提出其主张。这是其主题中相关研究的延伸，尤其资本雇佣劳动制确立，其经济体制相对稳定的时期，对这些层次问题提出建议性主张，是资本经济学论说者的重要任务。资本经济学在这三个层次主张的共同点，就是适应体制改革与改进经济结构和运行机制，适应资本积累和技术发展，强化经营管理，扩大和密切国际经济交往。虽有层次上的差别，但目的是一个，就是在保证资本所有权的同时，尽最大可能增加资本的利润，由此强大资产阶级统治。

三 资本经济学的道、法、术、技

主体、主义、主题、主张作为一个思想体系的根据和内容，在其形成和论证过程中，体现为道、法、术、技四层次构成的系统形式。通过对道、法、术、技四层次的探讨，既可以明确该思想体系的系统，又可以认知其主体根据和主义、主题、主张构成的内容。虽然既有的研究和论说者或许不清楚"四主"与道、法、术、技的关系，但他们都具有自己的主体性和由之形成的主义，其研究和论证也都有主题，并会提出相应的主张。只有这样的思想体系，才是有内容和历史价值的。思想体系的内容在形成和发展过程中，只有体现并依循人类思维的一般规律和形式，才有其系统性，才能为他人思维所接受，因此，都会自觉不自觉地依道、法、术、技四层次及其系统来研究和论说。虽然个别人的著作不见得明显地分为道、法、术、技四个层次，但却内在地包含四层次（或其中二或三个层次）的系统。而众多思想者构建的总体阶级意识的学理性思想体系，其道、法、术、技四层次则是齐全的，并根据其主体和主义、主题、主张的内容而构成系统，只有探讨其道、法、术、技层次构成的系统，才能从总体上概括这一思想体系。

对思想体系的道、法、术、技四层次系统的认知，是我在政治经济学方法论研究中逐步明确的，是对概念运动过程具体到抽象和从抽象到具体的进一步界定。在《中国政治经济学主体主义主题主张》和《中国政治经济学方法论》中，我对这"四主"进行了论证。概念运动中抽象与具体关系,是我关于政治经济学方法论进而哲学辩证法核心和主干的规定,但只从抽象和具体的相对关系界定概念运动,还只是原则性的,特别是对一个系统的思想体系,还应进一步明确其层次,因而形成了道、法、术、技四层次系统的认识,先是在《劳动主义》序言中提出,并做了初步论证,进而在《中国政治经济学方法论》中又作了论说,之后在《解禅》(待出版)中从道、法、术、技四层次系统探讨了婆罗门教、佛教和禅教体系,并在《诸子思想》中又从这四层次论证了诸子思想系统,从而有了更充分的认知。本书以《资本经济学道 法 术 技》命名并安排体系,是既有认知的体现,也是对道、法、术、技四层次系统及其与主体、主义、主题、主张的关系的再探讨。

道、法、术、技四层次系统,内含于已有的思想体系中,也是进一步思想的原则。资本经济学在几百年的历史演化中,有众多研究、论说者和海量的论著,对它进行总括性的界定,不仅是理解人类在资本雇佣劳动制下"主流"经济思想之要务,也是从劳动者主体否定资本雇佣劳动制,形成劳本经济学的必要功课。将资本经济学的杂多思想界定为道、法、术、技四层次,依从抽象到具体的概念运动探讨其系统,是本书的尝试,这里先对道、法、术、技四层次及其在资本经济学的体现作一个概要论说。

道、法、术、技四个范畴,是由诸子思想家分别提出的,诸子中也有人试图说明其中两个范畴,如道与术的关系,并就此论证思想,但由于历史条件和思维方法的局限,没能将四个范畴作为思想系统的层次。但这四层次内在于逻辑与历史统一的诸子思想中,从这四层次的统一中我们可以把握其总体系统。人类形成的其他思想系统,也都内含着道、法、术、技四层次(或其中二三个层次)的系统性。

道。古字为䢱,本义为路,道路。《说文解字》:"道。所行道也。从辵，从𦣻。一达谓之道。"① 衍义为规律、道理、学说、道义、说、谈论。

从道字本义可以明确道是人走出来的，也是供人来回行走的。道的主体是人，是主体与客体统一的集中体现。道作为一个基本范畴，是由老子提出的，他认为，道是天地万物的本原和规律，对道层次的探讨和论证是最高、最抽象的学识和思想，"道"是这个最抽象层次思想的基本范畴。我们这里所说的"道"，并不是指老子之道，而是借鉴老子将"道"作为最抽象基本范畴这层意思，规定人类思想的最抽象层次，以及具有时代性的思想体系的基本观念，也可以视为哲学上的主义，诸神主义、上帝（观）主义、天道（观）主义、物质（观）主义都属道的层次。它们作为历代统治阶级意识的集中概括，都是从人之外寻找世界本体、本原，并由此论证自己统治地位的合理性。现代劳动者阶级则从其主体性规定基本观念，因而形成劳动主义，这是劳动者主体之道。规定人类各历史阶段性质的"世道"，如奴隶主义、封建主义、专制主义、资本主义、劳本主义（劳动社会主义）等，也属于道的层次，是比哲学的主义相对具体的道。对道的探讨，在各个时代学者那里都是总体性思想的抽象，同时也是对具体学识和社会运动的指导。

法。法古字为灋，灋本义为刑。《说文解字》："法。刑也。平之如水，从水；廌所以觸不直者，去之。从去。"② 衍义为刑法、法律、法则、法度、规章、标准、模式、方法、做法。我们这里主要取其方法之义，对思想方法的探讨，即方法论，属于法的层次。法是对道的探索理解、展开，也是认识和行为的方法论，进而又是对术、技的总体性概括。理解基本观念之道，以及论证人世之道的方法论，

---

① 许慎：《说文解字》，中华书局2013年版，第36页。
② 许慎：《说文解字》，中华书局2013年版，第201页。

尤其是对人性及社会制度及其变革途径的探讨都属法的层次。

术。术古字为術，本义为邑中路。《说文解字》："術。邑中道也。从行，术声。"① 衍义为途径、方法、策略、专门知识、学业、学习。术与道、法相通，都有方法之义。古人对道、法与术已有所区别，术的外延和内涵都比道、法小，是对特殊技能的概括性探讨，如兵术、医术、艺术等。我们将术规定为道和法的展开，是对某门类技艺专注性研究的概括，在一个思想体系中，关于社会制度的法律规定和行政方式以及体制的探讨，也属于术的范畴。

技。技字本义为技巧。《说文解字》："技。巧也。从手，支声。"② 技意为技艺、技能、本领。《尚书·秦誓》："人之有技，若己有之。"③《礼·王制》："凡执以事上者，祝、史、射、御、医、卜及百工。"④ 从基本形式说，技是所有人都具有的生活和生产及社会管理的技能，但从学识和思想论则是对这些技能的专门研究，以推广和精进各种技艺。古代人们交往不便，因而技的研究成果往往只在小的区域和人群中交流，现代人社会交往密切，经济发展的需要促使各门技的学识迅速扩展，其成果丰富并广泛应用于人的生产和生活。

道、法、术、技四层次是对人类思想学识的划分，随着文明的进展，其内涵不断充实，外延也相对明晰，区分道、法、术、技四层次，对于理解一个思想系统是必要的，但必须明确其内在统一性。这四层次的划分，是逻辑上的，并非各层次有不同对象，而是认识主体对同一的人生和社会关系及自然条件的研究，其区别在抽象的程度，其统

---

① 许慎：《说文解字》，中华书局 2013 年版，第 38 页。
② 许慎：《说文解字》，中华书局 2013 年版，第 256 页。
③ 顾迁译注：《尚书·秦誓》，中华书局 2016 版，第 348 页。
④ 胡平生、张萌译注：《礼记·王制第五》，中华书局 2017 年版，第 207 页。

一在抽象与具体的关系。我们以中国汉字——道、法、术、技表达这四层次，并不等于只有中国人的思想学识这样划分，外国人的思想学识也有这四层次，特别是近现代以来，欧美各国的哲学和科学迅猛发展，新学科不断涌现，"知识爆炸"，其层次的差异日益突出，但混杂状况也相当明显。进行思想学识层次的划分，并明确其相互关系，对于了解人类思想学识的系统性，认识特定思想和学科在系统中的层次地位，处理与相关层次的关系，都是必要的。

以道、法、术、技四层次及其系统的一般性规定为前提，可以得出对资本经济学特殊的道、法、术、技四层次及其系统的规定。

资本经济学的道层次，概括地说，就是资本经济学的主义，即资本主义，是资本所有者个体及其总体资产阶级经济意识集中概括而形成的基本观念，也是资本经济学阶级本质属性的界定。资本主义以哲学上的物质主义为前提，从物质的自然规律论证人的自然权利，包括物质财富的所有权和人身权，其核心是资本所有权及其购买劳动者人身权包含的劳动力所有权派生的使用权，组织、支配生产和服务，并所有全部产品和收益的合理性，即资本主义者所说的合乎"自然规律"。进而强调资本所有者为获取利润的自由竞争，并将资产阶级总体利润最大化界定为唯生产力论。资本主义强调并维护私有制，以"民主"政治保证私有财产，主要是资本所有权及以其为基础的个人自由主义。

资本经济学的道层次集中论证其主义的内容，而法、术、技层次则以展开主义于主题和主张为内容。

资本经济学的法层次，是资本主义道层次的展开，是对资本雇佣劳动制的论证、辩护与维持运行的方法论。资本经济学的形成过程，在论证资本雇佣劳动制合理性的同时，也要对封建领主制和集权官僚制进行批判。为此，不仅要以物质主义哲学观念为前提，还要展开物质主义哲学的方法论，这包括经验主义、理性主义、实证主义、实用主义等内容。洛克、休谟、斯密等人对物质主义及其方法论都有深入研究，在他们研究经济学的过程中，也就将其哲学方法论具体化为经济学的法层次，以论证资本雇佣劳动制和批判封建领主制、集权官僚制。资本雇佣劳动制确立并巩固后，资本经济学法层次的重点，转向对资本雇佣劳动制矛盾的辩护与运行的维持。为此，资本经济学的论说者不仅采用实证主义、实用主义等哲学方法论，还将心理学、数学等方法工具化直接用于论证经济问题，以现象描述代替本质规定。"经济人"假设是斯密提出论证资本雇佣劳动制合理性的，而其后的经济学论说者则不断充实新的内涵，用以辩护经济矛盾，并维持其运行，成为资本经济学法层次的一个标志。

资本经济学的术层次，是其法层次的展开，将对资本雇佣劳动制的论证、辩护、维持运行体现于若干主干范畴，由此形成资本经济学的基干并指导对具体问题的探讨和论说。资本经济学的术层次因资本雇佣劳动制的阶段性演进而变化。在统制经济阶段，主要是重商主义为适应专制国家统制而形成的货币财富论、交换价值论、交换利润说。到自由竞争阶段，资本经济学已经确立了在意识形态的主导地位，出现了众多研究者和论说者，其术层次也大为扩充，包括斯密的二重价值论、斯密与李嘉图的利润论、萨伊的要素价值论与"三位一体公式"、西尼尔的节欲论，以及效用价值论、时差利息说、资本生产力论、需求与供给均衡论、货币数量说、"累积过程"论、"比较优势"说，还有德国历史学派的"国民经济"论和美国制度学派的"制度"说。市场经济阶段资本雇佣劳动制更为成熟和巩固，资本经济学更注重国家在总体经济中的作用，因而术层次日益丰富并分为若干派别。这个阶段是以"凯恩斯革命"为起点的，凯恩斯及其学派提出了总量分析法、有效需求与消费函数，论证了各部门经济均衡、产品市场与货币市场的 IS－LM 曲线，还有熊彼特的经济增长论、弗里德曼对货币数量论的修正与坚持，以及公共选择论和产权析分论，资本经济学的术层次得到充分发展。

　　资本经济学的技层次，是对个体资本所有者支配劳动、获取利润，总体资产阶级管控、调节经济的具体方式、措施的探讨论证，因而各个经济阶段也有明显差异。统制经济阶段主要有货币差额论、贸易差额论、为发展商业而发展手工制造业、货币政策、外贸政策、财政政策、殖民政策。资本经济学在自由竞争阶段的技层次，注重个体资本的经营管理，同时也涉及部分总体经济政策，包括魁奈《经济表》所提出的初级经济均衡论、斯密的分工论、斯密和李嘉图的财政与货币论、自由竞争与保护关税，以及需求曲线、边际报酬说、供给曲线、不完全竞争论与反垄断法、"帕累托最优"、市场失灵及其对策、交易方程、货币均衡论、国际收支平衡说等。市场经济阶段资本经济学的技层次，在保留和修正自由竞争阶段个体资本经营管理之技的同时，突出并强化了对国家干预、调控经济手段的探讨论证，包括：总需求—总供给模型、财政政策、货币政策、产业政策、国际收支平衡、失业与通货膨胀论、汇率政策与对外贸易政策、博弈论、经济周期论，以及专注数量分析的计量经济学、以GDP增长为核心的"增长经济学"和要求落后国家服从中心国家的"发展经济学"等。

　　历经几百年的资本经济学随其阶级主体的发展壮大和资本雇佣劳动制的矛盾演变，其道、法、术、技四层次思想体系逐步成熟演化，具有丰富的内容。其道、法、术、技并不是分立的，更不是针对不同对象的分别研究，而是对资本雇佣劳动制经济矛盾这个总对象统一的思想系统的有机构成，是抽象与具体概念运动的总体形式。资本经济学的核心就是资本对利润的获取，为此就要从国家、制度、体制、结构及其机制、国家治理与企业经营管理、国际经济交往各层次，进行论证、辩护和维持。资本获取利润是资本经济学系统的"纲"，是贯彻道、法、术、技四层次的主线。其中道层次是资产阶级主体基本观念，是资本经济学的本质属性的规定，它主导并贯彻于法、术、技层次，即使最具体的技层次，也都体现着道层次的性质和原则。现代资本经济学者虽然不再多论道、法，但其道、法并没有消失，而是存在于资本经济学研究和论说者的观念中，是他们思想的指导原则。他们对术、技层次的具体探讨和论证，都是道层次通过法层次的具体化。试图以不论道层次而掩饰资本经济学的本质属性和基本观念，将之说成人类共同"市场经济规律"的展现，是现代资本经济学者，特别是其在中国追随、吹捧者的诡辩论做法。其要点就是隐去资本经济学的主体性，不谈主义之性，由此避开道层次和法层次，将主题和主张中的资本增殖和追逐利润最大化修改为"发展生产力"和"经济增长"，而其术、技层次则成为实现这个主题、主张的"规律""原理"和"模型"。对资本经济学道、法、术、技四层次及其系统的探讨，应遵循逻辑与历史统一原则，既要认知其逻辑上的抽象与具体关系，又要从资本经济学的形成和演化中，探寻其历史根据和进程。在充分理解其道、法、术、技四层次内在统一系统性的同时，批驳和消除诡辩者割裂四层次统一，掩饰资本经济学本质属性，将其术、技层次视为中国"市场经济"的依据所导致的谬误与祸害。

资本主义是人本质发展和人性升华过程一个阶段的基本观念，就像它所否定的集权专制主义和封建主义一样，它也有历史的局限和逻辑矛盾，也要被新的人本质发展和人性升华所要求并提出的基本观念所否定。作为资本主义重要内容的资本经济学，作为大资本财团控制人类的工具，特别是被改造为旧的专制、封建势力延续存在的手段后，已完全丧失了从道、法层次正视矛盾、解决矛盾的功能，甚至在术、技层次也只能以辩护原则对具体问题修修补补，并以"数理八股文"来撑门面，不能有效维持资本雇佣劳动制运行，其进步意义和科学性已经消失，日益演变成人本质发展和人性升华的障碍。资本经济学被新的代表现代精神的以劳动者为主体的劳本经济学所否定,不仅是逻辑的要求,也是历史的必然。

劳本经济学的形成,既是资本经济学学理矛盾所要求的思辨的提升,更是劳动者素质技能提高所推动的资本雇佣劳动制矛盾的解决,即以劳动者为主体的社会变革运动及其建立的民主劳动制经济发展的指导思想。这是人类经济思想的新阶段,既要对资本经济学主体、主义、主题、主张进行全面革新,也要以新的道、法、术、技层次的系统进行学理表述。为此,需要总体借鉴资本经济学历史演化中的一般性规律,更要注意避免其出现的矛盾和问题。这是一个漫长的、艰苦的思想与实践统一的过程,每一个层次、每一个环节、每一个概念,都要在实际矛盾的实证抽象中踏实地规定和不断改造。而其根本,则是明确并坚持以劳动者为主体的劳本主义,由此确定主题,提出主张,逐步形成道、法、术、技的思想系统。既不能像资本经济学的追随者那样回避主体、主义之性质,以"发展生产力""经济增长"将资本经济学主题、主张照搬于中国,也不能把苏联教科书中关于"社会主义"的说法及其教条主义方法作为道、法层次,套取现代资本经济学的所谓"宏观""微观"部分充为术、技层次内容。而是在全面批判资本经济学道、法、术、技系统的同时,从劳动者主体出发,探索充实劳本主义,明确规定矛盾、解决矛盾的主题和主张,深入考察资本雇佣劳动制历史和现实经济矛盾,总结20世纪以来公有制经济形成和演变,特别是中国七十余年初级社会主义制度发展中的经验教训,由此发现、概括其内在矛盾和演进方向,逐步确立并丰富道、法、术、技各层次,形成不断更新发展的劳本经济学体系。

第一章
资本经济学道层次：资本主义

资本经济学之道层次是对资本主义的探讨与论证。资本主义并非"自然规律"的产物,而是历史出现的拥有资本所有权的群体的总体意识的集中概括,是对由这个群体主导的资本雇佣劳动制的论证和维护。只要资本雇佣劳动制存在并以政治、法律手段保证资本所有权,资本主义就是人类意识形态矛盾的一个方面。资本经济学是资本主义经济观念的展开和系统化,资本主义作为资本经济学的道层次,是资本经济学形成和演化的基本观念,是资本经济学主体经济利益和意识的抽象规定,它由哲学观念、基础概念和经济观、政治观、文化观构成,并展开于法、术、技层次,是资本经济学的灵魂和精神。

一 资本主义的哲学观念：物质主义

阶级社会统治阶级意识的思想系统集中于道层次的主义,都有一个以抽象的哲学观念为前提和论证依据,资本主义的哲学观念是物质主义。资产阶级思想家以物质主义为前提,论证了物质财富的所有权及其支配劳动、所有劳动者创造的剩余价值的合理性,确立了资本主义的基本观念,并由此规定了雇佣劳动制度及其体制、结构和机制。

物质主义者,尤其苏联教科书派的物质主义者,只从人认识能力来解说物质主义的形成,将物质主义视为自然科学发展的产物,是作为认识主体的人类对世界本体的最终认识。他们认为,物质主义是最高,也是绝对的真理,世界是物质的,物质是自然的,依其自有的规律而运动并决定人的意识和行为。物质主义者忽略了人存在的主体性及其认识主体性的统一,他们所说的"存在",是世界本体的物质存在,物质的本体存在决定了人的存在和意识。意识是物质存在的一个特殊形式——人的反映能力的体现,其功能只在于认识并依循世界本体物质的规律。作为物质存在的一部分,人的行为和社会关系也是物质运动的体现,人只能以意识认知并依循物资运动规律及其对人类社会的决定作用,社会生活和关系都必须服从物质运动的客观规律。个人对物质财富的所有权就像对他本人的人身权一样,是物质本体所赋予的自然权利,人的社会生活和关系是以这两个自然权利为基础的,社会制度就是围绕这两个权利建立并保证这两个权利的。

物质主义虽然号称是对世界本体的规定,但它绝非"人之初"就有的,而是在资产阶级形成和壮大过程中逐步确立的,是资本雇佣劳动制的哲学观念,是对封建领主制的上帝主义和初级集权官僚制的自然神论哲学观念的否定。

原始社会时期,以家族和氏族为社会存在形式的人类通行图腾意识,将某种与本家族和氏族关系密切的自然物或形态视为保护神,到了部族奴隶制时期,奴隶主阶级开始把统治氏族的某一首领与自然物、力结合为神,将之作为本氏族统治征服或俘获其他氏族的根据和保证,在宣称本氏族有神一样的强力并得到神保佑的同时,已形成了初级的神本观,即将所信奉的神作为本氏族的创始者,甚至是万物本质。统治氏族的奴隶主就以这神本观论证、维持其统治。

取代部族奴隶制的部族联盟封建领主制,则以一神即上帝取代各部族的诸神,并以上帝的名义统率结成联盟的部族。在欧洲,上帝主义最初是在受罗马帝国控制的部族平民和奴隶中形成的,即犹太教及其衍生的基督教,其特点是崇拜一神上帝,将上帝视为造世主和世界本体,强调所有人都是上帝所造亚当和夏娃的后代,因而在上帝面前是平等的。这一定程度上体现了平民和奴隶意识,但在演化过程中,上帝主义及基督教逐渐成为日耳曼部族联盟推翻西罗马帝国的思想武器,而胜利后的日耳曼部族联盟为了维持联盟建立封建领主制,就将基督教改造为天主教,奉上帝为造世主,以教皇及教会代表上帝行使统治。与此同时,东罗马帝国也以天主教为依托实行了封建领主制,而阿拉伯人又将基督教修改为伊斯兰教,并依之形成部族联盟和封建领主制。这样,从公元5世纪开始,在欧洲和亚洲西部就形成了以上帝主义为观念的封建领主阶级意识,虽然各教各派在具体形式上有诸多差异,甚至分歧和斗争,但世界由一神上帝创造并主宰这一观念,却主导着一千多年来这些地区的社会制度和人们生活。依照教会对上帝主义的论说,上帝不仅创造了人和万物,更决定了人的等级地位和行为方式,贵族、僧侣、平民、农奴的身份是依血统而先天规定的,世世代代不能改变。

欧洲对上帝主义的否定开始于十二三世纪的"文艺复兴"运动,这是与大的部族联盟首领实行重商政策发展商工业以强国的进程相呼应的,因发展商工业而得到"市民"特权的商人和手工业者,在不断增加财富的过程,也在强化自己的意识,在资助科学技术研发的同时,也资助甚至主导对上帝主义及其基督教的批判,这是"文艺复兴"运动的主要社会基础。"文艺复兴"以复兴据说是基督教之前"古希腊哲学"为旗号,提出了在逻辑上突破、超越上帝主义的自然神论。自然神论者还未能彻底否定上帝,依然承认上帝是世界创造者或本原,但他们说的"上帝"是泛化的神,是自然的神,而非基督教所说的实在的人格化的神。自然神的上帝是作为无限实体存在的,是万物的本质。尼古拉斯(1401—1464)认为,上帝把自身展现为整个世界,呈现在世界的每一部分和每个事物之中,每个事物都潜在地分有着上帝。世界是杂多的,其统一性就是上帝。上帝是超越一切有限物的无限,事物则都是有限的,并不是上帝的完全实现。除上帝之外,事物还有自身原因,这些原因是偶然的,不是必然地来自上帝。特莱肖(1509—1588)认为,上帝不过只赋予人灵魂,而灵魂是由精细的物质构成的,存于脑中,通过神经遍布全身,支配、协调有机体的各个部分,感觉是灵魂作用的体现。布鲁诺(1548—1600)提出,"普遍理智"是事物的原因,"普遍的物理的作用因是普遍的理智,这是世界灵魂的第一的和主要的能力,世界灵魂是普遍的世界形式"①。"这个理智,从自身将某种东西传递和转移给物质,便产生万物,而它自身仍停留于静止和不动状态。"② 他以"普遍理智"称谓或代替上帝,进而承认世界的物质实体。培根(1561—1626)进一步指出上帝已是不得不保留的一个"符号",自然是自己的原因。笛卡尔(1596—1650)认为,上帝是"一般的自然",是自然界的秩序和规律,只是形而上学的命题,而物理学则是研究纯粹自然的物质或物质的自然。斯宾诺莎(1632—1677)否认人格化的上帝,认为神就是自然。莱布尼茨(1646—1716)认为,上帝只是单子的创造者,单子是物质的基本单位,不同单子间有质的差异和变化。沃尔夫(1679—1754)从目的论来界定自然神,认为神创造自然时已赋予万物以目的,事物因目的而相互联系。伏尔泰(1694—1778)认为上帝是宇宙的"第一推动者"和"立法者",是最高的理性和创造的本原。上帝创世之后就不再干预世界的事物,

---

① 布鲁诺:《论原因、本原和太一》,商务印书馆1984年版,第43页。
② 布鲁诺:《论原因、本原和太一》,商务印书馆1984年版,第44页。

世界由自然规律支配。宇宙是一架巨大的机器，上帝只是使它运动但不干涉它活动的"伟大数学家"。伏尔泰激烈地批判了上帝主义和教皇、教会，主张"自然法权"，赞成开明君主专制，由君主主导自上而下的变革。

物质主义是在"启蒙运动"中形成的，由于欧洲的集权官僚制尚不成熟，物质主义者批判的主要对象也是上帝主义，对于自然神论则在继承其关于自然物质的观点同时，清除了其中残存的上帝主义因素。物质主义是资产阶级壮大并确立阶级意识的体现，与自然神论者不同，物质主义者不再主张资本所有者依附于集权专制的君主，而是强调资产阶级建立自己主导的社会制度。为此，他们要提出一个新的哲学观念，确立新的世界本体，即以物质本体取代上帝本体，清除上帝主义为根据的封建领主制，进而推翻不成熟的以自然神论为根据的初级集权官僚制。物质主义由此而诞生并成为资产阶级革命运动及其建立的资本雇佣劳动制的哲学观念。

物质主义是资产阶级意识成熟和系统的集中体现。英国、法国资产阶级的壮大使其与初级集权官僚制的矛盾日益尖锐，专制统治从曾经的外部条件变成资产阶级发展的主要障碍。建立资产阶级主导的社会制度已成为其思想代表考虑的主要问题。为此，就要丢弃妥协性的自然神论，彻底推翻上帝主义，形成能够概括资产阶级利益的新哲学观念。霍布斯（1588—1679）、洛克（1632—1704）、狄德罗（1713—1784）、梅特里（1709—1751）、爱尔维修（1715—1771）、霍尔巴赫（1723—1789）等众多思想家提出并丰富、系统了物质主义哲学观念。由此形成了人类思想史上的一次哲学革命，并带动了资本主义思想系统的形成。

物质主义是以"物质"为世界本体的哲学观念。与上帝主义强调上帝造人创世相反，物质主义认为世界本体是自然的物质。物质主义哲学观念的要点有四：第一，世界是物质的，物质是自然的；

第二，人是自然物质的一部分；第三，意识是物质的人所具有的特殊功能；第四，人的生存与利益。

世界是物质的，物质是自然的。这是物质主义的核心，霍布斯认为"世界是所有物体的组合"，而物体即"实体"。① 梅特里指出："在整个宇宙里只存在着一个实体，只是它的形式有各种变化。"② 这个实体就是物质。霍尔巴赫更明确地说："宇宙，这个一切存在物的总汇，到处提供给我们的只是物质和运动。"③ "自然，从它最广泛的意义来讲，就是由不同的物质、不同的组合，以及我们在宇宙中看到的不同的运动的集合而产生的一个大的整体。"④ 物质主义者并不否认本体论，他们对上帝主义的批判和否定，首先就是上帝主义本体论，即认为世界有一个先于人、外于人的本体，但这个本体不是上帝，而是物质，进而指出物质并不是上帝创造的，而是自然形成的。物质的本质属性是运动。"运动乃是物质的存在、它的本质、它的诸如广延、重力、不可入性、形状之类物质原始属性的必然结果。"⑤ 自然界的一切都在不断运动中，运动着的物质的不同特性、不同组合、变化多端的活动方式，构成事物的本质，由多样化的本质产生不同的秩序、等级或体系。

人是自然物质的一部分。物质主义之所以将世界的本体规定为"物质"，是要以"世界是物质的，物质是自然的"这个观念来否定上帝造人创世说，进而论证应按自然的物质规律确定人的自然权利和社会制度。霍布斯提出，人与动物一样，都是类似机器的物质存

---

① 霍布斯：《利维坦》，商务印书馆1985年版，第308页。
② 梅特里：《人是机器》，商务印书馆1959年版，第73页。
③ 霍尔巴赫：《自然的体系》（上卷），商务印书馆1977年版，第9页。
④ 霍尔巴赫：《自然的体系》（上卷），商务印书馆1977年版，第10页。
⑤ 霍尔巴赫：《自然的体系》（上卷），商务印书馆1977年版，第23页。

在，而"国民的整体"或"国家"，也是一架庞大的机器。梅特里进一步规定"人是机器"，"人体是一架会自己发动自己的机器：一架永动机的活生生的模型。"① 作为机器存在的体质决定人的精神和性格。人的食物、疾病、年龄、相貌，以及自然条件对人的影响，都说明人是自然物质的动物，人的内脏、脑及身体的构造都与动物有共同性，因此，人"只是一种自成一类的动物而已。"② 霍尔巴赫进一步系统论证了人的自然物质属性，明确人是自然物质的一部分，人的生命活动，不过是一系列必然的、互相联系着的物质运动。"在人身上，也和在一切对我们起作用的东西里面一样，存在的只不过是富有种种不同特性的物质，这物质被多式多样地组合着，被多式多样地改变着，而且根据自己的特性而活动。一句话，人是一个由各种不同的物质组成的有机的整体；与自然的其他一切产物一样，他遵守一般和已知的法则，同样他也遵守他自己的特殊的、未知的法则或活动方式。"③ 霍尔巴赫及他以前的物质主义者还推论人是物质自然演化过程产生的，而约八十年后的达尔文进化论印证了这一推论，充实了人是自然物质的一部分。

意识是物质的人所具有的特殊功能。人为什么有意识、能思想？上帝主义对这个问题的回答简单而干脆：上帝造人的同时赋予了人意识和思想能力，因此，人先天就具有智愚之分和等级之别。物质主义必须克服上帝主义的意识观，才能彻底消除封建领主等级制。霍布斯和洛克从经验论说明人以自己的感觉器官和大脑反映外部事物，从而形成意识和思想。梅特里进一步从人身体的构造及大脑的作用来说明意识，强调人就是一部可以感知物质并形成思想的机器，

---

① 梅特里：《人是机器》，商务印书馆1959年版，第20页。
② 梅特里：《人是机器》，商务印书馆1959年版，第31页。
③ 霍尔巴赫：《自然的体系》（上卷），商务印书馆1977年版，第67页。

"心灵的一切作用既然是这样地依赖着脑子和整个身体的组织，那么很显然，这些作用不是别的，就是这个组织本身：这是一架多么聪明的机器！"① "正像我们的腿有它的用来走路的肌肉一样，我们的脑子也有它的用来思想的肌肉。"② 像钢琴的弦一样，人的大脑也有"脑弦"，受身体各器官神经反映的外部刺激而触动，由此形成以语言符号构成的意识。狄德罗假设感受性是物质的一种普遍性质，这种感受性集合于动植物的机体组织，分为活跃和迟钝两种，前者存在于动物，后者存在于植物。人是最高级动物，因此构成他身体的物质具有强烈的活跃感受性，人器官的纤维类似"有感觉的振动的弦子"，受到外部刺激时就会在大脑中引起震荡和回响。"就是这种震荡，这种必然的回响，在保持对象的继续呈现，同时理智正在注意适合这个对象的性质。但是振动的弦还有另一种特性，就是使别的弦也振动起来；就是像这个样子，第一个观念唤起第二个观念，这两个观念又唤起第三个，这三个合起来又唤起第四个，这样一直下去。"③ 霍尔巴赫进一步指出："一如引力、磁力、电力等等之产生于某些其他事物的本质或本性一样，感觉乃是有机物之本质与特性所产生的一种结果。"④ 他认为，人的机体组织具有"能动性"，精神、感觉、想象、兴趣等，都是由或大或小的能动性产生的，而灵魂只不过是物质运动的体现，"只有物质能作用于我们的感官，没有感官，就没有什么东西能被我们认识。"⑤ 人们归之于灵魂的活动方式，"都可以归结为由于运动在脑中所产生的一些改变、一些性

---

① 梅特里：《人是机器》，商务印书馆1959年版，第52页。
② 梅特里：《人是机器》，商务印书馆1959年版，第56页。
③ 狄德罗：《达兰贝和狄德罗的谈话》，《狄德罗哲学选集》，商务印书馆1983年版，第128页。
④ 霍尔巴赫：《自然的体系》（上卷），商务印书馆1977年版，第86页。
⑤ 霍尔巴赫：《自然的体系》（上卷），商务印书馆1977年版，第76页。

质、一些存在方式和一些变化。"①

将意识规定为物质运动的特殊功能,不仅清除了上帝主义将灵魂、意识归因于上帝的观念,还为进一步探讨人的生存与利益提供了依据。

人的生存与利益。物质主义者从物质是世界本体出发,将人规定为物质世界的一部分,从人是特殊的物质及其意识是构成人脑物质的特殊功能,论证人的生存与利益就在其特殊的物质构成与意识中。霍布斯认为,人作为自然物质的特殊形式,是物质运动链条的一个环节,人的活动从属于动物的一般活动,分为生命运动和自觉运动两种。自觉运动是由外部事物对人体器官的作用引起的,先表现为映象,进而是意向、欲望或愿望,当意向避离某种事物时就表现为嫌恶。欲望和嫌恶是人利益的来源,由此形成爱与憎,进而是利与害。趋利避害是个人的基本利益。洛克认为,快乐和痛苦是人的基本感觉,不同的外界事物作用于人的感官,就会产生相应的心理变化和情感,这些情感就成为人利益的根据。梅特里也从肉体的感受生发论证利益,各种感受的集合与提升形成观念,基本的观念是愉快和痛苦,人的利益就是追求愉快、回避痛苦。爱尔维修将趋乐避苦的基本利益归结为"自爱",或自我保存,利益是个人行为和社会发展的动力,团体和公共(国家)利益是个人利益的集合,是对个人利益的维护或从总体给予个人以利益。霍尔巴赫概述并提升了其他物质主义者的观点,指出人作为一种特殊的物质存在,其活动包括生理上不由思想控制和由思想、理智、精神等操控两种,这是人存在的特殊性的表现。神经是感觉的接收和反映器官,它所受外部事物的刺激及引发的身体器官的感受汇合于脑,脑产生反作用,使各个器官动起来,或是对外部有所反应,或者作用于自我调节,

---

① 霍尔巴赫:《自然的体系》(上卷),商务印书馆1977年版,第97页。

人的生存就由此形成利益，也可以说，正是在大脑汇合各器官的感觉的基础上，形成对利益的意识。人的利益源自生存，为此，保持生存的物质条件也就成为每个人的基本利益。利益表现为欲望，"欲望不外是被对象所决定的意志的活动"①，是人身体器官的存在方式或变化，是以自己的方式服从于吸引和排斥的物理规律的。使人活动起来的内在器官的状况或变化，体现为精神、贤明、善良、谨慎、德行等，人依其能力来形成经验、回忆往事、预知结果、趋利避害、追求幸福，就形成理性，理性是认知利益的依据。个人生存利益的核心和目的是幸福，"幸福是一种存在方式，一种我们希望它延续不断，或我们愿意在它之中长久生存下去的存在方式。"②

从世界本体是物质，物质是自然的、运动的，人不过是物质本体的一种特殊存在方式，意识是人的物质构成的特殊功能，进而论证人的生存与利益，这在逻辑上是一贯的，也是可以自圆其说的。以上四要点，构成物质主义的哲学观念，也是资本主义的抽象规定。从这些抽象规定展开人的自然权利、社会契约、国家以及社会的经济、政治、文化的探讨和论证，就形成资本主义的系统观念。从这个意义上说，物质主义是抽象的资本主义，资本主义是具体的物质主义。

二　基础概念：自然权利、社会契约和国家

苏联教科书派哲学有一个说法：物质主义（"旧唯物主义"）的观念及其自然观是"唯物主义的"，而其社会观却是"唯心主义的"。也就是说，不论英国还是法国的物质主义者，当他们规定社会

---

① 霍尔巴赫：《自然的体系》（上卷），商务印书馆1977年版，第96页。
② 霍尔巴赫：《自然的体系》（上卷），商务印书馆1977年版，第112页。

问题时，就已经背离了自己的物质主义观念，转向了与物质主义对立的"唯心主义"。以这样说不通的"二元"逻辑来界定资本雇佣劳动制度的哲学观念，是不可能理解其本质和系统的。资产阶级是近代人类社会的主导和统治阶级，其意识形态所集合的思想体系也是一元的、系统的，资本主义作为资产阶级意识形态思想体系的道层次，关于物质主义观念的抽象规定与对人及社会经济、政治、文化的具体规定是内在统一的。对人及社会经济、政治、文化的规定，是以物质主义观念为前提，是物质主义观念的展开和具体化。二者之间既没有"背离"，也没有"对立"。正是在抽象和具体内在统一的转化中，确立了资本主义概念体系。

自然权利是资本主义概念体系的基石，是从社会对个人生存与利益的进一步规定，包括人的生存（生命、人身）权和对物质财产的所有权。资产阶级思想家相当重视自然权利，是资产阶级思想家从物质主义论证人生和社会关系的依据。物质主义消除了上帝本体，因而也就否定了封建领主制及集权官僚制的社会关系，人作为自然物质的特殊存在，也就有源于自然物质的权利，包括人的生命（人身）权和对物质财产的所有权。每个人都作为其自然权利的拥有者而与他人发生关系，由此形成社会和各种矛盾。在保证个人自然权利的基础上处理社会关系和矛盾，是资本主义者论证的首要内容。

霍布斯指出："著作家们一般称之为自然权利的，就是每一个人按照自己所愿意的方式运用自己的力量保全自己的天性——也就是保全自己的生命——的自由。"① 世界的本体为物质，而物质是自然的，人作为物质的一部分，也是自然的，其生命的根据在自然，物质自然的生命赋予人以自然的权利，自然权利就是用"一切可能的办法"保证人生命的自由。保证生命的首要条件是对物质财产的占

---

① 霍布斯：《利维坦》，商务印书馆 1985 年版，第 97 页。

有和使用，这是个人的基本利益，保证个人基本利益的"一切可能的办法"源于两种权势：一是自然的权势，即个人的身心官能；二是获得的权势，由个人身心官能的发挥及幸运所取得的财富、名誉、朋友等。每个人都在运用其权势来谋取利益，其中自然的权势差异不大，而获得的权势差异很大，由此造成能力平等，但目的和希望的不平等，加之竞争、猜疑、荣誉心等天性，争斗必不可免。在自然状态下，每个人都运用自己的自然权利所能支配的权势而相互敌对着。资本属于获得的权势，对资本的所有权是财产所有权的一部分，也是自然权利的一部分。霍布斯的这个观点为后来所有资本主义者所坚持，并从资本所有权是自然权利来论证资本主义的合理性。

洛克也从人的自然状态来论自然权利，他认为，人的自然权利首先是生存的权利，进而是自由、平等和财产所有权。在自然状态中，自然法起着支配作用，自然权利就是自然法的体现。"自然状态有一种为人人所应遵守的自然法对它起着支配作用；而理性，也就是自然法，教导着有意遵从理性的全人类：人们既然都是平等和独立的，任何人就不得侵害他人的生命、健康、自由或财产。"① 依据自然法，人有源于生命的保卫自己并维护自由的权利和对财产的所有权。

霍布斯和洛克关于自然权利的论证引起了巨大反响，成为欧洲反对上帝主义和封建领主制以及集权官僚制的核心观点。霍尔巴赫总结霍布斯以来关于自然权利的论说，从他已经成熟的物质主义观念对自然权利作了进一步规定。他强调："权利就是自然法和社会法所同意实现的一切可能性。自然赋予的权利是永恒的和不可剥夺的。社会产生的权利可能是短时性的，并且会随着该社会生活条件的变

---

① 洛克：《政府论》（下篇），商务印书馆2011年版，第4页。

化而改变。"① 个人的权利中,自由权和财产所有权是基本的自然权利,自然法准许人用一切办法来实现自己的自由权和财产所有权。自由权是保证人行为和思想自由的权利,财产所有权"只是人独自利用他凭自己的才干、劳动和技艺所创造出来的物品的可能性。"② 财产所有权是自由的保障,而自由又保证着财产所有权的实现。

自然权利是从物质主义论证人生和社会关系的基础概念,它标志着物质主义与上帝主义的本质区别。上帝主义作为封建主义的基本观念,强调人是上帝所造并受上帝主宰的,因而每个人的社会地位也都是上帝安排的,并不存在属于个人的权利,只有依血统而界定的等级,上帝规定了这些等级的从属关系。物质主义消除了上帝本体,因而也就否定了封建领主制及集权官僚制的社会关系,人作为自然物质的特殊存在,也就有源于自然物质的权利。每个人都作为其自然权利的拥有者而与他人发生关系,由此形成社会和各种矛盾。在保证个人自然权利的基础上处理社会关系和矛盾,是资本主义所要论证的首要内容。在霍布斯、洛克、霍尔巴赫从哲学上对自然权利进行抽象规定的同时,众多思想家从法学、政治学、经济学对自然权利的具体表现进行了广泛探讨,使自然权利概念展开于社会制度及社会关系的系统论证。

对于自然权利,虽然霍布斯、洛克、霍尔巴赫等人都从人生命权或人身权论起,但其着重点是财产所有权。随着资产阶级势力的壮大及其全面统治,资本主义思想家更直接论证财产所有权,人身权不过是作为财产所有权的一个前提条件,财产所有权的规定和保证是成熟的资本主义的本质所在,不仅对经济,对政治和文化的论证也都围绕财产所有权展开。

---

① 霍尔巴赫:《自然政治论》,商务印书馆1994年版,第30页。
② 霍尔巴赫:《自然政治论》,商务印书馆1994年版,第32页。

自然权利是个体权利，是个人生存的依据和条件，但所有个体人都是生活于社会总体的，每个人的自然权利之间往往会产生矛盾和冲突，为了防止冲突，人与人之间的交往就应从自然权利定立契约。契约是拥有自然权利的人相互交往的法律关系，也是基本的社会关系，因此也称为社会契约。社会契约是自然权利概念的层开，是资本主义的又一基础概念。霍布斯指出：人们为了得到和平的生存条件，或者解决人与人之间的矛盾，以及互相交易，都可能放弃或让出部分权利，而这也就"有义务或受约束不得妨害接受他所捐弃或允诺让出的权利的人享有该项权益。"① "权利的互相转让就是人们所谓的契约。"② 依契约而形成的人与人的关系，摆脱了人与人作对的战争状态，是个人在社会生存和交往的必要条件。

　　社会契约有两种：一是个人与个人之间的；二是个人与社会总体的，即每个人转让其部分自然权利形成公共的或国家的权力。第一种契约是社会契约的基本形式，也是生活中经常发生的权利相互转让。霍布斯指出："当一个人转让他的权利或是放弃他的权利时，那总是由于考虑到对方将某种权利会让给他，要不然就是因为他希望由此得到某种别的好处。因此这是一种自愿行为，而任何人的自愿行为目的都是为了某种对自己的好处。"③ "一个人转让任何权利时，就是将他的权利范围内的享受权利的手段转让了。"④ 个体人之间所有权转移的契约关系，属于"民法"范畴，对此，资本主义思想家有过相当多的探讨，并在资本雇佣劳动制的形成和发展中起过相当重要的作用，或者说民间个体人之间的社会契约，是资本雇佣

---

① 霍布斯：《利维坦》，商务印书馆1985年版，第99页。
② 霍布斯：《利维坦》，商务印书馆1985年版，第100页。
③ 霍布斯：《利维坦》，商务印书馆1985年版，第100页。
④ 霍布斯：《利维坦》，商务印书馆1985年版，第104页。

劳动制的基本法律关系。

但是，如何保证个体人的契约关系切实可行，却不仅是订主契约的个体人能够做到的。权利的转让，如果只是一次性的交易，是相对简单的，但如果是需要长期履行的契约，就必须明确义务和契约的约束力。霍布斯认为，契约的约束力，来自"由于畏惧毁约后所产生的某种有害后果"，① 但在"自然状态"下，这是很难保证的，为此就会出现违约和矛盾、斗争。"但在世俗国家，由于建立了一种共同权利来约束在其他情形下失信的人，这种恐惧的的心理就没有理由了。由于这一原因，根据信约首先践约的人便是有义务这样做。"② 也就是说，要由国家以公共权力来保证契约的践行，否则就会受到法律的制裁和惩处。可见，社会契约必须以国家为必要前提，为此，人们必须依社会契约转让部分权利以形成国家。这是第二种社会契约关系，即个体人与社会总体的契约关系。国家是社会契约的产物，也是社会契约和自然权利的保障。

霍布斯认为，为了从总体上制约人们的相互关系，就要依社会契约组建国家。"如果要建立这样一种能抵御外来侵略和制止相互侵害的共同权力，以便保障大家能通过自己的辛劳和土地的丰产为生并生活得很满意，那就只有一条道路：——把大家所有的权力和力量付托给某一个人或一个能通过多数的意见把大家的意志化为一个意志的多人组成的集体。这就等于是说，指定一个人或一个由多人组成的集体来代表他们的人格，每一个人都承认授权于如此承当本身人格的人在有关公共和平或安全方面所采取的任何行为或命令他人作出的行为，在这种行为中，大家都把自己的意志服从于他的意志，把自己的判断服从于他的判断。这就不仅是同意或协调，而是

---

① 霍布斯：《利维坦》，商务印书馆1985年版，第99页。
② 霍布斯：《利维坦》，商务印刷版1985年版，第104页。

全体真正统一于唯一人格之中；这一人格是大家人人相互订立信约而形成的，其方式就好像是人人都向每一个其他的人说：我承认这个人或这个集体，并放弃我管理自己的权利，把它授予这人或这个集体，但条件是你也把自己的权利拿出来授予他，并以同样的方式承认他的一切行为。这一点办到之后，像这样统一在一个人格之中的一群人就称为国家。"① 国家通过其威慑组织大家的意志，对内谋求和平，对外互相帮助抗御外敌。霍布斯给国家下了这样的定义："这就是一大群人相互订立信约、每人都对它的行为授权，以便使它能按其认为有利于大家的和平与共同防卫的方式运用全体的力量和手段的一个人格。"②

霍布斯这里并不是按照历史来探讨国家的建立过程，而是论说由自然权利让渡部分权利，以保证自然权利的应该。他认为，在历史和现实中有一种通过暴力所建立的国家政权，这种政权是使人慑于暴力并以求赦免生命为条件来服从征服者的意志，这也就是以暴力将被征服者即由于惧怕死亡而不进行反抗者的自然权利剥夺，或者是畏惧死亡者被迫将其自然权利全部交给征服者。这样的国家是专制的，是按血统而传承的，是背离人的自然权利和非契约的。这样的国家，实际上就是资产阶级所要批判和变革的封建领主制和集权专制政权。霍布斯主张按契约由每个人都让渡一部分自然权利而构建的国家，是一种"共同权力"，它的根据和来源是个人的自然权利，其作用是处理、协调个人的相互关系。这是资产阶级日益强大阶段形成建立自己掌控国家政权的阶级意识的集中表达，因而得到资产阶级思想家的响应。

洛克更加明确地指出，君主专制虽然是高于个人的权力，但由

---

① 霍布斯：《利维坦》，商务印书馆 1985 年版，第 131—132 页。
② 霍布斯：《利维坦》，商务印书馆 1985 年版，第 132 页。

于不是依契约由每个人出让一部分自然权利构成的"共同权力",而是以暴力征服、强制人们服从的权力,因此君主专制的国家仍处于战争状态,人们被剥夺了保卫自己的权利,独揽一切权力的君主不受任何权力的制约。这样的国家是违背人的自然本性的,是对自然权利的践踏。他强调,"人类天生都是自由、平等和独立的,如不得本人的同意,不能把任何人置于这种状态之外,使受制于另一个人的政治权力。任何人放弃其自然自由并受制于公民社会的种种限制的唯一的方法,是同其他人协议联合组成为一个共同体,以谋他们彼此间的舒适、安全和和平的生活,以便安稳地享受他们的财产并且有更大的保障来防止共同体以外任何人的侵犯。"① 这个共同体或国家是由个人协议联合组成的,这种协议就是社会契约,即将每个人的自然权利集合起来形成一个共同体的总体权力,进而按其中大多数人的意见处理公共事务并协调人们的关系。人们以契约组成国家的主要目的,就是保护和享用他们的财产。由于国家权力是由个人以自然权利联合而形成的,因此其最高权力是立法权,由民主选举的议会来掌控。立法权的范围以社会公众福利为限。规定自然权利的自然法是对立法权的"永恒的规范",从而保证人源于自然本性的自由、生存和利益。

霍布斯和洛克从自然权利对社会契约和国家的规定,启发了法国孟德斯鸠和卢梭对这一问题的进一步认识。他们在哲学观念上着力不多,还没有完全摆脱自然神论的影响,但却能从自然法来理解论证社会契约和国家。孟德斯鸠的贡献在于,他从社会契约进一步论证了立法权、行政权、司法权的分立制衡,以避免和克服独裁专制。卢梭则从自然法对社会契约展开了充分论证。他认为,每个人都生而自由、平等,享有自然权利,社会契约论的首要任务是探讨

---

① 洛克:《政府论》(下篇),商务印书馆2011年版,第59页。

人类怎样由自然状态过渡到政治状态。在自然状态，人们是平等的，人类及其生产力的发展促进了家庭的形成与区分，导致财产私有制，引发人类的不平等和贫富分化。富人们为了保障自己的利益，建立了一系列制度，设置了各种官吏，造成少数人的专制。社会契约是在大多人不能忍受少数人专制统治的时候提出来的，是达到平等、自由、博爱新社会关系的必要形式。在卢梭看来，参加缔结社会契约的每一个人既是与公众缔约，也是与自己缔约，因为他本人就是公众的一员。缔结社会契约的目的是建立一个共同体，每一个缔约者既是受主权者统治的个人，又是主权者的一个成员。社会契约的实质是公意，一旦人们同意缔结社会契约便形成了一种公意，服从公意就是服从自己的意志，因为自己是公众的一员。卢梭对社会契约的论证，与霍布斯有重要区别，其要点就是主权在民。人们在缔结社会契约时所丧失的，只是他自然状态的自由，但却得到了真正的自由；人们在缔结社会契约时转让了部分财产所有权，却通过国家保护了自己的财产所有权；社会契约以道德和法律的平等代替了自然状态的平等，却消除了强者专制的极端不平等。

在孟德斯鸠和卢梭的基础上，霍尔巴赫对社会契约和国家作了进一步论证。他不同意霍布斯关于人类"自然状态"的说法，认为人一开始就是出生并生存于社会的，"人始终是生存在社会之中"的，"只有社会才能保障他必需的生活福利，才能保证他有能力对付大自然给予的考验。"[①] 人的本性是极力保存自己，追求幸福并采取实现目的手段。人们联合起来组成社会是为了保证自己的利益，社会只有一个目的，就是让人们能够充分利用大自然的恩惠并增进自己的体力和智力。这个目的决定了社会与其成员的关系，这些关系又产生了相应的义务。不仅各个成员依赖社会，社会也依赖它的各

---

① 霍尔巴赫：《自然政治论》，商务印书馆1994年版，第6页。

个成员。人的社会感是其利益和需要的结果,社会对每个成员都应保障其物质福利,维护他们享用他的权利应享用的一切,并要保证安全。霍尔巴赫强调,如果每个人对社会承担义务,那么社会也对每个人承担义务,为此,每个人都是社会的公民,都要与社会缔结契约。"社会契约把人和社会以及把社会和人联系起来,它的条件就是这些。社会契约常会更新。人总是反复盘算从他生活所在的社会得到的利益或害处,全面权衡利害,评价得失。"① 人不是自然爱虚荣、邪恶和堕落的,而是无知造成了恶习和灾难,社会契约应规定个人义务,并且互相帮助,联合起来谋求共同利益。但是人对自己的幸福总是比对别人的幸福关心得多,爱自己、讲利害、满足情欲是人行为的唯一动机,个人利益在他的活动中占中心地位。为了满足私欲人们会破坏社会生活的基础,社会作为一个整体应有组织地反对因私欲冲动而危害社会的成员,用法律来制约他们。应以源于人自然本性的自然法为基础制定公民法,明确规定公民的权利和义务。"自然法是永恒不变的,人类存在到什么时候,它也会存在到什么时候;可是把它写成公民法的形式,就应当随着生活条件和社会需要的变化而变化。"② 社会像自然界任何物体一样,常常发生变革、变化和革命,又像一切生物一样,经历着发生、成长和毁灭的过程,因而必须不断依社会理性修改有关社会福利的法律。公民法的修改及其演变,必须保护体现自然权利的公民权利,其中基本就是自由权和财产所有权,人类的自然法准许人用一切办法来实现自己的自由权和财产所有权。

霍尔巴赫认为,政治或国家的意义就是责成并制约社会成员切实履行社会契约,鼓励或迫使他们行之以德,增进公共福利。政府

---

① 霍尔巴赫:《自然政治论》,商务印书馆1994年版,第11页。
② 霍尔巴赫:《自然政治论》,商务印书馆1994年版,第24页。

是根据社会意志而建立的，是以调节全体社会成员的行为并责成他们实现社会意志为目的的，因此政府只有在它能够保障社会福利时才是合法的政府，只有服从合法的政府才是合乎理性和道德的。人民的意志始终是最高的意志，人民的权利始终是不可剥夺的，人民通过自己的代表表达意愿，以实现自然权利。"如果国王拒绝倾听社会呼声，拒绝帮助陷于穷困的人民，那他就没有资格继续管理人民。于是社会就剥夺这位国王的权力，再对他作出应有的评判。它这样做只不过是行使自己固有的权利而已。"① 霍尔巴赫这些话是在法国大革命前写的，足以看出当时社会矛盾的激化和他思想的激进，正是在自然权利及社会契约、国家为基础概念的思想指引下，资产阶级与劳动民众展开了伟大的社会变革。

对自然权利及社会契约和国家的概念规定，奠定了资本主义的理论体系基础，是正在壮大发展中的资产阶级意识的体现，引导着英国资产阶级国家的改革完善和法国资产阶级国家的建立及其在反复辟斗争中的发展，并且是美国和德国等国家资产阶级革命的指导思想。这是人类社会进步的重要标志，是人性升华的阶段性成果，是资本雇佣劳动制得以建立和延续的理论依据，并且在资本主义的经济、政治、文化观念中得以展开和坚持。

三　资本主义经济观：保证资本所有权及其获取利润的竞争

资本主义是资产阶级取得并维护统治的主义，它在经济上要保证资本所有权及其获取利润，进而与增殖资本的竞争，政治上要以财产所有权为根据的"民主"来维护资本所有权，文化上则是资本所有者的个人自由意识。这三者是内在统一的，都是由"自然权利"的财产

---

① 霍尔巴赫：《自然政治论》，商务印书馆1994年版，第92页。

所有权出发并围绕财产所有权的。而资本主义的财产所有权又以资本所有权为主要内容,因此,资本主义实际上是以资本所有权为核心的概念体系。

资本主义者对自然权利、社会契约和国家的规定奠定了资本主义和资本雇佣劳动制的基础:人身权和对物质财产的所有权是人生而具有的自然权利,每个人都可以自由地利用这两个权利获取利益,社会契约就是以这两个自然权利为依据处理与他人及社会总体关系的方式。对自然权利和社会契约的论证,宣布了封建领主制和集权官僚制是违背人的自然本性的,封建特权和集权专制都是不合理、不合(自然)法的。人类应当,而且必然依自然规律建立以自然权利和社会契约为基础的新社会制度,这就是资本雇佣劳动制。在这个制度中,每个人都能充分地利用其自然权利并与他人结成社会契约,而拥有物质财产并将之资本化的所有者与出卖劳动力使用权的劳动者之间的交换,是完全符合自然权利和社会契约的:资本所有者"转让"的是其一部分财产所有权,劳动者"转让"的是其人身权包含的以时间计算的一定量劳动力使用权,二者是自由地达成契约的。由这种交换而导致的劳动力使用所创造的多过劳动力使用权价格的价值或利润,属于购买劳动力使用权并组织劳动生产的资本所有者。资本所有者因此而增加了其物质财产,同时也发展了社会生产力,他们为增加其资本而展开的竞争,是自然权利和社会契约的体现,因此必须从社会制度上由国家保证资本所有权和获取利润、增加资本的自由竞争。

资本主义思想家认为,人作为物质的特殊存在,其利益就在占有和使用其他物质条件,以满足人生存的需要,而为了保证对物质条件的占有和使用,就要由社会总体规定并保证个人对物质财产的所有权,这是人的自然权利所要求,也应是社会法所明确的。人的财产所有权所包括的物质财产,并不以个人及其家庭的当下消费为限,还有储备以后所需及为了增加物质财产的工具、生产资料,这样,财产所有权包含的就是个人能力及其权势所及的全部物质财产,由于世代积累,其量在一些人那里甚至可以说是无限的。虽然每个人都有自然的财产所有权,但由于家庭、能力和机遇的差异,各个人的财产量却有巨大差别。正是这种差别,导致拥有超过其消费量的物质财产的所有者,可以将其所有的物质财产资本化,用以购买生产资料和没有生产资料的劳动者为了消费不得不出卖的劳动力使用权。通过这种购买而形成的劳动过程可以生产出超过购买劳动力使用权价格的物质财产,这部分物质财产属于资本所有者并用于再生产,同时也增加了社会总的生产力和财富。资本是财富增长和经济发展的动力,获取利润是物质财产转变为资本的动因,必须以法律保证资本所有权及其为获取利润的竞争。

这是由"自然规律"决定的自然权利和社会契约的实现,也是合乎自然规律的经济制度和关系。资本主义经济观就是要规定保证资本所有权及为了获取利润增加资本而自由竞争的合理性和原则,其学理化的资本经济学,也可以称为"利润学"。

早期的资本所有者拥有的资本量并不多,而且他们大多从事技术、经营管理,既是资本所有者又是劳动者,因而其当时的思想代表们还能从劳动规定财产所有权。这在洛克那里表现的相当明显,他说:"土地和一切低等动物为一切人所共有,但是每人对他自己的人身享有一种所有权,除他以外任何人都没有这种权利。他的身体所从事的劳动和他的双手进行的工作,我们可以说,是正当地属于他的。所以只要他使任何东西脱离自然所提供的和那个东西所处的状态,他就已经掺进他的劳动,在这上面参加他自己所有的某些东西,因而使它成为他的财产。"① "劳动在万物之母的自然所已完成

---

① 洛克:《政府论》(下篇),商务印书馆2011年版,第18页。

的作业上面加上一些东西,这样它们就成为他的私有的权利了。"①不仅劳动的产品,而且劳动所能利用的土地,也都自然地属于劳动者所有。"一个人能耕耘、播种、改良、栽培多少土地和能用多少土地的产品,这多少土地也就是他的财产。"② 洛克这里所论证的,是自然权利中物质财产所有权的形成和规定,因为土地及其上一切低等动物是"一切人所共有"的,因而只要有人将其自己生命活动的劳动用于其上的一部分,并使之改变原来的自然状态,那么这一部分土地也就为他所有。

在自然权利基础上的生产使个人有了稳定的生活资料,劳动者对其产品的所有权,不仅保证他可以自己享用这部分产品,还可以拿出来与他人的产品交换。不断扩大的交换形成了货币,货币是"一种人们可以保存而不致于损坏的能耐久的东西,他们基于相互同意,用它来交换真正有用但易于败坏的生活必需品"。③ 货币的出现给了人们突破个人消费的局限、继续积累和扩大财产所有权的条件,拥有货币也就拥有了可以换来其他物品的权利,从而进一步扩展交换,甚至可以用货币来投资,这样就使人们对财富的占有欲不断扩大,成为支配人类经济活动的主要动机。用个人所有的货币投资所增加的利润,其所有权属于投资者,为了增强国家财力,发展社会生产力,国家应鼓励和保证个人财产所有权并增加其财产。洛克没有、也不可能论证以货币投资所生产的财产所有权与个人以劳动生产的产品所有权的区别,而是从其所投资的货币所有权来证明其所控制、组织的生产的产品属于投资者,他认为只有这样,货币所有者才会将其财产所有权用于投资和竞争,从而增加国家的财

---

① 洛克:《政府论》(下篇),商务印书馆2011年版,第18-19页。
② 洛克:《政府论》(下篇),商务印书馆2011年版,第20-21页。
③ 洛克:《政府论》(下篇),商务印书馆2011年版,第30页。

富和生产力。

洛克及其后的资本主义者是从资产阶级意识来考虑经济的,此时英国资产阶级已经掌控了国家统治权,因此资产阶级的利益也就是国家利益,国家的富强成为他们论证经济问题的目的和原则,而保证资本所有权和鼓励投资与增加资本的竞争,是国家富强的根本。斯密将国家的富强与国民财富的增长和生产力的发展统一起来,在标志资本主义经济学体系形成的《国民财富的性质和原因的研究》中,他规定了"劳动生产力"这个概念,并由此论证国民和国家的财富。该书第一篇的标题为"论劳动生产力增进的原因,并论劳动生产物自然而然地分配给各阶级人民的顺序",说明了财富源于劳动生产力,为了发展生产力,不仅要进行劳动的分工,还要展开交换,扩大需求和消费,更要注重物质财富在各阶级间的分配,他试图从自然权利和社会契约来说明合理地分配物质财富有助于社会和谐,而且更有利于生产力的增加。斯密在这里遇到了一个他及全部资本主义者都不可回避的问题:按照洛克自然权利的论证,个人的财产所有权与人身权是统一的,只有以自身劳动生产的物品属于他本人,交换只是依社会契约而相互转让部分物品的所有权,而那些不劳动的投资者为什么仅凭其财产所有权就可以得到增加了的财产的所有权?这显然是有悖于自然权利的,而资本主义又必须以自然权利作为根据和出发点,如何解答这个问题,保证资本所有权和以投资来增加对物质财产的占有,以及相应的自由竞争,是资本主义经济学的一个关键。

斯密认为,由于资本所有权使其所有者可以自由地占有和支配、使用相应的物质财产,导致人们依所有权而对物质财产的追求和竞争,有效地配置生产的各要素,促进劳动分工,合理利用土地,加快劳动生产力的增长和国民与国家的富强。占有物质财产是个人的经济利益,也是人从事经济活动的目的,明确个人利益并依照个人利益的导引从事经济活动的人，就是"经济人"。"经济人"是理性的利己主义者，他们为了利益去参与竞争，"经济人"在自然状态下是敌对的，是竞争的对手，但社会契约和国家又会以法律、道德等方式制约竞争，从而使"经济人"在追逐个人利益的竞争中增加社会生产力和财富。"把资本用来支持产业的人，既以牟取利润为唯一目的，他自然总会努力使他用其资本所支持的产业的生产物能具有最大价值，换言之，能交换最大数量的货币或其他货物。……确实，他通常既不打算促进公共的利益，也不知道他自己是在什么程度上促进那种利益。由于宁愿投资支持国内产业而不支持国外产业，他只是盘算他自己的安全；由于他管理产业的方式目的在于使其生产物的价值能达到最大程度，他所盘算的也只是他自己的利益。"① 利己，是拥有自然权利的人参与经济的目的，即使是将自己所有的货币投资于产业，也是为了获取比所投货币所值物质财产更多的财产。但这种利己的动机所导致的投资，却因众多投资者的相互竞争，而形成一种机制，"在这场合，像在其他许多场合一样，他受着一只看不见的手的指导，去尽力达到一个并非他本意想要达到的目的。也并不因为并非出于本意，就对社会有害。他追求自己的利益，往往使他能比在真正出于本意的情况下更有效地促进社会的利益。"②

斯密认为，人之所以追求、竞争对财产的占有，原因有二，其一是迷恋发明、改良和革新的本性与本能，激发了人们辛勤劳作的热情，"促使人类耕种土地，建造房屋，创立城市和国家，在所有的

---

① 斯密：《国民财富的性质和原因的研究》（下卷），商务印书馆1974年版，第27页。

② 斯密：《国民财富的性质和原因的研究》（下卷），商务印书馆1974年版，第27页。

科学和艺术领域中有所发现、有所前进。"① 并由此提高了人类的生活水平。其二是实现和维持社会地位的需要,人是生活于社会的,需要他人的同情,而人们的同情更倾向于快乐而非悲伤,所以形成一种习惯,即夸耀财富、掩饰贫困。人生的利益和目标,就是"追求财富而避免贫困"②。对财富的占有程度决定了人的社会地位,占有了财富也就拥有了对他人的权力。人的本性界定了人的利益,"所有地位不同的人的那个竞争是什么原因引起的呢?按照我们所说的人生的伟大目标,即改善我们的条件而谋求的利益又是什么呢?引人注目、被人关心、得到同情、自满自得和博得赞许,都是我们根据这个目的所能谋求的利益。"③ 拥有财富使人在社会上处于有利地位,得到人们的同情和关注,相反,穷人因为贫穷而感到羞辱,既不被人关注,也没有人对他的不幸和痛苦产生同情。富人是自私和贪婪的,他们雇用了千百人来为自己劳动,目的只是满足"无聊而又贪得无厌的欲望",但他们还是要同穷人分享其成果,"一只看不见的手引导他们对生活必需品作出几乎同土地在平均分配给全体居民的情况下作出的一样的分配,从而不知不觉地增进了社会利益。"④ 从追求个人利益去参与竞争,尽可能多地占有财富,既是资本所有者本人的"虚荣"心的满足,又使他在雇用千百人并"分配"生活资料时充分体会支配他人的权力。斯密看到了资本所有者投资与竞争的目的在于追逐利润,这是自私自利,但他认为,这种投资和竞争也会促进生产力,从而增进社会利益,为此,应当保证财产所有权并鼓励为增加财富占有的投资与逐利的竞争。资本主义的合理性

---

① 斯密:《道德情操论》,商务印书馆1997年版,第229页。
② 斯密:《道德情操论》,商务印书馆1997年版,第60页。
③ 斯密:《道德情操论》,商务印书馆1997年版,第61页。
④ 斯密:《道德情操论》,商务印书馆1997年版,第230页。

和先进性，就在于其制度化保证了资本所有者的财产权的同时，为其雇佣劳动者进行生产经营，获取利润增加资本量，提供了必要社会机制和条件。而各个资本所有者的获取利率而展开的自由竞争，是资本投资、生产、经营的必要机制，是发展生产力，增加国民财富的必要条件。

斯密关于保证资本所有权获取利润及其竞争的观点，得到萨伊、李嘉图的认同和发挥，并贯彻于资本经济学的道层次。萨伊强调对物质财富的占有和竞争是生产力发展的动因。他将经济分为三个方面：财富的生产、财富的分配、财富的消费，并且都集合于财富的积累，体现于生产力的发展，其关键就在保证财产所有权。他认为，财产所有权是鼓励财富积累的"最有力因素"，必须保证财产的不可侵犯性，政府不仅要禁止他人对财产所有权的侵犯，更不能以其权力侵犯属于私人的财产所有权。"如果财产既不是现实的东西又不是权利，那就不能说财产存在。只在财产是权利和现实的东西的场合下，生产的源泉即土地、资本和劳动才能发挥其最大生产力。"[①] 土地、资本、劳动是斯密所规定的生产三要素，萨伊强调发展生产力的关键是"这些生产要素怎样个别地和协同地执行生产工作。"[②] 法律要保证生产三要素的所有权，尤其要保证资本所有权，建立激励财产转化为资本并保证资本所有者增加其财产而进行竞争的社会制度和机制。

李嘉图在接受和坚持斯密观点的基础上，还受到边沁功利主义的启发。他本人也是一个成功的资本所有者，对于资本主义有着深切的理解。他坚持认为保证资本所有权获取利润及由此展开竞争是最适合生产力发展的，资本雇佣劳动制是最为合理的社会制度。马

---

① 萨伊：《政治经济学概论》，商务印书馆1963年版，第137页。
② 萨伊：《政治经济学概论》，商务印书馆1963年版，第136页。

克思评论道:"李嘉图把资本主义生产方式看作最有利于生产、最有利于创造财富的生产方式,对于他那个时代来说,李嘉图是完全正确的。他希望为生产而生产,这是正确的。如果像李嘉图的感伤主义的反对者们那样,断言生产本身不是目的本身,那就是忘记了,为生产而生产无非就是发展人类的生产力,也就是发展人性天性的财富的这种目的的本身。"①

李嘉图强调,社会财富来源于人的生产劳动,主要体现于资本利润及其积累扩大再生产,只有保证资本所有权及其主导的生产和竞争,才能增加社会财富。为此,制度应当维护资本利润的提升,用于生活消费的地租和工资都应相应减少,以保证高利润率,而资本所有者也要将利润再投入生产,积累和扩大资本量和再生产。"因为人们积累只是为了使积累能够生产,而且也唯有这样使用,它才会产生利润。"② 如果没有积累的动机,或者资本不能产生利润,因此不能积累,社会生产就会陷于停顿。为了避免这种情况,就应保证高利润率,以促进积累的动机和扩大再生产,而且要引导人们减少生活性消费,增加生产性消费。为了提高生产力而扩大积累,为了发展生产而保持有效需求。生产力的提高增加了物质财富,对物质财富的占有和竞争又会增加资本积累,增加资本积累又能扩大再生产,扩大再生产势必再提高生产力。社会经济由此而步入一个合乎人性和自然规律的正常轨道。为了步入这个正常轨道,就必须保证资本化的财产所有权,并为竞争提供适宜的社会条件和机制,由资本主导劳动,由资本所有者领导生产和发展生产力。李嘉图所设想和论证的,是资本主义经济观的理想形式,不仅展现于他本人的

---

① 马克思:《剩余价值理论》,《马克思恩格斯全集》(第26卷第2册),人民出版社1973年版,第124页。

② 李嘉图:《政治经济学及赋税原理》,商务印书馆1962年版,第103页。

四 资本主义政治观:"民主"政治维护资本为主要内容的财产所有权

资本所有者是在初级集权官僚制下经专制君主扶植而成长并逐步聚合为阶级的,他们及其思想代表相当清楚政治对其发展的重要性。当资产阶级已经形成并在经济上占主导地位的时候,他们日益感到君主专制和残余封建势力在政治上对其发展的阻碍,他们急切地要求与自己利益相适应的政治制度,以维护其资本所有权和竞争。这种政治制度就是以财产所有权为根据维护资本所有权的"民主"制。

对民主政治的最早学理论证,是洛克在《政府论》中作出的。与霍布斯还不得不认可君主制不同,洛克从人的自然权利,特别是财产所有权出发,说明"民"——财产所有权主体——理应拥有主导政治的权利。他指出,自然权利是人生而具有的,但在自然状态下,个人却不能维护其自然权利。为了维护自然权利,人们"设法和甘愿同已经或有意联合起来的其他人们一起加入社会,以互相保护他们的生命、特权和地产,即我根据一般的名称称之为财产的东西。因此,人们联合成为国家和置身于政府之下的重大的和主要的目的,是保护他们的财产;在这方面,自然状态有着许多缺陷。"[①]在他看来,自然状态的缺陷主要是:一是缺少为人共同接受和评价是非的标准与裁判纠纷尺度的法律;二是缺少依照法律裁判争执的公正的裁判者;三是缺少支持正确判决得以执行的权力。由于这些缺陷,人们的自然权利得不到保证,才不得不加入社会,将自然权利中包含的惩罚权力交给他们指定的人,按社会一致同意的或他们授权的代表一致同意的规定来行使。这就是立法权和行政权产生的

---

① 洛克:《政府论》(下篇),商务印书馆2011年版,第77页。

缘由,政治也由此形成并发挥作用。可见,洛克所说的人自然权利得不到保证的"自然状态",并非一些人理解的"原始社会",而是资产阶级主导的国家政治形成之前的社会,他所认可并论证的国家权力和政治,实质为"联合起来"的资本所有者构成的资产阶级的国家权力和政治。

洛克认为,由于国家权力来源于个人自然权利,是公众每个人自然权利的集合,因此最合理或最符合自然法的国家形式是民主制,其次才是实行君主立宪制以与旧君主势力妥协。但不论采取哪种形式,都是个人自然权利的集合并要保证个人的财产所有权和生命、自由,为此,政治的首要环节就是由拥有自然权利的个人一致同意,或由他们授权的代表一致同意而制定法律的立法权。立法权是国家的最高权力,但它除了保护人民的生命和财产外并无其他目的的权力,绝对不能有毁灭、奴役或故意使人民陷于贫困的权力。立法机关不能独揽权力,而是颁布法律并由法官来司法判断。"最高权力,未经本人同意,不能取去任何人的财产的任何部分。因为,既然保护财产是政府的目的,也是人们加入社会的目的,这就必然假定而且要求人民应该享有财产权,否则就必须假定他们因参加社会而丧失了作为他们加入社会的目的的东西;这种十分悖理的事是无论何人也不会承认的。"[①] 立法权是如此,执行法律的行政权和司法权也应依照法律保护个人的财产所有权。

立法权作为首要的国家权力,是每个公民自然权利以社会契约形式的集合,既可以通过立法权派生出行政权和司法权,又要由立法权行使机构制约、监督行政权和司法权。洛克的这种观点深刻影响了法国的启蒙学者,孟德斯鸠在《论法的精神》中强调个人的财产所有权是自然权利,立法权及行政权、司法权都要保护财产所有

[①] 洛克:《政府论》(下篇),商务印书馆2011年版,第87页。

权，同时保障自由。他进一步明确了立法权、行政权、司法权"三权分立"，将君主立宪作为民主政治的一种形式。卢梭则主张"人作为整体来说是主权者"，因此必须实行全面的民主制，他不同意"三权分立"，认为将主权分为立法权、行政权、司法权并由人民、国王、贵族分享，是违背自然权利集合国家政治权力原则的，也是不能维护财产所有权和自由的。为此，卢梭坚持立法权、行政权、司法权统一的民主制。

对于民主政治，霍尔巴赫有着更深刻的论说。他强调财产所有权是自然法授予每个人的自然权利，"是人独自利用他凭自己的才干、劳动和技艺所创造出来的物品的可能性。"① 政治作为"强使人们增进社会安全和幸福的艺术"② 必须依据自然法，尊重并保证个人自然权利，尤其是财产所有权。霍尔巴赫尖锐地批评君主专制是违反自然法的政治，是靠暴力和狡诈侵入社会，靠欺骗，特别是宗教迷信来论证自己的统治。"只有宗教迷信能够迫使人们放弃原有的自然法，放弃自己的价值和不可剥夺的权利。"③ 君主专制的最突出表现就是限制人的自由和剥夺财产所有权。"限制人的自由和所有权意味着剥夺人的自保手段和妨碍人的幸福。人类的自然法准许人用一切办法来实现自己的自由权和财产权。社会应该给人提供机会去享有这些权利。"④ 社会可以剥夺危害他人的人的自由，但"却不能剥夺公民的所有权，因为社会之所以存在就是为了保卫这种所有权。"⑤

霍尔巴赫对君主专制的批判尖锐、深刻而系统，是他民主政治

---

① 霍尔巴赫：《自然政治论》，商务印书馆1994年版，第32页。
② 霍尔巴赫：《自然政治论》，商务印书馆1994年版，第276页。
③ 霍尔巴赫：《自然政治论》，商务印书馆1994年版，第197页。
④ 霍尔巴赫：《自然政治论》，商务印书馆1994年版，第32页。
⑤ 霍尔巴赫：《自然政治论》，商务印书馆1994年版，第32页。

思想的重要内容。他认为，在法国及其他国家实行民主政治的主要障碍，或者说民主政治的最大对立面，就是君主专制的暴政。暴政的特点是：以君主所掌控的武装暴力为根据，为满足君主的私欲和个人意愿，不遵守自然法，不关心公众和社会利益；利用人民从其自然权利委托给国家的公共权力来奴役人民；用非法手段主宰臣民生命、人身自由和财产；毫无理由地迫使人民流血和靡费人民财富；抹杀人类良心，强迫人们信从君主信奉的宗教以及他的观点、成见和偏见；采取暴力强制使法律失效，使人民遭受摧残；剥夺有功之人所应得的奖赏，用于奖励无益有害之人；违反人民意图而统治人民。君主专制制度的原则是，君主的命令是至高无上的权力和权威，其命令不仅在任何情况下都不应该遇到抗拒，而且一般说君主权力永远不应该作出让步。根据这个原则，专制君主骄傲自大，其统治表现出诸多狂妄行为。霍尔巴赫强调，专制君主不过是与民众一样的自然人，"生活的经验表明，国王的能力不会越过他人的平均能力，因此，统治者的天赋能力就要靠恐怖和暴力来加强。"[①] 专制君主的统治严重阻抑了农业和工商业的发展，毁灭了一切公道原则。大国特别容易受专制制度之害，军人阶层权力的增长会导致专制制度，而专制制度又必然增长军人阶层的权力。宗教神职人员是专制制度之友，专制君主需要他们迷惑、欺骗人民。专制制度压制思想自由和科学发展，破坏风俗习惯，影响人民性格，使人民陷于愚昧、道德败坏、生活荒唐。因此，专制制度是违背自然法，破坏人自然权利应有的自由和所有权的，它创造了自我毁灭的前提，人民不能容忍它的统治，必然根据自然法推翻专制统治，实现自然权利应有的财产所有权和自由。

霍尔巴赫对专制制度的批判，集中体现了资本主义政治民主观

---

① 霍尔巴赫：《自然政治论》，商务印书馆1994年版，第210页。

念，是法国大革命推翻专制制度的思想武器，1789年革命后颁布的《人权宣言》明确指出：人们生来并且始终是自由的，在权利上是平等的；一切政治结合的目的都在于保证自然的、不可消灭的自由和财产所有权。而随后的《拿破仑法典》则系统而具体地规定了从政治上维护财产所有权的法律。

在以资本主义政治维护财产所有权和自由的历史进程中，美国的独立和革命是一个相当重要的环节。受英、法两国启蒙运动的影响，作为英国殖民地的北美洲大陆爆发了要求独立和民主的革命，并先于法国革命取得了胜利，建立了资产阶级国家，将资本主义政治观贯彻于《独立宣言》及美国宪法，进而展现于资本主义政治制度、体制与机制。北美洲在被英国殖民后，涌入大量英国及欧洲其他国家的移民，其中相当一部分是因逃避政治、宗教迫害的进步人士，以及为逃债和谋求生路的农民、手工业者，是启蒙运动的资本主义思想传播的良好土壤。自然权利、社会契约等概念，很容易被移民们接受，而其殖民过程，几乎赶尽杀绝了土著的印第安人，与霍布斯所说"自然状态"相似。而反对宗主国英国统治，争取独立的斗争，也体现为人们以自然权利结成社会契约、建立国家的过程。这个过程，逐步形成了以英语为统一语言的美利坚民族，由于要排斥英国国王的统治，移民中也几乎没有大贵族，因而洛克及霍尔巴赫等人的民主政治观得到普遍传播并在争取独立的斗争中得以发展。美国独立建国时，虽有少数人主张君主制或君主立宪制，但不居主流，识时务的华盛顿顺应民主派的主张，不当国王，只做有任期的总统。由民主派主导的美国政治制度，是人类有史以来首次在一个大国实行的民主政治，它不仅充分体现了资本主义政治观，更以其实践证明和丰富了这一政治观。美国革命及其民主政治的实施、演进，既为法国革命之榜样，也为欧洲各国社会变革提供了前导。

美国革命的思想家主要有潘恩和杰斐逊。潘恩认为，理想的政府主权应属于人民,批判了主权源于上帝归于君主的专制主义。他指出,政府是人以社会契约让出的一定自然权利的集成,不归任何个人或集团所私有,每个人都类似股份公司的股东,都对政府拥有一份权利。人民是国民个人的集合体,人民是政权的最终拥有者。"主权作为一种权利只能属于国民,而不属于任何个人;一国的国民任何时候都具有一种不可剥夺的固有权利去废除任何一种他们认为不合适的政府,并建立一个符合他们的利益、意愿和幸福的政府。"① 他进一步论证人民、国民个人与政府的关系,"政府颁布的法令只能把人们作为个别的人来管辖,而国民通过的宪法却可以管辖整个政府,而且天然有能力这样做。"② 每个国民都不能因为自己是主权者而忽视政府的权力和法令,但政府却要由全体国民行使其个人民主权利来选举、监督和罢免,因此必须充分考虑和维护全体国民的利益,从而确立了资本主义民主政治的基本权利关系。

杰斐逊是《独立宣言》的起草人,他不仅是思想家,也是革命的领导者,是美国的第二位总统。他坚持并发展了洛克关于自然权利的思想,强调财产所有权不仅是自然权利,也应明确规定为法律上的权利,人们之所以移居北美洲,就是依自然权利而追求自由和财富。依社会契约组成的政府,目的就是保障和维护公民的权利,或者说,政府无非就是为保障和维护公民权利而经公民同意建立起来的机构。"无论什么时候一个政府破坏了这些目的,人民就有权改变这个政府或把它废除,并成立新的政府。"③ 为了防止政府权力的扩张和腐化,杰斐逊采纳洛克和孟德斯鸠的观点,主张立法、行政、司法"永远三权分立",三权中的任何一权都不得干涉其他两权的行

---

① 潘恩:《人权论》,《潘恩选集》,商务印书馆1981年版,第213页。
② 潘恩:《人权论》,《潘恩选集》,商务印书馆1981年版,第257页。
③ 杰斐逊:《杰斐逊选集》,商务印书馆2011年版,第49—50页。

使。另外，他还主张在美国实行联邦制，保持联邦、州及其下地方政府的分权自治。

美国独立和革命的胜利，促进了法国大革命，革命中发表的《人权和公民权利宣言》，将资本主义政治观转化为纲领，强调政治对个人财产权和自由、安全的保证与维护。而"革命皇帝"拿破仑主持制定的《法国民法典》（后人称之为《拿破仑法典》），更将维护财产所有权的原则具体化到经济和社会生活的各个环节，此法典分为三编：一是人法，包含关于个人和家庭、亲属关系的规定；二是物法，包括各种财产的所有权及相关权利的规定；三是对"取得所有权的各种方法"的规定，包括继承、赠予、遗嘱和夫妻财产关系，以及债法、质权和抵押权法、取得时效和消灭时效，即财产在不同权利主体间转移的可能性、合法性的规定。对于这部法典，拿破仑曾自诩道："我的光荣不在于打胜了四十个战役，滑铁卢会摧毁这么多的胜利，……但不会被任何东西摧毁的，会永远存在的，是我的民法典。"[①]《拿破仑法典》作为欧洲各国民法的"母法"，其基本原则贯彻于资本主义经济和社会生活中。

作为资本主义政治观，以民主政治维护财产所有权，是资产阶级利益的集中体现，是有明确主体性的，虽然以自然法和自然权利为依据，以社会契约来论证国家和政治，但其所说的"公民""国民""人民"，却是由其所有的财产量界定的，达不到这个界定的大多数人，是没有选举等民主权的，而且占人口一半的妇女，也不包含其中。英国、美国、法国革命后颁布的法律，都有对公民或有选举权者的条件作了明确规定；其中主要有三项：一是所有的财产量；二是性别，妇女不是公民也没有选举权；三是种族，移民和奴隶不是公民。这样就将大多数人排斥于公民之外，也就没有参与政治的

[①] 转引自《拿破仑法典》，商务印书馆1979年版，中译者序。

权利。1842年5月英国宪章协会的请愿书（签名者300余万人）指出，大不列颠及爱尔兰人口约2600万，只有90万人有选举权。法国1791年9月通过的宪法按纳税额限定了公民身份，据此约占男性成年人口的90%（约300万人）被排斥于公民之外，而20多万公民又有一半多是没有选举权的"消极公民"，仅有10万人拥有选举权。杰斐逊在美国曾主张不按财产拥有量界定公民权，但遭到国会及政界的普遍反对而被否决。其他后起的资本主义国家情况与美、英、法相同，直到20世纪中叶，经一个多世纪的社会主义运动和女权运动的持续斗争，才陆续废除了关于选举权的财产量和性别限制。由此可见，资本主义政治观中的民主之"民"，实则拥有一定量财产的所有权主体，虽然不是专指资本所有者，但其中大部分为资本所有者及为资产阶级服务的人，而且他们拥有的财产量又能够作为资本的准备金。被现代人所推崇的西方国家"民主制"的普选权，则是以被排斥于"民主"之外广大无财产的劳动者和妇女经千辛万难的斗争争取来的，是资本主义政治观所不承认，甚至反对的。

几百年资本主义国家政治的演变，充分证明资本主义的政治观确立的"民主"，实为财主或资主，如果说当资产阶级未夺取政权，仍处于"君主"统治下进行革命时，其身份还是"民"，但当其夺取政权并建立其阶级统治后，资产阶级已经不再属"民"的范畴，而处"主"的地位了，是作为他们所有的资本所体现的权利的"人格化"而"主"的，是统治者，主导、支配着虽空有财产所有权这个"自然权利"却没有财产的以雇佣劳动者为主的社会群体。资本主义政治是财产权和资本权所派生的支配权力的体现，这与专制主义政治主要以暴力为依据的统治是有区别的，但它还要运用暴力，即资产阶级控制的军队、警察来维护财产、资产的所有权及其对无产者的支配。专制主义是暴力控制财产，统治包括财主在内的民众；资本主义则是财产、资本控制暴力，统治无财产的民众。对于妇女，资本主义"当然"地继承了专制主义传统，不承认其任何政治权利。

以政治"民主"维护财产，主要是资本的所有权，是资本主义政治观的实质和内容。资本主义作为资产阶级意识形态的集中体现，是以资本所有者的利益为根据，以维护资本所有者的利益为目的的。对于资本所有者来说，因没有财产而不得不出卖劳动力使用权的劳动者，只是其增加资本量的工具，是与生产资料和自然资源一样的生产的要素。而政治主要是保证和维护财产所有权的，没有财产也就没有财产所有权，虽然自然法承认所有人的财产所有权是自然权利，但你没有财产，你的财产所有权包含并维护的是"无"，因而财产所有权对你是没有意义的，你也不可能从财产的无中派生出政治权利的有。国家是有财产者的权利由社会契约而集合的，有权无财的人是没有资格与有权有财的人缔结平等契约的，因而是没有政治权利，也不能参与政治选举和国家治理的。以财产量及其纳税量界定人的政治权利，由他们通过选举等方式组建国家政权来保证、维护财产所有权，不仅是要防止所有者的财产被侵占、掠夺，更要保证和维护财产资本化后的增长。财产是物，不可能自行增加，财产之所以资本化，就在于可以购买并支配劳动者的劳动力使用权及其所生产的被资本所有者称为利润的剩余价值。为此，就需要一个可随时购买的劳动力资源，而且这个资源的所有者又可以自由地出卖其使用权，因此，就要规定他们的人身权和自由，而不能像奴隶和农奴那样属于或依附于特定奴隶主和封建领主。劳动者必须有支配、使用其生命所体现的劳动力的权利，才能与资本所有者以契约形式达成劳动力使用的买卖关系，资主政治也有必要维护这种买卖关系，特别是保证由此买卖而达成的劳动力的使用及其形成的剩余价值归资本所有者所有。也就是说，资主政治要贯彻于资本雇佣劳动制的全过程，以全面维护资本所有者的利益。此外，资主政治还有一个必要功能，就是协调各资本所有者之间的竞争关系，在维护资本主导的社会经济秩序过程中，处理可能出现的各种矛盾。

五　资本主义文化观：围绕以资本为主要内容的财产所有权的个人自由主义

文化是经济、政治的体现和导引，是对人生和社会关系的意识，包括价值观、思想和道德三个环节。资本主义作为资产阶级意识形态的集中概括，是从资产阶级主体对经济、政治、文化的思想体系的抽象论证。与资本主义经济观、政治观相呼应，资本主义文化观也是围绕以资本为主要内容的财产所有权而生发并作用的个人自由主义。

个人自由主义是在反对封建主义和专制主义过程中形成的，虽然自然神论者中也有人要求个性自由，但由于他们都在一定程度上承认造物主，因而其个人主义不可能是彻底的。物质主义的开创者霍布斯和洛克明确地从自然权利和自然法论证了个体人的自由，从而使个人自由主义得以形成并发展。

霍布斯认为，人是物质自然界的一部分，人的生理心理过程，受一般物质运动规律制约，人体只是一架按照力学规律活动的机器，情欲、情感都要服从机械运动的因果律，因此，人有其与生俱来的维护生命和自由的权利，人的意识既包括对外部事物的反映，也包括对自己情欲和情感的认识，由此而形成以个人利益为依据的价值观。他认为，人的基本欲望是财富欲、权力欲、知识欲、安全欲和对死亡的恐惧，在自然状态下，个人行为的动机就是追求自身利益，他可以用一切手段来实现利益，自然权利就是个人为自己利益和安全而可以占有任何物体的权利。从自然权利论，利己是人作为物质体的基本属性，也是其价值观的核心。保全生命、追求幸福既是自然权利，也是个人价值观的体现。由于个人自然权利不受约束的运用会导致冲突，因此要依理性结成社会契约，形成国家和法律，从总体上制约人的行为。但这还不够，还应以道德从总体上对个人进行约束并协调他们的关系，使每个人从理性认识自己是人，他人也是人，所有人都有自然权利，为了避免冲突和战争，在考虑自己利益的同时，还要考虑他人利益，这样才能保全自己的生命和幸福。道德的根据是自然法，自然法既是对自然权利的界定，也是对自然权利相互冲突的制约。自然法基于人的本性，是"永恒不变的"，而道德是在"内心范畴"发挥其约束力的，有一种欲望就有相应的约束力，但这种约束力在"外部范畴"往往因他人不受约束而被破坏，只有所有人都受其约束时才表现出来。霍布斯将道德与社会契约统一起来，道德的作用就在人们的契约关系中。社会契约的核心是权利的交换，主要内容是财产所有权的交换。

霍布斯认为，每个人都是有着保全自我生命需要的独立平等的个体，人生目的是为了在保全生命的基础上追求幸福，财产所有权是实现人生目的的根本保证，明确和维护财产所有权是个人生存和社会关系的核心，人的价值观、思想和道德都是围绕这个核心而形成并发挥作用的。这是霍布斯对个人自由主义的基本界定。据此，他认为人的一切行为都是由自保自利的价值观所导引，为了自保自利而遵从自然法为依据的道德，认可他人的自保自利，形成个人存在和幸福生活的社会环境。这是资本主义文化观的第一次明确论证，不仅划清了与封建主义、专制主义文化观的界限，更为后来资本主义者的深入系统探讨之前导。

洛克则将自然状态说成"一种完备无缺的自由状态"，战争状态是对自然状态的破坏，政治和道德就是要制止、消除战争状态。人的价值观是自然法的体现，思想和道德都是以维护财产所有权，实现自由为核心的。他说："人的自然自由，就是不受人间任何上级权力的约束，不处在人们的意志或立法权之下，只以自然法作为他的准绳。处在社会中的人的自由，就是除经人们同意在国家内所建立的立法权以外，不受其他任何立法权的支配；除了立法机关根据对它的委托所制定的法律以外，不受任何意志的统辖或任何法律的约束。"[1] 生活于社会的人的自由，是其自然自由经社会契约的实现，人们从其自然权利派生的立法权及其制定的法律，都是体现人自然自由的，但要在与他人协调中达成共同接受的可以保证所有人自由的共识。

关于人的价值观，洛克认为，根据自然权利个人的价值观在于保全生命、追求自由和幸福，主张人格独立和思想自由、良心自由。为此，就要坚持自然权利，特别是财产所有权，以财产所有权保证个人自由和幸福。他从心理选择和行为动作的统一来规定自由，认为人的行为能力和心理选择能力是有区别的，意志是人心理选择能力的作用，是"官能的属性"。在主体内部是受意欲支配的心理选择作出意志决定，在主体外部则要受外界事物的制约，由当下的苦乐感决定动机和意志，表现为趋乐避苦和追求幸福的必然性。自由是以主体的能力为内在条件的，只有具备相应的能力才能实现自由，因此自由是有限度的。"自由只是指有动作能力的东西而言，不自由只是指无动作能力的东西而言。"[2] 也就是说自由的外延是以个人生命的能力（包括体力、知识、思想）和他的财产所有权所支配的物质条件为限的，不能凭主观意愿来想象自由。追求幸福就是实现个人最大化的自由，为此，就必须提高自己的能力，更要增加财产量，使能力与财产所有权有机统一，即以个人能力运用其财产，在满足生活需要的过程中，进一步提高能力和增加财产。

个人自由主义在法国启蒙学者那里得到充实和发扬。爱尔维修

---

[1] 洛克：《政府论》（下篇），商务印书馆2011年版，第15页。
[2] 洛克：《人类理解论》（上册），商务印书馆1959年版，第214页。

认为，人作为物质世界的一部分，他的生命具有感觉能力，即肉体的、生理的、物理的感受性，理智力是从感受力发展而来的。人的价值观是理智对感受的概括而形成的对人生目的的规定。人通过感觉感受到快乐和痛苦，以记忆、想象产生希望和失望、忧虑和恐惧等情感，根据反复的经验，形成了追求快乐、回避痛苦的观念。趋乐避苦是人的本性，也是人价值观的主要内容，同时又是道德的基础。他提出"自爱"原则，将之贯穿于价值观和道德的论证中。自爱是一种内在的情感，由自爱产生人的爱好和欲望，成为人行为的动力。自爱可以产生美德，也可以产生恶习。自爱源于人的感受性或感受能力，自爱的集中体现是趋乐避苦，它支配着人的生存和行为。"我们应当把感情和性格的千差万别归之于自爱这种情感的各种不同的变相，这些变相是依人们所受的教育、支配人们的政治以及人们所处的不同地位而定的。"① 自爱情感产生幸福的欲望，幸福的欲望生出权力的欲望，权力的欲望产生悭吝、野心等人为的情感。

霍尔巴赫也从自爱来规定价值观，他继承爱尔维修的自爱说，进一步指出人的本性就是自爱，人价值观的根本也是自爱。"人从本质上就是自己爱自己、愿意保存自己、设法使自己的生存幸福。所以，利益或对于幸福的欲求，就是人的一切行动的唯一动力。这利益取决于人的自然机体、他的需要、他获得的观念，以及他沾染上的种种习惯。"② 所谓利益，"就是每个人按照他气质和特有的观念把自己的安乐寄托在那上面的那个对象。"③ 其核心就是以财产所有

---

① 爱尔维修：《论人的理智能力与教育》，《西方伦理学名著选辑》（下卷），商务印书馆1987年版，第55页。
② 霍尔巴赫：《自然的体系》（上卷），商务印书馆1977年版，第262页。
③ 霍尔巴赫：《自然的体系》（上卷），商务印书馆1977年版，第259—260页。

权以及与它相关的自由和安全。

个人自由主义价值观在斯密那里得到更为充分的论述,他承继洛克以来英法两国思想家的观点,在对资本主义经济进行深刻系统规定的同时,对围绕财产所有权形成的价值观进行更为透彻的论证。他认为,每个人都是以自己为中心,以追求私利为目的,"每个人生来首先和主要关心自己;而且,因为他比任何其他人都更适合关心自己,所以他如果这样做的话是恰当和正确的。因此每个人更加深切地关心同自己直接有关的、而不是对任何其他人有关的事情。"① 利己性主要体现于以财产所有权为核心的"经济人"的规定上。"经济人"是市民社会和商品经济的基本单位,每个人都是围绕财产所有权而追求个人利益,并进行自由竞争的。其目的和出发点都是个人利益,同时自由竞争的过程提高了社会生产力,促进了经济繁荣,从而使所有人都从总体上得到利益。

个人自由主义在边沁那里得到集结性论证,形成功利主义体系。边沁明确地将趋乐避苦作为价值观的核心,他说:"自然把人类置于两位主公——快乐和痛苦——的主宰之下。只有它们才指示我们应当干什么,决定我们将干什么。是非标准、因果联系,俱由其定夺。凡我们所行、所言、所思,无不由其支配:我们所能做的力图挣脱被支配地位的每项努力,都只会昭示和肯定这一点。一个人在口头上可以声称绝不再受其主宰,但实际上他将照旧每时每刻对其俯首称臣。"② 快乐和痛苦决定并制约人的行为,趋乐避苦是人行为的动机和目的。边沁将快乐与痛苦分成简单和复杂两个层次,简单的快乐有14种:感官的快乐、财富的快乐、技艺的快乐、友好的快乐、美名的快乐、权力的快乐、虔敬的快乐、仁慈的快乐、恶意的快乐、

---

① 斯密:《道德情操论》,商务印书馆1997年版,第101-102页。
② 边沁:《道德与立法原理导论》,商务印书馆2000年版,第57页。

回忆的快乐、想象的快乐、期望的快乐、联想的快乐、放松的快乐。简单的痛苦有12种：感官的痛苦、贫困的痛苦、笨拙的痛苦、憎恨的痛苦、恶名的痛苦、虔诚的痛苦、仁慈的痛苦、恶意的痛苦、回忆的痛苦、想象的痛苦、希望的痛苦、联想的痛苦。在现实中，这些简单的快乐或痛苦往往不是单一出现的，其中的几种可以构成一种复杂的快乐或痛苦，一种复杂的快乐或痛苦也可以分解为几种简单的快乐或痛苦。个人的乐或苦与他人、与社会环境密切相关，不论快乐与痛苦，都是以人的身体状况和财产为基础的，财产所有权及其包含的财产量，在简单和复杂的快乐和痛苦中都是基本因素。乐与苦对人的价值由强度、持久性、确定性、远近性、继生性、纯粹性和范围七个条件决定，而且可以进行计算，由此他提出了"最大幸福原则"，也即最优功利原则。个人功利原则扩展至社会，就形成"最大多数人的最大幸福"原则，即增多社会成员幸福的趋向多于减少社会成员幸福的趋向。社会在保证每个人利益同时，自然而然地增加了社会的利益。社会对个人利益的保证，主要就是维护财产所有权，这是价值观的核心，边沁的功利主义就是围绕这个核心而展开的。

思想是个人自由主义文化的主干内容，是从其价值观对社会活动和社会关系的理性认识。随着资产阶级的形成演化，其文化的思想环节也不断丰富和发展，并构建了以物质主义哲学为前导的庞大学科体系，涉及经济、法律、政治和社会生活的各个方面。从一定意义上说，所有资产阶级思想家的著述都是思想环节的内容，并以相应的学科体系为论述形式。

概括而论，资产阶级思想是以物质主义哲学观念为大前提，从物质本体论，即世界是物质的，物质是自然的观点出发，来论证自然规律和人的物质自然性，进而规定人的存在与利益、自然权利和社会契约、国家。在此基础上，进一步批判集权专制和封建领主制，探讨能够保证资本所有权，增加资本量的资产雇佣劳动制的经济、政治关系。这些内容，自资产阶级初步形成就已经进行论说，到启蒙运动达到一个高潮，霍布斯、洛克及霍尔巴赫等物质主义哲学家，不仅论证了物质主义哲学观念，还对资产阶级思想的各要点都进行了初步探讨，形成了初级资产阶级思想系统，确定了资本主义观念，指导了资本雇佣劳动制的建立。当资产阶级的统治地位巩固以后，其思想家探讨的重点就是从资产主义观念具体研究以资产阶级为主体的经济、法律、政治和社会生活的各方面，其内容相当广泛、丰富、细致，甚至让人不能像对价值观和道德环节那样列举代表人物的言论，而且因不同时期、国度、阶层、集团的利益差异和研究者的思维方式而形成诸多流派，构成了若干学科和不同的论述形式。

资产阶级思想作为其阶级意识的理论概括，是资本雇佣劳动制的意识形态。在近二三百年的人类历史上居统治地位，但不论其著述多如牛毛，其形式千变万化，其各流派多么复杂，却有一个共同点，就是围绕资本为主的财产所有权的个人自由主义。

个人自由主义道德，是其价值观通过思想在总体意义上的集合，是为了保证以资本为主要内容的财产所有权和自由竞争，从资产阶级意识对个体价值、思想和行为的制约。资产阶级在形成演化过程中的矛盾，使其思想家认识到，为了实现个人的自然权利和自由，必须承认他人的自然权利和自由，为此就要从总体上形成个体间相互承认和协调的道德。霍布斯指出，为约束个人行为，避免人与人之间的"战争状态"，不仅要依理性结成社会契约，形成国家和法律，还要以道德从观念上使每个人认识他人与自己同样是人，都有自然权利，为了不陷入无休止的"战争状态"，在考虑个人利益时，必须充分考虑他人利益。道德是在"内心范畴"发挥约束力的，每一种欲望都有相应的约束力，所有人都由这种内在约束力制约，并体现于人的社会契约关系中。为此，道德的首要环节是守信，即履行契约。"正义的性质在于遵守有效的信约，而信约的有效性则要在足以强制人们守约的社会权力建立以后才会开始，所有权也就是在这个时候开始。"① 正义包括两种：一是交换的正义，即立约者的正义，体现于买卖、雇佣、借贷、交换及其他行为中的履行契约；二是分配的正义，当某人经人们推选而成为公断人后，按各人应得的份额分配公共物品和利益。交换的正义和分配的正义是维护以资本为主的财产所有权和自由竞争的基本道德。

洛克认为，道德就是个人依据自然权利给自己立法。所谓道德规则，也就是道德法，是个人给自己的意志和行为确立的法则。人类按其本性趋利避害，不仅需要法律从外部强制，更需要道德从内心的约束。道德是人控制自己行为的主要规范，是在人生存与实践中形成，是从经验中获得的，是生活经验、传统教导、国家教育、习俗熏染和权威影响的结果，而非上帝主义或自然神论宣扬的"上帝旨意""天赋道德"。道德产生于人的苦乐感受，由苦乐感受形成善和恶的观念。所谓善，就是引起快乐或减少痛苦；所谓恶，就是产生痛苦或减少快乐。人的善恶观是人情感的根源，人类共有的情感分为快乐和痛苦两大类，前者包括爱慕、欲望、欢乐、希望，后者包括憎恶、悲痛、恐惧、失望，人根据善恶观来追求快乐避免痛苦，而这就是道德的规则。依据道德规则，评判行为，确定关系，区分正邪、善恶，考察个人行为的道德价值，以赞、讥、毁、誉等施行道德制裁。道德规则体现于社会契约关系中，包括个人对家庭、社会、国家的义务，以及如何处理"制度的关系"，即财产关系和政治关系。义务和权利是统一的，只有履行义务，才能行使权利，得到权利规定的利益。人之所以依从道德规则，是与个人的自由精神

---

① 霍布斯：《利维坦》，商务印书馆1985年版，第105页。

和追求幸福的目的统一的，幸福的根本在于获得物质财产，道德规则是围绕物质财产的所有权及对增加财产量的竞争的，只有所有人都履行道德规则的义务，才能得到普遍幸福。

爱尔维修则从"自爱"原则论道德，自爱源于人的感受性，集中表现为趋乐避苦。对个人而言，自爱是价值观和思想的出发点，在社会关系中，自爱表现为由己及人的道德。道德的基本是由个人自爱而产生的善恶情感。凡是使人得到快乐的，就是善；凡是使人痛苦的，就是恶。快乐是利益，痛苦是损害，二者可以从承认他人财产所有权加以界定。霍尔巴赫认为，要实现个人利益，就必须结成社会，只有同类幸福，个人才能幸福，这是道德的基础。道德就是要在教导人正确认识自己利益的同时正确对待他人的利益。维护自己权利和维护他人权利是统一的，道德集合于财产所有权，相互尊重并在社会契约中维护自己和他人的财产所有权，是道德对所有人的要求。为了达到这种要求，不仅要自觉自愿，还要有必要的强制，这就是义务。义务是经验和理性指给人们为达到确定的目的所必须采取的办法。义务是带有强迫性的，即道德对个人行为的强制，"道德的强制，就是不得不使用一些适宜的方法，让同我们一起生活的人得到幸福，促使这些人也使我们自己得到幸福的一种必然性。"[①]

斯密从人的利己性论证道德，在他看来，道德是基于利己性的同情心的体现。"无论人们会认为某人怎样自私，这个人的天赋中总是明显地存在着这样一些本性，这些本性使他关心别人的命运，把别人的幸福看成是自己的事情，虽然他除了看到别人幸福而感到高兴以外，一无所得。这种本性就是怜悯或同情，就是当我们看到或

---

① 霍尔巴赫：《自然的体系》（上卷），商务印书馆1977年版，第112页。

逼真地想象到他人的不幸遭遇时所产生的感情。"① 即使"最大的恶棍",以及其他严重地违反社会法律的人,也不会完全丧失同情心。他认为,同情源于心理的联想和经验,人类的人体都具有一样的感官,因而对同一对象或情境能产生相同的感受,这是同情的基础。由此而设身处地进行联想,就会形成情感共鸣。情感共鸣会使人产生愉快或不愉快的情绪并协调相应的行为。在旁观者努力体谅当事人的情感和当事人努力把自己的情绪降到旁观者所能赞同的程度基础上,形成了两类美德,一是温柔、有礼、和蔼可亲、公正、谦让、宽容;二是崇高、庄重、自我可知、尊严、荣誉。据此他认为,情感共鸣是影响人们行为的重要因素,是人间友谊和道德的纽带。道德判断中的美与恶,正当与不正当等,都要依据情感共鸣,进而规定人们情感之间的合宜性,包括情感产生的原因、动机、结果及其之间的关系。在对他人进行道德判断的同时,人对自己的品行进行道德判断,其原则也是情感共鸣。据此,斯密推论出道德原则形成的机理。他认为,道德原则并不是"社会规定",而是"共同的感觉",由"共同的感觉"决定道德规范中的禁止与提倡。人类的美德包括谨慎、正义、仁慈及由之形成的自制,并由自制表现出来。三种美德及其表现的自制,都是以保持健康和财产、地位为指向的,道德的社会作用,还在于维护自己和他人的生命和财产所有权。

个人自由主义的价值观、思想、道德是内在统一的,价值观只有表现为思想才能确立,并受思想和道德的制约;思想以价值观为依据和出发点,并在道德的约束下论证社会生活和关系;道德则是价值观的社会化,是依据思想而从总体上控制个体的行为。作为资本主义重要环节的个人自由主义,经霍布斯到边沁为代表的众多思想家约两个世纪的探讨得以成熟,是这期间资产阶级革命和资本雇

---

① 斯密:《道德情操论》,商务印书馆1997年版,第5页。

佣劳动制创建的依据。以后虽然也有很多人论说个人自由主义，但几乎没有新意，即使像哈耶克那样名噪一时的学者，也只是在重复围绕财产所有权的个人自由主义时，对来自社会主义者的批判作了些反驳，但既说不上有新意，更没有了其前辈们的先进性，只是为已经落后于时代的资本主义作一些辩护。

第二章
资本经济学法层次：论证、辩护、维持资本雇佣劳动制的方法论

资本经济学的法层次是其道层次的展开，即以资本主义观念论证、辩护、维持资本雇佣劳动制的方法论。资本经济学的目的，就是否定和排斥不符合资本主义的制度，这包括旧的封建领主制和集权官僚制，以及劳动者思想代表所主张的以"社会主义"名义的劳动公有制。为此，资本经济学者们在法层次的任务，首先就是在批判和否定封建领主制、集权官僚制的基础上，论证资本雇佣劳动制的合理性和必然性，其核心是保证资本所有权及其对利润的获取，进而针对劳动者思想代表的有关批评，为资本雇佣劳动制进行辩护。辩护是与论证统一的，也可以说是论证的内容，二者的区别在于论证是与对旧制度的批判相结合的，是对新生的资本雇佣劳动制合理性、必然性的论说，而辩护则是否认劳动者思想代表所揭示的资本雇佣劳动制内在矛盾，因此二者在方法论上又有所区别。对于资本经济学的研究和论说者来说，在为资本雇佣劳动制论证和辩护的同时，一个更切实的任务就是以实用原则维持这个制度的运行，保证利润的生产和实现，维护资产阶级的利益和统治，并展现于术、技层次，这是资本经济学的主干内容，也是其方法论重要环节。

一　对旧制度的批判和否定

资本经济学形成于欧洲初级集权官僚制时期，曾是各大国专制君主重商主义政策所促成的商业资本发展的思想表现，是商业资产阶级利益的意识形态，随着商业资本向工业资本的转化，资产阶级不仅突破了商业的局限并成为全部经济活动的主导，而且成为可以从政治上统治社会的强大势力，其利益和意识已经与初级的集权专制制度不相容，资本经济学势必要摆脱对专制制度的依附，从资产阶级的社会主体地位论证资本主义的制度化，以确立其对经济的全面统治。因而，在几百年的时间内，初级的资本经济学就经历了三次对旧制度的批判和否定：一是重商主义者依据自然神论对封建领主制的批判；二是重农学派在维护专制主义旗号下批判重商主义，提出改良专制统治，实行自由竞争；三是洛克到斯密对专制主义的批判。这递进的对旧制度的批判，是资产阶级不断壮大、阶级意识日益系统的过程，资本经济学之法层次也随其道层次资本主义的成熟而演进。

重商主义者作为早期商业资本家的思想代表，是在集权官僚制取代封建领主制的进程中，在专制君主支持下探讨、发展商工业增强国家财力途径的，他们以自然神论为哲学观念，从富国重商目的出发，以国家税赋征收为标准，总结商人从业经验，切实地批判和否定上帝主义经院哲学的经济思想，强调商工业发展是国家富强的唯一途径，主张消除封建割据并向外扩张领土和殖民地，为商工业发展扫除障碍。经院哲学经济思想集中体现于托马斯·阿奎那（1225—1274）的《神学大全》中，其要点是以神学本体论为基础的三段论，依《圣经》和其他经典演绎经济生活中的对与错、应该与不应该,如"在贸易中按照高于买进时的价格出售商品是不合法的"[1] 以及"对所贷出的金钱的使用收取那种被称为高利的代价是违法的"[2]。这些思想都是抑制商业发展的,其重点在于强调获取利润是不符合上帝旨意,也是不道德的,而重商主义所处的时期尚未完全消除教会在意识形态的主导地位,即使依自然神论也很难从学理上克服抑商(实为"抑利")思想。因此,重商主义者避开学理上与教会的纠缠,直接以国王的意愿和政策为依据,只谈如何富强国家,不论是否符合《圣经》和经院哲学的教条。重商主义者的方法论,可以概称之"经验总结法",这是他们思想法层次的特点所在。虽然在学理上并不系统,但却在实际中行之有效。重商主义者主要来自成功商人和管理经济的官员,他们的著述都是其经验的总结,而且都与国家财政直接统一,既有很强的说服力,又会让教会主管意识形态的人无话可说。更为重要的是,他们依经验总结而提出的建议,具有明确的操作性,一经国王认可,即可成为政策,因而在商业资本的发展中起着明显的指导作用。

重商主义的经验总结法在安·德·蒙克莱田(1575-1622)和托马斯·孟(1571-1641)那里突出表现出来。蒙克莱田是法国一个金属器具的制造业主,1615年,他发表了《献给国王和王后的政治经济学》,第一次提出了"政治经济学",其意为国家管理经济的学说,是依从国王的意愿,代表商人、手工业主向国王讲述富强国家的道理,强调了工场手工业、商业、航海业的重要,并就如何发展这些行业提出了建议。孟是英国的一个大商人,东印度公司的董事和政府贸易委员会的委员,1621年,他发表了《论英国与东印度公司的贸易》,后又改写成《英国得自对外贸易的财富》,于1644年

---

[1] 阿奎那:《神学大全》,《早期经济思想》,商务印书馆2011年版,第63页。
[2] 阿奎那:《神学大全》,《早期经济思想》,商务印书馆2011年版,第69页。

由他儿子出版。这部书是作者毕生经验的结晶，是经验总结法的典范，它以一个饱经沧桑的老商人教诲后代的方式写出，以充分的事实说明发展外贸是国家富强的必要途径。全书二十一章，每章都很短，几乎所有论述都以丰富的经验为基础，并不引经据典，与阿奎那等经院哲学教士们正相反。运用经验总结法，孟既教导后代如何成为一个合格的商人，又对国家的经济政策提出建议，其中关于对外贸易顺差的论证最具特色，他强调只要加强出口，在对外贸易中保持顺差，就不应禁止用本国货币购买外国商品，批驳了早期重商主义者的"只卖不买"的观点，认为只要国家提供良好的航海等条件和政策保障，用本国货币购买外国商品，增加国内消费和转口贸易，反而会促进本国商品的出口，并促进手工业发展。在为商工业资本家赚取利润的同时，为国家增加税收。

蒙克莱田和孟的经验总结法，使资本经济学初具雏形，虽然学理性不强，却也提出了资本经济学的几个基本和主干概念，如价值、价格、货币、利润，以及对赋税、商业、手工业及政府经济管理的观点。而詹姆士·斯图亚特（1712－1780）作为最晚的重商主义者，则从学理上对重商主义经验总结法的成果进行了概括，其《政治经济学原理研究》一书，可以说是重商主义思想的一个概括。

重农学派以法国的布阿吉尔贝尔（1646－1714）和魁奈（1694－1774）为代表，他们虽然不直接反对专制主义，但将矛头指向专制主义所推行的重商主义政策，进而在对重商主义的批判中提出了改革专制制度的主张。

布阿吉尔贝尔是一名地方法官，耳闻目睹了重商主义政策给农业和国民经济造成的恶果，他接受了早期物质主义观念，否认上帝对人世的主宰，强调经济过程受自然规律支配，人只能按照自然规律行事，否则，"破坏经济秩序规律一定要受到惩罚。"① 经济规律就是自然和社会各种条件的平衡，只有大自然才能安排这种平衡，政府不应妨碍大自然的规律，君王只有顺应自然经济规律，才能做出对国家和人民有益的事。他认为，正是自然的经济规律要求自由竞争和发展，君王和政府的任意干预有碍，甚至有害经济发展。重商主义及其政策，就是君王和政府随心所欲控制经济的体现，是违背自然经济规律的。从方法论角度看，布阿吉尔贝尔受法国笛卡尔以来理性主义的影响，以自然神论和初级物质主义的自然观为前提，从自然规律推论经济规律，进而由经济规律演绎论证具体经济现象，评判重商主义及其政策。在这个过程中，他又注重收集实际材料，强调归纳的作用，因而其论证显得充实可信。布阿吉尔贝尔的著述虽然还没有形成大的演绎体系，但他在对重商主义的批判中关于法国实际经济矛盾的探讨，使他对财富、货币、赋税这三个重商主义者提出的概念进行了改造，提出了重农主义观念，同时，也对如何改进政府及其经济政策进行论证。虽然没有否定专制制度，但布阿吉尔贝尔对专制政府推行的重商主义政策的评判，以及要求君王和政府服从自然经济规律的主张，都表现出他对以自然神的上帝为主宰的专制制度的不满，他所推崇的自然规律，已是没有上帝的物质的自然规律，因此，他所希望的也是"开明的"能够顺应自然规律的专制制度。

魁奈承继布阿吉尔贝尔的思路，进一步将理性主义哲学方法运用于经济研究，在批判重商主义的同时，提出了改革专制制度的主张，并通过对经济活动的总体探讨，形成了以"纯产品"概念和《经济表》为标志的重农主义学说体系。他在经济学法层次的贡献，

---

① 布阿吉尔贝尔：《法国详情》，《布阿吉尔贝尔选集》，商务印书馆1984年版，第87页。

就是以物质主义哲学观念为前提,提出"自然秩序"概念,据此批判重商主义政策,在要求改变政策的同时改革制度和政府。

魁奈是一名医生,与王室和权贵有密切关系,并因此对法国经济有广泛了解。他与物质主义者狄德罗、达兰贝尔、爱尔维修等都有交往,并认可他们的观点,同时他继承了法国的理性主义方法,在《自然权利》一文中,他写道:"所谓理性,在最初不过是使人能够获得自己所必要的知识,并依赖这项知识,把握作为人的存在的本性所不可缺少的实际的善和道德的善所必要的能力和才能。理性对于灵魂的关系,好像眼睛对于身体一样,如果没有眼睛,人就不能享受亮光,如果没有亮光,人就不能看到任何东西。"[①] 魁奈和其他法国启蒙学者一样,认为只有通过理性才能认识自然规律,自然秩序是人自然权利的体现,人类社会应以自然秩序和自然法为根据,以实现人的自然权利和自由。经济学的研究,就是认识经济过程中的自然秩序,以制定符合自然秩序的"实在法"。因此,理性在经济学中起着至关重要的作用,其中分析是关键环节,经济学的分析就是解剖经济和再生产机构,说明它各部分的相互关系和作用,"以此来显示出这种机构的组织。"[②] 运用这种理性分析方法,魁奈得出他认为符合自然秩序的关于农业、工商业关系的认识:农业是生产的,即增加物质产品的,而工业只是加工改造农产品,商业只是将农产品和工业品在不同地方流通,因而工业和商业都是不生产的。在农产品中扣除工资和生产资料的剩余,是"纯产品",归属土地所有者。魁奈关于农业是生产、工业和商业是不生产的观点的局限是明

---

① 魁奈:《自然权利》,《魁奈经济著作选集》,商务印书馆1979年版,第306页。

② 魁奈:《农业哲学》,《魁奈经济著作选集》,商务印书馆1979年版,第244页。

显的，是他重农主义的偏颇所致，但他关于"纯产品"的概念规定，以及对经济中阶级关系的分析，还是有新意的，特别是他据此提出的《经济表》，对社会总体经济结构和再生产作了首次概括，足见其方法论的高明处。

魁奈并不直接反对专制制度，但他在自然秩序、自然法、自然权利等概念的展开论证中，得出了他改革专制制度的主张。他认为，政府和法律都应以自然规律为依据，并保证人的自然权利。"当法律和监护的权力，不能保证所有权和自由时，就完全不存在有效的政府和社会，有的只是有政府外表的独裁，实际上则是无政府。在这样的情况之下的实定法和独裁，只是庇护和保证了强者的僭夺，破坏弱者的所有权和自由。"① 可见，他理想的君主制并不是剥夺人的自然权利的独裁，而是依据自然法制定的实在法，构建社会制度和秩序，是"最有利于君主的秩序，因为真正最有利于君主的，也是最有利于国民的。"② 可见，魁奈认可的君主制大体上与孟德斯鸠主张的君主立宪制相同，与孟德斯鸠一样，他也不是要维护法国既有的专制制度，而是要根据自然法进行改革，"详细地规定公民的自然权利的有效法律"③，保证人们自然权利所包含的财产所有权，主要是资本所有权及其对利润的获取，在此基础上，应当容许自由竞争，"自然的贸易政策在于建立自由的和不受限制的竞争，这种竞争能保证国家有尽可能多的购买者和出售者，从而保证它在买卖交易时达

---

① 魁奈：《自然权利》，《魁奈经济著作选集》，商务印书馆1979年版，第303页。
② 魁奈：《自然权利》，《魁奈经济著作选集》，商务印书馆1979年版，第305页。
③ 魁奈：《中国的专制制度》，《魁奈经济著作选集》，商务印书馆1979年版，第410页。

成最有利的价格。"① 保证财产所有权和自由竞争的政治制度,虽然可以保留君主,但必须依自然法进行改革,这也是对独裁专制制度的否定。

对专制制度的批判和否定,在洛克那里更为彻底和系统。洛克对资本主义道层次的深入理解,展开于法层次,是资本经济学得以确立和系统的必要环节。美国制度学派代表康芒斯曾写道:"表现在洛克身上的结果是,怀疑主义代替了认识,或然性代替了必然性,理性代替了权威,研究代替了武断,立宪政府代替了专制,主张司法独立借以保障财产、自由和容忍等。在各种学问方面,他成为十七世纪的缩影,支配了十八世纪,并且在哲学家和心理学家抛弃经济学以后控制了十九世纪和二十世纪中正统派经济学者的制度的心理的概念。"② 洛克对专制制度的批判与对资本雇佣劳动制的论证,是内在统一的。

洛克是针对罗伯特·菲尔麦爵士的《先祖论》关于专制制度绝对权力的论说而写的《政府论》中展开对这个制度批判的。洛克指出,罗伯特·菲尔麦此文的基本思想是:"一切政府都是绝对君主制;他所根据的理由是:没有人是生而自由的。"③ 罗伯特·菲尔麦及其代表的"一伙人"宣称,君主们都享有神权赋予的绝对权力,从而也就否认了人类的天赋自由权,一切臣民都是暴政压迫下的奴隶。洛克指出,这伙人到处宣扬"人类不是生而自由的,因此绝不能有选择他们的统治者或政府形式的自由;君主所有的权力是绝对的,而且是神授的,奴隶绝不能享有立约或同意的权利;从前亚当

---

① 魁奈:《中国的专制制度》,《魁奈经济著作选集》,商务印书馆1979年版,第415页。
② 康芒斯:《制度经济学》(上册),商务印书馆1962年版,第20–21页。
③ 洛克:《政府论》(上篇),商务印书馆2011年版,第2页。

是一个专制君主,其后一切的君主也都是这样。"① 而罗伯特·菲尔麦等人的根据,主要就是《圣经》传说的上帝先创造了亚当,并从他身上分出一块骨肉来造成女人,而人类都是作为亚当和这个女人(夏娃)的后代而繁殖,上帝不仅授予了亚当对这个女人及他们所生子女的统治权,而且还让他去征服整个世界和世界上的一切生物。因此,"亚当的嫡嗣"天生就是其余一切人之王。

洛克不厌其烦地针对罗伯特·菲尔麦的论点,层层剥析,论证了"奴隶制与自然的自由""父权和王权""亚当由于为神所创造而享有主权""亚当由于神的赐予而享有王权""亚当由于夏娃对他的从属而享有主权""亚当由于父亲的身份而享有主权""父权与财产权作为统治权的共同根源""亚当的最高君主统治权的转移""从亚当承袭下来的君主制""亚当的君权的继承者""谁是这个继承人",指出其矛盾与谬误,然后写道:"第一,亚当并不基于父亲身份的自然权利或上帝的明白赐予,享有对于他的儿子的那种权威或对于世界的统辖权,如同有人所主张的。第二,即使他享有这种权力,他的继承人并无权利享有这种权力。第三,即使他的继承人们享有这种权力,但是由于没有自然法,也没有上帝的明文法,来确定在任何场合谁是合法继承人,就无从确定继承权因而也无从确定应该由谁来掌握统治权。第四,即使这也已被确定,但是谁是亚当的长房后嗣,早已绝对无从查考,这就使人类各种族和世界上各家族之中,没有哪个比别的更能自称是最长的嫡裔,而享有继承的权利。"② 洛克的论述,从根本上颠覆了"君权神授"说的基础,为从自然权利否定君主专制确立了前提。

通过对历史和现实材料的归纳,洛克得出结论:"现在世界上的

---

① 洛克:《政府论》(上篇),商务印书馆2011年版,第3页。
② 洛克:《政府论》(下篇),商务印书馆2011年版,第1页。

统治者想要从亚当的个人统辖权和父权为一切权利的根源的说法中得到任何好处，或从中取得丝毫权威，就成为不可能了。所以，无论是谁，只要他举不出正当理由来设想，世界上的一切政府都只是强力和暴力的产物，人们生活在一起乃是服从弱肉强食的野兽的法则，而不是服从其他原则，从而奠定了永久混乱、祸患、暴动、骚扰和叛乱（凡此都是赞同那一假设的人们所大声疾呼地反对的事情）的基础。"① 这是对专制制度的深刻批判，也是洛克主张以自然权利为根据建立新制度，以社会契约组成民主政府的理由。洛克对专制制度的批判和否定，对英、法两国启蒙学者有重大影响，是他及斯密等人创建资本经济学的必要环节，也是资本经济学从法层次论证资本雇佣劳动制的必要前提。

斯密对专制制度的批判已不像洛克那样尖锐，其原因之一就是此时资产阶级的统治地位已经确立，其二是斯密更为专注于创建资本经济学的系统，因而他对专制制度的批判集中于专制政府的性质、原则及其管理经济的机制、政策等方面。在《关于法律、警察、岁入及军备的演讲》中，斯密说君主专制的拥护者依据"权能原则"，"主张政府是神权组织，认为反抗政府是犯罪的，正如一个小孩反抗他的父亲或母亲是犯罪的。"② 专制制度是违背自然权利的，也不是按社会契约构建的，而是以强制力迫使人服从的。"要是说一个人由于逗留在一个国家便已同意服从政府的契约，这样说等于把一个人带到船上，在他离岸很远的时候告诉他说，由于他留在船上，他已经签约服从船主。一个为人类所完全不熟悉的原则不可能成为某项

---

① 洛克：《政府论》（下篇），商务印书馆2011年版，第1-2页。
② 坎南编：《亚当·斯密关于法律、警察、岁入及军备的演讲》，商务印书馆1962年版，第37页。

义务的根据。"①

在《国民财富的性质和原因的研究》中,他从对实行重商主义政策及重农主义政策的专制政府以及"特惠或限制的制度"的批判中,指出专制制度是违背自然经济规律,阻碍生产力发展的。斯密关于重商主义政策的批判,主要在对重商主义政策的详细分析,特别是法国路易十四时主政的科尔伯特(亦译柯尔培尔)及其政策恶果的评判中,他写道:"路易十四有名的大臣科尔伯特,为人正直,而且勤勉异常,有渊博的知识,对于公共账目的检查,又富有经验,极其精明。总之,在各方面,他的能力都使他对于公共收入的征收和支出,能搞得井井有条。不幸,这位大臣抱有重商主义的一切偏见。这种学说,就其性质与实质说,就是一种限制与管理的学说,所以,对于一个惯于管理各部公务,并设置必要的制裁与监督,使各部事务不逾越其适当范围,而又勤苦工作的事务家,是很合脾胃的。"② 可见,重商主义政策的恶果,并不是政府管理者本人能力和失误造成的,而是由制度决定的,包括选择科尔伯特主管经济,以及"特惠或限制的制度",甚至路易十四本人,都是专制制度的要求和体现,由此导致"他对于一个大国的工业及商业所采用的管理方式,与管理各部公务的方式一样;他不让各个人在平等自由与正义的公平计划下,按照各自的路线,追求各自的利益,却给某些产业部门以异常的特权,而给其他产业部门以异常的限制。"③ 这种违背自然经济规律的对某些部门以特惠,给某些部分以异常限制的政策,

---

① 坎南编:《亚当·斯密关于法律、警察、岁入及军备的演讲》,商务印书馆1962年版,第39页。
② 斯密:《国民财富的性质和原因的研究》(下卷),商务印书馆1974年版,第229页。
③ 斯密:《国民财富的性质和原因的研究》(下卷),商务印书馆1974年版,第229—230页。

只能是专制制度的体现。为了使"各个人在平等自由与正义的公平计划下，按照各自的路线，追求各自的利益"①，就必须否定这种专制制度。

斯密接着对否定重商主义政策的重农主义政策进行了分析，虽然他对魁奈等人的经济思路有不少赞许，并且在自己学说中加以吸收，但他认为重农主义政策依然是专制制度的体现，"为了增进农业而特别重视农业，并主张对制造业及国外贸易加以限制的那些学说，其作用都和其所要达到的目的背道而驰，并且间接妨害他们所要促进的那一种产业。就这一点说，其矛盾也许比重商主义还要大。"②克服重农主义政策的错误，就要改变不遵循自然经济规律的专制制度，而这正是资本雇佣劳动制合理性之所在。

二 对资本雇佣劳动制的论证

批判和否定旧制度，目的在于说明制度变革的必然性和新制度的合理性，这二者在资本经济学形成过程中是统一的，但在重商主义者和重农主义者那里，由于他们还依附或认可集权官僚制度，因而对资本雇佣劳动制的论证还是不充分的。重商主义者所要求的，主要是专制君主给商业、手工业资本以宽松的政策和制度环境，以便获取更大利润和不断发展。而重农主义者虽然提出了改良专制制度的主张，但并没有否定这个制度，特别是其政治制度，他们所要求的实际上是政治君主制下的资本雇佣劳动制，但由于其重农主义

---

① 斯密：《国民财富的性质和原因的研究》（下卷），商务印书馆1974年版，第229页。

② 斯密：《国民财富的性质和原因的研究》（下卷），商务印书馆1974年版，第252页。

观念的局限，他们对资本雇佣劳动制的论证也是不全面的。而在率先进行资产阶级革命并建立资本雇佣劳动制的英国，洛克、休谟等人率先开始了对资本雇佣劳动制的正面论证，并在斯密和李嘉图那里得以系统化。与李嘉图同时代的萨伊则继承斯密的思路继续进行了论证，并在论证中包含辩护的成分，这个传统一直延续到约翰·穆勒，因此，马克思称之为"庸俗经济学家"。但此时资本雇佣劳动制还处上升期，这个期间的资本经济学法层次对资本雇佣劳动制的论证与辩护还是交织在一起的，但其主要方面是论证资本雇佣劳动制建立和完善的方法论。

资本经济学论证资本雇佣劳动制的方法论体现于以下环节：

其一，从自然权利、社会契约和自然经济规律论证资本雇佣劳动制及资本获取利润的合理性。这是资本经济学法层次的基本，也是其道层次展开的首要环节。资本的本性是生利而增殖，以上帝主义为思想基础的封建领主制为了抑制非贵族的平民将货币转化为资本形成威胁领主统治的势力，将资本视为罪恶而严加阻压，重商主义者依从国王消除封建的意愿主张发展商业，其要点就是承认商人对其财产的所有权和经营获利的自由。因此，他们以文艺复兴运动的哲学观念自然神论为依据，强调财产所有权和获利的自由，主张在国王特许的城市中实行相应的法律，形成"市民社会"这个初级的资本雇佣劳动制，这是专制政治控制之下的经济制度，因而也是不完善的资本雇佣劳动制，但也有效地保证了商业资本的发展及其向工业的转化。

英国的资产阶级形成比较早，其代表霍布斯率先提出自然权利概念，主张以自然权利为基础的制度变革，即对专制制度进行改革。他的这一思路得到洛克等人响应，并扩展至经济学研究。洛克在《政府论》上篇批判了"君权神授"的专制制度后，在下篇对否定专制制度的新制度原则和框架进行了论证，其要点是以自然权利为基础，在此基础上建立符合自然法的社会制度和政府。洛克对自然权利的论说是从人身权开始的，他认为，在自然状态下，"土地和一切低等动物为一切人所共有，但是每人对他自己的人身享有一种所有权，除他以外任何人都没有这种权利。他的身体所从事的劳动和他的双手所进行的工作，我们可以说，是正当地属于他的。所以只要他使任何东西脱离自然所提供的和那个东西所处的状态，他就已经掺进他的劳动，在这上面参加他自己所有的某些东西，因而使它成为他的财产。"[①] 劳动不仅因为改造了自然物而使之成为私有财产，而且也将劳动所及并能充分利用的土地变成私有财产。虽然洛克这种说法与历史事实不符，但却可以论证财产的私人所有权是自然权利。他进而又推论人们将其剩余产品换成贵金属和货币积累起来的所有权也应属于私人，并受到法律的保护，而且，仆人的劳动产品应归主人所有。可见，洛克所论的自然权利，已非原始人如何以劳动获取个人生活资料，而是从人生命活动的劳动改造自然物的用途来证明私人财产所有权的合理性，人们出让部分自然权利以契约形式结成社会、组建政府的目的，主要就是保护他们的财产，政府也必须以法律保证个人自然权利为原则。洛克不赞成专制制度，主张以立法权为主，并与行政权、司法权分别行使权力的民主制度，这是已经强大到可以自立并主导政治的资产阶级的要求。

霍布斯、洛克从自然权利概念论证变革社会制度的思想，不仅在英国，在法国及欧洲各国都得到关注，形成了从哲学到法学、政治学、经济学的全面思想变革。重农学派针对法国特殊经济矛盾，运用并发展了自然权利、自然秩序、自然法等概念，在批判、改革专制制度的同时，提出关于新经济制度的基本设想。

重农学派不满足于政治专制下扭曲的资本雇佣劳动制，主张依

---

① 洛克：《政府论》（下篇），商务印书馆2011年版本，第18页。

据自然秩序保证自然权利的经济制度,并对专制制度进行相应改革。魁奈对自然权利是相当重视的,这个概念也是重农学派的一个理论基点,在《农业·商业·财政评论》第 1 期(1765 年 9 月)发表魁奈《自然权利》一文时,编者杜邦专门写了篇序言,指出:"自然权利,正如这篇论文所说的一样,完全可以包含在经济科学形而下的法则的秩序中,因而这个《考察》是从人们的一般利益,以及人们为了获得所必要的财富所应遵守的自然诸法则的观点,把它概括的说明的摘要。"[①] 魁奈及其重农学派就是从自然权利来论证其所理想的经济规律和秩序的。他说:"所谓人的自然权利,大体上可以规定为人们对于适合他们享用的物件的权利。"[②] "所谓各个人的自然权利,在现实上只限于人的劳动所能获得的部分。"[③] 也就是说,人的劳动与其享用是一致的,因而自然权利是自然规律的体现。但是在现实社会关系中,自然权利往往得不到保证,其原因就在不符合自然法的实定法和政治上的独裁。魁奈认为,要改变这种不正义的社会秩序,就必由"理性之光"明确"什么是属于自己的,和什么是属于他人的问题的自然最高规律。"[④] "为了认识结合成社会的人的自然权利的范围,必须尽可能以作为最好统治基础的自然法则为依据。这个人们必须服从的统治,对于结合成社会的人说,是最有利

---

① 杜邦:《自然权利·序言》,《魁奈经济著作选集》,商务印书馆 1979 年版,第 289 页脚注。
② 魁奈:《自然权利》,《魁奈经济著作选集》,商务印书馆 1979 年版,第 289—290 页。
③ 魁奈:《自然权利》,《魁奈经济著作选集》,商务印书馆 1979 年版,第 296 页。
④ 魁奈:《自然权利》,《魁奈经济著作选集》,商务印书馆 1979 年版,第 294 页。

的自然秩序，同时也是实定法的秩序。"① 实在的立法"只有在宣示它是对结合成社会的人们最有利的秩序所依据的自然法时才能成立。"② 而能够保证财产所有权和自由，是对"结合成社会的人"最有利的秩序的体现，因而应据此改革既有的社会制度。魁奈虽然并不直接否定专制制度，但他从财产所有权和自由层面提出了改革专制制度的初步设想，力图在改革专制制度的同时，建立经济上的资本雇佣劳动制。

重农学派关于资本雇佣劳动制的论证虽然初级，而且受其偏重农业的局限，但却因其在法国启蒙运动中的重要地位，对欧洲各国产生了巨大影响。自然权利及自然规律、自然秩序、自然法等概念已成思想界的共识，与之相应，资产阶级不断壮大成为社会的统治势力，资本经济学逐步成熟和系统，财产所有权转化为资本所有权，人身权转化为劳动力所有权，社会契约体现于资本所有权主体与劳动力所有权主体之间的自由交换，自然权利关系就演变为资本雇佣劳动关系，从休谟、斯密、李嘉图、萨伊到约翰·穆勒一批经济学家，都在其著作中对此进行了论证，其目的在于说明资本雇佣劳动制是自然经济规律的必然要求，是保证自然权利并依社会契约而建立的。其中，休谟提出财产所有权起因于自然资源的"稀少性"，从而将"稀少性"注入经济学。作为哲学家，他还从商业、货币、利息、贸易差额、税收、公共信用的研究中，对经济学的研究方法进行了探讨，提出了"观念的联想原则"。斯密则将自然权利和社会契约原则系统化于社会经济研究，形成了"深入研究资产阶级制度的

---

① 魁奈：《自然权利》，《魁奈经济著作选集》，商务印书馆1979年版，第304页。
② 魁奈：《自然权利》，《魁奈经济著作选集》，商务印书馆1979年版，第305页。

生理学"①，克服了重商主义和重农主义的局限，将资本雇佣劳动制推广于全部经济过程，以利润概念核心，通过价值、价格、货币、资本、劳动、工资、地租、利息、赋税等一系列概念具体展示其中的自然权利和社会契约关系，以论证资本获取利润的合理性。李嘉图在斯密的基础上进一步明确财产的价值来源是劳动，将劳动创造价值与财产所有权统一起来——这可以说是对洛克相关观念的概念性规定，进而从这一规定论证资本雇佣劳动制的合理性，并由此说明经济中的各种矛盾。然而，正是在李嘉图的方法论中体现着他及资本经济学不可克服的矛盾：既然价值是劳动创造的，那么资本家怎么能够仅依对资本的财产所有权就可以获取超出其自身价值的利润？李嘉图学说的这一矛盾引发了后来资本经济学法层次辩护这一环节。萨伊已注意到李嘉图的矛盾，并力求避开这个矛盾，因此其学说已包含辩护成分，但他在法层次的主要作用，还在论证。作为比英国落后的法国的资本经济学家，萨伊更为坚定地拥护资本雇佣劳动制，他在《政治经济学概论》中从自然权利和社会契约规定财富的生产、分配和消费，将资本雇佣劳动制说成自然经济规律的体现，并力求避免李嘉图劳动价值论所造成的矛盾，提出"要素价值论"，即劳动、资本、土地都创造价值，而工资、利润、地租是其各自创造价值合理分配的结果。萨伊的这个"三位一体公式"开创了资本经济学法层次辩护环节，他之后大部分经济学家都是出于辩护目的为资本雇佣劳动制论证的，只有约翰·穆勒和德国历史学派在法层次的论证环节有些新意。约翰·穆勒认为，支配财富生产的是自然规律，而分配则受人为制度制约，由此形成资本与劳动之间的矛盾，依自然权利和自然法改进分配，就可以解决资本雇佣劳动制

---

① 马克思：《剩余价值理论》，《马克思恩格斯全集》第（26卷第2册），人民出版社1973年版，第182页。

的矛盾。历史学派在法层次论证环节的贡献是强调经济的国度性，主张在德国建立资本雇佣劳动制应注重历史和现实的特殊矛盾。

其二，从发展生产力来论证资本雇佣劳动制的合理性与优越性。从重商主义者到重农学派，都是从增加国家财富角度来论证资本主导经济的必要性，斯密在总体上强调资本雇佣劳动制是增长财富的制度时，进一步突出了生产力发展与资本雇佣劳动制的内在统一。他的《国民财富的性质和原因的研究》一书，由五篇构成，第一篇的题目是"论劳动生产力增进的原因并论劳动生产物自然而然地分配给各阶级人民的顺序"，第二篇是"论资财的性质及其蓄积和用途"。这两篇是全书的主干部分，后三篇分别为"论不同国家中财富的不同发展"，大体为经济史的内容；"论经济学体系"，评述经济学说史，主要是重商主义和重农主义；"论君主或国家的收入"，为财政学内容。从第一篇的题目中，就能看出他已经将国民财富的增长等同于劳动生产力的增进。斯密接受了洛克及魁奈关于劳动创造财富的观点，并加以发挥，"一国国民每年的劳动，本来就是供给他们每年消费的一切生活必需品和便利品的源泉。构成这种必需品和便利品的，或是本国劳动的直接产物，或是用这类产物从外国购进来的物品。"① 但并不是劳动人口及投入的劳动量多就可以增进财富，劳动生产力不仅取决于劳动人口及劳动量，更取决于劳动的熟练程度，以及技巧和判断力。因此，他要从劳动生产力增进或改良的原因入手，探讨国民财富的性质以及劳动生产物如何"自然而然"地在社会各阶级中分配，由此保证劳动生产力的持续增进。

斯密认为，"劳动生产力上最大的增进，以及运用劳动时所表现

---

① 斯密：《国民财富的性质和原因的研究》（上卷），商务印书馆1972年版，第1页。

的更大的熟练、技巧和判断力,似乎都是分工的结果。"① 他从扣针生产的分工提高生产力为例,说明"凡能采用分工制的工艺,一经采用分工制,便相应地增进劳动的生产力。各行业之所以各各分立,似乎也是由于分工有这种好处。一个国家的产业与劳动生产力的增进程度如果是极高的,则其各种行业的分工一般也都达到极高的程度。"② 分工的原由,来自人类所特有的交换,而交换是一种社会契约行为。分工的程度要受交换能力限制,交换市场的普及逐步形成用于交换的货币,并规定了商品价值和价格。正是货币的购买功能,使拥有货币的人可以用其货币转化为资本,资本所有者为了获取利润,购买生产资料和劳动力,适应社会分工的需要,在不同行业进行生产,由此扩大并细化了分工,增进了劳动生产力。所以说,资本雇佣劳动制是以人的自然权利和社会契约为基础,适应社会分工而增进劳动生产力的经济制度。斯密进一步从资本与雇佣劳动的关系,资本主导的企业生产与行业分工等各方向,论证了资本雇佣劳动制的合理性和必然性。斯密的这种论证,得到李嘉图、萨伊及所有资本经济学家的赞同。发展生产力作为自然经济规律的体现,既是增加国民财富的唯一途径,也是验证经济制度合理性唯一标准的"唯生产力论",不仅是论证资本雇佣劳动制的法层次的必要环节,也是为该制度进行辩护的重要环节。而生产力之所以能够发展,取决于资本所有者为获取利润的投资。资本雇佣劳动制就是保证资本所有权及其获取利润的制度。

其三,对资本雇佣劳动制的构建原则及其体制、结构的"生理学"的论证。对于早期资本经济学家来说,资本雇佣劳动制是一种

---

① 斯密:《国民财富的性质和原因的研究》(上卷),商务印书馆1972年版,第5页。
② 斯密:《国民财富的性质和原因的研究》(上卷),商务印书馆1972年版,第7页。

全新的经济制度，他们不仅要论证其合理性、必然性、优越性，更要对这个新制度的构建原则，以及其经济体制与生产、交换、分配、消费结构，和由之而形成的阶级、产业机构等进行"生理学"的论证。重商主义者是从交换和商业利润的角度，论说他们认为合理的经济制度和体制，并探讨交换与生产、消费、分配及财政的关系。这无疑是初级的、片面的，但却正是从他们开始了对经济制度、体制及其结构的论证。重农学派在这方面前进了一大步，魁奈不仅探讨了如何在改革了的专制制度下建立资本雇佣劳动制和相应体制问题，还对生产、交换、分配、消费的关系，经济中的阶级结构等进行了探讨，尤其是他的《经济表》，将经济视为一个不断持续的过程，社会各阶级通过交换而实现总产品及其"纯产品"，不仅密切联系而且相互依赖，《经济表》上的平衡就像人身体机能的协调一样，是自然经济规律的要求和体现。

斯密更进一步对资本雇佣劳动制的构建原则及其体制、结构的"生理学"进行了论证。马克思指出："斯密本人非常天真地活动于不断的矛盾之中。一方面，他探索各种经济范畴的内在联系，或者说，资产经济制度的隐蔽结构。另一方面，他同时又按照联系在竞争现象中表面上所表现的那个样子，也就是按照他在非科学的观察者眼中，同样在那些被实际卷入资产阶级生产过程并同这一过程有实际利害关系的人们眼中所表现的那个样子，把联系提出来。这是两种理解方法，一种是深入研究资产阶级制度的内在联系，可以说是深入研究资产阶级制度的生理学，另一种则只是把生活过程中外部表现出来的东西，按照它表现出来的样子加以描写、分类、叙述并归入简单概括的概念规定之中。"[①] 所谓斯密的"两种理解方法"，

---

① 马克思：《剩余价值理论》，《马克思恩格斯全集》第26卷第2册，人民出版社1973年版，第181–182页。

实际上是他思维方法不成熟、不系统的表现。对于斯密来说，他的目的只有一个，就是在论证资本雇佣劳动制合理性的同时，探讨这个新生制度的构建原则和体制、结构的内在关系，其中，有些内容在现实中已经存在，但还有相当内容只能从原则中进行推论。斯密认为，以自然权利和社会契约为出发点的资本雇佣劳动制是增进劳动生产力的合理而优越的制度，其原则就是充分有效地进行社会分工以增加财富，并合理地在社会各阶级中进行分配。而其体制，就是确保财产所有权和自由竞争，不仅社会经济生活的环节都要依从契约明确和处理其关系，而且政府也必须从法律和政治上保证自由竞争，并提供相应的司法、行政、公共工程和教育设施。进而依原则和体制处理生产、交换、分配和消费之间的结构。

斯密关于资本雇佣劳动制建构原则及其体制、结构的"生理学"论证，虽然不完善，但却提出了问题并进行了初步探讨，是资本经济学法层次得以确立的关键一环。从李嘉图、萨伊到约翰·穆勒，都在斯密的基础上进一步丰富和充实了这一环节，使资本经济学作为资本雇佣劳动制意识形态的作用得以充分显现。后来的资本经济学家们，则随资本雇佣劳动制的演变，都要对其法层次的这一环节进行论说，成为其学说的重要内容。尤其凯恩斯关于国家干预经济的"革命"性观点，不仅开创了市场经济这一新阶段，并以总量分析探讨了市场经济体制的结构和运行机制，指导资本经济学术、技层次的探讨与更新。

其四，对资本雇佣劳动制矛盾的论证。资本雇佣劳动制是对旧的集权官僚制及封建领主制的否定，资本经济学创始之初，其法层次注重对旧制度的批判和新制度合理性的论证，重商主义和重农主义时期，资本雇佣劳动制还没有成熟，因而很少对其矛盾的论证。到斯密那里，资本雇佣劳动制已经确立，原来并不突出的矛盾日益显现，对这些矛盾的认识和论证成为资本经济学必须面对的问题。斯密、李嘉图、萨伊、约翰·穆勒等人都对之进行了一定程度的论证。

资本雇佣劳动制的矛盾集中于资本所有者与雇佣劳动者之间的矛盾，即利润的生产与所有的矛盾，也可以说这个矛盾是资本雇佣劳动制的主要矛盾。以自然权利和社会契约为基础的资本雇佣劳动制，其本质的核心就是资本所有者以财产所有权与劳动者人身权所包含的劳动力所有权派生的使用权的交换。资本所有者的财产所有权和劳动者的人身权，都是自然权利，资本所有者以其一部分财产所有权购买劳动者的劳动力所有权派生的使用权，是一种社会契约行为，是符合自然法并按相应法律进行的。因而这种交换是合理合法的，资本雇佣劳动制就是这种交换关系的制度形式。资本经济学也是从这个意义论证资本雇佣劳动制的。然而，这种自然权利之间的交换，虽说是符合社会契约并由双方自由进行的，形式上并没有什么不平等，但却有实质的内容上的不平等。资本所有者所出让的是其身外之物的财产，而雇佣劳动者所出让的却是其人身的生命活动，二者的差异是明显的。交换的双方虽都是自由的，但资本所有者是为增加其所有权包含并保证的财产量，雇佣劳动者却是因为没有其他手段谋取必需的生活资料，为了生存不得不出卖劳动力使用权，虽然他可以自由地选择卖与不卖，或者卖给哪个买主，但不卖就没有生计，只能被迫出卖，而其劳动力的局限只能被动地卖给相应买主，也没有自由可言。对于这一层矛盾，所有的资本经济学家都认为是合乎自然经济规律的，在他们的思想中，只要交换行为符合社会契约，也没有侵犯人的自然权利，就是天经地义，理所应当的。

斯密等人能够看到并予以论证的，是资本所有者购买劳动者劳动力所有权派生的使用权进行生产创造的剩余价值——资本经济学家依资本所有者的意识称之为利润——所体现的矛盾。依照社会契约，交换双方出让相等的权利，其所获利益应是相等的，但是资本所有者却可以获得依交换而对劳动力的使用中生产超过购买劳动力使用权时付出的资本价值的价值,即利润。利润是否违背了平等交换的社会契约?如果没有,利润又是从何而来?这个问题是斯密等人不能不回答和不可能彻底回答的问题。按照洛克对自然权利的规定,财产所有权包含并保证的财产,是人自身劳动所改造的自然物。斯密也认为,劳动是"一切生活必需品和便利品的源泉"①,"是衡量一切商品交换价值的真实尺度"②。据此,利润作为资本购买劳动力使用权和生产资料所有权进行生产而归资本所有者的剩余,也只能来自劳动力的使用。"在一切工艺或制造业中,大部分劳动者在作业完成以前都需要雇主给他们垫付原材料、工资与生活费。雇主分享他们的劳动生产物,换言之,分享劳动对原材料所增加的价值,而这一分享的份额便是他的利润。"③ 由此就形成资本所有者与雇佣劳动者的矛盾,"劳动者的普遍工资,到处都取决于劳资两方所订的契约。这两方的利害关系绝不一致。"④ 这种矛盾不仅引起劳资双方的冲突,而且引发双方群体的联合。当然,斯密写这些话的时候,劳资双方的矛盾还不尖锐,还不会从根本上危及资本雇佣劳动制,因此,他认为这是经济中的常态,应当论证这个矛盾。

李嘉图也以和斯密同样的态度对待资本雇佣劳动制的矛盾,而且他坚信这种矛盾是自然经济规律的表现,他作为一个经济学家,所要做的就是揭示和论证矛盾。马克思说:"资产阶级制度的生理学——对这个

---

① 斯密:《国民财富的性质和原因的研究》(上卷),商务印书馆1972年版,第1页。

② 斯密:《国民财富的性质和原因的研究》(上卷),商务印书馆1972年版,第26页。

③ 斯密:《国民财富的性质和原因的研究》(上卷),商务印书馆1972年版,第59-60页。

④ 斯密:《国民财富的性质和原因的研究》(上卷),商务印书馆1972年版,第60页。

制度的内在有机联系和生活过程的理解——的基础、出发点,是价值决定于劳动时间这一规定。李嘉图从这一规定出发,迫使科学抛弃原来的陈规旧套,要科学讲清楚:它所阐明和提出的其余范畴——生产关系和交往关系——同这个基础、这个出发点适合或矛盾到什么程度;一般说来,只是反映、再现过程的表现形式的科学以及这些表现本身,同资产阶级社会的内在联系即现实生理学所依据的,或者说成为它的出发点的那个基础适合到什么程度;一般说来,这个制度的表面运动和它的实际运动之间的矛盾是怎么回事。李嘉图在科学上的巨大历史意义也就在这里。"① 李嘉图坚持和进一步明确了斯密的劳动价值论,并批评了斯密在价值论上的不一致,"亚当·斯密如此精确地说明了交换价值的原始源泉,他要使自己的说法前后一贯,就应该认为一切物品价值的大小和它们的生产过程中所投下的劳动量成比例;但他自己却又树立了另一种价值标准尺度,并说各种物品价值的大小和它们所能交换的这种标准尺度的量成比例。他有时把谷物当作标准尺度,有时又把劳动当作标准尺度。这里所说的劳动已经不是投在任何物品生产上的劳动量,而是该物在市场上所能换得的劳动量。"② 并批评斯密第二种价值论——三种收入决定价值。李嘉图在澄清斯密价值概念上的混乱的基础上,坚持劳动价值论,进而从劳动价值论论证了利润中所体现的资本所有者与雇佣劳动者的矛盾。李嘉图认为,商品的价值是由劳动者创造的,但是其"全部价值只分成两部分:一部分构成资本利润,另一部分构成劳动工资。"③ 也就是说,利润是工人劳动所创造的价值的一部分,工人只能从其劳动创造的价值中得到工资这一

---

① 马克思:《剩余价值理论》,《马克思恩格斯全集》(第26卷第2册),人民出版社1973年版,第183页。
② 李嘉图:《政治经济学及赋税原理》,商务印书馆1962年版,第9页。
③ 李嘉图:《政治经济学及赋税原理》,商务印书馆1962年版,第92页。

部分，另一部分被资本所有者作为利润而"扣除"并占有，他进一步指出工资和利润是对立的关系。这比斯密更明确地指出了资本所有者与雇佣劳动者的矛盾。而地租作为土地所有者的收入，也只能来源于劳动创造的价值，是租地资本家为了使用土地不得不付给地主的报酬，是从资本的利润中分割出去的，这样在地租上就体现着资本所有者与土地所有者之间的矛盾。

李嘉图和斯密一样，都未能区分劳动和劳动力，更没有看到与资本相交换的是劳动力所有权派生的使用权，而非他们所说的"劳动"。但这种缺陷并不妨碍他们发现并论证了资本所有者与雇佣劳动者之间的矛盾。由于斯密、李嘉图对资本雇佣劳动制这个主要矛盾的论证，使如何对待这个矛盾，成为后来的资本经济学回避不了的重大问题。从萨伊开始，几乎所有资本经济学家都从维护资产阶级利益出发，力求对这个矛盾进行辩护，即将其说成是合乎自然权利、社会契约和自然经济规律的。但在马克思《资本论》将这个矛盾以剩余价值概念加以规定和论证之前，资本经济学家还敢于承认体现于利润概念的资本所有者与雇佣劳动者之间的矛盾，并对之进行论证，虽然不免有所遮掩，或者淡化矛盾的性质，但还未对之进行全面辩护，与马克思之后的资本经济学有重要区别。

在对资本所有者与雇佣劳动者之间的主要矛盾进行论证的同时，斯密、李嘉图及萨伊、约翰·穆勒等人，还对体现于地租的资本所有者与土地所有者的矛盾，以及生产、交换、分配、消费之间的矛盾、政府与资本经营之间的矛盾等，进行了不同程度的论证。对这些经济矛盾的论证，与探讨资本雇佣劳动制的运行是结合在一起的，并延续到马克思《资本论》出版之后，一直是资本经济学法层次的重要内容。

三　对资本雇佣劳动制经济矛盾的辩护

作为资产阶级经济意识的学理表述，资本经济学在法层次对资本雇佣劳动制的论证和辩护是一致的，从一定意义上说，论证也是辩护，辩护也是论证，二者的区别，一是资本雇佣劳动制演进的时期，二是所应对的对手的差别，三是对经济矛盾的态度。由于这三点区别，不同时期的资本经济学家在法层次就有了论证和辩护的差异。

在法层次为资本雇佣劳动制论证的经济学家，处于资本雇佣劳动制正在创建的上升时期，他们所应对的对手，或者说质疑和反对这个新制度的，主要是旧专制势力和封建势力的思想代表。作为新兴资产阶级的代表，斯密、李嘉图等人对于新制度已显现或可能出现的经济矛盾，不仅能承认，而且试图揭示和规定它们，虽然不彻底，但态度是明确的。因此，在方法论上努力从实际矛盾出发，规定其矛盾的成因和表现，或者像马克思所说他们是要论证资本雇佣劳动制的"生理学"。与之相比，在法层次为资本雇佣劳动制辩护的经济学家，与为资本雇佣劳动制论证的经济学家在阶级主体上是相同的，但他们处在资本雇佣劳动制已经巩固时期，旧的专制势力和封建势力基本已退出历史舞台，他们所要应对的是资本雇佣劳动制自身主要矛盾次要方面雇佣劳动者的思想代表，尤其是马克思对这个制度矛盾的批判性规定，这是对资本雇佣劳动制合理性的内在挑战，比旧专制势力和封建势力从外部的攻击有更大的威胁，甚至是致命的威胁。这时的资本经济学家深切感到了这种威胁，他们有责任要为资本雇佣劳动制辩护，同时反击马克思为首的劳动者阶级思想代表对资本雇佣劳动制的批判性规定。这样，辩护也就成为资本经济学法层次的重要环节，其辩护的核心，就是利润的生产与所有。

资本经济学法层次的辩护环节起始于萨伊，马克思曾把萨伊开始的资本经济学称为"庸俗经济学"。确实,萨伊的"三要素价值论"和"三位一体公式"是在调和资本雇佣劳动制初期资本家、工人、地主三个阶级的矛盾,但他所应对的,还主要是体现专制制度的地主阶级的思想代表,他的调和依然是在论证资本雇佣劳动制合理性。从萨伊到马克思经济理论确立之前的资本经济学家,大体上都与萨伊相似,是在为新生的资本雇佣劳动制论证的,他们的辩护还是力求调和已经被斯密、李嘉图发现并初步规定了的经济矛盾,但由于劳动者阶级的经济意识尚未发展到有系统的经济学说以批判和规定资本雇佣劳动制的矛盾,还不可能从根本上内在地威胁这个制度,因而他们还是努力调和或掩饰已经显现的经济矛盾。马克思经济学说的形成使资本经济学家认识到了真正威胁,仅在对资本雇佣劳动制的论证中调和与掩饰,已经远远不足以消除这种威胁,于是其辩护就更为充分和彻底。

资本经济学法层次的辩护环节,总体上可以概括为现象描述法,其特点是以经济现象的表面联系代替本质规定,由此调和、掩饰经济矛盾,为资本雇佣劳动制进行辩护。在不同时期的经济学家那里,为资本雇佣劳动制辩护的方式有所区别,主要表现是:

其一,努力将利润说成是符合自然权利和社会契约的财产。这以萨伊的"三要素价值论"和"三位一体公式"为典型。针对萨伊的辩护方法,马克思指出:"庸俗经济学所做的事情,实际上不过是对于局限在资产阶级生产关系中的当事人的观念,当作教义来加以解释、系统化和辩护。因此,我们并不感到奇怪的是,庸俗经济学恰好对于各种经济关系的异化的表现形式——在这种形式下,各种经济关系显然是荒谬的,完全矛盾的;如果事物的表现形式和事物的本质会直接合而为一,一切科学就都成为多余的了——感到很自在,而且各种经济关系的内在联系越是隐蔽,这些关系对普通人的观念来说越是习以为常,它们对庸俗经济学来说就越显得是不言自明的。"① 萨伊将资本、土地、劳动都视为创造价值的要素，是相等的"生产力"，它们依社会契约而结合，并依自然权利而获取相应的报酬。马克思挖苦道："资本－利润（企业主收入加上地租），土地－地租，劳动－工资，这就是把社会生产过程的一切秘密都包括在内的三位一体的形式。"② 对于萨伊来说，资本雇佣劳动制是先进的制度，他要论证法国实行这种制度的应该与合理性，因此，就要掩饰资产阶级、地主阶级和工人阶级利益的对立，尤其是缓解地主阶级的对抗，以推动资本雇佣劳动制的建立和发展。他的"三要素价值论"和"三位一体公式"的具体论述属于术层次内容，法层次是对其原则的论述，其特点是依据自然权利、自然法、社会契约等基础概念，将经济现象进行分类和归纳，进而从这些基本概念对之进行分解性演绎论述，说明其各自的合理性，然后再将分解性演绎的结论拼合起来，以证明资本雇佣劳动制是符合自然权利、自然法和社会契约的。萨伊在法层次的原则，被后来的资本经济学者坚持和补充，以致演变为"五要素价值论"，即在原三要素之外加上技术和管理二要素，而其所有者所得报酬也都是自然权利的体现，利润只是五要素之一的资本的报酬，资本所有者获取利润并不违反自然权利、社会契约和自然法，更不是对劳动者自然权利的侵害和剥夺。

萨伊之后，随着资本雇佣劳动制的成熟，其建立初期与专制势力的矛盾日益减弱，资本所有者与雇佣劳动者的矛盾是资本雇佣劳动制的主要矛盾已经明确，早期社会主义者作为劳动者阶级的代表，也依据自然权利、自然法的观念和斯密、李嘉图的劳动价值论，揭示并批判利润的不合理，强调劳动者与资本所有者的矛盾，号召劳动者联合争取自己利益。在这种情况下，资本经济学家在法层次的

---

① 马克思：《资本论》（第三卷），人民出版社 2004 年版，第 925 页。
② 马克思：《资本论》（第三卷），人民出版社 2004 年版，第 921 页。

辩护环节注重论说资本所有者与劳动者利益的"和谐",并试图调和二者的矛盾。

以"和谐"来描述资本所有者与劳动者关系的典型是法国的巴师夏(1801－1850年),他的代表作就名为《经济和谐》。马克思曾说:"萨伊同例如巴师夏比较起来还算是一个批评家,还算无所偏袒,因为他在斯密的著作里发现的矛盾相对说来还是未发展的,而巴师夏却是一个职业的调和论者和辩护论者,虽然他不仅在李嘉图的政治经济学中发现了经济学本身在内部已经形成的矛盾,而且发现了在社会主义和当时日常的阶级斗争中正在形成的矛盾。"① 巴师夏认为,资本所有者与雇佣劳动者的矛盾主要集中于利润,即这部分财富的来源问题,为了转移矛盾的焦点,他不同意萨伊把政治经济学对象限定于财富的生产和分配、消费,而是主张"政治经济学的对象是人,……只是个人利益这个冷酷的领域。"② 是要探讨个人利益所涉及的人的感觉力和活动力的原始现象的理由。感觉力包括两方面,一是痛苦、欲望、要求、趣味、嗜好,二是快乐、享受、丰足;活动力则处于感觉力的两个方面之间,它又引出痛苦、努力、疲劳、劳动、生产等"更明白"的概念。感觉力和活动力有一个共同的"字眼":痛苦。因此,避免痛苦和满足欲望,就成为人的本性,为达到这一点,又必须付出努力,而努力是一种痛苦,欲望的满足是效用。巴师夏认为,"一个人的欲望靠另一个人的努力而得到满足。"③ 每个人都在努力,即劳动,劳动的动机是自私的天性,但

---

① 马克思:《剩余价值理论》,《马克思恩格斯全集》(第26卷第3册)人民出版社1973年版,第557页。
② 巴师夏:《经济和谐》,《资产阶级庸俗政治经济学选辑》,商务印书馆1964年版,第196页。
③ 巴师夏:《经济和谐》,《资产阶级庸俗政治经济学选辑》,商务印书馆1964年版,第198页。

却也都是满足他人的欲望，是为他人服务的，因此，人与人之间是相互服务的，每个人的利益与全社会其他人的利益是相互呼应的，人们之间的经济关系，就是他们各自以其努力提供的服务的交换，价值就是交换的服务间的关系，提供服务时所付出的努力和紧张，就是价值的尺度。在将劳动等同于努力和紧张并交换服务后，巴师夏认为，所有人都在付出努力和紧张，而这些又都是"劳动"，这样他就避开了斯密、李嘉图从劳动价值论说明利润时所遇到的矛盾，也从观念上化解了利润所标志的资本所有者与劳动者的对立。不仅工人劳动是服务，资本家管理企业，以及债权人的放债和担心、地主出租土地和收取地租，乃至官僚、政客的活动，都是在付出努力和紧张，也都是服务，并创造价值。这样相互提供服务的各阶级的社会关系，无疑是和谐的。他特意强调工人和资本家之间的和谐，为此，不再使用利润概念，而是用利息代替它。据巴师夏的解释，资本家之所以得到利息，就在于他的投资"延缓"了自己消费，即当时对欲望的满足，这等于付出了牺牲和痛苦，并为此努力和紧张，所以说，资本家实际上是向工人提供了一种服务，工人则以劳动的努力和紧张与资本家相交换，二者之间是相互服务的和谐关系。

　　巴师夏从相互服务论"经济和谐"，避开了斯密、李嘉图从财产所有权与人身权的劳动力所有权之间的权利关系，从社会契约界定资本所有者与劳动者的关系是相互服务，而服务所包含的努力和紧张在资本所有者和劳动者那里又是相同的，因此并没有权利的冲突，只有利益的和谐。他是对最表面经济现象的"抽象"，以努力和紧张的心理感受来代替为生产而进行的劳动，消除不同性质努力和紧张的差别，只从最一般心理意义上的努力和紧张演绎各阶级、职业的活动，从而消除了经济利益的对立，达到心理上的所谓和谐。资本经济学法层次的从心理感受来为资本雇佣劳动制经济矛盾进行辩护这一环节，在与巴师夏同期的英国经济学家西尼尔（1790－1864）

那里也有体现，他们二人虽然还未完全摆脱自然权利和社会契约观念的束缚，但却是后来心理学派法层次的辩护环节的前导。

资本经济学在法层次企图通过调和资产阶级与雇佣劳动者阶级矛盾，来为资本雇佣劳动制辩护的代表人物是约翰·穆勒。他是一个"百科全书"式的人物，是在其父詹姆士·穆勒的指导下自学成才者，不仅在经济学上，而且在哲学、伦理学、心理学等学科都有很深的造诣，并受到早期社会主义者的影响。约翰·穆勒在哲学上奉行实证主义和归纳逻辑，他认为，人只能对现象进行相对认识，不可能认识本质或现象的内在原因，认识的全部内容可以归结为确定现象间顺序、并存和相似等关系，这就是现象的规律，因此归纳是认识的主要方法。判断是归纳的必要环节，他将判断分为五种，即并存判断、顺序判断、实存判断、因果判断、相似判断，通过这五种判断可以把握现象间的关系。进而将归纳分为五个方面：一致法、变异法、一致差异并用法、剩余法、共变法。他认为，归纳是在经验基础上唯一科学的理性活动，只有在归纳基础上的演绎才是可信的。这是他对现象描述法的哲学概括，并运用于政治经济学的研究，形成了对资本雇佣劳动制矛盾的认识和折中主义调和论主张。马克思指出："1848年大陆的革命也在英国产生了反应。那些还要求有科学地位、不愿单纯充当统治阶级的诡辩家和献媚者的人，力图使资本的政治经济学同这时已不容忽视的无产阶级的要求调和起来。于是，以约翰·斯图亚特·穆勒为最著名代表的平淡无味的混合主义产生了。"[①] 约翰·穆勒运用他的实证主义归纳，认为经济中的生产和分配各有其规律，生产依循的是自然规律，而分配则受人为的制度、法律或习惯制约。他所说的生产的规律，主要是将商品分为三类，即稀少商品、工业品和农产品，其价值分别由供求关系、

---

① 马克思：《资本论》（第一卷），人民出版社2004年版，第17页。

生产成本、最高生产费用决定；分配的规律则是：资本是节欲的表现，利润是节欲的报酬，工资是劳动的报酬，地租是土地所有权的产物。他认为，资本雇佣劳动制的生产是自然规律的体现，因而可以自行运行发展，但分配却因人为因素作用，会有弊端，应当调整和改良，主要是利润和工资的比例，使之更接近自然权利和自然法，适当提高一些工人工资，并建议实行"济贫法"，以调和劳资双方冲突由此增进工业品生产。约翰·穆勒认为，只要做到这一点，资本雇佣劳动制的合理性和优势就能充分发挥，已经显现出来的工人运动的威胁就可以缓解、消除。

正是在巴师夏、西尼尔、约翰·穆勒等人企图调和资本所有者和雇佣劳动者的利益冲突，试图既维持自然权利和自然法，又从自然权利和自然法之外寻找心理或其他因素来解释利润来源及资本雇佣劳动制合理性时，马克思从劳动者主体出发，形成概括劳动者利益的主义，展开了对资本雇佣劳动制的批判。马克思对资本雇佣劳动制矛盾的批判和规定，也是从自然权利、自然法和社会契约出发的，但他是站在无财产的劳动者立场，因而强调人身权和其包含的劳动力所有权是人的基本权利，劳动创造的财产，理应属于劳动者所有。为此，他坚持并发展了从洛克到斯密、李嘉图的劳动价值论，并将劳动与劳动力进行了区分，从货币的资本化和劳动力的商品化及其交换规定资本雇佣劳动制，资本和劳动力主体依契约而结成的社会关系，是资本雇佣劳动制的主要矛盾，资本所有者对其所购买了使用权的劳动力的使用所生产的超过劳动力价格的剩余价值的所有，是主要矛盾的集中体现。剩余价值是规定资本雇佣劳动制经济矛盾的核心概念，围绕剩余价值的生产和占有，马克思规定了资本雇佣劳动制经济矛盾的学说体系。按照马克思的学说，利润虽然属于资本所有者的财产所有权，但却不是资本这份财产自生的，而是通过社会契约对劳动者人身权包含的劳动力的无偿使用所创造的剩余价值,是对劳动者人身权的侵害和本应属于劳动者的产品的财产所有权的剥夺。从这种意义上说,资本雇佣劳动制并不是自然权利和自然法的实现,而是对自然权利和自然法的违犯。马克思认为,要纠正这种违犯,就应取消资本化的财产所有权,废除劳动力商品,也要变生产资料私有制为公有制,实行按付出劳动分配生活资料。

马克思的学说是对资本雇佣劳动制真正的威胁,也是对资本经济学切实而彻底的挑战。与专制势力、封建势力从自然神论和上帝主义对资本雇佣劳动制的批判不同,马克思是从这个制度和资本经济学赖以建立的哲学基础自然权利、自然法和社会契约来揭示其内在矛盾的。如果资本雇佣劳动制在哲学上这个支撑点不能成立,那么它的合理性就会丧失。马克思经济学说以《资本论》的出版为形成标志,自此以后的资本经济学家也就有了一份责任,必须为马克思所揭示的资本雇佣劳动制的矛盾进行辩护,以证明它的合理性,进而反击马克思经济学说,阻止劳动者阶级因马克思学说而凝聚的阶级意识所形成的变革资本雇佣劳动制的社会运动。辩护也就成为资本经济学法层次的必要环节,其焦点在于利润的来源。

在马克思对资本雇佣劳动制矛盾系统批判规定之前,资本经济学对这个制度的辩护主要还是围绕自然权利、自然法和社会契约的,马克思的经济学说形成之后,再从这个意义上为之辩护,显然不能回答马克思所揭示的资本雇佣劳动制与自然权利的背离。或者说马克思已经击破了从萨伊到约翰·穆勒依据自然权利、自然法和社会契约对资本雇佣劳动制的辩护,资本经济学法层次的辩护环节必须更新。而此时的资本雇佣劳动制却在日益巩固中成熟,既不需要再像斯密、李嘉图那样以自然权利、自然法和社会契约的论证,也不满足于萨伊到约翰·穆勒依据自然权利、自然法和社会契约的辩护了,于是在19世纪末出现了以"心理原则"对资本雇佣劳动制经济矛盾的辩护,成为当时及以后资本经济学法层次的特色。

以"心理原则"的辩护为法层次的重要环节，是从奥地利的卡尔·门格尔（1840－1921）和欧根·庞巴维克（1851－1914）开始的，由阿弗里德·马歇尔（1842－1924）系统化，他们继承巴师夏和西尼尔从心理因素进行辩护的做法，但不再围绕自然权利和自然法，而是尽可能淡化自然权利和自然法，避开价值创造和财富来源等难题，将心理因素上升为原则，并以这个原则为依据，突出社会契约的"公平""合理"性，为资本雇佣劳动制经济矛盾进行辩护。

以"心理原则"对资本雇佣劳动制经济矛盾的辩护，将人的心理感受片面扩大为经济活动的决定因素，其特点是以个体人为本位，每个人都是独立的，将社会看成诸多个体人的拼凑。进而，就是对个体人的心理欲望和感受进行抽象的规定，得出所谓"原则"，将个人的心理动机看成经济生活的本质，趋利避害的心理活动规律是经济的基础，任何人都是依循这个规律行事的，人们的经济关系，是以心理原则为基础的社会契约关系。所有的经济现象都可以通过"心理原则"来解释，以"心理原则"演绎经济现象，就是经济学的全部内容。他们认为，所有人都是同质的经济"单位"，其活动都可以用货币来计量，由此将数学纳入演绎体系。以"心理原则"为依据，附之数学推论和计算，这样的经济学体系，似乎是在从本质论证现象，但实际上不过把各种经济现象归纳为心理因素的片面抽象，把这片面的抽象规定当作经济本质，而由它所演绎的结论，也只是经济现象间表面的联系，由此，资本雇佣劳动制经济矛盾不仅被掩饰，甚至被排除于经济学之外，这样的辩护确实要比前人的辩护"高明"许多。

门格尔认为，经济学应使用演绎法，以个人的欲望和欲望的满足为出发点，而自由支配满足欲望的资料是经济活动的目标，出发点和目标之间存在一定的因果关系，人从抱有希望的状态到欲望满足的状态，必须具备相应条件，就是财货的存在和人对财货的评价。

经济学应从演绎来说明"一般性质和一般联系"。他的创意，就是提出初级的"边际效用价值"论，并由他的学生庞巴维克加以发挥。庞巴维克充分认识到马克思对资本雇佣劳动制经济矛盾的批判性规定对该制度的威胁，他将反击马克思学说，为资本雇佣劳动制辩护作为自己的责任，不仅充实了门格尔提出的"边际效用价值"论，还由此形成了"时差利息论"，以对抗马克思的剩余价值理论。庞巴维克依然强调抽象的演绎，即把全部经济活动都归结为心理因素，加上时间，来推论各种经济范畴。他将价值分为主观价值和客观价值，主观价值是人基于对物品的心理感受的主观评价，凡是使人喜悦和愉快，或者能免除没有它就必须痛苦的财货，就具有主观价值。进而他又发挥了戈森的"效用递减规律"，认为随着某种需要的满足，人对享受程度的心理感受会递减，比如一个居住在原始森林中的农民，他生产五袋谷物，依次满足的欲望是：生活必需、生活得更好些、饲养家禽、酿酒、饲养鹦鹉，对这个农民来说，五袋谷物的效用是递减的，用于饲养鹦鹉的那一袋谷物的效用是"边际效用"，主观价值是由边际效用决定的。从而摆脱了"要素价值论"中还存留的劳动创造价值成分及由此而导致的矛盾。而客观价值则是交换中买者与卖者双方主观价值协商的结果，也就是成交价格，是"心理原则"在交换过程的表现。由于主观评价不同，财货对于不同个人的效用，不仅因"心理原则"而有差异，还会随时间的变化而有所区别，庞巴维克以时差来解说资本的利息。他认为，利润概念是不准确的，容易给人造成"无偿获取"的印象，因此他用利息概念取代利润概念。他强调资本所获取的利息，并不是来自工人的剩余劳动，而是时差的结果。他把投资等同于借贷，资本所有者是债权人，他投入的资本是和债权人一样依社会契约把"现在财货"贷出，而他收回的是"将来财货"。由于时间差异，现在财货和将来财货对人的心理欲求的满足是不同的，因而其价值也是不同的，由此造成了"时差利息"。这样,不论自然权利还是自然法,统统不起作用,起作用的只是不同的心理感受和时间差异。庞巴维克以"时差利息论"对抗马克思的剩余价值理论,他自以这是为资本雇佣劳动制辩护的最佳方式。

马歇尔进一步把"心理原则"作为其经济学的基础,他认为,所谓规律,就是人主观心理的一种"选择",是与"便利"联系在一起的。"经济规律,即经济趋向的叙述,就是与某种行为有关的社会规律,而与这种行为有主要关系的动机的力量能用货币价格来衡量。"① 可见,"心理原则"所体现的"经济倾向"以货币价格来计量的关系和比例,就是马歇尔的"经济规律"。"经济规律"集中体现于需求与供给关系上,需求是人的心理欲求,由货币表示的效用递减规律对需求起支配作用。马歇尔也知道,人的心理欲求是不可计量的,人们的需求又是多方面的,需求的对象也有差异。但货币使需求成为可计量的需求价格,也即以货币为尺度来计量消费者对财货的主观评价。这样,边际效用递减规律也就转变为需求价格递减规律,可以用函数表示:某商品的价格低,其需求量就多;某商品价格高,其需求量就少。进而就形成所谓需求随价格变化而变化的"弹性",由于消费者主观上对某一商品的评价高于其实际价格,当他以实际价格购买这一商品时,就可以得到一笔"剩余"。"心理原则"贯串于消费过程的始终。与之相应,供给也是"心理原则"制约的。马歇尔认为,生产的费用包括劳动和资本两部分,从心理感受说,劳动者在劳动中得到的是"反效用",因为任何人都是厌恶劳动的;而将一定货币用作资本的资本家,虽然没有"反效用",但却使自己现在可以满足的欲望不能不"等待"于将来再满足。"反效用"和"等待"又都可以用货币计量。投入的劳动和资本的数量,

---

① 马歇尔:《经济学原理》(上卷),商务印书馆2011年版,第38页。

即供给量，取决于商品的价格：商品价格高，供给就多；价格低，供给就少。这是与需求规律相反的供给规律，二者关系可以用函数表示。不论需求和供给，单方面都不能形成市场价格，市场价格是供求双方协商的结果，把需求函数表和供给函数表交叉，合并为"均衡价格表"，即由需求和供给这两种相反力量的作用，形成的二者均衡点上的价格。

马歇尔从"心理原则"对需求价格、供给价格及二者均衡价格的论证，成为其后一百多年来资本经济学体系的基本点和出发点，这与斯密、李嘉图从自然权利、自然法和社会契约为依据对资本雇佣劳动制的论证是有重大区别的。在马歇尔以"心理原则"构造的基本点和出发点上，已经看不到权利关系和利益冲突，只是不同心理感受在制约人的经济行为和经济关系，不仅体现于利润的矛盾，甚至资本雇佣劳动制度都不存在了。辩护到这种程度，可谓极致！而20世纪以来的资本经济学，就是以法层次的辩护环节为指导，为资本雇佣劳动制经济矛盾进行论说的。

四 探讨维持资本雇佣劳动制经济运行的实用原则

资本经济学法层次的辩护环节，是其论证环节在面对劳动者阶级思想代表关于资本雇佣劳动制的批判时的转型，这对于维护资本雇佣劳动制是必要的，但更重要的，或者说其阶级主体所要求并指派资本经济学者的更重要任务，是为资本雇佣劳动制经济运行，即资本如何支配利润的生产并实现其价值出谋划策，这体现于法、术、技三个层次，在法层次主要是探讨可以指导术、技层次的实用原则，包括资本雇佣劳动制经济体制及其阶段的界定、经济结构和运行机制的探讨、数理的应用原则等方面。

资产阶级要求资本经济学是"有用"的，这个"用"，就是为其阶级利益服务，而服务的主要表现，在于探讨资本雇佣劳动制如何维持运行以保证资本获取利润。从"有用"的意义上说，论证和辩护也都是用，但论证和辩护似乎是"务虚"，而探讨维持制度的运行则是"务实"，这二者是统一的，是资本经济学法层次密切结合的环节。

"有用"和"实用"，是资本经济学形成时就奉行的宗旨，重商主义一出现，就以强烈的实用性而明显区别于基督教圣典主义的说教。这个宗旨一直贯彻下来，即使斯密、李嘉图、萨伊等注重为资本雇佣劳动制进行论证的学者，也在其著述中对制度的运行作了相当多的探讨，而其论证及后来者的辩护，也都是从"实用"宗旨出发，并且对维持制度运行"有用"的。

资本经济学依从的哲学观念和方法论，在重商主义那里是自然神论和经验论，洛克、斯密、李嘉图则明确地以物质主义为哲学观念，以经验论为方法论原则。经验论是注重经验中探求解决问题途径的方法论，其原则在于"有用"，后来物质主义的方法论从经验论演化为实证主义，其"有用""实用"性更为突出，以至实用主义出现，资本主义哲学观念的"实用"性宗旨得以全面展开。与哲学方法论的演化相对应，资本经济学也把实证主义和实用主义作为方法论原则，并结合其目的和对象形成法层次的重要环节，进而展开于术、技层次。随着资本雇佣劳动制的巩固，资本经济学法层次的实用原则日益突出。20世纪末，对资本雇佣劳动制构成巨大威胁的"苏联模式"社会主义解体，一部分曾经的"社会主义者"转向信奉资本主义，并依附于美国大资本财团，资本经济学者们将资本雇佣劳动制论证为人类的一般性的、绝对的、自然的制度的结论似乎得到"实践检验"，因而更加突出其法层次的实用原则，进而在术、技层次为全地球人类设计"市场经济规律"运行的体制、结构、公式和模型。

资本经济学法层次的实用原则，首先体现于资本雇佣劳动制演化阶段性的体制探讨上，其核心和原则是为了保证资本所有权及其对利润的获取，经济体制应当适时进行必要改革。其标志是：重商主义对统制经济体制的探讨，斯密、李嘉图、萨伊对自由竞争体制的探讨，凯恩斯对市场经济体制的探讨。

重商主义是欧洲封建领主制社会矛盾演化和变革的体现，它既是经济观念，也是经济政策，实用原则直接展现于其观念和政策的统一中。重商主义的主体是正在形成阶级的商业资本家，欧洲几个大国国王的强国扩张促进了对分立的封建领主的整合，展开制度变革，建立专制集权官僚制度的需要，促成了重商主义政策，对专制国王来说，鼓励和支持商业资本的发展，目的在于获取更多税收和增强国力，而商业资本家只有利用这一点，才能得到国王的经商特许权，他们的经商，不仅是为个人获利，还要给国王提供税收，他们必须在国王的保护下才能排除国内残存封建势力的干扰，才能与外国人进行贸易。重商主义阶段，资本雇佣劳动制已具雏形，商业资本已不仅从事贸易，还开始雇佣工人进行工场手工业经营。对于刚刚建立集权官僚制的民族国家来说，商业资本主导的商工业已是主要的税收来源和经济命脉，而在国王批准的"特区"城市中，"市民社会"成为新经济关系，其制度是初级资本雇佣劳动制。如何处理政治上初级集权官僚制和经济上初级资本雇佣劳动制的关系，或者说以什么样的经济体制来协调专制国王和商工业资本家的关系，是重商主义者所考虑的重要问题。几乎所有重商主义者都承认并强调国王和专制国家对经济的统制地位和作用，这在蒙克莱田的《献给国王和王太后的政治经济学》一书得以充分表现。蒙克莱田颂扬并强调国王对经济，尤其是商工业的统制，主张国王及其政府对商业、手工业、航海业的全面掌控。他认为商业是国家活动的基础，是手工业的目的，商业利润是合理的、必要的，他主张发展商业和手工业，维护第三等级的利益。对外贸易是国家财富的源泉，政府应保护和帮助本国商人扩大对外贸易，限制外国商人在法国经营进出口贸易，限制外国商人的活动，不让其享有与法国人同等的待遇。进而建议政府开设国营作坊，开设技工学校，对民众进行各种与商工业有关的培训，提高本国工业品质量，保护本国资源等。从蒙克莱田及其他重商主义者的著作中，可以看到他们关于统制经济体制的基本构想：在专制的国王和政府掌控之下，鼓励并支持商业和手工业的发展，为此，要提高商人的社会地位并赋予其经营的特权，削弱甚或消除封建领主制残余的阻碍和干扰，并以包括军事的各种方式保护本国商人的对外贸易活动，同时开办与外贸有关的国营和民营手工业，加强教育和培训提升工人技能，促进手工业发展。这样的统制经济体制是专制国王和商工业资本家共同利益的集合，也是当时条件下所适用的体制。在法层次关于统制经济体制的实用原则下，重商主义者在术、技层次对商业、手工业、外贸等经营及国家的管制经济政策展开了具体探讨，导引着初级资本雇佣劳动制经济的运行和发展。

自由竞争体制的矛盾随着资本积累和积聚而不断扩大和尖锐，不仅导致周期性的经济危机，更引发了祸害数亿人的两次世界大战。资本雇佣劳动制和资本经济学遇到了空前的挑战，如果不能从体制上进行改革，列宁所说的"资本主义最后阶段"及其灭亡即将成为现实。正是在两次世界大战之间的经济大危机中，美国总统罗斯福从实用主义原则出发，突破自由竞争体制的限制，动用国家机器干预和调控经济，渡过了危机。而英国经济学家凯恩斯总结"罗斯福新政"，借鉴苏联模式及德国、意大利法西斯主义以国家对经济的控制，进行了资本经济学历史上的一场"革命"。凯恩斯的"革命"，并不是针对制度的，而是针对体制的，依然坚持资本主义之道，将法层次的实用原则集中于经济体制的改革。凯恩斯在这方面的思考不仅是深刻的，而且是创造性的。斯密虽然论证了自由竞争体制，但却没有区分体制与制度。如果不将体制和制度进行层次区分，就不能在坚持制度的前提下改革体制，凯恩斯的创造在于，根据为资本雇佣劳动制经济运行服务的实用原则，找到了改革体制但又不改变制度，使制度在新体制下维持的方法论。凯恩斯认识到，斯密以来资本经济学家所坚持的国家不参与、不干预经济的观点，并不是资本雇佣劳动制的本质，在资产阶级已经全面掌控国家权力的条件下，资产阶级完全可以用国家这个工具调节、干预经济活动，而无需像斯密等人那样顾虑"君主"对自然权利、社会契约的干扰。凯恩斯认为，在自由竞争体制陷入不可解决的矛盾时，为了维持资本雇佣劳动制度的延续，应当动用国家机器从总体上以财政和货币政策手段，来调节供给与需求、投资与储蓄的矛盾，进而保证充分就业。为此，他批判了萨伊的"供给自动创造需求"说和传统的以利息率自行调节储蓄与投资关系的观点，强调国家政策干预的必要性和可行性。为此，他进一步提出"总量分析法"，以为国家调控经济提供数据。也正是凯恩斯从实用原则对资本雇佣劳动制经济体制改革的探讨，丰富了资本经济学法层次的内容，更为第二次世界大战以后欧美各国从自由竞争体制转化为市场经济体制提供了方法论依据。市场经济体制与自由竞争体制的区别，就在国家作为重要因素参与到经济运行，并作为资产阶级总体利益的代表来干预、调节个体资本追逐利润的行为。"市场"并不单纯是交易各方的关系，而是由国家从总体上掌控和管理的交易关系。市场经济体制作为资本雇佣劳动制演化第三阶段的体制，作为二战以来资本主义世界的经济体制延续至今。

资本经济学法层次的实用原则，通过对经济体制的探讨，进一步体现于关于经济结构和运行机制的研究上。重商主义所关注的经济结构，在国内主要是商业与手工业及农业的关系，在国外则是各国经济产业、产品的结构及其与本国产业、产品的关系，从实用的角度为本国君主提供相应政策建议。关于经济结构的运行机制，则注重从交换价值的规定及其变动中探讨，刺激贸易和手工业生产的方式，并开始探讨各行业间的平衡及国际贸易的顺差与逆差。将政府对经济的统制作为主要手段，强化商人的逐利机制。

自由竞争体制阶段，资本对经济的全面主导和工业化，使经济结构日益复杂，从斯密到凯恩斯之前，经济结构及其运行机制在资本经济学中的比重不断加强。概而言之，这一时期对经济结构的探讨，先是从工业、农业、商业的关系，经济的阶级结构，以及生产、交换、分配和消费的关系开始，逐步细化，涉及价格、成本、利润、竞争、垄断等各个方面，进而将经济结构抽象为需求与供给两个最一般因素，再从供求关系演绎全部经济结构，其成果集合于马歇尔的《经济学原理》中。现在一些资本经济学"主流"派所写的"微观经济学"，主要就是对这一时期有关经济结构和运行机制探讨的汇编。这些内容，大部分属于资本经济学的术、技层次，对此本书以下章节要展开论说。从法层次而言，其关于经济结构和运行机制的探讨，在于贯注实用原则，以为资本最大化地获取利润服务。之所以从需求论供给，就是要以心理因素为依据，探讨资本生产与消费的关系，保证其获取利润。而对生产及产业、行业结构，成本、交换、竞争与垄断等结构的探讨，都是供求结构的展开，都是把利润作为目的而贯彻其中。运行机制是经济结构的内在联系和作用方式，"微观经济学"在法层次将自由竞争体制下经济结构和运行机制归结于"平衡"或"均衡"，它体现于一般的供给与需求的趋向及其交互作用，进而展开于全部经济结构及其关系中。均衡并非静止的，而是动态的，是竞争中的均衡，均衡中的竞争。在资本经济学家看来，只有依循均衡的作用，才能保证资本以适当的投资获取最大化的利润，因而要将实用原则和均衡贯彻于运行机制之中。为此，他们不仅依据心理原则,更把数理实用化,进行函数和模型的推演。

凯恩斯在经济学上的"革命",以"资本边际效率"称谓利润,以之为核心概念,并以生产和实现资本边际效率为目的和原则,将国家作为调控经济的工具,同时也将经济结构和运行机制的探讨从"微观"扩展到"宏观",并从"总量分析"一国的国民收入与就业,进而规定了国民经济各部门的结构。而其重点,还在投资与储蓄、利率的关系,所谓IS曲线就是这种关系的集合性表述。而实用的财政政策和货币政策,都是影响和制约经济结构的必要因素。凯恩斯及"宏观经济学"沿用了"微观经济学"从均衡探讨运行机制的思路,但将均衡的范围扩展至一国乃至国际经济结构的运行中,既包括国内有调控的竞争,也涉及国际间的竞争均衡,并为此设计了相关的公式和模型,其目的是在保证一国资本总体利润的同时,尽可能地实现各个体资本的利润均衡。凯恩斯经济学说法层次关于经济结构和运行机制的实用原则,与数理实用原则相结合,展开于其术、技层次,成为其主要内容。

资本经济学法层次的实用原则,通过其在经济结构和运行机制的探讨形成数理实用原则,即从方法论上探讨如何运用数学来计量和表示经济结构及其运行机制,以及经营管理中的问题。

经济活动是质与量的统一,经济过程的数量关系是经济矛盾性质的展现和具体化,经济学的研究在规定矛盾性质的同时,计算其数量和变化,是必要的。从重商主义开始,资本经济学就注重使用数学计量商品量、价格、税收、关税、对外贸易顺逆差等商业和手工业活动涉及的数量关系。重农学派的代表魁奈精心设计的《经济表》可谓从数量均衡对一国经济过程的规定。斯密、李嘉图也都将经济矛盾的计量作为其法层次的重要内容,体现于以利润为核心和标准,对资本价值量、价格、工资、地租、税收及再生产与交换过程的计量上。这是资本经济学实用原则的要求和体现,但一直到约翰·穆勒，都还是将数学计量作为其法层次论证环节的辅助手段，到了自由竞争体制成熟期，即19世纪下半叶，门格尔、庞巴维克将用心理原则为资本雇佣劳动制经济矛盾辩护作为法层次的主要环节，其"边际效用"和"时差利息"的计量引发了将数理实用原则作为法层次主要环节，并贯注于术、技层次全部内容的"数理学派"，"数理学派"至此生发与兴起。

数理学派的代表人物是斯坦利·杰文斯（1835－1882年）、里昂·瓦尔拉（1834－1910年）、维尔弗里多·帕累托（1848－1923年）。在他们之前，古诺和戈森在将数学应用于经济学研究上做过尝试，杰文斯承继戈森的路数，系统地探讨了将数理作为经济学法层次的实用原则，并在术、技层次全面运用数学计量，从而使数理学派得以形成。杰文斯在《政治经济学理论》中，试图依数学计量来建立新的政治经济学体系，而其前提，就是用庞巴维克等人的"心理原则"取代洛克和斯密坚持的自然权利、社会契约和自然法为经济学之道层次的观念，他写道："在本书，我尝视经济学为快乐与痛苦的微积分学，摆脱前辈意见的拘束，来定立经济学的形式。据我看，这种形式，经济学终必采用。我早以为，经济学即为讨究量的科学，自亦须在事实上——即令不在名辞上——成为数学的科学。关于效用、价值、劳动、资本等等，我尝要取得精确的量的概念。在若干最困难的概念，尤其是最暧昧的价值概念上，我亦屡屡觉得惊奇地发现许多数学的分析与表现。这个经济学理论颇与静力学相类似。交换法则颇与杠杆的平衡法则（那是由虚速度原理决定的）相似。财富与价值的性质，由无限小量的快乐与痛苦之考虑来说明，正如静力学的理论，以无限小量能力的均等为根据。"[①] 他甚至认为，"一切科学的经济学家皆须是数理的经济学家。其理至明，因经济学

---

① 杰文斯：《政治经济学理论》，商务印书馆1984年版，第2页。

家所讨究的是经济量及其关系,但一切的量与量的关系皆属于数学的范围。"① 可见,在杰文斯的思想中,经济活动及其关系都是数量关系,都是可以计量,而且必须计量的。这是从实用原则对经济学性质的界定,虽然他并不想,也不能改变资本雇佣劳动制,但他认为这种制度是自然的、绝对的,经济学没有必要反复论证制度,需要做,而且必须做的,是将经济学变成维持资本雇佣劳动制的实用的科学,将数理实用原则贯注于经济学的全部概念,使之可以精确计量并能够应用。为此,在法层次,他注重依数理实用原则探讨维持资本雇佣劳动制经济的运行,而非对制度的论证和辩护。虽然他的经济学体系也有明显的依心理原则而为资本雇佣劳动制辩护的成分,但他更侧重于实用。从实用原则出发,杰文斯将经济学的概念体系按数理进行规定和演算,这样做的结果是把经济过程的阶级矛盾、人际关系等都化解为数量关系,不仅可以计量,而且可以运用数学将之均衡、消除。杰文斯还是逻辑学家,他以数理实用原则改造了演绎法,形成了资本经济学法层次的数理实用原则,以此为前提,在术、技层次具体地应用数学计量经济运行,构建了他的经济学体系。

资本经济学法层次的数理实用原则环节经瓦尔拉和帕累托的充实而得以确立。瓦尔拉把经济学分为纯粹经济学、实用经济学和社会经济学。纯粹经济学研究财富的交换,是后两种经济学的基础,实用经济学研究财富的生产,社会经济学研究财富的分配。瓦尔拉将数理实用原则首先用于探讨交换,起点是交换和价格,并把一般均衡的分析作为目标,自称其方法论是"一般均衡论"。他认为,运用数学不仅可以说明有充分数据的商品价格关系,而且能够以一系列未知数的联合方程来推算其数值。经济学的一个准则是方程式的

---

① 杰文斯:《政治经济学理论》,商务印书馆1984年版,第10页。

数目与未知数的数目相一致，任何方程式都是已知数和未知数的结合，表示该方程式各项之间的依赖关系。任何一个函数都表示两个变数之间的关系，其中一个变数是相关数（函数），另一个变数是无关数（自变数），如何选择则由演算者决定。运用数理实用原则，瓦尔拉在术、技层次探讨了交换、生产、分配过程中的经济关系。

帕累托进一步拓展了瓦尔拉的"一般均衡论"，使用微积分并以"三维图式法"代替瓦尔拉的"二维图式法"，用"无差异曲线"代替"需求曲线"进行相应数学公式的演算，形成他的数理经济学体系。其特点是：通过考察个别经济过程或范畴，把一切个别因素联结成一个总体系，用函数表示各个因素之间的数量关系，形成一个能够包括整个经济过程的普遍适用的方程组，一般地表示各经济因素的相互作用，说明经济体系达到均衡的条件。进而不断修正数量的比例，得出愈益接近实际情况的公式，为此要先确认各要素相互作用的存在，其次掌握各要素之间的联系，进而计算这一切要素的值并精确地表示均衡的条件。帕累托简化并明确了瓦尔拉的"一般均衡论"，强调经济活动的一般规律是需求和满足需求的障碍之间的均衡，它贯彻于生产、交换和分配的各个环节。经济过程就是各种因素或力量相互依赖的均衡的结果，他用各种曲线表示经济活动中的相应均衡关系。他提出了均衡的"最适度"论，要点是：一是以序数效用论为前提；二是把最适度的条件归结为生产和交换的均衡，而不顾分配关系；三是通过自由竞争，解决生产和交换中的问题，最适度均衡状态就可以实现。

数理实用原则在法层次的确立，强化了资本经济学的实用性，由其带动的术、技层次对维持资本雇佣劳动制经济运行的研究，不仅用计量而显得更为准确可用，而且可以减少对经济矛盾论证中的语言逻辑困难，只用数学公式的推演就可以计算出利润获取程度，并表述各种经济关系，并提出相应的建议。因此，数理实用原则得到相当一部分学者的赞同并加以应用,以致成为现在"主流"资本经济学法层次的必要内容。但由于以"心理原则"为根据,并排斥经济过程中的政治、文化、历史等不可计量因素,不仅导致其在法层次的局限,更导致其应用于术、技层次的诸多缺陷。

五 "经济人"假设

资本雇佣劳动制是资本所有者利益的制度化,是从总体上保证并维护个体资本所有者的权利及其资本增殖的制度。为此资本经济学必须在法层次论证资本所有者追求其私利的合理性,并将这种合理性贯彻于制度的建构及其体制、机制的运行中。斯密从其经济观出发,提出了"经济人"的假设,将个体资本所有者的利益和意愿假设为全部个人都有如此的利益和意愿,即所有人都是追求个人利益的"经济人",所有的个体"经济人"是资本雇佣劳动制的细胞,资本雇佣劳动制是"经济人"个体细胞的共同机体。斯密这个观点得到边沁从功利主义的佐证,为几乎所有资本经济学家赞同和继承,并以此为前提,结合"心理原则"和"数理原则"编造各种"经济规律"和数学模型,贯彻于资本经济学的历史。"经济人"假设是资本主义基础概念自然权利、社会契约及其经济观的展开,是从个体自然权利对资本雇佣劳动制的论证、辩护、维持,又从资本雇佣劳动制明确了资本所有者追求私利的合理、合法性。资本经济学法层次的各环节,即为资本雇佣劳动制的论证、辩护、维持,都汇集于"经济人"的假设,并由此展开于术、技层次。

自然权利概念的提出,否定了上帝主义和自然神论为基础的封建特权与君主专制权威,正是由于将自然权利确定为人与生俱来的权利,才确立了个体人的主体地位。自然权利是人生存和所有、享用物质资料的权利,这两个方面是统一的。但以自然权利和社会契约概念为基础的资本主义的制度化，一开始就将人身权和财产所有权分离，或者说以二者分离作为资本雇佣劳动制的内在依据。拥有人身权的劳动者没有生产资料的所有权，因而也就没有通过自己劳动生产必要生活资料的条件；而生产资料的所有权则归不劳动的资本家，他们购买劳动者的劳动力使用权，支配劳动力与生产资料结合的生产并所有其创造的剩余价值，除少部分满足自己生存需要外，大部分仍然转化为资本，以资本所有权保证自己的主导地位和劳动者被雇佣的地位。早期的资本经济学家目的不在揭示资本雇佣劳动制与自然权利的矛盾，而在如何从自然权利论证资本雇佣劳动制的合理。因此，他们不顾资本所有者与雇佣劳动者地位的差别和对立，抽象地从自然权利来论说经济过程中个人的利益。他们设想了一种类似童话的场景：所有人都平等地拥有自然权利，都可以自由地追求个人的利益，但却有着不同的态度和结果，马克思这样概括资本经济学家编造的童话，"在很久很久以前有两种人，一种是勤劳的，聪明的，而且首先是节俭的精英，另一种是懒惰的，耗尽了自己的一切，甚至耗费过了头的懒汉。……第一种人积累财富，而第二种人最后除了自己的皮以外没有可出卖的东西。"① 资本经济学就是以这样的童话世界为前提展开其说教的。

斯密被资本经济学家奉为"政治经济学之父"，因而"经济人"也就被说成是斯密的假设。但斯密却没有像后来的西尼尔、门格尔等人那样从欲望论证"经济人"，而是在谈到人们投资国内产业的动机时，强调"追求自己的利益，往往使他能比在真正出于本意的情况下更有效地促进社会的利益。"② "由于每个个人都努力把他的资

---

① 马克思：《资本论》（第一卷），人民出版社2004年版，第820—821页。
② 斯密：《国家财富的性质和原因的研究》（下卷），商务印书馆1974年版，第27页。

本尽可能用来支持国内产业,都努力管理国内产业,使其生产物的价值能达到最高程度,他就必然竭力使社会的年收入尽量增大起来。确实,他通常既不打算促进公共的利益,也不知道他自己是在什么程度上促进那种利益。"① 斯密这里所说的"追求自己的利益"的人,实则是资本所有者,是从个体资本所有者的角度来谈其投资国内产业的动机的。这不仅说明斯密及其经济学说的主体性,也说明被后来资本经济学家说成是他提出的"经济人",实为"资本人",是资本所有者利益和意识的概括。正是由于看到了这一点,马克思在《1844 年经济学哲学手稿》提出了相对立的"劳动人"概念,指出由于资本私有制导致劳动的异化,"人作为单纯的劳动人的抽象存在,因而这种劳动人每天都可能由他的充实的无沦为绝对的无,沦为他的社会的因而也是现实的非存在。"② 没有资本所有权的"劳动人"如何与"资本人"的利益相一致呢?斯密没有考虑这个问题,他只关注如何使资本家投资于国内产业以增加英国的财富。

稍晚于斯密的边沁在《道德与立法原理导论》(1789 年)中关于功利或利益的论证,为西尼尔等人圆满"经济人"假设提供了一个必要条件。边沁并不是经济学家,他写此书的目的,是探讨形成中的资本主义民法和刑法的基本原理,这就是"功利原理"。他认为,人类是由快乐和痛苦主宰的,人的行为都受这两个"主公"支配,并由其评判。快乐和痛苦是人的心理感受,也就是基本的功利所在。"功利是指任何客体的这么一种性质:由此,它倾向于给利益有关者带来实惠、好处、快乐、利益或幸福(所有这些在此含义相

---

① 斯密:《国家财富的性质和原因的研究》(下卷),商务印书馆 1974 年版,第 27 页。
② 马克思:《1844 年经济学哲学手稿》,《马克思恩格斯全集》第 42 卷,人民出版社 1979 年版,第 106 页。

同),或者倾向于防止利益的有关者遭受损害、痛苦、祸患或不幸(这些也含义相同)。"① 趋乐避苦或趋利避害是人人所共有的,也是主宰人行为的原理。"当一个事物倾向于增大一个人的快乐总和时,或同义地说倾向于减小其痛苦时,它就被说成促进了这个人的利益,或为了这个人的利益。"② 而所谓"共同体的利益"只是道德术语中的最笼统的用语之一,因而往往没有实质意义。共同体只是个虚构体,由那些可以说是构成其成员的个人组成。如果说共同体有其利益,就是"组成共同体的若干成员的利益总和。"③ 共同体(如政府)的行为必须能增大其成员的幸福,或减少其损害,否则就是违背功利原理的。边沁将趋乐避苦界定为道德和立法的原理,同时批判了与之对立的禁欲主义原理和同情与厌恶原理,其中禁欲主义是宗教信徒的原理,对它的批判也就是对宗教信仰的批判,这在当时是有进步意义的。至于同情与厌恶原理,是"一个人自己感到倾向于赞许之或非难之"④,也可以说是基于某个人的好恶而形成的偏见,这常表现于立法和司法、行政人员的行为中,是违背功利原理的,应当加以克服。

  边沁的功利主义对于资本雇佣劳动制刚成为统治制度的英国,产生了相当大影响,成为个人自由主义文化的重要内容,也为"经济人"的假设提供了有力的论据。因此,马克思在《资本论》中指出,资本雇佣劳动制被资本经济学家说成"天赋人权的真正伊甸园。那里占统治地位的只是自由、平等、所有权和边沁。自由!因为商品例如劳动力的买者和卖者,只取决于自己的自由意志。他们是作

---

① 边沁:《道德与立法原理导论》,商务印书馆2000年版,第58页。
② 边沁:《道德与立法原理导论》,商务印书馆2000年版,第58页。
③ 边沁:《道德与立法原理导论》,商务印书馆2000年版,第58页。
④ 边沁:《道德与立法原理导论》,商务印书馆2000年版,第70页。

为自由的、在法律上平等的人缔结契约的。契约是他们的意志借以得到共同的法律表现的最后结果。平等！因为他们彼此只是作为商品占有者发生关系，用等价物交换等价物。所有权！因为每一个人都只支配自己的东西。边沁！因为双方都只顾自己。他们连在一起并发生关系的唯一力量，是他们的利己心，是他们的特殊利益，是他们的私人利益。正因为人人只顾自己，谁也不管别人，所以大家都是在事物的前定和谐下，或者说，在全能的神的保佑下，完成着互惠互利、共同有益、全体有利的事业"。① 将边沁（即其功利主义）与自由、平等、所有权并列为资本雇佣劳动制"伊甸园"中居统治地位的四要素，可见其重要。

边沁对李嘉图等斯密的后继者影响很大，他们的著作中都体现着"经济人"和功利主义的思想。而西尼尔则进一步将边沁的功利原理与斯密的个人利益原则相结合，使"经济人"的假设更为充分。如果说斯密和边沁乃至李嘉图还都是论证新生的资本雇佣劳动制的合理性，那么西尼尔则是为这个制度已经显现的矛盾进行辩护了。

西尼尔认为，人的欲望是经济活动的基本要素，不同的人如何满足欲望并处理其相互关系，是经济学的基本问题。在《政治经济学大纲》中，西尼尔提出了四个基本命题，第一个就是"每个人都希望以尽可能少的牺牲取得更多的财富"，并将之简括为"对财富的共同欲求"。"我们说，每个人都希望以尽可能少的牺牲取得更多的财富；可是切不可以认为我们的意思是说每个人或任何人所想望的都是一切事物的无限数量，更不是说财富确实是或应当是人类欲求的主要目标，虽然它是人类所希求的普遍目标。我们的意思是说，没有人会感到他的全部欲望已经获得充分满足，每个人总有些未经满足的欲望，觉得再多得些财富，才可以使他满意。各人的欲望性

---

① 马克思：《资本论》（第一卷），人民出版社2004年版，第204—205页。

质不同，迫切的程度不同，正和各人个性不同的情形一样。……金钱似乎是共同期求的唯一目标；这是因为金钱是抽象的财富。一个人只要有了钱，就可以随其所好地满足他的各种奢望或虚荣，就可以使他游惰度日，就可以发挥他急公好义的精神，或施行他私人间的恩惠，就可以千方百计地求得肉体上的快乐，避免肉体的劳苦，就可以用更大代价求得精神上的愉快。"① 但是追求财富不是没有代价的，西尼尔将之称为"牺牲"，比如放弃安逸和空闲时间、新鲜空气和乡村生活、娱乐和交际等等。虽然在不同国度追求财富所付出的牺牲是有差异的，但以尽可能小的牺牲取得更多的财富却是所有人共同追求的。"即使是墨西哥的印第安人，虽然由于习性懒散，使他们甘受贫困——这在一个英国人看来，将感到生活是个负累——他们也未尝不愿意在无须吃苦耐劳的情况下发财致富。"②

正是这种以尽可能少的牺牲取得更多财富之间的关系或矛盾，形成了人们的生产和全部经济行为，并有了劳动、自然资源和节制这三种生产的要素或手段。这里最值得注意的是，西尼尔以"节制"代替资本，"我们用这个词表示个人的这样一种行为：对于他可以自由使用的那个部分，或者是不作非生产性的使用，或者是有计划地宁愿从事于其效果在于将来而不在于眼前的生产。"③ 他之所以用"节制"代替资本，是因为"资本这个词所指的是，出于人类努力的结果、用于财富的生产或分配中的一项财富。"④ 也就是斯密、李嘉图等人将资本归结于劳动创造的价值，西尼尔不同意这个观点，而选择了"节制"这个心理学概念代替资本。"在节制的原则下，放弃

---

① 西尼尔：《政治经济学大纲》，商务印书馆1977年版，第47–48页。
② 西尼尔：《政治经济学大纲》，商务印书馆1977年版，第48页。
③ 西尼尔：《政治经济学大纲》，商务印书馆1977年版，第93页。
④ 西尼尔：《政治经济学大纲》，商务印书馆1977年版，第94页。

我们力所能及的享乐，或者是放弃切近的效果而追求遥远的效果，是人类意志上最艰苦的努力之一。"① 在一定程度上，劳动也是一种节制，与用于生产要素的节制不同，劳动只是对身体行为的支使，而作为生产要素的节制则是所有者针对其所有物的享受和放弃切近效果而追求遥远的效果。节制是将劳动和自然要素结合为生产的主导或关键要素，而资本则是节制将劳动和自然要素结合的结果。西尼尔的目的，实则只在划清资本与劳动的界限，排除李嘉图从劳动价值论规定利润所导致的"无偿占有"结论，也是将萨伊"三要素"从心理因素作一重新界定，将利润说成是资本家个人节制其享受的"人类最艰苦的努力之一"的结果。这样，"经济人"就有了新的含义：虽然"每个人都希望以尽可能少的牺牲取得更多的财富"，但只有节制才能使其达到目的。

承续西尼尔的思路，门格尔和杰文斯进一步强化了欲望和动机等心理因素对人经济行为的决定作用，从而使"经济人"假设得以成熟，甚至成为他们将经济数量化的基点。他们认为，所有人都是按照共同的欲望追求私利，而且都是依照数学算计的理性进行经济活动的"经济人"。由此抛开了人性的其他因素和人格多样性及社会活动的复杂性，设定了同质的"经济人"，全部经济活动都是没有差异的"经济人"依数学算计的"理性"活动，这样，就可以从效用、边际等概念进行数量分析和精确计算了。在将所有人从心理欲求上归结为同质的"经济人"的前提下，他们认为这个世界所活动的人不过一个个数字载体，而社会经济不过这些数字之间量的关系。

门格尔大概是第一个使用"经济人"概念的经济学家，他的《国民经济学原理》几乎通篇都以"经济人"表示经济活动中的个体主体人。他认为，经济过程就是"经济人"从抱有欲望的状态到

---

① 西尼尔：《政治经济学大纲》，商务印书馆1977年版，第95页。

欲望满足状态的过程。抱有欲望或欲望未满足状态是人的器官"被扰乱的状态",而"欲望满足状态"则是"被扰乱的状态"恢复正常,这取决于"其性能足以获致我们叫做欲望满足状态的外物"的作用,"与人类欲望满足有因果关系的物,我们叫做有用物,我们认识了这个因果关系,并在事实上具有获得此物以满足我们欲望的力量时,我们就称此物为财货。"① 人的欲望是多样的,不是个别财货而是多种财货的总体,才能满足"经济人"的欲望。"经济人"的欲望是有级次的,因而财货的效用也有级次边际之差异。"这样的财货总体,或直接为各个经济人所支配,如在孤立经济下的情况一样;或一部分直接地,一部分间接地为各个经济人所支配,如在今日这样交换发达的社会内一样。只有在这个财货的总体性上,才能获得我们叫作欲望满足的结果;更进一步,也才能获得我们叫做人类生命和幸福之保证的结果。一个经济人为满足他的欲望所支配的财货总体,叫作财货所有。这个财货所有并不表现为各种财货任意结合的数量,而表现为经济人全体欲望的反映,表现为一个有机构成的总体。"② 门格尔的这种观点可以说是十足物质主义的,他从一个自然人的生理需要推论到心理欲望,进而这个自然人就因从事经济活动以取得外物满足欲望而成为"经济人","经济人"不仅自己生产财货而且通过交换得到他人生产的财货,这样"经济人"之间就形成了所有的观念和权利,进而扩展为经济与经济财货。"经济人"的相互关系,就是欲望与满足欲望的财货的生产与所有的关系。"人类的欲望和自由支配满足欲望的资料,是人类经济的出发点和目标。"③ 由这个出发点和目标,门格尔规定了财产以及价值、交换、价格、

---

① 门格尔:《国民经济学原理》,上海人民出版社2001年版,第2页。
② 门格尔:《国民经济学原理》,上海人民出版社2001年版,第27页。
③ 门格尔:《国民经济学原理》,上海人民出版社2001年版,第60页。

使用价值与交换价值、商品和货币，形成了他以"经济人"的欲望级次与财货效用差异的抽象关系逐次扩展各层边际效用的经济学"原理"。

与门格尔的《国民经济学原理》同年（1871年）出版的《政治经济学理论》的作者，是被哈耶克称之为与门格尔、瓦尔拉一样"独自发现边际效用原理"的杰文斯，因二书同年，故哈耶克称1871年为"现代经济学的发轫之年。"① 哈耶克所谓"现代经济学"是以"边效革命"为标志，其要点就是在将"经济人"心理欲求与财货的效用关系同质化的基础上，进行从边际开始的数量计算来推演全部经济过程。杰文斯从边沁关于快乐与痛苦的论述出发，对快乐与痛苦作了量的规定。他认为，边沁所说的快乐与痛苦的四种情形：强度、历时、确实性、远近性，都是应当而且能够计算的。"快乐与痛苦是经济学计算的究竟的对象。经济学的问题，是以最小努力获得欲望的最大满足，以最小量的不欲物获得最大量的可欲物，换言之，使快乐增至最高度。"② 这是对西尼尔"尽可能少的牺牲取得更多的财富"的更为心理学和数学的规定。杰文斯强调，"经济学是建筑在人类享受的法则上"③，消费享受或欲望的满足，是人从事劳动的动因和目的，同时也界定了劳动成果的效用，而欲望的满足程度又制约着物品的效用率，并呈现出效用的边际性，他的经济学研究就是通过对效用率边际性的计算，找到"以最小努力获得欲望的最大满足"的途径。虽然杰文斯没有像门格尔那样用"经济人"来称谓经济中的个人，但他从趋乐避苦的原则对人经济行为的规定，

---

① 哈耶克：《卡尔·门格尔》，门格尔：《国民经济学原理》，上海人民出版社2001年版，第2页。

② 杰文斯：《政治经济学理论》，商务印书馆1984年版，第51页。

③ 杰文斯：《政治经济学理论》，商务印书馆1984年版，第52页。

以及从欲望满足程度对劳动生产物效用率的边际分析计算,并将货币作为计算单位,更使"经济人"这一假设有了科学的色彩和实用性,后人也由此形成所谓"理性经济人"一词,并贯彻于资本经济学,特别是"自由派"经济学的术、技层次。

第三章
资本经济学术层次【1】：统制经济阶段

资本经济学所集中概括的是资产阶级经济利益和意识，资产阶级利益，体现于资本雇佣劳动经济制度中。经济制度，是在特定历史阶段对劳动力和生产资料所有权归属的法律规定，由于所有权的抽象性和基础地位，经济制度具有长期性和稳定性。但是，这并不意味着特定经济制度下，具体经济关系是一成不变的。在不同时期，经济制度首先展开为经济体制，即经济制度在长期演化中阶段性的具体形式，是对所有权如何派生并掌控占有权的规定。资本雇佣劳动制自15、16世纪在欧洲形成，在几百年的演进中经历了三个阶段和体制：统制经济体制、自由竞争经济体制和市场经济体制。其中，统制经济体制是资本雇佣劳动制的第一阶段，主要存在于欧洲初级集权官僚制下为商工业划定的"经济特区"和对外贸易上。在初级集权官僚制制约下，专制君主通过专制国家对国内经济和对外交往展开了全面的管制，而商业资本为了摆脱更为腐朽的封建势力的控制与压迫，争取适当的追逐利润的社会条件，选择与专制国家相结合，接受其庇护的同时适应专制国家的统制。在这一阶段，资本经济学体现为"重商主义"，从其与专制君主的共同利益的角度，概括了商工业资产阶级利益。"重商主义"经济学与统制经济体制一样，还不够成熟：在道层次借用欧洲初级集权官僚制的自然神论作为哲学基础；在法层次则以归纳统率各思维形式，注重对商工业资本家经营和政府经济管控的经验总结，尚未提升至对经济矛盾的系统分析。道、法层次的不成熟，体现为学说内容不够系统和丰富。统制经济体制阶段资本经济学的主要内容，集中于术、技两个层次。本章集中探讨术层次的内容。

一 统制经济：商业资本与专制国家结合的经济体制

资产阶级及其主导的资本雇佣劳动制，形成于欧洲短暂的初级集权官僚制阶段。在这几百年时间，资本的最初形态——商业资本在专制国家的庇护下发展、壮大，商业资本与专制国家结合的资本雇佣劳动制的经济体制，是统制经济。

人类社会的发展，是基本经济矛盾——劳动者素质技能与社会地位的矛盾——不断演变的体现。根据劳动者与非劳动统治阶级的基本经济、社会关系质的规定——制度的演变过程，我们将人类社会的历史按规定基本社会关系的社会制度划分为不同的阶段：原始社会、奴隶制社会、封建领主制社会、集权官僚制社会、资本雇佣劳动制社会、民主劳动制社会。虽然不同国度的社会演变过程各有特殊性，但总体上基本是沿这一顺序而演变的。欧洲在农业文明发展中远落后于中国，到中国集权官僚制建立后六七百年的公元5世纪，才由日耳曼部族为首的部族联盟推翻西罗马帝国，构建了以部族联盟为社会形式的封建领主制。如同中国的封建领主制必然向集权官僚制演变一般，欧洲的封建领主制社会矛盾在积累到一定程度后，也开始了向集权官僚制的演变。在欧洲初级集权官僚制建立的过程中，国王以专制国家对商业资本的庇护、支持和制约，形成了统制经济体制。在这一经济形态下，商人们摆脱封建社会关系和文化的压抑，可以"理性"地赚钱了，商业资本也因此迅速扩张、壮大，总体性的资产阶级逐步形成，而集中概括其经济利益与经济意识的经济学说，也集中体现为重商主义。

欧洲封建领主制的矛盾包括：封建领主与农奴的矛盾，封建领主与自由民和骑士的矛盾，封建领主之间的矛盾，封建领主与教会的矛盾，农奴、自由民、骑士与教会的矛盾。在这几层矛盾的交互作用下，引发封建领主制及松散的部族联盟动荡与分裂、重组。自11、12世纪起，出现了类似中国春秋时期的状况。封建领主遇到内外两方面的威胁：在内部，素质技能提高了的农奴与自由民不满领主统治，出现了各种形式的反抗；在外部，则是领主间对领地、人口、财富的争夺，以及教会对世俗统治的干预。为了维护、扩展自己的领地、人口和财富，一些强势的领主开始调整其内部社会关系，以强化统治和向外扩张，即变封建领主制为更先进的集权官僚制——谁率先变革，变革更彻底，就能在国家间的竞争中居于上风，兼并小的领主、扩张自己的统治。从13世纪开始，几个率先变革的国度逐步形成了初级的集权官僚制的专制国家，相应的民族也随之形成：如意大利、西班牙、葡萄牙、荷兰、法兰西、英吉利、德意志等。由于此前没有对"集权官僚制"这一概念的明确规定，难以确定欧洲的这场社会变革的性质，但很多学者意识到这场变革的内容在于以政治上的专制取代封建。诺思在《西方世界的兴起》中写道："到14世纪后半期人口重新开始增长时，封建社会的基本结构已经瓦解。"[①] 周谷城在《世界通史》中指出："十五世纪以后，富商大贾之抬头，民族国家之成长，专制政治之演进，几乎是一件事情。商人帮助国王，肃清封建地方主义，建立民族国家；打倒封建领主势力，促成专制

---

① 诺思、托马斯：《西方世界的兴起》，华夏出版社2009年版，第21页。

政治；凡此是十五至十八世纪间之最大历史特征。"①

欧洲初级集权官僚制的构建，很大程度上受到在当时较其先进和系统的中国集权官僚制的影响，尤其体现在政治环节：变旧有的陪臣为官吏，以行政区划代替原来的分封采邑，进而设地方官管理，同时在中央建立分管各类事务的机构，委官行政。其集权官僚制政治的内容概要如下：一、建立了强有力的较系统的中央政权机构，代表国王行使统治权，统一掌管全国财政、军事、内政、外交等；二、建立常备军，废除旧有的骑士制度，常备军成为集权专制的主要工具；三、建立由国王控制的立法、执法、司法机构，统一全国的法律和相应的管制；四、统一货币和度量衡，明确国家语言，取消因封建割据而设立的各种关卡；五、随着国王势力增强，逐步摆脱罗马教廷的控制，将教会纳入王国的统治范围，实现了教会的民族化。

欧洲初级集权官僚制建立后，在经济上的变化主要有：一方面废除农奴制，实行小农经济；另一方面则在特定城市设立"特区"实行重商主义政策。如果说前者与中国集权官僚制下的小农经济类似，更多体现集权官僚制的一般性，后者则体现欧洲国家在这场制度变革中的特殊性，也恰是这种特殊性，使资产阶级在统制经济中迅速形成并发展壮大，在短短的几百年后，发动资产阶级革命建立资本雇佣劳动制，并导引欧洲率先进入工业文明。

如今几乎控制全世界人类的资本，最初是以商业资本的形式出现在历史舞台上的。自10世纪中期起，在领主的统治和保护下，新的耕地被开垦、农业技术日渐发展、人口开始增长，在大小领主的统治之下建立了相对稳定的秩序。在这种情况下，由于欧洲各地不同的资源和气候条件所导致的各地农业和手工业间的差异性，使商

---

① 周谷城：《世界通史》（第三册），商务印书馆2005年版，第613页。

品交换成为有利可图的行为,但受制于封建领主制,商业资本的发展缓慢且有限。封建领主统治下对商业资本的主要限制表现为:一、教会势力和领主们为了维护自己的统治,采取重农抑商的政策;二、封建领主制下劳动者素质技能低下,用于商品交换的剩余产品量少质差;三、教会实施严格的文化统治,宣称贸易及相应金融行为的"高利贷"是非法和不合道德的,这在阿奎那《神学大全》中相应内容中体现得淋漓尽致;四、封建割据导致关卡林立并对商业活动收取高昂税、费,比如在德国,"将 60 块木板从萨克森运送到汉堡,需要向沿途收费站缴纳的费用相当于 54 块木板!"[1] 因此,形成于封建领主制下的较为广泛的商业资本,虽然在封建统治稳固和系统化之后有所发展,但仍以个体资本的形式存在,其所有者未能形成一个总体性的阶级。欧洲集权官僚制变革的兴起,为商业资本的发展和资产阶级的形成扫除了障碍。

在欧洲实施集权官僚制变革的主导者,不同于中国的士阶层,而是为了在激烈的领主兼并、竞争中维持统治的开明领主。由于建立封建领主制和此后的集权官僚制都晚于中国一千余年,欧洲在农业文明中远远地落后于中国,其落后体现在文明的各个方面——科学技术、生产力、生产方式、生活方式、价值观和思想道德、管理技能、语言、艺术。在开明领主所主导的变革中,这种落后又突出地体现为财政收入的严重不足上——无论其所统治的人口还是作为税收基础的剩余产品都严重不足,仅仅依靠来自农业的税收完全不足以支撑国王们对财富的需求。因为财力的贫瘠和领主间兼并、竞争的激烈,由开明领主转化来的专制君主必须想办法增加财富以增强自己国家的竞争力,这样才能实现向外扩张和削弱国内领主割据的目的,所以他们并没有如中国集权官僚制下官僚地主阶级那样采

---

[1] 布鲁、格兰特:《经济思想史》,北京大学出版社 2008 年版,第 12 页。

取"重农抑商"的政策，而是通过庇护和支持商业资本的发展来增加财富——财政的收入不仅有商人提供的税收，还有向商人发行的国债。这一系列政策以及与之统一的经济思想被此后的亚当·斯密称为"重商主义"。

当时欧洲几个大国的专制君主都采取重商主义政策以鼓励商业发展，他们将商人及手工业者聚集的城市设定为"特区"，使之脱离小领主们的控制，并在一定程度上摆脱抑制商业发展的教会系统的束缚。在国王的直接庇护下，商业资本家和手工业者成为国王直接统治的臣民，他们在国王设立的"经济特区"和特许经营权的保护之下摆脱封建势力的干扰，形成市民社会。市民为了争取自己的利益，激烈地反对封建领主和教会的特权，其中主要的就是对土地的实际所有权，使城市摆脱领主的控制，保证国王认可的"市民"身份。这种以雄厚财力和流血牺牲争取而来的"市民权"，是由法律保证的，许多城市都将国王认可的"宪章"刻写于城市最明显之处。最初的商业资本所有者，来自商人、海盗和开明贵族。当市民社会成为国王实行专制统治的必要基础，那些在封建领主制下备受压制的商业资本所有者，纷纷投入国王专制的统制下。这样，商业资本就与专制国家结合起来，形成了统制经济体制，商业资本家则与国王形成了事实上的联盟。

统制经济的特点是集权专制的王国从政治上全面控制以商工业资本所有者为主体的经济活动，它作为欧洲特定时期、特定区域的资本雇佣劳动制的初级经济体制，体现了专制国王与商业资本的共同利益：打击共同的敌人——封建势力及其所主导的封建社会关系。在统制经济体制中，集权官僚制是专制国家的基本社会制度，商业资本仍受国王专制的总体制约——所谓庇护本身也是制约的体现，只是相对于封建领主对于商人的压制而言是更有利于其经营和发展的。国王专制对于商业资本的制约，集中体现于商人在国内外经商要经国王特许经营，以及专制国家对于商业活动全面而细致的规制上，包括商品的质量、规格都要由专制国家全面掌控。专制国家对于资本全面统制的弊端在几百年后充分显现，但对于商业资本在当时的发展则是必要的，并起了积极推动作用。相对于封建领主制下所受到的压抑，商工业资本所有者和其他平民在统制经济体制下所获得的权利是前所未有的，汤普逊在《中世纪经济社会史》中指出："新形成的资产阶级要求承认城市的权利与特权，这项要求从政治上来说是：那在封建世界几百年来有效的契约原则应扩充到非封建世界。平民也要求'权利'与'自由'来执行自己的司法、征税、铸币、市场管理等等，像封建王公在他们领土上所做的那样；而且在这些有关切身利益的地方事务方面，他们不再愿意服从封建主的权力。他们要求在封建统治内的而非在封建制度下的一个地位。"[1]

在经济"特区"所赋予相对充分权利——市民权利——的基础上，商业资本迅速扩张，其所主导的商工业成为主要的税收来源和经济命脉，而基于市民权利的资本雇佣劳动关系也为专制国家所认可，成为欧洲初级集权官僚制中的重要经济制度，统制经济体制由此作为资本雇佣劳动制的第一种经济体制而形成、确立。统制经济体制中的商工业资本所有者，在迅速的扩张和发展中摆脱个体的局限，开始意识到资本所有者作为一个总体性群体的利益，并由其思想代表对之进行了集中概括，初步形成了资产阶级的阶级意识，宣告着资本所有者作为一个阶级登上了历史舞台。资产阶级的阶级意识就体现于商工业资产阶级为适应专制国家统制而形成的经济学说——重商主义——之中。

---

[1] 汤普逊：《中世纪经济社会史》（下册），商务印书馆1963年版，第425页。

二 重商主义：商工业资本为适应专制国家统制而形成的经济学说

"重商主义"这一概念是由斯密提出，他在《国民财富的性质和原因的研究》中提出："不同时代不同国民的不同富裕程度，曾产生两种不同的关于富国裕民的政治经济学体系。其一，可称为重商主义；其二，可称为重农主义。"[①] 重商主义作为一种"政治经济学体系"，是资本尚未成熟的形态——商工业资本为了适应专制国家统制而形成的经济学说。

商工业资本所有者对于自身经济利益和经济意识的概括，就在他们对其所处经济矛盾的规定和概括——经济利益是经济矛盾中的利益——之中。身处统制经济体制下的商工业资本，刚刚从封建势力和关系的压抑下逃离，还远未成熟到成为社会主体的程度，为了自身的存在和发展，不得不依实用原则而"自愿"地接受专制国家的统制，因此几乎所有的重商主义者都承认并强调国王及其专制国家对经济的统制，这种"适应"在重商主义学说中体现为将专制国家的统制作为商业资本发展、扩张的前提和条件，而资本本身的扩张、壮大，则被论证成为王国富强的必要条件。这样，适应专制国家的统制，就成为资本经济学在统制经济阶段的重要特征。

在统制经济阶段，商工业资本能够迅速壮大，其基本前提在于资本所有权的保证。但是，这一时期的商工业资产阶级，显然并不具备确保自身权利的能力。能够确保他们资本所有权和经营的，只能是当时并不排斥商业资本并且掌握国家机器的专制国王。专制国王不同于保守的封建领主，他们试图通过制度变革实现集权统一的

---

① 斯密：《国民财富的性质和原因的研究》（下卷），商务印书馆1974年版，第1页。

统治。他们所主导的变革过程,需要通过战争来完成,连年的扩张、征战使得国王对财政收入的需求大大增加,这一现实问题使国王们意识到,其国家的富足和强盛,不仅在于稳固国内的专制统治,更在于以货币为形式的财富的积累——只有积累了足够多的货币财富,才能使国王在对封建领主的兼并中维持足够强大的实力。因此,国王们十分愿意为那些能够增加本国财富的商业资本提供庇护,以保证自身有足够的财政收入维持对外征战。于是,专制国王在一些城市设立"特区",确保商工业资本的所有权以及实际的人身权,以促进商人们在贸易中赚取利润。而尚显弱小的商工业资本所有者,则乐得接受国王的庇护,以确保自身利益和不断扩张。对此,英国重商主义者马利尼斯,曾从国王的角度出发论证商业资本家的价值:"保持商业和贸易往来对于所有的皇族与掌权者来说是如此合意、令人愉快和满意,以至于国王一直是并且在当今仍然是商人社会的国王。尽管很多时候商人们存在着个别的分歧和争论,然而在贸易路线上他们是一致的。因为由贸易所能直接带来的财富是一颗耀眼的星,它将使王国和国家繁荣。商人作为一种工具和方法,与其他方法一样对君主制度与国家的荣耀、辉煌及利益作出了贡献。"[1] 马利尼斯的这段话,看似阐述了商工业资本与国王之间利益的一致性,但也透露出国王对商工业资本的基本认识和态度——工具。国王对于"工具"的庇护,除了保障"特区"中商工业资本的实际利益外,也吸引了更多商工业资本争相"投奔"。相比封建领主凭借特权对商人和手工业者的压榨甚至掠夺,"经济特区"对商业资本家的财富所有权的确认,显然使其对商工业资本的吸引力远远超过封建城邦。同样的,"特区"对商工业从业者权利的保障,也使大量农奴想方设法逃离封建城邦,前往"特区"城市以实现从农奴向平民的转

---

[1] 布鲁、格兰特:《经济思想史》,北京大学出版社2008年版,第19页。

变。这样，在"特区"城市形成了商工业资本和手工业的聚集，专制君主通过设立"特区"不仅增加了财政收入，也使商工业资本不断发展壮大。但是，国王的庇护毕竟是以巩固国王的专制政权为出发点和归结点的，其保护资本所有权的目的，是强化专制，并以集权专制对经济实施全面统制。

统制经济体制的特点，是政治对经济的全面控制和干预。在这一阶段，国王们通过其实行集权官僚制而形成的专制国家机器，以立法、政策、行政等种种手段，对经济的生产、流通甚至消费环节，进行了系统而全面的管制和监督。究其目的，就在于使各个产业、行业，都服从为保证国王财政收入而采取的重商主义政策。专制国家对经济的统制，大致可以概括为以下几个方面。首先，在生产环节的管制，包括对产品工艺、质量的监控，对产业发展的干预和对劳动者的种种管制。例如，法国在柯尔培尔主政期间，曾对商品的质量、生产工艺的标准进行了严格的规定，甚至具体到出口布匹单位面积经线和纬线的数量；此外，对于那些他们认为必要的产业给予垄断特权和补贴；对于就业，也有着严格的限制和规定，比如在1668年的一项法令中，命令所有奥克赛里的6岁以上的儿童进入花边厂工作，否则每个孩子会被处以30苏的罚款；为了减少对生产的影响，甚至取消了宗教节日。在英国，也有各种类似的政策，包括对没有被雇用的流浪汉采取十分严峻的刑罚甚至处死。其次，在流通环节，对国内外贸易、货币流通、产品价格等方面进行严格、全面的管制。例如，以特许权的方式对海外贸易的商业资本进行管制，无论是英国还是法国都是如此；严格限制贵金属货币的流入、流出，早期是严格限制货币的流出，以至于英国后期的重商主义者托马斯·孟提出，只有大量输出货币才能获取更多财富的贸易顺差；对于进出口产品进行管制，比如英国曾为了保护羊毛相关产业，严格禁止可以替代羊毛制品的印花布进口，法国也曾针对印花布出台严格法令，致使因涉及这一法令而死亡的人数超过 16000 人①；对于国内交易的严格限制，比如在法国谷物和面粉未经批准不得在各省间流通，曾出现过一个地区谷物充盈而几公里外却有人饿死的情况。最后，在消费环节为了保证某些产业发展而进行严格管制。比如，1721 年英国曾颁布法律，禁止消费印染印花布；而在 17 世纪后期，为发展毛纺织业，要求死人穿羊毛寿衣入葬被写入法令——宗教传统本要求穿亚麻寿衣……。由此可见，专制国家对于经济的统制，几乎渗入每一个空气分子当中，马克思这样评论欧洲初级集权官僚制专制国家："以其无处不在的复杂的军事、官僚、宗教和司法机构像蟒蛇似的把活生生的市民社会从四面八方缠绕起来。"②而此后几乎所有论证自由竞争体制的经济学者，都强调把自由放任作为否定初级集权官僚制建立的统制经济体制后资本雇佣劳动制应该采取的体制原则。但是，无论后来主张自由竞争的经济学家如何抨击统制经济体制，它毕竟是资本雇佣劳动制形成初期的体制形式，而且切实地聚集并促进了资本主义经济的发展。当时的商工业资本所有者为了自身的存在和发展，也只能适应专制国家对经济的统制和管控。而这种适应，就集中体现于概括此时商工业资本所有者利益和意识的重商主义经济学说中。

重商主义作为一个经济学说系统，是欧洲各国统制经济体制下思想家经济学说的集合，其代表在英国有约翰·黑尔斯、托马斯·孟、詹姆士·斯图亚特；在法国有让·博丹、安托万·德·蒙克莱田、让·巴蒂斯特·柯尔培尔；在意大利有安东尼奥·塞拉；在奥地利有冯·霍尼克；在德国有海因里希·尤斯蒂。从资本主义经济

---

① 布鲁、格兰特：《经济思想史》，北京大学出版社 2008 年版，第 15 页。
② 马克思：《法兰西内战》，《马克思恩格斯选集》（第 3 卷），人民出版社 1995 年版，第 91 页。

思想的层次论，重商主义学说的内容主要集中于术、技两个层次。重商主义在术层次的首要环节，是货币财富论。对商业资产阶级而言，如果不能实现资本的增殖，他们就不会去从事商业活动。商业资本的增殖——商人财富的增加，就体现在可以交换其他物品的贵金属货币的增加。同样，专制国王财力的增加，也体现于贵金属货币的增加。这样，将财富归结于货币，就成为商业活动的基础观念。因为这种观念，重商主义也被马克思称为"货币主义"。在这一观念的基础上，展开了对于价值、价格和商业资本利润的认识。在他们看来，价值、价格是在交换中被决定的。重商主义者在研究货币数量及其贵金属纯度变化对于商品价格波动的影响所形成的认识中，贯彻并印证了这一观念。对于以经验总结法作为方法论的重商主义者，其经济利益最直接的表现在于利润，因此利润的来源也是重商主义术层次的必要内容。基于对内、对外贸易的经验，重商主义思想家将价值的来源归结于交换过程，这种观念一方面突破了阿奎那"贸易不合法"的论断，另一方面也贯彻了货币财富论与交换价值论，成为论证商工业资产阶级经济利益的基本命题。

如果说重商主义在术层次的内容体现出一定的学理性，从而在一定程度上淡化了商工业资本为适应专制国家统制的实用主义色彩，而其在技层次的内容，就鲜明地凸显着专制国家对商业资本的全面控制，以及商工业资本如何实用主义地适应这种控制，进而赚取尽可能多利润的目的。重商主义的技层次，几乎都是针对专制国家统制下如何发展贸易和手工业以提升国王财力的政策而提出的。在统制经济的早期，基于货币财富论，重商主义者认为政策的目标在于贵金属的少出多入，从而提出了货币差额论，很多国家制订了限制商人带金银外出贸易的法令。但随着商业资本对外贸易的扩张以及经验的积累，重商主义思想家基于经验的总结提出只有以更多的货币买入商品并卖出，才会带来更多的利润和国王的财政收入，因此货币差额论演变成为贸易差额论，认为只要实现对外贸易的高额顺差，就可以实现本国商业资本财富和国王财政收入的增加。与货币差额论相统一，重商主义者提出要为发展商业而发展制造业与关税保护的主张。在他们看来，没有本国制造业的发展，扩大对外贸易并实现高额顺差是不可能的，尤其是那些"最能把商品和钱财挣回国内的行业"[1]。而要发展本国的制造业，就必须对外国同类商品征收关税以实现对本国制造业的保护。围绕发展商工业资本和对外贸易这一目标，重商主义思想家认为专制国家必须充分发挥其统制作用，并为此提供了相应的财政和货币政策建议和主张。

重商主义是欧洲封建领主制社会矛盾演化和变革的体现，它既是经济观念，也是经济政策，实用主义原则直接展现于其观念和政策中。由于相应观念在政策中的体现，重商主义学说的主体是专制国王还是商工业资产阶级，似乎有些"含糊"。有些学者依据重商主义之"重"，认为其主体是对商工业资本进行统制的国王及官僚，将重商主义的主体等同于制订和实施重商主义政策的主体，而很多重商主义学者本身就是专制国家的官员，也使得这种认识似乎顺理成章。但若深入考察重商主义的内容，我们会发现重商主义学说的主题并不在于论证如何实行和巩固专制——这才是专制国王和官僚关注的核心，而在于论证资本如何在专制国家统制之下实现发展。对于"委身"于专制国家统制的商工业资产阶级而言，要实现自身的发展，不得不将自身的发展和利益与专制国王增强财力的目的结合起来，并以自己的思想来说服国王采取一系列有利于商工业资本扩张的法令和政策，这也是商工业资本在当时存在并发展的唯一路径。几百年后，当充分壮大、成熟的资产阶级将国王及其所代表的初级

---

[1] 黑尔斯著，拉蒙德编：《论英国本土的公共福利》，商务印书馆1989年版，第131页。

集权官僚制作为批判和否定的对象时，明确地说明了重商主义时期的资产阶级只是将专制国王看作自身发展在特定阶段的必要条件和手段，当资产阶级已壮大到可以掌控政权而"自由"发展的程度，就毫不客气地将国王及其专制统治视为革命的目标。当年为资本的发展进行论证的重商主义思想家，虽然有些人身为官员，但其学说论证的是资本及其遇到的矛盾，体现的是商工业资产阶级的主体性，他们实则商工业资产阶级的思想代表。如同在中国春秋、战国时期倡导以集权官僚制为社会变革目标的士儒阶层，他们的出路在于被有意扩张势力的诸侯领主所赏识和接受，随着集权官僚制变革的完成和士儒阶层转化的官僚地主阶级发展成熟以致成为社会主体，曾经作为他们出路必要条件的诸侯及其封建关系就被当作"曾经的同伴和手段"而无情地否定、抛弃了。在商工业资本适应专制国家统制形成的重商主义经济学说中，鲜明地体现着概括资产阶级利益和意识的实用主义原则，这一原则同样地体现于资产阶级在成为统治阶级后对待其曾经共同反抗专制君主的"盟友"——劳动者的态度中。因此，重商主义的主体并不"含糊"，而是特定时期适应并利用专制国家统制初步形成阶级的商工业资本所有者。

资本作为一种新生事物和新的社会关系，因符合、顺应了人类特定时期历史的发展趋势而形成和扩张，并最终成为当今仍统治世界的新"上帝"。但这个过程不是一蹴而就的，尤其在初级集权官僚制否定封建领主制的统制经济阶段，商工业资本家不得不"委曲"地适应专制国家的统制，但随着资本的扩大并掌控、主导经济的全部环节，专制国家的统制就成为资本进一步演变、扩张的障碍。当资产阶级打倒专制国王成为新的统治阶级后，资本经济学也就从重商主义演变为资本自由主义经济学了。

三 货币财富论：重商主义的基础观念

处于统制经济阶段的资产阶级尚未成为统治阶级，资产阶级思想代表在概括其经济利益和意识时还要兼顾专制国王的经济利益，因此资本经济学在重商主义阶段的主题是：在论证资本所有者与专制国王、国家利益一致性的前提下，探讨商工业资本如何发展以实现富强国家的目的。而国家富强和资本发展的共同点，在于贵金属货币财富的增加。由此形成重商主义术层次的基础观念：将货币视作财富的主要或唯一形态的货币财富论。

自人类步入阶级社会以来，财富一直是阶级统治的重要依据和结果。马克思在《1844 年经济学哲学手稿》中，曾将私有财产（即财富）阐述为阶级统治下异化劳动的产物和结果，财富在阶级统治社会中就意味着对剩余劳动产品的所有。在封建领主制社会，领主们统治的范围有限，而且虽然有物品交换但是交换范围狭小，此外"人们在劳动中的社会关系始终表现为他们本身之间的个人的关系，而没有披上物之间即劳动产品之间的社会关系的外衣。"[①] 因此这时对财富的认识局限于物品的使用价值而非以货币形式表现的价值。虽然这一阶段已有商品交换，但商品经济并非主要的经济形态，只有投入货币资本并以货币资本增殖为目的的商人，才会将财富的主要形式归结于货币。随着欧洲社会开始建立初级的集权官僚制，国王专制统治范围大增，为扩大领土和臣民，国王及其政府对财富有着"无限的"追求，而商品经济的发展，特别是外贸在经济中作用日益突出，国王和商工业资本家的财富不再以劳动产品来衡量，而以由承担价值尺度和流通手段的贵金属为载体的货币来衡量。这样，

---

① 马克思：《资本论》（第一卷），人民出版社 2004 年版，第 95 页。

国王对财富的认识就和商工业资本家统一起来，将财富归结于货币，形成货币财富论。这种观念也成为国王和商工业资本家共同利益的基础：商工业资本家将货币财富的增加作为自己投资的目标，国王则将货币财富的增加作为本国实力增强的根据。

然而，货币财富论作为一种"已经证明的定理"和"通俗说法"，并非从来就有的观念，斯密在批判重商主义时指出："以前，法兰西国王特遣僧人普拉诺·卡尔比诺去见有名的成吉思汗的一位王子。据这位大使说，鞑靼人所常常问到的，只是法兰西王国的牛羊多不多。他们的问题和西班牙人的问题有同样的目的。他们想要知道那个国家是否十分富足，值得他们去征服。鞑靼人和其他一切牧畜民族，大都不知道货币的用处；在他们中间，牲畜便是交易的媒介，便是价值的尺度。所以在他们看来，财富是由牲畜构成，正如在西班牙人看来，财富是由金银构成一样。"① 其中"财富是由金银构成"正是货币财富论的本质性表述。但这种观念只是在商品经济成为普遍经济形态时才被普遍接受。

自10世纪中期起，商品经济开始出现较为普遍的发展，其标志在于货币的普遍应用。到了13世纪，商品经济的发展以及一批"古希腊哲学家"的著述被"适时"地"重新发现"，商品交换成为当时思想者甚至是反对贸易的经院思想家研究的一个必要部分，他们对商品的价格、价值、货币、利息等问题进行了初步研究，相应的概念也由此形成。意大利神学家阿奎那（1225 - 1274）在《神学大全》中，对货币概念进行了初步的阐述："供人类使用的物品的价值是用给它定的价格来衡量的，而为了这种目的，货币就被发明出来

---

① 斯密：《国民财富的性质和原因的研究》（下卷），商务印书馆1974年版，第2页。

了。"① 此后，法国著名传教士奥雷斯姆（1320－1382）继续对货币问题进行了研究，他在神学、数学方面取得了相当大的成就，代表作《论货币的最初发明》被认为经济思想史上第一本系统论述货币的著作。他认为货币是"便于交换自然财富的一种人为的手段"②，而货币适合于用金、银来铸造，进而将财富归结于金银："财富，即金和银，是从地下深处掘出来的。"③ 可见，在这一时期因为商品经济发展，对于商品经济的认识、思想以及货币概念的初步规定、形成，成为重商主义时期货币财富论的重要前导。此后重商主义思想家基于国王庇护下的商业活动对货币进行了更为深入和明确的探讨，也使"财富即金和银"的内容更为充实、丰富，并将之从经济思想提升为重商主义思想的基础观念。

斯密在批判重商主义时曾对这一观念进行分析："财富由货币或金银构成这一通常流行的见解，是自然而然地因为货币有两重作用而产生的。货币是交易的媒介，又是价值的尺度。……按照通俗的说法，财富与货币，无论从哪一点看来，都是同义语。"④ "通常""流行""自然而然"之类的词汇，体现了货币财富论在重商主义中的基础地位和作用。而重商主义的学说中，几乎没有思想家和主导政策的官员对货币财富论进行系统论述。一方面在于其已经成为一种"自然而然"的观念为商人和国王普遍地接受，另一方面则因为重商主义的方法论重在经验总结的实用性而忽略学理性。货币财富

---

① 阿奎那：《神学大全》，《早期经济思想》，商务印书馆2011年版，第54页。
② 奥斯雷姆：《论货币的最初发明》，《早期经济思想》，商务印书馆2011年版，第84页。
③ 奥斯雷姆：《论货币的最初发明》，《早期经济思想》，商务印书馆2011年版，第84页。
④ 斯密：《国民财富的性质和原因的研究》（下卷），商务印书馆1974年版，第1—2页。

论作为基础观念，在重商主义思想家的著述和政策建议中，普遍地存在着。

约翰·黑尔斯（？－1571）是英国早期的重商主义代表，曾担任英国政府官员，代表著为《论英国本土的公共福利》。他认为外国人将其产品出口到英国，其目的就在于增加本国的货币财富，而这同时造成了英国的货币财富损失。他写道："通过这种办法，许多国家使它们的人民有活可干，并从我国汲取很多钱财。"① 而他所说的钱财，实则是以贵金属形式存在的货币。接下来他痛心疾首地写道："其严重之处在于我们通过这种方式看到自己的货物和钱财不断遭到掠夺而听之任之。"② 英国进口他国商品，在他看来是一种财富的损失，应当的办法则是采取"进口替代"的方式，在国内生产那些需要进口的商品，只有这样才能防止货币形式的财富流向国外。他写道："不管多么少的收益流往国外，对我们来说总是一项损失。可是，不论多大的收益从一个人的手里转到另一个人的手里，毕竟还是保留在国内。"③ 对于为什么金银会充当货币财富的载体而成为交换手段，他认为主要在于其"最适宜于携往远处或贮藏，或者便于我们用丰富的货物换取它们，或者使我们有可能在最需要的时间和地点用它们去换取我们所缺乏的其他东西。"④ 此外，还在于金银的稀少："数量的稀少使上述金银这两种金属非常突出……而且由于最

---

① 黑尔斯著，拉蒙德编：《论英国本土的公共福利》，商务印书馆1989年版，第74页。

② 黑尔斯著，拉蒙德编：《论英国本土的公共福利》，商务印书馆1989年版，第75页。

③ 黑尔斯著，拉蒙德编：《论英国本土的公共福利》，商务印书馆1989年版，第75－76页。

④ 黑尔斯著，拉蒙德编：《论英国本土的公共福利》，商务印书馆1989年版，第82页。

远的东西最不容易到手，它们最值得重视。"① 在探讨"劣币驱除良币"问题时，他指出："外国人就伪造了我们的硬币，设法把大批大批的伪币运到这里来脱手，既换取我们的金银，又换取我们的主要商品。"② 显然在他看来，这种行为最大的危害，就在于本国贵金属货币的损失，这也是英国财富的损失。英国要从对外贸易中获得财富，需要建立相应的行业生产产品："在建立那些行业时，我愿意促使人们选择和爱护其中最能把商品和钱财挣回国的行业。"③ 显然，将货币财富"挣回国"就是要增加英国国王与商业资产阶级的"公共福利"。在他的整部著作中，虽然内容略显杂乱，但主题十分明确：增加英国的货币财富，而作为这一主题基础的观念，即是货币财富论。

对于其他国家的重商主义者而言，其学说的主题与黑尔斯是一致的：在对外贸易中增加本国货币财富，他们同样将货币视作财富的主要形式。在意大利，重商主义思想家塞拉（生卒时间不详）是其代表，主要著作为《略论可以使无矿之国金银充裕的成因》。他指出："作为一个国家，如果是盛产金银的，这对一般老百姓和王公大人们说来是何等重要，由此将产生多大的利益，对于防止犯罪行为将是个多么有效的手段（虽然有些人会故意持相反的说法），以及缺乏金银会造成多大的损害——这些我在这里都不打算讨论，因为这已为人所共知，即使知道得不大清楚，至少大体上是有所觉察的，因此，不妨把它作为一个已经证明的定理。至于对待持相反见解的

---

① 黑尔斯著，拉蒙德编：《论英国本土的公共福利》，商务印书馆1989年版，第84页。

② 黑尔斯著，拉蒙德编：《论英国本土的公共福利》，商务印书馆1989年版，第87页。

③ 黑尔斯著，拉蒙德编：《论英国本土的公共福利》，商务印书馆1989年版，第131页。

那些人的办法，假定的是，简直可以把他们送到安蒂西拉……"① 文中的安蒂西拉，是传说中治疗疑病症患者的希腊城邦，塞拉戏谑不认同金银货币等同于财富这一观念的人是"有病"的，充分说明货币财富论在当时已然被普遍接受。基于货币财富论，他提出增加金银的（各国）共有因素："行业的多样化、人民的素质、商业活动的广泛程度和主政者的管理方式，"② 他认为"在任何地区，将四者结合在一起时，虽然不会由此使生产超过自己的需要，但必然会由此从国外取得有关的一切，虽然自己没有金矿和银矿，却必然会使自己在这方面的存量丰富起来。"③ 之所以要使"自己在这方面的存量丰富起来"，就在于将货币视作财富主要形式的观念。

作为英国重商主义晚期代表的托马斯·孟（1571－1641），基于货币财富论而提出贸易差额论。他出生于伦敦一个手工业者兼商人家庭，年轻时进入东印度公司，后来曾担任东印度公司的董事，代表作为《贸易论》与《英国得自对外贸易的财富》。他指出："对外贸易是增加我们的财富和现金的通常手段，在这一点上我们必须时时谨守这一原则：在价值上，每年卖给外国人的货物，必须比我们消费他们的为多。……我们在贸易上遵循着这种惯例去做，就稳稳地可以保证我们的王国每年一定会增多二十万镑的财富，并且一定是大部以现金的形态带回祖国；因为我们所出口的货物里既然有一部分没有以货物的形态换回一些东西，它必然就会以现金的形态被

---

① 塞拉：《略论可以使无矿之国金银充裕的成因》，《早期经济思想》，商务印书馆2011年版，第146页。

② 塞拉：《略论可以使无矿之国金银充裕的成因》，《早期经济思想》，商务印书馆2011年版，第148页。

③ 塞拉：《略论可以使无矿之国金银充裕的成因》，《早期经济思想》，商务印书馆2011年版，第148页。

带回本国。"① 在他看来，贸易顺差是增加英国商业资产阶级与国王的货币财富的合理方式。

奥地利的重商主义者霍尼克（1638－1712）代表作为《奥地利富强论》和《奥地利享有特权的历史渊源》。他出生于德国，后移居奥地利从事法律工作，1690 年加入红衣主教团，并被任命为枢密院官员。他认为，一个国家拥有丰富的货币财富，是国家力量、地位的重要构成因素："构成一个国家的力量和地位的，如果是它所拥有的丰富的黄金、白银和生活上必需或可以为生活谋利的一切其他事物，而且这些事物系尽可能取自自己的资源，而不是依赖其他国家，是在受到适当鼓励的情况下取得的，取得以后是被适当地加以利用的，那么，这就表明，就总的国民经济说，这时它应当考虑的是，怎样使这种物资充裕，使这种鼓励和享乐可以持续存在，而无须仰赖别国。"② 依据这样的观念，他重点分析了使奥地利富强的两条原则：一是禁止外国商品进口和扩大奥地利商品的出口，二是据此原则实现的富强体现于货币财富的增加上。

法国的重商主义思想家蒙克莱田（1575－1621）最早提出了"政治经济学"这一术语，曾担任沙蒂利昂市行政长官，代表著作为《献给国王和王后的政治经济学》。他将国家活动的基础和手工业发展的目的都归结于商业，其原因则在于商业活动尤其是对外贸易可以获取黄金、货币。而路易十四的财政大臣柯尔培尔，则以重商主义政策的制定、实行而非著书立说著名，他所制定和实行的一系列对外贸易和国内经济政策，都是旨在通过商业资本的国内外贸易行

---

① 托马斯·孟：《英国得自对外贸易的财富》，商务印书馆 1965 年版，第 4－5 页。
② 霍尼克：《奥地利富强论》，《早期经济思想》，商务印书馆 2011 年版，第 223 页。

为增加缺少金银矿藏的法国金银货币财富,从而增强法国的政治、军事实力。蒙克莱田和柯尔培尔共同的观念,在于认为货币是财富最为主要的形态,而法国实力的根据就在于财富的数量。

由于所在国度经济矛盾的特殊性和方法上的具体差异,重商主义思想家们提出了各具特点的重商主义学说或政策。但他们各自特殊的学说之所以都被归为重商主义,很重要的原因在于其在主题上的一致性,即通过商业资本的发展增加本国以货币为形式的财富,就在于此货币财富论作为基础观念。基于这一观念,重商主义思想家们展开了重商主义术、技层次其他环节的论说。

四 交换价值论

重商主义者大多是商工业资本家和政府贸易官员,他们总结实际商工业和政府工作经验,对其利益和意识进行了初步的概括。托马斯·孟就强调商人在国家经济中占有重要地位,由于"商人肩负与其他各国往来的商务而被称为国家财产的管理者"①,商人所经营的对外贸易是国家致富的途径。无论是英国的重商主义者,还是法国或其他国家的重商主义者,都依从货币财富论,实质上也就是将价值的范畴局限于流通环节,认为价值产生于交换,即交换价值论。

在重商主义之前的阿奎那并不注重价格与价值的差别。阿奎那说:"在那种以效用补偿为基础的友谊中,应该遵照把自然增生出来的利益给予受益者的原则;而这种利益有时是会超过了所给予的物品的价值的,譬如,一个人或者为了避免危险,或者为了得到利益而对某种物品需要得很多的时候,就会发生这种情形。因此,在买

---

① 托马斯·孟:《英国得自对外贸易的财富》,商务印书馆1965年版,第1页。

卖契约中以高于所值之价出卖物品是合法的。"① 阿奎那此处所说的"价值"即"所值之价",其含义是使用价值与成本价格,因此可以说阿奎那的价值论是效用价值论或成本价值论。

黑尔斯在《论英国本土的公共福利》中,三次提到价值:"我们必须记住,在价值为10先令的安琪儿发行以前,人们对格罗特估定的价值已有两次下降,合9先令8便士的安琪儿在通常交易中可以很容易地被当作至少值30个劣质格罗特的货币使用。"②"当他们看出那些铜币的价值估计同银币相仿时,他们就带来换取我们的商品。"③"因为我们造的硬币分量比以前小了,或者说它的价值比以前低了;所以他们要求我们拿出较多的硬币去换取他们的货物,并且说,他们不计较我们把自己的硬币称做什么,只是愿意按照全世界各地对我们硬币的评价来考虑它的分量和真正的价值。"④ 这三处提到的价值,都是与金属货币相联系的,并且以金属货币本身的分量作为价值的标准,继而作为商品价格的标准。

晚期重商主义突出代表托马斯·孟所说的价值,也是以金属货币对货物的计量:"对外贸易是增加我们的财富和现金的通常手段,在这一点上我们必须时时谨守这一原则:在价值上,每年卖给外国

---

① 阿奎那:《神学大全》,《早期经济思想》,商务印书馆2011年版,第53页。

② 黑尔斯著,拉蒙德:《论英国本土的公共福利》,商务印书馆1989年版,第8页。

③ 黑尔斯著,拉蒙德:《论英国本土的公共福利》,商务印书馆1989年版,第58页。

④ 黑尔斯著,拉蒙德:《论英国本土的公共福利》,商务印书馆1989年版,第108页。

人的货物，必须比我们消费他们的为多。"① 在他看来，价值来源于交换过程，多卖少买是增加本国财富必要方式。

巴尔本认为："商品的用途在于满足人们的需要。"② "商品的用途"只是价值的基础，而价值是在交换中体现。他说："商品的价格是现在的价值，是通过计算商品的需求或用途以及符合那种需求的数量得出来的……丰富使商品便宜，稀少则使商品昂贵。"③ 他对价值的理解还比较表面，即把价值理解为价格，"市场是价值最好的裁判……售价即所值"④。价值形成于交换，价值是交换的商品价格。这也是重商主义者的共有观点，对于商人来说，商品之所以有价值，就在于其买卖过程的价格，明确了价格，也就认知了价值，并由此进行交易。

斯图亚特作为"最后一个重商主义者"与"货币主义和重商主义体系的合理的表达者"，认为商品价值形成并决定于交换过程。他对商品价值的论证，与其他重商主义者一样，集中和停留于对商品价格的探讨。价格被斯图亚特分成了两个组成部分——实际价值与利润："在商品的价格中，我认为有两个东西是实际存在而又彼此完全不同的：商品的实际价值和让渡利润。"⑤ 他在这里所使用的"实际价值"，是对生产商品所需成本的概括。斯图亚特提出："'实际价值'决定于'该国一个劳动者平常……在一天、一周、一月……

---

① 托马斯·孟：《英国得自对外贸易的财富》，《早期经济思想》，商务印书馆1965年版，第4页。

② 巴尔本：《贸易论（三种）》，商务印书馆1982年版，第55页。

③ 巴尔本：《贸易论（三种）》，商务印书馆1982年版，第57页。

④ 巴尔本：《贸易论（三种）》，商务印书馆1982年版，第58页。

⑤ 斯图亚特：《政治经济学原理》，《斯图亚特全集》（第1卷），伦敦1805年，第244页。转引自马克思：《剩余价值理论》，《马克思恩格斯全集》（第26卷第1册），人民出版社1972年版，第12页。

平均能够完成的'劳动'量"。第二，决定于'劳动者用以满足他个人的需要和……购置适合于他的职业的工具的生存资料和必要费用的价值；这些同样也必须平均计算'……第三，决定于'材料的价值'。"① 在这三个项目中，后两项是生产商品所必需的生产资料的价格。第一项则是以平均劳动量衡量劳动在生产商品中创造的价值，考虑到斯图亚特还远未深入到剩余价值的认识，这部分由劳动创造的价值实际就等于为生产商品付出的工资成本。"实际价值"加上利润，就构成商品价格。他指出："如果这三项是已知的，产品的价格就确定了。它不能低于这三项的总和，即不能低于实际价值。凡是超过实际价值的，就是厂主的利润。"② 他认为，构成价格的利润并不是生产出来的，而是买者在交换中"让渡"给卖者的相对利润，它"对有的人意味着亏损；它表示财富的天平在有关双方之间的摆动，但并不意味着总基金的任何增加"③。之所以会形成相对利润，则是交换中供求关系的体现："这个利润将始终同需求成比例，因此它将随情况而变动。"④ 由此可见，在斯图亚特眼中，由于商品价值中"实际价值"部分作为成本是确定不变的，超出"实际价

---

① 斯图亚特：《政治经济学原理》，《斯图亚特全集》第1卷，伦敦1805年，第244－245页。转引自马克思：《剩余价值理论》，《马克思恩格斯全集》（第26卷第1册），人民出版社1972年版，第12页。

② 斯图亚特：《政治经济学原理》，《斯图亚特全集》第1卷，伦敦1805年，第245页。转引自马克思：《剩余价值理论》，《马克思恩格斯全集》（第26卷第1册），人民出版社1972年版，第13页。

③ 斯图亚特：《政治经济学原理》，《斯图亚特全集》第1卷，伦敦1805年，第275－276页。转引自马克思：《剩余价值理论》，《马克思恩格斯全集》（第26卷第1册），人民出版社1972年版，第11页。

④ 斯图亚特：《政治经济学原理》，《斯图亚特全集》第1卷，伦敦1805年，第245页。转引自马克思：《剩余价值理论》，《马克思恩格斯全集》（第26卷第1册），人民出版社1972年版，第13页。

值"的利润在交换之初是不确定的,商品的价值或价格,只能在交换过程中由买卖双方的交易决定。因此,在斯图亚特的观念里,价值只体现于交换,也是在交换中形成,并由交换决定。

商业的表现形式主要是流通,商业就是交换,商人们在交换中获取了金钱,也就认为交换产生了价值。重商主义作为资本经济学最初的思想体系,将金银视为财富的唯一或主要形态,认为国家的一切经济活动的目的都是为了获取金银,其理论研究也就局限于货币层面,但还不了解货币的起源和本质,也就不了解商品交换的本质,最终都没有触及价值论的核心内容。

此外,在重商主义时期,生产以手工劳动为主要形式,企业规模小,企业主社会地位较低,而掌握商业贸易的大商人和新贵族则获利丰厚,占据较高社会地位和话语权,在他们看来价值由交换创造更符合"实际"和其利益。重商主义者作为他们的思想代表,由于他们从交换中获取利益,因此将交换视为价值的来源。

重商主义者的交换价值论是商业资本家利益和意识的体现,其局限性是明显的,但对于商业资本家的经营来说,还是有指导意义的,并且得到了专制国家的认同。交换价值论既是货币财富论的展开,又是交换利润说的前提,三者构成重商主义术层次的主要内容,并具体化于其技层次。

五 交换利润说

依据交换价值说,重商主义进一步形成了交换利润说。对于这一时期的商工业资产阶级而言,商品交换是他们的主业,也是唯一生财之道,之所以从事商业活动,目的就在于获取利润。重商主义者的交换利润说就是其利益的概括和经验的总结。马克思指出:"在重农学派以前,剩余价值——即利润,利润形式的剩余价值——完全是用交换,用商品高于它的价值出卖来解释的。"①

利润是资本增殖的体现,也是资本所有者投资的目的。没有利润,资本所有者不会投资于商业活动和产业生产。托马斯·孟在《贸易论》写道:"货币是靠在土耳其、利戈内、热那亚、荷兰、马赛和其他地方出售印度产品获利而赚来的。然而,如果上述所有赚来的货币,或其中的一部分又要被从我国运出,用于新的贸易或事业,我们仍然应当说,购买印度货物的最终目的是赚取货币。"② 在商业资产阶级眼中,获得商业利润(赚取货币)是其商业活动的目的和动力。因此,在概括资产阶级经济利益的资本经济学中,始终关注利润概念的规定和修正。利润作为一个概念,形成于重商主义对商业资本家经商、特别是对外贸易经验的总结。在商业资本家的理念里,贸易结果所获超过其资本货币的余额即利润就来自于交换。

托马斯·孟通过总结东印度公司的经验来论证扩大对外贸易对于增加本国财富的作用,在其《英国得自对外贸易的财富》中从增加本国财富出发,他提出了贸易差额论:"对外贸易是增加我们的财富和现金的通常手段,在这一点上我们必须时时谨守这一原则:在价值上,每年卖给外国人的货物,必须比我们消费他们的为多。"③ 在孟的笔下,必要的进口是无法回避的,而增加贸易差额的办法,就在于通过对外贸易来尽量增加利润,而为了增加利润,就不能严格限制用于海外贸易的货币流出,在他为"多买多卖"以增加顺差合理性的论证中,"个体资本的利润来自交换"这一命题虽不明确但

---

① 马克思:《剩余价值理论》,《马克思恩格斯全集》(第26卷第1册),人民出版社1972年版,第11页。

② 托马斯·孟:《贸易论(三种)》,商务印书馆1982年版,第21页。

③ 托马斯·孟:《英国得自对外贸易的财富》,商务印书馆1965年版,第4页。

清晰地呈现出来。他写道:"在我们已经作好了商品出口的准备并且将我们所能节省下来的或我们所能吐出的一切货物,都送到国外去时,不能说我们还应该再加上我们的金钱以便立刻去获取更多的金钱,而是先要买进更多的外国货来扩大我们的贸易,等候时机到来的时候再把这些货物输出以大量增加我们的财富。"① 在他看来,本国财富的增加,就来自于对外贸易带回本国的"金钱",而这些金钱之所以能回流本国,其原因在于外贸企业的对外交换活动。而他又从经验的角度,具体展开论述了如何才能增加财富的回流:"1. 我姑且假定,我们将十万镑现款航运到东方国家里去,购得净重十万夸特的小麦装到船上,先运到英国存在仓库里,等到售价最好的时候再将它又输出到西班牙或意大利去,那么这批小麦在那些地方所得到的价款就不能少于二十万镑,这样不但使那个商人成为一个有了余款的人,并且按着这个计算方法,我们看出我们的王国也已获得加倍的财富了。2. 再举一例来说,倘使我们象这样在更加遥远的国家里经营贸易,这种利润恐怕就将更大得多了。譬如我们运出十万镑到东印度去购买那里的胡椒运回本国,再从本国输往意大利或土耳其,在那些地方至少一定可以获得七十万镑。至于商人在那些长途航行里额外用在运输、工资、食料、保险、利息、关税、征课以及其他等项的支出,仍然全部都是国王和王国所得的收入。3. 但是在那些航程既短货物又贵所以利用航运也不多的情形之下,利润就将少得多。譬如另以十万镑在土耳其购买生丝,先行带回本国,然后再从本国输往法国、荷兰与比利时等低地国或德国,这位商人就有厚利可图了,虽然他只能在那些地方卖十五万镑;这样,以这几次买卖的折中数目来说,我们所输出的金钱就将以多于三倍之数

---

① 托马斯·孟:《英国得自对外贸易的财富》,商务印书馆1965年版,第14页。

回到我们这里。"① 他认为，英国财富的增加，只能源自对外贸易的利润的增加；而且利润是源自商人卓有成效、选择正确的对外贸易经营：正确的商品和贸易路线的选择，才能带来更多的利润，以增加本国财富。进而，他又以形象的语言对交换产生利润的决定作用进行了阐述："因为他们只在这种工作的开始（指资本输出——译者）上着眼，而不更进一步加以探究，致使他们根据不正确的意见作出判断而犯了错误。因为我们倘使只看到农夫在下种时候的行为，只看到他将许多很好的谷粒抛在地上，我们就会说他是一个疯子而不是一个农夫了。但是当我们按照他的收获，也就是他的努力的最终结果，来估值他的劳动的时候，我就会知道他的行动的价值及其丰富的收获了。"② 他虽然并未从学理上论证，但在其关于"通过对外贸易增加利润进而增加本国财富"的全部论述中，已充分表明他认为利润来自于交换即"交换利润说"了。

以孟为代表的重商主义者，由于在方法上局限于经验总结，在他们的学说中并不重视概念的规定，因此利润作为概念还仅仅是个内涵并不明确的词语。随着经济矛盾的演变，与资产阶级思想代表在方法上的演进，在"最后一个重商主义者"斯图亚特（1712－1780）那里明确了对利润的概念规定。

马克思将斯图亚特称为"货币主义和重商主义体系的合理的表达者"③。他试图以超出经验总结法的方法，将重商主义的各种观点综合为一个内在统一的体系。他注重概念在学说体系中的作用，提

---

① 托马斯·孟：《英国得自对外贸易的财富》，商务印书馆1965年版，第15页。

② 托马斯·孟：《英国得自对外贸易的财富》，商务印书馆1965年版，第19页。

③ 马克思：《剩余价值理论》，《马克思恩格斯全集》（第26卷第1册），人民出版社1972年版，第13页。

出以"相对利润"来充实和丰富交换利润说。对此，马克思曾评价道："詹姆斯·斯图亚特爵士，总的说来，并没有超出这种狭隘看法；甚至可以更确切地说，正是斯图亚特科学地复制了这种看法。"①

斯图亚特对利润内涵进行改进，将之展开为三个概念：绝对利润、相对利润、混合利润，他写道："绝对利润对谁都不意味着亏损；它是劳动、勤勉或技能的增进的结果，它能引起社会财富的扩大或增加……相对利润对有的人意味着亏损；它表示财富的天平在有关双方之间的摆动，但并不意味着总基金的任何增加……混合利润很容易理解：这种利润……一部分是相对的，一部分是绝对的……二者能够不可分割地存在于同一交易中。"② 对于"绝对利润"，斯图亚特并未过多阐述，其含义无非是由于劳动者素质技能提高及其表现的社会生产力提高的体现，而时常所说的利润，是在"相对利润"的规定中体现出来。斯图亚特认为，"财富在各当事人间的平衡的变动"的相对利润，并非由生产所决定，而是交换环节所决定的。为了论证这一命题，他对商品的价值概念进行了重新规定，形成了"实际价值"这一概念。他认为，实际价值由三个部分构成：一、生产中一定时间的平均劳动；二、为了生产必须支付的工资成本与劳动工具成本；三、原材料的成本。显然，他所说的商品的实际价值，无非是商品生产的成本，而利润则是商品价格超过"实际价值"的部分。这样，商品的价格就由两部分构成：一是商品的"实际价值"，二是让渡利润——即由交换而实现并产生的利润，个体资本在

---

① 马克思：《剩余价值理论》，《马克思恩格斯全集》（第26卷第1册），人民出版社1972年版，第11页。

② 斯图亚特：《政治经济学原理》，《斯图亚特全集》第1卷，伦敦1805年，第275-276页。转引自马克思：《剩余价值理论》，《马克思恩格斯全集》（第26卷第1册），人民出版社1972年版，第11页。

经济活动中的利润,就是商品价格对商品"实际价值"的超额部分。资本家之所以会投资产业或商业,根本目标就是投资会带来利润。因此,只有存在商品价格对"实际价值"的超额,生产商品才会发生。但为什么商品价格会对商品"实际价值"存在"超额"的利润呢?斯图亚特退回到经验总结,以对此种商品需要予以解释:"这个利润将始终同需求成比例,因此它将随情况而变动。"① "由此看来,为了促进制造业的繁荣,必须有大规模的需求……工业家是按照他们有把握取得的利润,来安排自己的开支和自己的生活方式的。"② 在他看来,只要需要足够强烈,就足以使特定商品的价格超过其"实际价值",个体资本利润就会在交换中形成,这个利润,就是他所说的"相对利润"或"让渡利润",而利润所在的地方,就是资本家"布置他的生活方法和他的支出"和投资的地方。这样,斯图亚特从交换出发,完成了他"科学形式"的交换利润说的论证。

交换利润说是重商主义对利润概念的规定。从其代表人物孟到斯图亚特对利润逐渐深入和抽象的规定中,体现的是资产阶级日益明确的主体性——只有从资产阶级的经济利益出发,才能形成利润概念。而利润概念作为资本经济学的核心,在重商主义这个初级的学说体系中就已确立。虽然不同时期重商主义者的交换利润说还有所差异,但,共同点在于对利润"总是由于商品的价格高于商品的

---

① 斯图亚特:《政治经济学原理》,《斯图亚特全集》(第1卷),伦敦1805年,第245页。转引自马克思:《剩余价值理论》,《马克思恩格斯全集》(第26卷第1册),人民出版社1972年版,第12-13页。

② 斯图亚特:《政治经济学原理》,《斯图亚特全集》(第1卷),伦敦1805年,第246页。转引自马克思:《剩余价值理论》,《马克思恩格斯全集》(第26卷第1册),人民出版社1972年版,第13页。

实际价值，由于商品高于它的（实际）价值出卖而产生的"。① 在重商主义学说体系中，交换利润说是在货币财富论基础上，结合交换价值说而形成的关于资本雇佣劳动制本质的规定，是其术层次的重要环节，尤其在重商主义的中后期，为其技层次内容——增加各国货币财富的具体方式——提供了依据。随着经济矛盾的进一步演变和资产阶级势力的日益壮大，资本经济学进入自由竞争阶段，而交换利润说也被新的观点所否定和取代。

---

① 马克思：《剩余价值理论》，《马克思恩格斯全集》（第26卷第1册）人民出版社1972年版，第13页。

第四章
资本经济学术层次【2】：自由竞争阶段

  重商主义学说促进了商工业资本的增长，但也与日益增长的商工业资本获取利润的欲求相冲突，它所依附并迎合的统制经济体制已越来越成为资本获取利润的障碍。资本所有者强烈要求废除国家统制经济的体制，并通过社会运动变革集权专制的政治制度，资本雇佣劳动制进入新的自由竞争阶段，资本经济学也提升至一个新阶段。自由竞争阶段是资产阶级掌控政权后，个体资本迅速发展的时期。为了追逐利润的最大化，个体资本所有者反对国家对经济的全面管控，要求自由竞争发展，强调国家政权只是自由竞争的守护者。资产阶级国家从总体上体现了这种要求，促进了资本雇佣劳动制的成熟，完成了产业革命。这是资本经济学系统化和全面发展的过程，其道、法层次得以明确和深化，术、技层次充分展开。确立了资本经济学的主体、主义、主题、主张，在确立和巩固资产阶级统治地位的同时，促进和维持了自由竞争体制的运行发展。

一 自由竞争：资产阶级从总体控制国家促进个体资本发展的阶段

资产阶级形成于欧洲集权官僚制初期，这一时期，资本主要以商业资本形式存在，商业资本在专制国王所划定的"特区"中，以对专制国家统制的适应实现了迅速扩张。完成资本原始积累的商业资本，为了进一步实现资本增殖，开始逐步控制农业和工业。这时曾经统制商业资本发展的专制国家，成为资本进一步发展的主要障碍。资产阶级联合同处"第三等级"的劳动者形成了巨大的变革力量，最终以革命推翻了国王的专制统治，在欧洲主要国家确立了资本雇佣劳动制的统治地位，摆脱了专制和封建势力的束缚，成为新的社会主体和统治阶级。这场人类社会的重大变革以1688年英国光荣革命与1789年的法国大革命为典型，迅速在欧洲西部的主要国家蔓延开来。以资产阶级革命为标志，摆脱君主专制，而由资产阶级总体控制国家的资本雇佣劳动制确立，并进入了自由竞争体制阶段。

在统制经济阶段，专制国王为了扩大财政收入，增强自身实力，容许资本雇佣劳动关系在其所划定的"特区"存在，并在一定程度上承认了资产阶级的根本权利——资本所有权及其对劳动力使用权的购买和获取利润的权利。但资产阶级受到君主专制制度的制约，不仅没有充分的政治权利，资本所有权也得不到充分保证。资产阶级革命的胜利，确立了资本雇佣劳动制的统治地位，充分保证资本所有权，同时，以"民主"的形式建立了资产阶级总体对国家的控制，以一系列法律确保资本所有权及资本经营和积累。

资产阶级之所以能够取代专制国王为代表的专制势力而成为统治阶级，并不是因为上帝的旨意或如资产阶级思想家所宣称的那样因为其符合"自然规律"，而是因为他们所主导的资本雇佣劳动制同时提高了在人口中居绝大多数的劳动者的社会地位，并由此发挥和提高了劳动者素质技能。资本雇佣劳动制相较集权官僚制的先进性，就在于明确了劳动者的人身权和劳动力所有权。尽管在制度建立初期并未将劳动者的劳动力所有权明确写在法律之中，但资本雇佣劳动关系的确立使得这一权利为社会普遍接受，劳动者依据人身权而进行的斗争，使劳动力所有权成为资本雇佣劳动制的一个必要环节和基本权利。资本雇佣劳动制集中体现为资本所有权主体以雇佣形式对劳动力所有权主体的主导和制约。

经济制度是对经济关系的集中抽象规定，任何一种经济制度都会展开、体现为经济体制。资本雇佣劳动制在其形成初期因商业资本对专制国家统制的适应而体现为统制经济体制；资产阶级通过革命夺取国家政权后，经济制度则展开、体现为自由竞争体制。所谓自由，即资本依据所有权而自主经营发展；所谓竞争，是个体资本自由发展而形成的矛盾关系，自由竞争就是各私有资本为追求其自身利益而自主经营发展在矛盾中相互竞争的状态。资本的自由竞争不能脱离社会的总体条件，需要国家政权以相应控制机制来保证和制约。由个体资本所有者以"民主"形式集合其资主权而构成的资产阶级国家政权，为自由竞争制订相应规则、法律和保证机制，促进个体资本发展，是资本雇佣劳动制自由竞争阶段的体制特征。

在自由竞争阶段的早期，资本主要是以个人投资办企业的个体资本形式出现。个体资本在经济权利上的特点在于：资本所有权与占有权统一，并直接体现于经营权；在资本雇佣劳动关系的另一方，劳动力所有权也以个人出卖使用权的方式存在。在这一时期，因为个体资本在统制经济阶段曾受专制的束缚，对于专制国家统制的恐惧感使之排斥国家对经济的干预。而且，虽然资产阶级在总体上控制了国家政权，但一些国王依然保留其名位，旧专制、封建势力在政治上仍然残存，个体资本需要国家政权为其提供必要的自由竞争条件，而非由国家管控经济。

对自由竞争的论证，首先体现在资本经济学家对于专制国家统制经济的批判中。洛克在《政府论》中依据自然权利和自然法提出经济有自身的自然秩序，专制国家的干预是对自然秩序和自然法的违背，因此压抑了资本的自由和发展。以布阿吉尔贝尔和魁奈为代表的法国重农学派，是在批判重商主义基础上形成的，他们同样提出经济具有其自然规律、自然秩序，体现为人的自然权利和自由，他们认为专制国家的重商主义政策违背了自然秩序，而其要求政府符合自然秩序的主张体现的自由竞争倾向，正是个体资本的利益所在。斯密在其《关于法律、警察、岁入及军备的演讲》中指出，专制制度是违背自然权利的，也不是按照社会契约构建的，而是以强制力迫使人服从的。在《国民财富的性质和原因的研究》中，斯密通过批判专制国家以及"特惠或限制的制度"，指出专制国家对经济的统制违背了自然经济规律，尤其在批判路易十四时专制制度的执政者："他对于一个大国的工业及商业所采用的管理方式，与管理各部公务的方式一样；他不让各个人在平等自由与正义的公平计划下，按照各自的路线，追求各自的利益，却给某些产业部门以异常的特权，而给其他产业部门以异常的限制。"[①] 君主及其政府对经济的统制，主要体现为"监督私人产业、指导私人产业、使之最适合于社会利益"[②]，但这"恐不是人间智慧或知识所能作到"[③]，而且"只能阻碍，而不能促进社会走向富强的发展；只能减少，而不能增加其

---

① 斯密：《国民财富的性质和原因的研究》（下卷），商务印书馆1974年版，第229－230页。

② 斯密：《国民财富的性质和原因的研究》（下卷），商务印书馆1974年版，第252页。

③ 斯密：《国民财富的性质和原因的研究》（下卷），商务印书馆1974年版，第252页。

土地和劳动的年产物的价值"①。只有排除君主专制对经济的统制,"各个人在平等自由与正义的公平计划下,按照各自的路线,追求各自的利益"才能促进个体资本在自由竞争中发展。在这个阶段的资本经济学中,自由竞争被视作资本雇佣劳动制的本质,甚至是经济"自然规律"的体现。

资本经济学家对自由竞争的规定,集中体现在斯密对"经济人"和"看不见的手"的论述中。他所说的"经济人",是体现资本及其自然理性的利己主义者,"他所盘算的也只是他自己的利益。"②他们在个体资本的自由竞争中实现经济利益和自身的发展,而个体资本的竞争也会带来社会生产力和财富的增加,由此斯密从社会总体对个体资本自由竞争的正当性进行了论证。他写道:"在这场合,象在其他许多场合一样,他受着一只看不见的手的指导,去尽力达到一个并非他本意想要达到的目的。也并不因为事非出于本意,就对社会有害。他追求自己的利益,往往使他能比在真正出于本意的情况下更有效地促进社会的利益。"③ 相比此前专制国家统制那只"看得见的手",斯密以"看不见的手"来概括个体资本在自由竞争中自行发展同时促进社会生产力和财富增加的社会机制。斯密进而提出其自由竞争的主张:"每一个人,在他不违反正义的法律时,都应听其完全自由,让他采取自己的方法,追求自己的利益,以其劳

---

① 斯密:《国民财富的性质和原因的研究》(下卷),商务印书馆1974年版,第252页。

② 斯密:《国民财富的性质和原因的研究》(下卷),商务印书馆1974年版,第27页。

③ 斯密:《国民财富的性质和原因的研究》(下卷),商务印书馆1974年版,第27页。

动及资本和任何其他人或其他阶级相竞争。"①

个体资本的自由竞争是在总体经济制度保障资本所有权的前提下实现的，否则就会处于霍布斯所说的"一切人反对一切人"的敌对状态："在没有一个共同权力使大家慑服的时候，人们便处在所谓的战争状态之下。"② 在霍布斯看来，能够保障资本所有权的那个工具就是国家。在他之后，洛克、卢梭等人对国家作用的认识不断深化，但都继承了霍布斯以总体国家保障资本所有权的观念。在这一观念的导引下，资产阶级联合劳动者推翻了专制国王的统治。资本雇佣劳动制确立初期，资本经济学家对国家的论证依循霍布斯的思路，强调资产阶级对国家的总体控制，并根据自由竞争的要求进一步展开这一观念，对国家的职能进行了界定，这集中体现于斯密关于国家职能的相关论述中。首先他明确了国家、制度与资本所有权的统一关系。他写道："取得的权利，如财产权，则需要进一步的说明。财产权和政府在很大程度上是相互依存的。财产权的保护和财产的不平均是最初建立政府的原因，而财产权的状态总是随着政权的形式而有所不同。"③ 结合斯密对资本雇佣劳动制的论证，可见他认为资产阶级从总体控制国家是确保资本所有权的必要条件，更是自由竞争的个体资本发展的前提。基于这一认识，斯密在《国民财富的性质和原因的研究》论述了国家的职能："按照自然自由的制度，君主只有三个应尽的义务——这三个义务虽很重要，但都是一般人所能理解的。第一，保护社会，使不受其他独立社会的侵犯。

---

① 斯密：《国民财富的性质和原因的研究》（下卷），商务印书馆1974年版，第252页。

② 霍布斯：《利维坦》，商务印书馆1985年版，第94页。

③ 坎南编：《亚当·斯密关于法律、警察、岁入及军备的演讲》，商务印书馆1962年版，第35页。

第二，尽可能保护社会上各个人，使不受社会上任何其他人的侵害或压迫，这就是说，要设立严正的司法机关。第三，建设并维持某些公共事业及某些公共设施（其建设与维持绝不是为着任何个人或任何少数人的利益），这种事业与设施，在由大社会经营时，其利润常能补偿所费而有余，但若由个人或少数人经营，就决不能补偿所费。"[①] 在斯密的观念中，国家应当是保护资本雇佣劳动制的"守夜人"，而不能干预控制个体资本的活动，国家应坚持并维护自由竞争的原则，以此保障个体资本的充分发展。

资产阶级从总体控制国家，以促进个体资本在自由竞争中发展，是自由竞争体制的特征与理念。到自由竞争阶段的中后期，资本股份制使个体资本日益聚集为大股份公司。与此同时，雇佣劳动者也组织工会而联合。这样资本所有权与劳动力所有权都将其派生的占有权集合起来，个体资本所有权所派生的占有权集合于股份制企业董事会，派生和控制经营权；劳动力所有权则派生占有权集合于工会，由工会与资方谈判其成员的劳动力使用权价格以及劳动条件。这种转变是资本雇佣劳动制矛盾在自由竞争体制下演变的必然，而矛盾的进一步演变也使得资本雇佣劳动制的矛盾日趋激烈：劳动者的社会主义运动日益高涨，缺少约束的竞争导致的垄断和生产过剩严重抑制经济发展，而资本主义强国间的矛盾不断加剧，以1929年的大危机和两次世界大战为集中爆发点和标志。自由竞争体制在危机和战争中崩溃，为了维持资本雇佣劳动制，资本经济学不得不违背自由竞争的理念和体制，以"罗斯福新政"和"凯恩斯革命"完成了经济体制的转变，进入其第三个阶段：市场经济体制。

自由竞争体制的确立，是以资本雇佣劳动制确立统治地位为基

---

① 斯密：《国民财富的性质和原因的研究》（下卷），商务印书馆1974年版，第252-253页。

础的。与之统一的，则是资本经济学的成熟和系统化，不仅形成了系统、完善的道、法层次，更在术、技层次形成了丰富的经济思想和政策建议。

二 重农学派的纯产品说

重农学派是经济学思想史上首次出现的经济学派。它是在反对法国重商主义和法国君主专制对经济的控制中产生并发展的，其代表人物是魁奈和杜尔阁。重农学派形成于统制经济阶段，但其思想术层次却是批判统制经济体制，倡导、主张自由竞争，因此将其作为自由竞争阶段资本经济学术层次的首要环节来论说。

重农学派所主张的重农主义是法国启蒙运动中的关键一环。法语Physiocratie（重农主义）出于希腊语physikos（自然的）和kratia（统治），由重农学派成员杜邦·德·奈穆尔最早使用。奈穆尔在1767年编辑出版魁奈的选集时，曾以《重农主义，或最有利于治国理政的自然体系》作为书名，后来他们的团体就自称为"重农学派"。

重农学派的领袖是魁奈，其主要成员包括杜尔阁、奈穆尔、米拉波等。弗朗斯瓦·魁奈（1694－1774）是一位医生，曾任路易十四的御医，他与当时著名的物质主义哲学家交往密切。他从"自然秩序"探讨法国的经济问题，反对重商主义的国家统制经济政策，主张依"自然秩序"重视农业发展，并强调个体资本的自由竞争。马克思指出：魁奈所代表的重农学派试图将生产的资产阶级形式说成一种"永恒的自然形式"，"他们把这些形式看成社会的生理形式，即从生产本身的自然必然性产生的，不以意志、政策等等为转移的形式。"① 从"自然秩序"出发，魁奈及其重农学派强调农业在经济中的基础作用。魁奈说："一切利益的本源，实际是农业。正是农业，供给着原材料，给君主和土地所有者以收入，给僧侣以十分之一税，给耕作者以利润。正是这种不断地再生产的本源的财富，维持着王国其它一切的阶级，给所有其他职业以活动力，发展商业，增殖人口，活跃工业，因而维持国家的繁荣……通常都把农业和商业看作是我国财富的二个源泉，但是商业和手工业一样，不过是农业的一个分支；而且手工业比商业，范围远为广大，而且也远为重要。但是这二种职业，只有依靠农业才能存续。实际上，只有农业能够供给手工业和商业以材料，而且供给这二者以生活资料。因为这二个分支，都要把它们所取得的利得还给农业。农业则再生产着年年支出的，和被消费掉的财富。实际上，如果没有土地生产物，没有土地所有者和耕作者的收入和支付，哪里还有商业的利润和手工业的工资呢？"②

重农学派反对重商主义者的货币财富说和交换价值论，认为财富是一定数量的物质形式（实物形态的产品）即一定数量的使用价值，供给人们以自然果实的农业（包括畜牧业），才是财富的唯一源泉。魁奈在其著作中反复强调这样的思想："土地是财富的唯一源泉，只有农业能够增加财富。"③ "收入是土地和人力所取得的生产物。如果没有人类的劳动，土地就不会有什么价值。大国的本源的财货，是人力、土地及家畜。如果没有农业生产物，工业与商业是

---

① 马克思：《剩余价值理论》，《马克思恩格斯全集》（第26卷第1册），人民出版社1972年版，第15页。

② 魁奈：《谷物论》，《魁奈经济著作选集》，商务印书馆1979年版，第65页。

③ 魁奈：《农业国经济统治的一般准则》，《魁奈经济著作选集》，商务印书馆1979年版，第333页。

没有另外的财源。但这二者都只有由外国的财富来支持，可是这种财源非常有限，而且几乎没有保证，只能支持极小的国家。"①

从重视农业的基础地位出发，魁奈提出了其"纯产品"学说。所谓纯产品，就是一国财富的年度增加额，也就是新生产出来的农产品产值超过其生产费用的余额。魁奈本人给"纯产品"下的定义是："从土地取得的盈利扣除了一切支出以后，所余的产品就是构成国家收入的每年创造的财富。"② 他对经济的研究就聚焦于"纯产品"的生产及其价值实现。

在魁奈看来，只有农业生产才会使物质本身的使用价值增加，而其他经济部门，只不过把已经存在的各种物质因素结合起来，也就是把各种使用价值结合为一种新的使用价值，但并没有使物质本身增加，所以没有创造财富。例如，把一定数量的豌豆交给厨师，当他把这些豌豆做成一碗菜时，豌豆的数量仍然和原来一样。如果把同样数量的豌豆交给农民去种植，经过一定的时间以后，他所收获的豌豆至少四倍于原来的数量。农业和其他经济部门所以有这种区别，是因为在农业生产中有各种自然力参加工作，进行着"创造"。在其他经济部门，自然并不参加工作。魁奈说："在工业制品的生产中，并没有财富的增加。因为，在工业制品中价值的增加，不过是劳动者所消费掉的生活资料价格的增加。商人的大财产也只能从这个观点来加以考察。就是它和小商人的利得是同性质的东西，不过是大商业企业综合的结果。这和大〔工业〕企业把由许多劳动者劳动所取得的小利润，集中而成为大财产的情况正是相同。所有这些企业者，都不过是把别人的支出，来作为他的财产。因此，在

---

① 魁奈：《谷物论》，《魁奈经济著作选集》，商务印书馆1979年版，第70页。
② 魁奈：《赋税论》，《魁奈经济著作选集》，商务印书馆1979年版，第176页。

这里并不存在财富的增加。"①

因此,魁奈把工商业从业者称为"不生产阶级"。他在《人口论》中说:"那些用自己的双手制造货物的人们并不创造财富,因为他们的劳动只是使这种货物的价值增加上支付给他们的工资数,而这些工资是从土地的产品中取得的。织造布匹的工厂主,缝制衣服的裁缝,生产鞋子的鞋匠,并不比为自己的主人做饭的厨子,锯木柴的工人和举行音乐会的音乐家创造更多的财富。所有他们的报酬都来自同一个来源,来自通常为酬报他们的工作而付给他们的工资,而这工资却又用于购买生活资料。因此他们所消费的东西和他们所生产的东西是相等的。他们的劳动产品等于他们所需要的费用。结果财富毫不增加。因此,只有花在土地上的劳动,其生产的产品价值超过支出,才创造财富或每年的收入。所以,除了制造和贩卖出口制造品的工人以外,其他从事各种行业的人都是从土地产品取得自己的收入或工资的。"② 对于那些出租土地而以地租的形式把"纯产品"作为自己收入的土地所有者阶级,魁奈同样将其划入"不生产阶级"之列:"土地所有者对国家的益处仅在于他们的消费:他们的收入使他们能够不参加劳动,他们什么也不生产。假如他们的收入不是在从事各种行业的人们之间分配,那末由于这些不公正的和残酷的土地所有者的吝啬,国家就会变得荒无人烟。在这种情况下,就应当采取法律措施,来反对这些把祖国的财富保留起来的、对社会无益的人。"③

---

① 魁奈:《谷物论》,《魁奈经济著作选集》,商务印书馆1979年版,第85页。
② 魁奈:《人口论》,《魁奈经济著作选集》,商务印书馆1979年版,第145页。
③ 魁奈:《赋税论》,《魁奈经济著作选集》,商务印书馆1979年版,第176页。

魁奈依据纯产品学说，将当时的法国国民划分为三个阶级：（1）耕种土地而能生产出"纯产品"的人，为生产阶级，包括租地农场主和农业工人；（2）出租土地并以地租的形式把"纯产品"作为自己收入的土地所有者阶级；（3）从事工商业的不生产阶级。这样划分的倾向性是明显的。魁奈认为，物质财富就是在农业中生产出来的产品，除了补偿生产过程中耗费的生产资料即种子、工人的生活资料和农业资本家的生活资料外，还有剩余的产品，所以农业能够增加财富。魁奈称，农业的剩余产品为"纯产品"。魁奈所注意的只是使用价值，但是，在商品生产社会里，产品是作为商品生产的，产品不仅仅应具有使用价值，更重要的是具有价值。因此，魁奈所说的"纯产品"，即剩余农产品，还要以价值的形式来表现。然而，魁奈和其他重农主义者认为凡是具有使用价值的东西，都具有价值。价值与使用价值彼此是不分的；产品和商品也被认为是同一的。所以在他们的心目中，新创造的产品和用于生产上的开支，直接地采取了价值的形式，"纯产品"也就以价值的形式作为资本获取的利润的体现。重农主义者虽然坚持等价交换的原则，但他们并没有正确的价值概念，这是其体系的一个重要缺陷。

"纯产品"既然被认为是新创造出来的农产品价值超过该产品生产费用的余额，因此，要确定"纯产品"的数量，必须先确定生产费用的数量。在农业中，生产费用是由生产资料（包括种子）和工人的工资构成的。由于生产资料的价值是既定的，所以"纯产品"的多少，就决定于工资的多少。魁奈把工资看作是养活工人所必要的生活资料。工资既然是工人必要的生活资料，那么"纯产品"显然只是工人剩余劳动创造的。这是将利润的来源从交换转向生产的关键一步。

重农学派关于"纯产品"的观点，改变了重商主义者的交换利润说，是建立以利润为核心的学说体系的关键环节，但仍有明显局限，他们未能区分使用价值和价值，是从"产品"而非"商品"来论证经济关系，因此，一方面认为"纯产品"是超过工资部分的劳动创造的价值，另一方面又认为是自然界的恩赐。

魁奈及其重农学派认为法国经济处于病态，需要医治，除掉不健康的因素，使它健康地正常发展，为此，依其纯产品说提出了发展法国资本主义的经济主张，其主要内容如下：

第一，要保护农业资本家的财产所有权。魁奈指出："必须保证不动产和动产正当所有者的所有权；因为所有权的安全是社会经济秩序的主要基础。如果所有权没有保障，土地就放弃而不被耕种。如果资本和产品，不能够保证归于为耕种而租进土地和预付支出的人的手中，那就不会有提供支出的土地所有者和租地农场主。只有保证永久的所有权，才能导致劳动和财富使用在土地的改良和耕种上，以及工商企业上。只有在财富唯一源泉的土地果实的分配上，保有基本权利的最高主权，才能够保证国民的所有权。"①

第二，要发展资本主义大农场，限制小农经济。魁奈强调："用于种植谷物的土地，应当尽可能地集中在由富裕的租地农场主经营的大农场。因大农业企业和小农业企业相比，建筑物的维修费较低，生产费用也相应地少得多，而纯产品则多得多。"②

第三，税收应对"纯产品"课征，所以一切赋税都应加在土地所有者的身上，对生产阶级的农业资本家和不生产阶级的工业资本家则应免除赋税负担，以保证生产中有足够的资金。魁奈说："租税不应过重到破坏的程度，应当和国民收入的数额保持均衡，必须随

---

① 魁奈：《农业国经济统治的一般准则》，《魁奈经济著作选集》，商务印书馆1979年版，第333页。

② 魁奈：《农业国经济统治的一般准则》，《魁奈经济著作选集》，商务印书馆1979年版，第336页。

收入的增加而增加。租税应该对土地的纯产品征课，为了避免使征税费用增加，妨碍商业，和使每年不至于有一部分财富被破坏，租税就不应对人们的工资和生活用品征课。同时也不应对租地农场主的财富征收，因为一个国家在农业上的预付，应当看作是不可动用的基金，是为租税、收入和所有市民阶级的生活资料的生产所必需的。不这样做，租税就会变成掠夺，很快地使国家趋于衰落破灭。"①

第四，提倡自由竞争、自由贸易，反对国家干预经济。魁奈说："任何人为了取得最大限度的收获，可以根据对他自己的利益，自己的能力和对土地的性质最合宜的生产物，有在田地里耕种的自由。对于耕种土地的垄断，因为要伤害国民的一般收入，绝对不应该助长它。"② 他还说："对于本国农产品的对外贸易，不要有任何妨碍。因为再生产是受销售情况的支配。"③ 他进一步强调："必须维持商业的完全自由。因为最完全、最确实，对于国民和国家最有利的国内商业和对外贸易的政策，在于保持竞争的完全自由。"④

重农学派的纯产品说及由此提出的经济主张，是新兴的产业资产阶级利益的体现，虽然不成熟、不系统，却是对通行了几百年的重商主义的突破，并提出适应产业资本发展改变体制、机制的主张，斯密就是在重农学派的启示下，形成了其关于自由竞争体制的经济思想。

---

① 魁奈：《农业国经济统治的一般准则》，《魁奈经济著作选集》，商务印书馆1979年版，第333–334页。

② 魁奈：《农业国经济统治的一般准则》，《魁奈经济著作选集》，商务印书馆1979年版，第335–336页。

③ 魁奈：《农业国经济统治的一般准则》，《魁奈经济著作选集》，商务印书馆1979年版，第336页。

④ 魁奈：《农业国经济统治的一般准则》，《魁奈经济著作选集》，商务印书馆1979年版，第338页。

三 斯密的二重价值论：劳动价值论与要素价值论

随着资产阶级革命的胜利，资本雇佣劳动制进入自由竞争阶段。相应的，资本经济学已不再将批判旧的封建、专制制度作为主要任务，而是转向系统论证资本雇佣劳动制的合理性，并对其相应的经济体制、经济结构及运行机制进行系统探讨。斯密在重农学派的基础上，对资本主义生产方式进行了系统考察，建立了第一个系统的资本经济学体系。

在资本雇佣劳动制演变的不同阶段，资本经济学的主题各具特殊性。资本雇佣劳动制确立统治地位的初期，资产阶级经济学家尤其需要正面论证资本雇佣劳动的合理性。不同于统制经济阶段的，资产阶级经济学家还要适应集权官僚制，并以自然神论作为哲学观念，此时物质主义作为资产阶级的哲学观念已然形成并系统化，资本主义的基础概念——自然权利、社会契约和国家已经确立。因此，以物质主义论证自然权利集中体现的资本所有权，明确资本雇佣劳动关系是社会契约的体现，是"自然规律"的要求与必然，就成为这一时期资本经济学的首要命题。对这一命题的论证集中于价值的概念规定上。斯密所处时代，是资本雇佣劳动制进入自由竞争阶段的初期，此时的资产阶级既有上升期的革命性，又有因为成为统治阶级而具有的保守性。资产阶级看似不可融合的这种"二重性"，体现于斯密对于资本雇佣劳动制的系统论证而形成的学说中，尤其突出表现于价值概念的二重性规定——劳动价值论与要素价值论。

劳动价值论最初是由资产阶级思想家配第和洛克提出，他们之所以将价值归于劳动，目的在于以劳动为依据论证资本的个人所有权。在资产阶级尚存的革命性的主导下，斯密继承了配第和洛克的观点，并在方法上引入、扩展了重农学派的分析因素，形成了以分析为主的抽象法。马克思曾给予斯密的抽象法高度评价："他探索各种经济范畴的内在联系，或者说，资产阶级制度的隐蔽结构。……（这种方法）是深入研究资产阶级制度的生理学。"① 而斯密的抽象法，集中地体现在他的劳动价值论中。在《国民财富的性质和原因的研究》中，斯密首先对分工、交换、市场等前导概念进行了论述，进而对价值概念进行阐述。他试图通过对（交换）价值的概念规定，阐明相关问题："第一，什么是交换价值的真实尺度，换言之，构成一切商品真实价格的，究竟是什么？第二，构成真实价格的各部分，究竟是什么？"② 斯密首先区分了使用价值和交换价值："应当注意，价值一词有二个不同的意义。它有时表示特定物品的效用，有时又表示由于占有某物而取得的对他种货物的购买力。"③ 将使用价值分析出来，是进一步探讨价值的必要前提，以之为基础，斯密集中论证了商品经济中的价值（交换价值）。他写道："一个人是贫是富，就看他能在什么程度上享受人生的必需品、便利品和娱乐品。但自分工完全确立以来，各人所需要的物品，仅有极小部分仰给于自己劳动，最大部分却须仰给于他人劳动。所以，他是贫是富，要看他能够支配多少劳动，换言之，要看他能够购买多少劳动。一个人占有某货物，但不愿自己消费，而愿用以交换他物，对他说来，这货物的价值，等于使他能购买或能支配的劳动量。因此，劳动是衡量

---

① 马克思：《剩余价值理论》，《马克思恩格斯全集》（第26卷第2册），人民出版社1974年版，第181－182页。

② 斯密：《国民财富的性质和原因的研究》（上卷），商务印书馆1972年版，第25页。

③ 斯密：《国民财富的性质和原因的研究》（上卷），商务印书馆1972年版，第25页。

一切商品交换价值的真实尺度。"① 显然，斯密规定价值概念的方法，不同于重商主义者的经验总结法从交换规定价值，而是在交换过程中通过分析，找到了价值的本质因素——劳动。他所说的劳动，不是空泛的劳动，而是商品交换中的劳动，劳动才是购买满足自己需要物品的根据，"此等货币或货物，使我们能够免除相当的劳动。它们含有一定劳动量的价值，我们用以交换其他当时被认为有同量劳动价值的物品。劳动是第一性价格，是最初用以购买一切货物的代价。世间一切财富，原来都是用劳动购买而不是用金银购买的。"② 接下来，他以谷物价格的波动，例证了价值的决定因素是劳动，"当谷物涨至每夸特五十先令时，谷物地租的名义价值和真实价值就比从前高一倍，或者说所支配的劳动量或其他货物量比从前高一倍，或者说所支配的劳动量或其他货物量比以前大一倍，但在这些变动中，劳动和大多数其他商品的货币价格却仍旧不变。由此可见，只有劳动才是价值的普遍尺度和正确尺度，换言之，只有用劳动作标准，才能在一切时代和一切地方比较各种商品的价值。"③ 他从生产环节出发，将商品中所蕴含的劳动量作为其价值的标准，透过交换深入生产环节找到劳动作为价值的本质要素，是斯密运用抽象法的重要成果。

基于劳动价值论，斯密对工资、利润、资本、地租等概念进行了考察和规定，深入规定了资本主义经济的内在矛盾。他认为，地租和利润不过是对劳动生产物的一种扣除。"土地一旦成为私有财

---

① 斯密：《国民财富的性质和原因的研究》（上卷），商务印书馆1972年版，第26页。
② 斯密：《国民财富的性质和原因的研究》（上卷），商务印书馆1972年版，第26页。
③ 斯密：《国民财富的性质和原因的研究》（上卷），商务印书馆1972年版，第32页。

产，地主就要求劳动者从土地生产出来或采集到的几乎所有物品中分给他一定份额。因此，地主的地租，便成为要从用在土地上的劳动的生产物中扣除的第一个项目。一般耕作者大都没有维持生活到庄稼收割的资料。他们的生活费通常是由雇用他们的农业家从他的资本项下垫付的。除非他能分享劳动者的生产物，换言之，除非他在收回资本时得到相当的利润，否则他就不愿雇用劳动者。因此，利润成为要从用在土地上的劳动的生产物中扣除的第二个项目。"[①]而"扣除"的根据，无外乎土地的私有权和资本私有权对生产资料的控制。进一步，他将利润视作剩余价值的一般形式，而将地租和利息都视为利润的转化形式。可见，依据初级的劳动价值论，他已经触及资产阶级与地主阶级及雇佣劳动者阶级之间矛盾的本质，这是上升期资产阶级尚存的革命性及其抽象法科学性的体现。当然，斯密在写下这些话的时候，雇佣劳动者阶级与资产阶级的矛盾尚不尖锐，他是将之视作经济的常态，不加掩饰、回避地加以论证。

与资产阶级在上升期的革命性并存的，是资产阶级因为统治阶级地位确立而形成的保守性。这种保守性同样在斯密的经济学说中突出表现出来，其方法则是现象描述法。对于斯密的现象描述法，马克思指出："他同时又按照联系在竞争现象中表面上所表现的那个样子，也就是按照它在非科学的观察者眼中，同样在那些被实际卷入资产阶级生产过程并同这一过程有实际利害关系的人们眼中所表现的那个样子，把联系提出来。……（这种方法）只是把生活过程中外部表现出来的东西，按照它表现出来的样子加以描写、分类、

[①] 斯密：《国民财富的性质和原因的研究》（上卷），商务印书馆1972年版，第59页。

叙述并归入简单概括的概念规定之中。"① 运用现象描述法,斯密又形成了第二种和第三种价值论。其中第二种——交换劳动价值论,不过是从劳动价值论过渡到第三种价值论的中介,而第三种价值论,即要素价值论,则是与劳动价值论并立而行的。

在从交换现象到生产环节论证劳动价值论后,斯密随即又抛弃生产回到单纯的交换环节,提出了第二种价值规定:"世间一切财富,原来都是用劳动购买而不是用金银购买的。所以,对于占有财富并愿用以交换一些新产品的人来说,它的价值,恰恰等于它使他们能够购买或支配的劳动量。"② 如果不考虑资本所有者购买劳动力使用权并占有劳动者创造的剩余价值,这种提法和此前的规定并无本质区别:衡量此商品价值量的劳动量,恰恰是与其所交换的商品中包含的劳动量相等同的。但他接下来写的话,表明第二种价值论是要论证资本购买劳动而获取利润现象的合理性:"财产对他直接提供的权力,是购买力,是对于当时市场上各种劳动或各种劳动生产物的支配权。他的财产的大小与这种支配权的大小恰成比例,换言之,财产的大小,与他所能购买或所能支配的他人劳动量或他人劳动生产物数量的大小恰成比例。一种物品的交换价值,必然恰等于这物品对其所有者所提供的劳动支配权。"③ 对于资本所有者来说,以一部分财产所有权购买劳动力使用权,是一种符合自然法并按相关法律进行的社会契约行为,是双方自愿、自由进行的,因此是合理、合法的——正是在这种交换中,资本所有者获得利润。斯密在

---

① 马克思:《剩余价值理论》,《马克思恩格斯全集》(第26卷第2册),人民出版社1974年版,第182页。
② 斯密:《国民财富的性质和原因的研究》(上卷),商务印书馆1972年版,第26页。
③ 斯密:《国民财富的性质和原因的研究》(上卷),商务印书馆1972年版,第27页。

第二种价值论"支配劳动量决定价值"的观点，显然是以资本购买并支配劳动的合理性为前提。进而，斯密又在论述"构成真实价格的各个部分究竟是什么"时，提出了要素价值论。

也许斯密意识到了劳动价值论与资本无偿获取利润的矛盾，所以采取了一个折中的办法，将劳动价值论说成适用于原始的野蛮社会，而要素价值论才是资本雇佣劳动制的现代社会的价值规律。他写道："在资本积累和土地私有尚未发生以前的初期野蛮社会，获取各种物品所需要的劳动量之间的比例，似乎是各种物品相互交换的唯一标准。……在这种社会状态下，劳动的全部生产物都属于劳动者自己。一种物品通常应可购换或支配的劳动量，只由取得或生产这物品一般所需要的劳动量来决定。"① 到了他所谓的现代社会中，物品的价值就不仅仅"由取得或生产这物品一般所需要的劳动量来决定"了。在生产环节中，劳动者之外还有资本所有者，他们因为利润的缘故才会投资于雇佣工人进行生产："资本一经在个别人手中积聚起来，当然就有一些人，为了从劳动生产物的售卖或劳动对原材料增加的价值上得到一种利润，便把资本投在劳动人民身上，以原材料与生活资料供给他们，叫他们劳作。与货币、劳动或其他货物交换的完全制造品的价格，除了足够支付原材料代价和劳动工资外，还须剩有一部分，给予企业家，作为他把资本投在这企业而得的利润。……假若劳动生产物的售卖所得，不能多于他所垫付的资本，他便不会有雇用工人的兴趣。"② 这样，劳动者在生产中新创造的价值，不仅要支付劳动者的工资，还要支付雇主的利润。"在商品

---

① 斯密：《国民财富的性质和原因的研究》（上卷），商务印书馆1972年版，第42页。
② 斯密：《国民财富的性质和原因的研究》（上卷），商务印书馆1972年版，第43页。

价格中，资本利润成为一个组成部分，它和劳动工资绝不相同，而且受完全不相同原则的支配。"① 在利润和劳动之外，在商品价格中还有一个部分，就是土地所有者的地租，而地租的前提，就是土地的私有权："一国土地，一旦完全成为私有财产，有土地的地主，象一切其他人一样，都想不劳而获，甚至对土地的自然生产物，也要求地租。"② 这样，地租就成为了新增价值的第三个部分。所以商品价值在这里被分为了工资、利润和地租三个部分，并由所能购买的劳动进行衡量："必须指出，这三个组成部分各自的真实价值，由各自所能购买或所能支配的劳动量来衡量。劳动不仅衡量价格中分解成为劳动的那一部分价值，而且衡量价格中分解成为地租和利润的那些部分的价值。"③ 在这里，尽管斯密和配第、洛克等人一样，认为地租是地主"不劳而获"的收入。但资产阶级保守性所主导的现象描述法，使得斯密将总体分配的现象直接等同于本质，并据此形成了要素价值论："分开来说，每一件商品的价格或交换价值，都由那三个部分全数或其中之一构成；合起来说，构成一国全部劳动年产物的一切商品价格，必然由那三个部分构成，而且作为劳动工资、土地地租或资本利润，在国内不同居民间分配。社会上年年由劳动采集或生产的全部物品，或者说，它的全部价格，本来就是照这样分给社会不同成员中某些人的。工资、利润和地租，是一切收入和

---

① 斯密：《国民财富的性质和原因的研究》（上卷），商务印书馆1972年版，第44页。

② 斯密：《国民财富的性质和原因的研究》（上卷），商务印书馆1972年版，第44页。

③ 斯密：《国民财富的性质和原因的研究》（上卷），商务印书馆1972年版，第44-45页。

一切可交换价值的三个根本源泉。"①

学说与方法是内在统一的。单纯从方法来看，斯密学说中存在两种相悖的价值论——劳动价值论与要素价值论——的原因，在于其抽象法的缺陷。斯密的研究方法对于前人而言有了一个突破，即从归纳提升至分析，这也是他能形成并运用抽象法构建学说体系的原因。但他在分析之后没有进一步综合，从而不能将分析得出的本质因素与其他因素统一起来，在方法上就体现为分而不合。这也突出地表现在其对价值概念的二重规定上：将价值的本质规定为劳动，但却不能将价值的三个部分（工资、利润、地租）经综合而内在地统一于劳动，以致要退回现象，将现象的描述说成本质，形成了要素价值论。对于斯密学说与方法的二重性，马克思曾指出："斯密本人非常天真地活动于不断的矛盾之中。"② 然而，这个问题并不是单纯的方法问题，其内在原因，仍在于主义——资本主义，在于主体——资产阶级在这一时期的革命性与保守性的矛盾。

四 斯密、李嘉图的利润论

资本经济学是围绕着论证、维护和实现资本所有者获取利润并使之最大化展开的，利润作为资本经济学核心概念的地位，在斯密、李嘉图那里得以明确，并由此建构体系。当资产阶级通过社会变革成为主要矛盾的主要方面时，运用国家机器通过制度、体制和运行机制全面控制国家经济运行，论证利润的合理性并尽最大可能获取

---

① 斯密：《国民财富的性质和原因的研究》（上卷），商务印书馆1972年版，第46-47页。

② 马克思：《剩余价值理论》，《马克思恩格斯全集》（第26卷第2册），人民出版社1974年版，第181页。

利润增殖资本，就成为资本经济学的主题。斯密与李嘉图认为，利润作为资本家的"收入"，是价值的一部分或特殊形式，要论证利润的合理性并使之最大化，就要以价值论为前提，也可以说，他们的利润论就是其价值论的展开，其价值论中的矛盾，也展开于对利润的论证中。

斯密的价值论是二重的，这种二重性及其矛盾也体现于他的利润论。当他坚持劳动是价值的本质属性，并以此为依据论证利润时，认为利润是对劳动创造价值的一种扣除。利润是历史的产物，"在土地尚未私有而资本尚未累积的原始社会状态下，劳动的全部生产物属于劳动者，既无地主也无雇主来同他分享。"[1] "但劳动者独享全部劳动生产物的这种原始状态，一到有了土地私有和资本累积，就宣告终结了。"[2] 在被斯密称为"现代"的资本雇佣劳动制经济中，劳动者对产品和价值的"独享"，变成了因自身的经济弱势而被迫与地主或雇主"分享"，或被地主与雇主"扣除"。存在于"现代"经济关系中的利润，与地租一样，是对劳动者所创造价值的"扣除"，"土地一旦成为私有财产，地主就要求劳动者从土地生产出来或采集到的几乎所有物品中分给他一定份额。因此，地主的地租，便成为要从用在土地上的劳动的生产物中扣除的第一个项目。一般耕作者大都没有维持生活到庄稼收割的资料。他们的生活费通常是由雇用他们的农业家从他的资本项下垫付的。除非他能分享劳动者的生产物，换言之，除非他在收回资本时得到相当的利润，否则他就不愿雇用劳动者。因此，利润成为要从用在土地上的劳动的生产物中扣

---

[1] 斯密：《国民财富的性质和原因的研究》（上卷），商务印书馆1972年版，第58页。

[2] 斯密：《国民财富的性质和原因的研究》（上卷），商务印书馆1972年版，第59页。

除的第二个项目。"① 他认为利润存在于所有"现代"的资本雇佣劳动制生产中。"利润的扣除,不仅农业生产物为然,一切其他劳动的生产物亦莫不如是。在一切工艺或制造业中,大部分劳动者在作业完成以前都需要雇主给他们垫付原材料、工资与生活费。雇主分享他们的劳动生产物,换言之,分享劳动对原材料所增加的价值,而这一分享的份额便是他的利润。"②。从资本所有者角度,利润是"分享",但从劳动者角度,则是雇主对其劳动创造价值的"扣除"。因为土地成为私有财产,以及劳动者没有生产、生活资料,才被迫任由地主和雇主"分享"自己劳动所增加的价值。如此说来,以"扣除"为本质的利润,并不像资本经济学家们所描述的那样"平等""合理",而是劳动者面对雇主时处于矛盾次要方面地位的体现。斯密并未回避这一在当时尚未尖锐化的问题,他指出,"在一般的争议的情况下,要预知劳资两方谁占有利地位,谁能迫使对方接受自己提出的条件,决非难事。雇主的人数较少,团结较易。加之,他们的结合为法律所公认,至少不受法律禁止。但劳动者的结合却为法律所禁止。有许多议会的法令取缔为提高劳动价格而结合的团体,但没有一个法令取缔为减低劳动价格而结合的组织。况且,在争议当中,雇主总比劳动者较能持久。地主、农业家、制造者或商人,纵使不雇用一个劳动者,亦往往能靠既经蓄得的资本维持一两年生活;失业劳动者,能支持一星期生活的已不多见,能支持一月的更少,能支持一年的简直没有。就长时期说,雇主需要劳动者的程度,也许和劳动者需要雇主的程度相同,但雇主的需要没有劳动

---

① 斯密:《国民财富的性质和原因的研究》(上卷),商务印书馆1972年版,第59-60页。

② 斯密:《国民财富的性质和原因的研究》(上卷),商务印书馆1972年版,第59-60页

者那样迫切。"①

斯密从劳动者面对资本所有者时处于矛盾次要方面出发，论证了利润是资本所有者对劳动者创造价值的扣除，已经触碰到剩余价值这一本质性规定，并发现剩余价值的根据在于资本雇佣劳动。当他从劳动者面对资本所有者时所处劣势地位认为利润是被"扣除"时，他已经"发现"资本所有者阶级与雇佣劳动者阶级之间矛盾集中体现于利润上。但斯密作为资产阶级的思想代表，在资本统治建立初期，不会也不可能深入从雇佣劳动者角度规定其与资产阶级的矛盾，所以他在初步触及这个矛盾的本质后，立即放弃以劳动价值论来规定和论证利润的思维，并从资本所有者投资生产的目的和"要素价值论"说明利润的合理性。他指出，"资本一经在个别人手中积聚起来，当然就有一些人，为了从劳动生产物的售卖或劳动对原材料增加的价值上得到一种利润，便把资本投在劳动人民身上，以原材料与生活资料供给他们，叫他们劳作。与货币、劳动或其他货物交换的完全制造品的价格，除了足够支付原材料代价和劳动工资外，还须剩有一部分，给予企业家，作为他把资本投在这企业而得的利润。……假若劳动生产物的售卖所得，不能多于他所垫付的资本，他便不会有雇用工人的兴趣。"② 如果没有利润，资本所有者就不会投资进行生产，整个国民经济就会停滞。在这里，他不再考虑资本所有者与雇佣劳动者之间的矛盾，而是以国民经济发展中的资本必要性作为论证利润合理性的前提。

斯密不同意一些人将利润说成是资本所有者进行监督与指挥劳

---

① 斯密：《国民财富的性质和原因的研究》（上卷），商务印书馆1972年版，第60-61页。

② 斯密：《国民财富的性质和原因的研究》（上卷），商务印书馆1972年版，第43页。

动的工资的说法,"也许有人说,资本的利润只是特种劳动工资的别名,换言之,不外是监督指挥这种劳动的工资。但利润与工资截然不同,它们受着两个完全不同的原则的支配,而且资本的利润同所谓监督指挥这种劳动的数量、强度与技巧不成比例。利润完全受所投资本的价值的支配,利润的多少与资本的大小恰成比例。……在商品价格中,资本利润成为一个组成部分,它和劳动工资绝不相同,而且受完全不相同原则的支配。"① 从这种仍然"囿于"劳动价值论的说法的批评中,斯密认识到,为了回避资本所有者与雇佣劳动者的矛盾及其引发的冲突,就必须摆脱只适用于"原始状态"的劳动价值论,以资本雇佣劳动制下的价值分配为切入点,从劳动、资本、土地为价值生产所必需的三要素出发,论证利润乃至地租的合理性。他认为,商品的总价值依其生产的要素分为工资、利润、地租三部分,"必须指出,这三个组成部分各自的真实价值,由各自所能购买或所能支配的劳动量来衡量。劳动不仅衡量价格中分解成为劳动的那一部分的价值,而且衡量价格中分解成为地租和利润的那些部分的价值。"② 工资、利润、地租,是资本雇佣劳动制下价值分配的结果,而斯密将其论证为分配机制的原因,"分开来说,每一件商品的价格或交换价值,都由那三个部分全数或其中之一构成;合起来说,构成一国全部劳动年产物的一切商品价格,必然由那三个部分构成,而且作为劳动工资、土地地租或资本利润,在国内不同居民间分配。社会上年年由劳动采集或生产的全部物品,或者说,它的全部价格,本来就是照这样分给社会不同成员中某些人的。工资、利润和地租,

---

① 斯密:《国民财富的性质和原因的研究》(上卷),商务印书馆1972年版,第43—44页。
② 斯密:《国民财富的性质和原因的研究》(上卷),商务印书馆1972年版,第44—45页。

是一切收入和一切可交换价值的三个根本源泉。"① 这样，斯密将现象间的表面联系视为本质，否认了他据劳动价值论所提出的利润是对劳动创造价值"扣除"的观点，将利润说成资本的合理所得。

斯密利润论的二重说法，是自相矛盾的，其论证也是混乱的，因此引发了资本经济学的分化，与萨伊从要素价值论进一步否认利润是对劳动创造价值的"扣除"不同，李嘉图坚持从劳动价值论规定利润，由此深化了对资本雇佣劳动制矛盾的认识。

李嘉图发现并力图澄清斯密三种价值论的混乱，以阐述、完善斯密的劳动价值论论证利润。对于斯密的第二种价值论，李嘉图明确地予以批判，认为价值量取决于生产商品必需的劳动量，而不是其能交换来的劳动量，"商品的价值或其所能交换的任何另一种商品的量，取决于其生产所必需的相对劳动量，而不取决于付给这种劳动的报酬的多少。"② 进而，他又指出斯密的第三种价值论，即要素价值论是本末倒置，是将价值分配的结果当作价值的根源，而价值的分割不是价值的决定因素。"在这种种不同的情况下，为这一或那一行业提供相等价值的资本的人可能在所得产品中获取二分之一、四分之一或八分之一，而把其余的部分作为工资付给那些提供劳动的人。但这种分割不能影响这些商品的相对价值。"③ 他认同并发展了斯密的劳动价值论，认为商品交换价值决定于商品中的劳动量，"如果体现在商品中的劳动量规定商品的交换价值，那么，劳动量每有增加，就一定会使在其上施加劳动的商品的价值增加，劳动量每

---

① 斯密：《国民财富的性质和原因的研究》（上卷），商务印书馆1972年版，第46—47页。
② 李嘉图：《政治经济学及赋税原理》，《李嘉图著作和通信集》（第1卷），商务印书馆1962年版，第7页。
③ 李嘉图：《政治经济学及赋税原理》，《李嘉图著作和通信集》（第1卷），商务印书馆1962年版，第18页。

有减少，也一定会使之减少。"① 商品的价值量就不仅取决于直接生产过程的劳动量，还包括生产资料中所需要的劳动量，"也就是说，生产出来的商品的交换价值与投在它们生产上的劳动成比例；这里所谓劳动不仅是指投在商品的直接生产过程中的劳动，而且也包括投在实现该种劳动所需要的一切器具或机器上的劳动。"② 由此明确了商品的价值量不仅取决于包括直接生产过程中的劳动量，还包括生产资料生产过程中的劳动量。斯密曾将劳动价值论说成仅存在于"原始状态"中，李嘉图则认为在资本雇佣劳动制下的商品交换中，更能体现劳动价值论，"如果我们看一看更为进步的、工商业都很繁盛的社会情况，便会发现商品价值仍然是根据这一原理而变动的。"③

李嘉图依据劳动价值论，首先指出"三要素"中的土地并不创造价值。土地是自然的，如果土地的自然力也创造价值，为什么风力、水力这些同样在生产中发挥作用的自然因素不参与价值的分配呢？据此，他认为地租并非土地创造的价值，"地租是为使用土地的原有和不可摧毁的生产力而付给地主的那一部分土地产品。"④ 他认为地租也要占有劳动创造价值的一部分，只是因为土地是私有的，使用土地就要付出代价，从而出现了地租。由于土地的位置、肥力的差别，使用最好土地自然需要付出更高的地租，"使用土地支付地租，只是因为土地的数量并非无限，质量也不是相同的，并且因为

---

① 李嘉图：《政治经济学及赋税原理》，《李嘉图著作和通信集》（第1卷），商务印书馆1962年版，第9页。

② 李嘉图：《政治经济学及赋税原理》，《李嘉图著作和通信集》（第1卷），商务印书馆1962年版，第19页。

③ 李嘉图：《政治经济学及赋税原理》，《李嘉图著作和通信集》（第1卷），商务印书馆1962年版，第19页。

④ 李嘉图：《政治经济学及赋税原理》，《李嘉图著作和通信集》（第1卷），商务印书馆1962年版，第55页。

在人口的增长过程中，质量和位置较差的土地也投入耕种了。"① 由此他得出结论，使用最差的土地并不需要地租，"耕种规定价格的那种数量的土地的农场主，以及制造商品的制造业者，都不会牺牲任何一部分产品来支付地租。他们的商品的全部价值只分成两部分：一部分构成资本利润，另一部分构成劳动工资。"② 这样，他排除了斯密基于要素价值论对地租的规定，论证利润就可以不考虑地租，而应集中于利润与工资的矛盾。

李嘉图认为被雇佣的劳动与其他商品一样具有自己的价格，就是劳动者再生产自身所必需的生活资料的价格，"劳动正象其他一切可以买卖并且可以在数量上增加或减少的物品一样，具有自然价格和市场价格。劳动的自然价格是让劳动者大体上能够生活下去并不增不减地延续其后裔所必需的价格。"③ 尽管他没有认识到劳动力作为商品的特殊性，未将劳动力与劳动区分，但这无碍他把利润规定为劳动创造价值的一部分。通过对工资与利润关系的考虑，他认为工资与利润之间是一种此消彼长的关系，"假定谷物和工业制造品总是按照同一价格出售，利润的高低就会与工资的高低成反比。……如果工资继续不变，制造业者的利润就会维持不变；但如果工资由于谷物腾贵而上涨（这是绝对肯定的），他们的利润就必然会下落。"④ 他依据商品价值都是由劳动所创造的观点，认同并坚持斯密

---

① 李嘉图：《政治经济学及赋税原理》，《李嘉图著作和通信集》（第1卷），商务印书馆1962年版，第57页。

② 李嘉图：《政治经济学及赋税原理》，《李嘉图著作和通信集》（第1卷），商务印书馆1962年版，第92页。

③ 李嘉图：《政治经济学及赋税原理》，《李嘉图著作和通信集》（第1卷），商务印书馆1962年版，第77页。

④ 李嘉图：《政治经济学及赋税原理》，《李嘉图著作和通信集》（第1卷），商务印书馆1962年版，第92－93页。

从劳动价值论对利润的规定——利润是对劳动者创造价值的扣除。进一步，他以谷物价格上涨的现象说明了这种关系，"我认为已经明白地证明，使劳动者货币工资增加的谷物价格的上涨，会使农场主利润的货币价值减少。……随着劳动者所得的数量增多，他所保留的数量就必然会成比例地减少。"① 他指出，谷物作为劳动者生存下去的必需品，价格的上涨必然会导致工资上涨，从而使利润减少，"如果劳动者用工资购买的除开食物以外的其他必需品的价格上涨，利润所受的影响和上面所说的一样或大致一样。劳动者购买这类必需品时既然必须增付价款，因而就不得不要求更多的工资；任何使工资增加的原因都必然会使利润减低。"② 相反，那些与劳动者再生产自身必需无关的商品价格上涨，则不会对利润构成影响，"如果丝绸、天鹅绒、家具以及任何他种非劳动者所需的商品由于所费劳动增加而涨价时，会不会影响利润呢？当然不会。因为，只有工资上涨才能影响利润，丝绸和天鹅绒既不为劳动者所消费，所以就不会使工资提高。"③ 可见，利润的增减并不取决于商品价格的变化，而是取决于其与工资的矛盾。

李嘉图坚持从劳动价值论、从利润与工资的矛盾中规定利润，已经接近达到发现剩余价值，即揭示资本雇佣劳动制的本质，是马克思规定剩余价值概念的必要前导。恩格斯曾以"普利斯特列和舍

---

① 李嘉图：《政治经济学及赋税原理》，《李嘉图著作和通信集》（第1卷），商务印书馆1962年版，第95页。

② 李嘉图：《政治经济学及赋税原理》，《李嘉图著作和通信集》（第1卷），商务印书馆1962年版，第100页。

③ 李嘉图：《政治经济学及赋税原理》，《李嘉图著作和通信集》（第1卷），商务印书馆1962年版，第100页。

勒析出了氧气,但不知道他们所析出的是什么"①,来说明李嘉图"只研究了劳动产品在工人和生产资料所有者之间分配的数量比例"②,因而不能规定剩余价值概念。而他在劳动价值论上的不彻底,并不能由此说明利润的本质及利润的平均化,使其学说陷于不可解脱的矛盾;随着资产阶级统治的全面展开,也不会容许李嘉图从与工资关系规定利润从而激化与雇佣劳动者阶级矛盾的论点。李嘉图的利润论及其体系的内在矛盾,被马克思所发现,并在发展劳动价值论的基础上,规定剩余价值概念及以其为核心的全新体系,这既是对李嘉图体系矛盾的解决,也是劳本经济学的创始。而代表资本利益的经济学家,包括李嘉图的学生们,则完全抛弃了李嘉图的利润论,沿着萨伊从要素价值论掩饰利润所体现的资本所有者与雇佣劳动者矛盾的思路走下去。

五 萨伊的要素价值论与"三位一体公式"

作为资产阶级经济利益和意识集中概括的资本经济学,在完成了对旧制度的批判和否定以及对资本雇佣劳动制的正面论证后,在法层次形成了对其矛盾辩护的环节。辩护环节起始于法国人萨伊,马克思因此将萨伊开始的资本经济学称为"庸俗经济学"。萨伊学说中的辩护环节,集中体现在其掩饰利润本质的要素价值论和"三位一体公式"中。

萨伊在资产阶级学者中享有很高的声誉,被称作斯密"伟大的

---

① 恩格斯:《<资本论>第二卷序言》,马克思:《资本论》(第二卷),人民出版社2004年版,第20页。

② 恩格斯:《<资本论>第二卷序言》,马克思:《资本论》(第二卷),人民出版社2004年版,第21页。

继承人""第一个在欧洲大陆传播斯密学说的人""科学的王子"。实际上，他所做的主要工作是把斯密的学说加以注释并以形式逻辑条理化——他发现了斯密学说的矛盾，将其正视、规定现实矛盾的抽象法加以剔除，并将斯密的要素价值论系统化，从术层次为资本雇佣劳动制进行辩护。

法国大革命后，资产阶级上升为社会的统治阶级，而昔日同属"第三等级"的工人和农民则在确立了的资本雇佣劳动制中处于被剥削、被统治地位，旧的地主阶级依然存在。对于还没有强大到可以绝对统治国家的资产阶级而言，调和阶级矛盾论证资本雇佣劳动制的合理性，在维持其运行中增强资本势力，是首要的任务。作为资产阶级的思想代表，萨伊运用系统化的现象描述法，以要素价值论掩饰资产阶级与地主阶级、劳动者阶级的矛盾，论证资本雇佣劳动制中这三大阶级利益的协同共存。

萨伊的代表作是《政治经济学概论》。在该书的绪论中，萨伊首先明确了研究对象和研究方法，而他也是第一个系统阐述自己研究方法的经济学家。对于研究对象，他写道："严格地局限于研究社会秩序所根据的原则的政治学，在长久时间内，和阐明财富是怎样生产、分配与消费的政治经济学混为一谈。"① 显然，萨伊认为政治经济学的研究对象就是财富的生产、分配与消费，而财富所有权（即"社会秩序所根据的原则"）则作为前提不需讨论。尽管他也认为，"就政治经济学说，它只把财产所有权看作鼓励财富的积累的最有力因素，并满足于财产所有权的实际稳定性，既不探讨财产所有权的由来，也不研究财产所有权的保障方法"，② 但这与配第、洛克、斯密等人从劳动价值论证财富有很大区别。究其原因，就在于萨伊将现实经济制度视为不

---

① 萨伊：《政治经济学概论》，商务印书馆1963年版，第15页。
② 萨伊：《政治经济学概论》，商务印书馆1963年版，第137页。

变的、自然的。对不变的、自然的经济的政治经济学研究，就只能是如同物理学一般的在矛盾外的仔细观察："事物怎样存在或怎样发生，构成所谓事物本质，而对于事物本质的仔细观察，则构成一切真理的唯一根据。"① 通过仔细观察，达到对经济"一般事实"的认识："政治经济学根据那些总是经过仔细观察的事实，告诉我们财富的本质。它根据关于财富本质的知识，推断创造财富的方法，阐明分配财富的制度与跟着财富消灭而出现的现象。换句话说，它说明所观察的和这一方面有关的一般事实。"② 在他看来，从经济的"一般事实"出发，就可以据之演绎得到"正确"的结论："如果构成政治经济学基础的原则是从无可否认的一般事实正确地推断出来，那末政治经济学就建立在不可动摇的基础上。"③

萨伊认为，财富的本质在于价值："如果我们肯费点心机研讨在人类所过的生活是社会生活的场合下叫做财富的是什么东西，我们就将发现财富这个名词是用以称呼具有内在价值的许许多多东西……事实上，没有实际的内在价值的东西的存在，就没有财富的存在。财富和上述价值成比例；组成财富的价值的总计越大，财富便越大；组成财富的价值的总计越小，财富便越小。"④ 萨伊发现了斯密二重价值论的自相矛盾导致斯密"阐明这些原理的方式，也有大可非议的地方。许多地方都欠明晰，全部著作几乎都缺乏条理。"⑤ 而导致斯密学说混乱的原因，就在劳动价值论。只要去掉劳动价值论，坚持并发展斯密的要素价值论，就可以使经济学符合形式逻辑，消除斯

---

① 萨伊：《政治经济学概论》，商务印书馆1963年版，第17页。
② 萨伊：《政治经济学概论》，商务印书馆1963年版，第18页。
③ 萨伊：《政治经济学概论》，商务印书馆1963年版，第20页。
④ 萨伊：《政治经济学概论》，商务印书馆1963年版，第58页。
⑤ 萨伊：《政治经济学概论》，商务印书馆1963年版，第41页。

密所造成的混乱。

萨伊指出:"他(斯密)认为,只有人的劳力才能创造价值,这是错误的。更严密的分析表明,一切价值都是来自劳力的作用,或说得正确些,来自人的劳动加上自然力与资本的作用,这从本书下面可看得出来。由此可见,斯密博士对于生产的最重要现象没有透彻的认识,这就使他作了一些错误的结论……但生产的奇迹,与其说是由于人的劳力的特殊性,倒不如说是由于我们对自然力量所作的利用。由于斯密不知道这个原则,所以他不能建立机器与财富生产的关系的正确学说。"[1] 为了否认劳动价值论,萨伊首先否认了价值和使用价值的区别,将价值的本质归于效用。他写道:"人们所给与物品的价值,是由物品的用途而产生的。……当人们承认某东西有价值时,所根据的总是它的有用性。这是千真万确的,没用的东西,谁也不肯给予价值。现在让我把物品满足人类需要的内在力量叫做效用。我还要接下去说,创造具有任何效用的物品,就等于创造财富。这是因为物品的效用就是物品价值的基础,而物品的价值就是财富所由构成的。"[2] 价值的本质在于效用,那么决定价值的就是生产效用的要素。进而,萨伊对斯密等人将劳动视作价值决定要素的观点进行了"批判",并阐明了对于生产的观点:"人力所能做到的,只不过改变已经存在的物质的形态。所改成的新形态,或提供前此所不具有的效用,或只扩大原有的效用。因此,人力所创造的不是物质而是效用。这种创造我叫做财富的创造。……所谓生产,不是创造物质,而是创造效用。"[3] 生产过程之所以创造价值,就在于创造了效用,仅依靠劳动一个要素并不能完成生产,也不能创造

---

[1] 萨伊:《政治经济学概论》,商务印书馆1963年版,第39页。
[2] 萨伊:《政治经济学概论》,商务印书馆1963年版,第59页。
[3] 萨伊:《政治经济学概论》,商务印书馆1963年版,第59页。

效用，还需要其他要素——物质的"协力"。同时，物质也并不能单独决定价值，没有劳动同样不能创造效用："财富不在于物质，而在于物质的价值。因为，没有价值的物质，便不成为财富，要不是这样，水、火石、路上的灰尘也可算是财富了。"① 创造效用和价值的过程，是"役使"自然力的过程："任何人都没有创造物质的能力，连自然也没有这能力。但任何人都能利用自然所提供的力，把效用授与物质。所谓劳动，实际上只不过是人类役使自然力而已。"② 以劳动不能独自完成效用创造为由否定劳动价值论，并将劳动规定为创造效用的一个要素之后，萨伊进一步考察了创造效用所需的另外两种要素：资本和自然力。

关于资本，萨伊写道："当我们进而研究劳动过程时，我们就会发现劳动必须得到协助，否则不能授与各东西以价值。使用在产业上的人类劳动，必须装备有事先已经存在的产物，否则无论怎样机巧，怎样聪明，都无法活动起来。上述事先存在的产物如下：（1）各种技艺所使用的工具。……（2）劳动者在执行他的部分的生产任务时所必需的生活必需品。……（3）劳动者所使用的原料，他通过劳动把这些原料改变为制成品。……上述这些东西的价值，构成所谓生产资本。"③ 货币只有与劳动结合才成为资本："如果货币用于促进产品交换，货币也属于生产资本的范畴。要是没有资本，生产便不能进步。分配在整个人类劳动机构上的货币，正如搽在复杂机器各个轮上的滑油一样，使它的活动具有不可缺少的灵活。但金银如不用在劳动上面，就没有生产力，像搽在停止动作的机器上的滑油那样。……如果认为一个社会的资本仅仅在于货币，那就大错特

---

① 萨伊：《政治经济学概论》，商务印书馆1963年版，第63页。
② 萨伊：《政治经济学概论》，商务印书馆1963年版，第62页。
③ 萨伊：《政治经济学概论》，商务印书馆1963年版，第70页。

错了。"① 离开资本的协助，劳动就不能进行生产从而创造效用、价值和财富，而资本对于生产的作用，也被"人格化"为一种"努力"："就眼前说，我们只需要认清这一点，那就是，如果没有资本，劳动就不能生产什么东西。资本必须和劳动协力合作，这个协作我叫做资本的生产作用。"② 资本因此被规定为劳动者之外的另一个"生产者"。从这个思想出发，他又将自然力视为创造价值的另一个要素和"生产者"。

关于自然力在生产中的作用，萨伊写道："劳动除借助于资本即劳动自己从前所创造的产品以创造别的产品外，同时还利用各种各样的其他因素的力量。这些因素不是劳动自己创造的东西，而是自然赐给人类的东西。通过这些自然力的合作，劳动把一部分效用给与各种东西。"③ 自然力参与生产，因为劳动而"生产要素化"，也成为了生产的协力者："一般地说，自然是人的伙计，是人的工具。人越能不用自己和资本的力并把越大的部分的生产工作交给自然，自然便越有益于人。"④ 而自然力有些可以专有，有些则是不能专有的，而且仅仅是那些可以专有的自然力才在生产中创造价值，因此，生产中使用这种要素时，就需要付出代价："可以专有的自然力，形成一个特别种类的生产手段，因为不提出等价物就得不到它们的协力。"⑤ 分别考察了劳动、资本、自然力之后，萨伊提出价值的创造绝不仅仅来自于劳动，而是来自于平列的劳动、资本、自然力三者的协力："所生产出来的价值，都是归因于劳动、资本和自然力这三

---

① 萨伊：《政治经济学概论》，商务印书馆1963年版，第70—71页。
② 萨伊：《政治经济学概论》，商务印书馆1963年版，第72页。
③ 萨伊：《政治经济学概论》，商务印书馆1963年版，第72—73页。
④ 萨伊：《政治经济学概论》，商务印书馆1963年版，第74页。
⑤ 萨伊：《政治经济学概论》，商务印书馆1963年版，第76页。

者的作用和协力,其中以能耕种的土地为最重要的因素但不是唯一因素。除这些外,没有其他因素能生产价值或能扩大人类的财富。"①三种要素"协力"创造价值,就是萨伊的要素价值论。因为萨伊将价值的本质归于效用,有些学者将萨伊的价值论说成"效用价值论",但价值论要解决的并非"价值是什么",而是"什么因素决定价值"。显然,萨伊的价值论并不是效用价值论,而是要素决定价值的要素价值论。

萨伊论证要素价值论的目的,在于论证资本雇佣劳动制下利润的合理性,因此在从生产进行论证后,他又对分配进行论述。在他看来,分配的根据在于生产,因此在论述分配时,要从价值的本质出发:"为达到这个目的,首先需要分析构成分配对象的价值的本质,其次需要确定一下,当价值一经创造出来以后,价值是根据什么规律在社会各成员中间分配,成为个人收入。"② 萨伊认为分配的原则就是依据在创造价值时各要素所付出的"努力"来分配其收入,即其收入应当与其创造的价值相等。对于资本和自然力这种可以专有的生产来源,"这些可专有的生产来源的市值……它们的价值基于它们所能创造的产品的价值,而这个价值本身则起源于那个产品的效用,或它所可能提供的满足。"③ 劳动作为生产要素有其特殊性——不可割让,萨伊将之与资本、自然力等同起来,从其"创造"的价值来确定其分配原则:"关于那些不可割让的生产来源,如人的体力和智力,它们绝不能成为实际交换的对象,而它们的价值只可根据它们所能生产的价值来估计。这样,给一个技工生产一天三法郎或一年一千法郎工资

---

① 萨伊:《政治经济学概论》,商务印书馆1963年版,第75－76页。
② 萨伊:《政治经济学概论》,商务印书馆1963年版,第318页。
③ 萨伊:《政治经济学概论》,商务印书馆1963年版,第330页。

的这类生产手段，可看作每年生产相同收入的既得资本。"① 这样，三种要素在生产中协力创造的价值，也就应按其"努力"在创造价值中的作用分配给劳动、资本和自然力的所有者。② 萨伊说："所创造的价值，按这个分配方式归地主获得的那一部分叫做土地的利润。……分配给资本家即垫款者的部分，尽管他所垫付的款额很小而时期又很短促，都叫做资本的利润。……分配给技匠或工人的部分，叫做劳动的利润。……这样，每一个阶级都从所生产的总价值得到自己的一份，而这份就是这个阶级的收入。"③ 萨伊认为生产与分配是两个不同的领域，在生产中创造效用的要素是劳动、资本和土地；在分配中，则分为工资、利润和地租。萨伊甚至很少使用工资这个概念，因为在他看来，劳动和资本、土地一样，是生产力的要素，所以出卖劳动的劳动者和资本家、地主一样，是"生产力出卖者"，他们依社会契约而协力生产，他们都依据自然权利获得出卖生产力要素的"利润"。而劳动者与资本所有者之间的交换关系，也由于他们作为"生产力出卖者"的共同地位而被萨伊归于分配。在萨伊对于分配的论述中，我们看到了一幅和谐、美好的图景！资本雇佣劳动制下各阶级都是平等的，都因为在生产中提供了各自的要素，取得了平等的分配财富的资格，没有剥削，也没有矛盾和冲突。这样，萨伊就通过对现象的描述，论证了资本的利润是符合自然权利和社会契约而归资本所有者的财产，同时"捎带"论证了地主阶级不劳动却获得地租的正当性。对此，马克思曾挖苦道："资本——利润（企业主收入加上利息），土地——地租，劳动——工资，这就是把社会生产过程的一

---

① 萨伊：《政治经济学概论》，商务印书馆1963年版，第330页。
② 在这里萨伊曾提到这种分配是通过交换活动实现的，但他仍旧没有将交换视作一个足以与生产、分配、消费同层次的经济环节。
③ 萨伊：《政治经济学概论》，商务印书馆1963年版，第356页。

切秘密都包括在内的三位一体的形式。"①

萨伊提出的要素价值论和"三位一体公式",以资本雇佣劳动制是自然规律的体现为大前提,以"事物的表现形式和事物的本质直接合而为一"的现象描述法为方法,调和三个阶级之间的关系,为资本雇佣劳动制的矛盾进行辩护。其要素价值论和"三位一体公式"的基本思路和要旨,为以后资本经济学术层次所坚持和发挥。

六 西尼尔的"节欲论"

随着资本雇佣劳动制社会矛盾的演变,尤其是因劳动者阶级意识形成而展开的争取自己利益的运动,促使资本经济学强化法层次辩护环节,进而在术层次不断改进辩护的方式。英国人西尼尔第一个将心理因素引入政治经济学,丰富、充实了回避、掩饰矛盾的现象描述法,提出了"节欲论",以回避、掩饰资本利润的本质。

资本雇佣劳动制演变到西尼尔的时期,其社会矛盾已经与制度初创期有了较大的区别。曾经作为资产阶级主要对立面的旧势力——地主阶级——日渐式微,土地所有权已经转化为资本的一个部分,地主阶级也随之成为资本所有者。而劳动者,由于素质技能的提高和社会地位的提升——人身权和劳动力所有权的明确,逐步形成了阶级意识。劳动者的思想代表依据自然权利和斯密、李嘉图的劳动价值论,批判资本所有者对劳动者的剥削,争取更多利益。面对劳动者思想代表的强势挑战,资产阶级需要资本经济学在方法和内容上进行更新。如何消除劳动价值论,寻找新的方式论证利润的合理性,是一个新任务。萨伊的要素价值论与"三位一体公式"在这方面作了尝试,但西尼尔认为这还不足以为利润辩护,他进一步将心理因素引入经济学,形成

---

① 马克思:《资本论》(第三卷),人民出版社2004年版,第921页。

了论证资本获取利润合理性的"节欲论"。

在西尼尔（包括同时期同样强调心理因素的巴师夏）之前，资本经济学在论证资本雇佣劳动制合理性时，并未回避总体的阶级关系。西尼尔强调经济活动的个体性，排斥社会总体性。他以同时期盛行的哲学实证主义为前提，从"自然的"、可经验的心理因素立论，避开了欧文等劳动者思想代表着力论述的阶级矛盾，把资本获取利润论证为合乎个体心理的、自然秩序的体现。

"就我们所使用的狭义下的政治经济学这个词来说，它所讨论的主题却不是福利，而是财富。"① 西尼尔认为政治经济学应成为纯粹的经济科学，专门研究和说明财富的性质以及财富的生产和分配规律。政治经济学所研究的对象不应是人的经济关系和矛盾，而是每个个体所有者的财富及其如何获取财富。现实的资本雇佣劳动关系是不可更易的、自然的、客观的，他的研究就是对"客观经济规律"的表达，而"客观经济规律"就在观测所得的"事实"中。"构成它的前提的是很少的几个一般命题，这是观测的或意识的结果，简直不需要证明，甚至不需要详细表述，差不多每个人一听到就会觉得在他思想上久已存在，或者至少是在他的知识范围之内；作为一个经济学家，他的推断如果是正确的，推断就会和他的前提具有几乎一样的普遍意义，一样的确定。"②

西尼尔认为财富和价值是同义的："（财富）这个词包括所有下列事物，也只包括这些事物：可以转移的，其供给有定限的，可以直接或间接地产生愉快或防止痛苦的；或者换个说法，是可以交换的（使用交换这个词时，既指租借，也指绝对的购买）；或者再换个

---

① 西尼尔：《政治经济学大纲》，商务印书馆1977年版，第11页。
② 西尼尔：《政治经济学大纲》，商务印书馆1977年版，第11–12页。

说法，是有价值的。"① 需要注意的是，他将"产生愉快或防止痛苦"作为财富的基本要素，由此把心理感受引入经济学的研究中。进而，从前人有关著作和他自己的"观测"和"意识"中，西尼尔得出四个"基本命题"，其中第一个是最为基本的："每个人都希望以尽可能少的牺牲取得更多的财富。"② 另三个命题则是第一命题的展开或佐证。西尼尔认为对财富的欲求是人类的共同心理，也因此是人的本性。这一命题将经济学的研究，完全从总体拉回到个体的心理。他又将心理欲望和欲望满足归结于"钱"，因为"金钱是抽象的财富"，使心理因素可以用货币为单位进行衡量。确立了"心理——财富——钱"这一以心理因素为基本前提的逻辑链条，为此后将以货币来衡量的分配归于心理因素扫除了障碍。在完成对"基本命题"的阐述后，他据之进行"正确的推理"，按照财富的生产、分配的顺序构建了其节欲论的论述体系。

承接萨伊的要素价值论，西尼尔对生产的论说是从现象出发，将生产要素概括为：劳动、自然和节欲。相较萨伊的"劳动、土地、资本"的区分，他用自然要素代替了土地，以避免"用一种事物的名称来代表全体"，更重要的改变是用"节制这个词来代替资本"③，以便从心理因素规定资本的本质和利润的来源。节欲，即节制个人欲望，他写道："我们用这个词来表示个人的这样一种行为：对于他可以自由使用的那个部分，或者是不作非生产性的使用，或者是有计划地宁愿从事于其效果在于将来而不在于眼前的生产。"④ 可见，节欲即对非生产性消费的节制，并将相应财富投入到生产中。他将

---

① 西尼尔：《政治经济学大纲》，商务印书馆1977年版，第17页。
② 西尼尔：《政治经济学大纲》，商务印书馆1977年版，第46页。
③ 西尼尔：《政治经济学大纲》，商务印书馆1977年版，第94页。
④ 西尼尔：《政治经济学大纲》，商务印书馆1977年版，第93页。

节欲视作人类最可宝贵的美德，人类正是因为节欲才能实现进步："在节制的原则下，放弃我们力所能及的享乐，或者是放弃切近的效果而追求遥远的效果，是人类意志上最艰苦的努力之一。诚然，处于任何状态下的社会，总是在进行着、并且经常地在进行着这样的努力的，即使最低级的社会也是这样，因为否则社会就无法获得进步。"① 按照他的说法，节欲的主体——资本家才是人类社会进步和文明的主导，离开了资本家的节欲，人类社会还凭什么发展呢！

不过用"节制这个词代替资本"，只是在生产手段或要素这个层面来说的，但他并没有放弃资本这个概念，而且对资本的认识较前人有所改变。他写道："资本这个词所指的是，出于人类努力的结果、用于财富的生产或分配中的一项财富。……在这样定义下的资本并不是单纯的生产手段，是所有三种生产手段结合起来的结果。"② 可见，他已经意识到资本是一种经济关系，恰是在这种经济关系中，劳动、自然要素和节欲所节省下来的财富得以结合起来进行生产，而这种经济关系的前提即是资本所有者高尚的、"艰苦的"的节欲。在这种经济关系中，节欲即资本的主体是社会赖以进步的生产的组织者，因而应当在分配中享有利润的所有权。

西尼尔认为他的政治经济学所研究的是"人类所处的比较进步的形态，可以称之为人类的自然状态"，所以分配"主要是依靠交换实现的"③。强调交换实现分配，其目的不过是依据"社会契约"的等价交换原则来说明利润的正当性、合理性。通过交换或契约组织起生产的不同阶级，彼此之间就是一种平等的合伙关系："比较最近似于实际的情况是这样：属于不同阶级的生产者成为合伙人，彼此

---

① 西尼尔：《政治经济学大纲》，商务印书馆1977年版，第95页。
② 西尼尔：《政治经济学大纲》，商务印书馆1977年版，第94页。
③ 西尼尔：《政治经济学大纲》，商务印书馆1977年版，第135页。

同意，将他们共同努力下的产物出售以后，所得报酬由大家分派。"① 劳动者的劳动"是为了生产而使用体力或智力；这样进行工作的是劳动者，而工资乃是他的报酬。"② 对于工资，西尼尔也从节欲进行解说，将工资规定为"牺牲安逸的报酬"。对于自然要素所有者经分配所得的地租，则并非如劳动者和资本家一样是因为节欲和牺牲，而是因为他们对自然要素的所有权："每个国家总有很大一个部分的产物，并不是出于任何牺牲而得来的报酬；取得这类报酬的人既无所劳动，也无所积储，只是伸出了双手，接受社会中其他人们的贡献。……这不是由于他曾经有所劳动或有所节制，而只是由于他没有把他可以扣留的东西扣留起来，只是由于他容许人们得以接受自然的赐予。……最后一项（地租）并不是人类力量的代价，而是自然力量的代价。"③ 从他对于地租的论述中可以看到，作为资本经济学家，他不必像萨伊那样去调和资产阶级和地主阶级（他称为自然要素所有者）的矛盾，因为当时的地主阶级已经不是资产阶级的主要对立面了。

西尼尔着力论证的是资本家在分配中所获得的报酬——利润。他认为，资本家在生产中的"动作"就是节欲，利润正是其节欲的报酬。他写道："节制所表示的，既是不将资本投于非生产性使用的那种动作，也是将劳动使用于产生遥远结果而不是眼前结果的那种在性质上相同的行为。采取这样行动的人是资本家，这一行动的报酬是利润。"④ 这是从生产的投入而言，进而他又以资本主导的生产及经营过程来论证利润的合理性。他认为，利润之所以不分配给劳

---

① 西尼尔：《政治经济学大纲》，商务印书馆1977年版，第143页。
② 西尼尔：《政治经济学大纲》，商务印书馆1977年版，第138页。
③ 西尼尔：《政治经济学大纲》，商务印书馆1977年版，第138-139页。
④ 西尼尔：《政治经济学大纲》，商务印书馆1977年版，第138页。

动者和地主,就在于"关于他们的报酬决不能静候到那么长的时间。这样的举动实际上是一种节制行为。这种行为的含义是为了取得遥远的成果而使用土地和劳动。……作出这一牺牲的是资本家;他所得到的补偿相当于他所作出的牺牲的报酬——利润。"① 从资本所主导的生产过程出发,他进一步考察了资本运动过程的交换环节:"这就表明,经济学家把地主、资本家和劳动者说成是成果的共享者的那种通常说法,只是出于杜撰。差不多一切所生产的,首先是资本家的所有物;他预先支付了在其生产中所必要的地租和工资,付偿了在生产中所必要的节制行为,他是在这个方式下购入的。"② 因为资本家以节欲而投入的资本,购买并预付了地主的地租和劳动者的工资,因此生产出来的产品自然归资本家所有,而售出这些产品所实现的价值,扣除其对地主和劳动者的"预付",即是资本所有者因为节欲的报酬——利润。这样,斯密和李嘉图从劳动价值论规定利润所造成的资本经济学的"矛盾",就被彻底解决了,甚至可以说,这个"矛盾"本来是不存在的。

七 效用价值论

到19世纪中后期,资本雇佣劳动制的自由竞争体制逐渐成熟,与之相应,劳动者阶级意识的形成在其思想代表对资本雇佣劳动制深入系统的批判中不断发展。资本经济学适应这种变化,在法层次进一步强化辩护资本雇佣劳动制矛盾、维持其统治的环节,并将之具体化于术层次。这首先体现于以心理因素为依据的效用价值论。

---

① 西尼尔:《政治经济学大纲》,商务印书馆1977年版,第144页。
② 西尼尔:《政治经济学大纲》,商务印书馆1977年版,第145页。

在马克思之前，资本经济学的辩护环节仍以自然权利为依据，论证利润和资本雇佣劳动制度的合理与正当。但马克思同样基于自然权利，区分了劳动和劳动力，从货币的资本化和劳动力商品化及其交换，规定资本雇佣劳动制的主要矛盾在于资本雇佣劳动的关系，而剩余价值是主要矛盾的体现。这样，作为资本主义基础概念的自然权利已不足以为资本获取利润进行辩护了，资本经济学家只能在自然权利和社会契约之外另找新的依据来为资本雇佣劳动制辩护，进而反击马克思的学说，阻抑劳动者阶级因马克思学说而凝聚的阶级意识所形成的变革运动。此外，自由竞争体制熔化到这一时期的结果，就是垄断的出现。垄断资本的利益在于维持自由竞争体制的前提下更好地实现资本的增殖，这就需要资本经济学家在为资本雇佣劳动制辩护的同时维持自由竞争体制下的资本经营。马克思的剩余价值理论是以劳动价值论为前导和基础的，因此资本经济学继承了西尼尔"节欲论"中的心理因素，扩展并系统化为"心理原则"，彻底否定劳动价值论，在马克思《资本论》第一卷出版几年后，奥地利的门格尔、英国的杰文斯、法国的瓦尔拉几乎同时提出了效用价值论，[①] 开创了所谓"边际革命"，门格尔的学生庞巴维克集合他们三人的观点和数学演算方法，系统地论证并推演了效用价值论。

庞巴维克从使用价值和交换价值的区分论起，"在政治经济学中，正像在日常言语中，两种性质不同的东西，从来就被一起归纳在价值这一名称之下。一开始就不难看出它们之间的差别，但差别的程度确实被低估了。不是把它们看作属于完全不同思想范畴的现象，就是错误地把它们认为同一个现象的两个不同部分；而在不太

---

① 据说他们是分别独立提出其效用价值论的，这看似的巧合是从个体角度而论的。从总体角度来看，其根源则在于社会矛盾的激化，使得资产阶级在这一时期需要这样一种"新意十足"的方法和思想体系。

恰当的使用价值和交换价值的名称之下，它们被当作价值的一般概念的二个分支，而且也是照这样来相互区分的。可是，这种区别，一旦做出之后，所谓使用价值就几乎完全从视野中消失了。经济学家们不再费神来深入探索它的本质，也不再在进一步探讨中利用它了。他们仅仅把它作为一个概念列入政治经济学中，而任其埋没于他们的体系的一隅，好比一块无用的石头。"① 这种状态一直持续到门格尔等人提出效用价值论，而这恰恰是更新资本经济学的基础："直到最近，经济研究才在这块被建筑师遗弃的石头中发现了经济学中一个最重要概念的基础和支柱……它们几乎也是经济学中每一条理论必须追溯到的基础和源泉。"② 庞巴维克认为，需要给价值和交换价值重新命名："但首要的是，我们要给这些由传统因袭下来的、不适当地被称为使用价值和交换价值的东西，起一些正确的名称。这两类现象，人们一向都含混地称之为'价值'，而我们要将它们区分为主观价值和客观价值。"③ 所谓主观价值，即 "一种财货或一类财货对于物主福利所具有的重要性。"④ 而客观价值，则是一种与物主福利无关的 "客观关系"："客观价值指的是一种财货获得某种客观成果的力量或能力。在这一意义上，有多少种和人有关的客观成果，就有多少种价值。……在任何这类表述中，价值这一概念完全与物主的福利或损失无关。……因此在以上表述中，我们不用'价值'这一名词，而用'力量'或'能力'来作为它的同义语——这种措辞本身就表达了一种纯粹的客观关系。"⑤ 庞巴维克认为，客观

---

① 庞巴维克：《资本实证论》，商务印书馆1964年版，第149–150页。
② 庞巴维克：《资本实证论》，商务印书馆1964年版，第150页。
③ 庞巴维克：《资本实证论》，商务印书馆1964年版，第150页。
④ 庞巴维克：《资本实证论》，商务印书馆1964年版，第150页。
⑤ 庞巴维克：《资本实证论》，商务印书馆1964年版，第150–151页。

价值就是所谓的交换价值:"我提供这些例证只是作为例证,目的在于把上述客观价值和那类对政治经济学当然具有最最重要意义的客观价值——即财货的客观交换价值——的密切关联的性质说得更清楚一些。我用客观交换价值这一个辞句,意指财货在交换中的客观价值,换句话说,即用它来换得一定量其他经济财货的可能性,这个可能性被看作是前一财货的一种力量或特征。"① 这样,经济学意义的客观价值,作为一种"力量",也可以被看作"购买力":"除了用'交换价值'这一名词外,英国经济学家毫无区别地使用了'购买力'这一名词,而我们德国人也开始以同样的方式,一般使用交换能力这个名词。"② 规定了主观价值和客观价值后,庞巴维克开始集中论述主观价值的性质与根源。

庞巴维克认为,财货具有满足需要的能力,但并非能满足需要的财货就具有价值。他写道:"一切财富——按'财货'这个词的真实意义来说——都对人类福利具有一定的关系。但这一关系有着两种不同的等级。当一种财货具有为人类利益服务的一般能力时,它属于较低的等级。另一方面,较高的等级要求一种财货应该不仅是满足人类需要的因素,而且必须是人类福利的一个不可缺少的条件——就是这样一种条件:有了这种财货,某种满足才能成立,否则就不能满足。在日常生活用语中,我们可以找到这两个等级的名称。较低级的称为用途,较高级的称为价值。"③ 对于"低级和高级"的"用途和价值"的区别,他以涌泉旁边和沙漠中同样的一杯水为例,说明只有财货具有不可缺少的重要性时,才具有价值。他写道:"我们从财货中观察到和衡量我们的福利,我们在它对我们的重要性中看出价值;

---

① 庞巴维克:《资本实证论》,商务印书馆1964年版,第151页。
② 庞巴维克:《资本实证论》,商务印书馆1964年版,第151-152页。
③ 庞巴维克:《资本实证论》,商务印书馆1964年版,第153页。

最后，我们产生了和这个重要性成比例的、要取得和掌握这一财货的渴求。因此，价值的正式定义是一件财货或各种财货对物主福利所具有的重要性。至于重要性的种类和理由，严格地说，都不必加到这一定义里去；因为财货对人类福利的重要性仅能在一种情况下表现出来——即作为为人类福利所不可缺少的条件。"① 而"不可缺少"，实则意味着这种财货本身是稀缺的："一种物品要具有价值，必须既具有有用性，也具有稀缺性——不是绝对稀缺性，而是相对于特种物品需求而含的稀缺性。更确切地说：当物品的全部货源不足以保证满足需要时，或当没有某些物品，货源就将不足的时候，这种物品才有价值。"② 在以稀缺性和满足需要对价值进行"正式定义"后，庞巴维克进一步对价值量的大小进行规定。他写道："如果物品价值是其对人类福利的重要性，而这一'重要性'意味着我们的某些福利决定于我们是否占有这种物品，那就很明显，物品的价值量必须由这一物品的福利的量来决定。如果这些物品给予我们的福利很大，那末，这些物品的价值就高，否则就低。"③ 但是，这看似不言自明的"道理"，却与"经济界的某些事实"相悖，集中体现在斯密曾提出的"水与钻石"悖论中。为了从作为心理感受的"福利的量"解开这一谜团，庞巴维克开始考察人的需要。

庞巴维克认为，如果从某种物品能满足的需要入手研究人的需要，同一物品能满足"两种或多种需要的哪一种"是很难明晰的。因此，他回到人的心理感受——"需要或满足的迫切性"来探讨人的需要，这样就可以对人的需要进行分级。他写道："我们经常按照需要得不到满足对我们福利的影响的大小来划分需要的等级。……

---

① 庞巴维克：《资本实证论》，商务印书馆1964年版，第155页。
② 庞巴维克：《资本实证论》，商务印书馆1964年版，第155页。
③ 庞巴维克：《资本实证论》，商务印书馆1964年版，第157页。

按照这些等级来排列我们的需要，我们得出一份轻重分明的需要分级表。"① 当然，这种分级在个体间的差异是明显的，甚至同一个体在不同时期的分级表也会不同。但是，"每一个收入有限的人的心目中，总有一个相当明晰的分级表，如果他愿意对各种需要加以选择的话。"② 显然，按照"迫切程度"来对需要或者福利进行分级，饮食的需要无疑将放在首要位置，而穿衣、烟草、喝酒、装饰的需要往往依次排列。但对需要和满足这样的分级还是无法解释"水和钻石"的悖论。在庞巴维克看来，其缺陷就在于衡量财货满足需要的重要性时，仅仅根据需要的种类来进行，而不是根据此时此刻的具体需要，因为"我们对物品所估的价值，和需要种类的分级毫不相干。"③ 关于具体的需要，他提出："我们的大多数需要是分得开的，就是说，可以零零碎碎地得到满足的。当饥饿的时候，我并不是不得不在完全满足我的饥饿感和完全得不到满足之间进行选择的。"④ 因为同一种类的需要中，存在着重要性并不相同的许多具体需要。而这些具体需要符合这样的一个命题："这是人类经常经历到的一种经验：同一种享受，当它不断地被重复而超过了一定的限度时，它所给予我们的满足会不断地递减，直到最后，享受转化成它的对立物。……如果我们把这一熟悉的事实的要旨用专门术语来说，我们得到下列命题：我们具体需要的程度（就是我们需要的感觉所能划分的程度）或是从同量物品取得的满足的各个程度通常具有十分不同的重要性——这一重要性实际上是逐步递减到零的。"⑤ 在这里，

---

① 庞巴维克：《资本实证论》，商务印书馆1964年版，第159页。
② 庞巴维克：《资本实证论》，商务印书馆1964年版，第160页。
③ 庞巴维克：《资本实证论》，商务印书馆1964年版，第162页。
④ 庞巴维克：《资本实证论》，商务印书馆1964年版，第162页。
⑤ 庞巴维克：《资本实证论》，商务印书馆1964年版，第162页。

庞巴维克阐述了"边际效用递减"的心理原则。依据这一心理原则，那些并非最迫切的具体需要，因为财货数量的稀少，也可以有较高的满意程度和价值："它也说明甚至在最重要的需要种类中，也存在着较低级的和最低级的重要性。……例如，往往有无数的具体饮食需要，比之许多十分不重要种类的具体需要更微弱和更不急迫；这些不重要种类的具体需要，如对饰物的想望，对舞蹈的爱好，对烟草的贪求等等，往往比美食、暖衣的需要更强。"①

庞巴维克认为，仅仅依据需要的分级，是无法说明财货对于物主的重要程度的，所以必须要从具体的某一单位物品，来考察其对物主的重要性或者满足需要的能力。但是，当一件财货能够满足人的多种需要时，它的价值又以哪一种需求来决定呢？庞巴维克是这样解决的，用缺少这件物品时得不到满足的需要来确定："如果我们知道，要是没有这件物品，哪一个需要将得不到满足；那末，这个问题就可以非常简单地解决，即：这个需要显然是依赖于这个物品的需要。"② 显然，当一件物品缺失时，不能被满足的需要一定是相对最不重要的那个需要，他写道："现在不难指出，得不到满足的需要，不会是这件物品原来（偶然和任性地）被选定用来满足的那一个需要，而总是一切需要中最不重要的那一个需要，亦即在已往准备用这类物品的全部存货来满足的一切需要中最不重要的一个需要。为自己的方便着想，显然是必要的，这使每一个进行经济活动的有理性的人在满足他的需要方面，确定某种先后的次序。……每一个人都会谨慎地使用他所有的资源，首先满足他最重要的需要，其次满足次要些的需要，再次满足第三级的需要，依此类推；——他总会这样来安排，即当所有高一级的需要都已满足，而且还有一些剩

---

① 庞巴维克：《资本实证论》，商务印书馆1964年版，第163页。
② 庞巴维克：《资本实证论》，商务印书馆1964年版，第165－166页。

余的时候，才满足比较次要的需要。……我们可以肯定说，他必然先满足更重要的需要，而不再满足原计划规定要满足的全部需要中最不重要的部分。"① 这样，每一个理性人都会从自己的方便出发，来安排满足需要的先后次序。在明确概括了这样的心理规律后，庞巴维克认为规定价值的条件已然成熟，回到了对价值的概念规定。

庞巴维克认为，价值决定于物品的边际效用："一件物品的价值，是由现有的同样的一些物品所能满足的一切需要中、最不迫切的那一具体需要（或部分需要）的重要性来衡量的。因此，决定物品价值的不是它的最大效用，也不是它的平均效用，而是它的最小效用，即这件物品或类似它的一件物品在具体经济情况下合理使用时可能产生的最小效用。为了避免重复这种详尽的说法——虽然这些说明必须详尽一些才能正确——我们将仿照维塞尔把这种最小效用——处于经济上容许的边际的这一效用——叫做这物品的经济边际效用。因此，决定价值量的规律，可以用下面的公式来表达：一件物品的价值是由它的边际效用量来决定的。"② 显然，以否认劳动价值论为目的，他非常清楚价值论对于经济学说的前导和基础作用，他写道："边际效用学说不仅是价值理论的要旨，而且由于它能对一切经济交易提供解说，它是全部经济理论的要旨。"③ 为了更为形象地阐述效用价值论，他以孤立地生活于原始森林中农民的例子，论证谷物的价值取决于边际效用。一位农民收获了五袋谷物，对于谷物的使用依其重要性递减的顺序制订使用计划：生活必需、保持健康、饲养家禽改善菜肴、酿造酒类和饲养鹦鹉，农民对这五袋谷物重要性（边际效用）的评价分别是：10、8、6、4、1。进而从重要

---

① 庞巴维克：《资本实证论》，商务印书馆1964年版，第166页。
② 庞巴维克：《资本实证论》，商务印书馆1964年版，第167页。
③ 庞巴维克：《资本实证论》，商务印书馆1964年版，第168页。

性出发考察一袋谷物的价值量。他从损失一袋谷物的效用来确定每一袋谷物的价值量，他写道："他将用剩下的四袋谷物供应最迫切的四类需要，而放弃最后和最不重要的需要，即边际效用。"① 这样，他就从边际效用递减的心理原则出发，"证明"了价值量取决于边际效用量。

进而，他又从独居于原始森林的农民转回到"高度组织的经济社会的闹市"，试图解答"钻石与水"的悖论。他写道："任何种类的物品越多，它能满足的需要就越能得到完全的满足，而最后得到满足的需要——这些需要如果物品数量减少就不能满足——就越不重要。换句话说，任何种类的物品越多，决定其价值的边际效用就越小。再则，如果某一种物品的供应很多，多得使一切需要完全得到满足以外，仍然有剩余的物品不能找到有益的使用，那末，它的边际效用就等于零，这一种物品也就无价值。因此，对于原来使我们感到十分惊奇的这一现象——即珍珠、钻石等比较'无用'的东西，具有很高的价值；更加'有用'的东西如面包和铁等具有小得多的价值；而水和空气却毫无价值——我们在这里找到了十分自然的解释。珍珠、钻石数量很少，仅能满足有限的需要，因而达到满足的边际效用相当高。另一方面（我们很幸运）面包和铁、水和阳光，数量这样的大，使一切较重要的需要都保证能得到满足。"② 他欣喜地认为，斯密因为混淆使用价值与价值造成的"钻石与水"的悖论，被他以效用价值论解开了——钻石价值量大是因为稀少的钻石边际效用更高。

这就是庞巴维克关于效用价值论的论证。虽然和其他人论证效用价值论的角度、方式有所差异，却集中体现了效用价值论的一般

---

① 庞巴维克：《资本实证论》，商务印书馆1964年版，第169页。
② 庞巴维克：《资本实证论》，商务印书馆1964年版，第171页。

性和共同要点：从心理原则出发，将价值归结于效用，进而从边际效用递减的现象出发对交换中的心理进行描述，得出价值决定于（边际）效用的结论，为进一部掩饰利润的本质备置了必要前提。基于效用价值论，一方面回避了自然权利这个已经被马克思用于批判资本主义的基础概念；另一方面，回避了利润的生产和获取的矛盾，将之转换成个体的交换关系——在效用价值论中通过心理原则，论证了其正当性。进而从心理原则下交换的正当性，抹杀了资本与雇佣劳动这种交换关系的剥削本质。此外，效用价值论将价值本质归结为心理评价而重点探讨价值量的规定，为此后资本经济学避开价值与价格的区别，专注于技层次，为企业经营和国家治理的建议提供了必要的依据。效用价值论的提出，也使资本经济学为资本雇佣劳动制的辩护提升到一个新的高度：依据心理原则，雇佣劳动者和资本所有者是从各自的心理欲求与感受结成交换关系，没有阶级对立，也没有剥削，有的只是在心理原则制约下的自然而正当的经济行为和经济关系。

八 时差利息说

庞巴维克在效用价值论的基础上，提出了时差利息说，以为资本的利润进行辩护。从一定意义上说，庞巴维克的时差利息说更像是西尼尔节欲论的转型和升级。

庞巴维克时差利息说的基本思路是：先依据心理原则和时间论证现在物品和未来物品的价值差别，以之为演绎的基本——交换的规律，再将交换得来的利息作为"纯收入"的一般形式将生产附属于交换，进而从现在物品、未来物品的交换来论证利润合乎他据以演绎的交换规律，由此证明其合理性。在《资本实证论》中，庞巴维克先阐述了他的效用价值论，进而在第五篇《现在和未来》的开篇，提出了其利息学说中作为"要点和中心"的命题："现在的物品通常比同一种类和同一数量的未来的物品更有价值。"① 在他看来这是一个极为重要的命题，他将由此完成对利润合理性的辩护。现在物品和未来物品，是以时间前后为依据所规定的概念。现在物品的效用价值是很清楚的，而未来物品的效用价值，是通过对心理感受想象而得出来的。他强调这样一个"客观事实"："为未来作准备对我们的智力提出巨大的要求；甚至，对我们的道德品质也提出某些要求；而在文明进展的一切阶段中，人们对这些要求都不是应付得同样好的。现在总是占着优先。"② 他不仅提出了现在物品效用更高的观点，还认为"为未来准备"是优良智力和道德品质的结果——这与西尼尔将节欲视作美德异曲同工，资本家"为未来打算"的投资就是这样的"优秀行为"。他从效用价值论推论现在物品的效用相对于未来物品的效用"占着优先"，"目前物品通常比同种类、同数量的未来物品具有较高的主观价值，"③ "现在物品的价值必定比未来物品的价值相应的高一些，有一种相应的时间贴水。"④ 他所说的"时间贴水"，即是利息的本质。他进一步从想象力缺乏、意志的缺陷和人生短促无常来论证人们从心理上低估未来物品的价值。现在物品一般能优先满足人类的需要，它比未来物品具有较高的边际效用。因此，"未来物品在主观和客观两方面，都有较小的价值，和它们在时间上的差距程度相适应着。"⑤ 而这种差距正是资本利息的来源。

在第六篇《利息的来源》中，他开篇明义地亮出观点："（现在

---

① 庞巴维克：《资本实证论》，商务印书馆1964年版，第243页。
② 庞巴维克：《资本实证论》，商务印书馆1964年版，第249－250页。
③ 庞巴维克：《资本实证论》，商务印书馆1964年版，第253页。
④ 庞巴维克：《资本实证论》，商务印书馆1964年版，第257页。
⑤ 庞巴维克：《资本实证论》，商务印书馆1964年版，第284页。

和未来物品）价值上的差别是一切资本利息的来源。"① 他在这里所说的利息，实则马克思规定的剩余价值，庞巴维克称之为"纯收入"的一般形式，"凡是拥有资本的人，一般都可以从他的资本上得到经常性的纯收入，这种纯收入，就叫做利息。"② 他写道："一笔借贷无非是现在物品对未来物品的一个实际而真正的交换；它确实是这样一种最简单的可以理解的表现形式，而且，在某种程度上，也是理想和典型的情况。"③ 由借贷行为的货币使用上的时差及利息作为"纯收入"的一般，进而推论资本"纯收入"利息的来源："利息是由现在物品和未来物品之间价值上的差别所产生的。"④ 庞巴维克将借贷利息作为资本"纯收入"的一般形式，把资本家的投资作为借贷的特殊形式，是以现在物品换取将来物品，其效用价值就由时差而产生。这里的交换在资本家与工人之间进行：资本家以现在物品（可购买现在物品的货币）换取工人劳动生产的将来物品，同时包括现在物品的生产资料在生产后转变的将来物品。在对借贷行为的阐述中，他提出"当转移一件东西的时候，很可能所转移的超过它自身的全部"，⑤ 这样就将借贷——货币使用权的交换说成是所有权的交换，那么劳动者出卖劳动力使用权时被资本所"超额"使用也就成为自然、合理的。回避利润形成的生产环节并将之归结于一般的交换环节，庞巴维克就可以用他由时差导致的效用价值差来论证利润的合理性。"企业家购买较远各级的物品，如原材料、工具、机器、土地的使用，尤其是劳动，并用各式各样的生产过程，将它们

---

① 庞巴维克：《资本实证论》，商务印书馆1964年版，第285页。
② 庞巴维克：《资本与利息》，商务印书馆1964年版，第1页。
③ 庞巴维克：《资本实证论》，商务印书馆1964年版，第285页。
④ 庞巴维克：《资本实证论》，商务印书馆1964年版，第286页。
⑤ 庞巴维克：《资本实证论》，商务印书馆1964年版，第286页。

转变为第一级物品，即可以直接用来消费的成品。在这样做的过程中，企业主得到——在他作为企业的领导者、脑力劳动者等等参加生产活动应得的个人报酬以外——一笔大致同投入在他们企业中的资本总额成比例的收益。"① 从交换来论利润的创造，将资本家购买的那些物品界定为未来物品，"较远级的物品，虽然在本质上是现在物品，但在经济上是未来物品。作为现在物品，它们不能满足人类的需要；它们必须首先转变成消费品。"② 由于生产的过程是"迂回"的，这些未来物品被转变为消费品需要一段时间，因此"它们只能对未来的需要发挥它们的功用——至早也要隔一段将它们改变成消费品的生产过程所必需的时间"。③ 当这段生产的时间过去，未来物品就因为变成了可以消费的现在物品而"享有现在物品的全部价值"，从未来物品较低的价值到现在物品的全部价值的增加额，就是资本的利润。他将形成利润过程中的生产环节规定为从未来物品向现在物品的转化过程，"在物品这一方面，它们必须越过使它们同现在隔开的鸿沟，而它们是通过生产来达到这个目的的，因为生产能把它们从较远级产品变成最终产品。如果没有生产过程，如果资本任其呆滞，则生产手段总是评价较低的未来物品。"④ 为了证明利润的合理性，他又从工资和地租进行了佐证。他写道："工资劳动者拿进现在物品，而拿出他的劳动所能创造的全部不定期的未来物品作为交换。"⑤ 劳动者之所以不是利润的所有者，原因就在于他们没有如同资本家一般"为未来打算"——以现在物品交换未来物品，

---

① 庞巴维克：《资本实证论》，商务印书馆1964年版，第297-298页。
② 庞巴维克：《资本实证论》，商务印书馆1964年版，第298页。
③ 庞巴维克：《资本实证论》，商务印书馆1964年版，第298页。
④ 庞巴维克：《资本实证论》，商务印书馆1964年版，第300页。
⑤ 庞巴维克：《资本实证论》，商务印书馆1964年版，第314页。

劳动者所付出未来物品——劳动所交换来的现在物品,即是其工资。他将土地界定为耐久物品,地租则来源于"未来服务在价值上的增长——以前价值较低的服务,在该物品的使用期间,逐渐变成现在的服务了。"①

总之,庞巴维克从其时差利息说完成了他对利润合理性——实质上是资本雇佣劳动制合理性——的辩护:现实的经济制度和关系中根本不存在剥削,所有不劳而获的收入,都是克制自己对现在物品的欲望而"为未来打算"的奖赏。

九 资本生产力说

以效用价值论为前导和基础,门格尔、杰文斯、庞巴维克等人将总体的分配归结于个体的交换,进而以心理原则论证了交换的正当、合理性,回避了分配环节利润获取所体现的矛盾。但这种回避并未消除分配矛盾,美国经济学家克拉克认为分配是一个"极其重要的经济问题"②,为此,他运用"边际分析法"深入探讨了分配,提出了资本生产力说,为资本获取利润进行辩护。克拉克的资本生产力说,从某种程度上可以说是萨伊要素价值论和"三位一体公式"的"转型":他将分配研究的重点返回到生产环节,将生产、交换、分配统一起来,既是对萨伊思想、方法的传承,又吸收了心理学派和数理学派一些观点。资本的生产力在生产中的作用表现为依据心理原则规定的"边际报酬递减",符合"自然规律"的分配即是其利息,进而他将资本的收入规定为利息而成为"生产成本"。

克拉克系统论证"资本生产力说"的代表作是《财富的分配》,

---

① 庞巴维克:《资本实证论》,商务印书馆1964年版,第339-340页。
② 克拉克:《财富的分配》,商务印书馆1983年版,第9页。

他在这部著作的《序》中开宗明义地写道："本书的目的在于说明社会收入的分配是受着一个自然规律的支配。"① 他认为，之所以要对分配的"自然规律"进行阐述，其原因在"由于分配所引起的争论"。克拉克是以自然规律代言人的身份出现的，像中世纪的传教士而不是一个经济学的研究者——只是把上帝旨意换成了自然规律。他所说的自然规律，是"自由竞争倾向于将劳动所生产的部分给予劳动者，将资本所生产的部分给予资本家，而将调和职能所生产的部分给予企业家。"② 克拉克将资本雇佣劳动制在这一时期的总体分配视作"自然规律"而不可更易的，他的责任就是通过论证这种分配方式的合理性，对抗、否认马克思剩余价值理论对资本雇佣劳动制的批判。

在资本雇佣劳动制自由竞争阶段初期，资本所有权与占有权、经营权的派生、分化尚未充分显现，资本家本人既是资本所有者，往往又是经营权行使者。随着资本规模的扩大，资本集中所形成的股份制开始成为主导的形式：资本所有权派生占有权形成董事会，并由行使占有权的董事会选聘经营权的行使者。资本所有者日益与经营管理活动分离，导致专职经营管理者逐渐形成一个新的阶层，克拉克将之称为企业家，其作用是对生产经营过程的"调和"："完全在于建立和维持各个生产因素间的有效联系，并使它们发挥作用。"③ 克拉克将企业家的报酬称作利润。相应的，此前被称作资本利润的那部分剩余价值，由于相当部分资本所有者不再从事"企业家"的工作，被克拉克规定为资本的利息，他认为这是"将传统的

---

① 克拉克：《财富的分配》，商务印书馆1983年版，第1页。
② 克拉克：《财富的分配》，商务印书馆1983年版，第11页。
③ 克拉克：《财富的分配》，商务印书馆1983年版，第10页。

地租理论加以扩大，并不是否认它"。① 从资本雇佣劳动制所体现的新特点以及为之出谋划策的目标出发，要求他对分配的"自然规律"的论证不像门格尔、杰文斯那样局限于交换，而必须回到生产环节。

从萨伊开始，将经济活动分为生产、分配、消费三个环节，詹姆斯·穆勒在其基础上加入交换，形成了生产、交换、分配、消费四个环节，为后来的资本经济学家所坚持。在他们将经济"三分"或"四分"时，并未将其联系完全打破，仍然是从生产出发论证分配。但到门格尔和杰文斯那里，已经将四个环节的联系打破，将生产和分配从属于交换环节。从他们辩护的目的看，这是合理的：只要交换是正当的，分配的矛盾就不存在了。但是，面对现实的分配问题，这样的处理是存在明显缺陷的。在克拉克的笔下，分配的原则是"给予每人以他自己所生产的产品"②，其原因就在于财富所有权首先体现于生产。他写道："如果我们要将财产确立在生产者对于他所生产的财富的要求上，那么这个社会，一般地说，就必须在产生所有权的时候，就来保证这个权利，也就是说，在付给劳动者工资的时候，就来保证这个权利。"③ 生产财富的过程，在他看来"是包括交换和分配在内的过程"。④ 而"要彻底研究分配问题，决不能越出社会生产的领域，并且不能不把交换问题包括在我们的比较狭窄的研究范围以内。价值向来是交换论中所讨论的主要问题，但是价值理论和团体分配理论实际上是一个东西。"⑤ 在克拉克看来，虽然分配是一个"比较狭窄的研究范围"，但这个范围却是总体经济活

---

① 克拉克：《财富的分配》，商务印书馆1983年版，第10页。
② 克拉克：《财富的分配》，商务印书馆1983年版，第15页。
③ 克拉克：《财富的分配》，商务印书馆1983年版，第16页。
④ 克拉克：《财富的分配》，商务印书馆1983年版，第17页。
⑤ 克拉克：《财富的分配》，商务印书馆1983年版，第29页。

动过程的一个环节,必须回到生产这一经济的基础论证资本获得利润的合理性。这样,资本生产力和劳动生产力就成为论证其所分配到的部分的依据。

克拉克认为传统的经济学"分部"方式——生产、交换、分配、消费——是存在缺陷的,因此他从生产出发对经济"分部"进行了重新划分,以强调生产在总体经济过程中的基础地位。这种"分部"方式,被他称为"经济学的自然分部"——他再次以自然规律代言人的身份强调经济的自然性,"自然"亦是他资本生产力学说体系的突出特点。他写道:"第一分部是讨论一般的经济现象,其中包括通常应当放在绪论里面的基本概念和论据。不过这个部分还可以讨论一切有关消费的问题,因为消费是个人的活动,其基本规律在任何社会条件下都相同。第二分部讨论通常放在交换论中讨论的价值问题,以及通常放在分配论中讨论的自然的或静态的工资和利息问题。第三分部讨论生产的动态,其中包括价值变动和所有的分配的动态问题。"① 第一分部可称作"普遍规律",第二分部称作"社会经济规律",其中"社会经济规律"实际指商品经济,他也以"交换经济"来指代。从克拉克对于经济学"自然分部"的划分中,可以看到物质主义基本观念的束缚和体现:以他所找到的自然的、"不依靠经济组织而起作用的"基本经济规律为依据,演绎、推论"社会有了组织"的经济规律,并对之演变的"量变"因素进行关注和阐述。第三分部的"动态经济规律"所阐述的经济活动是动态的、现实、具体的,其中发生的量的变化,并不是"动态社会的本质",其动态的本质,在于"由于生产方式发生变化而影响到产业社会的结构发生变化。"② 所谓静态社会的规律,其实是他对于经济活动的本质规

---

① 克拉克:《财富的分配》,商务印书馆1983年版,第37页。
② 克拉克:《财富的分配》,商务印书馆1983年版,第59页。

定——集中于所有权关系的论证，但静态社会不是单纯存在的，它来自对动态社会经济活动的抽象，即"动态社会规律"。

对于分配，克拉克认为应该在静态、动态两个分部中论证，但其本质仍在静态经济规律中。而静态经济规律以第一分部的"一般经济规律"为前提，在这一分部对边际生产力的规定和对之边际报酬递减的描述，成为他资本生产力说的必要基础和前导。他认为"不论社会是怎样有组织的，在生产活动上，人和自然之间的关系，却是始终不变的"。[①] 有组织的社会的分配所依据的，就是这在生产中的"一般经济规律"。所谓从原始到现代社会的"一般经济规律"，集中体现为他据心理原则所提出的"最后生产力的原则"，而"最后生产力"实为"边际生产力"。他从边际效用递减的结论出发，推演出了资本边际生产力递减的"规律"，"如果一种消费品一个个单位连续不断地供应，它的效用就会愈来愈减少，同样，生产者的用具或各种形式的资本，如果是由一个人使用，那末数量愈多，生产能力愈降低。"[②] 而对于生产的另一种要素——劳动，他认为其边际生产力同样是递减的："在固定数量资本的情况下使用劳动，它的生产力是递减的，这是一个普遍的现象。"[③] 可以看到，他对于所谓"一般经济规律"的观点，与门格尔是一致的，都是以心理因素为一般根据进行演绎。确立了"最后生产力递减"这一"一般规律"后，他在第二分部对"生产力递减规律的应用"进行说明——所谓应用，实则据之演绎他的分配学说。

分配问题是在商品经济阶段才出现的，克拉克将之称为"社会有了组织"的阶段，而这一阶段的经济则以"交换经济"来表示。

---

① 克拉克：《财富的分配》，商务印书馆1983年版，第18页。
② 克拉克：《财富的分配》，商务印书馆1983年版，第49-50页。
③ 克拉克：《财富的分配》，商务印书馆1983年版，第51页。

克拉克认为自己的使命就在于明确交换经济的分配原则，即"一个提供劳动的阶级和一个提供资本的阶级，两者的收入实际上都是他们各自所生产的东西"。① 在他看来，资本同劳动一样，都是具有生产力的，而且在交换经济中，资本是生产过程所必须的，"无论在什么地方，实际的经济不会原始到绝对不使用资本的地步；什么地方有了资本，产业的一部分产品就是由资本所产生的。"② 可见他是将斯密、萨伊提出的要素价值论作为论证的前提，以现象描述的方式将劳动和资本视为同等的生产要素，劳动有其特殊的生产力，资本同样有其特殊生产力，这就为他论证资本生产力所"生产"的利息的合理性提供了前提。而劳动和资本各自在生产中创造的部分是多少？这是他论证分配"自然规律"的关键。对此，他是依据心理原则演绎的"最后生产力递减"来论证的，这是他相比萨伊从要素价值论推论的"三位一体公式"更有新意的地方。

从"最后生产力递减"这一生产的"一般规律"出发，克拉克首先将工资规定为劳动边际生产力的体现，他写道："劳动力最后增加的部分，是决定工资的部分，正如商品供应的最后部分，是制定价格的部分一样。……这部分的劳动在各个地方所能生产的产品，就是一般工资的标准。……边际工人所得的收入就是他们所生产的产品。"③ 而对于那些具有同样劳动能力的工人而言，究竟谁才是最后那个投入生产的工人是无所谓的，因此边际工人的产品即被视作所有工人的工资标准。在论证工人工资的标准后，他又以"最后生产力递减"来推论资本所创造产品分配而得的利息标准，将最后生产力论证为决定工资和利息的静态标准。克拉克写道："那个把工人

---

① 克拉克：《财富的分配》，商务印书馆1983年版，第56页。
② 克拉克：《财富的分配》，商务印书馆1983年版，第80页。
③ 克拉克：《财富的分配》，商务印书馆1983年版，第88-89页。

实际工资引向最后生产力定律所树立的标准的力量,象万有引力那样是客观存在的。最后生产力这个规律是普遍的、永久的:无论什么地方,所有的限制它起作用的局部的、容易变化的势力都没有它那样经久。我们生产多少,就能得到多少——这是人类生活的重要原则。我们用劳动所能创造的产量,是由最后一个单位的纯粹劳动,对原有劳动的产量所增加的部分来决定的。最后生产力支配工资。"① 接下来他又将这一结论运用于对资本利息标准的论证:"我们可以把上面说明工资规律的话反过来说,从而得到利息规律。……在这一系列资本单位中,任何一个所有者所得的利息,不能超过最后一个单位的产量。"② "最后一个单位的资本所增加的产量,决定了利息的标准。总之,最后生产力的原则在两方面起作用,因而产生了工资的理论和利息的理论。"③ 这样,克拉克以最后生产力递减为依据完成了对分配的"自然规律"的论证,以资本的最后生产力递减论证了资本利润(他称之为利息)合理性。

资本雇佣劳动制确立后,工资与利润之间的对立一直是资本经济学辩护的主要内容。克拉克的资本生产力说与萨伊的要素价值论及"三位一体公式"并无本质区别,但他从心理原则出发,找到了一个先验、"客观"、"公正"的"最后生产力递减规律"作为依据,将资本经济学对这一矛盾的辩护"自然化",而他对经济"静态、动态"的区分,以及边际(最后)生产力的论证,都因此而为后来的主流资本经济学所坚持。

---

① 克拉克:《财富的分配》,商务印书馆1983年版,第163页。
② 克拉克:《财富的分配》,商务印书馆1983年版,第165页。
③ 克拉克:《财富的分配》,商务印书馆1983年版,第170页。

十 需求与供给均衡说

资本所有者最为关心的,是如何保证利润的生产及其价值的实现,包含利润的商品能否以适当的价格卖出,并根据需求关系调节投资与生产,这就成为资本经济学术层次探讨的重要问题。对这个问题的探讨与论证,形成了需求与供给均衡说。均衡原是一个物理学概念,指两种力量相等时所形成的一种相对静止的状态,资本经济学将其借用过来,指在一个经济系统中各个经济变量相互影响、相互作用所达成的一种相对静止的状态。1769年,英国经济学家詹姆士·斯图亚特首次使用均衡分析,但第一个建立均衡经济模型的则是莱昂·瓦尔拉(1834-1910),他是边际效用论的首创者之一。瓦尔拉认为,市场上各种商品的供给、需求和价格是相互影响、相互作用、相互依存的,必须考察市场上所有商品供给和需求同时达到均衡状态条件下价格的决定,即建立一般均衡价格理论体系。比如说,一种商品的需求不仅取决于该商品的价格,还受其他相关商品价格的制约,不仅是商品自身价格的函数,同时也是整个价格体系的函数;各类商品和生产要素的供给、需求与价格是相互影响的,某种商品的价格不能孤立地被决定,而是与其他商品和生产要素的价格联合决定的,当所有商品和生产要素的供给量与需求量相等时,就形成了市场的一般均衡,这时的商品和生产要素价格即为均衡价格,这种均衡价格也就是商品和生产要素的价值。瓦尔拉用"卖者喊价"的方法来说明市场上价格的决定,当卖者喊价后,如果商品和生产要素的供给量和需求量不相符就会出现新的喊价,一直到各个商品和生产要素的价格恰好使它们的供给量与需求量相等时,价格才最后决定下来,这时市场达到均衡。瓦尔拉根据数学关于方程式数目若等于未知数数目则可推算出未知数数值的原理,认为只要列出与商品和生产要素交换中未知价格的数目相等的方程式,表明每一种商品和生产要素的供给量等于需求量的条件,然后联立成方程组,就可以推算出一切商品和生产要素在一般均衡状态下的价格,瓦尔拉还论证了市场交换的这种一般均衡的确定的解。瓦尔拉和杰文斯都利用数学方程式去说明市场价格的决定,但杰文斯只说明两种商品交换时价格的决定,而瓦尔拉则把市场上的全部商品和要素包括进来,说明所有商品和要素的价格在相互关联的情况下的决定。

瓦尔拉的一般均衡论是资本经济学走向数学化过程的一个重要环节,也是为维持资本雇佣劳动制的运行和个体资本的经营而在术层次的探索。它试图说明在完全竞争市场条件下所有商品和生产要素的供给、需求相互作用以及商品和生产要素价格的决定。但是它抹杀了价值的真正起源和本质,曲解和掩盖了价格形成的真实过程,只是在边际效用论的基础上增加了供给和需求一般均衡这样一个条件,但这根本不能说明价值的决定,只能说明市场价格围绕价值的波动,把复杂的经济矛盾归结为机械的函数关系。因此,阿弗里德·马歇尔(1842-1924)在瓦尔拉提出一般均衡论不久,提出了以单个生产者、单个消费者、单个市场为分析对象,不考虑它同其他生产者、消费者、市场之间相互影响的局部均衡论。

马歇尔之前,斯密、李嘉图、约翰·穆勒等经济学家把商品的价值和自然价值看成由生产成本构成,因此被认为是强调供给方面的因素来说明价值决定;而以门格尔、杰文斯、瓦尔拉为代表的边际效用学派则把商品价值看作是由人们消费商品时所获得的主观效用形成的,因此被认为是强调需求的因素来说明价值决定的。马歇尔把这两方面的观点加以综合,用均衡价格来加以说明。他认为价值就是交换价值,价值或交换价值的货币表现就是价格。"用货币来表示它们的价值，并称这样表示的每样东西的价值为价格。"① 马歇尔不再去研究价值本身，而是把研究重点放在价格上，以价格为中心，指出在市场上供给和需求两种相反的力量相互作用达到决定商品的均衡价格。

马歇尔认为，人的欲望要通过效用的提供得到满足，在满足欲望的过程中，商品对人们的效用会随消费该商品数量的增加而递减，"一物对任何人的全部效用，每随着他对此物所有量的增加而增加，但不及所有量的增加那样快。"② 但效用对消费者来说无法直接衡量，只能用消费者愿意支付的货币数量来间接衡量。马歇尔认为需求不仅包含消费者的欲望，还包含消费者的购买能力，消费者在一定时间、地点对某商品愿意购买并且能够以某种价格购买的数量为有效需求，而需求价格，就是消费者愿意并且能够支付的最高价格。马歇尔采用边际分析，指出消费者消费商品时，随着消费数量的增加，消费者获得的边际效用是递减的，从而他对商品的边际需求价格也是递减的。"一个人所有的一物的数量越大，假定其他情况不变（就是货币购买力和在他支配下的货币数量不变），则他对此物稍多一点所愿付的价格就越小。换句话说，他对此物的边际需求价格是递减的。"③ 由此，马歇尔提出了一个边际需求价格递减的需求曲线或需求表，并得出需求的一般规律：随着消费者对某商品需求数量的增加，消费者的边际需求价格递减，反过来说，随着边际需求价格的降低，需求数量会增加。

与在需求论中提出需求价格一样，马歇尔在供给论中又提出了供给价格，即生产者愿意并且能够接受的最低价格。马歇尔认为，

---

① 马歇尔：《经济学原理》（上卷），商务印书馆2011年版，第74页。
② 马歇尔：《经济学原理》（上卷），商务印书馆2011年版，第112页。
③ 马歇尔：《经济学原理》（上卷），商务印书馆2011年版，第116页。

生产一定数量的某种商品，它的供给价格即生产费用，生产费用是各个生产要素供给价格的总和。作为生产要素的劳动被马歇尔看作是工人的"反效用"或"负效用"，是一种痛苦或牺牲；而作为生产要素的资本被他看作是资本家等待和"节欲"，也是一种牺牲。"我们可以对劳动下这样的定义：劳动是任何心智或身体上的努力，部分地或全部地以获得某种好处为目的，而不是以直接从这种努力中获得愉快为目的。"[1] "财富积累一般是享乐的延期或等待的结果。或是，再换句话说，财富的积累依赖于人的先见，就是他的想象将来的能力。"[2] 具有这些心理性质的费用同样不能被直接衡量的，只能用间接的办法通过货币来表现，因此，供给价格即生产费用就表现为对各生产要素的"负效用"或牺牲的货币补偿。与需求论中的需求曲线和需求表相应，马歇尔提出了供给曲线和供给表，并得出供给的一般规律：供给价格越高，供给数量越多；供给价格越低，供给数量越少。

马歇尔的均衡价格论，是其经济学说的基础，需求论和供给论是他均衡价格论的必要前导，他认为，均衡是相反的力量所达成的均势，某一商品的均衡价格就是由在同一市场内的力量相反的买卖双方相互作用、相互制约最终形成均衡而达成的，均衡价格就是一种商品的需求价格与供给价格相等时的价格，或需求数量与供给数量相等时的价格，而这个相等的数量就是均衡数量或均衡交易量。当需求价格等于供给价格时，产量既没有增加也没有减少的趋势，市场处于均衡状态之中。"当需求价格等于供给价格时，产量没有增加或减少的趋势，它处于均衡状态之中。当供求均衡时，一个单位时间内所生产的商品量可以叫做均衡产量，它的售价可以叫做均衡

---

[1] 马歇尔：《经济学原理》（上卷），商务印书馆2011年版，第78页。
[2] 马歇尔：《经济学原理》（上卷），商务印书馆2011年版，第278页。

价格。"① 如果需求价格大于供给价格，卖方就会增加供给量，而供给量的增加会趋向于压低需求价格，提高供给价格，使二者趋于一致。反之，如果需求价格小于供给价格，卖方就会减少供给量，而供给量的减少会趋向于压低供给价格，提高需求价格，使二者趋于一致。"这种均衡是稳定的均衡；这就是说，如价格与它稍有背离，将有恢复的趋势，像钟摆沿着它的最低点来回摇摆一样。"②

马歇尔认为，需求价格和供给价格共同决定均衡价格，也就是效用和生产费用共同决定均衡价格。至于效用和生产费用究竟哪一方在决定均衡价格时起了主导作用则难以说清楚。"我们讨论价值是由效用所决定还是由生产成本所决定，和讨论一块纸是由剪刀的上边裁还是由剪刀的下边裁是同样合理的。的确，当剪刀的一边拿着不动时，纸的裁剪是通过另一边的移动来实现的，我们大致可以说，纸是由第二边裁剪的。但是这种说法并不十分确切。"③ 但若考虑时间长短这个因素时，则供求两个方面在均衡价格决定上的不同作用还是可以区别的。马歇尔根据时间长短将均衡价格分为三类：极短时期的暂时价格、短时期的正常价格、长时期的正常价格。极短时期内，如一天之内，由于无法改变商品的供给量，因此，均衡价格主要由需求的状况决定；短时期内，如几个月之内，可以在现有的生产规模和固定设备的基础上调整产量，但来不及调整生产规模和固定设备，故产量有一定的伸缩性，因此，在均衡价格的决定上，需求和供给起着大体同等重要的作用；长时期内，比如几年之内，可以有足够的时间调整生产规模和设备以改变供给量，因此，均衡价格主要由供给方决定。"就一般而论我们所考虑的时期愈短，我们

---

① 马歇尔：《经济学原理》（下卷），商务印书馆2011年版，第27页。
② 马歇尔：《经济学原理》（下卷），商务印书馆2011年版，第27页。
③ 马歇尔：《经济学原理》（下卷），商务印书馆2011年版，第30页。

就愈需要注意需求对价值的影响；时期愈长，生产成本对价值的影响将愈加重要。因为生产成本变动对于价值的影响与需求变动的影响比较起来，一般需要更长的时间才能表现出来。"[1]

马歇尔的均衡价格论是以自由竞争体制为前提的，当时资本垄断已经出现，为此马歇尔也论说了垄断条件下的均衡价格问题。在垄断市场条件下，只有一个供给者即垄断者，垄断者的利益已不再是把需求和供给调节得使其商品的售价能够补偿其生产费用，而在于把它们调节得能够给垄断者提供最大的垄断利润。他强调，为了保证自由竞争，应尽力控制、减少垄断。

马歇尔的供求均衡价格论作为资本经济学在自由竞争阶段术层次的重要环节，对于维持资本雇佣劳动制的运行，以及个体资本家的投资经营有一定的参考意义，并具体展开于供求曲线等技层次。他的均衡价格论是边际效用论、生产费用论和供求论的集合折中，把在流通领域中供求关系影响价格当成供求关系决定价格，并把价格当作价值，去代替生产中劳动决定价值的理论，从而把价值与生产过程中的劳动割裂开来，这就从根本上回避了价值的创造和利润来源问题。从这个意义上说，马歇尔的均衡价格论宣称自由竞争能自动调节经济矛盾的各方面实现均衡，既是为资本雇佣劳动制的矛盾进行辩护，也是维护自由竞争体制的愿望，但制度与体制的矛盾演化，即将打破他这种愿望。

20世纪三十年代之前，马歇尔的均衡价格论在资本经济学界一直占据主导地位。但是在应用其解释具体问题的过程中，后来的经济学家逐渐发现了其中两个缺陷：其一，它假设效用可以度量，然而效用的大小是一种人们的主观评价，且因人而异，很难以对效用的大小进行度量；其二，它假定货币的边际效用是不变的，但商品

---

[1] 马歇尔：《经济学原理》（下卷），商务印书馆2011年版，第31页。

又存在着边际效用递减规律，二者明显冲突。因此，之后的一些资本经济学家对马歇尔的均衡价格论进行了修正。1881年埃奇沃斯首先提出了无差异曲线这一几何方法。之后帕累托借用这一工具建立了以序数效用为特征的主观价值论。随后俄国学者斯拉茨基应用帕累托所提供的分析工具构造了新的消费需求论，并第一次把价格变化对消费者需求的影响分为收入效应和替代效应。进而，英国经济学家约翰·希克斯在1933年出版的《价值与资本》一书中，通过把边际效用分析法转变为无差异曲线分析法分析消费者的消费行为，试图克服马歇尔的均衡价格论的两个缺陷。同时，希克斯还把类似的分析方法运用于对生产研究之中，把消费者换成生产者，把消费者的无差异曲线换成生产无差异曲线（等产量线），得出生产的均衡条件。西方经济学界认为希克斯等人对均衡价格论的修正具有重大的方法论意义，他们用无差异曲线和预算线这些分析工具所构造的消费论和生产论已成为现代西方微观经济学教科书的基本组成部分。但是，实际上这些进展并没有突破马歇尔体系的基本框架，只不过是修正、弥补马歇尔的所谓缺陷，使其更符合形式逻辑。不管是以基数效用论为基础的消费与需求论，还是以序数效用论为基础的消费与需求论，不论认为效用是可以衡量的，还是认为效用不能衡量只能比较，所依据的仍然是效用价值论或主观价值论。

十一 货币数量论

货币是资本雇佣劳动制经济的血液，调节、控制货币发行的数量，以保证交易和价值的实现，是维持资本经济总体运行及个体资本经营生产和实现利润的重要问题。对此，资本经济学家在术层次进行了反复探讨，其中，货币数量论最具代表性。货币数量说是关于货币流通数量与一般物价水平、货币价值（货币的购买力）之间关系的论说。虽然货币数量说有各种表述形式，但其基本思想大体相同：一、货币没有内在的、固有的价值，货币的价值在货币流通的过程中形成；二、在其他条件不变的情况下，一般物价水平与货币流通数量正相关，货币流通数量越多，一般物价水平越高，反之，货币流通数量越少，一般物价水平越低；三、一般物价水平与货币价值（货币的购买力）成反比；四、在其他条件不变的情况下，一般物价水平与货币流通数量正相关，货币价值（货币的购买力）与货币流通数量负相关，货币流通数量越多，一般物价水平越高，货币价值（货币的购买力）越低，反之，货币流通数量越少，一般物价水平越低，货币价值（货币的购买力）越高。在与物价、货币价值的关系中，货币数量起着决定作用，故名货币数量论。

货币数量论在统制经济阶段提出，成熟并通行于自由竞争阶段。地理"大发现"后，欧洲从美洲获取大量白银，引起物价上涨，银价下降。这一情况引起了一些经济学者的注意和研究。法国经济学家让·博丹（1530－1596）、理查德·坎蒂隆（1680－1734）、英国的配地、休谟和李嘉图等都注重货币数量与物价、货币价值关系的研究。

博丹认为物价上涨与贵金属数量的增加有密切关系，他认为物价上涨由五方面的因素造成：金银供给数量的不断增加、垄断盛行、出口或浪费造成的物资或商品稀缺、国王及权贵们的挥霍、货币成色的降低。博丹认为，这五方面因素中黄金与白银的充裕是物价上涨的最主要原因，美洲白银大量流入欧洲造成了重要的影响。也因此，后来许多经济学家把博丹看作货币数量论的最早提出者。配第探讨了一国商品流通中所需要的货币量问题。他在《献给英明人士》一书中对于一国所需流通货币量作了估算，他假定全国的总支出为4000万英镑，若货币的周转期为一星期，则需要4000万英镑的52分之一的货币量就够周转了。这里配第实际上已经认识到流通中所需货币量取决于买卖成交频率即货币流通速度，以及全部商品的价格总和。坎蒂隆是早期货币数量论的较为完整的表达者。与其他货币数量论者不同，坎蒂隆认为货币进入流通之前就具有内在价值。"象其他任何东西一样，金属的真实价值或内在价值同在金属生产中所使用的土地和劳动成比例。"① 他指出一国流通货币量的增减会提高或降低交易商品的价格。"一国中货币的充裕与稀缺永远会提高或降低交易中的一切东西的价格。"② 坎蒂隆指出，引起一国流通货币量增加的原因包括贵金属矿藏的开发、国外提供的补贴、外国人移民进入本国、外国使节和旅游者的驻留、贸易顺差，不管是哪种原因引起流通的货币量增加都会引起商品价格的上涨。坎蒂隆还认为，一国流通货币量的增加与物价水平上涨之间只存在正相关关系，而并非严格的正比例关系，并不是说流通货币量增加一倍，商品价格也上涨一倍。流通货币量增加所引起的物价上涨的程度取决于增加的货币量对商品消费和流通状况所造成的影响，但对不同商品的影响程度有所不同。

休谟对货币数量说进行了比较系统的论证，他通过对北美金矿的发现使金量增加并导致商品价格上涨现象进行分析，认为前者是因，后者是果，得出商品价格水平由流通中的货币数量决定的理论。休谟据此反对重商主义大量积累金银货币的主张，他提出，充当货币的金银之所以具有价值，是因为它们在商品交换中所发挥的作用。在特定国度内流通的货币，无非是充当了商品的价值符号。如果商品数量不发生改变，仅有货币数量的增加，其结果只能是商品价格同比例提高，因此货币数量的单纯增加，并不能使国家富强。李嘉图长期在伦敦交易所从事投资活动，对货币金融业务颇为精通，他

---

① 坎蒂隆：《商业性质概论》，商务印书馆1986年版，第47页。
② 坎蒂隆：《商业性质概论》，商务印书馆1986年版，第101页。

从这些货币事态的分析中,得出货币数量决定物价水平的结论,并对其之前的货币数量论进行了概括。

总的来说,早期货币数量论的要点有:一国一般物价水平同货币数量成正比;一国的铸币和流通中的货币代表国内所有商品和劳动,因此,随着代表者和被代表物的数量的增减,同一货币量所代表的被代表物的数量也就有多有少;如果商品增加,商品价格就会下降,如果货币增加,商品价格就会上涨。但早期货币数量论的局限也很明显:简单地"迷信"市场出清,货币中性,货币、商品之间有直接的比例关系,忽略其他影响因素,论证的系统性也不够。自由竞争体制的演进,货币数量与经济的关系日益密切。20 世纪初,西方经济学家开始注重对货币流通与物价及货币价值关系的数量分析,形成了费雪交换方程和剑桥方程式。

美国耶鲁大学的欧文·费雪(1867—1947)通过一个数学方程式来表达其货币数量论的基本思想:$MV = PT$。其中,M 表示货币流通量,V 表示货币年流通速度或货币转手速度,P 表示价格总水平,T 表示交换商品数量。这一数学方程式被称为费雪交换方程。费雪认为,"在交易过程中,价格水平在正常情况下是一绝对被动的元素。"[①] V 和 T 这两个量由实际因素(如风俗习惯、支付制度、资源、技术等)决定,且相对稳定,货币流通量 M 的改变不能导致 V 和 T 的变化,V 和 T 与货币流通量 M 无关,这样,货币流通量 M 的变化将直接导致价格总水平 P 的变化,价格总水平 P 是一个被动的、由货币流通量 M 决定的量,如果货币流通量 M 增加 1 倍,价格总水平 P 也将上升 1 倍。

费雪虽然关注的是 M 对 P 的影响,但是反过来,从这一方程式中也能导出一定价格水平之下的名义货币需求量。也就是说,由

---

① 费雪:《货币的购买力》,商务印书馆 1934 年版,第 172 页。

MV = PT，则

M = PT/V

这说明，仅从货币的交易媒介功能考察，全社会一定时期一定价格水平下的总交易量与所需要的名义货币量具有一定的比例关系。这个比例是1/V，即货币流通速度的倒数。

费雪指出，理论分析往往把货币的流通速度视为常数，长期货币史的实证分析也往往证明它的变动不大，可以作为常数看待。但剖析当前的、短期的经济形势时，由于它的实际值是经常变动的，所以一点也不能忽视。

货币流通速度的恒定性和易变性，实际上是流量分析"时间长度"矛盾的体现。货币流通速度的基本计算工具是费雪方程式：MV = PT，是一个具有时间跨度的流量分析，这个跨度也许是一年，甚至更长。费雪假定货币流通速度是恒定的，货币流通速度（实际变量）与货币供给和价格水平的变动无关。他把上述假设带到了他对经济中实物部门的局部分析中。费雪认为，在均衡状态下货币供给增加，导致价格按比例上升。在价格不变的情况下，为了方便起见，他要多留一倍的货币和存款在手边。然后，他将通过购买商品，试图把剩余的货币和存款花掉。但由于这些钱总会转到其他某个人手中，因此货币的传导不会减少社会的货币数量，只是增加了其他某个人的盈余。每个人都想把相对无用的多余的货币用来购买商品。这肯定会驱使物品的价格上升。这一过程将一直持续，直到价格翻一番，在产出和货币流通速度的初始水平上恢复均衡状态为止。

费雪强调，在某种条件下收入和支出不是同步的，如工资和纸币支付的频率及企业合并的程度。造成这种情况的制度因素只会慢慢地改变，由此支持他的流通速度是外生常量的论点。从理论角度看，不论在短期经济分析中还是在长期经济分析中，货币流通速度都不是恒定的。既然货币流通速度是实际收入与实际货币余额的比率，那么，收入增加时，货币流通速度也会提高。因此，当收入随经济周期和长期增长变动时，货币流通速度也改变。此外，货币需求的利率弹性是负数，因而利率上升会提高货币流通速度。不论是短期还是在长期，货币流通速度的变化还另有原因，如创新等。从现实角度来看，货币流通速度在现实中是不断改变的。费雪并没有假设货币流通速度是个常数，而且在实际经济中它也确实不是一个常数，而是一个经济变量，一个在经济中由其他经济变量决定的经济变量。

剑桥方程式由马歇尔提出，他认为，"一国通货的总值，乘以为了交易目的而在一年中流通的平均次数，等于这个国家在这一年里通过直接支付通货所完成的交易总额。但这个恒导式并未指出决定通货流通速度的原因。要发现这些原因，我们必须注意该国国民愿意以通货形式保有的购买力总额。"① 人们以货币形态贮存起来的财产和收入是"人们愿意保持的备用购买力"。这部分购买力的高低决定于以货币形态保持的实物价值。因此，不管一国供给多少货币，其货币的总价值只等于以货币形态保持的实物价值，其货币的单位价值决定于货币数量与以货币形态保持的实物价值的比例。"货币或通货是想要达到某种目的的手段。但它并不符合于一般规律，即手段越多，越容易达到目的。的确，可以把通货比作机器上的润滑油。如果不上润滑油，机器就不会很好地运转。由此，一个外行可能认为，润滑油愈多，机器运转得愈好。但事实是，润滑油如果太多，机器便无法运转。同样，如果通货太多，它将丧失信用，甚至可能停止'流通'。"②

马歇尔通过对货币价值的进一步认识，拓展了货币数量论。他

---

① 马歇尔：《货币、信用与商业》，商务印书馆1985年版，第46页。
② 马歇尔：《货币、信用与商业》，商务的书馆1985年版，第45页。

认为，货币具有一般购买力，而购买力是人们需要货币的原因："人们需要货币，主要不是为了货币本身，而是因为有了货币，就掌握了一种很方便的一般购买力。"① 市场中货币的存在，就是为了满足交易的需要，从一国而论，货币供给量与交易总额存在确定的数量关系："一国通货的总值，乘以为了交易目的而在一年中流通的平均次数，等于这个国家在这一年里通过直接支付通货所完成的交易总额。"② 在这个恒等式中，如果货币流通速度不变，货币数量与交易总额成正比。货币的购买力或价值，取决于交易对货币的需求，如果只有货币供给数量增加，就意味着货币价值或购买力的下降。因此，即使是金银充当的货币，其价值一样是"人为的"，取决于其供给与需求："决定其价值的因素，在供给方面是生产成本，在需求方面是人们对建立在金银基础之上的购买力的需求。"③ 货币价值的变动，意味着由其衡量的商品价格水平的变动。显然，马歇尔克服了简单从生产费用规定货币价值的片面性，将对货币供给量与货币价值、价格水平的关系的探讨，导引到货币需求上。他对货币价值的认识，显然比费雪有所深入。在马歇尔货币数量论的基础上，他的学生庇古在1917年发表的论文《货币的价值》中，提出了被称作剑桥方程式的现金余额方程式：$M = KPT$。其中，M 表示货币存量，是一个外生变量；K 表示货币需求总量与名义总收入的比例，是货币流通速度的倒数；P 表示价格总水平；T 表示总产量。方程中等号的右方，实际上是货币需求量的表达式。在剑桥方程式中，体现了庇古的思路：每个社会成员的收入，是他在这一时期可以使用的购买力，其中以现金形式保存的部分，导致了对现金的需求，因此所有

---

① 马歇尔：《货币、信用与商业》，商务印书馆1985年版，第41页。
② 马歇尔：《货币、信用与商业》，商务印书馆1985年版，第46页。
③ 马歇尔：《货币、信用与商业》，商务印书馆1985年版，第43页。

社会成员的收入与现金需求总量间存在稳定的比例关系。如果全社会在一个年度中的现金总额为 M，则单位货币的价值或购买力为 KT/M。该方程中的 K，是费雪交换方程式中 V 的倒数，从该方程所表达的关系而言，剑桥方程式与费雪交换方程是一样的，二者都是货币数量说数量关系的阐释。但二者都忽略了利息率，进而未能表现产品市场与货币市场之间的依存关系。由于过于注重货币需求，忽略了实际余额变动对产品市场的影响机制。尽管剑桥方程式与费雪方程式都认为货币供给量决定物价水平，二者存在正比关系，但两个方程式的经济意义又有所区别：费雪方程式更加侧重在 V 不变的情况下，M 对 P 的影响，但并未考察商品交易对货币的需求；剑桥方程式则将交易对货币的需求纳入考量，强调 KT 不变的前提下，M 对 P 的影响。

有关货币数量论的思想从重商主义就已形成，但直到费雪才以其方程式系统阐述了货币数量论，马歇尔与庇古进一步以剑桥方程式，不仅阐述了现金余额说，还关注了货币持有需求及货币流通速度等问题，并将银行存款纳入考核，充实了资本经济学对货币需求的研究，为资本利润的生产与实现提供了数理的一般原则，也为此后凯恩斯的流动性偏好思想和费里德曼的现代货币数量论提供了学理基础。

十二 维克塞尔的累积过程论

货币数量论虽然为资本生产和实现利润提供了一般原则性的依据，但没有解决日益严重的因生产过剩导致的利润不能实现，从而使资本效率降低的问题。克努特·维克塞尔（1851－1926）于 20 世纪初提出累积过程论，力求弥补货币数量论的缺陷，以缓解资本生产和实现利润过程的矛盾。维克塞尔认为，货币数量论的缺陷在于没有看到货币流通速度的变化，并低估了信用票据的作用。在注重这两个因素的同时，他强调必须保持正常的货币流通，如果滥发纸币——这种情况经常会发生，就会破坏大量的实物资本并使社会经济生活陷入混乱。而合理地使用货币，即保持正常的货币流通量，则可以积极地促进实物资本的积累和利润的增加。进而，他重点考察了利率问题。

维克塞尔处于资本雇佣劳动制自由竞争阶段后期。自由竞争体制下充分扩张、壮大的个体资本，相互激烈竞争，既导致垄断资本出现，也使周期性爆发的经济危机愈益剧烈，不仅使劳动者倍受其害，更是严重损害了资产阶级的总体利益。这一局面也对资本经济学提出要求：解释并解决这些问题。出于对自由竞争理念的"迷信"，部分资本经济学家认为，经济危机的根源在于垄断干扰了理想的自由竞争状态，"反垄断法"因此在各资本主义国家相继出台，但大多收效甚微。维克塞尔是一个激进的改革论者，面对日益激化的经济矛盾，虽然没有完全破除对自由竞争的"迷信"，但他突破了自斯密以来资本经济学"立足个体"的研究视角，开始从总体视角思考、研究经济问题，尤其体现在对货币内涵的反思与将之作为研究的切入点上。他认为在面对各种经济问题时，不应像"自然的奴隶"那样依赖市场的"自发调节"："因为人类是自然的主人，不是奴隶，而涉及货币问题这样一个非常重要的范畴时，情形就更加是这样。"① 这一观点，不仅是对资本经济学"主流"固守自由放任的批判，更是从现实经济矛盾出发，初步论证国家从总体调控经济之合理。商品价格普遍、持续上涨是当时经济矛盾激化的重要表现。传统"主流"资本经济学从货币商品论与货币数量论出发，对现象的解释难以令人信服，更不要说给出有效的应对之策。因此，现实矛盾迫切

---

① 维克塞尔：《利息与价格》，商务印书馆2011年版，第4页。

要求资本经济学更新其货币及价格思想，指导解决这一问题。维克塞尔认为，一般价格问题的根本在于货币价值或购买力，商品市场自发调节只能决定商品的相对价值，因此探讨其根源不能局限于商品市场，只有改造货币概念，统一货币市场与商品市场，才能探其究竟。为此，他在1898年出版的《利息与价格》一书中提出"累积过程论"，系统论证一般价格水平持续变动的原因。他在书中形象地描述了一般价格水平变化的"累积过程"："就货币价格而言，作相类的譬喻时，可以比之某种容易转动的物体，譬如一个圆柱，它在所谓随遇平衡的状态下停留在平面。这个平面是有些粗糙的，需要某种力量来推动这个'价格圆柱'，使它不停地运转。但是当这个力量——利率的提高和降低——在发生作用时，圆柱将依不变的方向移动。在一个时期以后，它将开始'滚进'：运转迄某点为止是一个加速的过程，这时即使力量已停止发生作用，它仍将活动一个时期。圆柱一旦静止以后，就不再有恢复到原来地位的倾向。在没有相反的力量起来推动它回转以前，它只是停留在那里。"[1]

在《利息与价格》的开篇绪言中，维克塞尔明确了研究的主要问题：一般价格水平变动。他写道："当一般价格水平发生变动时，必然激起极大的关切。变动的起源往往暧昧难明，而对于国家的经济和社会生活则势必发生深刻影响。"[2] 所谓"一般价格水平变动"，实质就是货币价值变动，它不同于生产技术、条件变化导致的"商品交换价值发生相对变动"，[3] 而且单纯的市场自发调节不能解决这一问题："当全部或大部分商品的货币价格上涨或下跌时，那情况就不同了。这时就不再能通过需求的变化，或生产因素由生产的这一

---

[1] 维克塞尔：《利息与价格》，商务印书馆2011年版，第97页。
[2] 维克塞尔：《利息与价格》，商务印书馆2011年版，第1页。
[3] 维克塞尔：《利息与价格》，商务印书馆2011年版，第1页。

部门到那一部门的移动,来进行调整了。这时的转变将迟缓得多,在不断困难下进行,而且永远不会完成;因此,总有些被社会处理失当的残余部分,暂时或永久地遗留下来。"① 在他看来,这一问题的根源在于"价格制度"不合理,而理想的价格制度,应当可以维持一般价格水平稳定:"最理想的局面,无疑地,将是在不干预各种商品相对价格必然变动的前提下,使货币价格的一般水平——这一概念的确切意义随后还要谈到——完全平静稳定。"② 要在学理上规定理想的"价格制度",当时的"主流"货币思想不能满足需要:"在价值理论的范围内,现代研究对于商品的交换价值或相对价格的起源和确定,作了很多说明。但遗憾的是,在货币理论——货币价值和货币价格——方面,却未尝直接有所推进。"③ 为此,必须进一步探讨货币的本质,改造概念,重新规定其购买力的含义:"首先需要明确什么叫做货币购买力,其次是怎样加以衡量,至于其价值变动的原因也须有一个明确见解。"④

依从传统"看不见的手"思想,维克塞尔认为均衡的商品相对价格体系由市场自发调节决定;但他又一定程度突破自由竞争"教条",认为总体的一般价格水平变动的原因,并不在商品市场本身:"如果一切商品的价格,或平均价格水平,被任何原因所强制抬高或压低,则在商品市场中是不会有足以引起反应的情况的。……如果一般价格水平,发生了过高或过低的任何反应,则必然系由于商品市场本身以外的原因。"⑤ 在他看来,一般价格水平变动的本质,就

---

① 维克塞尔:《利息与价格》,商务印书馆2011年版,第1页。
② 维克塞尔:《利息与价格》,商务印书馆2011年版,第4页。
③ 维克塞尔:《利息与价格》,商务印书馆2011年版,第18页。
④ 维克塞尔:《利息与价格》,商务印书馆2011年版,第6页。
⑤ 维克塞尔:《利息与价格》,商务印书馆2011年版,第23页。

在于货币价值变动。为此，他把商品市场之外影响一般价格水平的因素，"定位"于与之联系的货币市场："货币价格与相对价格相反，绝不受商品市场本身（或货物的生产）的控制；关于支配货币价格的原因，还须在这个市场和最广义的货币市场的关系中去寻找。"①当时主要的货币思想有货币商品论与货币数量论。维克塞尔依次批驳了这两种观点。对于货币商品论，他认为货币是商品交换的媒介，虽然曾由特殊商品充当，但特殊商品一旦成为货币，其价值就体现出货币的特殊性，不仅不取决于其中蕴含的抽象劳动量，也不取决于其作为商品的边际效用，而取决于其所体现的信用或信心："一切货币——包括金属货币——都是信用货币。这是因为直接促使发生价值的力，总是在流通工具的收受者的信心，在于他相信此借此能获得一定数量的商品。"② 而且，货币商品论并未考虑货币市场。对于货币数量论，他认为货币流通速度不变的假设与现实不符："不能认为价格将丝毫不爽地按比例地随着纸币发行的增加而上涨，因为纸币可以代替或排除别的信用票据，从而使流通速度降低"③，而且并未考虑货币市场与商品市场的内在结构与机制，因此也有缺陷而不足为据。在维克塞尔看来，货币商品论与货币数量论都包含了部分"真理性"，但二者共同的局陷在于仅适用于信用尚不发达的经济活动，而当时已是"有组织的信用经济"，为此，研究须以之为前提，统一货币市场与商品市场来考察问题。

维克塞尔指出，在"有组织的信用经济"中，除技术水平等不变因素外，企业投资的收益水平与货币市场中信贷的利率相关：低落的利率可以提升投资的获利水平。不同于"纯现金经济"与"简

---

① 维克塞尔：《利息与价格》，商务印书馆2011年版，第24页。
② 维克塞尔：《利息与价格》，商务印书馆2011年版，第47页。
③ 维克塞尔：《利息与价格》，商务印书馆2011年版，第79页。

单的信用经济",在"有组织的信用经济"中,企业经营的资本主要来自借贷,借贷利息是企业家获得资金使用权的成本,因此在企业成本一定的情况下,利率的高低制约着企业家支配、使用资金的规模:"今天几乎每一种企业,都是在各种不同形式的借入资本下经营,信贷供应时,其利率是三厘还是四厘、是六厘还是八厘,说这是一个完全无关紧要的问题,是不可想象的。"① 由此可见,低落的利率使企业家可以负担更多借贷资金的利息成本:"如果铁路公司发行债券,其利率可以由四厘改为三厘,其他情况不变,那么它们对于其一切需要所付的代价,几乎能提高33%:一亿马克的四厘和1·33亿马克的三厘,完全是一回事。"② 这样,在利润率不变的情况下,企业的获利水平就取决于其能支配的资金规模。所以,利率低落会造成投资需求提高,并导致企业投资购买的流动资本品价格首先上涨:"通常看到的是在所谓扩张时期,商品中其价格首先显著上涨的,正是供作进一步制作用的那些原料。"③ 这就是价格累积上涨的起点。

维克塞尔认为,低利率导致流动资本品价格上涨,会通过商品市场相对价格体系的自发调节,扩散到市场的每一个角落,形成新的相对价格均衡状态。他指出:"就整个经济系统来说,当价格结构一旦组成以后,是不会有任何更改的趋向的。例如当价格的上涨一旦普遍分散到一切种类的商品时,相对的价格平衡即再度恢复;而就生产和消费言,唯一具有重大关系的就是相对价格。"④ 新的均衡态下,一般价格水平已较此前为高。如果货币市场的利率持续低落,

---

① 维克塞尔:《利息与价格》,商务印书馆2011年版,第86页。
② 维克塞尔:《利息与价格》,商务印书馆2011年版,第88-89页。
③ 维克塞尔:《利息与价格》,商务印书馆2011年版,第89页。
④ 维克塞尔:《利息与价格》,商务印书馆2011年版,第91页。

一般价格水平上涨的"起点"会持续被"制造"出来,进而通过商品市场的"扩散",使一般价格水平持续提高。他指出:"如果利率停留在低水平上,继续到一个相当时期,其对于价格的影响必然是累积性的;那就是说,在均一的时间间歇、在完全相同的情况下,这种影响将反复地继续下去。生产者对原料、工资、租金等等将增加支出,但对于他自己的产品也将获得相应的较高价格。这时他的情况与价格未上涨以前完全相同,因此对于所需要的贷款,他能够按以前同样的利率支付。但是如果信用机构继续推行着较低利率,他对于原料、劳动力和土地,就能够出比以前稍高的代价,而在若干程度上竞争也迫使他这样做。结果工人和地主的要求提高,这将使消费品的价格进一步上涨,如此价格将不断地涨了再涨。"① 一般价格水平"累积"上涨,在商品市场还有一个不可忽视的因素,即企业家与消费者的预期:当所有人都预期价格水平持续上涨,生产、消费的价格上涨都会依据预期被"再生产"出来:"价格的向上变动,往往会有些'自取其咎'的。当价格稳步上涨经过一段时间以后,企业家所凭以计划的根据,将不单是已经达到的价格,而是将要进一步上涨的价格。这一点与相应的信用松弛对于供求的影响,显然是一样的。实际上影响还可能更大些。信用松弛的影响,最初只是限于那些从事借贷的人们。但当价格已经涨高,并预料其还将继续上涨时,这就使差不多每一个买户愿出较高价格,而每一个卖户也都是这样要求了。"② 因此,"低利率的维持,如其他情况无变化,其影响不但是持久的,而且是累积的。"③

通过对一般价格水平累积上涨过程的分析,维克塞尔得出结论:

---

① 维克塞尔:《利息与价格》,商务印书馆 2011 年版,第 91-92 页。
② 维克塞尔:《利息与价格》,商务印书馆 2011 年版,第 93 页。
③ 维克塞尔:《利息与价格》,商务印书馆 2011 年版,第 90 页。

"只要市场情况没有变动，信用机构所布置的利率，其任何恒久性的降落，不论怎样微细，将促使一般价格水平在一个持续的、带几分均一的情况下，上涨到无限制程度。同样地，当利率上涨时，不论怎样微细，若持续到足够地长久，将促使一切货物和劳务的价格不断地、无限制地下降。"①

在维克塞尔的上述论证中有一个前提：存在"先前的"或"正常的"利率，维持价格水平不变，这个利率不会固定于某个确定数值，而是随市场状态变化波动："我们所提到的'先前的'或'正常的'利率，一切背离即被想象作系由此出发的，并不老是同样的，是不能以若干百分数来考虑的。它的含义，仅仅是，照顾到市场情况，为维持一个不变的价格水平所不可少的那个率。这样一个率必定始终是有的——这就是我们全部论证所依据的、不容置疑的假设。"② 维克塞尔把这个利率规定为"自然利率"："贷款中有某种利率，它对商品价格的关系是中立的，既不会使之上涨，也不会使之下跌。这与如果不使用货币、一切借贷以实物资本形态进行、在这样情况下的供求关系所决定的利率，必然相同。我们把这个称之为资本自然利率的现时价值，其含义也是一样的。"③ 基于"自然利率"的规定，维克塞尔进一步完善"累积过程论"的结论："银行和别的贷放资金者，其贷款利率与相符于资本自然利率现时价值的那个率有所不同，不是比它低些就是高些。制度的经济平衡因此被打乱。如果价格没有变动，则在第一个例子里，企业家将获得超额利润（以资本家作牺牲），超过其真正的企业利润或工资。只要是利率依然保持着同样的相对地位，这个情况将继续下去。这时企业家

---

① 维克塞尔：《利息与价格》，商务印书馆2011年版，第96页。
② 维克塞尔：《利息与价格》，商务印书馆2011年版，第96-97页。
③ 维克塞尔：《利息与价格》，商务印书馆2011年版，第98页。

将无可避免地收到诱引，从事扩充业务，以充分利用这个有利事机。转变为企业家的人数将有非常的增加。结果劳动、原料以及一般货物的需求都将增加，于是商品价格势必上涨。如果利率上升，将发生相反情况。只要价格不变动，企业家所得将在正常收入以下，将有使企业活动局限于较大利益部分的倾向。货物与劳动的需求将减退，无论如何，将落在供给的后面，于是价格下跌。"①

概而论之，维克塞尔认为，一般价格水平的变动，起源与实际利率与自然利率相异。在"有组织的信用经济"中，实际利率若低于自然利率，会驱使企业家借贷与投资总量提高，首先导致流动资本品价格上涨，上涨的价格进而通过商品市场的自发调节"扩散"。此外，企业家与消费者对价格持续上涨的预期，会"再生产"价格变动，一般价格水平上涨因此是"累积过程"。若实际利率高于自然利率，一般价格水平则会发生向下的"累积过程"。

按"累积过程论"的观点，由实际利率异于自然利率导致的价格波动会持续下去。但维克塞尔也认为，累积过程演进到一定程度，市场会自动终止这一过程。以实际利率低于自然利率导致价格水平上涨为例，他指出："当货币利率比较的过低时，则一切价格上涨。货币贷款的需要因此增加，由于现金持有的需要的扩大，其供量减少。结果是利率不久即恢复到正常水平，于是仍与自然率相一致。"②可见，维克塞尔认为，在累积过程出现时，市场存在以自发调节抑制波动的机制。在这一观点中，似乎他仍固守着自由竞争的"教条"，但"累积过程论"还是为国家控制利率调控经济留下了大片"空间"，实际上论证了国家调控经济的合理与可能。维克塞尔的这些观点，以及从总体视角探讨经济矛盾及改革的思路，表明资本雇

---

① 维克塞尔：《利息与价格》，商务印书馆2011年版，第101-102页。
② 维克塞尔：《利息与价格》，商务印书馆2011年版，第105页。

佣劳动制自由竞争阶段的矛盾演化，内在地需求国家从总体上干预货币及利率，以缓解个体资本无序竞争导致的矛盾。对凯恩斯形成其国家调控的货币论有明显的启示作用，是资本经济学术层次阶段性改革的必要先导。

十三 比较优势说

资本获取利润的欲求，是不受国度限制的，从重商主义开始，国际贸易就是资本逐利的重要方面，而国际间的经济差异也就成为资本经济学研究的必要环节。自由竞争阶段的资本经济学家在重商主义仅从外贸角度的国际比较，深入到从生产角度的国际比较，形成了比较优势的思想，先是斯密提出绝对优势说，进而李嘉图在斯密的基础上提出比较优势说，为资本的国际贸易及相应的生产提供了必要依据。

绝对优势论是斯密阐述国际贸易时提出的，所谓绝对成本，是指某两个国家在生产某种产品的成本的绝对差异，即一个国家所耗费的劳动成本绝对低于另一个国家。他认为国际贸易的原因是国与国之间的绝对成本的差异，如果一国在某一商品的生产上所耗费的成本绝对地低于他国，该国在该产品的生产上就具备绝对优势，从而可以出口，反之则进口。各国应按照本国的绝对优势形成国际分工格局，进行国际贸易。斯密的绝对优势论包括四个环节：一、分工是生产力提高的重要手段，也是国民财富增加的原因。二、绝对优势成本是分工的原则。在分工中，每个人都应从事其具有绝对优势的产品生产，这样产品相互交换，可以提高各自的利益。三、各种形式分工中的最高形式是国际分工，基于绝对优势的国际分工与国际贸易，会使各国都从中受益。显然，斯密的绝对优势国际分工与国际贸易思想，是从他的分工思想推论而来。"如果外国能以比我们自己制造还便宜的商品供应我们,我们最好就用我们有利地使用自己的产业生产出来的物品的一部分向他们购买。"① 每一个国家都有其适宜于生产某些特定产品的绝对有利的条件,如果每一个国家都按照其绝对有利的生产条件去进行专业化生产,然后彼此进行交换,则对所有国家都是有利的,世界的财富也会因此而增加。"只要甲国有此优势,乙国无此优势,乙国向甲国购买,总是比自己制造有利。"② 四、有利的自然禀赋或后天的有利条件,是国际分工的基础。各国所处地域不同,发展程度不同,自然禀赋与后天条件也因此有别,特殊的自然禀赋和后天条件,使特定国家在生产特定商品时,会形成绝对优势。如果各国以绝对优势原则分工生产并相互交换产品,各国的自然禀赋和后天条件都能得到有效利用,产品的总体生产率会提高,总体物质财富会增加,各国也都会从中获益。

斯密的绝对优势论解释了产生国际贸易的部分原因,说明了具有不同优势的国家之间的分工和交换的合理性。但是,这只是国际贸易的一种特例。绝对优势论不能解释在各种产品的生产上都具有绝对优势的国家与都不具有绝对优势的国家之间能否贸易及如何贸易的问题。针对这个问题,李嘉图提出了比较优势说。

李嘉图比较优势说的要点为:在国际间,不同国家在同一产品上的劳动生产率是有差距的,各国应支持生产并出口具有比较优势的产品,进口具有比较劣势的产品,使交易各国均可节省劳动力,共享国际专业化分工的好处。

1815年,英国颁布了以维护贵族和地主阶级的利益为目的的

---

① 斯密:《国民财富的性质和原因的研究》(下卷),商务印书馆1974年版,第28页。

② 斯密:《国民财富的性质和原因的研究》(下卷),商务印书馆1974年版,第30页。

"谷物法",其结果,是英国谷物价格腾贵,地租随之迅速上涨,大大提高了贵族和地主的收入。而工业资产阶级的利益则被严重损害:谷物价格提高,使工人工资随之提高,这意味着工业企业成本的上升与利润的下降;谷物价格的上涨,也使各阶层消费谷物的支出增加,减少了对工业品的需求;在国际贸易方面,"谷物法"还促使其他国家提高关税,抵制英国工业品进口。工业资本家想方设法推动废除"谷物法",贵族、地主则以"英国能够自己生产谷物"为由维护它。作为资产阶级思想代表的李嘉图,以比较优势说,论证了取缔"谷物法"、推行谷物自由贸易的必要性。他认为,英国的纺织品比谷物在国际贸易中更具优势,因此应大力发展纺织品行业,出口纺织品换取他国的谷物,这样对英国更加有利,尤其对工业资本家及其主导的工业更有利。"工资不跌落,利润率就决不会提高;而工资则除非用它来购买的各种必需品的价格跌落,否则就不会持久地跌落。因此,如果由于对外贸易的扩张,或由于机器的改良,劳动者的食物和必需品能按降低的价格送上市场,利润就会提高。"[①]

李嘉图认为,即使一国的两种商品生产相比另一国都处于绝对优势,只要两种商品的优势程度不同,两国在这两种商品上的贸易就会使双方获利。处于绝对优势的国家,在优势较大的商品上具有比较优势,对方则在劣势较小的商品上具有比较优势。如果双方均向对方出口具有比较优势的商品,就会比各自完全生产两种商品获得更多利益。"葡萄酒应在法国和葡萄牙酿制,谷物应在美国和波兰种植,金属制品及其他商品则应在英国制造。"[②] 也即是说,各国都

---

① 李嘉图:《政治经济学及赋税原理》,《李嘉图著作和通信集》(第1卷),商务印书馆1962年版,第111-112页。
② 李嘉图:《政治经济学及赋税原理》,《李嘉图著作和通信集》(第1卷),商务印书馆1962年版,第113页。

应按照比较优势参与国际分工和国际贸易。

李嘉图的比较优势说为自由贸易政策提供了理论依据，并从劳动生产率差异的角度解释了国际贸易的一个重要起因，揭示了在自由贸易条件下，国际分工的必要性。"在商业完全自由的制度下，各国都必然把它的资本和劳动用在最有利于本国的用途上。这种个体利益的追求很好地和整体的普遍幸福结合在一起。由于鼓励勤勉、奖励智巧、并最有效地利用自然所赋与的各种特殊力量，它使劳动得到最有效和最经济的分配；同时，由于增加生产总额，它使人们都得到好处，并以利害关系和互相交往的共同纽带把文明世界各民族结合成一个统一的社会。"① 李嘉图从比较优势说出发，要求废除"谷物法"。"如果同别的国家一样，谷物可以自由出口或进口而不加限制，那么，这个国家既拥有最精良的技术、最高度的勤奋精神、最先进的机器，在其他方面的优点又都是无出其右的，到那时它所享受到的将是举世无双和简直难以想象的繁荣和幸福。"② 李嘉图的比较优势说为英国资产阶级推行自由贸易政策，形成以英国为中心的国际分工格局提供了理论依据。但以英国为中心的国际分工格局，并非各国都依从比较优势说而自觉形成的，而是在英国发动商业战争、强迫他国接受自由贸易政策、通过殖民统治和激烈的国际竞争实现的。这种国际分工格局使英国成为国际分工的中心，其他国家则成为外围国家。中心国的英国经济得到高速发展，而外围国家却形成单一的片面的经济。这种国际分工并非像李嘉图所描述的那样"使人们都得到好处，并以利害关系和互相交往的共同纽带把文明世

---

① 李嘉图：《政治经济学及赋税原理》，《李嘉图著作和通信集》（第 1 卷），商务印书馆 1962 年版，第 113 页。

② 李嘉图：《农业不振》，《大卫·李嘉图全集》（第 5 卷），商务印书馆 2013 年版，第 80 页。

界各民族结合成一个统一的社会。"① 因此，李嘉图的比较优势说，既有强烈的阶级性，也有明显的国度性。

从学理论上说，比较优势说也有其缺陷和局限：一、比较优势说的分析方法属于静态分析，忽略技术进步和经济发展，认为各国经济都是静态的；二、比较优势说有一系列假设条件，如只考虑两个国家两种商品、劳动同质、成本不变、没有运输费用、生产要素充分利用且在国内自由流动而在国际不流动、生产要素市场和商品市场完全竞争、物物交换，但这些假设都建立在不符合现实的基础上；三、李嘉图说明了劳动生产率差异对国际贸易的意义，但没有说明导致各国劳动生产率差异的原因；四、李嘉图认为各国应根据比较优势原则，进行有优势的专业化生产，但现实中并没有任何一个国家进行完全的专业化生产，各国都会不可避免地生产一些替代进口商品的产品；五、李嘉图所说的比较优势要有一个必要条件，即两国间两种商品生产成本对比上比例的差异，但如果两国间在两种商品生产成本对比上不存在比例的差异，即是同比例的，那比较优势说就行不通了。20世纪初，伊·菲·赫克歇尔（1879－1959）和戈特哈德·贝蒂·俄林（1899－1979）从生产要素比例的差别而不是生产技术的差别出发，说明各国生产成本和商品价格的差别，以证明比较优势。他们认为资本、土地及其他生产要素都与劳动力一起在生产中起作用，而且影响劳动生产率和生产成本，因此，不同的商品生产都会按比较优势原则进行生产要素配置，各国生产要素的资源禀赋不同才是国际贸易的基础。他们的研究，一定程度上弥补了李嘉图比较优势说的缺陷。

---

① 李嘉图：《政治经济学及赋税原理》，《李嘉图著作和通信集》（第1卷），商务印书馆1962年版，第28页。

十四 历史学派之"国民经济"论

历史学派产生并发展于德国,从19世纪40年代到20世纪初,历史学派是德国经济思想的主流。德国是一个后起的资本主义国家,19世纪初,德国境内还有360个小邦,政治上的分裂和封建农奴制,使德国资本主义在19世纪以前的发展极为缓慢。法国大革命和拿破仑战争给德国封建势力以沉重打击,拿破仑消灭了德国许多封建贵族,促使德国360个邦合并为38个邦国,从而为德国的统一和资本主义的发展扫清了道路。1833年,德国各邦组成关税同盟,对内取消关税,对外统一关税。1848年革命后,农业改良得到推进。从19世纪50年代开始,德国经济出现高涨。随着德国的统一进程,实行了自上而下的资本主义改革,容克地主阶级实现了资产阶级化,从而使容克地主经济向资本主义经济转化。"铁血首相"俾斯麦利用奥、俄和英、法等国的矛盾,经过三次王朝战争,于1871年完成了统一大业。国家的统一、国内统一市场的形成和资本主义改革,为德国经济的快速发展奠定了基础。在这个过程中,历史学派得以形成并发挥了相当作用。

历史学派作为资本经济学在德国的一个流派,其道、法层次源于英法两国率先形成的经济学说,但在术、技层次,即如何依从资本经济学的道、法,探讨德国经济的特殊性,进而迅速确立、发展资本雇佣劳动制,强化国家的统一,并与英法等国竞争的问题上,展开了深入探讨。

历史学派的创始人是弗里德里希·李斯特(1789－1846),其代表作是《政治经济学的国民体系》。李斯特认为,魁奈开创的世界主义经济学,是从事研究如何使全人类获得发展的科学,但它与研究如何使某一特定国家凭农工商业取得富强、文化和力量的政治科学是对立的，斯密、萨伊等都继承了这一传统，都是以世界主义和世界范围的经济学来代替政治的和国家的经济学。李斯特认为，现实情况是各个国家的发展水平不同，"如果任何一个国家，不幸在工业上、商业上还远远落后于别国，那么它即使具有发展这些事业的精神与物质手段，也必须首先加强它自己的力量，然后才能使它具备条件与比较先进各国进行自由竞争"①，如果像流行学派（即英法等国的主流经济学）主张的那样一开始就实行自由贸易，那么，比较落后的国家将普遍屈服于工商业与海军强国的优势之下。因此，政治经济学或国民经济学与世界主义经济学不同，"它正确地了解各国的当前利益和特有环境，它所教导的是怎样使各个国家上升到上述那样的工业发展阶段，怎样使它同其他同样发展的国家联成联盟，从而使实行自由贸易成为可能，并从中获得利益。"② "作为我的学说体系中一个主要特征的是国家，国家的性质是处于个人与整个人类之间的中介体，我的理论体系的整个结构就是以这一点为基础的。"③ 可见，李斯特认识到了政治经济学的国度性，但并不绝对地否定当时主流经济学所主张的自由贸易，而是要从各国的实际情况出发，当一国经济还处于落后状态时，应暂时实行贸易保护，努力加强自己的力量，直到强大起来后再实行自由竞争，与先进国家进行自由贸易。

在明确了政治经济学的国度性之后，李斯特探讨并阐述了生产力。他认为，财富的原因与财富本身是不同的，财富是交换价值，而形成财富的原因是生产力，研究生产力远比研究财富更为重要。李斯特的生产力概念是一个涵盖很广的综合性概念，"基督教、一夫

---

① 李斯特：《政治经济学的国民体系》，商务印书馆1961年版，第5页。
② 李斯特：《政治经济学的国民体系》，商务印书馆1961年版，第113页。
③ 李斯特：《政治经济学的国民体系》，商务印书馆1961年版，第7页。

一妻制，奴隶制与封建领地的取消，王位的继承，印刷、报纸、邮政、货币、计量、历法、钟表、警察等等事物、制度的发明，自由保有不动产原则的实行，交通工具的采用——这些都是生产力增长的丰富泉源。"① 法律、公共制度虽不直接生产价值，但却生产生产力。一个国家的发展程度，不是决定于积蓄的财富，而是决定于它的生产力发展程度。

根据其生产力论，李斯特划分了国家经济发展阶段。他把国家经济发展分为五个阶段：原始未开化时期、畜牧时期、农业时期、农工业时期和农工商业时期。他指出，一个国家前三个时期转入第四个时期，最有效的办法是与先进国家或城市实行自由贸易；但当进入第四个时期及转入第五个时期，就要依靠国家的干预了，一国工农业、政治已有发展，具备了精神、物质上的条件和手段，可以建立工业国家，但又面临更先进国家的竞争，这时就需要保护；当一国进入第五个时期后就不用国家保护了。"历史证明，保护制度来源于国家要求达到独立、强盛地位的自然努力，或是由于战争与优势工业国家施行敌对性商业法制的结果。"② 他认为，德国当时已处于第四个时期，应加强保护贸易，以迅速向第五个时期转变。在这个时期，发展生产力是极端重要的，为此他提出了一系列发展生产力的建议，比如从国外吸收先进技术和经营管理方法，发展本国教育，培养科技人才，制定各种经济法律，消除封建障碍等等。他力主在国家干预下，加速本国的建设，赶上和超过先进国家。

李斯特强调，依据历史的、民族的特殊性建立政治经济学的国民体系，要从经济的国度特殊性和国家在经济发展中的作用，探讨

---

① 李斯特：《政治经济学的国民体系》，商务印书馆1961年版，第123页。
② 李斯特：《政治经济学的国民体系》，商务印书馆1983年版，第157—158页。

与生产力发展相关的政治、法律、习惯风俗、伦理等因素,这些观点奠定了历史学派的思想基础。历史学派的代表人物还有威廉·罗雪尔(1817-1894)以及布鲁诺·希尔德布兰德(1812-1878)、卡尔·克尼斯(1821-1898)等。

罗雪尔认为,政治经济学是国民经济的科学,它是"论述一个国家的经济发展诸规律的科学,或论述它的国民经济生活的科学。"[①]罗雪尔所说"国民经济"中的"国",就是国家;而"民",就是一国民众。"国民经济学"就是对特定国家民族经济特殊性的探讨和论证。希尔德布兰德批评英法经济学家关于一切国家都遵循同一规律的观点,他认为,经济科学并不是探讨一般的、普遍适用各国的、不变的的经济规律,经济关系和经济发展在不同地区和时期的是有区别的。因此,经济科学仅仅是研究某一国经济的"国民科学"。克尼斯认为,人们的经济生活中并不存在什么规律,规律只存在于自然界。在社会中由于总有发展和变化,所以没有发现普遍规律的可能性。社会生活中只有类似,没有等同。历史不会重复,各民族的发展道路是不同的,人们只能找出类似的法则,在经济生活中只存在因果的关系。

历史学派将政治经济学的研究界定于某一国度的经济发展,强调不同国家的具体发展特点,因此,提出所谓历史的方法。他们把这种历史方法比喻为社会经济或国民经济的解剖学和生理学。罗雪尔认为国民经济学的研究不应从"抽象概念"进行推论,更不能把本应作为"辅助"的数学作为主导方法。数学"并不牵涉到这门科

[①] 罗雪尔:《政治经济学原理》,季陶达主编:《资产阶级庸俗政治经济学选辑》,商务印书馆1963年版,第322页。

学的实体资料而仅提供一种形式上的原则"①,不适宜研究和论说复杂的经济现象和关系。他把经济学的历史方法归纳为四条基本原理或特征:一、国民经济学的目的在于论述国民在经济方面的诉求,并且要同有关国民生活的其他科学如法制史、政治史以及文化史紧密结合;二、"国民"并非生活着的各个人的单纯集合,研究国民经济不仅要研究现代经济关系,也要研究过去各文化阶段;三、为发现本国经济特殊本质,要将过去的国民经济与现在的新国民经济进行比较研究;四、历史的方法不绝对地肯定或否定任何一种经济制度,经济学的主要任务在于从历史演变的角度来研究经济制度。历史学派强调各个国家民族经济发展的国度特殊性,把经济发展看作历史演进过程,这是具有合理性的,并且是对英法经济学家把资本主义经济制度和关系视为永恒的观点的批判。历史学派提出,各个民族国家的经济发展都具有特殊性,表明他们意识到经济矛盾的国度特殊性,这是他们在经济方法论层次的一个突破。而将经济发展看作一个历史过程的观点,也在某种程度上否定了英、法资本经济学家将资本雇佣劳动制视为永恒的认识。历史学派强调,研究经济必须考察其历史,罗雪尔援引生物进化的例子,提出人类社会演进也可以分为童年、青年、成年与老年四个阶段。在不同发展阶段,三种生产要素——资本、自然、劳动的作用各有不同。根据三种要素发挥作用的程度,他又将人类社会分为从低到高三个阶段。在低级阶段,占支配地位的是自然要素;劳动要素则在中等阶段占据支配地位,由此推动了市场、城市的形成和发展;在第三阶段,资本则成为支配地位的要素。在他看来,德国已经发展到资本为支配的第三阶段。希尔德布兰德也对社会经济发展作出三个阶段的划分,

---

① 罗雪尔:《政治经济学原理》,季陶达主编:《资产阶级庸俗政治经济学选辑》,商务印书馆1963年版,第324页。

分别是自然经济、货币经济、信用经济,划分依据则是交换方式的差异。他认为,在自然经济阶段,人与人之间以物物交换为主要形式;到了货币经济阶段,以货币为交换的主要手段,货币流通促使商品关系不断发展;在信用经济阶段,诸多信用方式主导了交换。

进入19世纪70年代,统一后的德国资本主义经济快速发展,思想界也很活跃,自由主义经济思想和社会改良主义经济思想之间展开论战。社会改良主义思想阵营被称为"讲坛社会主义","讲坛社会主义"的教授们多为罗雪尔、希尔德布兰德、克尼斯的弟子或接班人,"讲坛社会主义"被称为新历史学派,包括阿道夫·瓦格纳(1835-1917)、约瑟夫·路德维希·布伦塔诺(1844-1931)等,以古斯塔夫·施穆勒(1838-1917)为代表。

施穆勒坚持"国民经济"的理念和历史主义方法,强调经济学国度性及其与道德的关系。他否认有经济的自然规律,国民经济学是社会的、历史的科学,受地点、时间、国民性等制约,必须有历史的基础。"企图找出国民经济中力量作用的一个最终的统一的法则,那到底是没有的,也是不可能有的。一个时代或一个民族的国民经济里边各种因素的作用之总的结果。"[①] 国民经济既包括自然的、技术的因素,更是伦理的、心理的因素的集合,经济组织不外是由这些因素以伦理规定的生活秩序。生产、交换、分工、劳动、工资等不仅是经济技术的范畴,而且是伦理心理学的范畴。为此,他强调要注重心理道德因素在经济生活中的地位和作用,主张法律和政策对经济发展的制约。

历史学派虽然并非资本经济学的"主流",但他们以历史主义方法,在术层次对德国经济特殊性的探讨,却有其理论和实际意义,

---

① 施穆勒:《一般国民经济学大纲》,季陶达主编:《资产阶级庸俗政治经济学选辑》,商务印书馆1963年版,第359页。

既弥补了"主流"经济学的缺陷，又为德国资本雇佣劳动制的建立和运行提供了必要指导，其影响，不仅在德国，还传至美国，启示了制度学派的形成。

十五　制度学派的"制度"说

资本生产并获取利润，既是资本所有者的"自由"，又受各种社会关系及其制度的约束。对此，受德国历史学派影响而在美国发展的制度学派进行了专门探讨，从而在资本经济学术层次有了一席之地。

制度学派是19世纪末在美国产生的经济学流派，它依从资本经济学"主流"的道、法层次，在术层次受到德国历史学派的启示，在对美国特殊经济矛盾的探讨中，形成了以研究"制度"为中心和特征的术层次。制度学派是以传统主流经济学的批判者面目出现的，认为其将现有制度作为既定前提，只用量的分析研究具体问题，但现实社会制度并不完善，也不是一成不变的，所以，制度学派主张采用质的分析方法，加强社会制度的研究。制度学派借鉴了德国历史学派的方法，以历史的、心理的和法律的因素来认识制度，力图从探讨其存在特点、产生原因和演化趋势来对之改良。与英国主流经济学主张自由竞争不同，制度学派主张国家对经济进行积极干预，强调政府在调节和管理经济中的作用。不过，制度学派所说的"制度"，并不包括资本主义制度化的资本雇佣劳动制这个根本制度，而是在这个根本制度之下的体制、机制和相应的机构团体等具体形式。其要旨，则是在资本经济学道层次资本主义的指导下，探讨资本雇佣劳动制在这些具体形式上的问题，进而加以改造完善。

美国制度学派的创始人和早期代表是托尔斯坦·凡勃伦（1857－1929），20世纪初以后又出现了一批采用制度分析方法的经济学家，代表人物有约翰·罗杰斯·康芒斯（1862－1945）、韦斯利·克莱尔·米契尔（1874－1948）等。

凡勃伦认为："制度实质上就是个人或社会对有关的某些关系或某些作用的一般思想习惯；而生活方式所由构成的是，在某一时期或社会发展的某一阶段通行的制度的综合，因此从心理学的方面来说，可以概括地把它说成是一种流行的精神态度或一种流行的生活理论。如果就其一般特征来说，则这种精神态度或生活理论说到底可以归纳为性格上的一种流行的类型。"[①] 从这一观点出发，他认为，价格、货币、市场、私有财产、企业、谋利行为、竞争、法律、政治机构都可以被看作社会习惯，也就都是"制度"，它们共同制约人的生活方式。这些"制度"的源头，是人类行为的目的和相应的努力，二者则由人的性格类型或本能决定。对于作为"制度"的人类习惯与思想的演化，凡勃伦以进化论来解释，认为现代制度根源于远古时代的胚胎，但社会形态的演进并无规律可言，当前制度的演进、发展方向是无法预料的。制度学派的"制度"含义十分广泛和庞杂，因而制度学派所研究的内容及其观点也五花八门。凡勃伦曾在许多方面进行过研究，但他更注重研究"权力"，以及"制度"与"权力"之间的关系。

凡勃伦认为在人类社会经济生活中有两个主要"制度"：一个是满足人类物质生活及工具供给的生产技术制度，另一个是财产所有权或金钱关系制度。"这些制度——经济结构——按照它们所适应的是经济生活的两个不同目的中的这一个还是那一个而言，大致可以分成两类或两个范畴。按照古典派的说法，这两类制度是营利制度和生产制度；应用前几章在别的关系方面已经使用的名词，是金钱制度和工业制度；还可以用别的措辞来表达，把它们说成是适应歧视性的和适应非歧视性的经济利益的两类制度。前一范畴是同'企

---

① 凡勃伦：《有闲阶级论》，商务印书馆1964年版，第139页。

业'有关的，后一范畴是同工业有关的——这里使用工业这个字眼是就其机械意义而言的。"① 在凡勃伦看来，不从事生产的有闲阶段是金钱制度的主体，在经济运行中，他们主导着金钱关系、营利关系和剥削关系，而不是以生产满足社会需要的工业关系、生产关系和服务关系。人类工作、生产的本能，衍生出生产技术制度，人类的虚荣本能，则衍生出财产所有权与金钱制度。在他看来，人类社会的演变可以根据生产制度与金钱制度的不同作用程度，划分为四个阶段：野蛮时代、未开化时代、手工业时代、机器方法时代。当时的美国已处于机器方法时代，生产制度的具体形式为"机器利用"的工业，金钱关系制度的具体形式是"企业经营"。企业的发展是以"机器利用"为基础的，但"企业的动机是金钱的利益，它的方法实质上是买和卖，它的目的和通常的结果是财富的积累。谁要是目的并不在于增加生产，他就不会增加企业，更不会在独立的基础上经营企业。"② 对于现实制度的缺陷，他认为来源于工业和企业的矛盾。金钱制度主导的企业经营，统治着机器利用的工业，使价格维持在较高水平，这既限制了生产发展，也限制了新技术的使用，并最终导致经济处于萧条状态。现实经济中金钱制度与生产制度的矛盾，体现为企业家与技术人员的矛盾，前者只关心商业利益和企业利润的实现，后者则管理着生产过程。在他看来，现代工业继续发展，必然导致技术人员作用与地位的提升，并有效制约企业家，导致社会改革。为此，他主张由技术人员组织成"技术人员苏维埃"，以此控制总体经济，取代只关心金钱的"企业经营"。实行这样的社会改革，才能解决经济危机与萧条问题。

康芒斯是凡勃伦的继承者，是制度学派的主要代表。康芒斯认

---

① 凡勃伦：《有闲阶级论》，商务印书馆1964年版，第151-152页。
② 凡勃伦：《企业论》，商务印书馆2011年版，第14页。

为，制度是"控制个体行动的集体行动"，"如果我们要找出一种普遍的原则，适用于一切所谓属于制度的行为，我们可以把制度解释为'集体行动控制个体行动'。"① 集体行动不仅指国家行动，还包括众多的工人、农业企业及自愿性组织等的行动。康芒斯把制度经济学定义为"一种关于集体行动在控制个人行动方面所起的作用的理论"②，是法律学、经济学和伦理学的集合，既承认人们利益之间的冲突，也承认他们之间的相互依存关系以及预期或秩序稳固的必要性。

康芒斯承续凡勃伦的有关观点确立了交易的概念，并以此作为研究的基本经济单位。他认为，交易"不是实际'交货'那种意义上的'物品的交换'，它们是个人与个人之间对物质的东西的未来所有权的让与和取得。"③ 交易包括社会与个人行为，由一连串活动构成。康芒斯将交易泛化应用于任何有组织的经济行动，包括相互冲突的利益集团间的关系。康芒斯认为，交易包括三种：买卖的交易、管理的交易、限额的交易。所谓买卖的交易，就是人们平等、自愿地转移财产所有权；管理的交易，则是经济活动中上下级之间的行政式管理；限额的交易，主要描述在经济中国家、政府与个体间的治理关系。社会组织的运行，就是将上述三种交易集合为一，通过相应规则推动交易进行。可见，康芒斯所说的交易，是平等的或上下级之间的人际交往活动，而其制度也因涉及人际关系，必须从伦理、法律、经济三方面统一探讨。

对于第一次世界大战后出现的三种政治经济制度，即"苏联的

---

① 康芒斯：《制度经济学》（上册），商务印书馆1962年版，第87页。
② 康芒斯：《制度经济学》（上册），商务印书馆1962年版，第7页。
③ 康芒斯：《制度经济学》（上册），商务印书馆1962年版，第74页。

共产主义、意大利和德意志的法西斯主义、美国的金融资本主义"①，康芒斯认为应从经济学、社会哲学、世界历史三个不同视角进行分析与比较。从经济学视角，他重点考察的内容包括各自制度下的供需关系、边际生产力、生产成本、欲望满足程度；从社会哲学视角，他将各自制度下人类的本性及追求的目标作为考察内容；从世界历史视角，他考察了产业革命、资产阶级革命，再到第一次世界大战时期的各种思想。在他看来，研究这三种制度，不能仅从单一视角出发，而需要将三种视角综合起来，这是制度经济学的要求与目标。他认为，三种"新制度"的出现，说明"制度"是历史地演变的，而英国传统的自由竞争经济思想已经过时，以"集体行动"为对象的制度经济学，才代表经济思想发展的趋向。

他依从"交易论"，指出如果管理的和限额的交易成为社会哲学的出发点，结果就是共产主义、法西斯主义和纳粹主义的命令和服从；如果以买卖的交易为出发点，其趋势就是走向机会均等、公平竞争、讨价还价的自由主义及"有节制"的资本主义。

米契尔（1874—1948）是凡勃伦的学生，他认为，经济学是研究实际人类行动与社会制度的科学，观察与测量是其研究方法的基础，观察与测量的重要工具是统计学，为此，他专注于经济资料的收集与统计方法的改良，包括商品与证券价格指数的编制、生产指数的编制、国民所得及其细目的计算，以及金融与其他货币交易的测量等。米契尔经济学说的特点在于把制度研究同经济周期分析结合在一起，"商业循环只发生在具有显著的现代形式的经济组织的社会里……把商业循环归源于现代制度方面。"② 他对商业循环的原因进行了考察。他认为商业循环起因于货币经济。"商业循环不是突然发生的……当社

---

① 康芒斯：《制度经济学》（下册），商务印书馆1962年版，第559页。
② 米契尔：《商业循环问题及其调整》，商务印书馆2012年版，第81页。

会的大部分人开始使用赚钱和花钱的方法进行大部分的活动后,社会便越来越容易受到商业循环的侵扰。"① 米契尔对商业循环进行了大量的"实证"研究,搜集了许多材料,运用统计数字计算,构建经济统计模型,探讨经济波动。他指出,所谓商业循环,不过经济活动反复出现的上升和下降的循环,可以分为繁荣、衰退、不景气、复兴四个阶段。米契尔所说的商业循环,也就是经济周期。他的研究在一定程度上描述了资本主义经济的现实问题,但他把经济危机归结为商品流通的不均衡,因而不能说明经济周期的实际原因。

---

① 米契尔:《商业循环问题及其调整》,商务印书馆2012年版,第88页。

第五章
资本经济学术层次【3】：市场经济阶段

到 19 世纪中后期，资本雇佣劳动制的自由竞争体制运行了一百余年，其逐利机制、资本间的优胜劣汰机制以及对劳动者的剥削加速了资本积累、聚积与集中的进程，通过纵向或横向兼并的方式，形成了一批规模巨大的垄断企业。垄断阻抑了自由竞争，资产阶级内部开始出现分化。自由放任的无政府状态周期性地出现危机，大量资本得不到获取利润的机会，正如凯恩斯所说："被积累起来的财富逐渐丧失它的增殖力代表多大的社会变革！"[①]这种变革内在地体现于资本增殖所要求的对自由竞争体制的改革上。19 世纪末 20 世纪初，垄断资本势力快速扩张，国家政权沦为大资本财团的附庸，国家法律、政策在大资本财团裹挟下成为其谋利的工具。同时，阶级矛盾日益激化，资本主义国家之间冲突加剧，资本主义经济各个层面的矛盾加深，已到了无法调和的地步。无产阶级革命、经济危机和世界大战相继爆发，资本雇佣劳动制面临崩溃。严重的现实矛盾迫使资产阶级不得不通过体制改革的方式维持资本雇佣劳动制。罗

---

① 凯恩斯：《就业、利息和货币通论》，商务印书馆 1999 年版，第 228 页。

斯福"新政"和凯恩斯在经济学上的"革命",标志着体制改革的开始,第二次世界大战后西方各国相继从自由竞争体制转化为市场经济体制,资本经济学也随之进入一个新阶段。

市场经济体制并未改变资本雇佣劳动制性质,市场经济阶段的资本经济学,仍然坚持其道、法层次,保证并维护资本所有权及其获取利润的权益。主要在术、技层次有所变化、更新。由"凯恩斯革命"开始的市场经济阶段资本经济学的术、技层次,仍然固守资产阶级的主体性,秉持资本主义,在主题和主张上有所调整,以适应新的经济矛盾。维持资本统治的术、技层次突破了传统观念,提出了一些切实可行的由国家调控经济的观念和手段,在一定程度上缓解了资本雇佣劳动制的经济矛盾,为摆脱危机、平衡个体资本的投资和利润获取,指导其寻找新的利润点和发展方向提供政策建议。与此同时,坚持自由放任观念的"新自由主义"经济学家,也随经济矛盾的演化,持续批判凯恩斯主义,并为政治上的保守势力提供经济政策上的理论依据和建议。

一 "市场经济"是资本雇佣劳动制特殊阶段的体制形式

"市场经济"这一概念是资本经济学家归纳、定义的。格林沃尔德《现代经济词典》将市场经济定义为一种经济组织方式,是"市场依靠供求力量决定生产什么、如何生产以及为谁生产等问题"。[①]在资本经济学语境中,市场经济是自然存在的资源配置方式,也是最佳的、普世的资源配置方式。但是,作为一种经济体制,市场经济并非"自然规律"的体现,它既不是先验合理的,也不是完美的,而是在资本雇佣劳动制矛盾演化到一定程度,不得不进行的对自由

[①] 格林沃尔德:《现代经济词典》,商务印书馆1981年版,第275-276页。

竞争体制改革的结果，是资本雇佣劳动制第三阶段的体制形式。

"市场"并不是自发的，也不是买卖双方自由的交接场所。"市场"历来是由政权管理制约的，从部族间的物物交换到普遍于现代世界的商品、资本交换，都在不同形式政权的管制下进行。这种管制在重商主义的统制经济阶段充分体现着，商工业资本家为了自己的利益，不得不接受这种管制。资产阶级掌控政权之后，其所建立的资本雇佣劳动制的体制是体现资本家个体利益和意识的"自由竞争"，虽然弱化了国家对经济的管制，但仍保持着必要的管控。自由竞争体制的矛盾表明强化国家管制的必要，而已经成熟的资产阶级从总体上也具备了以国家政权制约、调节个体资本家的能力和手段，罗斯福和凯恩斯认识到这一点，发起了体制改革，强化国家的经济职能，对"市场"进行全面系统的干预调控。这与统制经济体制有相似处，但又有本质区别，关键就是国家政权已非旧的专制王权，而是资产阶级总体利益集合的"民主"政权，其对经济的干预调控，是资产阶级总体针对资本家个体经济关系和行为的，因而要充分照顾资本家的个体利益。这是对"自由竞争"的一种总体性制约，而非像统制经济体制那样的管控。由此形成的经济体制，就是资产阶级运用国家经济职能对"市场"中个体资本自由竞争的总体制约，并调节个体资本关系的体制。作为体制的"市场经济"就如凯恩斯主义者所说的"管理的资产主义"，它充分体现了国家政权对"市场"的制约职能，但又不会消除个体资本的"自由竞争"，而是有组织、有管理地由资产阶级总体主导经济的新形式。

在资本雇佣劳动制的自由竞争阶段，商品经济全面资本化，政府与资本间的关系相对简单，界限清晰，政府是市场运行的秩序维护者，负责税收和提供有限的公共物品。自由竞争阶段前期，企业资本规模小，还能保持平等、自由的竞争关系。但是，随着资本积累和积聚，形成了某些行业的垄断资本，内在地冲击自由竞争。马克思指出："资本的垄断成了与这种垄断一起并在这种垄断之下繁盛起来的生产方式的桎梏。"① 资本垄断的不断扩展，集中地表现为经济矛盾（经济危机）、阶级矛盾（共产主义运动的兴起）以及资产阶级内部矛盾及衍生出的国际矛盾（两次世界大战）。资本雇佣劳动制已经到了不改革经济体制便无法存续的关键时刻。1929年大危机后罗斯福在美国实行的"新政"，借鉴苏联"计划经济"与德国、意大利法西斯统制经济，通过国家干预和调控，开始了对自由竞争体制的改革，而凯恩斯依据罗斯福"新政"的经验在经济学的"革命"中，从术、技层次探讨了经济体制。第二次世界大战后，西方主要资本主义国家都转变为市场经济体制。市场经济体制强化了政府的经济职能，使资产阶级政权以更加显性的方式参与到资本主义经济组织与生产过程中，形成资本雇佣劳动制的新阶段。

  市场经济体制的首要特征在于垄断资本成为经济乃至政治的绝对支配力量。19世纪中后期产生的垄断资本不断加强，并衍生出跨国界的垄断势力。垄断资本利用其规模效益降低生产成本，并加大技术研发投资，从而压低价格以获取竞争优势，吞并小资本不断扩充资本规模，垄断市场后再转而限制产量、提高定价从而获取更高利润率。垄断大资本就仿佛一个黑洞，将周围的资本不断吸纳到内部，形成更强大的资本集团，成为不可抗拒的神秘力量。在垄断大资本财团逐步操纵下，国家政权为其利益服务，政权机构沦为垄断大资本的附庸和工具。表面看起来"民主"的多党制，其"党"也仅是资产阶级内部不同利益集团的代表，总体而言，不同执政党所构成的统治集团仍然是资产阶级的总体代表，而资本经济学也更为明显地成为垄断资本财团的思想工具。这一点，凯恩斯在其《我是不是一个自由党员？》一文中有明确的表述："在阶级斗争中会发现，

---

① 马克思：《资本论》（第一卷），人民出版社2004年版，第874页。

我是站在有教育的资产阶级一边的。"① 在《对俄国的简略观察》里，凯恩斯对无产阶级和资产阶级展开了评价："像这样一个学说（马克思主义学说）……它把粗鄙的无产阶级捧起来，抬高到资产阶级和知识分子之上，后两者不管有着什么缺点，总是生灵中的精粹，人世中一切进步的种子，当然是要靠他们来传播的。"② 在这一阶段，资本主义国家的主体仍是资产阶级，其主义（资本主义）就成为国家的主义，资产阶级为谋取利润而面临的问题成为国家关注的主题，为其谋取利益的主张就成为整个国家的政策主张。

市场经济体制的第二个特征是国家经济职能的强化，国家政权全面干预、调控经济活动。在自由竞争阶段，资产阶级作为一个总体尚未充分成熟，还不能全面系统掌控国家政权，尤其是初期资产阶级刚刚执掌政权时，旧的专制势力和封建势力在政治上仍有其作用。而此时的资本还主要是个体私有资本，为了自主经营和自由竞争，必然反对并排斥国家干预经济。而到了市场经济阶段，大资本财团及其对经济的垄断成为资产阶级的核心和主干，并由此更密切地聚合资本所有者。资产阶级的统治地位巩固，旧的专制与封建势力已退出历史舞台，而劳动者阶级的政治势力还因理论、组织、运动等多种原因不足以掌控政权。资产阶级通过政党及选举等各种组织、机构、机制系统地控制国家政权，因此，如何维持资本统治，协调资本大财团及中小资本的关系，进而增加利润，延缓阶级矛盾，就成为资产阶级所控制的国家的重要职能。市场经济阶段国家政权对经济的干预和调节主要通过政策和法律两种方式进行。

---

① 凯恩斯：《我是不是一个自由党员？》，《劝说集》，商务印书馆2016年版，第267页。
② 凯恩斯：《对俄国的简略观察》，《劝说集》，商务印书馆2016年版，第248页。

政策是政府制定的干预经济的重要手段，也是比较灵便和实用的工具；法律则是立法机构颁布的控制经济的长期手段，也是政策制定的原则。政策和法律相辅相成，法律往往是政府提出、由立法机构批准的基本政策，而政策又是法律的展开运用。通过法律和政策对经济进行全面干预和调节，是市场经济体制的常态，经过几十年的实践已遍布经济活动的各个层面和细节。概括起来，主要涉及财政、金融和产业，既有灵活多变的政策，也有相对稳定的法律，通过各级国家政权机构，遍及全部经济活动。也正因此，对国家干预、调节经济的研讨和建议，成为这一阶段资本经济学术、技层次的主要内容。

市场经济体制的第三个特征是国家以其权威助长货币、资本乃至经济的虚拟化。市场经济阶段国家更为直接地规定货币价值，并根据其需要发行货币，致使货币不断虚拟化，成为大财团掠夺全球财富、化解政治经济危机的手段。美国及西方列强利用其国家法律及其控制的国际经济组织强迫各国接受条约或协议，强制其本国纸币在国际市场流通，有效地解决了两次世界大战中政府经费不足的问题，并堂而皇之地将这种战时临时政策制度化，使美元成为世界财富的象征，更将货币政策作为化解经济危机、掠夺财富、获取利润的重要工具。经济危机的本质是资本利润的无法实现。工业革命后，机器大生产使资本有机构成不断上升，产业资本的平均利润率水平随之下降，产业资本与商业资本间又在竞争部门利润，各种因素叠加导致资本获利的能力逐渐下降。资本的贪婪决定了它必然寻找新的获利方式，垄断资本的发展和强化，形成由金融资本主导、操纵经济，进而利用国家政权在废除货币金本位后，肆意超发货币，在货币信用（国家信用）化的同时不断虚拟化，进而催生了虚拟资本并迅速普及。垄断资本大财团充分利用虚拟经济，将其作为获取"利润"的重要条件，借助股票市场、债券市场以及外汇市场等由虚拟货币构成的虚拟资本大行其道，由于其成本低、利润水平高，迅速吸引了产业大资本和商业大资本的加入，形成了产业资本、商业资本与金融资本间的充分融合，相互促进，虚拟资本量不断增加，垄断资本之大和集中程度之高，到了前所未有的程度，华尔街成为决定世界市场的那只看不见的手，更成为决定美国大财团政权力量控制世界经济的枢纽。通过由虚拟货币、虚拟资本决定的虚拟经济，大资本财团剥削的对象从本国扩张到全世界的劳动者。二战后，美国大财团利用其优势地位，对世界局势和国际经济关系进行了精准分析，力主推行世界货币制度，建立以美元为核心的布雷顿森林体系，为其经济霸主地位奠定了坚实的制度基础。为维护这一体系的运行，美国又主导成立了联合国、世界银行及世界贸易组织等国际机构，维护美国的经济霸主和中心地位。进而，美国又在20世纪70年代初宣布美元与黄金脱钩，美元成为真正彻底的以美国国家信用为依据的货币，货币虚拟化和资本虚拟化泛滥全世界。

市场经济体制的第四个特征是建立了美国大财团为中心的资本主义全球经济体系。市场经济体制的确立是在二战之后。通过两次世界大战，新兴的制造强国德国两次战败，国土被分割，周边被苏联、法国、美国的势力所包围，短期不可能恢复实力；"日不落帝国"英国和法国在大量资金消耗和战火摧残下日益衰落。在强大军事力量的保证下，美国成为战争的最大获利国，其国土远离两次世界大战主战场，利用战争的机会，迅速而大量招收全世界优秀科学家和工人，以此为基础快速发展工业和科学技术，成为以强大军事力量为保障的世界规则的制定者和世界经济的中心。美国大财团为首的国际垄断资本在虚拟经济的运行模式下，追求更快速、更便捷的盈利方式和更高的利润率。在成功地摧毁"苏联模式"主导的"社会主义阵营"之后，美国大财团及时提出了经济全球化的口号和主张。工业经济已发展了二三百年历史的发达国家，利用其操控的虚拟货币和经济体系，以帮助落后国家"发展"为名，使这些国家成为依附于"中心"国家的外围和附庸，进而强制这些国家开放本国市场，建立自由的"市场经济制度"，从制度到体制、机制上操纵其经济命脉。

二 经济危机与"凯恩斯革命"

资本经济学在市场经济阶段的术层次发端于凯恩斯，"凯恩斯主义"也是这一阶段主导资本经济学术与技层次的思想流派。1936年，凯恩斯的代表作《就业、利息和货币通论》（简称《通论》）出版，被认为是"凯恩斯革命"的标志。"凯恩斯革命"是资本雇佣劳动制自由竞争阶段矛盾集中爆发，资产阶级为了维持制度不得不进行体制改革的思想表现。20世纪初，劳动者素质技能提升与其社会地位严重不匹配的矛盾、无产阶级与资产阶级间的矛盾、垄断资本间的矛盾以及资本主义国家间的矛盾集中爆发出来，首先引发了第一次世界大战，并导致俄国革命，产生了第一个社会主义国家，进而诱发了1929年经济大危机。

1929年9月，美国股票市场崩盘，一个月内股票价值下降40%，并且持续下降了三年，其间，美国钢铁公司股票价格从262美元下降到22美元，通用汽车股票价格从73美元下降到8美元。[①]到1933年时，美国国内生产总值（GDP）从1044亿美元降到了560亿美元，下降了46%；失业人数从150万上升到1150万，失业率达25%以上；价格水平下降27%，其中批发者价格下降1/3，消费者

[①] 斯塔夫里阿诺斯：《全球通史：从史前史到21世纪》，北京大学出版社2006版年，第697页。

价格下降1/4；总投资远远低于资本折旧水平，资本存量显著下降；工业生产下降50%以上，耐用品产品下降80%，非耐用品产量也下降了30%。① 大萧条不仅在美国，更在全世界扩张：除苏联之外，世界工业生产指数从1929年的100下降到1932年的63.8；国际贸易总量从1929年的686亿美元下降到1933年的242亿美元；英国失业人数将近300万，相当于全部劳动力的25%；德国40%以上的工会成员失业，20%的劳动力只有非全日制工作。②

这场大危机是史无前例的，它表现为大量资本家破产，工厂倒闭，工人失业，收入锐减，劳动者生存困难。而同时，还有部分已被生产出来的产品没有以更低的价格在市场销售，而是被扔掉、倒掉、损毁了。于是，人们将经济危机看成是"产能过剩"导致的危机。然而，这些人没有关注到劳动者对产品的需求仍得不到满足，大量的失业工人忍饥挨饿，只能维持基本的生存，所以，真的是因为产品过剩了吗？显然不是！经济危机的本质是资本利润的不能实现。之所以如此，自由竞争的资本在投资、生产、经营上的无政府状态是一个原因，虚拟资本和虚拟经济又是一个原因。③ 生产的无序化造成重复投资和资源浪费，降低平均利润率水平；而虚拟资本的形成产生虚拟利润，但是虚拟资本本身不创造价值，只能从产业资本利润中进行分割，当虚拟资本通过利息、股息以及炒作产生溢价等方式获取利润时，产业资本利润就会被摊薄，削弱产业资本投资信心，减少产业投资，社会总利润便会进一步萎缩，长久以往，资

---

① 沃顿：《美国经济史》，中国人民大学出版社2018年版，第410-411页。
② 斯塔夫里阿诺斯：《全球通史：从史前史到21世纪》，北京大学出版社2006年版，第698页。
③ 刘永佶：《中国政治经济学探究：经济矛盾实证抽象》，济南出版社2019年版，第21页。

本无法实现积累，实体经济受到巨大破坏，产业资本、商业资本与虚拟资本失去获利的依托，导致实体经济、货币制度与金融体制间的冲突，危机由此爆发。

这场经济危机不仅是对资本雇佣劳动制的挑战与冲击，更是对斯密、马歇尔为代表的自由竞争阶段资本经济学的考验，其从个体资本出发的经济思想和只注重个体企业与个人的经济利益、活动和关系，忽略资本总体的"个量分析"方法，不可能解释危机的原因，更不能为资本主义寻找新的出路。资产阶级迫切需要资本经济学在术、技层次的更新，既要维持资本雇佣劳动制，又要坚持资本经济学的主体和主义，还要为解决经济危机寻求出路。凯恩斯就是在这样的背景下，应资产阶级总体利益的需要撰写了《就业、利息和货币通论》，他的追随者为突出其对资本主义经济发展的重大意义，将其学说体系的提出称之为"凯恩斯革命"。

在这部书中，凯恩斯从术层次对传统主流经济学派观点进行批判，并提出以"资本边际效率"的提升与实现为核心的新学说。在此书第一章的开头，凯恩斯提到："正如它在过去一百年中所做的那样，不论在实践上还是在理论上，古典学派的理论支配着我这一代的统治阶级和学术界的经济思想，而我自己也是被这种传统思想哺育出来的。我将要进行争辩，说明古典学派的假设条件只适用于特殊情况，而不适用于一般通常的情况。古典学派所假设的情况是各种可能的均衡状态中的一个极端之点。此外，古典理论所假设的特殊情况的属性恰恰不能代表我们实际生活中的经济社会所含有的属性。结果，如果我们企图把古典理论应用于来自经验中的事实的话，它的教条会把人们引入歧途，而且会导致出灾难性的后果。"[①] 所谓"凯恩斯革命"，就是在批判传统经济学自由放任的经济主张和据此

---

① 凯恩斯：《就业、利息和货币通论》，商务印书馆1999年版，第7页。

制定的经济政策的同时，围绕"资本边际效率"的生产与实现，主张国家从总体上干预经济。

凯恩斯对传统经济学的批判集中于两点：一是萨伊所提出的"供给自动创造需求"论，二是利息率的自行调节会把一切储蓄都转化为生产性投资的观点。萨伊的"供给自动创造需求"论是他否认生产过剩危机的主要论据。其要点是，在自由竞争的条件下，供给必然等于需求，虽然可能出现个别商品的暂时供求失调，产生局部的生产过剩现象，但会通过市场的自由竞争自动调节而消失，只要让自由竞争的机制在劳动市场上充分发挥作用，工人的"充分就业"就会实现。如果此时还有失业的话，也不过是"自愿失业"和"摩擦型失业"。萨伊的这种观点一直被自由竞争阶段的主流经济学家奉为"定律"，而经济大危机对它提出了重大挑战。凯恩斯提出了"有效需求论"来修正"萨伊定律"。他从心理因素对消费进行了分析，认为由于心理因素的作用，引起消费不足，进而又引起投资不足，这就是经济危机和失业的根源。危机和失业是存在的，不应否认，更不能等待市场自行调节，而应发挥国家的经济职能进行干预和调控，解决或避免危机。

对于传统的利息率自动调整储蓄转化为投资的观点，凯恩斯认为其与"供给自动创造需求"论一样是错误的。凯恩斯的这一思想受到维克塞尔的重要影响，维克塞尔对积累过程的分析是把经济的均衡动态化，并以利息率为纽带，通过货币利息率对经济周期产生的影响，而不是通过货币数量的变动对经济周期的影响来说明经济波动。因此，他在政策建议方面，也是企图借助于调整利息率，而不是借助于控制货币数量来克服经济周期的波动。凯恩斯受维克塞尔思想的启发，形成自己的货币与利息观点。他把利息看成一种"纯货币现象"，认为利息率并非取决于储蓄与投资，而是取决于流动偏好对货币的需求和货币供给数量。凯恩斯认为，储蓄与投资之所以相等，不是通过利息率自行调节实现的，而是通过总收入的变化达到的。总收入由消费与储蓄构成，总支出由消费与投资构成，因此，总收入与总支出恒等，储蓄也就恒等于投资。储蓄不能支配投资，利息率也不可能自动地调节储蓄与投资而实现充分就业的市场均衡。充分就业的均衡状态要由投资与储蓄通过调整总收入来实现。根据有效需求论，凯恩斯推断，有效需求不足是必然的，只有人为主动调节、控制国民收入，才能实现储蓄与投资相等的充分就业均衡。在他看来，总需求不足以保证充分就业的实现，必须由国家干预经济，通过增加政府支出来扩大总需求，解决失业问题，由此保证资本边际效率的生产与实现。与此同时，鼓励消费者增加消费支出，或以减免税收鼓励投资。基于这一认识，他提出国家通过财政、货币政策调节总需求以干预经济的主张。

"凯恩斯革命"在资本经济学术层次的新意主要表现在以下几个方面：

第一，系统论证了"货币国定论"，强调国家在货币发行及货币政策上的决定作用。货币国定论的观点虽然早在重商主义后期就有人提出，自由竞争阶段也有人坚持，但占主导地位的一直是斯密的货币商品论，这是传统自由主义经济学家反对国家通过货币政策干预经济的理论依据。凯恩斯将货币作为其研究的重点，系统阐述了货币国定论，为国家以货币政策干预、调节经济提供了理论基础。依据货币国定论，凯恩斯注重对货币市场、资本投资率以及利息的分析，形成了对证券市场的新认识，并修正了投资及利息理论。他认为，股票市场的存在是合理的，既是一种新型的筹资渠道，又加强了资本边际效率的波动，具有一定的投机性质，因而股票的价格在一定程度上取决于投机者的心理预期，这种投机性质会给社会带来一定危害，"如果投机者像在企业的洪流中漂浮着的泡沫一样，他未必会造成祸害。但是当企业成为投机的旋涡中的泡沫时，形势就是严重的……华尔街的最好的头脑却在事实上被引导到一个与其社会功能不同的目标"①。

凯恩斯认为,利息率由货币的供给与需求共同决定,而利息的存在源于理性人将当前消费转化为未来消费应当得到的价值补偿,即仍然源于人获利的本性。由于收入动机、业务动机、谨慎动机和投机动机,使人们始终具有持有货币(流通中的硬币和纸币)的心理倾向,即流动性偏好。由于流动性偏好的存在,现金的流动性使人们能够及时将货币转化为消费品或投资品,而利息的存在使人们牺牲流动性的行为能够得到补偿。而当利率降低到一定水平时,人们为了投机动机而持有现金的意愿可以达到无穷,形成流动性陷阱。与利息同等重要的概念是资本边际效率,这也是将货币市场与产品市场联系在一起的另一个重要变量。资本边际效率与利息率是诱导投资的两个因素,分别影响投资收益与投资成本,由此决定资本家是否进行投资以及是否能获得利润。

第二,形成以"资本边际效率"为核心的学说体系,并据此提出总体调控经济的思路和主张。资本边际效率是凯恩斯依从"边际分析"对资本利润的规定。"从资本资产的预期收益和它的供给的格式重置成本之间的关系可以得到资本资产增加一个单位的预期收益和该单位的重置成本之间的关系。这种关系向我们提供了资本边际效率的概念。更确切地说我把资本边际效率定义为一种贴现率,而根据这种贴现率,在资本资产的寿命期间所提供的预期收益的现在值能等于该资本资产的供给价格。这是某一具体种类的资本资产的边际效率。各种不同的资本资产的边际效率的最大值即可被当做一

---

① 凯恩斯:《就业、利息和货币通论》,商务印书馆1999年版,第162—163页。

般的资本边际效率。"① 资本效率，即利润。追逐利润是资本所有者投资的目的，也是其利益所在。所有资本经济学家都以此为出发点和归结点。凯恩斯的新意在于以边际分析来论说利润，从而使个体资本与总体资本统一起来，并可以进行个量与总量的分析。《就业、利息和货币通论》，虽以就业、利息和货币为题，但它们都是服从资本边际效率的，是生产和实现资本边际效率的条件。与之相应，此书所涉及的全部概念，都是从不同角度服从于资本边际效率的提升与实现的。明确资本边际效率概念的核心地位，是把握凯恩斯经济学说的关键。

第三，提出并论证了就业论与有效需求论。就业是凯恩斯关注的重点问题，《通论》就是在西方经济大危机背景下凯恩斯试图解释失业以及经济衰退的尝试。但他关注就业问题的目的，还是解决资本家利润即资本边际效率下降问题。凯恩斯认为，现实经济中往往处于非充分就业的状态，充分就业仅在偶然条件下存在。劳动者的消费心理（边际消费倾向）影响消费在收入中所占比重，非充分的就业水平要求以较大的投资量弥补收入和消费之间的差额，但是一个富裕的社会中投资一般达到充裕状态，追加投资的利润水平往往偏低，由此导致有效需求不足，资本边际效率低下以致经济长期处于萧条和非充分就业状态。凯恩斯认为将劳动作为生产要素而忽略其作为的属性，特别是需求的作用对社会经济的发展显然是不利的，因而他将劳动者的生产要素属性转化为消费者属性，劳动者也是会因心理变化影响消费倾向的消费者，关注其作为资本所创造产品的需求者在将产品价值转化为企业利润中的作用。

有效需求论的目的在于解释资本雇佣劳动制下失业及经济衰退，并由此探讨其解决途径。凯恩斯认为，就业总量由总产量进而是有

---

① 凯恩斯：《就业、利息和货币通论》，商务印书馆1999年版，第139页。

效需求决定，失业的根源在于有效需求不足。总需求由消费和投资构成。其中，消费主要由收入决定，二者呈正相关关系，但消费的增长速率不如收入，即消费增加量小于收入增加量。因此，要实现充分就业，增加投资弥补消费增量与收入增量间的差额，否则，就会导致总需求不足，出现失业。要解决失业问题，必须由国家政权从总体调节、干预。

第四，批判并克服了传统的"个量分析法"，提出"总量分析法"，承认了经济事物间的普遍联系，不再用"孤岛假设"营造不切实际的模型环境，关注经济总体内部各部分间的内在联系与总和效应，提出国民收入、资本边际效率、总需求、总供给、一般物价水平、就业率等总量指标和概念，革新了资本经济学的数量分析，扩展了视域。凯恩斯认为，经济总体并非经济个体的简单加总，在总体变量与个体变量间存在诸多不确定的因素。由于个体间的相互作用与影响，导致溢出效应、挤占效应、乘数效应等。这些因素和机制都应成为经济学研究的内容。"总量分析法"拓展了资本经济学的研究范围，也是经济给国家提供总体干预、调节经济的政策建议的依据。

第五，强调并突出国家经济职能，主张政府由经济的"守夜人"转变为监管者。在斯密和马歇尔的经济学说中，国家不是经济学范畴，凯恩斯通过总量分析，强调国家是经济生活中的重要范畴，应当纳入经济学体系中，强调国家参与经济能够创造总需求，刺激经济总量的增长，提升和实现资本边际效率，使萧条的经济得以恢复。

凯恩斯的"革命"是资本经济学与资本雇佣劳动制矛盾激化的必然产物。资本主义经济演化到20世纪初，自由竞争体制既不能容纳，也不能制约垄断资本的膨胀，如果不能以体制改革解决垄断资本与资产阶级总体利益的矛盾，以及资本财团之间、国家之间，特别是资产阶级与雇佣劳动者阶级之间的矛盾，那么就会危及资本雇佣劳动制的存在。美国总统罗斯福的"新政",实际上是体制改革的局部尝试。凯恩斯从理论上概括了罗斯福的改革经验,某种程度上解决了资产阶级及其国家所遇到的难题,为从私人垄断资本向国家垄断资本的体制改革提供了思想依据。从形式上看,凯恩斯的"国家干预"主张,是向重商主义的回归,但在内容上已有实质区别。"凯恩斯革命"给资本经济学提供了新的思路,使凯恩斯学派取得了主流派的地位。

但是,"凯恩斯革命"仅是资本经济学在术、技层次的更新,而非道、法层次的质变,其根本仍然是维护资产阶级的利益和统治,其道、法层次依然坚持斯密以来的传统,甚至在术层面仍然保留包括均衡论、供求论、生产论等传统,他只是在方法上作一些"总量分析"的修正。凯恩斯也直言:"我看不出任何理由来认为,现有的经济制度对已经被使用的生产要素具有严重的使用不当之处。"[①] 而其对传统经济学的批评,也仅在于"它所暗含的假设条件很少或者从来没有得到满足……如果我们假设总产量为既定的,即取决于古典学派思想体系以外的力量或因素,那末,我们对古典学派的分析并没有反对意见。"[②] 在某些方面,凯恩斯学派甚至比传统经济学有一定程度的倒退,尤其是片面关注论证的形式化,将重点放在将理论用数理化模型表示上,一味追求模型的复杂化,似乎用令人难以理解的数学推导、估计、检验就能够体现其学说的"科学"。但其用数学模型作出的看上去很漂亮、难度很大的推导过程,实则是与现实矛盾相脱节的,也没有其自诩的"实用性"。

总体来看,凯恩斯主义经济学说为大资本财团强化对国家政权的控制,并使用国家政权调节个体资本及其行业、产业关系,提供

[①] 凯恩斯:《就业、利息和货币通论》,商务印书馆1999年版,第392页。
[②] 凯恩斯:《就业、利息和货币通论》,商务印书馆1999年版,第392页。

了理论依据，也为市场经济时代的资本寻找到了新的利润来源，从而部分地解决了其经济危机。在强化对本国劳动者统治与剥削的同时，运用国家的政治、军事手段，发起将世界各国作为外围，附庸于大资本财团主导的美国"中心"这一"经济全球化"运动，使地球人都沦为大资本财团控制和剥削的对象。

"凯恩斯革命"对世界经济的影响是深远的，凯恩斯及其追随者提出的观点和政策主张为资本雇佣劳动制的延续寻找了新的出路，使本已濒临破灭的资本主义及其制度又生出了一个新阶段，在近一个世纪的时间内，深刻地影响了人类的经济意识和行为。

三 国家经济职能的强化

凯恩斯经济学说的出现，是资本雇佣劳动制阶段性矛盾演化的要求和理论表现，其根本原因在于资产阶级在自由竞争体制下面临的内外矛盾，而这些矛盾的解决都归结于国家职能的转变，即加强资产阶级的总体性，并通过改造、强化国家经济职能，使之成为协调本阶级内部关系、加强统治雇佣劳动者的阶级势力、改进统治方式的必要手段，进而成为大资本财团控制世界经济的工具。资本雇佣劳动制的自由竞争阶段，国家政权虽然由资产阶级掌控，但它的经济职能不成熟、不完善，只能从一般意义上维护资本所有者利益：它通过建立法律，保障私有财产权不受侵犯，维护资本主义契约关系，保障交易在平等自愿的条件下进行，惩罚破坏自由市场规则的个体，以使市场秩序规范有序。这一历史阶段，资产阶级内部个体之间的关系是相对松散的，市场秩序也主要依靠惯例和法律不断延续。

进入市场经济阶段，资产阶级的总体性加强，这促使国家政权的改革，其中国家经济职能的转变是重要环节，国家不再仅仅一般性地从法律上维护资产阶级及其个体利益，它拥有了更多重要的权力，能够以政策和其他更直接的方式参与经济活动，成为资本主义经济的重要组成部分和要素，政府通过投资及货币供应等行为赚取利润、分配利润，并将利润通过补贴、交易等方式在资产阶级内部进行二次分配。资本所有者的阶级利益在更直观的层面上得以体现。

否认国家的经济职能是斯密到马歇尔一百多年来资本经济学的基本原则之一，凯恩斯的"革命"打破了这一传统，确立了国家政权干预、调节经济的理念，从而也为强化国家经济职能提供了依据。加强了总体性的资产阶级也利用其政权机制，以立法和机构改革等方式，确立并强化了国家经济职能，并充分发挥其作用。凯恩斯及其追随者也配合着进行探讨并提出建议。概括起来说，主要论及：

第一，凯恩斯主义关于国家干预、调控经济的观念，为资产阶级所接受，并由其政党在立法机构通过相应法律，明确国家政权的经济职能，立法权、行政权、司法权的行使机构分工协作，形成了系统的国家经济职能体系，从法律、政策上全面制约经济活动。

第二，以凯恩斯的"货币国定论"为依据，以立法明确国家的货币发行权，一般是由政府的中央银行行使，但美国则由大资产财团绕过政府直接组建的"美联储"行使，更直接地贯彻大资本财团的意志。以货币发行权为前提，政府制定调控经济的货币政策，全面干预经济运行，同时也给资本经济学在术、技层次的研究和建议提供了充分条件。这里要说明的是，弗里德曼为首的"新自由主义者"者虽然自称反对国家干预的理念，但却认可货币国定论，并强调以货币政策调控经济。这样，在凯恩斯主义和"新自由主义"两股势力的推动下，资本主义国家以货币发行权为基础的货币政策得到普遍推行。

第三，国家直接掌控资本，形成国家资本并由国家财政出资组建国有企业，或收购个人企业，国家资本和国有企业成为国民经济的重要组成部分。国家资本和国有企业主要集中在投资额巨大、资本周期长、利润率低、投资风险大的部门，如各类公共基础设施、公用事业以及基础工业部门。国家投资这些部门，为私人垄断资本提供廉价的、保证资本运营不可缺少的"硬环境"。与此同时，国家直接投资新兴产业和高科技产业。新兴产业和高科技产业是各国垄断资本争夺的重要领域。但这些领域风险大，耗资巨，私人垄断资本难以问津。于是，先由国家投资兴办，为私人垄断资本进入和占领这些领域提供条件，进而再通过"私有化"等方式转归大资产财团。

第四，国家以产业政策参与企业经营活动。国家对经济的干预和调控，不论是财政政策还是货币政策，最终都要落实到经济结构的调整上，其重点是产业结构。虽然"新自由主义"不认可产业政策，但也只是反对政府对企业经营进行干涉，对于产业结构的调整，不仅同意，而且其主张的货币政策也要归结于产业结构。而依从凯恩斯主义的政党，则在推行产业政策的同时，还会通过一系列方式参与企业活动，帮助企业采用新技术，调整结构，提高竞争力。

第五，国家通过财政政策，以及政府订购、优惠、贷款、提供补贴等方式，调节经济结构，协调社会总资本的正常运行，保证垄断资本运营的有序环境，同时调节财富分配，维持社会稳定，从总体上维护资产阶级的统治。

第六，强化国家对国际经济关系的管控。国际经济关系是资本雇佣劳动制的重要方面，从统制经济阶段开始，管控对外经济交往，就成为国家的重要职能。自由竞争阶段，国家管控对外交往的职能并未消除，到市场经济阶段，则进一步强化了国家这方面的职能，从原来的主要针对国际贸易，扩大为针对资本输出、输入，以及利用国际组织、国际法控制世界经济，并运用其本国货币霸权，直接、间接地操纵世界市场，剥夺全地球劳动者的剩余价值。为了强化对国际经济关系的管控职能，大资本财团充分地利用其军事、政治力量，制定国际秩序，甚至不断干涉世界各国的政治，扶植其代理人。

国家经济职能的强化，是资本雇佣劳动制矛盾演进的必然，是资产阶级总体性加强的体现，也是市场经济体制的重要特征。凯恩斯主义对国家经济职能的强化起到了促进作用。"新自由主义"虽然口头上反对国家干预经济，但也只限于维护资本企业的自主经营权，而为了保证大资产财团的利益，则更需要利用国家政权保护其获利和运行。这样，国家经济职能就成为资本经济学两大"主流"派竞相作用的焦点，其在市场经济阶段的术层次，也由此展开。

四 总量分析

"凯恩斯革命"在资本经济学术层次的首要革新在于总量分析法。克莱因指出："凯恩斯经济学的中心问题和整个体系的运行相关，而大多数经济学理论仅涉及单个家庭及厂商的行为。凯恩斯学派从未充分考虑过从以个人和单一商品为基础的基本理论中引申出一个以个人社会及商品群为根据的理论。用现代经济学术语来说，这是一个从微经济学过渡到宏观经济学，即集总的问题。"①

自由竞争阶段的资本经济学以经济个体为主要研究对象，分析个体企业的供给、需求、价格、工资、利润、地租等，从消费者最优选择和生产者最优选择两个方面展开分析，探讨消费者在收入约束下如何实现效用最大化，推导出市场需求曲线；探讨企业在成本约束下如何实现利润最大化，推导出市场供给曲线。进而将市场需求曲线和市场供给曲线结合在一起，得到市场的整体均衡。单从术层次论，自由竞争阶段的资本经济学以简单的个量分析展开，将每

---

① 克莱因：《凯恩斯的革命》，商务印书馆2015年，第62页。

一个企业和消费者视为相互独立、孤立的个体，仅分析个体的效用、收入、成本、收益，不探讨个体之间的相互关系和相互影响，仅通过假设的静止、孤立的条件将问题简单化。而现实中存在的企业与消费者之间、消费者之间、企业之间的普遍联系都被忽略了，若要解释理论与现实的偏差，也只能简单地说一句"假设条件改变了，所以结论不适用于现实"来搪塞，无法给出更为精准的分析。同时，这一阶段的经济理论几乎不考虑总量经济因素，不对消费者、生产者进行"类"的分析和总体分析，只见一点、不见一面，不能从总体上把握经济的运行状况。

凯恩斯作为马歇尔的学生，非常熟悉个量分析法，在其早期著作中，主要也是采用个量分析法。1929年的大危机，充分暴露了传统经济观点和方法的缺陷。在不违背资本经济学道、法原则的基础上，凯恩斯把对资本主义的"个量分析"变为"总量分析"。他关注经济的总体运行状况，提出了国民收入、总需求、总供给、一般物价水平等总量概念。他认为，一个国家的经济并非所有个体的拼合，个体的变量间存在着一种特别的关系，因而，他把自己的研究集中于对这些问题之间关系的研究上。他通过研究变量间的因果关系建立总量关系模型，这些模型以个量分析中的有关模型为基础，但并不将经济总体视为个体的简单加总。凯恩斯认为，由于经济个体间的相互作用与影响，导致溢出效应、挤占效应、乘数效应等作用机制，使 $1+1>2$ 或 $1+1<2$ 成为常态，并重点分析了该类效应的作用机制以及作用结果。另外，在总量关系模型中，关注了不同经济体系间的相互关系，如货币市场与商品市场之间，会通过利率传导机制联系在一起，因此货币政策可能影响实体经济的总产出，而总产出也可能反过来影响利率水平。

从道、法层次上说，凯恩斯的思想与马歇尔并没有本质上的差别，所不同的只是在术、技层次针对的范围、应用的统计指标和提出的主张等方面。凯恩斯也把"心理原则"作为研究的出发点和主要依据。凯恩斯体系的一个重要概念是总需求或有效需求，而总需求的依据也是心理因素，只不过用货币加以表示。进而，总需求和总供给的均衡，决定了社会就业量，有效需求不足，不仅会造成生产过剩，还会造成工人失业。

凯恩斯认为，有效需求不足的原因，不在于资本主义及其制度，而在于"心理原则"。他提出了三个基本心理因素，即心理上的消费倾向、心理上的灵活偏好以及心理上对资产未来收益的预期。在"三个基本心理因素"和边际效用论基础上，凯恩斯又提出了"三个基本心理规律"，并据此提出"有效需求论"。这"三个基本心理规律"是：第一，"边际消费倾向递减规律"或"边际储蓄倾向递增规律"。人们的消费支出随着收入的增长而增长，但消费支出的增长幅度往往低于收入增长幅度，而且愈来愈低，其结果就是消费不足。第二，"资本边际效率递减规律"。即资本家预期其投资中可获得的利润率因增添设备成本的提高和生产出来的资本品数量的扩大而趋于下降。第三，"流动偏好规律"。指人们把一定量货币保存在手里的心理偏好，以便应付日常的、未能预料的或紧急的开支需要。这种流动偏好意味着对货币的需求，利息则是对人们放弃货币当下使用、牺牲其流动性的报酬。利息率也取决于货币的供求，但由于存在流动偏好心理，利息率不可能无限制地下降。因而，当资本边际效率低于利息率时，资本家就不愿投资，而是选择储蓄，这样就引起投资不足。可见，这三个"基本心理规律"不仅引起总消费不足，也引起总投资不足，从而形成生产过剩的经济危机。

在心理原则的基础上，凯恩斯的总量分析还注重数学方法的使用。由于所分析的是一国经济生活的各种"问题"，所使用的数学方法针对的各因素已不是个别的供给、需求和价格，所以在函数关系等方面也与马歇尔有所差别。但凯恩斯的"总量分析法"或"问题分析法"与马歇尔的"个量分析法"在基本原则上是一致的,而且所做出的模型也有许多相似之处。在凯恩斯那里,就业量、工资率、价格水平和产量等都是根据单一数量计量的总数。因而,他的所谓"总量分析法"不过是马歇尔等人"个量分析法"的扩大化。

"总量分析法"的引入使人们能够从总体上一定程度把握经济的运行状况,为运用国家经济职能干预、调控经济提供了依据,是凯恩斯在资本经济学术层次的重要贡献。但是,总量分析法也存在缺陷,主要体现在以下方面:第一,依然坚持心理原则;第二,片面注重量的关系,将表现利润增长的各种经济指标作为研究对象;第三,忽视归纳的作用,片面强调演绎;第四,对研究的前提不进行考察,而其作为前提的"不变量"往往并非不变。这些缺陷,一方面是从传统经济学那里承继下来的,另一方面,是其方法局限的表现。这些缺陷,不仅体现在凯恩斯本人的著作中,而且在他的后继者那里得到扩展,并因此造成其后继者在思想上的分化。

五 国民收入和国内生产总值

以"凯恩斯革命"为起始标志的资本经济学术层次,不仅从思想上体现着资本雇佣劳动制的市场经济体制"取代"自由竞争体制的改革,而且为这种体制性改革探索可供实施的理论原则和政策工具,其明显的表现是将传统的以个体企业、消费者为出发点,转变成以国家或地区总体经济运行为出发点和主线。为此,资本经济学提出或改造了国民收入、国内生产总值、社会总产量、失业率、物价指数等总体性经济指标,并由此进行探讨论证,为政府干预、调控经济提供数据支撑和政策建议。凯恩斯的《就业、利息和货币通论》首次对这些指标进行了规定,进而由其后继者不断充实。凯恩斯认为,在一个既定时期内,社会的总产量、国民收入、就业量可以看作大体相等的。社会总产量的货币价值就是国民收入，国民收入除以社会平均工资就是就业量。

凯恩斯的"国民收入"概念是对斯密"国民财富"、马歇尔"国民收入"、庇古"社会经济福利"概念的改造和发展。斯密的"国民财富"概念是以商品价值为内涵的。斯密关注的重点在生产领域，商品价值的实现还未成为经济中的突出矛盾。因此，在斯密的学说体系中，国民财富就等于商品总价值，商品价值以商品的生产或者供给为标准。从斯密到李嘉图、萨伊，资本经济学都将国民财富视为结果性的存在，是资本经济自由竞争的结果，因而不必对其总量进行深入分析。马歇尔的体系虽然注意供给与需求的均衡，并且将国民收入规定为均衡收入，但也只是抽象地论及国民收入等概念，并未将其作为衡量经济运行的指标进行探讨。因此，凯恩斯《通论》出版时，现有的西方国民收入核算体系及其统计数据虽然已经在民间和官方机构中有所涉及，但还未正式纳入资本经济学研究之中。

凯恩斯首先对"国民收入"概念进行了规定。凯恩斯认为，国民所得、实际资本存量、一般价格水平等都是经济学经常使用、但不能令人满意的指标。马歇尔和庇古所定义的国民收入强调的是净收入，也就是转换为居民收入的那部分，并不衡量全部产量的价值或货币收入。凯恩斯认为，只"强调净收入，而忽视收入本身"是错误的，"净收入只对消费决策有关，……收入却与现行的生产有关。"① 凯恩斯对马歇尔和庇古国民收入概念的批评是对"边际革命"以来将需求界定为消费需求观点的否定。与之对应，凯恩斯将消费需求和投资需求都纳入需求端，并且明确供给端和需求端的均衡构成国民收入的基础。萨伊的"供给自动创造需求"定律在生产不足、投机市场不发达的年代或许适用，但到了凯恩斯所处的年代，

---

① 凯恩斯：《就业、利息和货币通论》，商务印书馆1999年版，第67页。

有价证券市场的扩展、生产效率的极大提升等使总供给带来的总收入不能全部转化为总需求,均衡国民收入更大程度上取决于需求端而非供给端,即由消费支出和投资支出共同构成的总需求。凯恩斯对国民收入的界定就围绕着这两方面展开。

凯恩斯认为,有两种计算国民收入的办法,"一种与生产有关,另一种与消费有关"[①]。从供给角度来看,国民收入=产量的价值,即"生产者所出售的产量的卖价超过使用者成本的部分"[②];从需求角度来看,产量价值=消费+投资,因为"这一产量必然会不是卖给消费者,便是卖给另一些企业家"[③]。也就是说,产量的价值一方面构成收入,另一方面由消费支出和投资支出实现。

凯恩斯的国民收入计算方法构成了国内生产总值(GDP)的基本计算方法,在此基础上,还要对国民收入、消费、投资、储蓄等进行度量和量化分析,需要对指标和数据进行选择、收集、计量。早在凯恩斯《通论》出版之前,统计学家便开始尝试利用可信的数据核算国民收入,凯恩斯的国民收入论则确立并强化了国民收入核算在资本经济学中的地位。对国民收入核算体系的研究是市场经济体制阶段资本经济学的一项重要研究成果。

[①] 凯恩斯:《就业、利息和货币通论》,商务印书馆1999年版,第58页。

[②] 使用者成本U是凯恩斯为说明国民收入概念而提出的概念,表示由于生产A而消耗掉的成本数量。使用者成本$U = A_1 + (G' - B') - G$。其中,A表示某企业所有制成品的销售收入,A_1表示为生产A而支付给其他企业用以购买其他企业制成品的款项;B'表示对资本设备进行维修和完善的花费,G'表示由于花费了B'、资本设备在本期末的价值,G' - B'表示可以从上期那里继承下来的最大净价值;G表示企业家最终会拥有的包括半制成品存货、制成品存货、流通资本等在内的资本设备的价值。凯恩斯:《就业、利息和货币通论》,商务印书馆1999年版,第72页。

[③] 凯恩斯:《就业、利息和货币通论》,商务印书馆1999年版,第70页。

1934 年，美国经济学家西蒙·库茨涅兹在国民经济研究局工作期间正式提出了国民生产总值（GNP）概念，成为指导美国经济研究局度量国民收入、比较不同国家经济增长模式的公认指标。所谓国民生产总值（GNP）是指"一年内一国居民所拥有的投入要素所生产的最终产品的总值"。① 1991 年苏联解体后，随着资本全球化和跨国公司的扩张，美国政府放弃 GNP，开始使用国内生产总值（GDP）计算总产出。20 世纪 90 年代以后，GDP 成为经济学家和决策者判定一国经济发展水平、判定经济是紧缩还是扩张的尺度。② 它是一国一年境内的消费（C）、投资（I）、政府购买物品和劳务（G）以及净出口（X）的货币价值的总和，即，GDP = C + I + G + X。但这种由总需求或总支出所决定的国民收入最终还是要体现在供给端产品的价值上。

沿用凯恩斯计算国民收入的基本方法，从产品供给端对 GDP 的衡量主要有两种方式：一是产品流量法，即计算一切最终产品的价值总和，包括消费品、劳务以及总投资的货币价值总和（在最终产品和总投资上的总支出）：GDP = 裤子价格 * 裤子数量 + 面包价格 * 面包数量 + 外卖收费 * 数量……。二是成本流量法，即计算生产这些产出时各种投入要素的总成本（劳动者工资、付给土地所有者的租金、付给资本的利息、企业的利润、折旧、税收等）。由于产品价值构成生产产品的要素提供者的收入，因此，两种方式计算出来的结果完全相等。GDP 统计的是最终产品或劳务的总量，不包括中间产品。为避免重复，统计的是企业附加值，也就是企业销售额与从其他企业购进的原材料和劳务的支付额之间的差额。

由于 GDP 统计的是商品和服务的货币价值，使用的是市场价格

---

① 萨缪尔森、诺德豪斯：《经济学》，商务印书馆 2012 年，第 679 页。
② 萨缪尔森、诺德豪斯：《经济学》，商务印书馆 2012 年，第 659 页。

这一尺度作为衡量标准，所以必须考虑价格变动，剔除价格变动因素，于是有了名义 GDP 和实际 GDP 的差别。名义 GDP 代表给定年份中所生产的以当年市场价格计算的最终产品和劳务的货币价值总量；实际 GDP 代表从名义 GDP 中剔除价格变化并以商品和服务的数量来计量的 GDP：实际 GDP = 名义 GDP/GDP 价格指数。

与 GNP 相比，GDP 将外国人在本国的收入计算在内，而本国公民在国外的收入则被排除在外。1995 年，联合国贸易发展机构下令，将使用多年的国际通用综合统计指标 GNP 改为 GDP，并督促各国拥护经济全球化，GDP 取代 GNP 成为核算国民收入的核心指标。主流统计指标的转变与资本的全球化息息相关。随着资本在全世界的投资增多，一方面跨国资本的利润越发难以统计，资本家为了逃避利润税也想尽办法模糊资本的国度性；另一方面，越来越多发展中国家成为跨国垄断资本利润的来源，继续将 GNP 作为衡量不同国家经济增长的指标，很容易将资本全球化带来的资本输出国和资本输入国之间的国际经济地位以及由此带来的收入分配不公显现出来。而选择 GDP 作为指标既避免了统计的不便，也在一定程度上掩饰了资本全球化带来的收入分配不公，是大资本财团主导其本国及世界经济在资本经济学术层次的典型体现。

从经济总量上对国民收入核算体系的研究是资本经济学在市场经济体制阶段的重要研究成果，虽然在一定程度上借鉴了苏联政治经济学，但国民收入核算体系在资本经济学中的地位、性质和作用与苏联政治经济学完全不同。苏联政治经济学是将国民经济核算视为节约劳动和生产资料，提高劳动生产力的手段，并且以魁奈《经济表》和马克思"两大部类"思想为基础，将企业之间尤其是部门之间的平衡作为重要的内容。基于节约劳动、提高效率的需要以及企业之间和部门之间平衡的需要，企业的经济核算也是苏联国民收入核算体系的重要组成部分。但是以凯恩斯学说为基础的资本经济学国民收入核算体系，只考虑由总供给带来的总收入与由总需求带来的总支出之间的均衡，强调在总供给既定的情况下，如何刺激由消费需求、投资需求、政府需求和对外贸易构成的总需求，以达到产品市场出清、实现充分就业的均衡状态。这里的前提是企业生产由私有资本控制，因此，资本经济学国民收入核算体系中的总量分析，所涉及的国民收入、总产量、总需求、总就业等，都只是对个体企业行为、个体消费行为、个体就业行为的被动加总，经济结构的均衡并不在考虑范围内。国民收入核算体系的作用仅仅是为私有资本家所控制的企业产出解决市场环境问题，乃至直接由政府购买或国际谈判等方式解决市场需求问题，经济结构的调整和升级等问题虽然长期存在于资本雇佣劳动制国家的历史和现实中，但却不在资本经济学国民收入核算体系考虑范围之内。

六 有效需求、消费倾向与投资诱导

凯恩斯在《通论》中提出以国民收入作为重要研究内容时，其直接研究对象是经济萧条和失业，目的在于通过提高国民收入达到充分就业，解决失业问题、改变经济萧条。对国民收入的研究是服从这一目的的，除了选定国民收入的衡量指标，最重要的就在于解释国民收入的决定因素，并最终提出针对性的政府干预政策。凯恩斯判定经济萧条的原因在于有效需求不足，均衡的国民收入取决于有效的总需求，只有总需求才能使总供给的价值在市场上实现，从而实现收入。虽然市场经济体制将国家作为重要经济因素纳入经济运行过程，但凯恩斯主张的国家干预、调控经济并不改变资本雇佣劳动制，因此强调对需求端的管理，而非直接干预由资本所有者直接控制的供给端。凯恩斯注重从消费、投资、政府购买等各个需求方面入手，提出解决供给过剩或生产过剩的危机。这一点成为贯穿市场经济体制阶段国家调控经济的原则。

凯恩斯认为,由于坚持"供给创造自己的需求"的"萨伊定律",自李嘉图以来,包括马歇尔、庇古等主流经济学家都没有提到有效需求,对于有效需求的讨论只"偷偷摸摸地生活在不入流的"[①]马尔萨斯、西斯蒙第、马克思等人的经济学中。他则明确地将需求端作为均衡国民收入的决定力量,把"有效需求"看作能否达到充分就业、能否走出萧条的直接原因,用"有效需求不足"来解释"丰裕之中的贫困这一矛盾现象"。[②] 因此,凯恩斯的国民收入论又可以称为"有效需求论"。

凯恩斯用 Z 表示用货币表示的总供给价格,D 表示用货币表示的总需求价格,总供给 Z 和总需求 D 都可以看作就业量 N 的函数。其中,

总供给函数表示雇用 N 个人时,产品的总供给价格 Z 与 N 之间的函数关系,Z 构成雇用 N 个人时的社会总收入,记为:

$Z = \Phi(N)$

总需求函数表示雇用 N 个人时,产品的总支出价格 D 与 N 之间的函数关系,D 构成雇用 N 个人的社会总需求,记为:

$D = f(N)$

"有效需求"就是总需求价格 D 与总供给价格 Z 相等时的数值 $D*$(图 5-6-1)。

[①] 凯恩斯:《就业、利息和货币通论》,商务印书馆 1999 年版,第 37 页。
[②] 凯恩斯:《就业、利息和货币通论》,商务印书馆 1999 年版,第 36 页。

图 5-6-1　"有效需求"图示①

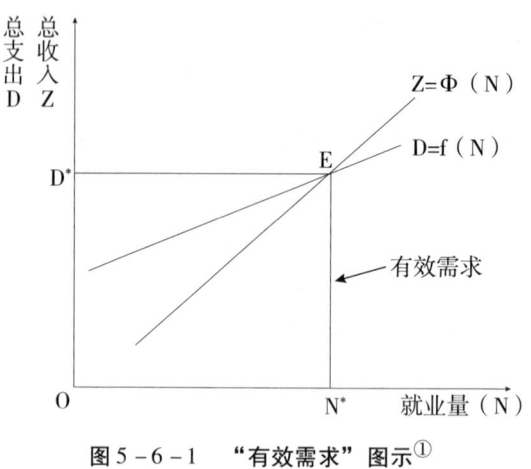

按照"供给创造自己的需求"的"萨伊定律",总需求价格在一切产量和就业水平上都与总供给价格相等,即总需求价格 D = f(N) 与总供给价格 Z = Φ(N) 在所有 N 的数值都相等(图 5-6-1 中 D 与 Z 是重合的)。"有效需求"不是一个唯一的均衡值,而是无数个均衡值。如果总供给价格 Z = Φ(N) 由于 N 的增加而增加,那么,总需求价格 D = f(N) 必然作出同样的增加。按照这一假定,总供给带来的总收入 Z 总是能带来相应的总需求 D,这意味着"除了劳动的边际负效用所规定的一个上限,就业量的大小是不能确定的值。"②

但现实并非按照"萨伊定律"运行,总需求 D 小于总供给 Z 的"有效需求不足"才是经济运行的常态。"萨伊定律"实际上是把现实世界假设为经济学所希望的样子,把资本主义经济"面临的困难假设掉了"。③凯恩斯则认为,国民收入的决定原理就在于"有效需

---

① 参照狄拉德:《约翰·梅纳德·凯恩斯的经济学》凯恩斯有效需求图形绘制。见凯恩斯:《就业、利息和货币通论》,商务印书馆1999年版,第30页脚注。
② 凯恩斯:《就业、利息和货币通论》,商务印书馆1999年版,第31页。
③ 凯恩斯:《就业、利息和货币通论》,商务印书馆1999年版,第39页。

求"的决定。《通论》的任务就在于说明有效需求原理,具体包含八个命题:

(1) 在技术、资源和成本均既定的情况下,总收入取决于就业量 N。

(2) 社会总收入和社会所愿意消费数量(用 D_1 来表示)之间的关系取决于该社会的心理特征,即该社会的消费倾向。除了消费倾向本身发生变化以外,消费取决于总收入水平,从而取决于就业量水平 N,可以写作 $D_1 = \chi(N)$,χ 取决于消费倾向。

(3) 企业所雇佣的劳动者数量 N 取决于两种数量的总和 D,即:D_1 社会愿意消费的数量和 D_2 社会愿意投资的数量(D 就是有效需求);

(4) 当处于需求等于供给的均衡状态时,$D = D_1 + D_2 = \Phi(N)$(这里 Φ 是总供给函数),$D_1 = \chi(N)$,于是社会愿意投资的数量 $D_2 = \Phi(N) - \chi(N)$。

(5) 因此,均衡就业量 N 取决于总供给函数 Φ、消费倾向 χ、投资量 D_2。

(6) 对于每一个数值的 N,在工资品行业中存在着相应的劳动的边际生产率,决定实际工资的便是这一生产率。因此,受到的限制条件为:N 不能超过它把实际工资减少到与劳动的边际负效用不相等时的数值。这意味着:有时候 D 的改变与工资不变的假设相抵触。因此,取消这一假设条件是必要的。

(7) 按照传统经济学观点,对所有的 N 而言,$D = \Phi(N)$;而在 N 小于其最大值时,就业量均处于中性的均衡状态。因此,企业家之间的竞争力会把 N 推到它的最大值。只有在这一点,才会存在稳定的均衡状态。

(8) 当就业量增加时,D_1 会增加,但 D_1 的增加程度不如 D 增加那么大,因为存在一个心理规律:当我们的收入增加时,我们的消费也会增加,但消费增加的量不像收入增加那样大。根据这一心理规律，就业量越大，与之对应的产量的总供给价格（Z）与企业家能够从消费者支出中收回的 D_1 之间的差距也越大。因此，如果消费倾向不变，那么，就业量就不能增加，除非 D_2 也同时增加，以便补偿 Z 和 D_1 之间越来越大的差距。这样，除非依靠传统理论所做出的特殊假设条件——当就业量增加时，总会有某种力量发生作用，来使 D_2 增加到足够的程度，以补偿 Z 和 D_1 之间越来越大的差距——否则，就可能出现处于稳定的 N 小于充分就业的均衡状态，即处于总需求函数和总供给函数的交点所决定的就业水平（该就业水平小于充分就业水平 N）。①

凯恩斯认为，决定就业量的不是微观的边际产品价值，而是总体的社会有效需求数量。凯恩斯不同意传统经济学关于就业量由工资量自动调节的观点："就业量并不取决于以实际工资衡量的劳动的边际负效用，而在实际工资为既定时，所可能有的劳动供给量仅仅决定就业量的最高水平。"② 现实生活不同于传统经济学的设想：不是工资量自动调节就业量，而是社会的有效需求数量决定就业量，就业量决定实际工资。如果有效需求不足，那么，现实中存在的就业量就会少于在现行的实际工资下所可能有的劳动供给量，也就是存在非自愿失业。在该就业量水平，实际工资（劳动的边际产品的价值）会大于劳动的边际负效应（劳动者愿意接受的工资水平），即"尽管在价值上，劳动的边际产品仍然大于劳动的边际负效用，有效需求不足却会阻碍生产。"③

凯恩斯认为，只存在一个均衡水平的就业量，即均衡产出。均衡产出也就是与总需求相一致的产出，其他水平则会导致全部产量

---

① 凯恩斯：《就业、利息和货币通论》，商务印书馆1999年版，第34-35页。
② 凯恩斯：《就业、利息和货币通论》，商务印书馆1999年版，第35-36页。
③ 凯恩斯：《就业、利息和货币通论》，商务印书馆1999年版，第36页。

的总供给价格 Z 和总需求价格 D 之间的差异。一般情况下，没有理由期望均衡水平的就业量达到充分就业状态，因为与充分就业相对应的有效需求是"特殊情况"，"通常情况"则是均衡水平的就业量由于有效需求不足而小于充分就业量。这也是为什么凯恩斯"把本书命名为《就业、利息和货币通论》，以强调其中的'通'字。"①

由于均衡产出是与总需求相一致的产出，要分析均衡产出如何决定，就要分析总需求的各个组成部分如何决定。凯恩斯认为，总需求由消费需求和投资需求，即社会愿意消费的数量 D_1 和社会愿意投资的数量 D_2 共同构成，并且用"消费倾向"和"投资诱导"表示这两种类型的需求，消费倾向和投资诱导也就成为展开有效需求的两个主干概念。

根据有效需求论的第（4）个命题②——$D = D_1 + D_2 = \Phi(N)$，$D_1 = \chi(N)$，于是 $D_2 = \Phi(N) - \chi(N)$——无论是凯恩斯，还是他的后继者，首先分析的都是消费需求如何决定，不仅因为消费是总需求中最主要的部分，还因为经济均衡的条件是计划投资等于计划储蓄，要找出储蓄量的大小，也必须先找出消费量的大小。只要知道了消费数额，就可以从国民收入中减去这一消费量，求得储蓄量。

凯恩斯认为，决定消费倾向的关键因素是收入水平，并据此提出了消费函数："我们把被我们称之为消费倾向的名词定义为：存在于 Y_w（即用工资单位衡量的既定的收入水平）和 C_w（即在该收入水平下的消费开支）之间的函数关系 χ。"③ 消费函数可以表示为：

$C_w = \chi(Y_w)$ 或者 $C = W \cdot \chi(Y_w)$④

---

① 凯恩斯：《就业、利息和货币通论》，商务印书馆1999年版，第7页。
② 凯恩斯：《就业、利息和货币通论》，商务印书馆1999年版，第34页。
③ 凯恩斯：《就业、利息和货币通论》，商务印书馆1999年版，第96页。
④ 凯恩斯：《就业、利息和货币通论》，商务印书馆1999年版，第96页。

一般情况下，可以把消费倾向看作稳定的函数，从而消费量取决于收入量。但是，要最终确定消费函数的形状，还要考虑消费倾向本身的变化。为此，凯恩斯提出了边际消费倾向（MPC）概念，并且论证了边际消费倾向递减规律："我们把 $\dfrac{dC_W}{dY_W}$ 称为边际消费倾向。"[①] "当人们收入增加时，他们的消费也会增加，但消费的增加不像收入增加得那样多。"[②] 用 ΔC_w 代表消费增加额，用 ΔY_w 代表收入增加额，边际消费倾向也就是消费增加量 ΔC 与收入增加量 ΔY 之间的比率，即每增加一单位收入中用于增加消费部分的比率，边际消费倾向递减规律可以表达为："ΔC_w 和 ΔY_w 具有相同的符号，但 $\Delta Y_w > \Delta C_w$。"[③] 用公式表示：

$$0 < \frac{dC_W}{dY_W} < 1$$

凯恩斯的消费函数论将消费量看作收入量的函数，因此被称为"绝对收入消费论"。之后又产生了其他消费函数假说，如杜森贝里的相对收入假说、莫迪里安尼的生命周期假说、弗里德曼的永久收入假说。"相对收入假说"[④] 认为，消费不是绝对地由收入水平决定，也要受过去的消费习惯、周围消费水平等因素的影响，因而是相对地被国民收入决定。"生命周期假说"[⑤] 认为，人们会在更长时

[①] 凯恩斯：《就业、利息和货币通论》，商务印书馆1999年版，第119页。
[②] 凯恩斯：《就业、利息和货币通论》，商务印书馆1999年版，第101 - 102页。
[③] 凯恩斯：《就业、利息和货币通论》，商务印书馆1999年版，第119页。
[④] James S. Duesenberry. "Income, Saving, and the Theory of Consumer Behavior", New York Oxford University Press, 1967, p1.
[⑤] Franco Modiglian. "The Collected Papers of Franco Modigliani: Volume 6". The MIT Press. Cambridge, Massachusetts, London, England, 2005, p1.

间范围内计划他们的消费开支，以达到整个生命周期内消费的最佳配置。与生命周期论类似，"永久收入假说"① 认为，消费不只同现期收入相关，一生或永久收入才是消费决策的依据。

在对消费倾向或消费函数作出考察后，凯恩斯对储蓄进行了规定，他认为储蓄是"收入超过用于消费支出的部分。"② 萨缪尔森等人在凯恩斯消费函数和储蓄概念的基础上，提出了作为消费函数和消费倾向"镜像"存在的储蓄函数和储蓄倾向："储蓄函数反映储蓄水平与可支配收入水平之间的关系。由于所储蓄的就是未被消费的"③，因此，"储蓄函数就是消费函数的镜像。"④ "边际储蓄倾向（MPS）是增加 1 美元可支配收入所增加的储蓄量……MPS = 1 − MPC。"⑤ 由于边际消费倾向 MPC 是递减的，因此，边际储蓄倾向 MPC 是递增的。由于储蓄在很大意义上决定了资本存量也就是资本的稀缺性，因此会对资本边际效率产生影响，从而影响投资总量，可见，凯恩斯对储蓄分析的重点不在于储蓄的决定，而在于其对资本边际效率的影响。

在考察了消费函数和储蓄函数之后，凯恩斯及其后继者又考察了投资的决定，即投资诱导或投资函数。凯恩斯认为："投资的诱导部分地取决于投资需求表或曲线⑥，又部分地取决于利息率。"⑦ 其中，资本边际效率代表着资本的预期收益，是决定投资的根本因素；

---

① Milton Friedman. "A Theory of the Consumption Function", New York Oxford University Press, 1957, p27.
② 凯恩斯：《就业、利息和货币通论》，商务印书馆1999年版，第68页。
③ 萨缪尔森、诺德豪斯：《经济学》，商务印书馆2012年版，第711页。
④ 萨缪尔森、诺德豪斯：《经济学》，商务印书馆2012年版，第706页。
⑤ 萨缪尔森、诺德豪斯：《经济学》，商务印书馆2012年版，第711页。
⑥ 投资需求曲线即资本边际效率曲线（见《通论》第140页）。
⑦ 凯恩斯：《就业、利息和货币通论》，商务印书馆1999年版，第141页。

利息率代表着资本的使用成本,资本边际效率与利息率之间的差额最终决定着投资总量。凯恩斯对资本边际效率和利息率都作了系统论证。

萨缪尔森等人从资金使用成本的角度考虑,"着重讨论利率与投资之间的关系"①:投资取决于利息率的高低,当利息率上升时,投资会降低;当利息率下降时,投资会增加。因此,投资是利息率的减函数。"除了利息率之外,GDP、企业税收、预期……新产品的成功或失败、税率及利息率的变化、政治倾向和为稳定经济而采取的措施,以及经济生活中类似的随机事件"② 也是影响投资的因素。

托宾提出了股票价格影响企业投资的"托宾 q"论:"q 是企业市场价值与其重置成本的比率。"③

$$q = \frac{企业的股票市场价值}{重新建造企业的成本}$$

q 的正常均衡值为 1。若 q > 1,说明买企业不如新建企业便宜,"会刺激投资";若 q < 1,说明买企业比新建企业便宜,"会抑制投资"。④ 因此,q 越大,投资需求越大。也就是说,股票价格与投资正相关,股票价格上涨时,投资增加。

凯恩斯将消费倾向与投资诱导作为有效需求的主要组成部分,在方法依从传统的"心理原则",他所说的有效需求针对的是总就业、总供给、总需求、总消费、总投资等经济总量,但决定经济总量的仍然是既定社会制度下的孤立个人,是消费倾向、储蓄倾向等个人心理动机。凯恩斯的总量分析法虽然不同于传统资本经济学的

---

① 萨缪尔森、诺德豪斯:《经济学》,商务印书馆 2012 年版,第 722 页。
② 萨缪尔森、诺德豪斯:《经济学》,商务印书馆 2012 年版,第 706 页。
③ 托宾等:《货币、信贷与资本》,东北财经大学出版社 2000 年版,第 155 页。
④ 托宾等:《货币、信贷与资本》,东北财经大学出版社 2000 年版,第 156 页。

个量分析法，但仍然把资本雇佣劳动制度和个人追求利益最大化作为前提来分析经济现象和经济问题。凯恩斯将边际消费倾向递减规律，以及由此导致的边际储蓄倾向递增规律作为消费需求不足和投资需求不足的根本原因，这就强调了消费对有效需求的正向刺激作用，这不仅是将"节俭"这一传统"美德"视为造成经济危机的原因，也反过来将"浪费"这一传统"恶德"视为经济繁荣的刺激因素，由此改变人们的心理、重塑了人们的价值观，带来了消费主义的盛行和过度消费、债务消费的兴起。托宾提出的"q理论"，在一定程度上将股市繁荣视为促进投资需求、进而促进国民收入增长的根本手段。债务型经济和股市本位论则共同促成了美国经济的虚拟化转向。

七 资本边际效率

凯恩斯在《通论》中对消费、投资、供给、就业、货币、利息等等一系列概念的论证，都围绕他学说体系的核心概念——资本边际效率，都是资本边际概念的前导或展开。也就是说，他之所以从总量上探讨各种问题，包括就业、货币、利息等都不是为雇佣劳动者的利益服务，而是如何生产和实现资本边际效率为目的，由国家进行总体调控。相比利润概念，资本边际效率能从个体与总体统一的角度说明利润与资本的投资、生产与利润的关系，而且适合总体计量与调控。

凯恩斯把总需求看作国民收入的决定性因素，把消费需求和投资需求作为有效需求的主要构成部分，并且把边际消费倾向递减规律视为有效需求不足的原因。但是边际消费倾向递减只会造成消费需求不足，只要投资需求足够，仍然不会出现有效需求不足的状态。因此，投资需求也是必须考虑的方面。在对投资需求进行分析的过程中，凯恩斯提出了资本边际效率的概念，并且把资本边际效率递减看作是造成有效需求不足、进而导致经济萧条和失业的根源。因此，凯恩斯的有效需求论虽然考察了消费函数、边际消费倾向、储蓄函数、边际储蓄倾向、投资函数、利息率等多种因素，但是根源还是资本边际效率，而保证资本边际效率也就成为其经济学说的根本目的。

在"有效需求""消费倾向""投资诱导"三个主干概念的基础上，凯恩斯提出并系统论证了"资本边际效率"这个他学说体系的核心概念："从资本资产的预期收益和它的供给价格或重置成本之间的关系可以得到资本资产增加一个单位的预期收益和该单位的重置成本之间的关系。这种关系向我们提供了资本边际效率的概念。更确切地说我把资本边际效率定义为一种贴现率，根据这种贴现率，在资本资产的寿命期间所提供的预期收益的现在值能等于该资本资产的供给价格。"① 资本边际效率由投资的预期收益和资本资产的供给价格或重置成本共同决定。从个体资本来看，资本边际效率可以表示某个投资项目的收益应该按何种比例增长才能达到预期收益，也就是该投资项目的预期利润率。假设资本品的供给价格为 R_0，贴现率为 x，资本品使用 n 年后报废，第 1 年、第 2 年……第 n 年的预期收益分别为 R_1、R_2……R_n，报废时仍有残值 J，则：

$$R_0 = \frac{R_1}{1+x} + \frac{R_2}{(1+x)^2} + \cdots + \frac{R_n}{(1+x)^n} + \frac{1}{(1+x)^n}$$

如果知道资本供给价格 R_0，能估算出各年的预期收益 R_1、R_2……R_n 以及报废的残值 J，就可以得到该投资项目的资本边际效率。在现实生活中，每个投资项目的资本边际效率是不一样的，"对每一种资产，我们均可以为之建立一张表格或曲线，用以说明：要想使资本边际效率等于某一个既定数值，在同时期中所需要增加的

---

① 凯恩斯：《就业、利息和货币通论》，商务印书馆1999年版，第139页。

投资量为多少。我们把各种资产的表格或曲线加总在一起,以便得到一张总的表格或曲线,用以说明:总投资量与总投资量所导致的、并与之相应的资本边际效率之间的关系"①。

假设有可供选择的投资项目 4 个,A 项目需要投资量 100 万英镑,资本边际效率为 10%,B 项目需要投资量 150 万英镑,资本边际效率为 8%,C 项目需要投资量 50 万英镑,资本边际效率为 6%,D 项目需要 200 万英镑,资本边际效率为 4%,那么,每一种投资项目/资产的资本边际效率如表 5-7-1 所示:

表 5-7-1 不同项目的资本边际效率

可供选择的投资项目	A	B	C	D
资本边际效率	10%	8%	6%	4%
需要的投资量/供给价格(万英镑)	100	150	50	200

如果投资总量为 100 万英镑,那么这 100 万英镑都可以选择 A 项目投资,从而获得 10% 的资本边际效率;如果投资总量为 250 万英镑,那么一定有 150 万英镑不得不接受 8% 的资本边际效率,选择 B 项目;如果投资总量达到 500 万英镑,那么有 200 万英镑的新增投资就不得不接受 4% 的资本边际效率,投资 D 项目。由此可以得到投资量与资本边际效率的对应关系(图 5-7-1 和表 5-7-2)。可见,投资总量越多,资本边际效率越低。

---

① 凯恩斯:《就业、利息和货币通论》,商务印书馆 1999 年版,第 140 页。

资本边际效率（%）

```
10 ┐
 8 ┤
 6 ┤
 4 ┤
 0 └─────┬──┬──┬────┬──────→ 投资量（万英镑）
       100 250 300 500
```

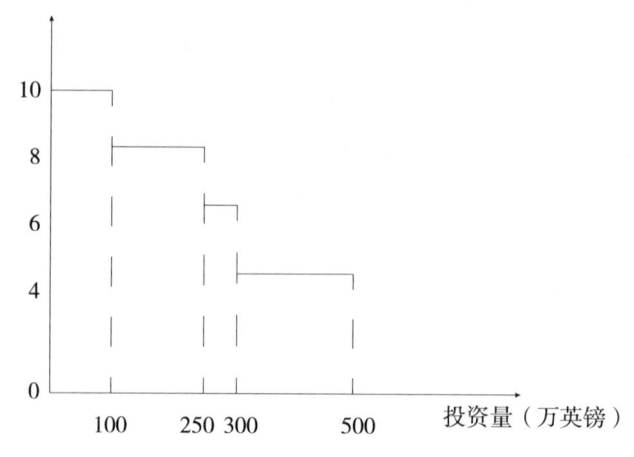

图 5-7-1　资本边际效率与总投资量的关系

表 5-7-2　资本边际效率与总投资量的关系

资本边际效率	10%	8%	6%	4%
可供选择的投资项目	A	A+B	A+B+C	A+B+C+D
总投资量（英镑）	100	250	300	500

凯恩斯将表示"总投资量与总投资量所导致的、并与之相应的资本边际效率之间的关系"称为资本边际效率需求曲线或投资需求曲线。① 资本边际效率是资本收益的体现，是凯恩斯对利润概念的重新界定。利润概念是从普遍意义上对个体资本收益的规定，资本边际效率概念则既考虑个体资本的收益，也注重从总体的角度考虑资本总量的边际收益。自由竞争阶段资本经济学所论证的利润率下降规律在凯恩斯这里也转化为资本边际效率递减规律：投资总量越大，资本边际效率越低。个体资本如此，总体资本也是如此。整个社会的资本边际效率曲线（MEC 曲线），即社会总投资量与资本边际效

---

① 凯恩斯：《就业、利息和货币通论》，商务印书馆 1999 年版，第 140 页。

率之间的关系可以用一条连续的曲线（图 5-7-2）表示：

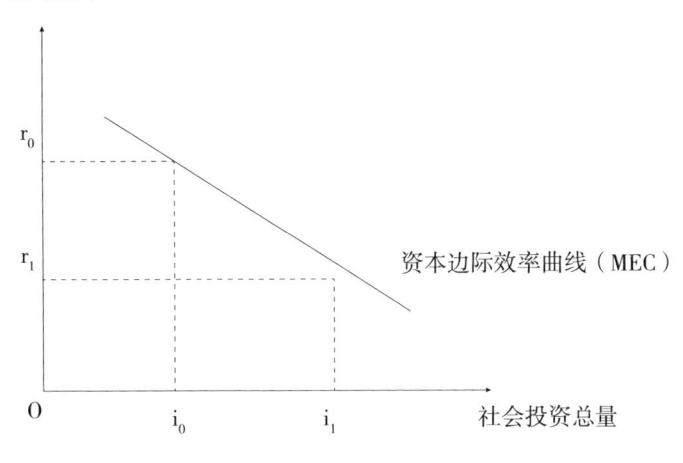

图 5-7-2　资本边际效率曲线

资本边际效率是资本的收益，利息率则是资本的成本，投资总量的大小最终要取决于资本边际效率和利息率的比较。如果资本边际效率大于市场利息率，投资才值得；否则就不值得。因此，利息越低，总投资量越大。由于"实际的投资量会增加到如此的地步，以致没有任何种类的资产的资本边际效率会大于现行的利息率"。[①] 因此，投资需求曲线（表示投资需求总量与利息率的关系）完全可以等于资本边际效率曲线（表示总投资量与资本边际效率的关系）。

进一步考虑，就会发现："如果在一种资产上的投资不断增加，那么，随着投资量的增加，该种资产的资本边际效率就会递减；其部分原因在于当该种资产的供给量增加时，预期收益会下降；另一部分原因在于该种资产的增加会提高该种资产的供给价格。"[②] 也就是说，当利息率下降时，如果每个企业都增加投资，一方面会带来

---

① 凯恩斯：《就业、利息和货币通论》，商务印书馆1999年版，第140页。
② 凯恩斯：《就业、利息和货币通论》，商务印书馆1999年版，第140页。

预期收益率的下降，另一方面会带来资本品价格上涨，即资本品的供给价格/重置成本 R0 增加，于是，资本边际效率必然缩小。因此，资本边际效率曲线（MEC 曲线）还不能准确表示投资总量。与资本边际效率曲线相比，进行投资所需要的利息率必须更低，即实际的投资需求总量 i 所要求的对应利息率 r 比按照资本边际效率曲线（MEC）所对应的利息率 r 要更低。这种资本边际效率缩小后的"投资边际效率（MEI）曲线"比"资本边际效率（MEC）"更能准确反映投资总量和利息率之间的关系（图 5-7-3）：

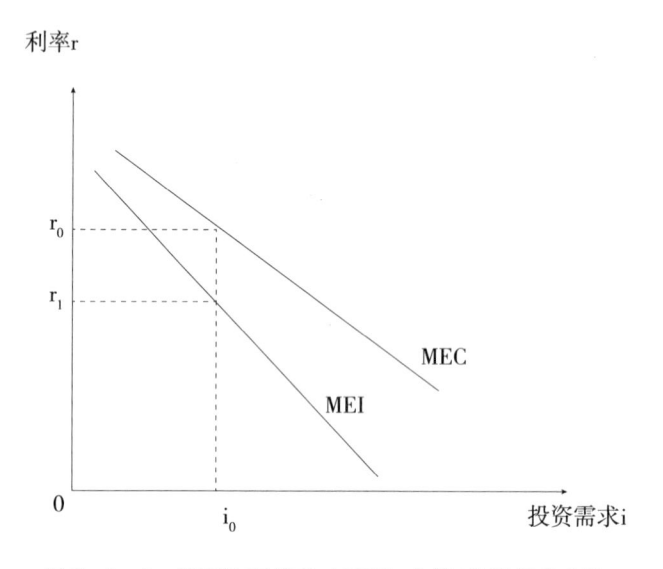

图 5-7-3 投资边际效率（MEI）曲线/投资需求曲线

凯恩斯认为，资本边际效率而非利息率，才是影响投资总量的决定因素："这一新的数量或因素在我们对利息理论的有关投资机会方面起着核心的作用。"[①] 因此，凯恩斯在考察作为资本收益的资本边际效率和作为资本成本的利息率的基础上，强调资本边际效率的

---

① 凯恩斯：《就业、利息和货币通论》，商务印书馆 1999 年版，第 145 页。

决定性作用。无论是对未来生产成本预期的改变，还是对未来货币购买力预期的改变，都是通过影响既定资本存量的资本边际效率来影响投资总量的。"预期价格上升的刺激作用，并不在于它会提高利息率，而在于提高既有资本存量的边际效率……对产量的刺激取决于既定的资本存量的边际效率相对于利息率的上升。"①

资本边际效率不仅是决定投资总量的根本性因素，而且消费函数对有效需求的影响最终也要回归到对资本边际效率的分析，从而将有效需求不足的根源归结于资本边际效率递减。实际上，边际消费倾向递减只会造成消费需求不足，只要投资需求足够，仍然不会出现有效需求不足的状态。但是由边际消费倾向决定的消费函数和储蓄函数最终会影响资本存量，资本存量则直接关系到资本边际效率，从而影响投资需求。

凯恩斯用资本的稀缺性来解释资本边际效率的高低："一件资本品由于它在寿命期间能提供服务而得到的收益总和之所以大于它原有的供给价格，其唯一的原因是它具有稀缺性……如果资本变为具有较少的稀缺性，那么，收益大于原有的成本的数量就会减少。"②"资本必须在长期中被保持于足够稀缺的程度，以便能使其边际效率在资本的寿命期间至少等于利息率的水平。"③ 但是，随着资本主义制度的发展，"被积累起来的财富已经达到如此之大的地步，以致它们的资本边际效率的下降要快于利息率在现有的社会制度和心理因素影响下所可能有的降低程度。"④ 由于消费函数由消费倾向和收入水平决定，并且边际消费倾向递减，因此，社会越富裕，消费倾向

---

① 凯恩斯：《就业、利息和货币通论》，商务印书馆1999年版，第147页。
② 凯恩斯：《就业、利息和货币通论》，商务印书馆1999年版，第220页。
③ 凯恩斯：《就业、利息和货币通论》，商务印书馆1999年版，第224页。
④ 凯恩斯：《就业、利息和货币通论》，商务印书馆1999年版，第226页。

就越小。虽然这意味着总供给与消费需求之间的差额在扩大,但并不意味着有效需求不足。作为边际消费倾向的"镜像",边际储蓄倾向是递增的,因此,随着收入水平增加,资本存量会随着储蓄增加而增加,从而使资本稀缺性降低,如此便降低了资本边际效率,这样,投资量不仅不会增加,反而有可能下降,由此造成有效需求不足的结果。

因此,凯恩斯虽然把有效需求不足作为经济萧条和失业率上升的直接原因,但是最终能对有效需求不足具有决定作用的是资本边际效率,资本边际效率递减才是解释"丰裕之中的贫困这一矛盾现象"[①]的根本原因:由于边际消费倾向递减和边际储蓄倾向递增,投资需求不仅不能弥补消费需求比例下降的缺口,还可能出现更大的缺口。于是,"社会越富裕,社会的实际和潜在的产量之间的差距越大;因此,社会经济制度的缺陷就更加明显和难以忍受。因为贫穷的社会往往会消费掉它很大一部的产量,所以,数量非常有限的投资便会足以导致充分就业;反之,富裕的社会必须为投资提供更加充足的机会来导致充分就业。"[②]边际消费倾向递减规律和边际储蓄倾向递增规律反映的是随着资本总量的增加,资本边际效率会递减,从而导致"社会经济制度的缺陷更加明显和难以忍受"。因此,国家对资本所有者在总体上进行调节,改变由资本边际效率降低导致的社会缺陷就有一定的必然性和必要性。

凯恩斯通过对资本边际效率递减导致经济萧条和失业率上升的分析,反思了"自由放任"体制的弊端:"被积累起来的财富已经达到如此之大的地步,以致它们的资本边际效率的下降要快于利息率在现有的社会制度和心理因素影响下所可能有的降低程度。这一情

---

① 凯恩斯:《就业、利息和货币通论》,商务印书馆1999年版,第36页。
② 凯恩斯:《就业、利息和货币通论》,商务印书馆1999年版,第36页。

况在以自由放任为主的社会条件下,妨碍着生产的技术方面本来就可以提供的合理的就业水平和生活水平。"① 他认为,在生产技术水平一定的条件下,如果采取"自由放任"的体制,即"消费倾向和投资数量都没有按照社会的利益加以人为的控制,而主要是让它们听任自由放任的支配"②,由于资本边际效率递减,社会的就业水平和生活水平不仅不会随着收入水平的提到而提高,反而会因为资本存量的增加而下降。

从这种认识出发,凯恩斯提出了以保证资本边际效率为目的的体制改革目标:把国家政权改造为保证资本边际效率的工具,"我们进一步假设,国家的行动已经被用作控制的手段来使资本设备的增长逐渐到达饱和点……一个管理良好、具有现代技术所需要的资源而人口增加并不迅速的社会可以在一代人的期间把充分就业均衡时的资本边际效率降低到大致为零的地步;从而我们的社会应该可以到达一个接近于静止不变的状态;在该状态下,变动和进步纯然来自技术、偏好、人口和体制的改变。"③ 凯恩斯不仅将资本边际效率作为体制改革的目的,而且将资本边际效率作为国家干预经济的直接对象。

在强调资本边际效率对于投资总量具有决定性作用的基础上,凯恩斯进一步用资本边际效率的剧烈波动解释经济周期,"资本边际效率相对于利息率的波动可以被用来解释和分析繁荣与萧条的交替的行进。"④ 并且,资本边际效率比利息率更能解释现实的经济周期,

---

① 凯恩斯:《就业、利息和货币通论》,商务印书馆1999年版,第226页。
② 凯恩斯:《就业、利息和货币通论》,商务印书馆1999年版,第226页。
③ 凯恩斯:《就业、利息和货币通论》,商务印书馆1999年版,第227-228页。
④ 凯恩斯:《就业、利息和货币通论》,商务印书馆1999年版,第148页。

因为利息率"只不过是现行的现象",只有资本边际效率才能反映"将来对现在的直接影响",不至于"割断今天和明天在理论上的联系"。① 因此,利息率虽然可以看作"在正常条件下能影响投资的重大因素",但"并不是决定性的因素"。在经济萧条的情况下,国家的调控应该直接对准资本边际效率,而非利息率:"我希望看到的是:处于能根据一般的社会效益来计算出长期资本边际效率的地位的国家机关承担起更大的责任来直接进行投资,因为……资本边际效率的市场估计值似乎很可能具有过分大的波动,以致利息率的任何能实现的改变都不足以抵消这种波动。"② 基于这种认识,凯恩斯认为财政政策是应对经济萧条的首选方式。

在自由竞争体制阶段,资本经济学的核心概念是利润,整个自由竞争体制阶段的资本经济学都是围绕着利润的合理性、利润最大化目标展开的。到了市场经济体制阶段,资本获得利润和追求利润最大化已经具有了不言自明的合理性和现实性,资本经济学需要考虑的是在资本总量越来越大并趋向饱和的情况下,如何保证新增资本仍然有利可图。凯恩斯为此提出并论证的资本边际效率概念,就成为凯恩斯主义经济学,乃至整个市场经济体制阶段资本经济学的核心概念。资本边际效率并不是取代利润的新概念,而是对利润概念的重新界定,是为了适应市场经济体制的特点,而对资本经济学核心概念的坚持与改造。凯恩斯的有效需求论本身就是对资本边际效率条件的分析,据此他提出了对自由竞争体制的批判和强化、改造国家经济职能的设想。在他的思想体系中,无论是通过财政政策、货币政策等方式调节利息率、调整消费和储蓄、调控总需求和总供给,都是为实现资本边际效率提供条件。以弗里德曼为代表的新自

---

① 凯恩斯:《就业、利息和货币通论》,商务印书馆1999年版,第226页。
② 凯恩斯:《就业、利息和货币通论》,商务印书馆1999年版,第150页。

由主义虽然在名义上反对国家干预，但在核心目标上与凯恩斯是一致的，都是为了实现资本边际效率，只不过在具体手段和方式上有所差异，凯恩斯更注重从产业投资角度保证资本边际效率，注重财政政策调节；弗里德曼则更注重从资本市场和货币政策控制金融角度实现资本边际效率。

八 收入—支出模型与均衡国民收入的决定

凯恩斯的有效需求论认为，短期内总供给是稳定的，决定国民收入水平的是总需求，有效需求不足是造成经济萧条的主要原因。国民收入均衡的条件在于总支出形成的总需求等于总收入形成的总供给（图 5-8-1）。

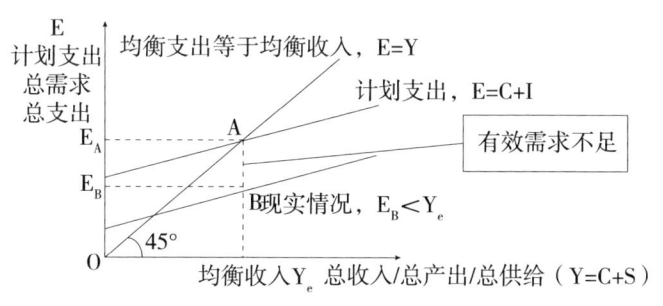

图 5-8-1 凯恩斯的有效需求理论图示[①]

凯恩斯学说形成时，国家干预还未能成为现实经济活动的主要因素，凯恩斯论证有效需求的目的在于将国家的经济干预纳入经济运行过程。为简化论证，凯恩斯在《通论》中暂时略掉了国际贸易的影响，因此消费需求和投资需求是有效需求的主要构成部分。在界定了收入、消费、储蓄之后，凯恩斯得出了储蓄和投资均衡的条

---

① 参照狄拉德：《约翰·梅纳德·凯恩斯的经济学》凯恩斯有效需求图形绘制。见凯恩斯：《就业、利息和货币通论》，商务印书馆1999年版，第30页。

件：收入（Y）=产品价值=消费（C）+投资（I），储蓄（S）=收入（Y）-消费（C），因此，储蓄（S）=投资（I）。[①]

I=S又被称为储蓄-投资恒等式。不论经济是否处于充分就业、是否面临通货膨胀、是否处于均衡状态，储蓄和投资一定相等。然而，这一恒等式并不意味着人们事先计划的储蓄总会等于企业事前计划的投资。储蓄-投资恒等式是从国民收入会计角度看，事后的储蓄和投资总是相等的。但是，储蓄主要由居民进行，投资主要由企业进行，个人的储蓄动机和企业的投资动机并不相同，这就会形成计划储蓄和计划投资不一致，形成总需求和总供给不均衡，引起经济的收缩或扩张，只有与计划支出相等的收入才是均衡收入。在凯恩斯收入-支出的均衡条件以及有效需求不足论的基础上，汉森在1949年出版的《货币理论与财政政策》中进一步将均衡国民收入的决定作为重点考察对象。汉森否定了传统货币数量论从货币数量考察国民收入水平的传统，吸收了凯恩斯国民收入由总需求决定的观点，提出：计划支出由消费和投资构成，即 $y = c + i$[②]……（1）

消费的决定由消费函数解释，投资的决定由投资函数解释，消费需求和投资需求决定的计划支出决定均衡收入。为了使分析简化，可以先假定计划净投资是一个给定的量，不随国民收入水平和利息率的变动而变化，由此得到简单国民收入决定模型——消费函数对均衡收入的决定。

根据凯恩斯的消费函数论，消费由国民收入决定，即 $c = \alpha + \beta y$……（2）

联立方程（1）（2），得到均衡收入：$y = \dfrac{a+i}{1-\beta}$……（3）

[①] 凯恩斯：《就业、利息和货币通论》，商务印书馆1999年版，第70页。
[②] 汉森：《货币理论与财政政策》，山西经济出版社1992年版，第78-83页。

只要明确消费函数和投资量,就可以得到均衡国民收入(图5-8-2):

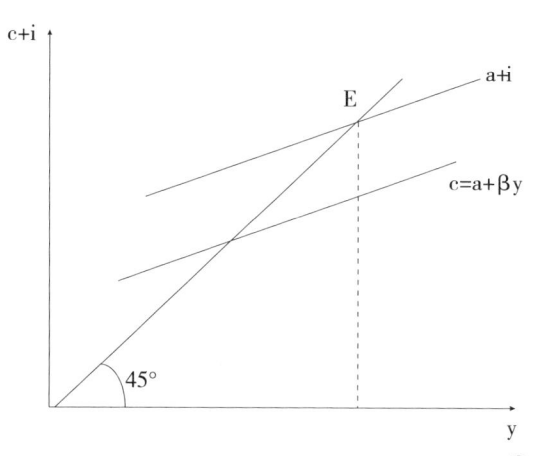

图 5-8-2 收入—支出模型:两部门经济的均衡①

横轴表示国民收入,纵轴表示消费C+投资I,消费曲线由消费函数决定,投资被假定为常数i,c+i曲线就是总支出/总需求曲线。总支出曲线与45°线的交点E决定了均衡的国民收入。在E点,消费者的计划消费支出与企业的计划投资支出的总和(总需求)恰好等于总收入(总供给、总产出)。

如果总供给大于总需求,即总收入y大于c+i,那么,企业库存增加,企业便会减少生产,解雇工人,降低总供给/总产出/总收入,直到回到均衡点。

如果总需求大于总供给,即c+i大于总收入y,那么,企业库存不足,企业便会扩大生产,增雇工人,增加总供给/总产出/总收入,直到回到均衡点。

凯恩斯从"边际消费倾向"概念引申出了"投资乘数"概念,

---

① 参照汉森C+I与45°线交点图形绘制,见汉森:《货币理论与财政政策》,山西经济出版社1992年版,第83页。

边际消费倾向决定了"下一次产量的增量将如何在消费和投资之间进行分割"①。由于政府行为还未被引入经济分析,凯恩斯只考虑了消费者和企业"两部门"的关系:

$$\Delta Y_w = \Delta C_w + \Delta I_w$$

据此可以得到 ΔY_w 与 ΔI_w 之间的关系:

$$\Delta Y_w = k\Delta I_w$$

k 就是投资乘数,"它告诉我们:当总投资增加时,收入的增加量会等于 k 乘以投资的增加量。"②

"投资乘数"表达了一次新投资所引起的连锁反应。企业扩大生产,意味着投资增加,投资的增加量会带来总供给/总产出/总收入增加,但收入的增加量却不等于投资增加量。当增加投资来购买投资品时,实际上为产生这些投资品的生产要素所有者带来了相应的收入,而相应的收入又由于消费函数/消费倾向带来新的消费。比如,新增投资 Δi,这部分新增投资用来购买投资品和雇佣劳动者,于是会流入生产这些投资品的生产要素所有者手中,即以工资、利润、利息、地租等形式流入所有者手中,使得居民收入增加 Δi。

假设际消费倾向 β,即消费函数:

$$c = \alpha + \beta y$$

新增的收入 Δi 中又会有 $\beta * \Delta i$ 用于消费。这 $\beta * \Delta i$ 又会以工资、利润、利息、地租等收入形式流入生产消费品的生产要素所有者手中,带来 $\beta * \Delta i$ 的新收入;以此类推,增加的国民收入:

$$\Delta y = \Delta i + \Delta i * \beta + \Delta i * \beta * \beta + \cdots\cdots + \Delta i * \beta^n = \Delta i * \frac{1}{1-\beta}$$

得出乘数:

---

① 凯恩斯:《就业、利息和货币通论》,商务印书馆1999年版,第119页。
② 凯恩斯:《就业、利息和货币通论》,商务印书馆1999年版,第119页。

$$k = \frac{1}{1-\beta}$$

可见，k 的数值与边际消费倾向 $\beta = \frac{\Delta C_w}{\Delta Y_w} = \frac{dC_w}{dY_w}$ 的数值有关，"$1 - \frac{1}{k}$ 即等于边际消费倾向"，[①] $\frac{1}{1-\beta}$ 即等于投资乘数 k。边际消费倾向越大，乘数越大。投资变动对于国民收入的变动有一种乘数效应：增加投资可以带来收入的成倍增加，减少投资也会带来收入的成倍减少。

在收入—支出模型中，凯恩斯考察的主要是"两部门"经济的均衡，即假设一个经济社会只有个体消费者和私人企业。凯恩斯在经济学史上的"革命"作用就体现在他将国家干预，尤其是财政政策作为经济运行的重要变量引入了经济学分析。随着市场经济体制的确立和演进，一方面国家干预成为经济生活的一个主要因素，另一方面对外经济交往在经济中的重要程度不断加深，国家机构和国际贸易逐渐被凯恩斯以后的主流经济学纳入考察模型。萨缪尔森等人在凯恩斯两部门经济均衡模型的基础上，把国家干预因素和国际贸易因素加入模型，进一步考察了"三部门"和"四部门"经济的均衡。凯恩斯在资本经济学历史上的"革命"作用就体现于他将国家干预，尤其是财政政策作为经济运行的重要变量引入了经济学分析。"为了理解政府在经济活动中的作用，我们需要考察政府的支出和税收，以及这些活动对私人部门支出所产生的影响"，为此，需要"在 C + I 中加入 G 来修改前面的分析，从而可以得到一条新的总支出曲线 TE = C + I + G"[②]。

收入-支出模型仍然从需求/支出和供给/收入两个方向进行考察：

[①] 凯恩斯：《就业、利息和货币通论》，商务印书馆1999年版，第119页。
[②] 萨缪尔森、诺德豪斯：《经济学》，商务印书馆2012年版，第757页。

从总支出角度讲，总需求＝消费＋投资＋政府购买（Y＝C＋I＋G）

从总收入角度讲，总供给＝消费＋储蓄＋税收（Y＝C＋S＋T）

三部门经济的均衡条件从两部门的储蓄－投资恒等式 I＝S 变成 I＋G＝S＋T。

正如两部门经济只要明确消费函数和投资量，就可以通过总支出确定均衡国民收入，三部门经济中只要明确消费函数、投资量和国家机构（通常以"政府"表示）收支就可以确定均衡国民收入（图5－8－3）。

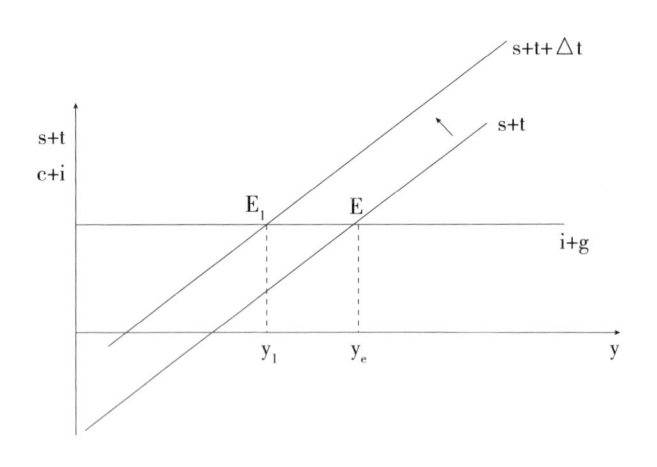

图5－8－3　收入—支出模型：三部门经济的均衡

i＋g 是从支出/需求角度来计算的国民收入线（总支出减去消费支出），s＋t 是从收入/供给角度计算的国民产出线（总收入减去消费支出），二者交点 E 处：总收入＝总支出。如果投资 i 和政府购买 g 不变，税收增加 Δt，那么 s＋t 曲线就会上移至 s＋t＋Δt 处，由此可以得到新的均衡点 E_1 和新的均衡收入 Y_1。加入政府活动后，不仅投资支出的变动具有乘数效应，政府购买、税收、政府转移支付变动等政府财政政策，也同样因为对消费具有影响而对于国民产出量具有乘数效应。

"政府购买支出乘数"是"指政府在商品和服务上每增加1美元

开支所能引起的 GDP 增长"①，反映由政府购买支出的变动所带来的国民收入变动。政府购买支出乘数

$$k_g = \frac{\Delta y}{\Delta g} = \frac{1}{1-\beta}$$

政府购买支出乘数与投资乘数完全相同，"统称支出乘数"②。

"税收乘数"反映由税收变动所带来的国民收入变动情况。则：税收乘数

$$k_t = \frac{\Delta y}{\Delta t} = \frac{-\beta}{1-\beta}$$

税收乘数为负数，表示国民收入变动与税收变动呈反方向变动，作用机理在于税收增加导致居民可支配收入减少，从而引起消费减少，从而带来国民收入累计减少。

"政府转移支付乘数"反映由政府转移支付的变动所带来的国民收入变动情况。

政府转移支付乘数 $kt_r = \dfrac{\Delta y}{\Delta t_r} = \dfrac{\beta}{1-\beta}$

政府转移支付乘数与税收乘数的绝对值相等，且均小于政府支出乘数。原因在于政府支出增加额会全部用于增加总需求，而政府转移支付的增加额或者税收的减少额直接作用的是可支配收入，可支配收入中只有一部分用于增加总需求。因此，要增加国民收入，直接增加政府购买比减税或转移支付更有效。

"平衡预算乘数"反映当政府收入和支出同时以相等数量变动时，即 $\Delta g = \Delta t$ 时，所带来的国民收入量 Δy 的变动情况，平衡预算乘数 $k_b = \dfrac{\Delta y}{\Delta t}$ 或者 $k_b = \dfrac{\Delta y}{\Delta g}$（$\Delta g = \Delta t$），平衡预算乘数 $K_b = 1$，

---

① 萨缪尔森、诺德豪斯：《经济学》，商务印书馆 2012 年版，第 762 页。
② 萨缪尔森、诺德豪斯：《经济学》，商务印书馆 2012 年版，第 762 页。

意味着政府支出和税收各增加同一数量时,国民收入增加额与这个变动额相等。

"两部门"经济只包括消费者和企业,"三部门"经济是在两部门基础上加入了政府作用,即政府支出、税收、转移支付等因素;"四部门"经济则在三部门经济的基础上,进一步加入国际贸易因素,即开放经济条件下的均衡。"开放经济的宏观经济学所研究的是在国家之间存在着贸易和金融联系的条件下,各经济体的行为逻辑"[1],可以从"国民收入账户和产品账户角度",仍以收入—支出模型考察均衡国民收入的决定。

从支出角度讲,国民收入 = 消费 + 投资 + 政府购买 + 出口(Y = C + I + G + X)

从收入角度讲,国民收入 = 消费 + 进口 + 储蓄 + 税收(Y = C + M + S + T)

四部门经济的均衡条件从三部门 I + G = S + T 进一步转变为:I + G + X = M + S + T

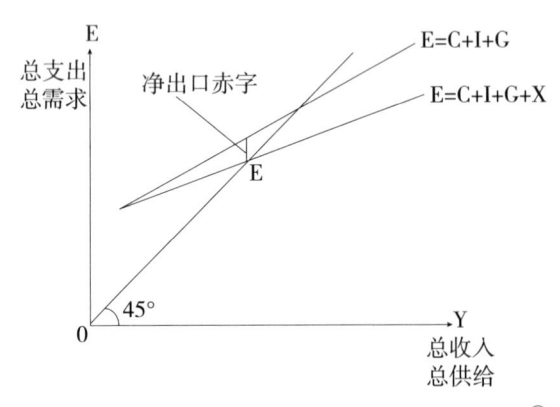

图 5 - 8 - 4 收入—支出模型:四部门经济的均衡[2]

---

[1] 萨缪尔森、诺德豪斯:《经济学》,商务印书馆2012年版,第969页。
[2] 萨缪尔森、诺德豪斯:《经济学》,商务印书馆2012年版,第976页。

均衡的国民收入仍然取决于总需求,由于进一步引入了国际贸易,总需求要在国内消费 C、投资 I 和政府支出 G 的基础上,加入净出口 nx,此时均衡收入:y = c + i + g + nx

净出口 = 出口 − 进口(nx = x − m)

出口 x 由外国购买需求决定,可以视为外生变量,记为 χ_0;

进口 m 由本国国民收入决定,即进口是国民收入的函数:m = m_0 + γy

m_0 表示自发性进口,即不管收入水平为多少都必须进口的部分;γ 表示边际进口倾向,即收入增加 1 单位所带来的进口增加额,一般情况下,国民收入增加,进口增加;国民收入减少,进口也会减少,因此,0 < γ < 1。

将国际贸易因素考虑进去之后,得到均衡国民收入决定的模型:

$$y = \frac{\alpha + i + g + \beta t_r - \beta t + \chi_0 - m_0}{1 - \beta + \gamma}$$

开放经济条件下,对外贸易乘数 $\frac{d_y}{d_x}$ 反映出口增加带来的国民收入变动情况:

$$\frac{d_y}{d_x} = \frac{1}{1 - \beta + \gamma}$$

在开放经济条件下,收入的任何增加中都会有一部分向进口漏出,因此投资乘数、政府支出乘数、税收乘数也较封闭经济相比发生了变化,变为 $\frac{1}{1-\beta+\gamma}$。由于 0 < γ < 1,因此 $\frac{1}{1-\beta+\gamma} < \frac{1}{1-\beta}$,意味着开放经济条件下,通过增加政府支出或增加投资来增加国民收入的效果降低。

凯恩斯的国民收入决定论认为,总支出形成的总需求等于总收入代表的总供给,是产品市场实现出清、国民收入达成均衡、劳动力市场达到充分就业状态、生产和实现资本边际效率的条件。由此出发，凯恩斯从收入和支出两个方向出发寻求达成均衡的具体条件，并以数学模型的形式考察了企业行为和消费行为的平衡条件。希克斯、汉森等人进一步发展了凯恩斯的收入—支出模型，并通过对投资乘数的计算论证了刺激投资对于国民收入增长的作用，通过对政府支出乘数、税收乘数、政府转移支付乘数、平衡预算乘数等范畴的计算，论证了政府直接支出或减税和转移支付行为更能刺激国民收入的增长。如果说对有效需求和消费函数的论证将个体负债消费、过度消费视为维持经济繁荣、保持资本边际效率的条件，那么，收入—支出模型及其对乘数的规定则进一步论证了企业举债投资与政府负债支出对于保证资本边际效率的必要性和合理性，推动了企业杠杆率和政府负债率提升，将债务型经济推向美国和全世界。

九　IS—LM 模型：产品市场与货币市场同时均衡

简单国民收入决定论，无论是两部门、三部门，还是四部门，实际上都只考虑了消费函数的作用，即各种因素如何通过影响消费支出来影响国民收入；也就是假定了计划净投资 I 是一个给定的外生变量，不随国民收入水平和利息率的变动而变化。实际上，投资并非外生变量，而是必须放到模型中进行考察的内生变量。凯恩斯的后继者在凯恩斯"投资诱导"论的基础上，重点考察了投资与利息率之间的关系，形成了投资函数（i = a - dr）。将投资函数考虑于其中，可以进一步考察产品市场均衡的条件。根据：

消费函数 $c = \alpha + \beta y$

投资函数 $i = e - dr$

均衡条件 $i = s$

可以得到，均衡国民收入 $y = \dfrac{\alpha + e - dr}{1 - \beta}$

可知，均衡国民收入 y 与利息率 r 之间存在反方向变动关系。将利息率 r 与国民收入 y 之间的这种关系以曲线图示（图 5-9-1）：

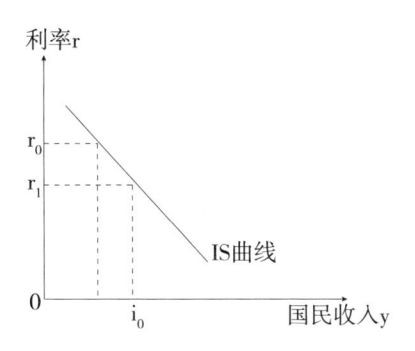

图 5-9-1　IS 曲线

在这条反映国民收入 y 与利息率 r 之间关系的曲线中，投资始终等于储蓄，即 i=s，意味着产品市场始终均衡，这就是"IS 曲线"。[①]

由于反映国民收入 y 与利息率 r 之间关系的均衡国民收入公式是由消费函数、投资函数、均衡条件共同推导来的，因此 IS 曲线也可以从储蓄与收入关系、投资与利息率关系、储蓄与投资关系三条曲线推导（图 5-9-2）。

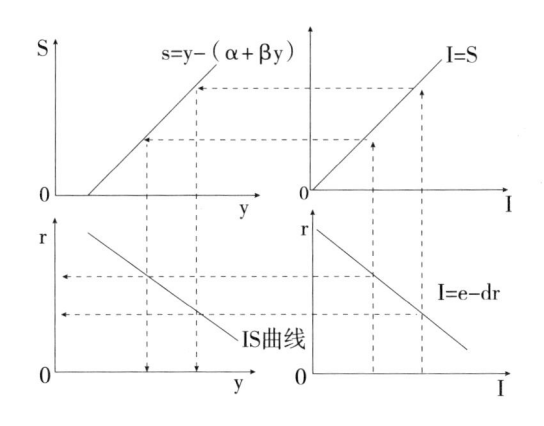

图 5-9-2　IS 曲线的推导

---

① 汉森：《货币理论与财政政策》，山西经济出版社 1992 年版，第 80 页。

IS 曲线的斜率取决于投资函数和储蓄函数的斜率。"投资函数 I = I (i)，与投资乘数一起，共同决定了利率与实际收入水平之间的关系。"①

由于边际消费倾向 β 比较稳定，一般认为 IS 曲线的斜率主要取决于投资对利息率的敏感度 d。政府实行扩张性或紧缩性财政政策都会对 IS 曲线的移动产生影响。

凯恩斯主义经济学家认为产品市场和货币市场不是相互独立的，而是相互影响、相互依存的：产品市场上的总收入增加，意味着需要使用的货币量增加，即货币需求增加；在货币供给不变的情况下，利息率会上升；利息率的上升又会影响投资支出，从而影响产品市场的总需求、进而决定均衡国民收入。因此，在反映产品市场均衡的 IS 曲线基本上，还要解释利息率是如何决定的，这就需要考察货币市场的均衡，把利息率的决定引入模型。"投资需求曲线可以被认为是为了进行新投资而需要借进资金的人所愿意支付的代价，而利息率则代表现行的提供资金的代价。因此，为了使我们的理论完整，我们必须知道，决定利息率的是什么。"②

传统经济学家认为，"投资代表对可投入的资金的需求，而储蓄代表它的供给；与此同时，利息率则是能使二者相等的资金的'价格'"。③ 也就是说，投资代表对货币的需求，利息是投资的代价，因此投资是利息率的减函数；储蓄代表对货币的供给，利息是储蓄的报酬，因此，储蓄是利息率的增函数；投资与储蓄相等时的利息率是均衡利息率，利息率反过来又是"能使对投资的需求和意愿的

---

① 汉森：《货币理论与财政政策》，山西经济出版社 1992 年版，第 79 页。
② 凯恩斯：《就业、利息和货币通论》，商务印书馆 1999 年版，第 168 页。
③ 凯恩斯：《就业、利息和货币通论》，商务印书馆 1999 年版，第 180 页。

储蓄保持均衡的因素"。① 凯恩斯不同意这种观点，认为"利息率不是储蓄的报酬或者被称之为等待的报酬"，因为如果一个人把他的储蓄以现金形式贮存起来，虽然他的储蓄量和不以此方式保存的储蓄量完全相同，但却赚不到任何利息，因此，储蓄与利息率之间没有必然联系，决定利息率的不是储蓄和投资。

凯恩斯认为，利息率是"放弃流动性的报酬"，"是能使以现金形式持有财富的愿望（流动性偏好）和现有的现金数量（货币数量）相平衡的'价格'"。② 也就是说，利息率是由现金的供给量和对现金的需求量决定的，"货币数量便是另一个因素来和流动性偏好在一起决定在既定条件下的利息率的高低。这样，如果用 r 代表利息率，M 代表货币数量，L 代表流动性偏好，那末，我们可以得到 $M = L(r)$。"③

由于货币实际供给量（用 m 表示）一般由国家控制，可以看作外生变量，因此，利息率主要由对货币的需求量，即流动性偏好决定。流动性偏好"是一种潜在的力量或函数关系的倾向，而这一潜在力量或函数关系的倾向可以决定在利息率为既定数值时的，公众想要持有的货币数量。"④ 流动性偏好作为一种心理倾向，之所以存在就在于货币具有使用上的灵活性，因此，人们宁肯牺牲利息、债息、股息、房租、利润等收入，也要持有不生息的货币。凯恩斯认为，流动性偏好主要取决于三个动机："（1）交易动机，即：由于个人或业务上的交易引起的对现金的需要；（2）谨慎动机，即：为了安全起见，把资产的一部分以现金形式保存起来；（3）投机动机，即相信自

---

① 凯恩斯：《就业、利息和货币通论》，商务印书馆1999年版，第180页。
② 凯恩斯：《就业、利息和货币通论》，商务印书馆1999年版，第170页。
③ 凯恩斯：《就业、利息和货币通论》，商务印书馆1999年版，第171页。
④ 凯恩斯：《就业、利息和货币通论》，商务印书馆1999年版，第171页。

己比一般人对将来的行情具有较精确的估计并企图从中获利。"①

在正常情况下,"满足交易动机和谨慎动机所需要的货币量主要取决于整个经济制度的一般活动和货币收入水平"②,大体上和国民收入呈正比,可以看作收入的增函数,可以用 L_1 表示由交易动机和谨慎动机产生的全部货币需求,则:

$$L_1 = L_1(y) = ky$$

源于投机动机的流动性偏好则是人们为了能够及时抓住有利的购买有价证券的机会,会持有的货币数量。由于债券价格高低与利息率高低成反比,利息率越高,有价证券价格越低,人们会认为证券价格有可能很快回升,于是会抓住机会购入有价证券,这样,出于投机动机而持有的货币量就会较少;相反,利息率越低,有价证券价格越高,人们会认为证券价格会回落,于是抛售有价证券,这样,出于投机动机而持有的货币量就会较多。因此,"为了满足投机动机而引起货币的需求总量却呈现出随着利息率的不断改变而继续作出改变的状态"③,与利息率成反向相关关系,是利息率的减函数。可以用 L_2 表示由投机动机产生的货币需求,则:

$$L_2 = L_2(r) = w - hr$$

由于利息率是影响人们持有货币和债券比例的重要依据,当利息率非常高时,人们一般会认为利息率不可能再上升、有价证券不可能再下降,于是会将这部分货币全部用来购买有价证券。反之,当利息率非常低时,人们一般会认为利息率不可能继续下降、有价证券不可能再上升反而可能下跌,于是会将手中持有的有价证券全部抛售,手中持有的货币当然也不会用来购买有价证券,以防止有

---

① 凯恩斯:《就业、利息和货币通论》,商务印书馆1999年版,第174页。
② 凯恩斯:《就业、利息和货币通论》,商务印书馆1999年版,第202页。
③ 凯恩斯:《就业、利息和货币通论》,商务印书馆1999年版,第202页。

价证券下跌遭受损失,此时,"流动性偏好几乎变为绝对的,其含义为:几乎每个人都宁可持有现款,而不愿持有债券,因为,债券所能得到的利息率太低。在这一场合货币当局会失掉它对利息率的有效控制。"[1] 这种利息率已经降到某种水平,人们不管有多少货币都愿意持在手中的情况被萨缪尔森称为"流动性陷阱"[2]。

由交易动机、谨慎动机产生的货币需求和由投机动机产生的货币需求的总和构成对货币的总需求,由此得到货币需求函数:

$L = L_1 + L_2 = L_1(y) + L_2(r) = ky - hr$

由此得到的货币需求是对货币的实际需求量。名义货币量与实际货币量有区别,名义货币量是不管购买力如何只计算票面值的货币量。对名义货币量的需求还需要在实际货币需求量的基础上考虑价格指数。用 M、m、P 表示名义货币量、实际货币量、价格指数,则:

$M = Pm$ 或者 $m = \dfrac{M}{P}$

那么,名义货币需求函数 = 实际货币需求 * 价格指数,即:

$L = (ky - hr) P$

货币需求函数可以用货币需求曲线来表示(图 5 - 9 - 3):

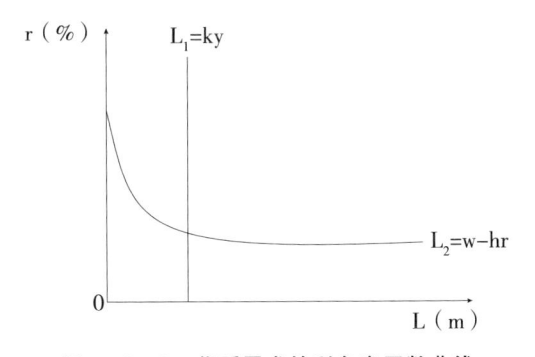

图 5 - 9 - 3　货币需求的利息率函数曲线

---

[1] 凯恩斯:《就业、利息和货币通论》,商务印书馆 1999 年版,第 213 页。
[2] 萨缪尔森、诺德豪斯:《经济学》,商务印书馆 2012 年版,第 835 页。

图中的垂线 L_1 表示为满足交易动机和谨慎动机的货币需求曲线，由于 L_1 和利息率无关，所以垂直于横轴。表示满足投机动机的货币需求曲线，起初向右下方倾斜，L_2 表示货币投机需求随着利息率下降而增加，随后呈水平，表示"流动性陷阱"。图中的 L 曲线是包括 L_1 和 L_2 在内的全部货币需求。货币需求量 L 与收入水平 y 的正相关关系则可以通过该图中的货币需求曲线向右上方或者左下方移动来表示（图5-9-4）。当 y 增加时，L 曲线向右上方移动；当 y 减少时，L 曲线向左下方移动。

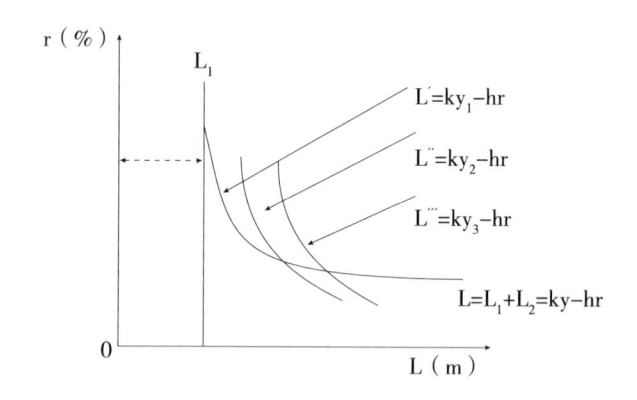

$$L' = ky_1 - hr$$
$$L'' = ky_2 - hr$$
$$L''' = ky_3 - hr$$
$$L = L_1 + L_2 = ky - hr$$

图 5-9-4 货币需求量与国民收入的关系

货币市场的均衡是指货币市场上的供给等于需求。用 M_1 表示满足交易动机和谨慎动机所持有的现款数量，M_2 表示满足投机动机所持有的现款数量，这两种现款数量是由两种流动性偏好函数 L_1 和 L_2 决定，其中，L_1 是收入 Y 的函数，L_2 是利息率 r 的函数，这样货币市场均衡的条件就是：

$$M = M_1 + M_2 = L_1(Y) + L_2(r)^{①}$$

用 m 表示实际货币供给量，货币市场的均衡条件可以写作：

$$m = L = L_1(y) + L_2(r) = ky - hr$$

---

① 凯恩斯：《就业、利息和货币通论》，商务印书馆1999年版，第205页。

当 m 给定时，可以得到在货币市场均衡条件下 y 与 r 的关系：

$$y = \frac{m}{k} + \frac{h}{k} * r \text{ 或者 } r = \frac{k}{h} * y - \frac{m}{h}$$

与产品市场均衡最终得到了国民收入 y 与利率 r 之间的关系同样，货币市场的均衡也得到了国民收入 y 与利率 r 之间的关系："流动偏好函数 L 和货币供给 M 也确定了收入与利率的一种关系。在某一种流动偏好曲线（货币需求曲线）和某一个由货币当局决定的货币供给为既定的条件下，当收入低时，利率也低；当收入高时，利率也高。"[1] 国民收入 y 与利息率 r 之间存在的这种正方向变动关系以曲线图示（图 5-9-5）：

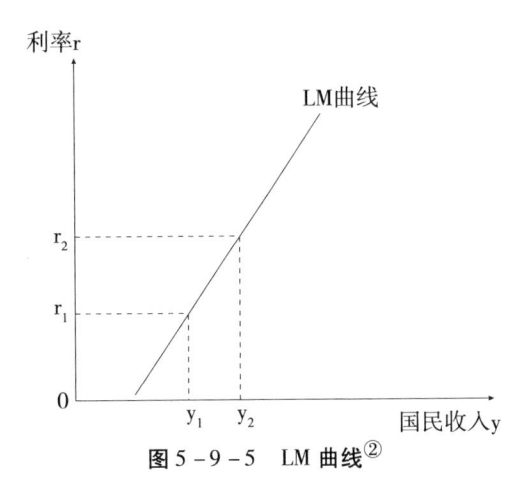

图 5-9-5　LM 曲线[2]

在这条反映国民收入 y 与利息率 r 之间关系的曲线中，货币需求 L 始终等于货币供给 m，即 L = M，意味着货币市场始终均衡，这就是 LM 曲线："这是一条表明当合意的现金等于实际的现金，或者当 L = M 时，收入与利率（L 函数和货币供给 M 为既定）之间关系的

---

[1] 汉森：《货币理论与财政政策》，山西经济出版社 1992 年版，第 84 页。
[2] 汉森：《货币理论与财政政策》，山西经济出版社 1992 年版，第 85 页。

曲线。"①

由于货币的交易需求函数 $L_1(y) = ky$ 比较稳定，一般认为 LM 曲线的斜率主要取决于货币的投机需求函数 $L_2(r) = w - hr$，货币的投机需求是利息率的减函数。上述 LM 曲线所表示的是国民收入 y 与利息率 r 之间关系的一般情况（图 5-9-6 的"中间区域"）。

在国民收入和利率处于高水平以及国民收入和利率处于低水平，LM 曲线有不同的表现形式（图 5-9-7 的"古典区域"和"凯恩斯区域"）。"一个低收入水平就意味着一个相对充裕的货币供给和一个低利率；一个高收入意味着一个相对小的货币供给和一个高的利率水平。"前者可以称为经济萧条状态，后者可以称为经济繁荣状态，LM 曲线在这两种不同状态对利率的影响具有不同的弹性。

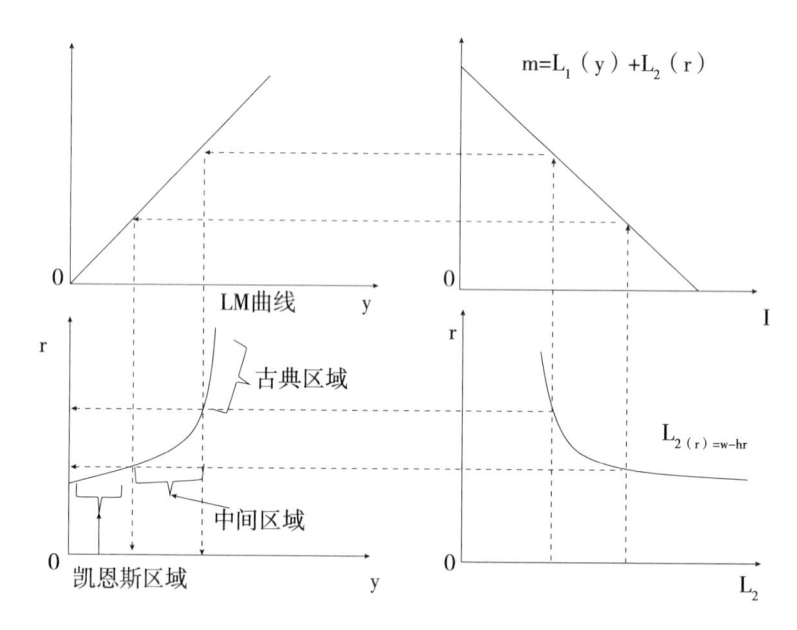

图 5-9-6 "凯恩斯区域"与"古典区域"

当利息率处于高水平时，一方面，"由于收入水平高，对有限的

---

① 汉森：《货币理论与财政政策》，山西经济出版社 1992 年版，第 84 页。

货币量有一个大的交易需求（L_1 很大），另一方面，"利率也会大幅度上升"，导致货币的投机需求等于零，此时无论利息率再提高，都不会有货币投机需求，"LM 曲线变得对利率非常缺乏弹性"[①]，这一区域呈"古典区域"（图 5-9-6）。此时，扩张性财政政策只会提高利息率，不会在很大程度上影响国民收入。

当利息率处于低水平时，一方面，国民收入水平也很低，此时"对于不变的货币量只有很小的交易需求（L_1 很小），大部分货币供给作为闲置资金保存，从而进一步降低了利率"；另一方面，由于利率极低，货币的投机需求趋于无限大，形成"流动偏好陷阱"，此时"流动偏好函数 L 非常富有弹性"，货币的投机需求曲线趋近于一条水平线，使得"LM 曲线变得富有利率弹性"[②]，这一区域称"凯恩斯区域"或"萧条区域"（图 5-9-6）。此时，货币政策无效，增加再多货币供应量都会被持有者握在手中，因为"相对过剩的货币供给已经不能使利率再下降了"，实行扩张性财政政策则可大幅增加国民收入同时极小提升利率。

凯恩斯对传统货币论的突破在于把货币引入经济体系的因果环节分析，从而破除了传统经济学对货币与实体经济的"两分法"。凯恩斯认为，总收入取决于与总供给相等的有效需求，有效需求又决定于消费支出和投资支出。由于消费倾向在短期内稳定，因此，有效需求主要取决于投资支出。投资量则取决于资本的边际效率和利息率的比较。如果资本的边际效率是既定的，投资支出就取决于利息率。利息率又取决于货币供给量和流动性偏好/货币需求量。货币需求由货币的交易和预防需求、货币的投机需求构成，前者取决于收入水平，后者取决于利息率水平。总之，流动偏好和货币数量决

[①] 汉森：《货币理论与财政政策》，山西经济出版社 1992 年版，第 86 页。
[②] 汉森：《货币理论与财政政策》，山西经济出版社 1992 年版，第 86 页。

定利息率、利息率和资本边际效率决定投资水平、投资水平和消费函数决定收入水平。

希克斯认为凯恩斯这里是循环论证：要知道利息率，必须知道流动偏好；要知道流动偏好，必须知道国民收入 L_1（y）；要知道国民收入得知道投资；要知道投资又要知道利息率。为了克服循环论证的缺陷，希克斯作出修正，得出 IS—LM 模型，即产品市场和货币市场同时均衡时的数学模型。[①]

产品市场的均衡模型：

(1) s = s(y)——储蓄函数

(2) i = i(y)——投资函数

(3) s(y) = i(r)——产品市场均衡条件

货币市场的均衡模型：

(4) L = L1(y) + L2(r)——货币需求函数

(5) M/P = m——货币供给函数

(6) L = m——货币市场的均衡条件

得到 IS - LM 曲线（图 5 - 9 - 8）：

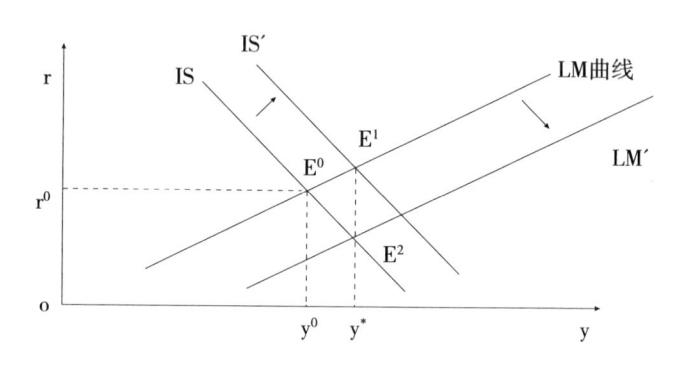

图 5 - 9 - 8　IS - LM 曲线

[①] Hicks, J. (1937) "Mr. Keynes and the Classics: a Suggested Interpretation", Economica, 5: 147 - 159.

IS 曲线与 LM 曲线的交点即为产品市场和货币市场都均衡的状态，如 E^0。E^0 虽然满足两个市场的一般均衡条件，但不一定处于充分就业状态。假设 y* 是充分就业状态的国民收入水平，那么，通过增加政府支出或者减少税收的财政政策使得 IS 曲线向右上方移至 IS′，与 LM 相交于新的均衡点 E^1，如此便可以实现充分就业状态；通过增加货币供给或者降低利息率的货币政策使得 LM 曲线向右下方移到 LM′，与 IS 相交于新的均衡点 E^2 也可以实现充分就业；或者财政政策和货币政策配合使用，也能达到充分就业状态的国民收入水平。

通过财政政策和货币政策调整达到充分就业水平国民收入只适用于一般情况。如果在利率水平和国民收入水平极低的萧条状态，LM 曲线具有很高的利率弹性（处于流动性陷阱的凯恩斯区域），货币政策是无效的，"不能通过增加货币数量来提高收入和就业"，①必须移动 IS 曲线，也就是实行扩张性财政政策才能实现国民收入的增加。同样，如果在利率水平和国民收入水平极高的繁荣状态，LM 曲线具有极低的利率弹性（处于古典区域），货币政策最为有效，使用紧缩性货币政策则不仅可以降低利率，而且不会对国民收入带来太大负面影响。

自由竞争体制阶段的资本经济学坚持货币与实体经济的"二分法"，认为货币量只会对价格水平产生影响，并不对实际国民收入产生影响。凯恩斯打破了这种传统教条，将货币作为实体经济运行的必要环节，认为货币量不仅影响价格水平，而且会通过影响利息率来影响投资需求，进而对实际国民收入产生影响。不仅如此，由产品市场的总供给和总需求决定的实际国民收入也会对货币需求以及利息率产生影响。希克斯在凯恩斯思想的基础上，将货币与实体经

---

① 汉森：《货币理论与财政政策》，山西经济出版社 1992 年版，第 88 页。

济的必然联系用货币市场与产品市场同时均衡的 IS－LM 模型表示，力图考察产品市场和货币市场同时均衡时国民收入与利息率之间的关系，但这一模型本身就存在矛盾。按照该模型的设定，一方面利息率与均衡国民收入之间存在必然联系，每一个利息率都对应一个均衡国民收入，这一均衡国民收入不仅货币市场达到均衡，产品市场也达到了均衡，也就不存在产品剩余和非自愿失业；另一方面，该模型又认为产品市场和货币市场同时均衡的状态不一定处于充分就业状态，只能通过货币政策或财政政策的调节，才能实现充分就业均衡。实际上，IS 曲线反映的是一定时期内的流量、LM 曲线反映的是一定时点上的存量，力图通过将两条曲线放到一张平面图中求均衡点，并且通过移动两条曲线求新的均衡点的做法完全是不顾现实的片面抽象。实际上，货币市场的运行与产品市场的均衡并不具有一致性。由于资本市场的运行逻辑与实体经济的运行逻辑并不相同，因此，货币市场脱离产品市场、资本市场脱离实体经济的状况经常出现。当然，IS－LM 模型虽然考察了产品市场和货币市场同时均衡的条件，但其落脚点仍然是产品市场的均衡，其衍生的 IS－LM－BP 模型也只是试图通过对汇率的调整实现产品市场的国际贸易平衡，目的仍在于实现产品市场的出清。但是通过增加政府开支的财政政策来消化企业和消费者这两个市场主体消化不了的过剩产品，短期内也许有效，但一方面政府行为会对企业投资产生挤出效应，另一方面，如果总供给和收入结构未发生变化，并不能从根本上解决生产过剩的矛盾，产业资本的资本边际效率仍然不能保证，只能造成消费者负债、企业负债和政府负债同时增长的债务型经济。发展虚拟经济，通过金融资本在全世界的资本市场进行价值再分配带有了一定的必然性。

十 凯恩斯对货币数量论的挑战与弗里德曼对货币数量论的修正

凯恩斯注重从名义国民收入与投资支出、消费支出的关系来解释名义国民收入，却忽略名义国民收入与货币存量的关系，国民收入与货币存量的关系是通过利率这个中介产生关联的，由于源于投机动机的货币需求具有很强的不确定性，因此，国民收入与货币存量之间的关系的存在很强的不确定性。凯恩斯的国民收入理论因此被视为传统货币数量论的挑战者："基于价格刚性假设和绝对流动偏好假设的国民收入决定理论完全否定了传统货币数量论关于货币数量决定经济活动水平的主张。"①

货币数量论以货币名义数量和货币实际数量的区分为基础，认为人们关心的是实际货币量，当名义货币数量大于实际货币数量时，就会倾向于支出更少的实际货币获得更多的产品或服务。如果价格是自由变动的，这种"使支出大于收入的企图"② 就会导致价格上涨，于是产出增加；如果价格是固定的，那么支出增加或者靠产品和劳务增加来维持，或者会出现短缺排队购买，无论哪种都会导致实际价格上涨，最终促使固定价格调整。因此，价格和名义国民收入变动的原因，或者是人们持有更多实际货币量的动机，或者是人们持有名义货币量的变动。货币数量论就是要分析影响名义国民收入变动的因素："从分析角度说，对社会希望持有的货币量的决定因素的分析；从实践角度说，对社会希望持有的实际货币量（即货币

---

① 弗里德曼等：《弗里德曼的货币理论结构——与批评者商榷》，中国财政经济出版社1989年版，第53页。

② 弗里德曼等：《弗里德曼的货币理论结构——与批评者商榷》，中国财政经济出版社1989年版，第15页。

需求量）所做的概括"。①

货币数量论者认为，实际货币量的变动是缓慢、稳定的，但名义货币量却经常发生脱离实际货币量的变动，因此可以说，名义国民收入的变动完全是名义货币供给量变动的结果。由于侧重点的区别，货币数量论者提出的数学模型具有不同的形式：费雪的交易方程式（$MV=PT$ 或者 $MV+M'V'=PT$ 其中，M 表示货币存量，V 表示单位货币用于全部交易的周转次数，P 代表产品的价格，T 代表交易总量，M′代表存款数量，V′代表存款的流通速度）②，强调交易总量对货币量的决定作用。马歇尔的剑桥现金平衡方程式（$M=KPy$. 其中，K 表示观测出来的货币存量与国民收入的比率，即人们希望持有的货币量），比国民收入方程式更强调货币被持有的功能。该方程式侧重于论证人们应该持有多少货币的问题。

无论何种表达形式，传统货币数量论实际上都把货币需求看作是国民收入的函数，认为人们持有货币的目的仅仅是满足交易需求，因此，货币数量的增加实际上就等于国民收入的净增加。如果货币供给量大于国民收入水平，也就是名义货币供给量大于实际货币交易量，会出现两种情况：第一，在充分就业情况下，"价格水平将会一直上升到货币的交易价值与货币的数量均衡为止"；第二，在存在失业的情况下，价格水平不会上升，"产量将一直增加到总交易量与货币数量相一致时为止，就业将一直增加到收入分货币数量达到均衡时为止。"③

---

① 弗里德曼等：《弗里德曼的货币理论结构—与批评者商榷》，中国财政经济出版社 1989 年版，第 16 页。

② Fisher Irving. The Purchasing Power of Money. New York：Macmillan，1911. 2d. rev. ed. 1922. Reprint. New York：Kelly，1963，pp24 – 54.

③ 汉森：《货币理论与财政政策》，山西经济出版社 1992 年版，第 147 页。

凯恩斯的国民收入决定论通过将产品市场和货币市场结合起来论证了国民收入与货币数量的关系，但是这种关系不是直接的，而是以利息率作为中介发挥作用，尤其是将投机动机作为影响货币需求的重要因素，使得国民收入和货币数量之间的关系越发具有不确定性。这是对传统货币数量论的挑战，表现在三个方面：第一，现实中并不存在以"充分就业"为特征的长期均衡；第二，短期内价格是刚性的，没有区分名义货币量与实际货币量的必要；第三，由于货币流通速度的不稳定，货币需求函数也是不稳定的，当利息率趋近于零时，就会出现"流动偏好陷阱"，导致货币政策完全无效，因此主张用国民收入等式代替货币数量论的交易方程式。

凯恩斯的挑战曾一度使货币数量论陷入困境，弗里德曼从新的视角对凯恩斯的挑战提出了一些反驳。关于第一个挑战，即不存在长期均衡，弗里德曼指出，凯恩斯忽视了财富在消费函数中的作用，即使存在"失业状态"，价格机制依然在发挥作用，而这是"已经被证明了"[①] 的。

关于第二个挑战，即短期内价格刚性，没有必要区分名义货币量和实际货币量，弗里德曼指出，凯恩斯的分析虽然是对马歇尔个别市场分析方法的运用，但却偏离了马歇尔的分析方法，因而得出错误结论。马歇尔是以动态调整方法来区分市场均衡、短期均衡和长期均衡的，并用一系列短期的离散过程代替一种连续的过程。马歇尔假设价格的调整快于产量的调整，这样就会有一个价格上涨而产量不变的新均衡。短期内，由于价格上涨会带来产量增加，于是价格又会下降，回到原来的均衡水平；长期内，由于有新厂商进入，或旧厂商会扩大生产规模，都会导致价格进一步降低；对整个过程

---

① 弗里德曼等：《弗里德曼的货币理论结构—与批评者商榷》，中国财政经济出版社1989年版，第37页。

来说，调整价格不需要时间，调整产量却需要时间，因此可假设产量不变，价格变化。马歇尔"剑桥方程式"就是运用了这种价格分析方法。据此，货币供给量之所以调整，就在于货币需求量 M 的影响因素 K（人们希望持有的货币量）、P（价格指数）、y（以不变价格表示的国民收入）有所变化。这类似于马歇尔分析的产品市场中，产量调整是需求改变带来的价格改变的结果。

弗里德曼指出，凯恩斯的错误是颠倒了价格与产量的关系：马歇尔认为，价格调整比较快，产量调整比较慢。因此需求变化所导致的价格变化，就会先出现一个新的均衡点，再引起产量变化，所以可以假定短期内产量不变，价格是随需求即刻在变的。但凯恩斯却认为产量即刻在变，价格的调整相对缓慢。凯恩斯还据货币幻觉和工会势力等因素提出"工资刚性"，片面认为只有在充分就业状态下，所有的调整才是价格方面的，而现实中不存在充分就业状态，因此所有的调整都是产量方面的。依据这一假设，名义货币量就等于实际货币量，只能通过产量调整来达到货币数量均衡。费里德曼认为，既然货币政策不能防止经济衰退，凯恩斯只能把影响 K 的主要因素归结为利息率，并将决定 y 变化的因素归结为"为了使人们愿意用于增加生产资本存量的支出数量与社会愿意用于增加财富存量的储蓄量相一致而所需要采取的措施"[①]，即他所主张的财政政策，并把投资与储蓄作为分析的重点。

弗里德曼指出，凯恩斯与传统主流派的主要区别在于"价格与产量调整相对速度的假设"[②]，但凯恩斯这一假设是错误的，以错误

[①] 弗里德曼等：《弗里德曼的货币理论结构—与批评者商榷》，中国财政经济出版社 1989 年版，第 43 页。

[②] 弗里德曼等：《弗里德曼的货币理论结构—与批评者商榷》，中国财政经济出版社 1989 年版，第 43 页。

的假设为前提的凯恩斯学说也不可能正确。

关于凯恩斯对货币数量论的第三个挑战,即"绝对流动偏好"假定,弗里德曼认为,凯恩斯有关的一系列推论,都是以"绝对流动偏好"为基础的。但是,就如他的的"价格刚性"假设不能成立一样,凯恩斯的"绝对流动偏好假定已经不再能够得到人们的明确认可",[①] 以这一假设为基础的理论和政策主张也就没有可行性。

弗里德曼批评了凯恩斯的货币市场论,但他并没有完全恢复传统货币数量论的教条,而是在否定和修正传统货币数量论的基础上坚持了货币数量论,提出了"现代货币数量论"。现代货币数量论并不坚持"货币是唯一重要的因素",但也不像凯恩斯那样把价格水平 P 当作已知数,因此仍然坚持把货币量对名义国民收入的影响作为关注的重点。现代货币数量论也承认,从长期看,对实际国民收入,货币数量的影响远不如非货币因素;货币数量变化的影响主要表现在名义国民收入上,但包括实际国民收入等因素也都对名义国民收入有影响。短期内,M 的变化并不能像凯恩斯所说会被货币流通速度 K 的变化全部吸收,而是必然影响实际国民收入 y 的变动。

现代货币数量论的要点是货币供给函数和货币需求函数,货币供给或名义货币数量取决于货币政策,包括三个基本变量:高能货币数量、存款—准备金比率、存款—通货比率。

货币需求函数则可以表示为:$M = f(P, \dfrac{Y}{r}, r_b - \dfrac{1}{r_b} \cdot \dfrac{dr_b}{dt}, r_e + \dfrac{1}{P} \cdot \dfrac{dP}{dt} - \dfrac{1}{r_e} \cdot \dfrac{dr_e}{dt}, \dfrac{1}{P} \cdot \dfrac{dP}{dt}, w, u)$

通过对货币需求函数的改造,弗里德曼把凯恩斯的货币理论与

---

① 弗里德曼等:《弗里德曼的货币理论结构—与批评者商榷》,中国财政经济出版社 1989 年版,第 51 页。

货币数量论结合，构建了一个"单一共同模型"。① 这个模型包括六个方程：

$$\frac{C}{P} = f\left(\frac{Y}{P}, r\right)$$

$$\frac{I}{P} = g(r)$$

$$\frac{Y}{P} = \frac{C}{P} + \frac{I}{P} \text{ 或者 } \frac{S}{P} = \frac{Y-C}{P} = \frac{I}{P}$$

$$M^D = P \cdot f\left(\frac{Y}{P}, r\right)$$

$$M^S = h(r)$$

$$M^D = M^S$$

第一个方程是消费函数，表示实际消费量是实际收入与利息率的函数；第二个方程是投资函数，表示实际投资量是利息率的函数；第三个方程是产品市场的均衡条件，表示实际收入等于实际支出或者实际储蓄等于实际投资；第四个方程是货币需求函数，表示对货币现金的需求是名义国民收入和利息率的函数；第五个方程是货币供给函数，表示实际货币供应量是利息率的函数；第六个方程是货币市场的均衡条件，表示货币需求量等于货币供给量。

6 个方程中有 7 个未知数，因此，需要一个变量作为既定的外生变量。凯恩斯假定了 $P = P_0$ 作为补充；传统货币数量论假定了 $y = y_0$ 作为补充。弗里德曼认为，两种假定都是有缺陷的，因此选择了一个新的假设 $\rho = \rho^* = \rho_0$（其中，ρ 表示实现了的实际利息率；ρ^* 表示长期的或预期的实际利息率）。由此构成 7 个方程求解 7 个未知数，填补了这个遗漏。

---

① 弗里德曼等：《弗里德曼的货币理论结构—与批评者商榷》，中国财政经济出版社 1989 年版，第 51 页。

除此之外,弗里德曼还对"货币数量变化与名义总国民收入变化之间的传导机制问题"① 作出了不同于传统货币数量论和凯恩斯的新理解。传统货币数量论认为,货币数量与国民收入直接相关。凯恩斯认为,货币数量变化必须通过利息率作为中介才能对国民收入产生影响,即 Mr 投资—乘数效应—总投资总支出/总收入,所以凯恩斯学派分析的重点在于国民收入的利息率弹性。利息率弹性极大条件下,r 不容易发生变化,M 的变化就不能对总收入产生影响。

弗里德曼认为,除了利息率,货币数量对总收入或总支出会产生一种更为广泛和直接的影响,因为货币持有者有一种"使支出大于收入的企图",只要货币量增加,他们就会试图"花掉他们认为是多出来的货币余额的个人……将大量购买有价证券、产品与劳务、偿还债务,增加馈赠"②,他们的支出便会大大增加。另外,货币量与总支出的影响也会通过利息率的变动来发生作用,当货币量 M 增加时,人们储蓄动机变强,于是储蓄增加导致利息率降低,新的投资就会出现,于是总支出或总收入增加。弗里德曼认为,这种传导机制的分歧,根源还在价格是弹性还是刚性的假定,凯恩斯学派假定了价格刚性,也就假定了价格是已知数,那么传导机制就只能依靠利息率变动进行;现代货币数量论认为价格具有弹性,所以传导机制自然不必限定于用利息率解释,而用更广泛的传导机制来解释。

凯恩斯对传统货币数量论的挑战和弗里德曼对货币数量论的修正,作为市场经济阶段资本经济学术层次的必要环节,既是对自由竞争阶段货币数量论的改进和充实,又是资本经济学技层次关于货

---

① 弗里德曼等:《弗里德曼的货币理论结构—与批评者商榷》,中国财政经济出版社1989年版,第55页。

② 弗里德曼等:《弗里德曼的货币理论结构—与批评者商榷》,中国财政经济出版社1989年版,第55页。

币政策建议的基础。

传统货币数量论坚持货币数量与实体经济的二分法，认为货币的作用只在于满足产品市场的交易需求，因此，货币需求量，即实际货币交易量与实体经济、实际国民收入有关；而货币供给量，即名义货币数量与实际国民收入无关，只与价格水平、名义国民收入有关。实体经济有其独立的运行逻辑，不受货币数量限制；但是名义货币量也经常脱离实体经济发生独立变动。如果名义货币数量（货币供给量）小于实际货币交易量（货币需求量），使得货币数量不能满足实体经济的交易需求，就有可能带来经济萧条，这时只需要采取货币政策，扩大货币供给量，就可以解决这一矛盾。凯恩斯及其后继者打破了这种二元分立，以利息率为中介将货币数量引入实体经济运行过程，并且认为，在短期内名义货币量和实际货币量没有区别，货币数量变动不是直接带来价格水平和名义国民收入变动，而是会通过影响利息率对实体经济中的投资产生影响、进而影响实际国民收入。有效需求不足带来的产品市场生产过剩问题也绝不是用于交易的货币量不够那么简单，因此直接通过货币政策、增加货币供应量往往不能解决有效需求不足问题。基于此，凯恩斯及其后继者一方面认为可以让货币市场服务于产品市场，通过对利息率施加影响来影响实体经济中的投资，进而增加产品市场中的有效需求；另一方面，当经济萧条、利息率极低、资本预期收益更低时，货币政策失效，只能依靠财政政策直接增加产品市场中的有效需求。虽然凯恩斯将国家干预作为体制性特征引入资本经济学，主张从总体上对经济的干预、调节，并但是在不改变资本雇佣劳动制度的前提下，凯恩斯所主张的增加有效需求的主张并不能改变有效需求不足的根源，因此，产品市场中的有效需求不足仍然会是资本雇佣劳动制度的常态，增加有效需求的政策是治标不治本的，不仅如此，凯恩斯所主张的刺激有效需求、增加有效需求的政策只会催生债务型经济的增长。因此,凯恩斯的有效需求论和政策主张都只能延缓资本雇佣劳动制度的衰落,却不能改变其危机的根源。弗里德曼实际上看到了这一矛盾:在资本雇佣劳动制度不变的前提下,产品市场本身的矛盾并不能从根本上得到解决,仅站在产业资本角度为产品过剩解决市场需求问题不是长久之计,因此他反对通过财政政策等方式将刺激有效需求、实现产品市场均衡作为目标。以弗里德曼为代表的新自由主义者认为产业资本在产品市场的矛盾可以用金融资本在资本市场的运作来解决。当然,这与美国在二战后已经全面成长为国际大资本财团寄生的土壤相关。因此,弗里德曼在反对凯恩斯财政政策的同时,将国家干预的重心集中于对货币的调节,强调货币政策的重要性,主张强化国家对货币的控制,在强化美元世界货币地位的基础上,通过对美元发行权和金融资本的全面掌控,保证美国资本财团通过资本市场的运作在全球获利,从而通过发展虚拟经济脱离实体经济发展来解决国内产业资本由于生产过剩危机导致的利润不能实现的矛盾,也通过国际资本市场的循环,解决国内不断增长的债务问题。

十一 公共选择论

资本主义社会中,经济由私有资本主导,但也有"公共"的经济活动及相应设施,这是资本生产和获取利润的必要条件。对"公共经济"的研究,虽早在自由竞争阶段就已开始,但不系统。形成于20世纪40年代末50年代初,于60年代逐渐成熟的"公共选择论",对此进行了系统论证。公共选择论以"经济人"假设作为前提,坚持把如何现实个体资本所有者和总体资产阶级的利益最大化作主题,主张对投票规则、立法机构、行政体制和政府决策规则等进行一系列的改革和选择,使得国家机构能更好地为资本投资和获取利润服务。

资本雇佣劳动制经济自由竞争阶段后期,外部性、公共物品需求、规模经济等情况凸显,"凯恩斯"革命后,市场经济体制形成,资产阶级强化了国家经济职能,直接干预和调控经济,因此,"公共经济"活动不断扩大。"主流"资本经济学家并不关心非市场决策问题,这一"空间"就成为公共选择论的研究领域。公共选择论坚持以"经济人"假设为前提,运用"成本—收益分析法",探讨作为公共产品生产者的政府的组织与构成,并对其选择行为的动机与选择行为展开讨论。公共选择论研究的主要问题包括:公共财政、国家理论、投票规则、投票人行为、政党经济学、官僚主义等。他们试图解答:现代西方民主的运行、通过政治选票的个人如何在政治市场进行公共选择及其后果。

公共选择论的代表人物有布坎南(1919–2013)、塔洛克(1922–2014)、罗尔斯(1921–2002)等。公共选择论的代表著作有:塔洛克与布坎南合著的《同意的计算》,布坎南的《民主财政论》《立宪契约中的自由》《自由、市场与国家》塔洛克的《寻租:对寻租活动的经济学分析》等。

布坎南等人认为,社会的基本构成单位是个人,个人与个人互相作用而形成的制度"复合体"是政府。通过政府这个"复合体",个人作出有关集体的决策,实现个体期望的集体目标。集体本身并不选择也不行动,选择和行动的主体是个人。社会选择仅仅是个人作出的选择和采取的行动的结果。无论个人还是集体行为,有目的的个人可以被看作是基本的决策者;只有个人自己才能判断什么是"好的",什么是"坏的",个人要求并进行利益最大化的选择。他在《民主财政论》中指出:"并不存在同人们所熟悉的新古典经济学中的原理、定义相类似的'集体选择理论'和'集体商品需求理论'。对于个人参与集体选择时的行为,我们知之甚少。在一个民主化社会中,即使在这一高度模棱两可术语的最广泛的意义上,也必须假定个人参与了'公共'决策的形成。当然,他们可以间接这样做,而在一些阶段被排除参加一些特定的分配选择。他们也许是为了集团利益而不是个人利益所激励,而且,他们也许对很多公共选择是不感兴趣的。然而,当代政治和官僚机构的复杂性不应掩盖基本的现实,如果个人对公共决策的参与和对其作出的反应被忽略或被假定不存在,那么就会产生重大的误解。……政治决策是一个错综复杂的过程,比市场制度中的非政治决策要复杂的多。在两种场合中限制个人选择的规则必然不同,而且由于这些规则和基本目标的性质,私人成本和效益之间的简单对应关系这种市场选择的基本特征,在政治学中并不存在。不过,在某一最终阶段或层次上,个人必须以某种方式'选定'如何集体地和个人地使用其资源。总之,个人必须'决定'政府财政预算的适度规模,以及财政预算组成项目。尽管单个公民的无知是公众所公认的,但他最终扔必须选择公共教育的支出规模以及老兵医院的数目。"① 布坎南认为,如果说外部性、公共物品和信息问题会造成市场不灵的话,那么,受损害的终究是个体经济人,而政治决策最终又要由个体经济人完成,因此他提出的解决的方案就是"宪则改革"。宪则是个人从相互交易中获利的规则,政府不灵的原因在于约束政府的规则缺乏约束力或已不合时宜。只有改革规则,才能改善政治。在他看来,不应把"私人市场理论"不加修改地用来分析"政治市场","政治市场"中的决策者并不总是有对现状的"完全信息",也不可能总是可以把未来的不确定性转化为确定性的等值,犯错误难以避免。因此,政府不灵是常态,制度建设与宪则改革是解决问题的关键。

公共选择论以"经济人假设"为前提,认为公共活动的参与人

---

① 布坎南:《民主财政论》,商务印书馆1993年版,第12-13页。

与私人部门经济活动的参与人都遵循这一原则，都倾向于实现自身利益最大化，并不存在没有行为主体的集体或公共利益。布坎南在《宪则经济学》中指出："如我们所知公共选择论在方法论上的核心要旨是将直截了当的效用最大化概念加以延伸，来解释那些公共选择角色扮演者的行为。选民、官僚、法官、立法者——充任这些角色的人与所有其他设法使其自身效用最大化的人极其相似，他们都服从自己活动于其中的种种约束（规则），但是，让我们来考察一下当尝试将运行内容置入正式的逻辑模型时会出现的一些问题。让我们试着运用我们的老朋友——经济人，并设想，扮演公共选择角色的人在行动时好像主要是受经济价值左右的。也就是说让我们采用强行式（in its strong form）的经济人模型，它允许我们根据种种外部效应的存在来诊断市场失灵的存在。"①

公共选择论所要探讨的主要是非市场领域的资源配置问题，从"经济人"假设出发，即探讨集体行动、政治领域的问题，布坎南在《同意的计算》中指出："既然我们打算构建一种与近现代西方民主有关的集体选择理论，那么，在一开始我们就得拒绝对集体作任何有机体的解释……我们还将以相当近似的方式拒斥任何体现统治阶级剥削被统治阶级的集体理论或概念，包括马克思主义的看法。马克思主义使国家组织具体化为一种手段，经济上占支配地位的集团，运用这种手段把自己的意志强加给受压制的集团。其他有关统治阶级的理论同样也与我们的目标格格不入。"②

布坎南不同意"任何把社会划分为统治阶级与压迫阶级的国家行为概念，以及任何简单地把政治过程视为由以建立和保持阶级统

---

① 布坎南：《宪则经济学》，中国社会科学出版社2017年版，第33-34页。
② 布坎南：《同意的计算》，上海人民出版社2017年版，第11-12页。

治的手段的国家行为概念"①，而是把国家看成是一个由个体组成的集体，集体性的决策过程是必要的内生组成部分。国家体现为一套制度，通过这套制度，可以将个人从政治上集体地组织起来，去实现一些靠其他方法不可能实现的目的。作为集体的国家的作用具有普遍性，任何一个人类群体，在面临集体选择和集体决策时，都要经过对集体决策机制和选择程序的比较和优选，都会从个人利益出发，遵照利益最大化原则，充分体现"经济人"的特征。

公共选择论运用资本经济学的分析方法探讨在非市场领域维护资本支配劳动、所有利润的有效方式，探讨如何以资本雇佣劳动制为根本制度，实现资本所有者个体及资产阶级总体利益的最大化。因而成为资本经济学术层次的一个环节，其重点主要有：

第一，用"经济人"假设研究政治组织机构和行为。公共选择论的主题，是构造一种规则与宪则，最大程度限制一些人侵犯另一些人的利益，保护每个社会成员的利益。公共选择论者认为，带有"经济人"特征的个人组成政府，由他们制定政府的行为规则并决策。布坎南认为，参加政治决策的选民和官僚等"握有任意裁量权力的人"都是"财富最大化追求者"，因此，不应该把政府看成无所不能的超级机器和"仁慈君主"。②现实中，政府并不总是集体利益的代表，政府同样也会犯错误，也会不顾公共利益，追求政府成员所组成的集团的自身利益。因此，当发现市场有缺陷时，认为通过政府干预就可以克服缺陷的观点是片面的。布坎南指出，政府并非凯恩斯所设想的由一群精英组成的完美机构，凯恩斯低估了民主政体中集体决策的复杂性，经济理念和经济政策在转化为政策的过程中会不同程度地受到公共选择复杂性的制约。市场体系的有效运行

---

① 布坎南：《同意的计算》，上海人民出版社2017年版，第12页。
② 布坎南：《宪则经济学》，中国社会科学出版社2017年版，第4页。

需要依靠各种集体决策和集体选择，这种集体行动过程有效与否、效果如何，直接关系着单独个人在选择和行动上的成效。将"经济人"假设运用于政治过程的分析是必需的。"慈善的专制者"只存在于主流经济学家的想象中，政府是通过民主投票程序产生的机构，政治人物总是在现存民主制度的规则下寻求自身利益的实现。

第二，较为具体地研究了政府干预行为的局限性或"政府不灵"的表现及原因。公共选择论认为，关于资源配置效率，不仅市场会不灵，政府也会不灵。政府不灵给经济带来的损害有时会更严重。因此，公共选择论并不是简单地主张用政治性或集体性"有形之手"的政策来代替市场的"无形之手"的安排。政府不灵的表现可以概括为四种：公共政策失误、内部性与政府扩张、官僚机构提供公共物品的低效与浪费、寻租与腐败。公共政策失误，指的是政府干预经济时没有达到预期目标，或即使达到目标但成本过高。相对于市场具有外部性，政府是具有内部性或内在效应的，由于政府机构与其官员也以自身利益最大化为目标，造成政府机构不断扩张、人员增加与财政支出增长。官僚化的政府，提供公共物品时往往低效并浪费严重，其原因在于提供公共物品时，政府处于垄断地位，竞争机制缺乏，监督机制不完善致使监督无力。寻租是"利用资源通过政治过程获得特权从而构成对他人利益的损害大于租金获得者受益的行为"。寻租是非生产性的，因此不能增加新产品与新财富，寻租者为了把社会财富据为己有，改变要素产权关系，导致政府各部门间的争夺并造成浪费。

第三，重视"政治"在市场中的作用。布坎南在《宪则经济学》中提出："人类并不，或许也不可能，存在于孤立状态中，且我们所看重的绝大多数事物都严重依赖文明秩序的存在，而这种秩序只有集体性的组织来确保。人并非国家，但与国家对立的人是一种同样不恰当的说法,人类有赖于国家。"① 对人类集体行为和集体选择的重视,是布坎南与"新古典经济学"的重要区别。"新古典经济学"将政治视为市场的"外生变量",并把市场经济体系看成是独立个人的加总,布坎南及其他公共选择论者则认为,市场体系的有效运行是需要依靠种种集体决策和集体选择的,政治、集体性的决策是市场经济的必要内生因素。集体行动过程有效与否、效果如何,直接决定着单独个人在选择和行动上的成效和结果。因此,经济学研究应注重"政治"在市场中的作用。

第四,对利益集团的研究。公共选择论认为,利益集团是指力图影响公共政策的组织,这样的组织由少数有共同利益,特别是有共同经济利益的人组成。利益集团的活动主要是进行政治游说,力争使有利于自己的法律或政策获得通过。出于"经济人"假设,利益集团中成员的个人利益与集团总体利益并不相同,因此,不同利益集团的行动规则并不相同。奥尔森把利益集团分为三类:一是"特权"集团,规模比较小,"特权集团的每个成员或至少其中的某个人受到激励提供集体物品,即使他得承担全部成本……不需要任何集团组织或协调";二是"中间"集团,"没有一个成员获得的收益的份额足以使他有动力单独提供集体物品",集团成员通过有条件的合作承担部分成本;三是"潜在"集团,"其特点是,如果一个成员帮助或不帮助提供集体物品,其他成员不会受到明显的影响,因此也没有理由作出反应……成员不会受到刺激去做贡献",只能采取选择性激励措施驱使理性个体采取有利于集团的行动。② 特权集团成员更容易根据集团利益从事活动,因为特权集团利益与特权集团成员个人利益在很大程度上是一致的;中间集团需要通过刺激和制约机制

---

① 布坎南:《宪则经济学》,中国社会科学出版社2017年版,第367页。
② 奥尔森:《集体行动的逻辑》,上海人民出版社2018年版,第47页。

发挥作用，追求集团利益；潜在集团则很难实现自己集团的总体利益。

以布坎南为代表的公共选择论从经济学观点和方法对西方国家的政治体制的研究，目的在于改善这个体制，使之更有效地为资本获取利润服务，有其现实的实用性，拓展了资本经济学的范围，并在术的层次增加了一些内容。

十二　产权析分论

资本雇佣劳动制是由一系列权利构成的，资本经济学的研究就是围绕这些权利关系展开的。配合将重点放在为提升、实现资本边际效率出谋划策的"主流"经济学，"新制度学派"从经济权利及其关系的探讨，针对市场经济阶段的特点，提出了"产权析分论。"

产权的英语表示是 property rights，即财产权利的复数，由此可见产权不是一个权利，而是一系列权利；一般认为产权包含所有权、使用权、收益权、让渡权等。从字面来看，产权表示人对物质财产的占有、支配、使用、收益等权利，但规定人与物质财产的关系并不是经济学研究的内容，这些权利实际规定的，是人与人的关系。产权概念的提出，目的就在于规定、调节、规范与物质财产相关的人际经济关系。

产权析分论形成于20世纪60年代，1960年科斯的《社会成本问题》一文得到广泛关注，标志着新制度学派产权析分论的形成。科斯对产权的研究并不是针对经济运行过程，而是针对经济运行的制度及其财产权利结构，从法律和经济双重角度阐明了产权析分论的基本内容。巴泽尔进一步指出："我则将产权定义为两种权利，'经济权利'和'法律权利'。经济权利是（人们追求的）最终目标，而法律权利则是达到最终目的的手段和途径。"①

产权析分论以个体人追求利益最大化为前提，重点论证了产权的功能、产权的界定，特别是所有权的安排、析分及其对资源配置和经济发展的影响等问题，强调经济学应该研究现实中的人性，如经济人行为的有限理性和机会主义倾向等。并注重法律、企业组织与市场、生产的制度结构和产权安排等在经济中的作用。

产权析分论认为制度安排的前提是规范权利关系，经济分析的首要任务是界定产权，依据产权关系规定当事人的行为，才能使交易达到个人和社会总利益的最大化。

20世纪六七十年代以来，资本雇佣劳动制市场经济体制中生产资料的所有权与经营权进一步分离，资本主义信用体系矛盾日益复杂和激化，促使人们越来越关注已变得复杂、模糊的各种产权关系。新制度学派强调在对产权析分的过程中，首先要做的就是把对"制度"的研究提升到重要的地位，并由此对产权进行析分。

科斯强调制度和权利关系的重要性，把研究的重点放在制度构成、运行及其作用等关节点。他用"交易费用"来解释企业存在的原因，以及企业扩展的合理边界，他提出"产权确定法"，认为可以通过交易解决外部侵害问题，"权利的界定是这场交易的基本前提……最终结果（促进产值最大化）与法律判决无关。"② 也就是说，在交易成本为零或很小的情况下，无论最初的产权如何界定，交易是资源的最佳配置。

产权析分论者以制度为研究视角，但对象仍是经济矛盾。具体来说，是研究在交易费用为正的情况下，制度对资源配置效率的影响机制。他们认为，产权界定在相当程度上制约着资源配置效率。为此，以资源配置效率为目标，需要建立明晰的产权制度，以明确

---

① 巴泽尔：《产权的经济分析》，格致出版社2017年版，第3页。
② 科斯：《企业、市场与法律》，格致出版社2014年版，第125页。

的产权规范人们的经济行为。建立产权制度以规范产权关系为目的，在产权所包含的一系列权利中，所有权是根本权利，其他权利则以所有权为根据，与之共同决定、规范经济关系。在产权析分论者看来，所有制针对的是经济利益分配，因此他们从所有权出发界定了经济利益的分配原则，分配原则制约整个产权制度系统。

"科斯定理"（也被称作"科斯第一定理"）体现了科斯从产权安排出发分析资源配置的思想。他认为，当交易费用为零、产权清晰时，交易双方会通过交易实现外部性内部化，进而实现资源优化配置，外部性并不会造成负面影响。科斯指出："如果定价制度的运行毫无成本，最终的结果（产值最大化）是不受法律状况影响的。"①

科斯假设的交易费用为零，只是被设想出来的理想状况。科斯第一定理则只是研究现实经济问题的基础。科斯重点论证的，是交易费用为正的"科斯第二定理"。他认为，当交易费用存在，资源配置效率会受产权界定与经济组织形式的制约：首先，交易费用是研究中的重要变量，它的存在将使资源配置的帕累托最优状态无法实现；其次，当交易费用为正，产权安排会阻抑产权转让交易顺利进行，进而影响资源配置效率。

20世纪80年代后，随着"新自由主义思潮"的高涨，产权析分论受到西方社会高度评价。在科斯的引导下，阿尔钦、德姆赛茨、诺斯、巴泽尔等人都热衷于产权析分论，并提出一些新论点。阿尔钦认为："产权是一个社会所强制实施的选择一种经济品的使用的权利。私有产权则是将这种权利分配给一个特定的人，他可以同附着在其他物品上的类似权利相交换。私有产权的强度由实施它的可能性与成本来衡量，这些又依赖于政府正规的社会行动以及通行的伦理和道德规范。……尽管私有产权对于从生产的专业化中实现较大的收益尤为重要，而私有产权的可分割性、可分离性和可让渡性则

---

① 科斯：《企业、市场与法律》，格致出版社2014年版，第85页。

能使在现代法人企业中组织这种合作性的联合生产活动成为可能。"①阿尔钦认为，产权是使用经济物品的权利，源自社会选择，是人们使用物品时形成的相互认可的行为关系。产权界定了经济活动中各主体的收益、损失与补偿规则。产权规则确定后，就会制约人们的交易预期，不仅规范交易，也将规则"再生产"出来。在他看来，产权的基本内容由行动团体对资源的使用权、转让权、收入享用权构成。产权界定的完善与否，应当以产权的排他性与可转让性为标准来衡量。

德姆塞茨认为，只有在资源稀缺的社会中产权才有意义。人类社会处在资源稀缺的状态，资源条件限制了人类的自利行为。为了保证交易的顺利进行，必须界定人们获得资源的竞争条件与方式，否则就会因争夺资源而冲突。明确产权制度，可以使人们明白应该怎样获取资源，并在什么权利范围内使用资源。他指出："产权是一种社会工具，其重要性就在于事实上它们能帮助一个人形成他与其他人进行交易时的合理预期。"②通过产权制度，人们可以明确自身在经济交往中的行为边界，以及如何受益、如何在利益损失时获得补偿，从而规范自身经济行为。只要产权制度有效实行，每个当事人都会获得应有的利益，并支付应当的成本。此外，产权还会激励人们将外部性内部化。有效的产权制度，不仅会激励人们以生产性努力增加收益，还会抑制通过分配性努力实现同一目标的倾向。因此，产权制度的激励功能，会从根本决定社会的经济绩效。

在资本经济学术层次，产权析分论的主要作用体现在企业的生产经营中财产的所有权、经营权、控制权、收益权、转让权等"权

---

① 阿尔钦：《产权：一个经典注释》，《财产权利与制度变迁》，格致出版社2014年版，第121－123页。
② 德姆塞茨：《关于产权的理论》，《财产权与制度变迁》，格致出版社2014年版，第71页。

利束"的析分和界定。企业的产权结构不是一成不变的，而是随着生产力和资本社会化程度的提高而相应发生变化的，企业的组织形式、规模、产权结构也会相应地发生变化。产权析分论者认为，随着企业制度的不断完善，发生了所有权和经营权的分离，对于资本所有者而言，这种分离带来了一定的利益威胁，经营者的主要职责是负责企业的经营，但并不能保证所有者的权益的最大化。而如何维护和保证所有者利益，同时又给经营者履行其经营职责提供必要条件，是产权析分论者关注的重点。

为此，他们提出以下几个论点：

一是剩余索取权。阿尔钦和德姆塞茨都认为，企业内部产权结构非常重要，为此提出团队生产理论，其要旨是剩余索取权。在他们看来，团队生产中"搭便车"现象非常普遍，由此导致团队生产效率下降。如果建立一种合理的产权结构，并明确剩余索取权，就可以使搭便车的问题得到缓解或解决。阿尔钦指出："减低偷懒的一种方式是，由某人专门作为监督者来检查队员的投入绩效。但是，由谁来监督监督者呢？……如果合作投入的所有者同意监督者可以获取规定的数额以上的任何剩余产品（可望是其他投入的边际价值产品），这样监督者就获得了一种作为监督者不再偷懒的追加的激励。监督的专门化加上他对作为一个剩余索取者身份的依赖，将使偷懒减少。"[1]

二是代理成本说。詹森与梅克森在1976年发表了《企业理论经理行为、代理成本与所有权结构》，在文中分析企业的所有权结构，将债务和外部权益产生的代理成本纳入考察，认为它们源自"所有权同控制权分离"。他们把代理成本概括为：委托人的监督成本、代理人的担保成本、股东因代理人代行决策的成本。他们认为，对企

---

[1] 阿尔钦、德姆塞茨：《生产、信息费用与经济组织》，《财产权利与制度变迁》，格致出版社2014年版，第50页。

业所有权主体而言，一旦剩余索取权与监督其他要素的权利分开，对经营者的监督就更为困难。为解决这个问题，詹森和梅克林提出："首先，委托人可以激励和监控代理人，使后者为自己的利益尽量；其次，代理人可以用一定的财产担保不损害委托人的利益，或者即使损害也一定给予补偿。显然，这样就发生正的委托人监控成本和代理人担保成本。此外，即便如此，代理人的决策与使委托人效用最大化的决策仍会有差异，由此造成的委托人利益的损失，叫做'剩余损失'，也是一种代理成本。"[①]

三是委托代理论。针对资本所有者兼任经营者的问题，贝利和米因斯提出了"委托代理论"。他们认为，在现代股份制企业中，所有权与经营权是分离的，企业所有者掌控剩余索取权，经营权则被委托给专业管理者。委托人与代理人因为剩余索取权的控制问题普遍存在矛盾。随着股权的分散，企业控制权有可能从企业所有者手中转移到经营者手中。企业经营有其不确定性，使得监督成本增加，市场交易产生的信息不对称，会出现道德风险和逆向选择问题，进而增加代理成本，因此如何衡量经理人的绩效成为一个难点。要想实现产权收益，就必须通过谈判、交易、契约等形式，最终形成效率更高的产权结构和分配契约。

总的来说，产权析分论突出了产权制度的重要性，论说了调整权利关系的要点与环节，集中探讨了企业治理权利关系、构建制度、交易、产权体系，提出了一些新观点，拓宽了资本经济学术层次的内容。

---

① 费方域：《经理行为、代理成本与所有权结构——詹森和梅克林的企业理论评介》，《外国经济与管理》1995年第10期，第32页。

第六章
资本经济学技层次【1】：统制经济阶段

　　资本经济学技层次是其道、法、术层次的展开和具体表现，直接作用于资本经营和国家政策。从统制经济阶段开始，技层次就作为资本经济学的重要内容，得到高度重视和普遍运用，并随资本雇佣劳动制及其体制的演化而更替和改进。技层次并非术、法、道层次的简单应用，它在直接作用于具体经济矛盾及资本所有者为获取利润的经营和国家经济治理的过程中，也不断验证和发现术、法、道层次的问题，为其修正和充实提供依据。

　　重商主义作为统制经济阶段的资本经济学，从新兴商工业资本家利益和意识出发，辅助欧洲各国专制统治者围绕货币差额、贸易差额、发展商业和制造业、保护关税、拓展殖民地经济等，探讨增加本国财富的具体方式和政策主张，形成了其经济学说之及技层次，经专制统治者和商工业资本家采纳，用于其对内对外经济活动，加强了专制统治，促进了商工业资本利润的增长，并逐渐完成了从封建领主制经济和专制小农经济向资本雇佣劳动制经济的转变，促使资本所有者聚合为一个独立的阶级，劳动者也随之被强迫转变为资本的雇佣劳动者。

一　增加本国货币财富的具体方式

重商主义形成于欧洲部族联盟的封建领主制向国家民族的集权官僚制转变过程，由于欧洲的集权官僚制尚属初级阶段，远未达到中国那样成熟和全面的统治。更重要的是，专制王权不是利用和发展农业，而是与商工业资本家联合，在经济上实行资本主导的重商主义，因而这个时期的经济表现为以专制王权统制的初级资本主义，也可以称为资本主义的统制经济阶段。在依附专制王权的前提下，重商主义者将增加本国货币财富作为其经济学技层次的原则，这个原则是以满足国王利益为口号，同时包括增加商工业资本利润的目的，由此提出的具体政策主张，是增加本国货币财富的具体方式。重商主义经历了早期和晚期两个阶段，两个阶段的重商主义者对什么是财富和财富源泉的看法是一致的，他们都认为货币是财富的唯一形态，财富的来源只有两个：一是金银矿的开采，二是发展对外贸易。区别在于具体增加货币财富的方式上。

早期重商主义者坚持多卖少买或不买，鼓励贮藏货币，反对金银货币流出国外；晚期重商主义者则主张不仅应该多卖，还应该允许货币输出国外进行大量采购，以扩大国内生产进而扩大贸易规模和出超。早、晚期重商主义的差别反映了商业资本不同历史阶段的不同要求。重商主义及其政策促进了商品货币关系和资本主义工场手工业的发展，为资本主义生产方式的确立与成长创造了必要条件。

重商主义经济学说的技层次，集中体现于增加本国货币财富，先后提出了货币差额论、贸易差额论、为发展商业而发展制造业、关税保护、财政政策、货币政策、外贸政策和殖民政策等增加本国财富的论点和政策主张。

早期重商主义经济学说的技层次强调货币差额论，侧重"多卖少买"中的"少买",马克思称之为货币主义,还有人称之为重金主义。早期重商主义者认为,一切购买都会使货币减少,一切销售都会使货币增加,因此,他们主张多卖、尽量少买或不买,要采取行政手段,禁止货币输出,反对商品输入,并将货币尽量贮藏起来,国家由此才可以致富。

晚期重商主义经济学说的技层次强调贸易差额论,侧重"多卖少买"中的"多卖"。此时对外贸易已经有了很大发展,晚期重商主义者已经认识到货币转化为资本的趋势,认识到货币只有在不断的运动中才能不断增值。在他们看来,要使一国财富迅速增加,不仅应多卖,还要大量的买,只有买的多,才可能卖的更多。为此,他们反对早期重商主义者禁止货币输出的政策,主张允许货币输出。晚期重商主义者力图在对外贸易中调节商品的运动,保持出超和顺差,从而达到增加货币财富的目的。托马斯·孟作为晚期重商主义者的代表,认为对外贸易必须做到商品的输出总值大于输入总值,以增加货币流入量。孟还论述了商品和货币财富的关系,提出:"货币是商品的价格而购买商品是货币的正当用途"。[1] 他认为将货币投入流通、使之周转是正当的用途,而窖藏起来则是违背商品和货币关系的,限制货币输出就是限制国家致富之源。从 16 世纪下半叶起,西欧各国力图通过实施奖励出口,限制进口的政策措施,保证对外贸易出超,以达到金银大量流入的目的。

晚期重商主义还进一步以扩大对外贸易规模为目的,提出了为发展商业而发展制造业的观点。孟认为发展对外贸易的基础是国家拥有丰富的物产和剩余产品,只有这样,从国外流入的货币才能大大增加。可见,托马斯·孟在强调发展对外贸易,把财富的源泉归结于流通领域时,已把生产和由生产发展而出现的剩余产品,看作

---

[1] 托马斯·孟等:《贸易论(三种)》,商务印书馆 1982 年版,第 19–20 页。

是发展流通的必要条件。这是比早期重商主义者认识上的一大进步。巴尔本强调，商品及生产是贸易的基础，并且更进一步，将制造业纳入贸易观念中，提出"贸易是为他人制造和出售一种货物。"① 重商主义晚期，国家积极支持生产出口商品的工场手工业，马克思将之称为"重工主义"，或"真正的重商主义"。法国柯尔培尔推行的经济政策就集中于鼓励发展工业，创办大批皇家手工工场，颁布保证产品质量的规章制度，鼓励外国技工移居法国，限制技工外流，为从事工业生产的资本家发放补助金和贷款。

为保证对外贸易的出超，晚期重商主义者主张奖励输出和限制输入，使用各种奖励措施，增加国内制造业和农业产品的输出，同时以关税及其他方式尽量减少或禁止本国能够生产的消费品的输入，特别是奢侈品的输入。托马斯·孟就曾主张实行保护关税政策，对输往国外的商品免税，对转口贸易实行轻税，对消费品进口课以重税。

重商主义时期，西欧各国在财政方面出台了多种政策以促进本国商业及手工业发展。柯尔培尔在任法国路易十四财政大臣时，就曾推行了一整套重商主义政策。柯尔培尔认为法国缺少金银矿，要想国家致富就必须发展对外贸易吸引进别国货币。柯尔培尔的经济政策取消许多国内关卡和地方关税，扩大税区，统一税率，拨出大量经费，用于改良公路和开凿运河，扩大和修缮法国港口。在重商主义以前，关税制度只有增加财政收入的目的，在重商主义，特别是晚期重商主义时期，关税制度成为保护本国工商业发展，与外国进行经济竞争，甚至政治斗争的重要手段。

重商主义者视贵金属货币为财富的唯一形态，非常重视货币政策的制定。早期重商主义者认为，货币贮藏可以使国家致富。受此观点影响，1335年英国议会就通过法令禁止任何人将金镑带出英国，

---

① 托马斯·孟等：《贸易论（三种）》，商务印书馆1982年版，第51页。

1478年爱德华四世进一步将输出金银定为大罪。在16世纪西欧各国普遍出现价格上涨后,英国伊丽莎白女王财政官的托马斯·格雷欣提出了"劣币驱逐良币"的观点,指出物价上涨是铸造不足值货币的结果。法国早期重商主义者让·博丹则认为物价上涨与美洲金银的大量流入密切相关,主张国家应该实施管理,提高金银价值,因此,后来许多人把他看作是货币数量论的最早"发现者"之一。晚期重商主义者反对早期禁止货币输出的政策,主张允许货币输,以便扩大对外国商品的购买,并在大量进口的同时实现更大量的出口,从而积累更多财富。此外,由于商业及资金往来的需要,法国与东方通商促进了法国财富增加,弗朗西斯一世在里昂设立银行,银行贷款成为法国金银充裕的保障。

在以财政政策和货币政策保证发展本国工商业以扩大国外市场、增加金属货币流入本国的同时,重商主义者还支持并积极参与拓展殖民地,并提出了相应的殖民政策,直接从殖民地掠夺金银,或开采金属矿,垄断殖民地贸易和运输,从事奴隶贩卖,从而使重商主义经济学说的技层次充斥着野蛮掠夺、杀戮和血腥。

重商主义作为人类经济思想向经济学说概括和系统化的第一阶段,在欧洲封建领主制转化为集权官僚制的过程中,发挥了重要作用。其主体是商工业资本家,为增加其资本利润必须依附于国王和专制国家,因而其学说技层次大多表现出为了增加国家财富的建言献策。不论早期还是晚期重商主义者,都是由此而探讨并论说经济思想的,这是统制经济体制阶段的资本经济学技层次的特点所在。

二 货币差额论

在统制经济阶段,资产阶级在概括自身经济利益和意识时,需要将之依附于专制国王的利益。专制国王与资产阶级共同的经济利益，集中体现为本国货币财富的增加。因此，这一阶段资本经济学在技层次的内容，首要体现为货币差额论，即：如何减少货币财富的流出与增加货币财富的流入，以实现本国货币增加的目的。相比后来资本经济学技层次的内容，货币差额论是初级而且粗陋的，但它却是统制经济阶段资本经济学技层次的起点，也是整个资本经济学技层次的起点。

货币差额论的前提，是统制经济阶段资本经济学术层次的货币财富论。随着商工业资本的兴起和专制国王强化专制，他们都将贵金属货币视作财富的主要甚至唯一形式。究其原因，在于货币既是价值尺度，又是国内外商品流通手段。对此，英国重商主义者约翰·黑尔斯曾言："金钱是你想得到的任何商品的货栈①。"基于货币财富，如何增加本国的货币数量，就成为统制经济阶段资本经济学技层次的首要环节。这一时期的资本经济学，以经验总结为基本方法，对此熊彼特曾说道："他们只了解经济现象间的极明显的关系。"② 与之统一的，则是货币差额论在内容上的粗浅和简单明了："他们觉得一个国家如同个人，有钱是好事——他们没有对此事多加思考。"③ 基于初级的经验总结，重商主义者认为增加一国货币财富，无非是减少重金属货币的流出与增加其流入，在外贸政策上表现为"少买多卖"：只有尽量少买或不买，才能做到少花钱并将金银货币积累起来使国家富裕；反之，货币就会流出本国，致使本国财富丧失、陷入贫困。关于货币差额论的论述，主要体现在约翰·黑尔斯于1581年

---

① 黑尔斯著，拉蒙德编：《论英国本土的公共福利》，商务印书馆1989年版，第119页。
② 熊彼特：《经济分析史》（第一卷），商务印书馆2009年版，第525页。
③ 熊彼特：《经济分析史》（第一卷），商务印书馆2009年版，第525页。

的对话体小册子《略论英国政策》①中。

欧洲初级集权官僚制的建立，使旧有的部族联盟转化为民族，国家成为具有明确疆界的政治、经济实体。如何增加本国的货币财富，不仅关乎民族的存亡兴衰，也是商工业资本家的利益所在。重商主义者认为国内贸易并不能增加本国的财富，只是将既有财富在国内不同地区转移，只有对外贸易输出货物换取外国贵金属，才是增加本国财富的唯一途径。为此，黑尔斯从对外贸易所导致贵金属货币的流入与流出两个方面进行探讨，并据此提出增加本国贵金属货币的对策。

黑尔斯认为，货币财富流出英国的原因，首先在于英国使用不足值的铸币而导致的足值金银货币的流出。当时的英国，以铜为主要材料的不足值货币广泛流通。铸币的广泛使用，在于初级集权官僚制国家建立后所形成的国家信用，当时英国专制统治者利用国家权威，以不足值的金属铸造货币。黑尔斯认为，恰恰是不足值铸币的出现，导致了英国贵金属货币的严重流失，他指出："既然我们的硬币质量低劣，改变了模样，外国人就伪造了我们的硬币，设法把大批大批的伪币运到这里来脱手，既换取我们的金银，又换取我们的主要商品。"②从外国流入大量伪造铸币，导致英国国内出现通货膨胀，而且流入的铜质铸币却无法在对外贸易中充当国际货币，还使得大量金银货币财富流出英国。这样，本国的贵金属货币被换成了劣质铸币，这是对本国利益的极大损害，因为国内铸币无论真伪，都不能与作为财富主要形式的贵金属相比，"这样一来，他们可能会

---

① 后经拉蒙德等人整理编校，于1893年以《论英国本土的公共福利》为名出版。

② 黑尔斯著，拉蒙德编：《论英国本土的公共福利》，商务印书馆1989年版，第87页。

提高我们的主要商品的价格,并用铜来换取那些商品,而我们是无法用换来的铜购买我们所缺乏的其他类似商品的,如果那一类商品在我们国内并不富足的话。"① 黑尔斯认为,铸币的使用是"迫于需要而不得不采取的办法,不应当作榜样加以仿效,而是应当尽可能避免才好"。② 为了解决因为不足值铸币的使用造成贵金属货币的流出,他主张恢复足值的铸币:"目前流通的一切硬币应当仿照现今已经不再流通但人们乐意接受的某个时期的钱币铸造,对其原料的核算也一模一样;从此以后,就只准那种旧币或按照其同样的价值、成色和名称铸造的新币在市上流通;这样,我们的硬币便完全恢复它旧日的等级和优良程度了。"③

黑尔斯认为,导致贵金属货币外流的第二个原因是对国外商品的大量进口,并对英国当时因为商品进口导致贵金属外流这一现象痛心疾首:"我感到惊奇,居然谁也不注意从海外运来了多少不值钱的东西,而那些东西我们是完全可以省掉的,或者是可以在国内自己制造的;为了那些东西我们每年花了无数钱财,或者给外国人换走了他们所必需的大批货物,而这些货物我们本来是可以卖大价钱的。……(进口商品)这些东西都是可以省掉的,或者在国内制造出来足够我们使用的。至于有些东西,他们是用我们自己的原料加工后又运到我们这里来的;通过这种办法,许多国家使它们的人民有活可干,

---

① 黑尔斯著,拉蒙德编:《论英国本土的公共福利》,商务印书馆1989年版,第58页。
② 黑尔斯著,拉蒙德编:《论英国本土的公共福利》,商务印书馆1989年版,第95页。
③ 黑尔斯著,拉蒙德编:《论英国本土的公共福利》,商务印书馆1989年版,第111页。

并从我国汲取很多钱财。"① 因为对外国商品的大量进口，不仅为外国国民提供了大量就业岗位，更为重要的是使本国贵金属的"钱财"流出。黑尔斯认为，解决这个问题的关键是对那些非必要的产品采取"进口替代"，以防止贵金属货币的流出，即使这样做会使本国生产的商品价格更高，但是"我们最好还是付出较高的代价向我们自己人购买那些货物，而不要以低价向外国人购买：因为不管多么少的收益流往国外，对我们来说总是一项损失。可是，不论多大的收益从一个人的手里转到另一个人的手里，毕竟还是保留在国内。"② 为了实现这一主张，最好是通过立法："敦促议会制定一项法律，不准这类货物从国外运来在这里销售，如果它们既可在外国制造，又可在我们这里制造的话。"③

减少商品进口可以限制本国贵金属货币的流出和总量的减少，但仅仅依靠这一政策并不能使本国贵金属货币增加，还需要通过增加商品出口，把外国的贵金属货币带回本国。为此，就要发展、保护那些可以带回贵金属的行业，以保证商品出口能够带回足够多的贵金属来增加本国的货币财富。他写道："我愿意促使人们选择和爱护其中最能把商品和钱财挣回国内的行业。你必须考虑三种行业：一种是把钱财送往国外；第二种是并不把钱财送往国外，也不挣回钱财，但它把所得的钱财用于本国；第三种是能把钱财挣回到我们自己的国家。属于第一种的，有酒商、妇女冠帽首饰商、缝纫用品商、绸布商、毛织品商、杂货商、陶瓷器商等这样一些贩卖外国制

---

① 黑尔斯著，拉蒙德编：《论英国本土的公共福利》，商务印书馆1989年版，第73-74页。

② 黑尔斯著，拉蒙德编：《论英国本土的公共福利》，商务印书馆1989年版，第75-76页。

③ 黑尔斯著，拉蒙德编：《论英国本土的公共福利》，商务印书馆1989年版，第76页。

造的任何商品给我们的商人；他们确实只是使国内的钱财陷于枯竭。属于第二种的有葡萄酒商、卖肉商、面包师傅、酿啤酒商、成衣商、鞋匠、马具匠、木匠、熨衣工、泥瓦工、铁匠、车工、桶匠，这些人不把钱财运往国外，也不赚取国外的钱财，而是就在挣钱的地方花掉他们的收入。第三种是这样一些人：织布工、制帽商、毛线纺绩商、白镴冶炼商、制革工人，他们都有一定的技术，并且根据我的推断，他们或多或少都给国家挣来外国人的钱财。因此，鉴于这些技艺颇有用处，它们就应当受到爱护；如果哪里没有这些行业，就必须把它们建立起来；还有其他一些专门技术，如制造玻璃器皿，制造刀剑、匕首和一切钢铁工具；还有制造饰针、针编花边、饰带、麻纱以及各种纸张和羊皮纸的技术。"① 在黑尔斯看来，与对外贸易无关的行业并不能带来本国财富的增加，而只有能够出口的商品才能增加本国财富。还要注意不能出口未经加工的商品，因为加工后的商品能够带回更多的贵金属，"我们不能不管未经加工的商品，因为如果把那些商品及时地就地加工后卖到国外去，它们就会在短时期内带来无数的财富了。"② 可见，黑尔斯看到了出口产品的"附加值"问题，虽然他没有展开论证，但却提出了资本主义经济在国际竞争中的一个重要向度。

通过对本国贵金属财富流入、流出的分别论述，黑尔斯提出了增加本国财富的对策："通过这三种方法，也就是说，首先是阻止海外制造的商品流入我国销售，因为那些东西是可以在国内制造的；其次是限制我们的羊毛、锡、兽皮和其他商品在未经加工的情况下

---

① 黑尔斯著，拉蒙德编：《论英国本土的公共福利》，商务印书馆1989年版，第131-132页。

② 黑尔斯著，拉蒙德编：《论英国本土的公共福利》，商务印书馆1989年版，第96页。

运往国外；第三，经过合适城市的纠正，使那些住在乡间制造产品的技工可以到外面推销商品，这些商品在出售以前应先由该城市进行检查并开具证明；我认为这些办法可使我们的许多城市不久就恢复原有的财富，或者更富裕些。"① 这三条对策概括起来就是尽量少买，且买务必低于卖。用黑尔斯的一句话总结："我们应当注意，务必使我们向外国人购买的货物不超过我们销售给他们的货物，要不然我们就会自趋贫穷，让他们发财致富。"②

货币差额论形成于重商主义学说的早期，这时刚出现的商工业资产阶级还很弱小，因此在其适应专制国家统制的经济学说中，还需要将自己追求利润的目的依附于专制国家的利益，以增加本国贵金属财富的名义获得专制国家对商业资本的保护和支持；并且要强调他们在对外贸易中赚取的贵金属财富，不仅是有利于商人的，更是有利于国王的，"因为臣民的财富就是国王的财富。"③

货币差额论是初级商工业资产阶级从其自身利益对当时经济矛盾的概括性认识。由于当时的资本主义商工业还不够发达，导致货币差额论尚显初级、粗陋、不系统，但作为其经济学说之技层次，却在同样初级且粗陋的集权官僚制国家政策中得到充分体现。随着商工业资本的发展、扩张，以及由此带动的资本主义商工业的迅速发展，货币差额论也随之转变为贸易差额论。

---

① 黑尔斯著，拉蒙德编：《论英国本土的公共福利》，商务印书馆1989年版，第134–135页。

② 黑尔斯著，拉蒙德编：《论英国本土的公共福利》，商务印书馆1989年版，第73页。

③ 黑尔斯著，拉蒙德编：《论英国本土的公共福利》，商务印书馆1989年版，第76页。

三 贸易差额论

对贵金属货币输出的限制，导致各国之间竞相"多卖少买"，严重影响了国际贸易量，伤害了以对外贸易来赚取利润的商工业资本家的利益。随着国际贸易矛盾的扩大以及商工业资本家实践经验的积累，晚期重商主义者认识到货币差额论的局限，开始从贸易差额，而非货币差额考虑增加本国财富。他们认为，限制贵金属货币流出并不能促进本国财富的增加，而以贸易和利润为目标的资金输出，则会将货币形式的利润带回本国。因此，本国货币财富增加的关键，不在于片面的"少买"，而在于对外贸易的顺差，即本国出口量大于进口量。贸易差额论是货币差额论的提升，是通过对国际贸易的进一步分类、归纳而形成的，是在国际贸易扩大化进程中，商工业资本不断成熟的体现。贸易差额论的目的依然是增加本国金属货币，但手段更为灵活，视野更为扩展。贸易差额论的代表人物主要有意大利的安东尼奥·塞拉和英国的托马斯·孟。

塞拉的相关思想，在他的代表作《略论可以使无矿之国金银充裕的成因》中较为系统地论证。从其标题来看，这是一部典型的重商主义著作，论述的目的在于使金银矿藏匮乏的意大利通过贸易实现财富的增加。禁止输出贵金属货币，是当时意大利的一项法令，塞拉在书中以《关于禁止输出资金这一补救办法》为题，阐述了他的贸易差额论思想。塞拉首先指出禁止输出资金的观点在于对货币差额论的片面理解："采用禁止资金输出这一措施，显然是由于认为这就可以保存留在我们手里的以及欠我们的资金。流入的资金不论是多是少，既不允许输出，留在国内的总额就会越来越多，这样国内的资金就会充裕起来，因为已经假定的是，由于商品输出，每年势必流入的资金计500万杜卡特,应除去的只是20万杜卡特。"① 他认为,这是主管外贸的官员们的肤浅认识,而从事外贸的商人们并不认同这种思想,作为资本家,商人们将利润作为"促使资金输出的一个原因"②,塞拉从商人及商业资本的角度论证了对利润的追求是将贵金属货币带回本国的内在动力,据此提出"禁止输出现金是不适当的",禁止输出贵金属货币"对金银的充裕并无助益,反而有害。"③ 塞拉认为,商人们之所以会输出货币,目的在于获取利润并带回本国,输出货币主要有两种用途:"一个是要在国外买进商品;还有一个是,把资金汇到别处,在那里这项资金的价值较大,或者是,通过商品交换把它收回时,有利可图。"④ 在国外买进本国人所需要的商品,并不会损失本国的利益,因为"所取得的价值和资源,将与所输出的资金相抵消"。⑤ 如果购买的不是本国需要的商品,而是转运到别处的,那么购买这些商品无疑"将以高于原来所支付的价格售出,这就是说,收回的资金在数量上将大于所输出的资金,如果是另购新商品,收回的将是更多的利润。"⑥ 如果这个国家的货币在别处比在国内交换价值更高,则"用这项资金购入的商品,还

---

① 塞拉:《略论可以使无矿之国金银充裕的成因》,门罗编:《早期经济思想》,商务印书馆2011年版,第161页。

② 塞拉:《略论可以使无矿之国金银充裕的成因》,门罗编:《早期经济思想》,商务印书馆2011年版,第161页。

③ 塞拉:《略论可以使无矿之国金银充裕的成因》,门罗编:《早期经济思想》,商务印书馆2011年版,第161页。

④ 塞拉:《略论可以使无矿之国金银充裕的成因》,门罗编:《早期经济思想》,商务印书馆2011年版,第162页。

⑤ 塞拉:《略论可以使无矿之国金银充裕的成因》,门罗编:《早期经济思想》,商务印书馆2011年版,第162页。

⑥ 塞拉:《略论可以使无矿之国金银充裕的成因》,门罗编:《早期经济思想》,商务印书馆2011年版,第162页。

会赚取利润。如果认为所以输出资金是由于通过商品交换有利可图，则仍然可以用上述论点答复，即收回时会附有利润，关于输出资金的其他原因的情况也是这样。"① 塞拉从货币输出的用途出发，说明了这一行为并不会减少本国的财富，只要输出的货币是用于购买与外国相关的产品，就会因为商人本身追逐利润的目的，将其所实现的利润带回本国。显然，问题的关键不在于输出货币，而在于输出的货币能否在海外贸易中带来超输出其数额的差额。

英国重商主义者托马斯·孟是东印度公司的股东。当时东印度公司因为输出资金，在英国国内面临诸多指责。孟从东印度公司对外贸易的实际经验出发，一方面反驳了英国国内对东印度公司输出资金行为的指责，另一方面从正面论证了"输出我们的货币借以换得商品乃是增加我们财富的一种手段"②，将贸易差额看作增加本国货币财富的具体实现方式，认为"对外贸易是增加我们的财富和现金的通常手段，在这一点上我们必须时时谨守这一原则：在价值上，每年卖给外国人的货物，必须比我们消费他们的多。"③ 只要遵守职业原则，输出贵金属货币扩大贸易量，不仅不会减少，反而能增加本国货币财富。

孟以讽刺的口吻批评了早期货币差额论者对东印度公司输出资金的指责："他们在眼见任何数量的金钱从祖国流出时，都会大声叫苦，一口就认定我们已经丧失这许多的财富了，并且这就是直接违反已有长久历史并集中这个王国的智慧在国会制定和批准的法律；

---

① 塞拉：《略论可以使无矿之国金银充裕的成因》，门罗编：《早期经济思想》，商务印书馆2011年版，第162-163页。

② 托马斯·孟：《英国得自对外贸易的财富》，商务印书馆1965年版，第13页。

③ 托马斯·孟：《英国得自对外贸易的财富》，商务印书馆1965年版，第5页。

不仅如此,他们还以为西班牙本身就是藏金之窟,可是连它都要禁止现金出口,当然也有某些仅有的例外。"① 孟指出,这些指责输出资金的人,是片面理解货币财富的性质并由此误解输出货币以扩大贸易额度的做法,"除了通过对外贸易以外,我们就没有其他手段可以用来获得现金。……而我已指出如何在经营我们所说的贸易上获得金银,那就是要使我们每年出口的商品超过我们所消费的进口货。"② 因此,保持外贸出口超过进口是更有效而且是主要的增加本国货币财富的可行方式。

孟进一步论证了"如何将我们的金钱加在我们的商品上面,使它们一块儿输往外国,从而我们可以获得更多得多的财富。"③ 输出货币并不能自动获得相应利润,而是"先要买进更多的外国货来扩大我们的贸易,等候时机到来的时候再把这些货物输出以大量增加我们的财富。"④ 因此,需要对通过输出货币所进口的商品进行区分,满足本国人民消费需要的商品,并不会带来利润;以出口为目的所进口的商品才是带来利润的商品:"由于上述的现款输出而带回来的、这里所说的加多了的商品,归根结底,仍将成为我们的一种出口货,其价值远远大于我们上述的输出的现款。"⑤ 也就是说,输出

---

① 托马斯·孟:《英国得自对外贸易的财富》,商务印书馆1965年版,第13页。

② 托马斯·孟:《英国得自对外贸易的财富》,商务印书馆1965年版,第13页。

③ 托马斯·孟:《英国得自对外贸易的财富》,商务印书馆1965年版,第13页。

④ 托马斯·孟:《英国得自对外贸易的财富》,商务印书馆1965年版,第14页。

⑤ 托马斯·孟:《英国得自对外贸易的财富》,商务印书馆1965年版,第14页。

货币进口商品的行为,不是为了满足消费需要,而是一种投资行为。恰是这种投资行为,使货币的输出可以带来更多贸易差额。所输出的货币,不仅是单纯执行价值尺度和流通手段的职能,也是执行商业资本的职能。孟已经认识到这一层,但因其经验论方法的制约,使得他不能在概念上予以规定和充分论证。

孟分别以从东方进口小麦出口欧洲各国、从东印度进口胡椒出口意大利和土耳其、从土耳其进口生丝出口欧洲各国为例,论证了输出货币可以在对外贸易中带回更多的货币,并最终得出结论:贸易差额是货币差额的实现方式,输出与输入的贸易差额,就是货币输出对本国财富的增加额:"答案(依照我们的首要原则)是,倘使我们每年对于外国货物的消费量,并不多于我们在上面所假定的,并且我们的输出量像上面所说的那样,由于用现款交易的方法而如此大增特增起来,那么所有一切顺差或差额就只能以货币的形态,或以我们一定要再出口的货物的形态,回到本国来;而再出口的货物,也将成为使我们的财富增多的一种更为重要的手段,这是我们已经明白指出了的。"①

孟的贸易差额论既是他从事外贸经验的总结,也是商工业资本已经壮大,商工业资本家已经逐步形成阶级势力的体现。他以自己在海外贸易中丰富的经验论证增加货币输出的具体主张。他认为,一个国家积累了足够多的货币,并不是扩大自身的出口规模的充分条件:"倘使我们从前是贫穷的,而现在已经由于贸易而存了一些钱,并且决定将这笔钱仍旧保存在祖国之内,试问这样可以使别国对于我国商品的消费较前增多吗?试问我们可以从而说我们的贸易

---

① 托马斯·孟:《英国得自对外贸易的财富》,商务印书馆1965年版,第15页。

是加速和加大了吗？不，实际上它不会产生这样良好影响的。"① 囤积大量货币于本国的结果，只能是通货膨胀，而对国家财富的增长是无益的："在一个国家之内，货币数量如果过多的话，就要使本国的商品更为昂贵。在个别的私人收入方面来说，固然这是有利于他们的，可是在对外贸易数量方面来说，这是不利于国家的。因为钱多会使物价高，而物价高就会使它们的用途和消费量减少。"② 一国之内的货币数量，应以满足日常开支为限度，尤其在建立意大利一样现代会计制度的条件下，"只需少量的货币用作日常开支，此外就别无多大用处了。"③ 对于超出"日常开支"外的货币，孟主张将之输出，以获得对外贸易的利润，扩大贸易差额："我们要促成一种加快和加大的贸易，并不是要将金钱都保存在王国之内，而是要使外国需要和使用我们的货物，同时使我们对于它们的商品的需要能够促进各方的吐出和吸进。"④ 为了论证他的观点，他又以意大利的斐迪南一世公爵为例，证明货币输出的结果，无非是带回更多的利润，他形象地写道："这样的营业的结果，一定会（像一句老话所说的）口里叼着一只肥鸭回来的。……川流不息地进来的商品，一面要将他们的现金取走，一面却又川流不息地再替他们带回更多的现金。"⑤

---

① 托马斯·孟：《英国得自对外贸易的财富》，商务印书馆1965年版，第16页。

② 托马斯·孟：《英国得自对外贸易的财富》，商务印书馆1965年版，第16－17页。

③ 托马斯·孟：《英国得自对外贸易的财富》，商务印书馆1965年版，第16页。

④ 托马斯·孟：《英国得自对外贸易的财富》，商务印书馆1965年版，第16页。

⑤ 托马斯·孟：《英国得自对外贸易的财富》，商务印书馆1965年版，第17－18页。

孟还回应了东印度公司面临的另一种指责——对货币的输出会导致产品出口的减少。孟指出，输出货币投资获利，并不会减少其他国家对本国商品的需求，因而这种指责是"软弱无力"的："这就好像一个人竟会说出最为荒谬的话一样，以为那些以前要用我们的纺织品、铅、锌、铁、鱼以及其他商品的国家，现在既然要用我们的货币，就不能再用这些必需的东西了；换言之，就是等于说，我们的商人只会出口仍将依然如故而毫无增益的货币，而不愿出口常常是有利可图的商品了。"① 与指责者的说法相反，东印度公司输出货币不仅不会导致出口减少，还会扩展本国对外贸易的市场，扩大本国的商品出口："我们在许多国家里边，可以用我们的货币来进行很有利的贸易，否则它们根本就不能与我们发生贸易关系；因为它们并不要用我们的货物。譬如东印度群岛在最初的时候，就是这样的一个国家。虽然以后由于我们同那些国家在商业上的努力，已使它们用许多我们所产的铅、纺织物、锡和其他的东西，从而在我们先前的商品吐出量上，又增加了一个相当大的数量。"② 输出货币的结果，就是通过贸易差额实现本国财富的增长："倘使那些输出货币的国家之所以这样做的理由，就是因为它们自己的货物不多的话，那么它们怎么能有这样许多财富，好像我们常常看到的那些听任现金在任何时候或由任何人输出的地方一样呢？"③ 他以农民耕种为例，论证其不仅对本国财富的增加无害，反倒是增加国家财富的重要手段："因为我们倘使只看到农夫在下种时候的行为，只看到他将许多

---

① 托马斯·孟：《英国得自对外贸易的财富》，商务印书馆 1965 年版，第 18 页。

② 托马斯·孟：《英国得自对外贸易的财富》，商务印书馆 1965 年版，第 18 页。

③ 托马斯·孟：《英国得自对外贸易的财富》，商务印书馆 1965 年版，第 19 页。

很好的谷粒抛在地上,我们就会说他是一个疯子而不是一个农夫了。但是当我们按照他的收获,也说是他的努力的最终结果,来估值他的劳动的时候,我就会知道他的行动的价值及其丰富的收获了。"①

孟通过大量事例为输出货币增加贸易差额的行为正名,并概括了贸易差额论的要点:"向国内输入或向国外输出的财富的多少,是取决于对外贸易在价值上的顺差或逆差的。"②

无论是意大利的塞拉,还是英国的孟,他们对贸易差额论的阐述,都不是脱离现实矛盾的演绎,而是对商业资产阶级对外贸易实践经验的总结。在总结经验而得的思想中,论证并丰富了贸易差额论的内容。他们从对外贸易的现实矛盾出发,总结外贸商人的经验,将货币差额论的"少买多卖"原则,修正并转变为贸易差额论的"多买多卖"。如果说在货币差额论中,资产阶级还"躲"在专制国王背后,从国王的利益出发附带论证自身的利益,那么在贸易差额论中,资产阶级的主体意识显然提升了:他们开始从自身的现实利益和对外贸易实践出发论证自己的经济观点。究其原因,还在于商工业资本在统制经济阶段的迅速发展和扩张。而随着商工业资本在总体经济中地位的进一步提升,又形成了以扩大对外贸易顺差为目标的必要手段:为发展商业而发展制造业。

四 为发展商业而发展制造业

随着商业资产阶级实力的增长及其贸易实践中经验的积累,重

---

① 托马斯·孟:《英国得自对外贸易的财富》,商务印书馆 1965 年版,第 19 页。

② 托马斯·孟:《英国得自对外贸易的财富》,商务印书馆 1965 年版,第 88 页。

商主义者对于增加本国货币财富的认识和思考愈发深入。在早期货币差额论的基础上，他们依据对外贸易的经验将之修正、转化为贸易差额论。进而，在商业资本的发展、扩张进程中，不仅进一步充实、深化了贸易差额论，而且形成了其经济学技层次的又一新政策主张：为发展商业而发展制造业。这一主张得到专制统治者的认可，随着相应政策的实行，欧洲各大国的制造业在商业资本的带动下迅速壮大起来。

无论是货币差额论还是贸易差额论，都强调了产品输出对于增加本国财富的重要作用。而输出的产品，除去各国的农、牧业产品外，就是其制造业所生产的商品。随着商业资本对外贸易的扩大，对本国制造业商品的需求也不断扩大，而这也要求并导致以手工业为主要形式的制造业迅速发展：最初是由投资和就业需求的提高导致的产量提高，手工业企业间的竞争，也致使制造业劳动者技能素质得以提升，其标志在于手工业从简单协作向工场手工业的转变。工场手工业从企业内分工的细化扩展到整个社会分工的细化和产业链的延长，大大促进了制造业的发展。基于工场手工业的发展，重商主义者意识到，通过本国商品输出而达到的出超状态，完全可以而且应该通过制造业的发展来维持和扩大，从而大大增加贸易顺差，以实现本国财富的增加。这样，为发展商业而发展制造业的思想得以形成，进一步充实了贸易差额论。在重商主义者那里，对这种观念的系统论述虽然不多，但其具体的主张对国家政策产生了直接影响，成为统制经济阶段专制国家增加本国财富的重要、甚至是关键的政策。这一政策也使专制国家所鼓励的行业，从最初的对外贸易逐渐扩展到与外贸相关的几乎所有行业，为资本的进一步发展和此后掌控经济命脉提供了必要条件。重商主义也因此逐渐摆脱了早期"重金主义"的面貌，演进为中后期的"重工主义"。这一政策及其效果表现得最为突出的，是由柯尔培尔所主导的法国制造业的发展。

在货币差额论和贸易差额论中，重商主义者认为能够输出并换取货币财富的，仅仅是本国在满足自身需要后的多余产品。关于多余产品的输出，黑尔斯指出："可以把多余的粮食运往国外以换取大笔钱财。"① 托马斯·孟则写道："由于产品有剩余，从外国流入的货币也大大增加了她的财富。"② 但是，单纯输出多余产品，并不能显著扩大"出超"，如同意大利晚期重商主义者塞拉所指出的那样："当一个国家对其他地区而不是本地区的产品大规模地进行贸易时，这个因素会使它所拥有的金银积极增长。单是把自己所产的剩余部分出口到不论什么地区，其数额总是有限的，由此取得的资金应归因于产品过剩这一特殊因素，而不是由于贸易。……只要在贸易中所涉及的商品是属于别的国家的，同时也是为了别的国家的，就会发生这里所说的效应；与这里的论点有关的不是国内商品，要是这样的话，就会发生相反的效应。"③ 与此同时，这些重商主义者也通过经验总结意识到，出口未经加工的初级产品（如粮食），并不是增加本国财富最为明智的方式，如果将初级产品加工后再输出国外，一方面可以解决本国的就业问题，另一方面则可以将加工初级产品带来的那部分价格增值从国外带回，更有利于本国财富的增加。④ 对此，黑尔斯写道："我们不能不管未经加工的商品，因为如果把那些商品及时地就地加工后卖到国外去，它们就会在短时期内带来无数

---

① 黑尔斯著，拉蒙德编：《论英国本土的公共福利》，商务印书馆1989年版，第71页。
② 托马斯·孟等：《贸易论（三种）》，商务印书馆1982年版，第6页。
③ 塞拉：《略论可以使无矿之国金银充裕的成因》，门罗编：《早期经济思想》，商务印书馆2011年版，第151页。
④ 注：尽管他们还未能将这部分增值归结于制造、加工的劳动，但仅仅是贸易实践中的经验，已经足以使他们得出上述结论了。

的财富了。"① 奥地利重商主义者霍尼克则在其代表作《奥地利富强论》中指出:"一切要经过制作才能使用的商品应在本国进行加工,因为通过制造这一过程所得报酬,一般可以超过原料价值两倍、三倍、十倍、二十倍甚至百倍,忽视这一点就是对人力的自暴自弃。……在这种情况下,这类外国产品应以未完成形态输入,然后在国内进行加工,这就可以赚取由这方面的制造业务而来的工资。"② 他清楚地意识到,制造业对商品的加工所得的报酬或附加值——他将之称作"制造业务的工资",是产品输出中应当留在国内的那部分财富,"这样的加工,如果情况许可的话,我们自己也可以照样进行。"③ 可见,在对外贸易输出本国商品时,重商主义者意识到加工、制造环节在本国进行对增加贸易顺差的重要作用。这种尚显肤浅的认识,却在对外贸易的政策和实践中起到了促进本国制造业发展的重要作用,制造业的发展,又会促进本国对外贸易的发展和扩张,二者之间相互促进,如同塞拉所指出的那样:"商业与地位优越这两个因素可以发生相辅相成的作用,这两个因素合在一起会由于制造业发达而增加力量,制造业则会由于商业繁盛而增加力量,而商业又会由于当地人口增加而愈加繁盛,总之,这数者是互为因果的。"④ 虽然塞拉没有明确提出为了发展商业而发展制造业的观点,但指出对外贸易和制造业间相互促进的关系,已经蕴含了这一思想。

---

① 黑尔斯著,拉蒙德编:《论英国本土的公共福利》,商务印书馆1989年版,第96页。

② 霍尼克:《奥地利富强论》,门罗编:《早期经济思想》,商务印书馆2011年版,第223-225页。

③ 霍尼克:《奥地利富强论》,门罗编:《早期经济思想》,商务印书馆2011年版,第241页。

④ 塞拉:《略论可以使无矿之国金银充裕的成因》,门罗编:《早期经济思想》,商务印书馆2011年版,第152页。

在货币差额论中，所谓"少买"的原则，是指尽量减少对外国消费品的购买，而没有考虑可以购买那些进行投资和用于生产的商品，塞拉、孟恰是从投资的角度，阐述了其贸易差额论"多买"的合理性。但他们的注意力还集中于商业资本家的经验所及的对外贸易层面，没能进一步论本国制造业的发展与对外"多卖"的关系。后来的重商主义者则从国家总体角度逐步认识到，在贸易充分发展的带动下，手工业为主要形式的制造业可以迅速扩大生产规模和提升生产技术，依靠发展制造业而"出超顺差"作为增加本国货币财富的重要内容，不仅能通过不断提高的产量在对外贸易中赚回更多贵金属货币，还将制造环节的高额的"附加值"从国外赚回本国。这样，以商业和对外贸易的发展为目标而发展制造业的政策，成为欧洲诸强国重商主义的重要举措。其中，法国在柯尔培尔的主导下，依靠专制国家的统制，全面而系统地贯彻、实施了"为发展商业而发展制造业"的思想和政策，因为其对法国经济的深远影响，这一系列思想和举措被统称为"柯尔培尔主义"。

让·巴蒂斯特·柯尔培尔（1619-1683）是法国路易十四时代卓越的财政大臣，伏尔泰曾称誉其为"治国良相"，出身于呢绒商家庭，曾经是路易十四幼年时代的执政马扎里尼的助手之一，后来成为路易十四的财政大臣。在当政期间，他长期掌控财政大权，并主导了司法、贸易、工业、建筑、海军、殖民等诸多部门，坚决地推行了一套完整的重商主义政策：不仅再造了法国财税金融体系、统一司法体制、强化中央集权统治，而且借助国家干预和贸易保护等重商主义手段，大力扶持工商业和外贸竞争、打造海军力量与航运事业、兴建港口等水路交通设施、支持海外殖民及探险活动，等等。柯尔培尔所开创的重商主义发展模式促进了法国工商业的发展，并使国家财政达到了收支平衡，开辟了一条依靠专制国家统制发展商品制造业的道路。

柯尔培尔坚信，只有发展对外贸易，法国才能富强，国王的专制统治才能巩固。所谓"柯尔培尔主义"的本质即在于此，其核心是，在国家相对落后的情况下，为了迎头赶超工商业领先的英国、荷兰等国，动用国家行政力量去干预和组织经济活动，"提倡有领导的生产，以满足国家的需求，可能的话，也面向出口……后来被称为'重商主义'的柯尔培尔的体制，在于专门鼓励生产能使金银源源而来的商品"。①

柯尔培尔所采取的措施包括：统一全国的度量衡，确立一种稳定强大的货币；全力统一四分五裂的国内市场，大幅减少水陆要道的通行费；重视公路的修筑和运河的开凿，以改善国内的商业流通（他深知没有什么"比水运更有用于并有利于民众"，故而悉心学习荷兰的水利经验）；尽量撤除或限制国内关税，并统一国内税则，其中包括统一了占法国半壁江山的五大包税区的税收。②

与此同时，柯尔培尔建立了许多"皇家手工业工场"，也就是国家所有的工场。在他当政的 20 年间，工场数量从 68 个增加到 113 个。后来德国历史主义的先驱李斯特指出："自从柯尔培尔执政以后，法国才第一次有了大工业"③，柯尔培尔为法国留下了五万架毛织品纺织机，丝织品产值达五千万法郎，此外还打造了"繁盛的渔业、大量的商船、一支强大的海军"。④ 在柯尔培尔的推动下，法国或以此前的工场为基础，或纯粹从零起步，兴建了肥皂厂、镜子厂、冶炼厂、造船厂、军火厂、毛纺厂、麻纺厂、丝织厂、挂毯厂、制

---

① 沃尔特·罗斯托：《这一切是怎么开始的：现代经济的起源》，商务印书馆 1997 年版，第 42 页；沃勒斯坦：《现代世界体系》，社会科学文献出版社 2013 年版，第 133 页。

② 米盖尔：《法国史》，中国社会科学出版社 2010 年版，第 212 页。

③ 李斯特：《政治经济学的国民体系》，商务印书馆 1961 年版，第 67 页。

④ 李斯特：《政治经济学的国民体系》，商务印书馆 1961 年版，第 67 页。

绳厂、器皿厂、花边厂、造纸厂、家具厂、车辆厂，等等，实现了对威尼斯水晶、意大利丝绸、西班牙武器、佛兰德纺织品等一系列进口产品的国内替代，在军需品方面，水雷、船锚、大炮、小武器、火药以及海军用品都开始实现国内自给。此前，国内的战乱给法国造成了"产业无政府状态"，使得法国产品质量低劣、外国产品大量涌入，而经柯尔培尔的扶植，局面已大为改观。

以增加对外贸易顺差为目标，柯尔培尔扶植法国手工业的具体手段有：由国家主导制造业发展，招聘外国企业家和工匠，向这些经营和技术人才提供资金支持、免税待遇、市场特权、宗教宽容等激励条件，并收买可显著提升生产力的商业秘诀、机械工具，还禁止本国工匠移居海外；严格控制外国制成品的进口，继1664年提高保护性关税后，又在1667年进一步成倍提高关税率，矛头直指当时工商业领先的荷兰，甚至不惜将贸易战升级为军事战；利用行会行规，和新的中央政府法规等手段，狠抓工业生产的质量，形成了一系列深入生产流程的严厉管理制度，以此争取并巩固出口市场；最大限度地动员劳动力从事生产，采取了鼓励生育、限制神职人员、减少假日天数、强制无业者做工等措施；为保证工业发展所需的国内原料供应，鼓励种植纺织原料作物，同样，为满足海军需求而鼓励种植大麻，为出口创汇而鼓励生产奶酪和葡萄酒，为节省外汇并满足军事和农业需要而发展养马业，等等。在这些产业政策中，垄断专营权的授予曾特别发挥过将外来产业本土化的功用，例如，柯尔培尔向1665年创立的法国绣花公司授予了仿制威尼斯绣花的九年垄断权；向荷兰人凡·罗拜斯的企业授予了在当地十英里半径范围内纺织精布的专营权。[①] 因此，马克斯·韦伯概括道，柯尔培尔的政

---

① 梅俊杰：《论科尔贝及其重商主义实践》，《社会科学》2012年第12期。

策"志在以垄断权为支柱，用人为的方法促进工业"。①

柯尔培尔以扩大外贸顺差增加本国财富的一系列举措，带来了国民经济比例关系的巨大调整，同时也使得法国迅速地积累了大量贵金属，成为欧洲强大的国家。但是，以专制国家保证商业和制造业的优先发展，同时也对本国经济带来了很多负面影响，尤其体现在对农业的压制上。柯尔培尔下令禁止向其他国家出口法国粮食和其他农产品，同时允许进口外国粮食和农产品。他认为，这样不仅可以保证资本家获得廉价农产品，降低工资，降低工业产品成本，而且可以保证巴黎等大城市的农产品供应。这种以牺牲农民利益为代价促进工商业发展的政策，使得法国农业生产凋敝。据统计，每100千克谷物在"1601—1610年间售价为8.77里弗尔。1660—1670年间，售价是5里弗尔，此后谷物价格呈现出逐年递减的趋势"。②这种牺牲农业的做法，为此后法国反对重商主义的重农主义的出现埋下伏笔。

从货币差额论到贸易差额论，再到为发展商业而发展制造业，我们可以看到重商主义经济学之技层次从抽象、单纯逐渐向具体、丰富的转变。这一转变并非纯粹抽象思辨的结果，而是商业资产阶级在专制国家的统制下，随着贸易实践及其经济矛盾不断深化和演进的结果。恰恰是制造业在对外贸易目标下的发展，使资产阶级日渐意识到生产在整个经济中的决定和基础作用，为日后商工业资产阶级向产业资产阶级扩展转变并掌控经济的全部环节打下基础。

---

① 韦伯：《经济通史》，上海三联书店2006年版，第219页。

② Wilhelm Abel, Agricultural Fluctuations in Europe: From the Thirteenth to Twentieth Centuries, London: Methuen & Co. Ltd., p. 117. 转引自陈旭东：《柯尔贝尔的重商主义经济思想及其实践》，《文汇报》2017年9月15日。

五 货币政策

货币政策在重商主义的政策体系中占有重要地位,是其经济学之技层次的必要环节。由于重商主义主张货币财富论,因此对重商主义货币政策的理解可作广义与狭义之分。从广义论,所有目的在于增进国家货币积累、增加国家财富的政策,都可被称作货币政策。从这个角度来看,货币政策几乎可被看作当时国王所推行的经济政策的统称,不论是金银货币流通的政策,还是外贸政策、财政政策、产业政策、殖民政策等等,皆属此列。狭义的货币政策,则是专指国王所推行的在货币及其流通方面起作用的政策。我们这里重点考察狭义的货币政策,同时参照与之相关的经济政策。

货币政策是国家调整货币关系和货币流通的政策,贯彻于资本雇佣劳动制形成和发展的全过程。从民族国家产生、专制王权兴起开始,政府就开始运用各种政策手段直接或间接地管理货币及其流通。奉行重商主义的西欧各国为了增加国内货币财富,往往直接利用行政手段,通过调控货币成色、管控其流动来主导国家间货币流通,货币政策由此成为重商主义极为重要的经济政策,甚至在重商主义早期一度成为国家调节国际经济关系的主要手段。

重商主义的货币政策是商工业资产阶级为了实现自身利益和发展,依附于专制王权并通过专制王权的国家而形成的。它以行政集权为前提,保证的首先是国王利益,其次才是商工业资产阶级的利益。1622年英国从事国际贸易的商人马利尼斯在《古代商业法典》曾这样表达:"保持商业和贸易往来对于所有的皇族与掌权者来说是如此合意、令人愉快和满意,以至于国王一直是并且在当今仍然是商人社会的国王。尽管很多时候商人们存在着个别的分歧和争论,然而在贸易上他们是一致的。因为由贸易所能直接带来的财富是一颗耀眼的星，它将使王国和国家繁荣。商人作为一种工具和方法，与其他方法一样对君主制度与国家对荣耀、辉煌及利益作出了贡献。"① 将商人明确说成是君主增加自身利益和荣耀的"工具和方法"，是从国王角度对重商主义时期国王和商工业资产阶级关系的看法。重商主义者也往往以"忠于国王"的口吻发表观点，但若从商业资产阶级角度说，则是其利用国王的专制权来谋取本阶级的利益和发展。重商主义是在王权兴起过程中，资本投靠和依附于国家势力形成的一套理论主张和政策体系，其货币政策是通过专制王权增加国家财富并壮大商业资本的重要手段。由于重商主义时期国王利用商业资本谋利以扩大专制能力，商工业资本与国王在对外贸易关系上拥有共同利益，这也使国王实施的货币政策有推动资本积累的作用。而当资本在专制王权的荫蔽下壮大，强大到可以独立于国王并与之分庭抗礼时，资本就开始推动经济体制从统制经济体制向自由竞争体制过渡，重商主义货币政策也就逐步地退出历史舞台，让位于与新的经济体制配套的货币政策了。

总体而言，重商主义经济学说技层次的货币政策主张的特征在于，首先，重商主义者认为货币的充分供给对于国内贸易和国际贸易的增长都特别必要，货币数量的变化能够引起实际产品水平——布匹码数和谷物蒲式耳数——的变化，因此，货币不仅仅是财富，还是促进国家财富增长的最重要手段。其次，大多数重商主义者的货币观点是以世界总财富固定不变为假设前提的。这一假设承袭于封建主义的经院哲学，后者认为当贸易发生在个人之间时，一个人所获得的必然是另一个人所失去的。对于这个假设，重商主义并没有什么新发展，不过服从于民族国家发展需要，把这种推论进一步

---

① 引自布鲁、格兰特：《经济思想史》，北京大学出版社2008年版，第19页。

延伸到国际贸易领域,认为"一国财富与经济权力的增加,是在损害其他国家财富与权力的情况下实现的"①,本国的富裕依靠其他很多国家的贫困来支撑。因此,重商主义者绝不会秉持"绝对优势理论"、"相对优势理论"下利益共赢的自由贸易精神,而如恩格斯所讥讽的"像守财奴一样,双手抱住他心爱的钱袋,用妒嫉和猜疑的目光打量着自己的邻居"②。甚至有学者提出:"财富不在于拥有更多金银,而在于比世界他地或比邻国拥有得相对更多"③。在这种削弱他人便等于增强自己的政策思路下,国际货币流动和国际货币关系必然是矛盾重重、充满摩擦的,强大的海军和军国主义思想往往构成重商主义货币政策的支撑。

重商主义的货币政策主要包括以下几方面内容:

第一,统一货币制度及相关法律。封建领主制下的货币关系相当混乱,中世纪的行政区域,大体可分为两类,一是世俗领主所辖的区域,二是教会领主所辖的区域。国王对于这些区域,根本没有控制权。在这些破碎区域之上,货币铸造和对货币关系的管理权力被很多地方性的所有者所专擅:"大概在公元11世纪中期,在任何地方加洛林王朝的货币制度都仅具有普通法上的意义了。尽管货币铸造权名义上仍然归国王或皇帝所有,可货币铸造却由手工业生产者协会进行,从中产生的收入则属于铸币领主个人。"④ 货币管理权力的分散导致地区货币关系混乱,诸如本位货币不统一、铸币形式

---

① 兰德雷斯、柯南德尔:《经济思想史》,人民邮政出版社2014年版,第48页。

② 恩格斯:《政治经济学批判大纲》,《马克思恩格斯全集》(第一卷),人民出版社1956年版,第596页。

③ Eli F. Heckscher, Mercantilism, vol. 2, Routledge, 1994, p. 23. 转引自梅俊杰:《重商主义真相探解》,《社会科学》2017年第7期。

④ 韦伯:《世界经济简史》,立信会计出版社2018年版,第206页。

繁杂、金银兑换比例相异、币值不稳定等等问题在中世纪的欧洲普遍存在。货币制度的混乱遏制了商业活力，增加商业成本，妨碍商业利益的实现。随着封建地租的货币化、物流范围的区域扩张、商品交换关系的不断深化，混乱的货币关系带给商业资本的创伤越来越重，为此，商业资产阶级拥护努力扩大专制权力的国王，迫切希望国王能够利用日益集中的权力荡涤封建割据，统一国内市场，统一与商品货币关系相关的法律和政策，为商业资本的自由流动和牟利创造条件。国王为了扩大专制权力，也与商业资产阶级一样需要统一货币。将铸币权收归中央垄断集中，不仅有利于加强中央集权，打击地方诸侯与豪强势力，形成单一的权力中心，而且有利于为国家创造稳定而源源不断的财政收入。伴随民族国家的崛起、专制政治的演进，之前由领主、教会独自辖有的货币管理权力逐渐统归于国王。

货币制度改革的过程是长期的，历经曲折。经过几代人的努力，从12世纪开始到16世纪初，欧洲几大强国都确立了由国王垄断的货币发行权和统一的货币制度，消除了封建性的地方货币。重商主义的货币政策作为国王垄断货币发行权和统一货币制度的重要内容，贯彻于国王垄断货币发行权和统一货币制度的全过程。也可以说，是重商主义者建议并促动了与商工业资本家有共同利益的国王推行了这种制度。

第二，强化货币进出口管制。货币财富论是重商主义经济学术层次的首要观点，重商主义认为一个国家全部的财富，就是指其一切商品能从其他各国换得现成的贵金属货币，货币而非其他因素是经济活动与经济增长首要的决定因素。如马利尼斯所言："货币（如同身体中的血液一样）会限制充满在生活中的热情：当货币量稀缺的时候，即使商品供给充足并且相当便宜，贸易量也会下降；反之，当货币量充足的时候，即使商品供给不足并且价格昂贵，贸易量也会增加。"① 所以，对外经济往来的目的，与其说重在获得原料，不如说重在获得金银。既然货币等同于国家财富，那么为了国家致富强盛，就要多积累金银。

为增加金银流入、减少金银流出，重商主义货币政策总体上表现为通过管制货币进出口，而使本国拥有大量的贵金属。通过制定严格的阻止货币外流的法令和政策，以实现贵金属货币入超的目标，就成为重商主义经济学说技层次的首要任务。货币差额论、贸易差额论、为发展商业而发展手工业等环节都由此而形成，并且具体化于货币政策，尤其是货币进出口的管制上，但早期和晚期又在形式上有所差异。

早期重商主义者从货币差额论出发，要求严格管控本国货币的输出。当时各个国家的标准做法是：强化对进出口金银的管理，对每一单外贸交易的货币流向进行监管，禁止金银流向海外。例如，1335年英国议会通过一项法令，规定不许任何人把金银带出英吉利王国。英王爱德华四世于1478年，把输出金银定为大罪。1486年，亨利七世发布《禁止非法货币兑换公告》，规定"禁止英国臣民将英国的货币、金银条块、金银质地牌子、物品等带出国外"。1488年，亨利七世颁布《禁止将金器和珠宝带离王国法案》，提出："金银货币被日复一日地带出王国，运到佛兰德里、诺曼底、勃艮第、爱尔兰以及其他海外地区，造成了王国的贫困……非经国王的同意，禁止任何英国人在同外国商人进行交易时，通过兑换或其它方式将王国的金银货币带出英国，禁止通过任何形式将金银物品、金银条块以及珠宝等带出英国。违者，将罚没其携带或出售的所有黄金和

---

① 布鲁、格兰特：《经济思想史》，北京大学出版社2008年版，第20页。

珠宝。"① 此外，英国还颁布了《现金使用法令》，或称《外商进口货款使用法令》，法令规定：本国商人和外国商人须在指定市场交易，带着货物来到英国的外国商人必须将其在英国的所有货币收入转换为英国商品，从事外贸的英国商人起码必须把一部分销售货款以现金形式带回国内。法国财政大臣柯尔培尔也明确要求，应"增加公共流通中的货币量，将货币留存在本王国内，并防止其离开王国"②。西班牙、葡萄牙和意大利等国也都制定了很多政策，规定了严厉的刑罚，直至死刑，以禁止货币输出国外。

晚期重商主义者从商工业资产阶级利益出发，基于对外贸商人经验的总结，开始反思先驱们的货币政策，反对货币出口管制法令。比如塞拉提出："出口自由是扩大贸易的起因，禁止出口将使贸易萎缩……禁止输出资金绝不会使这个国家财货丰盈。"③ 托马斯·孟在《英国得自对外贸易的财富》中专门以第十章论证"使外国人遵守现金使用法令并不能增加或保全我们的现金"④。孟认为，"凡是外来的物品，必须用以换取我们的商品的这种法令，最初看来，似乎是一种又妥善又合法的手段，使我们可以达到所说的目的；但是在仔细研究以后，我们就将发觉这条法令，不能产生那种良好结果。"⑤ 在晚期重商主义者和商工业资本家的不懈辩争下，特别是在改进货币进出口管制所带来的产业和外贸竞争力的增长后，各国专制王权的重商主义政策重心也逐渐从"限入"转向"奖出"，货币管理制开始以

---

① 转引自鞠长猛：《"重商主义"背景下都铎王朝早期管制外国货币的立法探析》，《科教导刊》2019年第7期。

② 梅俊杰：《论科尔贝及其重商主义时间》，《社会科学》2012年第12期。

③ 塞拉：《略论可以使无矿之国金银充裕的成因》，门罗编：《早期经济思想》，商务印书馆2011年版，第163－164页。

④ 托马斯·孟：《英国得自对外贸易的财富》，商务印书馆1965年，第32页。

⑤ 托马斯·孟：《英国得自对外贸易的财富》，商务印书馆1965年，第32页。

保证货币年度入超数量为货币进出口管制的原则和标准，从针对每一单外贸活动的货币流向管理，转向了年度的总量管控。

第三，管控货币成色和价格。作为价值尺度和交换手段的货币，是以政权的名义发行并以政权的权威保证的。欧洲封建领主制时期，各部族、部族联盟都在发行货币，但由于其权威性不足，各自发行的货币很难使其他部族认可，各部族、部族联盟之间的交换实际上是以币材自身的价值为中介的。重商主义时期，国家出现，其权威性明显大于部族和部族联盟，在本国，君王可以任意规定货币面值，但在国际贸易中，人们还是认可币材贵金属的价值。也正是由于国王的铸币权，各国货币往往是高于币材价值来定价的。这在国内可以强制国民认可，但在国际贸易中，货币面值与币材价值的差异就成为交易过程的矛盾焦点，直接影响本国货币财富的增长。因此，如何管控货币成色及其价格就成为重商主义货币政策的必要环节。由于拥有铸币权的国王和领主们普遍的货币贬值做法，各国和地区铸币实际含金量的差异便成为重商主义者不得不面对的现实。如何在规定本国货币面值时，既节省币材，又让外国商人认可，并能够换取更多外国货币币材的贵金属，成为重商主义者在提出政策建议时所要考虑的重要问题。

在管控货币质量差异方面，英国重商主义者着力最多，并且对货币政策有重大影响。由于英国早在盎格鲁-撒克逊晚期就建立起由中央高度控制的货币制度，其货币长期拥有充足的重量和较高的成色，在欧洲各国得到较多认可。与英国相比，欧洲大陆各国的货币质量参差不齐，但大都低于英国货币的成色。外国货币贬值的行为严重损害了英国的国家利益，不仅英国政府从外贸中积累的很多外国货币名不副实，实际价值大都低于名义价值，而且国外劣币进入英国，扰乱了币制体系，导致"劣币驱逐良币"，市场上的英国币被贮藏或者流向国外，市场流通中充斥外国劣币。外国劣币的大量流入，对英国货币制度冲击巨大，使货币体系面临崩溃的危险，并且由于外国货币套利引发的货币大量流入,间接减少了国家发行新货币的必要性,减少了国王的铸币税收益。进而,流入英国的外国劣质货币承担起流通手段和支付手段功能,导致物价普遍上涨,形成通货膨胀压力,增加居民生活费用,催生民怨,加大了社会矛盾和冲突。面对以上危害,英国政府接受重商主义者的建议,制定了管制外国货币的货币政策,颁布了多部法令,积极管理货币成色以保持币值稳定。爱德华一世颁布法令:"禁止将贱金属铸造的货币带进英国,违者将被处死并没收其全部货物。"① 爱德华三世颁布法令:"禁止任何人将假货币或质量低劣的外国货币带回英国。与外币兑换应在英国境外进行,并且必须兑换成色好的金币,违者将处以残肢刑或死刑。"② 亨利五世颁布法令,禁止各种形式的苏格兰货币在英王国内使用,强制兑换已在英国存在的外国货币:"在规定时间到国王负责兑换的机构兑换,然后将这些外币销毁并铸成英国货币。超过规定时间仍然在使用、铸造、销售或引进苏格兰货币的行为,将构成重罪。"③ 亨利七世专门颁布《打击威尼斯、佛罗伦萨和热那亚不足值的金币法案》:"禁止任何人从威尼斯、佛罗伦萨和热那亚运来并且销售每磅不足 12 盎司的黄金。同时也禁止销售表面重量与实际重量不符的打包黄金。违者,将罚没其携带或出售的所有黄金。"④ 管控外币以英国为典型,但并不限于英国,法国等国也都实行相应政策。

---

① 转引自鞠长猛:《"重商主义"背景下都铎王朝早期管制外国货币的立法探析》,《科教导刊》2019 年第 7 期。

② 转引自鞠长猛:《"重商主义"背景下都铎王朝早期管制外国货币的立法探析》,《科教导刊》2019 年第 7 期。

③ 转引自鞠长猛:《"重商主义"背景下都铎王朝早期管制外国货币的立法探析》,《科教导刊》2019 年第 7 期。

④ 转引自鞠长猛:《"重商主义"背景下都铎王朝早期管制外国货币的立法探析》,《科教导刊》2019 年第 7 期。

打击外国劣币、保持币值稳定仅仅是重商主义时期政府管控货币成色的一面，为了增加本国贵金属财富，重商主义者还建议国王自主贬值本国货币。货币贬值政策的做法通常有以下几种：一是在货币重量不变的前提下，增加贱金属比重，降低货币成色，由于这种方法相对隐蔽而易于实行，往往是货币贬值的主要做法；二是降低货币重量，而成色不变，这种做法因易于被察觉往往起辅助作用；三是在货币成色和重量都不变的前提下，通过政府"吹嘘"新币具有新价值而强行提高货币的名义价值，这种方法要求国家权威对国内国外都具有非常强的影响力，实施难度通常较高。重商主义时期，很多国家都实行过货币贬值政策。例如，英国在1542—1551年间，综合利用上述三种做法实施了五次货币贬值，使金币所含黄金仅为贬值前的73%，银币所含白银为贬值前的17%。1592年，西班牙为偿债在硬币中掺铜；1617年后的若干年里，德国和波兰的地方权贵和铸币厂控制者通过将硬币切削和掺进贱金属，竞相发行成色降低的硬币。①

国王推行货币贬值政策的目的大概可分为几类：一是为增加国王的财政收入。如英王亨利八世和爱德华六世实施货币大贬值政策主要就是为了应对与法国、苏格兰的战争以及王室奢侈花费所形成的财政压力。英王从"大贬值"中共获得1,270,684英镑的纯利润，超过税收收入和土地出售收入，成为当时英国财政收入的最重要来源。②二是通过减少货币含金（银）量，减少包括战争赔款在内的还债成本。1529年，法王弗朗西斯一世为赎回做人质的两个儿子，向西班牙

---

① 崔洪健：《财政危机视角下的都铎货币"大贬值"论析》，《东北师大学报（哲社版）》2016年第2期。

② 崔洪健：《财政危机视角下的都铎货币"大贬值"论析》，《东北师大学报（哲社版）》2016年第2期。

支付1200万埃斯库多，有四万枚硬币被西班牙拒收。① 三是为降低汇率，促进出口而实施货币贬值政策。这是具有典型的重商主义意涵的做法。汇率降低有利于出口，不利于进口。重商主义者从贸易实践中认识到汇率对进出口的作用，为阻碍国外商品进口、促进本国商品出口，一些国家通过降低货币成色影响货币兑换率，以此创造贸易优势。四是降低货币成色以应对国内流通性不足。各种原因如贸易增长所需要的货币量增加、长期贸易赤字导致国内金银外流、突然出现的如战争赔款等货币外流等，都导致国内货币的金银需求与可用存量之间的矛盾，当金银供给量不可能迅速增长时，为提供足够的市场流动性，政府往往会选择货币贬值政策，以少量的金银铸造多面额的货币。

重商主义时期的欧洲是一个列国竞争的多元体系，一国举措往往得到各国的竞相效仿，此起彼伏的货币贬值现象引起欧洲物价的普遍上涨。发生在欧洲16世纪下半叶的以葡萄酒、小麦、天鹅绒、土地等等的价格普遍上涨为特征的货币革命，不仅仅是殖民地货币流入的结果，货币贬值政策在其中也发挥着重要作用。黑尔斯就曾批评英国币值贬损问题，认为英国16世纪上半叶物价普遍上涨的根源在于国家铸造的货币成色不足。②

货币贬值政策也使国内商工业资产阶级的利益受到影响，"在短期内，降低硬币成色就可获得最大利润；但从长期看，按标准质量铸币才能获取最大利润。"③ 为改善流通环境，降低经营成本，确立一种稳定强大的货币是符合新兴资产阶级的整体和长远利益的。伴随国内制造业的逐渐发展，越来越多的学者开始对操纵币值的货币政策提出

---

① 金德尔伯格：《西欧金融史》，中国金融出版社1991年版，第33页。
② 黑尔斯著，拉蒙德编：《论英国本土的公共福利》，商务印书馆1989年版，第109-111页。
③ 金德尔伯格：《西欧金融史》，中国金融出版社1991年版，第45页。

质疑和批评。如托马斯·孟指出:"一些国家要么降低了它们金银货币的本位,要么把其货币的价格定得高于这些货币从前同英镑交换时的价值……使我国货币的外流量大于正常情况下的差额(这直接危害着贸易往来)……如果我国也降低硬币成色或提高其价格,一些人会因此变得贫困不堪,这种作法本身将最终成为无休止的恶性循环。"① 货币战导致各方利益受损。塞拉指出:"要晓得,使外币在国内通用并提高其价格,是不会使这个国家富裕起来的,只会使它趋于贫困,只会歪曲真理,使个人受到损害。虽然看起来似乎情况相反,一时之间确会有一些资金流入,但流入越多,国家越穷,流入得越快,穷得越快。我们在这方面采取行动,必须认识到由此会引起的后果。对问题要看到它的内涵,不可徒为其外表所惑,否则一朝发觉路已走错,看到的将是与原来期望相反的结果。"②

六 外贸政策

重商主义所重之"商",主要是对外贸易。为此,斯密将重商主义界定为利用限制进口或补贴出口等保护性政策来追求国家经济增长的一整套特权机制。自斯密始,越来越多的学者将贸易保护政策视作重商主义的标签,甚至将重商主义与保护贸易政策等同,把贸易保护视作重商主义的核心思想和唯一的政策重心。这种说法未免有偏颇,但也表明外贸政策在重商主义经济学技层次的地位。重商主义的对外贸易政策是以增加本国货币财富为目的,是其货币差额论和贸易差额论的展开与运用,与其货币政策紧密相关。对外贸易

---

① 托马斯·孟等:《贸易论(三种)》,商务印书馆1982年版,第37-38页。
② 塞拉:《略论可以使无矿之国金银充裕的成因》,门罗:《早期经济思想》,商务印书馆2011年版,第166页。

政策的关键在于调整本国商品的出口与控制外国商品的进口，通过进出口管控，保证本国工商业发展和货币财富的增长。重商主义外贸政策的要点有：

第一，组建享有垄断专营权的贸易公司。在专制政权的建立和巩固过程中，不断强化国家权力，垄断特许权和排他贸易权，给予能够奉献重税或提供其他有利于本国增强竞争力的商人在特定经济领域从事商业活动的特权，包括在海外从事垄断性商业贸易的权利，由此形成享有海外垄断专营特权的贸易公司，英国组建的东印度公司为其典型。

东印度公司是英国为从事与印度等地的掠夺性贸易，于1600年成立，是英国对外贸易中较早争得国家商业特许权的公司之一。通过东印度公司，英国减少了土耳其人对英印贸易的居中"盘剥"，并且在红海、波斯湾等地区开辟了新市场。英国王室甚至允许该公司每艘船出航一次可以带出一定数量的金银，这种特权与早期重商主义的货币差额论相抵触，遭到许多人的责难与攻击。值得强调的是，英国的重商主义者很多都是东印度公司的代言人，比如帕皮隆、蔡尔德、托马斯·孟等，他们的经济观点都集中于维护东印度公司的垄断利益，进而论证东印度公司利益与英国王室利益的一致性，在要求巩固外贸特许垄断权的同时，提出贸易差额论以影响英国外贸政策。整个重商主义时期，专制的对内强权一直是实现外贸利益的保障，压低国内生产的商品价格、损害生产者和消费者利益。垄断特许权和排他贸易特权还给了大量的政府官员、检察官、法官能够从重商主义管制中获利的机会。不论是英国还是法国的政府及其官员都从向商业集团出售特权和垄断案的过程中获利，甚至从违反规制者上缴的罚款中提取一定的比例也成为官员收入的重要来源。

第二，实行限入奖出的保护贸易政策。重商主义者认为，在不拥有贸易垄断地位的外贸领域，应当运用关税调控价格进行竞争，并且直接提出了"保护性关税"的观点。在重商主义以前，关税制度只有增加财政收入的目的，到晚期重商主义时期，关税制度成为保护本国工商业发展，与外国进行经济竞争，甚至政治斗争的重要手段。

限入奖出的保护贸易政策，即用各种奖励措施，增加国内制造业和农业产品的输出。同时，以关税及其他方式尽量减少或禁止本国能够生产的消费品的输入，特别是奢侈品的输入。托马斯·孟建议："如果我们认真节约，在饮食和服饰方面不要过多地消费外国货，同样地也可以减少我们的进口货。在这一方面，因为风尚屡变，经常更改，所以大大增多了浪费和开支……如果我们也实施其他一些国家所严格执行的防止我们所说的那种过分浪费的良好法律，这种恶习或许就可以很容易地纠正过来。"[①] 早期重商主义者如德·拉斐玛、托马斯·史密斯、格莱欣也全都主张完全禁止制造品进口，禁止任何会使货币从本国流出并转入外国人之手的市场交易，禁止出口原材料。奥地利的菲利普·威廉·冯·霍尼克（1638－1712）指出："就总的国民经济说，这时它应当考虑的是，怎样使这种物资充裕，使这种鼓励和享受可以持续存在，而无须仰赖别国，如果这样做不能处处行得通的话，也应尽可能地少依赖外国，竭力节省国家自己的资金。"[②] 为此，他提出富强奥地利的九条原则，核心思想就是禁止外国商品进入和扩大奥地利商品出口，例如："作为一个国家的居民，应该尽一切努力在日常生活中使用国内产品，在生活享受上应以此为限，尽可能的摒弃外国产品……上述这类购置，由于

---

① 托马斯·孟：《英国得自对外贸易的财富》，商务印书馆1965年版，第6页。

② 霍尼克：《奥地利富强论》，门罗编：《早期经济思想》，商务印书馆2011年版，第223页。

事实上需要，或者是已成习惯，一时难以改正，以致成为必不可少之物时，也应尽可能地直接从外国取得，取得时可用本国产品交换，避免用金银购买……在这种情况下，这类外国产品应以未完成形态输入，然后在国内进行加工，这就可以赚取由这方面的制造业务而来的工资……凡是在国内有充分供应而质量又适应需要的商品，除了出于特殊的重大原因之外，在任何情况下都不应有所输入。"[1] 1651年，英国独裁者克伦威尔颁布著名的《航海条例》，明确宣告英国将实施保护主义的贸易政策。

"贸易保护主义"政策在早期重商主义和晚期重商主义阶段也有一些差异。早期重商主义者强调通过少进口为主、多出口为辅来增加本国占有的贵金属货币，具体表现为不让货币流出，同时提高进口商品价格。晚期重商主义者则强调通过多出口为主、少进口为辅来增长货币，具体表现为降低出口商品价格，而非出口价格越高越好；增加关税，提高进口商品价格，尤其是提高用于国内消费的进口商品价格。"这种外来货物，如果是要在本国消费的，那就可以征课得重一些，因为这在贸易差额上会使王国处于有利地位，并且由此也可使王，从他的每年入款里，积累更多的财富。"[2] 重商主义者的"限入奖出"具有明确的结构性选择，比如对待原材料实际上是"限出奖入"，即为了提升本国工业生产能力，限制原料出口、鼓励其进口。黑尔斯在《论英国本土的公共福利》中明确提出，由于外国人购买英国的羊毛，作为原料运回本国加工，然后又把成品运到英国出售，一进一出掠走了英国大量的财富，主张对未加工而运

---

[1] 霍尼克：《奥地利富强论》，门罗编：《早期经济思想》，商务印书馆2011年版，第224-225页。

[2] 托马斯·孟：《英国得自对外贸易的财富》，商务印书馆1965年版，第11页。

到海外的羊毛、兽皮以及畜牧业产品课以重税。托马斯·孟则通过对东印度公司贸易经验的总结，指出英国制造业，比如生丝加工业，从亚洲进口原料、加工以后再销出去，会给英国带来巨大的利益，因此，主张国家应大力发展这一类手工业。

早期重商主义者信从货币差额论，主张盯住每一单出口，价格尽量高、多卖钱，反而导致了贸易量下降。晚期重商主义者信从贸易差额论，主张盯住年货币流量而不是每单出口的货币量，贸易政策的目的在于尽量保持低价格以扩大市场，争取和保持竞争优势，最终形成长期货币总量入超。

"保护性关税"的目的就在于保持低价格竞争优势。托马斯·孟指出："我们所富余的商品，固然可以供应别的国家的人们，可是他们也可以从其他的国家获得同样的东西，或者是采用其他地方的一些类似的货物，那么，就会使我们的出口减缩，而他们并不会感到不方便。在这种场合之下，我们必须尽可能地减低价格，而不让这种货物失去销路。因为，从近年来的良好经验中我们知道，由于我们能够在土耳其以低廉的价格出售我们的纺织品，所以我们已经大大地增加了它的销路，而威尼斯人的纺织品却因为索价较高，在那些国家里已经没有什么销路了。而从另一方面来看，在几年以前，当时我们的纺织品因为羊毛价格过高以致价格奇昂，因此我们输出到外国去的衣服至少减少了一半，其后也只是因为羊毛和纺织品价格大落，才能够（很接近地）再行恢复。"[①] 为了降低出口商品价格，就要对进口原材料免除关税，"国家如果对于一切用外国原料制成的工业品，如天鹅绒和其他各种刺绣丝线、粗绒、捻丝等免去关税，乃是明智和有利的。那样，很多贫民便可以受雇就业，并且还

---

① 托马斯·孟：《英国得自对外贸易的财富》，商务印书馆1965年版，第6－7页。

可以大大增加我们每年输出到别的国家里去的货物价值。"① 这种结构性减免关税的行为不仅可以增加本国商品的出口竞争力，而且能够达到增加王室收入的目的。因为，为达此目的，"就要输入更多的外国原料，结果是增进了皇上的关税。"②

晚期重商主义者强调对本国不能生产的原材料免征关税，对本国能够生产的制成品和原材料实行保护，并严格限制原材料出口。查尔斯·戴维南特在1699年出版的《论贸易平衡中可能的获利方法》指出，"如果一种出口产品全部是用国内原材料生产的，那么，该国可以获得出口该产品的全部利润，但如果需要进口原材料，那么一国出口该产品可获得的净利润将是二者价值之差额。"③ 巴尔本也主张对进口商品征以重税："引进外国货物会妨碍本国货物的制造和消费的情况是很少发生的。纠正这种不利情况的办法不是禁止那些货物，而是对它们征收重税，使它们总是比我们国家制造的货物昂贵。价格昂贵会妨碍对它们的一般消费，使它们专供贵族使用，贵族可能因为这些商品昂贵而重视它们，也许，即使不进口外国商品，贵族也不会消费更多的英国商品。征收这样的税赋，君主的收入会增加，并且任何外国君主或政府都不能反对，因为各国政府享有按照自己的意愿征税的自由。贸易将继续是公开和自由的，而商人享有他们的贸易利润，国家多余的滞销货物将被运走，这将维持本国货物的价格和地租。"④

---

① 托马斯·孟：《英国得自对外贸易的财富》，商务印书馆1965年版，第10页。

② 托马斯·孟：《英国得自对外贸易的财富》，商务印书馆1965年版，第10页。

③ 托马斯·孟等：《贸易论（三种）》，商务印书馆1982年版，第79—80页。

④ 托马斯·孟等：《贸易论（三种）》，商务印书馆1982年版，第79—80页。

基于这种观念，在伊丽莎白女王统治期间（1565－1566年），英国"曾颁布法律禁止活绵羊出口。违反该法律的惩罚措施是没收财产，一年监禁和砍掉左手，第二次触犯将被处以死刑。在查尔斯二世统治期间（1660－1685年），禁止羊毛出口，违反者也将被处以同样的刑罚。"① 从1686年到1759年，为了保护国内印染花布生产者和商人的利益，法国也明令禁止生产、进口和使用印染花布。为了执行这一政策，被处死的人及其在武装冲突中死亡的人，估计有16000人之多，还有更多的人被送往军舰上服役。显然，禁止原材料外流有利于最终产品保持低价，有利于国家形成外贸竞争优势，虽然原材料价格往往因此被压低。

为了保证出口产品的价格竞争优势——这在手工业时代可以说是最重要的一项竞争优势，用于产品生产的各种生产要素价格都被直接或间接地、行政性地或以市场方式压得很低，这些被压低价格的生产要素不仅包括生产资料，而且包括劳动力。法国的柯尔培尔便采取了以牺牲法国农民利益来发展工商业的政策，明令禁止粮食及其他农产品输出，以保持劳动力价格的低廉，同时准许同类产品进口，以保证工商业能获得低价的农产品，使工资以及工业品成本保持在较低水平上。为了给出口提供尽可能多的商品，必须使国内消费保持在最低的水平上，其结果就是劳动群众的消费水平被经常性地压低到贫困线以下。重商主义者认为，劳动者的收入水平被压低可以减少人们的懒惰，使更多的人加入到雇佣劳动大军中，并能接受更长的劳动时间。劳动者的贫困最终能带来的，是更便宜和更多数量的商品，增强本国在国际市场上的竞争能力。因此，贸易保护政策虽然指向外贸，但它的作用空间不仅在于对外贸易环节，而是以人口政策、要素价格政策等等为支撑的政策系统。

---

① 布鲁、格兰特：《经济思想史》，北京大学出版社2008年版，第12页。

重商主义的外贸政策从追求货币差额、严禁商品进口，到追求贸易差额、形成竞争优势的转变，与集权专制政权战略目标的转变相互契合。早期集权专制政权的战略目标在于规避国际竞争，保护本国市场，扶持本国幼稚产业成长，后期集权专制政权的战略目标转向了争夺广阔的国际市场。

第三，通过设立贸易中转站和垄断海上运输权等，鼓励进行转口贸易。早期重商主义者十分重视转口贸易，认为转口贸易是威尼斯等城市商业繁荣的重要原因。安东尼奥·塞拉指出："从亚洲到欧洲的一切商品都得经过威尼斯，然后从那里分配到别的地区，从欧洲到亚洲的商品，也同样要从那里起运。有这么多商品要向这么多地区往返运送，这就发展成为大规模贸易。"① 大规模转口贸易使早期国家赋予特权的城市如热那亚、佛罗伦萨、威尼斯等实现了货币大量流入。塞拉进一步论证了威尼斯的转口贸易优势："由于从欧洲到亚洲，或从后者到前者，或在意大利本境的贸易中，它所处地位的优越，由于它的河流大部分直接通海，这就为商品运赴各地提供了便利，而且它在意大利所处的地位适中，距离境内各处都不甚远，这对商品的运输也是个优点。它还由于当地制造业发达而得到了好处，从而吸引了许多人到它那里，这不单是由于商业本身，还由于商业与其地的地位优越两者相结合所产生的结果。商业与地位优越这两个因素可以发生相辅相成的作用，这两个因素合在一起会由于制造业发达而增加力量，制造业则会由于商业繁盛而增加力量，而商业又会由于当地人口增加而愈加繁盛。"②

---

① 塞拉：《略论可以使无矿之国金银充裕的成因》，门罗编：《早期经济思想》，商务印书馆2011年版，第152页。
② 塞拉：《略论可以使无矿之国金银充裕的成因》，门罗编：《早期经济思想》，商务印书馆2011年版，第152页。

英国是通过设立贸易中转站和垄断海上运输权等方法，鼓励进行转口贸易这一政策的"集大成"者。托马斯·孟提出，应"专为来自外国的谷物、靛青、香料、生丝、棉花或一切其他商品设立一种贸易场所或货栈，使这些货物由此再行出口到需要它们的地方去，便可以增加航运、贸易、现金和国王的关税收入。这种做生意的方法，就是使威尼斯，热那亚，荷兰和比利时等低地国以及有些别的地方的地位得以提高的主要手段，而英国所处的地位是最便于达成这一目的的，因为我们要这样做，只要自己勤劳努力，此外别无所需。"① 他甚至提出，转口贸易应该由英国自己的船只从事："我们的出口货物，倘使是用我们的船自运出去的，也是可以大大提高价值的，因为这样我们不但会得到货物在本国的售价，还可以加上商人的利润，保险等的费用以及将它们运往海外的运费。例如，倘使意大利的商人，乘着他们自己的船，到我们这里来购买我们的谷物、熏青鱼或其他东西，就这个实例来说，通常国内的价格是一夸特小麦二十五个先令和每桶熏青鱼二十个先令；那么倘使我们自己将这些货物运往意大利，前者就可以卖到五十个先令，后者卖到四十个先令；王国的货物在推销或出售上就有这样大的差额。"② 为发展转口贸易，孟提出："对于国产商品不要课以过重的关税也是很必要的，这样免得使外国人嫌这些商品价格昂贵而影响了销路。尤其是输入的外国货物，凡是又要再运出去的，就应该予以照顾，否则这样的贸易（可以替公共财富带来很多好处），非但不能繁荣起来，而且还难以立足。"③ 鼓励转口贸易政策在英国这个岛国上的实行，使

---

① 托马斯·孟：《英国得自对外贸易的财富》，商务印书馆1965年，第9页。
② 托马斯·孟：《英国得自对外贸易的财富》，商务印书馆1965年，第7-8页。
③ 托马斯·孟：《英国得自对外贸易的财富》，商务印书馆1965年，第11页。

它的对外贸易得以迅速发展。鼓励转口贸易政策与其他政策相互配合，是商工业资本家获取大量利润，并缴纳巨额税收使英国强盛的重要原因。

七 财政政策

财政是国家对经济进行管控并为国家进行社会治理及保卫政权提供经济条件的方式，涉及政治、经济、军事和社会生活的各个方面，是国家权力和民族强大的保障。重商主义是随着欧洲大国从封建领主制部族联盟转化为集权官僚制民族国家的进程而形成和发展的。不同国家、不同时期的财政政策有不同侧重，但总体上说，重商主义者都承认国家的合理性，并拥护以国王为代表的专制国家。在重商主义看来，国家富强，民族才能兴旺；国家强大、民族兴旺，国内公民个人才能够获得利益，商人应竭尽全力开展贸易活动来提高纳税能力。国家的行政能力也是促进财富增加的重要原因。塞拉指出，主政者是了解本国处境和具备的各种条件的人，他能够考虑使国家财政丰盈的成因，采用各种规章制度产生他所期望的效果。在任何国家，主政者的有效管理是促使金银丰足的最有力的成因，而且是在一切成因中最重要的、最有效的成因。因此，国家向商人征税是完全应该的，财政政策总体上应该遵循"大政府、大财政"原则。

政府的财政支出首先是国王对内消除封建割据和对外扩张的需要，不仅要进行战争，还要以收买、赎买等方式对待国内的封建领主，扩展国家领土和殖民地也需要庞大开支。筹集足够多的财政资金，是初级专制国家能够存在和发展的关键。

国家的财政支出不仅来自战争需求，还包括伴随专制王权兴起而形成的组建官僚系统的政治集权化需要。打破国内封建割据的同时，也把原来分别由领主承担的社会治理责任收归国王为首的专制政权，为此必须建立一个庞大而严密系统的官僚机构。处于权利金字塔顶端的国王通过分等级的官僚机构实施对全国的统治。财政支出的扩大迫切要求国王寻找足够的财政收入，而增加税收是主要的财政收入来源。为此，各国都强化了国家税收机构和管理，并增加税种，改进税收机制。利用以专制权实行的行政性垄断集中财富，并从财富获益人处获得更大额度的税收收入，以解决政府的财政压力，成为这一时期西欧各国的共同选择。这是重商主义财政政策形成并不断演化的原因。重商主义为了拓展市场而力主推行的建立统一法律和税收制度、货物不受通行费阻碍而自由流动等政策，符合专制国王消解封建关系、加强统一民族国家建设的要求。在这方面国王和商业资产阶级的利益是一致的。

发展对外贸易必须有国内产业作为支撑，重商主义者从外贸实践中充分认识到这一点。随着对外贸易的扩展，发展国内手工业的必要性日益突出，主张贸易差额论的晚期重商主义者着力拓展国内手工业。如柯尔培尔就任财政大臣时，拨出大量经费，创办了一大批皇家手工工场，为从事工业生产的资本家发放补助金和贷款，并改良公路和开凿运河。这些措施改善了国内市场状况，为发展法国工商业起到了积极作用。

发展手工业，特别是国家主办的手工业工场是需要资金的，这构成财政支出的一部分。已经强大的专制统治，可以在财政政策上协调支与收的关系，国营工场以及为发展国内经济而进行的运河、道路建设等支出可以从手工业发展及其支持的外贸中得到成倍补偿。因此，重商主义财政政策也就在国内经济与对外贸易的总体管制中得以系统化。为了增加税收，必须发展经济。其中，对外贸易是发展经济、扩大税源的首选。从对外贸易中获取"短平快"的利润，再从商工业资本利润中收税，是增加财政收入最有效的途径。为此，财政政策与外贸政策有机结合，制定了针对外贸活动的专项政策，建立了相应机构，设计了相应税种和征税机制。在保证商业资本家利益的同时，将大部分外贸利润以关税形式收归国库。

地产收入是专制政权财政收入的又一重要来源。地产收入分为三部分：一是地主、领主向王室直接交纳的费用；二是国王出售土地的财政所得；三是国王凭借自己的身份、权力在行使对封臣的土地监护权过程中的财产所得。地产收入增加的前提是国王控制大量土地。在亨利七世统治时期，增加土地规模的主要方法是议会颁布法案收回以前王室失去的土地，辅之以其他巧取豪夺的手段。玫瑰战争后，大量无主土地归到亨利七世名下。亨利八世时期地产收入最重要的特点是没收教会土地和出售土地。来自国王监护土地的收入贯穿整个都铎王朝早期。

除地产收入外，专制王权还制定各种税收项目来增加财政收入，如议会税、贷款与捐赠、捐纳、罚金、司法收入和降低货币成色敛财等。此外，专制王权还通过公债、贷款、捐纳、罚金和司法收入等方式弥补财政收入不足以支付财政支出。可见，重商主义财政政策已经成为一个专制王权控制下的民族国家治理的系统机制体系。

八 殖民政策

欧洲各大国在从封建领主制向集权官僚制转变的过程中，不断侵吞周边小的部族或部族联盟。但欧洲地域有限，各大国可以扩展的空间越来越小，除了与其他大国开战，抢夺领土，已没有在欧洲扩张的可能。在这种情况下，他们将扩张的目标投向全世界，在美洲、非洲、亚洲、澳洲都侵占了大量殖民地。重商主义者是殖民扩张的积极推动和实行者，殖民政策也就成为其经济学技层次的重要环节。重商主义的殖民政策主要包括：

第一，以暴力、欺骗等方式构建宗主国与殖民地的经济关系。欧洲各大国以暴力和欺骗等方式强占世界上落后地区为其殖民地，宗主国是殖民地的主人，殖民地的土地、矿藏和人口都属于宗主国的国王。殖民地在经济上完全从属于宗主国，它们之间的贸易关系，最突出的就是对资源的掠夺。初期主要是与殖民地民众进行掠夺式和欺骗性的不等价交换。让·博丹提到："当西班牙使他们自己成为新世界的主人之后，用小斧和小刀在那里可以换取数量多得多的珍珠和宝石，因为在那里有的只是用木或石制的刀和大量珠宝。"①

伴随殖民活动的深入，宗主国开始通过对殖民地的政治控制来实现长期和深入的经济剥削。这既是国王的利益，也是商工业资本家的利益，他们不仅积极参与拓展殖民地的活动，而且要求国王给他们提供掠夺和欺骗性交易的许可，并希望殖民地保持对宗主国的永久依赖和附属地位。1651年，克伦威尔颁布《航海条例》，明确英国以重商主义为基本原则进行殖民扩张。随后，克伦威尔提出"殖民地利益要服从于本民族利益"的重商主义信条，这可以说是重商主义殖民政策的总纲，并于1660年在英国及其殖民地制度化。

除了对外贸易之外，掠夺和霸占殖民地是重商主义的欧洲各大国增加国家财富最重要的方式，特别是对于外贸竞争优势相对较弱的国家更是如此。路易十四时期，法国与荷兰展开商业战争，与英国在印度展开角逐，但由于法国商品难以在欧洲市场上与英国和荷兰竞争，柯尔培尔亲自主持建立了庞大的舰队和大型商船队，进行海外扩张，开辟殖民地以经销法国商品。法国先后在北美、西印度群岛、非洲等地获取大量殖民地，通过与殖民地展开欺骗性的不等价贸易和对殖民地的直接掠夺，给法国带来巨大利益。

---

① 博丹：《对马莱斯特罗特佗谈物价高昂及其补救办法的答复》，门罗编：《早期经济思想》，商务印书馆2011年版，第130页。

第二，掠夺和垄断殖民地金银。重商主义以金银为财富的观念，体现于其殖民政策上，就是对殖民地金银的掠夺并垄断金银矿的开采。一方面，商业的快速增长需要更多的货币参与流通，比如英国与波罗的海地区、东印度群岛的贸易需要贵金属的国际流动，然而，英国几乎不能生产出口到这些地方的贵金属；同时，由于国际货币市场不发达，这些地方也不接受纸币。另一方面，维持战争也需要大量的金银货币，金银可以用来招募士兵、发放饷银、建造船舰、收买盟国和贿赂敌军。因此，重商主义者建议在殖民地开采金银矿，以便用于越来越多的流通和支付需要，甚至认为，掠夺和垄断殖民地金银是比通过对外贸易赚取贵金属货币更为直接、有效地增加本国财富的途径。

博丹在分析16世纪价格普涨的原因时，探讨了法国当时"这么多金银是打哪儿来的呢？"① 他明确指出，当时法国新增的大量金银不是来自法国内部，而是来自一些拥有殖民地的宗主国，"在一百五十年之前……葡萄牙人利用指南针在大海航行，使他们自己成为波斯湾的主人，并且在某一程度上成为红海的主人，他们用这个手段，把东印度群岛和富足的阿拉伯的财富满载而归，从而胜过了威尼斯人和热那亚人，后者从埃及和叙利亚取得商品，然后以少量售给我们以易取黄金。同时，卡斯惕尔人取得了对充满金银的新国土的控制后，在西班牙的金银一时满坑满谷，于是我们这里的人也闻风而起，纷往非洲一带，获得了意想不到的厚利。西班牙人于1533年征服秘鲁以后，由其地取得的黄金以亿万计，白银则倍蓰不止……西班牙生活资料的来源须仰赖于法国，他们出于万不得已，不得不到这里来购买小麦、布匹、呢绒、染料、纸张、书籍、细木工制品以

---

① 博丹：《对马莱斯特罗特侈谈物价高昂及其补救办法的答复》，门罗编：《早期经济思想》，商务印书馆2011年版，第131页。

及一切手工艺品,他们为此走遍天涯去寻找金银和香料,用以付偿所购之物。"① 由此可见,法国金银的大量增加,直接来源是与一些宗主国"多卖少买"的贸易,间接来源则是被宗主国控制的殖民地,而早期垄断殖民地金银生产的主要是葡萄牙、西班牙等国和意大利的一些地区。然而,早期殖民活动的"厚礼"比以黑死病传染更快的速度、更大的规模引起西欧诸国对于殖民活动的狂爱,并在对黄金的渴望中推动着殖民地范围的扩大和宗主国之间为争夺殖民地的战争。

第三,垄断殖民地的贸易和运输。殖民地是宗主国的领地,宗主国在殖民地实行绝对的统治。因此,重商主义者认为,应该将殖民地的贸易和运输完全纳入宗主国利益范围,并制定与宗主国相一致的政策。垄断殖民地产品、殖民地市场是欧洲诸国通过殖民地积累财富的重要手段。宗主国通过控制将产品输入殖民地的权力以及垄断宗主国与殖民地间的运输收益,最大程度地保障宗主国的殖民利益。

殖民地贸易并非依循资本所推崇的市场原则,而是以掠夺剥削为原则,把殖民地纳入宗主国的贸易链条之中。为了垄断殖民地的贸易,英国于1651年和1660年颁布航海法,规定"殖民地的某些商品只能销售到英国,其他商品在卖到外国之前也要先运到英国。殖民地从外国进口是受到严格限制或禁止的。殖民地的制造业受到严格控制,某些情况下还受到法律禁止,因此,附属国能成为低成本原材料的供应者和英国制成品的进口者。"② 相较于贸易收益,马克斯·韦伯认为,"殖民地给国内工业带来的市场比较无足轻重,运

---

① 博丹:《对马莱斯特罗特侈谈物价高昂及其补救办法的答复》,门罗编:《早期经济思想》,商务印书馆2011年版,第131-132页。

② 布鲁、格兰特:《经济思想史》,北京大学出版社2008年版,第12页。

输业才是主要利润来源。"① 托马斯·孟也明确提出,出口产品要用英国船只来运送,以便获得保费和运费收入。航海法对此也有明文规定:"进口到大不列颠及其殖民地的商品,必须用英国及其殖民或者用原产国的船只运输。"②

第四,从事奴隶贸易。宗主国是殖民地的绝对统治者,其领土和人口都属于宗主国国王,宗主国可以根据自己利益任意使用殖民地土地和人口。殖民地人口从总体上说,就是宗主国的奴隶。在将殖民地纳入宗主国主导的产业链过程中,殖民地最终变成了殖民者的种植园,殖民地的土著充当了奴隶式的主要劳动力。由于亚洲和非洲土著人口多,在这些殖民地实行的奴隶庄园制度对劳动力的使用也达到了最大程度,比宗主国的生产效率和利润还高,因此,宗主国出现了将奴隶制移植到人口较少新殖民地的策略,从而形成了经常性的大规模奴隶贸易。"在亚洲和非洲,这种劳工制度已取得了良好的效果,若移植到大洋彼岸,应用机会似乎将大大增加。然而却发现美洲土著完全不适合种植园劳动;为代替美洲土著,大量黑奴被运往西印度群岛。"③ 奴隶贸易是以奴隶贸易特权为基础的,"查理五世1517年授予佛兰芒人(Fleming)的特权是最早的。直至进入18世纪很长时间,这些奴隶贸易特权仍在国际关系中发挥着重要作用。英国在《乌得勒支条约》中获得了在属于西班牙的南美殖民地贩卖奴隶的特权,不过同时也得负担输送最低数量奴隶的义务。"④

奴隶贸易使宗主国获得巨大利益,在18世纪,英国每年从一个奴隶身上大约能赚15-20英镑。使用奴隶劳动之所以获利颇丰,就在于

---

① 韦伯:《世界经济简史》,立信会计出版社2018年版,第247页。
② 布鲁,格兰特:《经济思想史》,北京大学出版社2008年版,第12页。
③ 韦伯:《世界经济简史》,立信会计出版社2018年版,第246页。
④ 韦伯:《世界经济简史》,立信会计出版社2018年版,第246页。

严格的种植园纪律、对奴隶残忍的役使,持续的奴隶进口以及农业开发。奴隶的死亡率极高,在19世纪时为25%,而较早时期则是这个数字的几倍。在19世纪早期,欧洲的殖民地约有700万奴隶。①

殖民地是欧洲初级集权官僚制的重要组成部分,奴隶贸易贯穿于重商主义的全过程,殖民政策也因此成为重商主义经济学说技层次的必要环节,并不断演化,至今仍有其传续。

---

① 韦伯:《世界经济简史》,立信会计出版社2018年版,第246–248页。

第七章
资本经济学技层次【2】：自由竞争阶段

资本经济学技层次在自由竞争阶段得到充分发展和全面运用。自由竞争阶段前期，在统制经济体制下成长起来的资本所有者已聚合为阶级，但当时的资本企业仍以中小企业为主，存在着规模小、劳动生产率和利润率低的特点。同时专制统治和封建土地贵族的残余仍存在，这使得资产阶级的力量虽然不断壮大但尚未彻底占据统治地位。19世纪三四十年代，英国完成了工业革命，工业资产阶级不论在经济上还是在政治上，都取得了决定性的胜利，并实施自由竞争、自由放任和自由贸易政策。自由竞争体制使资本雇佣劳动制的优越性得到极大的发挥，社会经济发展取得了巨大的成果。特别是在19世纪五六十年代英国和欧洲大部分国家实行自由贸易以后，出现了延续二十多年的经济高涨。随着自由竞争体制的演进，垄断资本形成，形成众多新的经济矛盾，并进而导致严重的产品过剩引发的利润不能实现的经济危机。自由竞争阶段大约经历了一个半世纪，以斯密、李嘉图、李斯特、马歇尔等为代表的资本经济学家，针对其面对的不同国家、不同时期的经济矛盾，以其道、法、术层次为前提，探讨确立和维持自由竞争体制运行的实用之技，由此形成了以利润最大化为核心目标且内容广泛庞杂的资本经济学技层次。

一 魁奈的《经济表》：初级的国家经济均衡论

供给与需求直接关系利润率及其实现，因此，对需求与供给均衡关系的探讨贯穿于资本经济学演化的全过程。早在重商主义的文献中就包含均衡分析的成分，18世纪法国重农学派的代表人物魁奈（1694～1774年）在其著名的《经济表》中使用均衡分析的方法，对经济现象中相对稳定状况达成的条件，以及打破相对稳定状态之后如何恢复均衡作了初步概括。熊彼特认为，魁奈的《经济表》是"最先设计出来，用以表达明确的经济均衡概念的一种方法"[①]。魁奈经济思想虽然形成于法国的统制经济阶段，但他是从自由竞争理念对统制经济体制和政策的批判中形成其经济学说的术、技层次，是斯密等人的理论先导。而《经济表》也成了资本经济学自由竞争阶段技层次的首要环节。

魁奈的《经济表》涵盖生产劳动、社会阶级划分、生产资本及分类等内容，对社会再生产和流通作出了最初的说明，以图表抽象地展示了社会生产、交换、分配关系。马克思在《资本论》中指出"魁奈的《经济表》用几根粗线条表明，国民生产的具有一定价值的年产品怎样通过流通进行分配，才能在其他条件不变的情况下，使它的简单再生产即原有规模的再生产进行下去。上一年度的收获，理所当然地构成生产期间的起点。无数个单个的流通行为，从一开始就被概括为它们的具有社会特征的大量运动，——几个巨大的，职能上确定的、经济的社会阶级之间的流通。在这里，我们感兴趣的是：总产品的一部分，——它和总产品的任何其他部分一样，作

---

① 熊彼特：《经济分析史》（第一卷），商务印书馆2009年版，第374页。

为使用物品,是过去一年劳动的新的结果,——同时只是以同一实物形式再现的原有资本价值的承担者。它不流通,而是留在它的生产者租地农场主阶级手里,以便在那里重新开始它的资本职能。"①

《经济表》最初写于1758年,经过近九年完善,1766年魁奈发表了《经济表的分析》,对《经济表》作了进一步说明,1767年魁奈在《第二个经济问题》中发表了《经济表》最后一个版本。根据《经济表》中收入与支出的流量均衡状况划分,《经济表》又可区分为均衡模式和非均衡模式。其中均衡模式有7表,非均衡模式有5表。均衡模式下的《经济表》是指社会再生产和流通的每一个环节中,国家经济政策不变,经济状况处于稳定的运行状态时,社会总产品和收入与支出的流量均衡。魁奈通过《经济表》的计算结果和计量分析为自己提倡的经济政策提供了理论依据。

魁奈均衡模式下的《经济表》中,假定有一个王国,该国每年有50亿里弗尔价值的产品,该国国民被分为三个阶级,即生产阶级、土地所有者阶级与不生产阶级。其中,生产阶级是耕种土地,逐年再生产国民财富的阶级,生产阶级预付农业劳动开支,向土地所有者交付地租,"他们要担负产品出卖以前的一切支出和劳动",②生产阶级包括租地农业资本家和农业工人。土地所有者阶级包括君主、土地所有者以及什一税的征收者。土地所有者阶级依靠纯产品生活,"纯产品是生产阶级每年从再生产财富中,先扣除补偿年预付和维持经营上使用的财富基金所必要的部分之后,把它支付给土地

---

① 马克思:《资本论》(第二卷),人民出版社2004年版,第398页。
② 魁奈:《经济表的分析》,《魁奈经济著作选集》,商务印书馆1979年版,第309页。

所有者阶级的。"① 不生产阶级是由不从事农业生产而从事其他劳动的人组成，包括工商业资本家和工人，不生产阶级的支出依靠向生产阶级与土地所有者阶级出售产品而取得。

魁奈用于分析均衡状态下简单再生产过程的《经济表》还建立在一系列假定前提之上。这些假定前提包括：（1）不考虑个体小农的生产，假设全社会实行的是大规模租地农业经济。（2）只考虑三大阶级（生产者阶级、土地所有者阶级、不生产阶级）之间的流通，且三个阶级之间的所有交换行为都合并作一次总的交换，不考虑各阶级内部的流通。（3）三大阶级之间的流通价格固定不变。（4）只考虑社会简单再生产。（5）将农村家庭手工业看作是农业的副产品。（6）只考虑国内市场，忽略对外贸易因素。

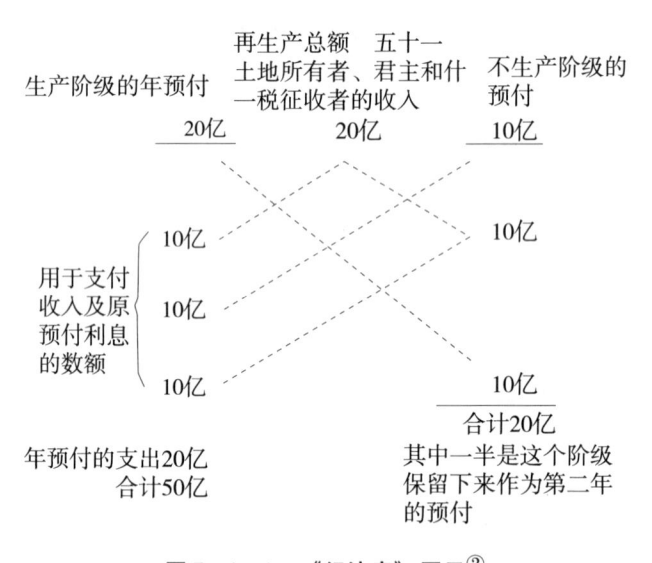

```
              再生产总额  五十一
生产阶级的年预付  土地所有者、君主和什    不生产阶级的
              一税征收者的收入         预付
    20亿          20亿              10亿

         10亿 ┄┄┄┄┄┄┄┄┄┄┄┄ 10亿
用于支付
收入及原  10亿
预付利息
的数额    10亿 ┄┄┄┄┄┄┄┄┄┄┄┄ 10亿
                                合计20亿
年预付的支出20亿                其中一半是这个阶级
合计50亿                        保留下来作为第二年
                                的预付
```

图7-1-1　《经济表》图示②

---

① 魁奈：《经济表的分析》，《魁奈经济著作选集》，商务印书馆1979年版，第310~311页。

② 魁奈：《经济表的分析》，《魁奈经济著作选集》，商务印书馆1979年版，第319页。

《经济表》以一年生产出来的总产品,即上一年度生产的终点为下一年度流通的出发点。根据魁奈的描述,在流通的出发点上,生产阶级主要从事农业生产,投入的原预付有100亿里弗尔,原预付可用10年,每年有1/10的折旧,也称原预付利息,即这部分每年有10亿里弗尔计入生产费用。再投入年预付20亿里弗尔全部计入生产费用。在上述投入的基础上,生产阶级每年可生产出50亿里弗尔的年产品。从价值形态上看50亿里弗尔年产品,10亿里弗尔用来补偿消耗或折旧掉的原预付,20亿用来补偿额外投入的年预付,剩下的20亿里弗尔即为生产的"纯产品"。从物质形态看,50亿里弗尔中40亿里弗尔为粮食,10亿里弗尔为工业原料。其中相当于年预付的20亿里弗尔的粮食,被生产阶级留下补偿经营资本即交付地租,并不参与流通。剩下30亿里弗尔投入流通,并在物质形态上表现为20亿里弗尔粮食和10亿里弗尔的工业原料;从价值形态上看则为10亿里弗尔原预付与20亿里弗尔"纯产品"。对土地所有者阶级来说,土地所有者阶级在一开始拥有20亿里弗尔生产阶级交付的地租。这20亿里弗尔是国内流通所需的货币总额,在流通中起着重要的杠杆作用。不生产阶级在流通开始前,已有加工制造出来的价值20亿里弗尔的工业品。20亿里弗尔中的10亿是不生产阶级的生活用品,剩下10亿里弗尔为生产用品。即从价值形态来看,10亿里弗尔为不生产阶级的生产经营资本,剩下10亿里弗尔为不生产阶级生产经营期间的生活费用。上述生产过程之后进入流通过程,魁奈《经济表》的流通过程分为五个过程。

　　第一次流通过程。土地所有者阶级用从生产阶级处得到的货币地租的一半,即10亿里弗尔,向生产阶级购买价值10亿里弗尔的粮食。第一次流通之后,土地所有者拥有了可食用一年的粮食以及10亿里弗尔货币。生产阶级拥有10亿里弗尔货币,10亿里弗尔原料以及30亿里弗尔粮食。

第二次流通过程。土地所有者阶级向不生产阶级购买 10 亿里弗尔工业品，于是土地所有者阶级拥有的是 10 亿里弗尔工业品以及 10 亿里弗尔粮食。不生产阶级此时拥有 10 亿里弗尔货币以及 10 亿里弗尔工业品。

第三次流通过程。不生产阶级用向土地所有者阶级换来的 10 亿里弗尔货币全部用来向生产者阶级购买粮食。于是，不生产阶级剩下 10 亿里弗尔粮食及 10 亿里弗尔工业品。生产阶级拥有 20 亿里弗尔货币，20 亿里弗尔粮食以及 10 亿里弗尔原料。

第四次流通过程。生产阶级用与不生产阶级交换获得的 10 亿里弗尔货币全部用来向不生产者阶级购买工业品。于是，不生产阶级此刻手中拥有 10 亿里弗尔货币和 10 亿里弗尔粮食。生产阶级此时拥有 10 亿里弗尔货币、10 亿里弗尔工业品、20 亿里弗尔粮食和 10 亿里弗尔原料。

第五次流通过程。此时，不生产阶级利用出售工业品给生产阶级而获得的 10 亿里弗尔货币从生产阶级处购买原材料。最终结果是，不生产阶级拥有 10 亿里弗尔原料以及 10 亿里弗尔粮食。生产阶级拥有 20 亿里弗尔货币和 20 亿里弗尔粮食，以及 10 亿里弗尔工业品。

经过五次流通过程，社会总产品在三个阶级之间的分布又达到了均衡状态。生产阶级的 20 亿里弗尔可以用作向土地所有者阶级交付的货币地租，从而进行下一个年份的生产。10 亿里弗尔的工业品可以用作对折旧的 10 亿里弗尔原预付的补偿，而生产阶级剩下的 20 亿里弗尔粮食又可以用作下一年份的年预付。不生产阶级最终拥有 10 亿里弗尔原料以及 10 亿里弗尔粮食，可以保证其下一个年份的生产经营。土地所有者则拥有可以保证其下一年份生活所需的 10 亿里弗尔粮食和 10 亿里弗尔工业品。于是，社会生产又可以重新按照原有规模进行，生产阶级完成耕种收获农产品之后，又可以开始进行新的流通。在图示《经济表》中可以看出，生产阶级的收入，包括预付数额在内，等于年再生产总额。此种状态下，耕种、财富、人口，都停留在原有状态，没有任何增减。

魁奈《经济表》五次流通过程中影响社会再生产的核心要素是"支出"，魁奈认为"再生产由支出而能永久更新，支出由再生产而更新。"[①] 当支出符合自然规律时，社会再生产就能顺利进行，从而社会经济系统也在均衡状态下运行。魁奈认为农业部门的支出符合自然规律，其《经济表》把农业部门的支出当作研究对象，以农业部门再生产的总产品作为研究起点，考察其流通和分配。魁奈假定流通和分配开始时全部货币量掌握在土地所有者阶级手中，土地所有者阶级通过支出使货币流向生产阶级和不生产阶级，使交换得以进行。从流通过程看，《经济表》的均衡体现在总供给和总需求两方面。总供给方面的均衡指在其他条件不变的情况下，社会分工使不生产阶级为生产阶级原预付的利息提供了所需要的产品，不生产阶级补偿年预付的工业原料又来自生产阶级，因而二者需要在价值量上相等，达到均衡。同时，生产阶级在价值上为土地所有者阶级提供了全部生活用品，但土地所有者阶级实际消费所需要的物质资料需要生产阶级和不生产阶级分别提供一半数量，所以两个阶级要在消费资料的生产上达到均衡。总需求方面的均衡指国民收入要保证均衡产出，土地所有者阶级的需求量必须等于年预付量。魁奈《经济表》中国民收入由年预付大小决定，其他条件不变，预付量只有在再生产总值不变时，才可以得到补偿，下一年度的再生产才可以正常运行。

《经济表》同时体现了均衡状态下一个量的变化导致其他量的变化。例如，若土地所有者阶级的需求减少，即把货币截流用作储蓄，

---

① 《农业哲学》，《魁奈经济著作选集》，商务印书馆1979年版，第293页。

流通中的货币量减少,生产阶级和不生产阶级之间的流通受阻,货币无法回流至生产阶级,也无法在一个周期结束后向土地所有者阶级支付货币收入,进而因其连锁的需求不足,社会总供给大于总需求,年预付无法顺利补偿,随着周期循环进行,预付一步步减少,社会生产最终停滞,造成国民经济体系运行失衡。

魁奈的《经济表》是对国家总体经济运行的分析,是现代国民收入分析的思想源泉。虽然《经济表》存在将农业劳动看作是唯一生产的劳动,以及将物质产品与价值等同的局限,但仍启发了后世经济学的发展,资本经济学界有人将魁奈看作凯恩斯经济学的先驱。斯坦利·布鲁认为"《经济表》描述了在一个理想的、自由竞争的经济中,商品与货币的循环流动。这是对财富流动第一次系统的分析,后来成为宏观经济学的基础。"[①] 魁奈运用《经济表》在一系列假定下将一国经济总体进行了阶级和部门的概括,对社会总产品、再生产和流通进行了总量分析,描述了国民经济达到均衡的条件,以及如何通过五个流通过程使宏观经济运行恢复均衡状态,在《经济表》的均衡状态下生产阶级、不生产阶级以及土地所有者阶级间商品和货币流通任何一个环节的数量发生变化,其他量也会随之变化。马克思指出魁奈将再生产过程中的各种复杂关系"总结在一张《表》上,这张表实际上只有五条线,连接着六个出发点或归宿点"[②]。从分析方法上看《经济表》已经具备经济模型的雏形,从可计量的经济现象中,抽象出关键变量,搭建模型框架,通过一系列计量方法分析变量之间的关系。《经济表》事实上在三大阶级划分、两大部门(工业和农业)、一系列假定条件、阶级之间的流通规则、

---

① 布鲁、格兰特:《经济思想史》,北京大学出版社2008年版,第31页。
② 马克思:《剩余价值理论》,《马克思恩格斯全集》(第26卷第1册),人民出版社1972年版,第366页。

原预付折旧的原则、生产阶级和不生产阶级量的规定等基础上作出了总体数量分析,其中规定的一系列计量规则下产生的均衡调节机制,都包含着资本经济学均衡分析的基本因素,从其内在均衡思想与均衡模型的构成条件看,后来资本经济学的分析明显表现出受到魁奈《经济表》的深远影响,"魁奈曾经把一般均衡,即区别与任何特定的细小局部均衡的整个经济体的均衡,看成是社会总量之间的均衡——正如现代凯恩斯主义者所做的一样。"[1] 后来资本经济学对于总体经济的均衡分析随着数学等学科的持续发展,加入了更加复杂的数学分析,从这个角度看,魁奈的《经济表》是资本经济学技层次关于总体经济均衡的萌芽。

《经济表》论证国民经济均衡的目的,是为符合法国资产阶级利益的经济政策提供依据。魁奈认为法国当时"抑农重商"的政策破坏了农业"自然规律"的再生产秩序,导致经济系统失衡。魁奈主张发展资本主义性质的大农业,即大规模的资本主义租地农场主导的农业经营方式,土地的直接耕作者是农业雇佣工人。通过发展资本主义性质的大农业补偿农业部门的年预付,保证社会再生产的优化和资产阶级利润最大化。

虽然魁奈时期法国仍然处于统制经济阶段,但魁奈的思想却领先于时代,其思想的主线已是自由竞争。虽然魁奈认为土地所有权是使土地具有生产性的原始投资,因而获得剩余产品是土地所有者应当享有的权利,但又主张向土地所有者阶级征收地租税,并反对向农业资本家、工商业资本家征税。魁奈也赞成"公平价格"概念,认为自由竞争比政府管制更容易实现公平价格,同时主张国家政权的职能是保护私有财产所有权而不是干预经济,并指出保障财产所

---

[1] 熊彼特:《经济分析史》(第一卷),商务印书馆2009年版,第376~377页。

有权是社会经济秩序的基础，依附在财产所有权基础上的其他一切权益是不可侵犯的。

二 斯密的分工论

分工是资本获取利润的必要条件和手段。斯密是第一位系统论述分工的经济学家，他批判地继承了前人的分工思想，形成比较系统的分工论。斯密从资产阶级总体的立场出发，既批判了重商主义者认为财富的唯一来源是对外贸易的观点，又纠正了重农主义者认为只有农业劳动才创造财富的偏见，第一次把财富的源泉推广到所有生产部门的劳动。《国民财富的性质和原因的研究》第一次系统地阐述了分工论，法国社会学家涂尔干说："亚当·斯密就是分工理论最早的阐发者。不仅如此，分工这个术语也是由亚当·斯密最先创立的。"[1]

斯密生活在英国工场手工业的鼎盛时期，并长期居住在苏格兰工商业中心的格拉斯哥。当时的英国资本主义经济正由工场手工业向机器大工业过渡，斯密敏锐地注意到分工在社会经济发展中的重要作用。在《国民财富的性质和原因的研究》中，斯密系统地研究了分工的起源、影响分工的因素、分工的种类、分工的积极作用和消极后果。斯密指出分工的作用是提高劳动生产力，"劳动生产力上最大的增进，以及运用劳动时所表现的更大的熟练、技巧和判断力，似乎都是分工的结果。"[2] 他在研究分工的作用时，从行业内部分工和社会分工两个角度论述。先从人们易于理解的"扣针制造业"的

---

[1] 涂尔干：《社会分工论》，生活·读书·新知三联书店2004年版，第1页。
[2] 斯密：《国民财富的性质和原因的研究》（上卷），商务印书馆1972年版，第5页。

分工谈起,在扣针制造业中,没有受过专业训练的工人,一天难制一针,只要雇佣10个工人进行简单的劳动分工,每人每天平均可以做出4,800枚针。可见,"凡能采用分工制的工艺,一经采用分工制,便相应地增进劳动的生产力。"[①] 斯密研究工场手工业的分工,意在说明分工对于提高劳动生产力的意义,进而阐明分工在社会发展中的作用,"一个国家的产业与劳动生产力的增进程度如果是极高的,则其各种行业的分工一般也都达到极高的程度。"[②]

在社会分工问题上,斯密认为普遍存在着农业、工业、畜牧业等专业生产方面的分工,脑力劳动和体力劳动的分工,以及劳动者与非劳动者的分工。在进步的社会中,农民的工作和制造业者的工作都是固定的,"农民一般只是农民,制造者只是制造者",[③] 他们之间不存在随意更换。因为农业在生产中难以进行分工,所以农业劳动生产力提高的速度慢于制造业劳动生产力提高的速度,斯密以此解释行业分化的原因。在生产一种商品的过程中,单个人的劳动往往无法完成,需要许多劳动者协作完成。"没有成千上万的人的帮助和合作,一个文明国家里的卑不足道的人,即便按照(这是我们很错误地想象的)他一般适应的舒服简单的方式也不能够取得其日用品的供给的。"[④] 斯密指出,生产一种商品的劳动是社会上成千上万工人合作的共同劳动,是一种社会劳动。斯密不仅看到了社会上

---

① 斯密:《国民财富的性质和原因的研究》(上卷),商务印书馆1972年版,第7页。
② 斯密:《国民财富的性质和原因的研究》(上卷),商务印书馆1972年版,第7页。
③ 斯密:《国民财富的性质和原因的研究》(上卷),商务印书馆1972年版,第7页。
④ 斯密:《国民财富的性质和原因的研究》(上卷),商务印书馆1972年版,第12页。

专业分工的存在，还注意到了在机器改良过程中机器制造师和哲学家发挥的不同作用，"有许多改良，是出自专门机械制造师的智巧；还有一些改良，是出自哲学家或思想家的智能。"① 他进而提出了脑力劳动和体力劳动在社分工中不同的重要性，"各人擅长各人的特殊工作，不但增加全体的成就，而且大大增进科学的内容。"② 在他看来，分工对提高劳动生产力和增加国民财富有重要意义。

斯密分析了促进劳动生产力提高的原因："第一，劳动者的技巧因业专而日进；第二，由一种工作转到另一种工作，通常须损失不少时间，有了分工，就可以免除这种损失；第三，许多简化劳动和缩减劳动的机械的发明，使一个人能够做许多人的工作。"③ 由于分工能够提高劳动熟练程度、节约劳动时间和促进科技进步，所以它提高了劳动生产力水平。斯密认为，劳动创造价值，劳动是国民财富的源泉，分工提高劳动生产力，增加社会财富，人人都能给他人提供所需的产品，也能从他人处获得自己所需，"于是，社会各阶级普遍富裕。"④

斯密认为分工起源于人们"互通有无，物物交换，互相交易"⑤的倾向。斯密强调："这种倾向，为人类所共有，亦为人类所特有，

---

① 斯密：《国民财富的性质和原因的研究》（上卷），商务印书馆1972年版，第10页。

② 斯密：《国民财富的性质和原因的研究》（上卷），商务印书馆1972年版，第11页。

③ 斯密：《国民财富的性质和原因的研究》（上卷），商务印书馆1972年版，第8页。

④ 斯密：《国民财富的性质和原因的研究》（上卷），商务印书馆1972年版，第11页。

⑤ 斯密：《国民财富的性质和原因的研究》（上卷），商务印书馆1972年版，第13页。

在其他各种动物中是找不到的。其他各种动物，似乎都不知道这种或其他任何一种协约。两只猎犬同逐一兔，有时也象是一种协同动作。它们把兔逐向对手的方向，或在对手把兔逐到它那边时，加以拦截。不过，这种协同动作，只是在某一特定时刻，它们的欲望对于同一对象的偶然的一致，而并不是契约的结果。我们从未见过甲乙两犬公平审慎地交换骨头。也从未见过一种动物，以姿势或自然呼声，向其他动物示意说：这为我有，那为你有，我愿意以此易彼。一个动物，如果想由一个人或其他动物取得某物，除博得授与者的欢心外，不能有别种说服手段。"①

斯密认为，交换倾向受到自利的鼓励，并导致劳动分工："人类几乎随时随地都需要同胞的协助，要想仅仅依赖他人的恩惠，那是一定不行的。他如果能够刺激他们的利己心，使有利于他，并告诉他们，给他做事，是对他们自己有利的，他要达到目的就容易得多了。不论是谁，如果他要与旁人做买卖，他首先就要这样提议。请给我以我所要的东西吧，同时，你也可以获得你所要的东西：这句话是交易的通义。我们所需要的相互帮忙，大部分是依照这个方法取得的。我们每天所需的食料和饮料，不是出自屠户、酿酒家或烙面师的恩惠，而是出于他们自利的打算。我们不说唤起他们利他心的话，而说唤起他们利己心的话。我们不说自己有需要，而说对他们有利。"②

在交换的过程中，人们发现，与其包揽所有的事情，不如只专注一件事情，因为这样既可以节省劳力，又可以通过交换满足自己

---

① 斯密：《国民财富的性质和原因的研究》（上卷），商务印书馆1972年版，第13页。

② 斯密：《国民财富的性质和原因的研究》（上卷），商务印书馆1972年版，第13-14页。

的多种需要，因此，人们开始固定地从事一种劳动，并且把这种劳动具体化为一项工作。斯密为了具体地说明分工产生的过程，以"狩猎或游牧民族"[①]为例：善制弓者在交换过程中发现，自己捕猎不如与猎人交换，出于他的利己心，他改为专制弓矢；善筑屋者在帮助别人制屋后会获得一定的劳动补偿，他发现专筑屋对自己更有利，因此他专于此事成为一名建筑者。以此类推，出现铁匠或铜匠、硝皮者或制革者。可见，斯密把交换倾向产生的原因归结为人自私自利的本性，即认为人始终是具有"利己心"的。这是当时盛行的"自然秩序"观念的推论，即任何一种自然生物个体，其天性就是利己，人亦如此。对自身利益的追求必然导致交换的盛行，交换的结果就是分工的产生和发展，于是分工就很合乎"自然秩序"之理了。

斯密认识到，人们的天赋才能存在着差异，但是，这种差异并不是我们想象的那么大，是分工把人们固定在特定的职业中，发挥各自的才能，结果是扩大了人们禀赋的差异，哲学家和挑夫之间的差异不是生来就有的，而是在后天从事不同的职业，才显现出他们才能的差异。人们禀赋的差异，"与其说是分工的原因，倒不如说是分工的结果。"[②] 只有在"互通有无、物物交换和相互交易的倾向"[③]下，人们生产不同种类的产品才有用处，"使各种职业家的才能形成极显著的差异的，是交换的倾向；使这种差异成为有用的也是这个

---

① 斯密：《国民财富的性质和原因的研究》（上卷），商务印书馆1972年版，第14页。

② 斯密：《国民财富的性质和原因的研究》（上卷），商务印书馆1972年版，第15页。

③ 斯密：《国民财富的性质和原因的研究》（上卷），商务印书馆1972年版，第15页。

倾向。"① 如果人人都自给自足，就没有交换，也不会产生分工，那么这种差异将不存在。斯密虽然看到了分工所造成的人和人才能的差异，但是在他的时代，正处于产业资本蓬勃发展的时期，劳动和人的异化程度尚不显著，所以他看不到分工导致劳动和人的异化。

斯密认为分工和专业化的程度受市场范围的限制，而且反过来市场范围的扩大也会进一步促进劳动分工的深化。由于分工源于"互通有无，物物交换，互相交易"② 的倾向，所以"分工的程度，因此总要受交换能力大小的限制，换言之，要受市场广狭的限制。"③ 如果市场太小，就不能保障人们一生从事一份固定的工作。因为，在市场发展不充分的条件下，人们"不能用自己消费不了的自己劳动生产物的剩余部分，随意换得自己需要的别人劳动生产物的剩余部分"。④ 斯密用劳动分工和市场范围之间的关系，解释了城乡分化和城市的发展。他比较了大都市和小乡村的分工情况，专业的工人只能在大都市才能找到工作，而在荒凉的苏格兰高地上人烟稀少的小乡村生活的工匠几乎都是兼营几种性质相同的行业。斯密指出："在苏格兰高地那样僻远内地，无论如何，总维持不了一个专门造铁钉的工人。因为他即使一日只能制钉一千枚，一年只劳动三百日，也每年能制钉三十万枚。但在那里，一年也销不了他一日的制造额，就是说销不了一千枚。水运开拓了比陆运所开拓的广大得多的市场，

---

① 斯密：《国民财富的性质和原因的研究》（上卷），商务印书馆1972年版，第15页。
② 斯密：《国民财富的性质和原因的研究》（上卷），商务印书馆1972年版，第12页。
③ 斯密：《国民财富的性质和原因的研究》（上卷），商务印书馆1972年版，第16页。
④ 斯密：《国民财富的性质和原因的研究》（上卷），商务印书馆1972年版，第16页。

所以从来各种产业的分工改良，自然而然地都开始于沿海沿河一带。这种改良往往经过许久以后才慢慢普及到内地。"①

斯密的分工论作为其经济思想技层次的重要内容，尽管有其历史局限性，但是开创了从分工探讨经济现象的先河，对于反对重商主义的国家干预政策、主张分工专门化和贸易自由化具有现实意义。

三 斯密和李嘉图的财政政策思想

资本经济学在自由竞争阶段的技层次，既注重个体资本的经营管理，又涉及部分总体经济政策，其中重要环节是财政政策。财政政策包括了"源"和"流"两方面，既要明确财政收入的来源，又要制定支出计划。

斯密在《国民财富的性质和原因的研究》下卷第五编，从这两个方面系统阐述了他的财政观点，另外还论述了公债的思想。熊彼特指出："最长的第五编……是一篇自成体系的关于财政学的论文，后来成为19世纪所有财政学论著的基础，直到财政学上的'社会'观点出现为止。所谓社会观点就是把税收看作是改革的工具，这种观点主要出现于德国……第五编……含有大量材料，主要从历史角度论述了公共支出、公共收入以及公债。该编的理论探讨不那么充分，也不那么深入。但值得称赞的是，理论探讨与事实材料以及事实材料所显示出来的一般发展趋势结合得很紧密。自那时以来，已积累了更多的材料，理论工具也有所改进，但至今还没有人像斯密那样成功地把这两者——外加一点政治社会学——结合在一起。"②

---

① 斯密：《国民财富的性质和原因的研究》（上卷），商务印书馆1972年版，第17页。
② 熊彼特：《经济分析史》（第一卷），商务印书馆2009年版，第291页。

斯密从国家职能入手，对财政政策中"流"的方面进行了阐述。他把君主或国家的支出分成三个部分，对应君主或国家的三项职能：一，保护社会免受暴行与侵略的职责；二，保护社会的每一个成员免受其他成员的不公正和压迫的职责；三，建立和维持公共机构和公共工程的职责，此外，还包括维护君主的尊严需要的一定支出。

斯密在说明第一项职能及其费用时，从历史的角度论述了国防的起源以及近代国家的国防军备。他认为，对原始社会的狩猎氏族来说，每个人都是狩猎者和战士；对游牧部族来说，每个人同样也是战士，他们不需要额外的常备军，仅靠战利品就可以补偿战争支出。在农业社会，没有对外贸易，只有家庭制造业，每个人既是生产者，也是战士，虽然与游牧部族相比较他们的战斗技能有所下降，但并不需要君主或国家花钱去训练他们准备作战。因为一年中农民很乐意在农闲时离开农场，故不需要设立常备军，此时的训练费用和维持费用较小，使得国防费用占政府支出的比重很小。但随着分工和制造业的进步以及战争技术的改进，便出现了常备军，这是因为，一方面，制造业者脱产后就失去了自己收入的唯一来源，因此必须由国家来维持其生活；另一方面，战争技术的改进和方式的变化要求军队有极强的纪律性才能保持战斗力，要达到这一目的就必须维持常备军并使其每天训练；最后，分工的发展使社会财富迅速增加，很容易引起邻国的入侵，"事实上，勤勉而因此富裕的国家，往往是最会引起四邻攻击的国家。所以，国家对于国防如不采取新的手段，人民的自然习性是会使他们全然失去自卫能力的。"[1] 因此，国防费用迅速扩大，成为财政支出中的重要部分。

在说明第二项职能及其费用时，斯密认为"有大财产的所在，

---

[1] 斯密：《国民财富的性质和原因的研究》（下卷），商务印书馆1974年版，第261页。

就是有大不平等的所在。有一个巨富的人，同时至少必有五百个穷人。少数人的富裕，是以多数人的贫乏为前提的。富人的阔绰，会激怒贫者，贫人的匮乏和嫉妒，会驱使他们侵害富者的财产。那些拥有由多年劳动或累世劳动蓄积起来的财产的人，没有司法官保障庇护，哪能高枕而卧一夜哩。富者随时都有不可测知的敌人在包围他，他纵没有激怒敌人，他却无法满足敌人的欲望。他想避免敌人的侵害，只有依赖强有力的司法官的保护，司法官是可以不断惩治一切非法行为的。因此，大宗价值财产的获得，必然要求民政政府的建立。在没有财产可言，或顶多只有值两三日劳动的价值的财产的社会，就不这样需要设立这种政府。"① 但在最初，司法机构的设立提供了大量的收入，并不是支出，这是因为民事政府建立的初衷是保护富人以对抗穷人，司法权与行政权没有分离，这就导致了司法腐败，"君主的司法权力，不但对于他毫无所费，而且在一长时期中成为他的一种收入源泉。要求他裁判的人，总愿意给他报酬；礼物总是随求随到。君权确立以后，犯罪者除赔偿原告损失以外，还得对君主缴纳罚金。因为被告麻烦了君主，搅扰了君主，且破坏了君主的和平，科以罚金，乃罪有应得……司法行政象这样成为一种敛财的组织，结果，自不免生出许多弊害。比如，以大礼物来请主持公道的人，得到的往往不止公道；以小礼物来请主持公道的人，得到的往往说不上公道。而且，为要使礼物频频送来，行使司法权者往往多方迁延，不予判决。为要勒取被告的罚金，他往往把实在无罪者，判为有罪。司法上的这些弊害，我们一翻阅欧洲各国古代

---

① 斯密：《国民财富的性质和原因的研究》（下卷），商务印书馆1974年版，第272–273页。

史，就知道是司空见惯，毫不稀奇。"① 因此，行政权与司法权的分离十分重要，为此的财政支出也是必须的。

在说明第三项职能时，斯密把公共设施分为两项，第一项是可以便利社会商业的公共工程和机构，其中包含了为便利一般商业所必需的公共工程和机构，以及为便利特殊商业部门所必需的公共工程和机构，第二项是教育机构，其中包括青年教育机构和全年龄人民的教育机构，前者指普通教育，后者特指宗教。

最后，斯密认为除了因君主职能产生的支出以外，维护君主的尊严也要求一定的支出，"这费用的大小，随社会发达时期的不同而不同，随政体形态的不同而不同……就尊严一点说，一国君主君临于其臣庶，比之共和国元首对于其同胞市民，更要高不可攀，望尘莫及；所以为要维持这较高的尊严，势必要较大的费用。"②

在列举了政府的支出项目后，斯密提出了政府支出补偿的观点，来解释政府的支出应该如何支付的问题。不同的政府职能所造成的支出，其适合的补偿方式也不尽相同。"防御社会的费用，维持一国元首的费用，都是为社会的一般利益而支出的。因此，照正当道理，这两者应当来自全社会一般的贡献，而社会各个人的资助，又须尽可能与他们各自能力相称。"③ 对于司法行政费用，斯密认为"国家之所以有支出此项费用的必要，乃因社会有些人多行不义，势非设置法院救济保护不可；而最直接受到法院利益的，又是那些由法院恢复其权利或维持其权利的人。因此，司法行政费用，如按照特殊

---

① 斯密：《国民财富的性质和原因的研究》（下卷），商务印书馆1974年版，第277–278页。

② 斯密：《国民财富的性质和原因的研究》（下卷），商务印书馆1974年版，第373–374页。

③ 斯密：《国民财富的性质和原因的研究》（下卷），商务印书馆1974年版，第374页。

情形，由他们双方或其中一方支付，即由法院手续费开支，最为妥当。除非罪人自身无财产资金够支付此手续费，否则，这项费用，是无须由社会全体负担的。"① 对于公共工程支出的补偿，斯密则认为由工程的直接受益人来支付是最合适的，无须在国家一般收入下开支，"为了社会局部的利益，而增加社会全体的负担，那是不大正当的。"② 为地方的利益所作的支出应由地方政府收入来支付，修建道路的支出由通行税支出更为合适，而教育和宗教的支出则由受益人的学费或捐赠费用来支出。但是，当这些受益者无力支付公共工程的费用时，就应该由社会的一般收入来支付，"凡有利于全社会的各种设施或土木工程，如不能全由那些最直接受到利益的人维持，或不是全由他们维持，那末，在大多数场合，不足之数，就不能不由全社会一般的贡献弥补。"③

接下来，斯密从"开源"的角度论述了财政收入的来源，他把财政收入分成了两大部分，"第一，特别属于君主或国家，而与人民收入无何等关系的资源；第二，人民的收入。"④ 属于君主或国家的特定收入包括公共资本和公共土地，公共资本有两种形式，即利润与利息，"君主由其资财取得收入的方式，与其他资财所有者同，计有两种，一是亲自使用这笔资财，一是把它贷与他人。他的收入在

---

① 斯密：《国民财富的性质和原因的研究》（下卷），商务印书馆 1974 年版，第 374 页。

② 斯密：《国民财富的性质和原因的研究》（下卷），商务印书馆 1974 年版，第 375 页。

③ 斯密：《国民财富的性质和原因的研究》（下卷），商务印书馆 1974 年版，第 375 页。

④ 斯密：《国民财富的性质和原因的研究》（下卷），商务印书馆 1974 年版，第 376 页。

前者为利润，在后者为利息。"① 但由于利润与利息有不稳定和不经久的性质，使得它们不适合作为收入的主要来源，"一切已经越过游牧阶段的大国政府，从来都不由这种源泉取得其大部分的公共收入。"② 斯密认为公共土地比公共资本更稳定，但他也指出即使在最理想的状态下，即全国只有一个地主，因而便于征收地租的情况下，地租也不足以支付国家的全部普通支出，"欧洲多数文明的君主国的现状是，全国所有土地，管理得有似全部属一个人所有，全部土地所能够提供的地租，恐怕决不会达到各该国平时向人民征收的普通收入那么多。"③ 由此，斯密得出一个结论，即公共资本和公共土地不适合作为国家收入的主要来源，"因此，公共资本和土地，即君主或国家所特有的二项大收入泉源，既不宜用以支付也不够支付一个大的文明国家的必要费用，那末，这必要费用的大部分，就必须取决于这种或那种税收，换言之，人民须拿出自己一部分私的收入，给君主或国家，作为一笔公共收入。"④

斯密财政政策思想中财政收入来源的第二个部分是人民的收入，换言之就是赋税。斯密指出了税收的四大原则：平等、确定、便利、经济。

所谓平等，是指"一国国民，都须在可能范围内，按照各自能力的比例，即按照各自在国家保护下享得的收入的比例，缴纳国赋，维

---

① 斯密：《国民财富的性质和原因的研究》（下卷），商务印书馆1974年版，第376页。
② 斯密：《国民财富的性质和原因的研究》（下卷），商务印书馆1974年版，第379页。
③ 斯密：《国民财富的性质和原因的研究》（下卷），商务印书馆1974年版，第381页。
④ 斯密：《国民财富的性质和原因的研究》（下卷），商务印书馆1974年版，第383页。

持政府。一个大国的各个人须缴纳政府费用,正如一个大地产的公共租地者须按照各自在该地产上所受利益的比例,提供它的管理费用一样。所谓赋税的平等或不平等,就看对于这种原则是尊重还是忽视。"① 所谓确定,是指"各国民应当完纳的赋税,必须是确定的,不得随意变更。完纳的日期,完纳的方法,完纳的额数,都应当让一切纳税者及其他的人了解得十分清楚明白。如果不然,每个纳税人,就多少不免为税吏的权力所左右;税吏会借端加重赋税,或者利用加重赋税的恐吓,勒索赠物或贿赂。"② 所谓便利,是指"各种赋税完纳的日期及完纳的方法,须予纳税者以最大便利。"③ 所谓经济,是指征收的赋税应当尽量做到物尽其用,避免浪费,"一切赋税的征收,须设法使人民所付出的,尽可能等于国家所收入的。"④

斯密把个人收入分为三部分,即工资、利润和地租,因此,他认为对个人征收的赋税也应当针对这三部分:第一,对地租征收的赋税,第二,对利润征收的赋税,第三,对工资征收的赋税,第四,无差别落在私人收入的所有这三种来源上的赋税。斯密对这四项赋税来源进行了深入探讨。

斯密财政政策思想中还包括公债,他认为,当社会没有商业与制造业或其不发达时,君主和人民除满足自身需求以外,没有多余的消费途径,故能够贮藏大量货币,此时政府是不需要公债的;在

---

① 斯密:《国民财富的性质和原因的研究》(下卷),商务印书馆1974年版,第384页。

② 斯密:《国民财富的性质和原因的研究》(下卷),商务印书馆1974年版,第385页。

③ 斯密:《国民财富的性质和原因的研究》(下卷),商务印书馆1974年版,第385页。

④ 斯密:《国民财富的性质和原因的研究》(下卷),商务印书馆1974年版,第385页。

商业和制造业发达的国家，君主热衷于购买价格昂贵的奢侈品，货币贮藏成为了奢望，勉强保持收支平衡就已不易，平时的不节约导致在特殊时期国家无法提供足够的资金支持，而赋税又不能在短期内筹集到大量资金，只能发行公债。对公债需求的必要性同时产生了发行公债的可能性，一方面，君主有借款的需求，"在富有各种高价奢侈品的商业国内，君主自然会把他的收入大部分，用以购买这些奢侈品，象其版图内一切大土地所有者一样……他平常的费用，就等于他平常的收入；费用不超过收入，就算万幸了。财宝的蓄积，再无希望，一旦有特别急需，需要特别费用，他定然要向人民要求特别的援助。"① 另一方面，商业国的居民也有提供借款的能力，"这种商业社会状态要是通常带来借款的必要，它也同样带来借款的便利……一个商人多工厂主多的国家，必然有很多的人是愿意随时都能以巨额款项贷与政府。所以，商业国人民，都具有出贷能力。"② 公债的形式，一是没有任何抵押保证的借款，二是用某些资源作抵押的借款。第二种形式包括了四种具体方法：预支法、付息法、定期年金借款法和终身年金借款法。

斯密对公债持批判的态度。第一，公债产生的根源是君主的奢侈与不节约导致依靠赋税得到的收入无法支付其支出，而过多的奢侈品是没有意义的，"他本国及邻近各国，供给他许许多多的各种高价装饰物，这些装饰物，形成了宫廷华丽但无意义的壮观。"③ 同时公债还进一步刺激了君主和政府的浪费之风，"这种国家的政府，极

---

① 斯密：《国民财富的性质和原因的研究》（下卷），商务印书馆1974年版，第471-472页。
② 斯密：《国民财富的性质和原因的研究》（下卷），商务印书馆1974年版，第473页。
③ 斯密：《国民财富的性质和原因的研究》（下卷），商务印书馆1974年版，第471页。

易产生这种信念,即在非常时期,人民有能力把钱借给它,而且愿意把钱借给它。它既预见到借款的容易,所以在平时就不孜孜于节约。"① 第二,公债是非生产性的。政府发行公债是把国家一部分用来维持生产性劳动的资本抽出来去支付其非生产性的开支,使原有的生产性资本减少,让人民节俭以弥补政府浪费所带来的灾害也是不合理的,"当国家费用由举债开支时,该国既有资本的一部分,必逐年受到破坏;从来用以维持生产性劳动的若干部分年生产物,必会被转用来维持非生产性劳动……在举债制度下,社会一般资本时时由政府滥费所惹起的损失,是更容易由人民的节约与勤劳得到弥补。"② 第三,虽然公债的目的是为了弥补特殊时期的额外支出,一定程度上在短期内会减少赋税负担,但从长期来看,公债会使税收负担大大加重,从而破坏人民积累财富的能力,"债务一经增加,则由于增加的赋税,即在平时,其损害人民蓄积能力的程度,亦往往与上述征税制度在战时损害这种能力的程度不相上下。……现在英国既已采用了有害的举债制度,所以居民个人收入在平时所受负担,居民蓄积能力在平时所受损害,竟与在最靡费的战争期间一般无二了。"③ 第四,公债的规模越来越大,但国家并不总能按时足量偿还,政府无法偿还时会破产,为了掩饰其偿还能力的不足,国家经常会提高铸币面额,这比公开宣布破产的破坏更加严重。"当公债增大到某种程度时,公公道道地完全偿还了的实例,我相信几乎没有。国家收入上的负担,如果说是曾经全然解除过,那就老是由倒账解除的,有时是明言的倒

---

① 斯密:《国民财富的性质和原因的研究》(下卷),商务印书馆1974年版,第474页。

② 斯密:《国民财富的性质和原因的研究》(下卷),商务印书馆1974年版,第489页。

③ 斯密:《国民财富的性质和原因的研究》(下卷),商务印书馆1974年版,第490页。

账,常常是假偿还,但没有一次不是实际的倒账。提高货币名义价值,那是公债假偿还之名行倒账之实的惯技。……因此,这种貌为偿还的办法,对于国家债权者的损失,没有减轻,只有增大。国家受不到一点利益,而多数无辜人民,却蒙受横灾。这种办法将使私人财产受一种最普遍、最有害的破坏,而在大多数场合,将使勤劳、节约的债权者吃亏,怠惰、浪费的债务者致富;这样,国家资本的大部分,将由能使这资本增益的人,转移到只知破坏这资本的人。"①

李嘉图在斯密的基础上对财政政策作了进一步深入研究,提出了一些独到见解。李嘉图认为:"赋税是一个国家的土地和劳动的产品中由政府支配的部分;它最后总是由该国的资本中或是由该国的收入中支付的。"② 他把税收来源归纳为资本和收入两个方面。"当政府的消费因增课赋税而增加时,如果这种消费是由人民增加生产或减少消费来偿付的,这种赋税就落在收入上面,国家资本可以不受损失。但如果人民方面没有增加生产或减少非生产性消费,赋税就必然要落在资本上面,也就是说,原来决定用在生产性消费上的基金将会因此受到损失。"③ 在税收增加时,如果人们不能按比例增加资本和收入,他们的常年享受就必然减少。政府应当尽量减少,甚至是不征收针对资本的赋税,以避免或减少对维持劳动的基金的损害。"一国的生产量必然会随着资本的减少而成比例地减少;所以,如果人民方面和政府方面的非生产性开支继续不变,而年再生产量又不断减少时,人民和国家的资源就会日益迅速地趋于枯竭,

---

① 斯密:《国民财富的性质和原因的研究》(下卷),商务印书馆1974年版,第493-494页。

② 李嘉图:《政治经济学及赋税原理》,《李嘉图著作和通信集》第1卷,商务印书馆1962年版,第127页。

③ 李嘉图:《政治经济学及赋税原理》,《李嘉图著作和通信集》第1卷,商务印书馆1962年版,第127-128页。

穷困和灾殃就会随之而来。"①

李嘉图集中分析了税收公平和税收对生产的影响。他认为社会一切收入都应征税，人们按照自己的财力来分担税收，政府税收只要合理，至于落在哪项收入上是无关紧要的，只要赋税不是不平均地压在从事积累和节约的阶级身上，它究竟是课加在利润上面，课加在农产品上面，还是课加在工业品上面，并没有多大关系。"政府的政策应当鼓励人民这样做的倾向，不要征收那种必然要落在资本上面的赋税。因为征收这种赋税，就会损害维持劳动的基金，因而也就会减少国家将来的生产。"② 为了税收公平，应该建立针对工资、利润和农产品的税收制度。

李嘉图同意斯密所认为的政府财政支出是非生产性的，税收用于政府支出，也具有非生产性；税收会妨碍工农业生产，是生产者的负担。为了减轻这种负担，应避免对资本课税，而尽量征收对生产影响不大的均等收入税和奢侈品税。

李嘉图认为，从总体上看，税收不利于生产的发展。他说："然而肯定地说，如果没有赋税，资本的这种增加还会更多得多。凡属赋税都有减少积累能力的趋势。赋税不是落在资本上面，就是落在收入上面。如果它侵占资本，它就必然会相应地减少一笔基金，而国家的生产性劳动的多寡总是取决于这笔基金的大小的。如果它落在收入上面，就一定会减少积累，或迫使纳税人相应地减少以前的生活必需品和奢侈品的非生产性消费，以便把税款节省下来。有些赋税所引起的这种结果可能比另一些赋税严重得多。但是赋税的巨

---

① 李嘉图：《政治经济学及赋税原理》，《李嘉图著作和通信集》第1卷，商务印书馆1962年版，第128页。

② 李嘉图：《政治经济学及赋税原理》，《李嘉图著作和通信集》第1卷，商务印书馆1962年版，第129-130页。

大危害倒不在于课税目的的选择，而在于整个说来的总效果。"① 李嘉图还进一步指出赋税会造成利润率下降，从而导致资本转移的倾向。他说："谷物税并不一定减少谷物量，只是提高其货币价格；它也不一定减少劳动的需求（相对于供应而言）；那么，付给劳动者的部分为什么会因此减少呢？如果谷物税真正会使付给劳动者的数量减少，换言之，如果谷物税不按其提高劳动者所消费的谷物的价格的比例提高货币工资，谷物的供给不会超过需求吗？其价格不会下跌吗？劳动者不会因此而得到他往常所得的份额吗？在这种情况下，资本的确会从农业中撤出，因为如果谷物的价格不能按课税总额提高，农业利润就会低于一般利润水平，资本就会寻找更为有利的用途。"② 他还认为，如果征税不具有普遍性，对某些行业征收某种税，而对其他行业不征税，同样会引起资本的转移。

李嘉图认为课税会使商品价格上升，"任何课加在农业经营者身上的赋税，无论是采取土地税的形式、什一税的形式还是产品税的形式，都将增加生产成本，因之也就会提高农产品的价格。"③ 加征新税会给生产增加新负担，从而使价格提高，改变原来商品间的价格比例，"我们已经看到，谷物和农产品的直接税在货币也在本国生产的情形下，必然会按照农产品加入商品构成的比例而提高一切商品的价格，因而破坏各商品之间原有的自然关系。"④ 税收改变资本

---

① 李嘉图：《政治经济学及赋税原理》，《李嘉图著作和通信集》（第1卷），商务印书馆1962年版，第128－129页。

② 李嘉图：《政治经济学及赋税原理》，《李嘉图著作和通信集》（第1卷），商务印书馆1962年版，第140页。

③ 李嘉图：《政治经济学及赋税原理》，《李嘉图著作和通信集》（第1卷），商务印书馆1962年版，第132页。

④ 李嘉图：《政治经济学及赋税原理》，《李嘉图著作和通信集》商务印书馆1962年版，第204页。

利润水平由此影响产品供求；税收变个人所得为政府收入；对资本的税收会引起劳动实际需求的减少，减少工人的就业机会；税收通过出口退税，进口课税，增加对外贸易，促进本国经济发展。

　　李嘉图从税收来源进一步对各种税进行了分析。关于地租税，李嘉图根据其级差地租论，认为地租税只影响地租，由地主承担，不能转嫁给其他阶级，但地租税会在一定条件下引起农产品价格提高，"十分肯定，对真正的地租所课的税全部要由地主负担，但对于地主由于人们使用他在农场上投下的资本而得到的报酬所课的税，在进步的国家中就要落在农产品消费者身上"①。关于利润税，李嘉图认为，对资本利润征税会导致所生产的商品涨价，"凡是使劳动工资提高的东西都会降低资本利润。因此，对劳动者所消费的任何商品征税都有降低利润率的趋势。"② 资本家为了保证其资本的平均利润，只能将税收负担随商品的价格上涨转嫁给消费者。对资本利润课税势必使其生产的商品按税额成比例涨价，并影响股票持有者。关于工资税，李嘉图认为："工资税会使工资上涨，因而便会使资本利润率减低。"③ 对工资征税和对必需品征税不同，对必需品征税必然使必需品价格上涨，而工资税则不必然上涨；必需品征税中一部分是利润税，另一部分是向富有的消费者征税，工资税实则全部是利润税。"我希望我已经成功地说明：任何税如果有提高工资的效

---

　　① 李嘉图：《政治经济学及赋税原理》，《李嘉图著作和通信集》（第1卷），商务印书馆1962年版，第147–148页。
　　② 李嘉图：《政治经济学及赋税原理》，《李嘉图著作和通信集》（第1卷），商务印书馆1962年版，第173页。
　　③ 李嘉图：《政治经济学及赋税原理》，《李嘉图著作和通信集》（第1卷），商务印书馆1962年版，第183页。

果，便都要靠减少利润来支付。所以工资税事实上就是利润税。"①关于农产品税，李嘉图认为"任何课加在农业经营者身上的赋税，无论是采取土地税的形式、什一税的形式还是产品税的形式，都将增加生产成本，因之也就会提高农产品的价格。"② 对农产品的征税，不是由地主承担，因为不能从地租中扣除税款；也不是由农场主的利润负担，因为没有任何理由在其他行业获得较高利润的情况下要求农场主从事这种利润较低的行业。这样，李嘉图得出结论："农产品税不会由地主支付，也不会由农场主支付，而只会由消费者在上涨的价格中支付。"③ 关于家屋税，李嘉图认为"除了黄金以外，还有其他商品的数量也不能迅速减少；因此，如果价格上涨会使需求减少，对这类商品所课的税就会落在商品所有者身上。房屋税就属于这一类，虽然它是向房客征收的，但却往往以租金减少的方式落在房东身上。"④

李嘉图的财政政策思想是与斯密一脉相承的，并在税收源泉和税负转嫁等具体问题上有新的见解，并由此充实了资本经济学技层次关于财政政策主张的内容。

---

① 李嘉图：《政治经济学及赋税原理》，《李嘉图著作和通信集》（第1卷），商务印书馆1962年版，第192页。

② 李嘉图：《政治经济学及赋税原理》，《李嘉图著作和通信集》（第1卷），商务印书馆1962年版，第132页。

③ 李嘉图：《政治经济学及赋税原理》，《李嘉图著作和通信集》（第1卷），商务印书馆1962年版，第133页。

④ 李嘉图：《政治经济学及赋税原理》，《李嘉图著作和通信集》（第1卷），商务印书馆1962年版，第169页。

四 斯密和李嘉图的货币政策思想

货币是资本经济运行的血液,资本也是由货币转化而来并通过货币流通而购买劳动力和生产资料,组建企业并获取利润,增加积累,因此,对货币政策的探讨,就成为资本经济学技层次必要的一环。

斯密从事经济学研究时,英格兰银行作为世界最早的中央银行还处于初创期,其作为中央银行的职能还不太完善,而且在当时以英国为代表的欧洲国家主要实行的是以金本位为主的货币制度,纸币的发行以库存的黄金数量为基础,大规模的货币超发和通货膨胀尚未发生,因此货币政策的重要性还没有凸显出来。当时的英国处于产业革命时期,国民经济以产业经济为主,虚拟经济处于实体经济的从属地位。斯密坚持货币的金本位,认为纸币其实就是银行券,银行券是由商业银行发行的,代替商业票据的银行票据,其价值支撑就是库存的金银铸币和银行的信用。

在《国民财富的性质和原因的研究》中,斯密论述了货币的起源和各项职能。他认为货币作为一种支付手段具有关键作用,但货币本身并不增加社会的财富,只有生产的产品才构成社会的财富。尽管流通中的金银铸币是一国资本的重要组成部分,但货币本身只是静止的存货,不生产任何价值和财富。在货币职能中,斯密更注重价值尺度和流通手段的职能。他指出:"货币是交易媒介,又是价值的尺度。"① 如果货币的作用是充当交换的媒介,那么纸币也可以起到和金银铸币类似的作用,而且相对于金银等金属货币,纸币还有一个独特的优点,即只需要较少的耗费就可以生产出来,银行可

---

① 斯密:《国民财富的性质和原因的研究》(下卷),商务印书馆1974年版,第1页。

以提供类似于纸币的银行券来节省用于生产金银的劳动。"以纸代金银币,可以说是以低廉得多的一种商业工具,代替另一种极其昂贵的商业工具,但其便利,却有时几乎相等。有了纸币,流通界无异使用了一个新轮,它的建立费和维持费,比较旧轮,都轻微得多。"① 在这里斯密充分地肯定了以纸币替代金属铸币的做法对节省货币铸造成本的好处,这种成本的节省无疑对社会总资本的增加大有裨益。斯密认为,国内全部居民的收入可分为总收入和纯收入,"一个大国全体居民的总收入,包含他们土地和劳动的全部年产物。在总收入中减去维持固定资本和流动资本的费用,其余留供居民自由使用的便是纯收入。"② 纸币的普及会使货币铸造成本大幅下降,从而达到增加社会纯收入的目的,"建造和维持机器的费用的节省,若不减损劳动生产力,就是社会纯收入的增进。同样,收集和维持货币这一部分流动资本的费用的节省,亦是社会纯收入的增进。"③

斯密认为,用纸币取代金属铸币可以刺激生产的发展,增加社会财富。根据斯密的观点,商业银行所发行的银行券,固然有一部分会拿去银行进行兑换,但大部分则会在社会上不断流通。因此银行只需要储存一部分金银作为准备金来应付日常的兑换需要,可适时加大发行银行券的数量(例如商业银行只需储存20万磅的金银,就可以发行100万磅的纸币)。而国内流通中所需要的货币数量相对稳定,如果加大纸币发行数量,那些多余的金银铸币会流通至国外

---

① 斯密:《国民财富的性质和原因的研究》(上卷),商务印书馆1972年版,第268页。
② 斯密:《国民财富的性质和原因的研究》(上卷),商务印书馆1972年版,第262页。
③ 斯密:《国民财富的性质和原因的研究》(上卷),商务印书馆1972年版,第268页。

来购买一些消费品用于本国的消费。其中用于游惰阶级[①]消费（如奢侈品）的进口消费品毕竟只占较小一部分，大部分必然会用于勤劳阶级的消费和固定基金的增加，固定基金的增加必然会进一步加大雇佣工人的数量，扩大生产规模，从而推动国民财富的增长。斯密说："由于银行作用而被排往外国的金银，假如是用来购买本国消费的外国货物，就有大部分是，而且一定是，用来购买第二类货物。这不仅是可能的，而且几乎是必然的。固然，也有这样的人，他们的收入虽没有增加，却忽然大挥霍起来，但我相信，世界上，决没有一个阶级，全是这么办。谨慎从事，固然不能望于人人，但至少，一个阶级，总有大多数人不侈靡，不乱花钱，这大多数人的行为，总能奉行谨慎的原则。至于那般游惰者，作为一个阶级，他们的收入，既不能由于银行的作用而增加毫米，所以，除了少数实际的例外，他们这一阶级的费用，亦不能由于银行的作用而增加。游惰阶级对外国货物的需求，是照旧的，或者大概照旧。由于银行作用而排往外国购买外国货物以供本国消费的货币，亦只有一极小部分，是用来购买这般人需用的物品。其中大部分当然是用来振兴实业，不是用来奖励游惰。"[②]

在发行纸币的数量方面，斯密认为纸币的发行数量应取决于市场上商品流通所需要的量以及商品的流通速度，"任何国家，各种纸币能毫无阻碍地到处流通的全部金额，决不能超过其所代替的金银的价值，或（在商业状况不变的条件下）在没有这些纸币的场合所

[①] 斯密把社会群体分为两个部分，其一是游惰阶级，其二是劳动阶级，前者主要指封建贵族和地主，后者则指从事生产活动的资本家和工人。

[②] 斯密：《国民财富的性质和原因的研究》（上卷），商务印书馆1972年版，第270–271页。

必须有的金银币的价值。"① 也就是说，商业银行发行的纸币不应该超过市场上货物流通所需要的货币数量。他认为，劳动生产的商品存在着名义价格与真实价格，前者是由货币数量所表示的价格，后者则表示为该商品所能换取的生活必需品的数量。如果货币或纸币发行过多的话，所改变的仅仅是商品的名义价格，并不会影响实际价格，单单依靠增发货币并不能创造新的价值，"在靠白银流通的商品的数量未曾增加的时候，银量增加，只会减低银的价值。这时，各种货品的名义价值，都会增大，但他们的真实价值，却依旧不变。它们可换得较多的银，但它们所能支配的劳动量，所能维持和雇用的劳动者人数，必依旧不变。"② 如果纸币（银行券）超发的话，纸币持有者会将手中的银行券拿去银行兑换成金银，如果银行金银铸币储量不够的话，将会进一步发生更大的挤兑风潮，这对于银行的打击无疑是致命的。为了防止这一现象的发生，商业银行只能通过扩大储存的金银数量来应对超发的纸币，这无疑会增加银行的储存成本和回收金银铸币的成本。

为了应对这一情况，斯密认为，一方面资本家生产经营所需要的资本不宜全部向银行借贷，贷款的数目以足够应对日常经营的不时之需为限，其所贷金额的上限不应该超过维持资本家日常经营所必须留存的货币数量，"商人或企业家营业的资本，既不宜全部向银行借贷，亦不宜大部向银行借贷。商人或企业家固然可以向银行借钱来应付不时的需要，省得储下现钱留着不用，但他的资本，亦只

---

① 斯密：《国民财富的性质和原因的研究》（上卷），商务印书馆1972年版，第275页。
② 斯密：《国民财富的性质和原因的研究》（上卷），商务印书馆1972年版，第326页。

有这个部分，宜向银行借贷。"① 在当时的经济背景下，商业银行所发行的纸币是以银行券的形式存在的，纸币持有者可以将纸币拿到银行兑换相应的金银，而商业银行向企业贷款时，通常会以纸币的形式贷放给借贷人。因此，如果资本家减少借款数额的话，流入市场上的纸币自然会相应地减少。另一方面，斯密主张通过银行间的自由竞争来使商业银行在经营业务时更加谨慎，从而减少纸币的发行，因为银行所发行的银行券对于银行来说可以视作是一种负债，持有人可以向银行要求兑回等值的金银。"银行林立，竞争者多，为提防同业进行恶意的挤兑，各行的营业自必格外慎重，所发纸币，亦必对现金额数，保持适当的比例。这种竞争，可使各银行的纸币，限在较狭范围内流通；可使各银行在流通中的纸币因而减少。全部纸币既分别在更多的区域流通，所以，一个银行的失败（这是必有的事），对于公众，影响必定较小。同时，这种自由竞争，又使银行对于顾客的营业条件，必须更为宽大，否则将为同业所排挤。总之，一种事业若对社会有益，就应当任其自由，广其竞争。竞争愈自由，愈普遍，那事业亦就愈有利于社会。"② 斯密也发现消费中货币流通速度更快，"由于流通速度较快，同一枚货币，作为消费者购买手段的次数，比作为商人购买手段的次数多得多。"③

斯密认为市场参与者是理性的，每个人都会采取合理的措施来满足自身利益最大化。由此可知在银行业中，每个银行经营者也都是理性的，只要适时引入竞争机制，减少对金融领域的干预，就可

---

① 斯密：《国民财富的性质和原因的研究》（上卷），商务印书馆1972年版，第279页。

② 斯密：《国民财富的性质和原因的研究》（上卷），商务印书馆1972年版，第302－303页。

③ 斯密：《国民财富的性质和原因的研究》（上卷），商务印书馆1972年版，第296页。

以使纸币发行数量回归至正常水平。而且，在18世纪产业革命时期，产业资本在资本结构中处于优势地位，虚拟资本所占比重较小且从属于产业资本。因此，斯密认为商业银行发行纸币有利于节省资本家储存金银的成本，这对于国民财富的积累是有利的。换句话说，银行的目的在于为产业资本经营提供借贷资金以及通过发行纸币为产业资产阶级节约生产成本，使他们可以有更多的资本来进行生产经营，实现资本的价值增值。

斯密认为货币借贷的利息率是以工业生产的利润率为基础的，二者呈正比例关系。这说明虚拟经济要以实体经济为基础，实体经济发展的好坏决定了虚拟经济利润率的高低。而且，政府在制定法定利息率（最高利息率）时，应该使其略高于最低市场利息率，"这个最高利息率，总应略高于最低市场利息率，即那些能够提供绝对可靠担保品的借款人借用货币时通常所付的价格。这个法定利息率若低于最低市场利息率，其结果将无异于全然禁止放债取利的结果。"[①] 但是这种行为在一定程度上会加大借款人借款的成本，因为放贷人除了会要求支付利息外，还会要求支付一笔保护费（防止因触犯国家利率政策而导致的人身和财产损失），这无疑加重了借款人，也就是产业资产阶级的负担。如果最高利率过高的话，则最高利率政策会形同虚设，大部分资金会流入消费者的手中，不会用在有利的用途。

斯密站在产业资产阶级的立场上提出了自己的货币政策主张。他认为纸币（银行券）的发行应当以库存的金银准备金为基础，通过发行纸币来替代流通过程中的金银铸币。在他的货币政策主张中，强调稳定发展的货币金融理念。斯密肯定了银行的作用，他认为银行的作

---

① 斯密：《国民财富的性质和原因的研究》（上卷），商务印书馆1972年版，第327—328页。

用主要是盘活那些暂时不用的资金，使这些闲置的钱能投入到资本经营之中，变成有利于增加国民财富收入的可用资金，带来可观的经济收益。理性的银行活动和稳定的货币政策对一个国家国民经济的发展显得尤为重要，"慎重的银行活动，可增进一国产业。但增进产业的方法，不在于增加一国资本，而在于使本无所用的资本大部分有用，本不生利的资本大部分生利。商人不得不储存以应急需的资财，全然是死的资财，无所利于商人自己，亦无所利于他的国家。慎重的银行活动，可使这种死资财变成活资财，换言之，变成工作所需的材料、工具和食品，既有利于己，又有利于国。"①

李嘉图的货币政策思想是在继承斯密货币政策思想的基础上，结合休谟的货币政策思想建立起来的。在《政治经济学及赋税原理》和他的通信集中，李嘉图论述了他的货币思想及政策主张。

李嘉图时期，英国产业革命取得了非常大的进展。以机器大工业为主的资本主义生产方式逐渐取代了传统的手工劳动生产方式。产业革命使社会生产力得到了迅速发展，产业资产阶级的经济力量进一步壮大，为获取更大的利益，资产阶级在一系列问题上与地主阶级发生了越来越大的争执。其中一个非常重要的论战焦点就是货币制度问题，由于当时的英国长期进行反拿破仑战争，国库空虚。英国政府采用了增加国债和发行银行券的方法弥补财政赤字，银行券大量发行，使得在经济活动中兑现金银铸币变得十分困难。因此，英格兰银行在1797年就宣布停止兑现银行券，使银行券变成了不能兑现的纸币，这无疑导致了银行券的大幅度贬值，引起黄金价格和一般商品价格上涨，这对工业资产阶级十分不利。因此，工商业资产阶级要求稳定物价，以方便经营，并主张取消政府发行不兑现银

---

① 斯密：《国民财富的性质和原因的研究》（上卷），商务印书馆1972年版，第294－295页。

行券的权利，围绕这一问题发生了一系列的论战。

　　李嘉图认为货币的本质是商品，根据他所主张的劳动价值论，商品的价值是由生产该商品所耗费的劳动量决定的。货币作为一种特殊的商品，其价值也取决于生产铸造和运输金银所耗费的劳动量。正如李嘉图所说，"黄金和白银像一切其他商品一样，其价值只与其生产以及运上市场所必需的劳动量成比例。金价约比银价贵十五倍，这不是由于黄金的需求量大，也不是因为白银的供给比黄金的供给大十五倍，而只是因为获取一定量的黄金必须花费十五倍的劳动量。"① 货币是实现交换的媒介，"是一切文明国家之间进行交换的普遍媒介"②。在他看来，商品与货币交换，就是二者内含劳动量的对比，这时商品的价值就表现在所换得的货币量上面，而表现在货币上面的商品价值，就是价格。因此，货币是估计价值和表示价格的手段。

　　李嘉图十分注重货币的发行数量，认为作为流通手段的货币数量首先决定于货币本身的价值，流通中所需要的货币量同货币本身的价值成反比。"一国所能运用的货币量必然取决于其价值。如果只用黄金来流通商品，其所需的数量将只等于用白银流通商品时所需白银数量的十五分之一。"③ 如果货币价值减少，货币流通量就增加；反之，如果货币价值增加，货币流通量就减少。用数学公式可以表示为：

　　货币流通数量 = 商品价值商品数量 ÷ 货币价值

---

　　① 李嘉图：《政治经济学及赋税原理》，《李嘉图著作和通信集》（第1卷），商务印书馆1962年版，第301页。
　　② 李嘉图：《政治经济学及赋税原理》，《李嘉图著作和通信集》（第1卷），商务印书馆1962年版，第39页。
　　③ 李嘉图：《政治经济学及赋税原理》，《李嘉图著作和通信集》（第1卷），商务印书馆1962年版，第301页。

李嘉图认识到市场上所有商品价值的总量和货币的流通速度决定了货币流通所需要的数量，则上述公式可以表示为：

货币流通数量＝商品价值商品数量÷单位货币流通速度

因此，在商品价值总量和货币流通速度等因素不变的条件下，如果银行发行纸币不受约束，则必然会出现大规模发行纸币（银行券）的情况，造成纸币的贬值，民众手中的财产"缩水"。李嘉图说："显然可见，我们通货的所有祸害都是由于银行纸币的发行过多，由于给了银行一种危险的权力，让它可以随意减低每一有钱者的财产价值，并通过提高粮食和每种生活必需品的价格，使受领国家年金的人以及所有因收入固定而不能从他们自己的肩上转嫁其任何部分负担的人都受到损害。"[①]

李嘉图认为，在商品与货币的交换中，如果商品价值不变，货币价值降低，这时等量商品就会换到较多的货币量，换句话说，这时需要较多的货币量才能够表现等量商品的价值，这就表现为商品价格上涨；商品价值不变，但货币价值上升，这时等量商品就会换到较少的货币量。李嘉图指出在流通中商品价值总量以及市场上对商品需求不变的情况下，流通中所需要的货币量就要增加。用数学公式表示为：

商品价值总量＝货币流通数量×单位货币流通速度

自由贸易的反对者认为自由贸易会带来不利的贸易差额，从而造成国家的黄金储备减少，主张限制贸易。与此相反，李嘉图认为："对外贸易由于可以增加用收入所购买的物品的数量和种类，并且由于使商品丰富和价格低廉而为储蓄和资本积累提供了刺激力，虽然对于国家有很大的利益，但除非输入的商品是属于用劳动工资所购

---

① 李嘉图：《关于黄金价格》，《李嘉图著作和通信集》（第3卷），商务印书馆1977年版，第26-27页。

买的品类，否则就不会有提高资本利润的趋势……在商业完全自由的制度下，各国都必然把它的资本和劳动用在最有利于本国的用途上。这种个体利益的追求很好地和整体的普遍幸福结合在一起。"①李嘉图认为自由贸易会自动调节各国流通中所需要的货币量。而货币怎样分配于各国呢？"货币在各国的分配数量都刚好只是调节有利的物物交换所必需的数量。英国之所以输出毛呢以交换葡萄酒，是因为这样做时，它的工业生产效率更大，它可以比它自己两样都制造时得到更多的毛呢和葡萄酒。葡萄牙之所以输入毛呢并输出葡萄酒，是因为葡萄牙的工业用于生产葡萄酒对两国都更为有利。"②

李嘉图关于货币数量的观点，同其劳动价值学说的矛盾是显而易见的：根据劳动时间决定价值量的原理，黄金的价值应当由生产中耗费掉的劳动量来决定，但是黄金作为货币的价值却不是由耗费掉的劳动量来决定，而是由流通中的数量来决定。他一方面认为货币价值由其生产所耗费的劳动量决定，另一方面又认为货币价值由流通中的货币量决定，逻辑上显然存在矛盾。

与斯密观点相似，李嘉图不主张放弃纸币。他认为："在适当控制下的纸币通货，对商业说来是极其重要的改进；假使出于偏见，促使我们回到效用较低的制度，或将认为是莫大遗憾。采用贵金属作货币，确实可以认为是对商业改进和对文明生活艺术的最重要步骤之一。但同样确实的是，随着知识和科学的进步，我们发现，贵金属在文明比较落后的时期曾那样有效地加以运用，而现在如果弃

---

① 李嘉图：《政治经济学及赋税原理》，《李嘉图著作和通信集》（第1卷），商务印书馆1962年版，第112-113页。

② 李嘉图：《政治经济学及赋税原理》，《李嘉图著作和通信集》（第1卷），商务印书馆1962年版，第118页。

而不用，将又是一个改进。"① 在他看来，可以用纸币来代替金币。他认为，如果只有金属货币没有纸币的话，金属铸币的铸造速度肯定跟不上人口增长和经济发展速度。届时金价上涨，商品的物价必然会下跌。如果生产厂家不断扩大生产规模，提高产量的话，必然会导致商品数量远远高于货币数量。其结果是生产规模越大，商品价格越低，厂商生产的积极性会受到严重打击。解决的方法就是根据社会需要发行相应数量的纸币来维持商品价格。这也是为什么经济生活中会出现经济越发达，货币越贬值的现象。李嘉图的这种观点非常符合产业资产阶级利益。而且，李嘉图甚至不希望英格兰银行恢复用银行券兑换金银的政策，否则一种最贵的媒介物将代替另一种价值较低的媒介物，他说："以纸币代替黄金就是用最廉的媒介代替最昂贵的媒介，这样国家便可以不使任何私人受到损失而将原先用于这一目的的黄金全部用来交换原料、用具和食物，使这些东西，国家财富和享受品都可以得到增加。"②

李嘉图主张设立保证金制度，以应对纸币超发问题。商业银行在发行纸币时应该在银行中储存一部分金银作为保证金来应对日常的兑换。若发生纸币贬值的现象，商业银行可以将储存的金银重新兑换纸币来稳定纸币币值。值得一提的是，这里的保证金制度不同于今天国家强制商业银行把一部分保证金交由中央银行保管，而是商业银行自行储存金银来充当保证金。李嘉图说："维持纸币的价值并不一定要使它能够兑现，只要根据公开宣布作为其本位的金属的

---

① 李嘉图：《一个既经济又安全的通货的建议》，《大卫·李嘉图全集》（第4卷），商务印书馆2013年版，第64页。

② 李嘉图：《政治经济学及赋税原理》，《李嘉图著作和通信集》（第1卷），商务印书馆1962年版，第308页。

价值来调节它的数量就行了。"① 他还认为："在一切国家中，纸币发行都应受某种限制和管理；对于这一目的来说。最适当的方法莫过于使纸币发行人担负以金币或生金块兑现的义务。"② 李嘉图还呼吁对银行尤其是英格兰银行的地位和特权进行限制。"虽然确信，使用这种权力来妨害公众既违反该行的利益，也违背该行的意图；然而每当我想到通货骤然大大减少和大大增加可能引起的恶果时，对于国家这样轻易地将这种可怕的特权赋与英格兰银行这一点就不能不表示异议了。"③ 他又说明"然而纸币发行权操在政府手里比操在银行手里似乎有更容易被滥用的危险。"④ 他建议"在具有开明的立法机关的自由国家中，在纸币持有人可任意要求兑现这一必要的约制下，纸币发行权可以安全地交在一些特派委员们的手里，这些人可以完全不受政府大臣的支配。"⑤

总之，斯密和李嘉图都根据自己的货币思想对货币政策提出了自己的见解，并站在产业资产阶级的立场上提出自己的货币政策主张，带有明显的阶级主体性和实用性。

・

---

① 李嘉图：《政治经济学及赋税原理》，《李嘉图著作和通信集》（第1卷），商务印书馆1962年版，第303页。
② 李嘉图：《政治经济学及赋税原理》，《李嘉图著作和通信集》（第1卷），商务印书馆1962年版，第304-305页。
③ 李嘉图：《政治经济学及赋税原理》，《李嘉图著作和通信集》（第1卷），商务印书馆1962年版，第307页。
④ 李嘉图：《政治经济学及赋税原理》，《李嘉图著作和通信集》（第1卷），商务印书馆1962年版，第309页。
⑤ 李嘉图：《政治经济学及赋税原理》，《李嘉图著作和通信集》（第1卷），商务印书馆1962年版，第310页。

五 自由贸易与保护关税政策

自由贸易的观念最早由斯密系统提出，以反对英国还存续的重商主义保护关税政策，并开启了自由贸易与保护关税的政策主张之争。这种争论在自由竞争阶段早期尤为激烈，后来也时断时续，它直接关系资本的利润获取，成为资本经济学技层次的重要内容。

马克思指出："古典派如亚当·斯密和李嘉图，他们代表着一个还在同封建社会的残余进行斗争、力图清洗经济关系上的封建残污、扩大生产、使工商业具有新的规模的资产阶级。"[①] 18 世纪中叶，主张完全的自由发展、自由竞争、自由贸易成为英国经济中已经处于优势地位的产业资产阶级的迫切要求。但是要想使得自由放任主义取代实行已久的干预主义，必须首先论证这种转化的必要性，为这种转化提供充分的理论根据。斯密顺应这种需要，提出了自由贸易政策主张。

斯密认为，"经济人"对个人利益的追求，能够自然而然地形成恰当的经济和政治秩序而不需要政府的干预，进而他将国内的自由竞争推广至国与国之间的关系，指出，政府对外贸的干预政策，如"奖励金与独占权，虽为本国利益而设立，但由奖励金及独占权所促成的贸易，却可能对本国不利，而且事实上常是这样。反之，不受限制而自然地、正常地进行的两地间的贸易，虽未必对两地同样有利，但必对两地有利。"[②] 斯密对于限制对外贸易的一系列保护政策

---

① 马克思：《哲学的贫困》，《马克思恩格斯全集》（第 4 卷），人民出版社 1958 年版，第 156 页。

② 斯密：《国民财富的性质和原因的研究》（下卷），商务印书馆 1974 年版，第 60–61 页。

持反对态度，并且认为这种保护反而不利于本国经济发展。"我们完全有把握地相信，自由贸易无需政府注意，也总会给我们提供我们所需要的葡萄酒；我们可以同样有把握地相信，自由贸易总会按照我们所能购入或所能使用的程度，给我们提供用以流通商品或用于其他用途的全部金银。"① 他认为，只有让市场处于自由竞争的状态才能实现财富最大化，因为只有在自由竞争的市场中，资本才能实现在各个行业的最优分配。自由竞争主要是指生产要素能够根据其所有者的意愿不受限制地自由流动和自由进出市场，这种自由是通过价格机制来实现的。"用不着法律干涉，个人的利害关系与情欲，自然会引导人们把社会的资本，尽可能按照最适合于全社会利害关系的比例，分配到国内一切不同用途。"② 总的来说，斯密认为凡是出自人本性的追求个人经济利益的活动，都不应该对其加以限制，每个人都应该有自由追求自己经济利益的权利，并且这种权利会自动形成广泛的自由竞争。斯密对于自由竞争的提倡体现于其对"谷物法"的批判中。他提到："谷物贸易的自由，几乎在一切地方，都多少受限制；有许多国家，限制谷物贸易的不合理法律，往往加重粮食不足那不可避免的不幸，使成为可怕的饥馑灾难。"③ 对贸易的限制常常成为自由经济的顽强障碍，而"无限制的输出自由，对大国说，其危险性就小得多。"④

---

① 斯密：《国民财富的性质和原因的研究》（下卷），商务印书馆1974年版，第7页。
② 斯密：《国民财富的性质和原因的研究》（下卷），商务印书馆1974年版，第199页。
③ 斯密：《国民财富的性质和原因的研究》（下卷），商务印书馆1974年版，第111页。
④ 斯密：《国民财富的性质和原因的研究》（下卷），商务印书馆1974年版，第111页。

自由竞争阶段发达国家意图通过经济自由主义思想将落后国家变成商品市场和原料产地，而落后的资本主义国家则面临自由竞争和保护自身发展的两难选择。尤其是资产阶级革命发生较晚的国家，工业基础相对薄弱，只有通过设置关税等保护措施来减少对外国工业品的依赖，发展壮大本国工业。19世纪初期，经历了拿破仑战争之后的德国，虽然形成了联邦制，但联邦议会对于各邦几乎不具有任何行政权威，各邦之间的关税壁垒严重阻碍着德国国内商品流通和市场形成。随着英国从工场手工业向机器大工业过渡以及法国工业的快速发展，英国人和法国人极力在国际市场上提倡自由竞争，廉价的商品大规模涌入德国，极大地冲击德国市场。但德国一方面在国内无法形成统一的市场，另一方面也无力形成统一的对外关税制度，因此在国际贸易中处境恶劣。德国资产阶级迫切要求摆脱外国自由竞争的威胁，保证并促进德国大工业的发展。

德国资产阶级利益代表李斯特，于1819年组建了德国工商业者协会，试图取消德意志各邦之间分散设立的关税，同时争取建立一个德意志全国统一的商业与海关制度。在他起草的给法兰克福议会的请愿书中，第一次表达了他以关税方式保护国内幼稚工业的观点，因此受到容克贵族的迫害，不得不逃亡美国。这期间正是美国贸易保护政策日益升级之时，李斯特亲眼看到了美国新兴工业在保护关税政策下的兴旺发展，而且参加了关于美国是否实行保护关税政策的论战，由此形成了他要促成德国"统一关税同盟"的主张。1841年，李斯特发表了《政治经济学的国民体系》，系统论述了他保护德国工业成长、发展的思想，为处于成长时期的德国资本主义经济指明了前进道路。他在书中主要阐述了"生产力论"和"国家经济学"两个基本观点。"生产力论"是李斯特经济思想的基础，也是他论证保护贸易政策的依据。李斯特认为："一个国家的发展程度，主要并不是像萨伊所相信的那样决定于它所积蓄的财富（也就是交换价值)的多少,而是决定于它的生产力发展程度。"① "财富的生产力比之财富本身,不晓得要重要到多少倍"。② 一国的对外贸易政策不能仅仅由眼前某一刻的物质利益决定,而应着眼于国家现在和将来生存和发展的总体趋势,所以应尽量减少对国外贸易的依赖,发展国内生产力。李斯特强调保护本国工业以发展生产力:"在与先进工业国家进行完全自由竞争的制度下,一个在工业上落后的国家,即使极端有资格发展工业,如果没有保护关税,就决不能使自己的工业力量获得充分发展,也不能挣得圆满无缺的独立自主地位。"③虽然保护政策初期会引起工业品价格上升,但其保护的工业生产力充分发展,就会降低生产成本,价格也会降低。也就是说,"保护关税如果使价值有所牺牲的话,它却使生产力有了增长,足以抵偿损失而有余。"④

"国家经济学"是李斯特坚持实行保护关税政策的另一根据。与以世界市场为论调的英国经济学家不同,他认为世界各国虽然存在有一致联合、形成持久和平商业环境的可能,但至少在当下各国还处于各自独立的阶段,并不具有实行全面自由贸易的前提。自由贸易的支持者"没有考虑到各个国家的性质以及它们各自的特有利益和情况,没有把这些方面同世界联盟与持久和平的观念统一起来。"⑤"只有多数国家在工业与文化、政治修养与权力达到尽可能近于同等的程度时"⑥才会形成世界范围的公平贸易市场;而"现代德国,既缺乏一个有力的、统一的商业政策,在国内市场又有一个处处胜

---

① 李斯特:《政治经济学的国民体系》,商务印书馆1961年版,第127页。
② 李斯特:《政治经济学的国民体系》,商务印书馆1961年版,第118页。
③ 李斯特:《政治经济学的国民体系》,商务印书馆1961年版,第267页。
④ 李斯特:《政治经济学的国民体系》,商务印书馆1961年版,第128页。
⑤ 李斯特:《政治经济学的国民体系》,商务印书馆1961年版,第112页。
⑥ 李斯特:《政治经济学的国民体系》,商务印书馆1961年版,第113页。

过它的工业强国跟它进行竞争，它在这个竞争力量之前毫无掩护。"①工业落后国家要谋求与工业发达国家的同等国际地位，唯一的途径是实行保护关税政策。保护关税政策是落后国家赶超发达国家的必要手段，只有通过保护关税政策促进本国发展，达到与先进国家持平的水平才是"促进各国实现最后联合，也就是促进真正自由贸易的最有效方法"。②进而，李斯特对保护关税政策的阶段性和侧重点也进行了详细的分析。他提出"要达到保护目的，对某些工业品可以实行禁止输入，或规定的税率事实上等于全部、或至少部分地禁止输入，或税率较前者略低，从而对输入发生限制作用。"③他将国家经济的发展分为了原始未开化时期、畜牧时期、农业时期、农工业时期和农工商业时期这五个阶段，认为一国在不同的阶段应运用不同的自由贸易或保护关税政策，以达到国家的最优发展状态，具体表现为："改进的第一阶段是，对比较先进的国家实行自由贸易，以此为手段，使自己脱离未开化状态，在农业上求得发展；第二个阶段是，用商业限制政策，促进工业、渔业、海运事业和国外贸易的发展；最后一个阶段是，当财富和力量已经达到了最高度以后，再行逐步恢复到自由贸易原则，在国内外市场进行无所限制的竞争，使从事于农工商业的人们在精神上不致松懈，并且可以鼓励他们不断努力于保持既得的优势地位。"④

李斯特与英国经济学主流派之间关于保护关税与自由贸易的不同观点，体现了处于不同发展阶段的英国和德国资产阶级利益的差异，产业革命之后英国工业生产技术大大提高，国内市场不能满足

---

① 李斯特：《政治经济学的国民体系》，商务印书馆1961年版，第103页。
② 李斯特：《政治经济学的国民体系》，商务印书馆1961年版，第113页。
③ 李斯特：《政治经济学的国民体系》，商务印书馆1961年版，第261页。
④ 李斯特：《政治经济学的国民体系》，商务印书馆1961年版，第105页。

资本主义生产发展的需要，资产阶级有充分的理由和力量在国际市场展开竞争，因此他们极力主张自由贸易；而同时期的德国属于落后国家，其本国的产业资产阶级势力较弱且工业生产体系不完备，在这种情况下，德国资产阶级为了推翻封建势力，尽快地发展自己的大工业，主张对外实行保护关税政策，创造相对安全稳定的环境发展民族工商业。正如恩格斯所说，"资产阶级如不采取一些硬性措施来卫护和鼓励自己的工商业，他们就不能保住自己的阵地，巩固起来并取得绝对权力。"①

同样，刚刚独立的美国在初期实行的全面保护政策，也是为了积累本国资本，是新兴国家保护民族工业和发展民族经济的必要手段。恩格斯说："在我们的时代，任何一个大民族没有自己的工业都不能生存。所以，如果美国要成为一个工业国，如果它有一切希望不仅赶上而且超过自己的竞争者，那么在它面前就敞开着两条道路：或者是实行自由贸易，进行比如说五十年的费用极大的竞争斗争来反对领先于美国工业约一百年的英国工业；或者是用保护关税在比如说二十五年中堵住英国工业品的来路，几乎有绝对把握地坚信，二十五年以后自己就能够在自由的世界市场上占有一个地位。这两条道路中哪一条最经济、最短捷呢？"② 美国的民族工业之所以能够迅速发展，重要原因是在内战后推行了保护关税政策。

自由贸易和保护关税作为资本经济学技层次中关于对外经济关系的观点，体现着资本主义经济处于不同阶段所采取的不同手段，其目的都在于根据不同时期不同国家经济形势的变化和资本发展的

---

① 恩格斯：《保护关税制度还是自由贸易制度》，《马克思恩格斯全集》（第4卷），人民出版社1958年版，第67页。
② 恩格斯：《保护关税制度和自由贸易》，《马克思恩格斯全集》（第21卷），人民出版社1965年版，第418页。

要求来维护资产阶级的利益。这两种观点在以后不同国家经济学家那里都曾反复出现，表现出资本经济学技层次的实用性。

六 边际报酬说

边际报酬说主要包括边际报酬递减规律和边际报酬递增两个方面。报酬递减现象最早由法国重农主义学派代表人物杜尔阁发现，此后马尔萨斯在《人口原理》中将这一现象概括为"收益递减论"，西尼尔在此基础上为报酬递减加上了一个限定条件，即"农业技术条件不变"，他认为农业技术"这类改进必然足以抵消、甚至可能胜过由地力递减所引起的缺陷"。[①] 后来马歇尔正式把"边际"概念引入报酬递减分析，并在讨论土地肥力的收益递减倾向中使用约翰·穆勒所提"剂量"[②] 概念，提出"边际剂量"，认为"边际剂量"所产生的收益就是"边际收益"。马歇尔认为"用于耕种土地的资本和劳动之增加，一般地使所获的农产物数量之增加在比例上是较低的，除非可巧同时发生农业技术的改良"[③]，但是"不论农业技术的将来发展怎样，用于土地的资本和劳动之不断增加，最终必然造成因增加一定数量的资本和劳动所能获得的产物增加量之递减"，[④] 其原因在于在任何国家的全部可耕地是固定的，而这也是马歇尔讨论土地边际报酬递减规律的主要基础。土地与其他人类可无限制增加的生产要素不同，因而土地边际报酬递减规律并不是一般性规律，

---

① 西尼尔：《政治经济学大纲》，商务印书馆1977年版，第133页。
② 指用于土地的资本和劳动是由等量的陆续使用的各剂量构成的，参见马歇尔：《经济学原理》（上卷），商务印书馆2011年版，第187页。
③ 马歇尔：《经济学原理》（上卷），商务印书馆2011年版，第183页。
④ 马歇尔：《经济学原理》（上卷），商务印书馆2011年版，第187页。

可以套用至任何领域和行业。但是，土地作为一种生产要素，与劳动、资本和组织具有一般性，边际报酬说也适用于其他要素的使用，但结果与土地上的投入可能有所差异。马歇尔指出："在任何生产部门的每个方面，都要把将资财分配于各种支出，而某种分配的办法能比其他任何分配办法产生较好的结果。"① 这种分配办法就是以适当的比例增加各种生产要素的使用，而其结果则不一定是边际报酬递减。在马歇尔看来，除土地要素外，其他要素的边际收益具有边际报酬递增倾向，强壮、拥有更高教育水平的民族能够抚育更加强健的后代，促进劳动力质量的提升；财富的每一次增加都使财富在下一次增长时更加容易；前两者的结果是加强了高度发达的工业组织，而工业组织又促进二者的共同效率。因此，"我们可以概括地说：自然在生产上所起的作用表现出报酬递减的倾向，而人类所起的作用则表现出报酬递增的倾向"，② "如果报酬递增律与报酬递减律的作用相互抵消的话，我们就有报酬不变律，劳动和牺牲的增加，使产品刚好有同比例的增加"。③ 在分析边际报酬时，马歇尔一般认为农业生产领域的边际报酬递减是不可抗拒的，但这并不是说工业领域一定边际报酬递增，因为投入生产要素的结果并非总是能得到高报酬，但马歇尔所处的时代，英国作为世界上最发达的资本主义国家占据着世界市场，在工业领域确实广泛存在边际报酬递增现象。

对报酬递增现象的研究可以追溯到1613年塞拉所著《略论可以使无矿之国金银充裕的成因》一书中，该书阐述了制造业中产品单

---

① 马歇尔：《经济学原理》（上卷），商务印书馆2011年版，第207页。
② 马歇尔：《经济学原理》（上卷），商务印书馆2011年版，第372页。
③ 马歇尔：《经济学原理》（上卷），商务印书馆2011年版，第373页。

位成本递减导致报酬递增的一般"法则"。① 此后斯密在《国富论》中对此"法则"也有论及,同样局限于制造业之中。到杜尔阁那里,报酬递增现象成为土地收益递减律中的一部分,即在土地收益递减出现之前,会有一段产量递增阶段。马歇尔并不否认土地的报酬递减,并在此基础上在一般生产中区分自然所起作用和人类所起作用,由二者来区分边际报酬递减或递增。为了说明报酬递增的源泉,马歇尔在均衡分析中引入"外部经济"的概念,认为"外部经济""尤其是与知识的发展和艺术的进步有关的那些经济——主要是决定于整个文明世界的生产总量",② 其结果是企业内部分工、知识、技术等被抽掉了。熊彼特则认为仅仅增加资源是不够的,这种追加以一定的技术操作方法,报酬递增的来源是技术进步,"技术进步并不存在报酬递减法则",③ 强调了报酬递增中技术的重要性。随着历史发展,技术和知识的进步不再是一种外生变量和保持不变的假定条件,反而成为经济增长的重要动力。

　　资本经济学中的边际报酬说来源于现实中的经验,是通过观察归纳得出的,因此其局限性明显。在以土地为主要生产资料的社会中,"边际报酬递减规律"能够解释土地产量递减的原因,但在资本主义生产发展后,边际报酬递减规律实际上被直接用于对于资本主义生产的解释,并作为经济模型的基本假设和前提条件,在这一条件下完全竞争市场的均衡成为可能,成为自由放任、自由竞争政策的理论依据。对边际报酬递增的讨论,随着资本主义经济的发展,技术、知识、劳动力("人力资本")对经济增长所起作用的增强而

---

① 转引自熊彼特:《经济分析史》(第一卷),商务印书馆2009年版,第401页。

② 马歇尔:《经济学原理》(上卷),商务印书馆2011年版,第315页。

③ 熊彼特:《经济分析史》(第一卷),商务印书馆2009年版,第407页。

越来越受到重视,成为边际报酬说的必要内容。总之,边际报酬说注重生产要素的组合比例,注重知识投入、劳动力培训及技术创新等对增加利润的必要性,丰富了资本经济学技层次。

七 需求曲线

19世纪中后期,随着产业革命的逐步完成,资本企业生产的利润能否实现,成为资本所有者关注的重点。"边际革命"后资本经济学从强调生产、供给和成本开始转向强调消费、需求和效用,边际学派的效用论强调最大化经济效用、最优化资源配置,以表明其可以为资本家获取、实现利润提供有力工具。在《经济学原理》中马歇尔集合"边际革命"中多位经济学家的成果,依据边际效用论,运用数学方法,系统列出了"需求规律的曲线"。他认为"单单是企图清楚地说明怎样衡量对一样东西的需要,就已经开辟了经济学主要问题的新的方面。需求的理论虽然还在幼稚时期,但我们已能知道:收集和整理消费统计来解释对公共福利极为重要的困难问题,也许是可能的。"[①] "在我们工作的目前阶段中所能做的关于需要的研究,必须限于差不多纯粹是一种形式上的初步分析。关于消费的比较高深的研究,须放在经济分析的主体之后,而不应在它之前。"[②] 按照马歇尔的说法,研究需求实际上是对经济主体消费动机的分析,需求是理性经济人购买欲望和支付能力的统一,人们之所以有需求,是因为需求导致的商品消费具有效用,一方面满足了人们基本生存的需要,另一方面满足了人们除生存以外的更高的生活需要。消费使商品的生产过程得以顺利进行,而决定消费行为的主要因素是经

---

① 马歇尔:《经济学原理》(上卷),商务印书馆2011年版,第105页。
② 马歇尔:《经济学原理》(上卷),商务印书馆2011年版,第111–112页。

济人从消费中获得的满足感,即效用。

马歇尔从效用分析需求,认为一切商品的需求都取决于消费者的需要,而消费者的需要取决于他的欲望满足程度,"效用是被当做与愿望或欲望相互有关的名词。我们已经说过:愿望是不能直接衡量的,而只能通过它们所引起的外部现象加以间接的衡量;而且在经济学主要研究的那些事例上,这种衡量是以一个人为了实现或满足他的愿望而愿付出的价格来表现的。"① 他将物品的价格与消费效用联系起来,说明效用是随着一个人所有物的增加而递减的,"一物对任何人的全部效用(即此物给他的全部愉快或其他利益),每随着他对此物所有量的增加而增加,但不及所有量的增加那样快。如果他对此物的所有量是以同一的比率增加,则由此而得的利益是以递减的比率增加。换句话说,一个人从一物的所有量有了一定的增加而得到的那部分新增加的利益,每随着他已有的数量的增加而递减。"② 进而,马歇尔定义了边际效用:"在他要买进一件东西的时候,他刚刚被吸引购买的那一部分,可以称为他的边际购买量,因为是否值得花钱购买它,他还处于犹豫不决的边缘。他的边际购买量的效用,可以称为此物对他的边际效用……一物对任何人的边际效用,是随着他已有此物数量的每一次增加而递减。"③ 这里他提出了"边际效用递减规律"的假设,并对这个假设规定了前提,即"不容许这期间有时间使消费者自己在性格和爱好上发生任何变化。"④ 只有消费者行为的一致性才能保证"边际效用递减规律"的成立。马歇尔以茶为例说明需求价格与边际效用及其数量的关系,

---

① 马歇尔:《经济学原理》(上卷),商务印书馆2011年版,第113页。
② 马歇尔:《经济学原理》(上卷),商务印书馆2011年版,第114页。
③ 马歇尔:《经济学原理》(上卷),商务印书馆2011年版,第114-115页。
④ 马歇尔:《经济学原理》(上卷),商务印书馆2011年版,第115页。

"假设某种品质的茶每磅二先令可以买到。……实际上,他也许一年中只买了十磅;就是说,他买九磅所得的满足,与买十磅所得的满足之间的差额,足以使他愿付二先令的价格:同时,他不买第十一磅的茶,这一事实表明他不认为买第十一磅多花二先令对他是上算的。这就是说,一磅二先令衡量了处于他购买的边际或末端或终点上的茶对他的效用;这个价格衡量了茶对他的边际效用。如果他对任何一磅的茶刚好愿付的价格,称为他的需求价格,那么,二先令就是他的边际需求价格。这个规律可说明如下:一个人所有的一物的数量越大,假定其他情况不变(就是货币购买力和在他支配下的货币数量不变),则他对此物稍多一点所愿付的价格就越小。换句话说,他对此物的边际需求价格是递减的。"① 这里马歇尔已经初步说明了需求量与价格之间的负相关关系,"如果一个人的物质资财不变,则货币的边际效用对他是一个固定的数量,因此,他对两样商品甘愿付出的价格的相互比率,是与那两样商品的效用的比率相同的。"② 即个人花费在每一种商品上的每一单位货币的效用是相同的。为了更直观地表现需求与价格的关系,他提出通过确定一个人对某一物品不同价格愿意购买的数量来体现:"对茶(比如说)的需求情况,能由他愿付的价格表——即他对不同数量的茶的几个需求价格——来最清楚地表明。这个表可称为他的需求表。

例如,我们可以看到,他会购买:

每磅 50 便士时——6 磅。每磅 24 便士时——10 磅。

每磅 40 便士时——7 磅。每磅 21 便士时——11 磅。

每磅 33 便士时——8 磅。每磅 19 便士时——12 磅。

---

① 马歇尔:《经济学原理》(上卷),商务印书馆 2011 年版,第 116 页。

② 马歇尔:《经济学原理》(上卷),商务印书馆 2011 年版,第 116 页。

每磅28便士时——9磅。每磅17便士时——13磅。"①

马歇尔强调"不能只用'他愿购买的数量'或'他要购买某一数量的渴望强度'来表明一个人对一物的需要,而不说明他要购买这一数量和其他数量的各种价格。我们只有列举他愿购买一物不同数量的各种价格,才能正确表明他的需要。"② 因此,需求论中的需求数量是一种有效的数量,这种需求就是支付能力与购买愿望的统一。

按照个人对茶叶需求量的情况编制的需求表,可以绘制出单个消费者的需求曲线。Ox 是横坐标,代表茶叶的数量,Oy 是纵坐标,代表消费者愿意且能支付的价格,当茶叶需求量为 m1 时,价格为 p1,这就是需求点。对茶叶的每一可能购买的数量都能找到需求点,得出如图所示的连续的曲线 D。

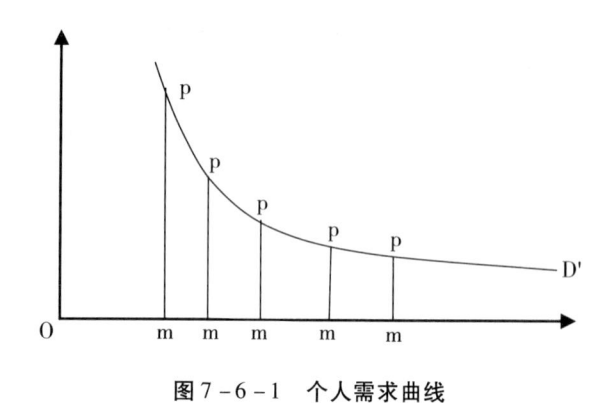

图 7-6-1 个人需求曲线

对于个人的需求曲线的变动,马歇尔指出,"当我们说一个人对一物的需要时,我们是说:如果价格不变,他对此物会比以前多买一点,如果价格较高,他会像以前买的一样多。他的需要总的增加,就是他愿购买此物不同数量的全部价格的增加,而不仅仅是按现行

---

① 马歇尔:《经济学原理》(上卷),商务印书馆2011年版,第118页。
② 马歇尔:《经济学原理》(上卷),商务印书馆2011年版,第118-119页。

价格他愿意多买。"① 实际上这种变化就是个人的需求曲线的总体提高，或者向右移动的情况。在这里马歇尔使用局部均衡的分析方法，在其他情况不变的条件下，考察单个消费者的行为，仅考虑局部的关键条件变动对需求变化的影响。

进而马歇尔又提出市场需求曲线。他认为，一个人的需求不能代表整个社会市场中的需求，"在大的市场中——那里富人和穷人，老年人和青年人，男子和女子，各种不同嗜好、性情和职业的人都混合在一起——个人欲望上的特点，会在总的需要的比较有规则的等级之中互相抵消。"② 市场的总需求就是个人需求的加总，某种商品对一部分人的边际效用总是会高于另一部分人，导致这种商品的不同价格下的每一种数量都能找到购买者，因此，社会总需求曲线其实就是个人需求曲线的加总，其斜率相比个人需求曲线更平缓。

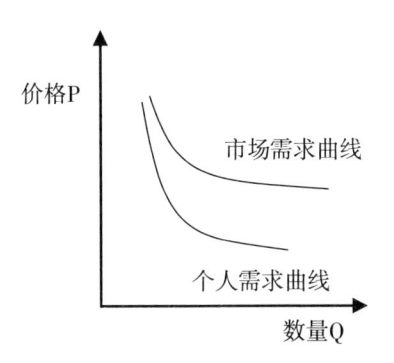

图 7-6-2　市场需求曲线

根据边际效用递减规律绘制出的个人与市场需求曲线，可以得出一个普遍的需求定律："要出售的数量越大，为了找到购买者，这

---

① 马歇尔：《经济学原理》（上卷），商务印书馆 2011 年版，第 119 页。
② 马歇尔：《经济学原理》（上卷），商务印书馆 2011 年版，第 120-121 页。

个数量的售价就必然越小；或者，换句话说，需要的数量随着价格的下跌而增大，并随着价格的上涨而减少。"① 但实际中也存在一种特殊情况，需求曲线不是向下倾斜而是向上倾斜，马歇尔写道："像吉芬爵士所指出的那样，面包价格的上涨使得贫穷的劳动者家庭的财源如此枯竭，并且提高货币对他们的边际效用如此之大，以致他们不得不节省肉类和较贵的淀粉性食物的消费；而面包仍是他们所能得到和要购买的最廉价的食物，他们消费面包不是较少，而是较多了。但是，这种情况是罕见的；如果遇到这种场合，我们必须根据各种场合的实际情况来研究。"② 也就是说，对于贫穷的家庭来说，当一段时间内物价上涨，为了生存，会将对价格较贵食品的消费转换成对价格较低食品的消费，即使这种食品价格上升，但相比其他食品，它的价格仍然是偏低的，因此对它的需求反而增加。

马歇尔引入物理学关于弹性的概念来研究需求曲线的部分特性——商品的价格与数量的具体变动是怎样的，以及为什么会发生这样的变动。他依然从个人需求曲线开始分析，并指出"如果其他情况不变，这种欲望每随他对这商品的所有量的增加而递减。但是，这种递减也许是缓慢的，也许是迅速的。如果它是缓慢的，则他对这商品所出的价格，就不会因为他对这商品的所有量的大量增加而下降很大；而且价格的小跌会使他的购买量有较大的增加。但是，这种递减如果是迅速的，价格的小跌使他的购买量只有很小的增加。在前一种情况下，他愿意购买此物的心理在一个小的引诱的作用下而大大扩展：我们可以说，他的欲望的弹性大。在后一种情况下，由于价格的下跌所造成的额外引诱，

---

① 马歇尔：《经济学原理》（上卷），商务印书馆2011年版，第121－122页。

② 马歇尔：《经济学原理》（上卷），商务印书馆2011年版，第160页。

没有使他的购买欲望有任何扩大；也就是他的需求弹性小。"[①] 他认为，价格下跌时，商品需求数量增加是不一的，价格上升时，不同商品需求数量减少也是不一的。这种数量变化与价格变化可以用需求弹性表示，因此需求弹性"是随着需要量在价格的一定程度的下跌时增加的多寡，和在价格的一定程度的上涨时减少的多寡而定的。"[②] 需求弹性的计算公式可以表示为 $\frac{\Delta y}{y} / \frac{\Delta x}{x}$，其中，y 表示商品的价格，△y 表示商品价格的变动程度；x 表示商品价格为 y 时的数量，△x 表示商品数量在价格变动△y 后的变化程度。如果需求变动比价格变动小，就是需求弹性小；反之则需求弹性大，如果两者相等，则需求弹性均匀为 1。依据法则，就能在需求曲线中计算某一需求点的弹性，引一直线与曲线上任一消费点 P 相切，则在 T 与 Ox 相交，在 t 与 Oy 相交，那么在 P 点的弹性则是 PT 与 Pt 的比率，需求弹性 $= \frac{PT}{Pt}$。

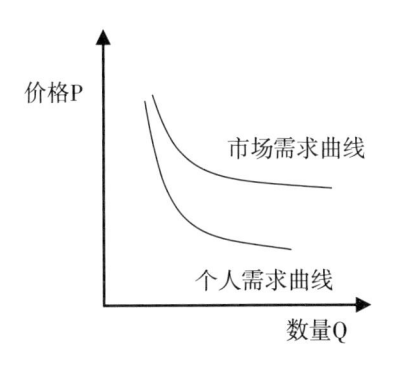

图 7-6-3 需求弹性

上图表现了三种情况下商品不同的需求弹性，对于商品需求弹

[①] 马歇尔：《经济学原理》（上卷），商务印书馆 2011 年版，第 125 页。
[②] 马歇尔：《经济学原理》（上卷），商务印书馆 2011 年版，第 126 页。

性出现的不一致，马歇尔给出了解释，"在此物一旦成为日常用品时，它的价格的大跌就会使它的需要有很大增加。需求弹性对高价的东西是大的，而对中等价格的东西也是大的，至少是相当大的；但是，需求弹性随着价格的低落而下降，而且如果价格的下跌达到顶点，需求弹性就逐渐消失了。"①

需求弹性的大小不仅取决于商品的价格，也与商品的种类、消费者的阶级地位有关，在他的论述中，生活必需品的弹性很小，而奢侈品的弹性较大，不同阶级的人们对不同商品的需求弹性也不一致，比如"以肉类、牛奶和牛油、羊毛织品、烟草、进口水果以及普通医疗用品"②这种较为奢侈的生活用品，"价格每有变动就使得工人阶级和下层中等阶级对这些商品的消费发生很大变化；但不论它们怎么价廉，富人却不会大量增加他们自己的个人消费。换句话说，工人阶级和下层中等阶级对这些商品的直接需要，是很有弹性的，虽然富人并不如此。但是，工人阶级为数如此之多，以致他们对这些商品力所能及的消费，比富人的消费要大得多；所以，对于所有这一类东西的总需要是很有弹性的。"③而小麦这种必需品的弹性是很低的，因为"即在缺少的时候，小麦也是人的最廉价的食物；即在最丰富的时候，小麦也不会用于其他的消费。"④

根据"边际效用递减规律"，马歇尔论证了"需求规律"。但是，边际效用是一种主观感受，不能以统一的标准来衡量。马歇尔沿袭效用价值论，以买者愿意承担的商品价格衡量边际效用，这样，需求就可以用需求价格来表示，"边际效用递减"就可以用"需求

---

① 马歇尔：《经济学原理》（上卷），商务印书馆2011年版，第127页。
② 马歇尔：《经济学原理》（上卷），商务印书馆2011年版，第129页。
③ 马歇尔：《经济学原理》（上卷），商务印书馆2011年版，第129页。
④ 马歇尔：《经济学原理》（上卷），商务印书馆2011年版，第130页。

价格递减"来表达了。于是，他把"需求规律"表述为价格与需求量的负相关关系。实际上，需求并不简单取决于消费者的主观欲望，国民收入及其在各阶级、阶层、个体间的分配状况，是制约需求的更为重要的因素。马克思指出："'社会需要'也就是说，调节需求原则的东西，本质上是由不同阶级的互相关系和它们各自的经济地位决定的。因而也就是，第一是由全部剩余价值和工资的比率决定的，第二是由剩余价值所分成的不同各部分（利润、利息、地租、赋税等等）的比率决定的。"① 而马歇尔在需求曲线的分析中故意回避这些资本主义制度下决定需求变动的因素，只从所谓人的心理因素出发，以效用为论证前提，提出需求价格递减规律、需求弹性和消费者剩余种种论点，用数学方法论证，只能描述需求中最表面的现象，从利润实现的角度为资本企业经营提供一些参考，而不能解决消费中的社会矛盾。

八 供给曲线

对于资本所有者来说，其投资所生产的利润不仅有实现的问题，还有成本问题，这些都体现于市场价格上。市场价格是在实际交换行为中表现的价格。如何解释市场价格是资本经济学的重点问题之一。斯密认为，市场价格是由需求和供给之间的比例"调节"而不是"决定"的，这一比例并不意味着精确的数学关系。在斯密那里，供给与市场价格的关系并不意味着曲线或者是更一般的函数关系，只是到瓦尔拉那里，才在经济思想史上第一次形成了"供给曲线"的说法。马歇尔修正瓦尔拉所提出的"供给曲线"概念，最终确立了今日资本经济学主流教科书中的正统说法。

---

① 马克思：《资本论》第三卷，人民出版社2004年版，第202页。

斯密在曾把产品的价格分解为三个组成部分：工资、地租和利润，即用成本加总理论来解释价格。斯密关注的是一个以分工为基础的社会中不同部门之间的联系，把价格同获得某种商品所需要的"实际成本"联系起来。李嘉图和斯密思想接近，他认为供给和需求之间的相互关系只与市场价格相对于自然价格的调整有关，最终调节商品价格的必然是生产成本，而不是供给与需求之间的比例。李嘉图说："最后支配商品价格的是生产成本，而不象人们常常说的那样是供给与需求的比例。在商品的供给未按需求的增减而增减以前，供求比例固然可以暂时影响商品的市场价值，但这种影响只是暂时的。"① 而萨伊认为价格是依存于供求，随着供求关系变动的。"在一定时间和地点，一种货物的价格，随着需求的增加与供给的减少而比例地上升；反过来也是一样。换句话说，物价的上升和需求成正比例，但和供给成反比例。"② 但李嘉图和萨伊两人都没有讨论价格本身的变动会怎么造成需求或供给的变动，换言之，两人都没有讨论供给函数或供给曲线本身。

资本经济学史上第一个讨论供给函数与供给曲线的经济学家，是边际学派的瓦尔拉。他受古诺演算需求函数的启发，决意运用函数演算法和几何图示法来研究市场价格与供给量、需求量之间的精确关系。瓦尔拉在《纯粹经济学要义》一书中构建了一个以物易物的交换方程，并由此展开规定需求曲线和供给曲线。他说："假定在一个市场里有若干人持有商品（A），准备以一部分用于交换，以便取得商品（B）；而另有一些人持有商品（B），准备用其中的一部分来换取商品（A）。讨价总得从这一点或那一点开始，因此假定由一个掮客居间，他表示愿（比方说）按照上一天的最后交换比率，提供 n 单位的

---

① 李嘉图：《政治经济学及赋税原理》，商务印书馆1962年版，第327页。
② 萨伊：《政治经济学概论》，商务印书馆1963年版，第325–326页。

(B)，以易取 m 单位的（A）；这一提供符合于交换方程

$$mv_a = nv_b$$

方程内 v_a 是（A）的一个单位的交换价值，v_b 是（B）的一个单位的交换价值。"①

瓦尔拉将价格规定为交换价值之比，于是商品（B）的价格 $Pb = \frac{v_b}{v_a} = \frac{m}{n}$，商品（A）的价格 $Pa = \frac{v_a}{v_b} = \frac{n}{m}$。接下来，瓦尔拉依照法语单词的简写习惯，将商品（A）的有效需求量和有效供给量记为 D_a，O_a；将商品（B）的有效需求量和有效供给量记为 D_b，O_b。他认为："我们已经看到，有效需求和有效供给是对一种商品的某一数量在某一价格下的需求和供给。因此，我们说需求的是以价格 P_a 计 D_a 的量的（A）时，事实上就等于是说，供给的是相等于 D_aP_a 的 O_b 量的（B）……一般说来 D_a，P_a，和 O_b 之间的关系可以用下列方程表示：$O_b = D_aP_a$。"②

这样一来，（B）的供给函数其实可以从（A）的需求函数直接导出。瓦尔拉强调："事实上，两种商品彼此以实物进行交换时，应当将需求看作主要事实，将供给看作从属事实。决没有人会单纯地为了供给而供给。人们所以要供给任何物品的唯一理由，只是在于假使无所供给，即不能有所需求。供给只是需求的一个结果。因此，在开头时我们所要研究的只是需求与价格之间所存在的直接关系，至于供给与价格，所要研究的只以其间的间接关系为限。"③ 应该说，瓦尔拉这种供给从属于需求的观点，代表了边际学派的普遍看法。

换言之，在瓦尔拉看来，（B）的供给曲线其实和（A）的需求

---

① 瓦尔拉：《纯粹经济学要义》，商务印书馆 1989 年版，第 73—74 页。
② 瓦尔拉：《纯粹经济学要义》，商务印书馆 1989 年版，第 75 页。
③ 瓦尔拉：《纯粹经济学要义》，商务印书馆 1989 年版，第 76 页。

曲线是一体两面之物。由于需求曲线是古诺在《财富理论的数学原理的研究》中早已经探索过的，所以瓦尔拉在古诺的基础上，画出了经济思想史上的第一条供给曲线。

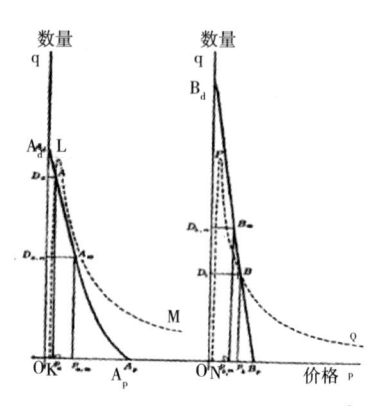

图 7-8-1　瓦尔拉的供给曲线[①]

瓦尔拉是这样解释他的供给曲线的："第一条曲线 KLM 是（A）的供给曲线，现在不再被视同（B）的需求曲线。（B）的需求曲线是用坐标轴上作出的内接矩形的面积来表示（A）的供给为 P_b 的函数的。但是现在则用纵坐标来表明这一（A）的供给是 P_a 的函数……同样情况，第二条曲线 NPQ 是（B）的供给曲线，现在不再被视同（A）的需求曲线。（A）的需求曲线是用坐标轴上作出的内接矩形的面积来表示（B）的供给为 P_a 的函数的。但是，现在则用纵坐标来表明这一（B）的供给是 P_b 的函数。"[②] 可见，瓦尔拉及边际学派秉持"萨伊定律"，坚持将供给曲线视为是需求曲线的重叠线，而不是独立于需求曲线之外的另一条曲线。

马歇尔在需求曲线之外提出了一条单独的供给曲线。与分析需求曲线时先设定需求表类似，马歇尔首先设定了供给表。他以毛织

[①]　瓦尔拉：《纯粹经济学要义》，商务印书馆 1989 年版，第 92 页。
[②]　瓦尔拉：《纯粹经济学要义》，商务印书馆 1989 年版，第 91-93 页。

业为例解释供给表，即在不同的产量时，代表性企业愿意以何种价格向市场供给产品。马歇尔说："一个熟悉毛织业的人想要查明年产数百万码某种毛布的正常供给价格是多少，他势必要计算（1）织造这种毛布时所用的羊毛、煤炭和其他原料的价格，（2）厂房、机器和其他固定资本的磨损折旧；（3）全部资本的利息和保险费，（4）工厂员工的工资，（5）承担风险、规划并监督业务的人们在经营上的毛利（其中包括损失保险费）。当然，他会根据所用的各种要素的数量来计算他们的供给价格，并假定供给情况是正常的；他把这些加总在一起，就求出毛布的供给价格。我们假定，供给价格表（或供给表）是用和我们的需求价格表相同的方法制定的。一年或任何其他单位时间内的商品的各种数量的供给价格，都要和该数量并列起来。随着商品年产量的增加，供给价格可以增加，也可以减少，甚至交替增减。"① 由于供给表的逻辑和需求表类似，因此马歇尔在书中并没有再花费篇幅绘制供给表，而是直接画出了如下图所示的供给曲线。

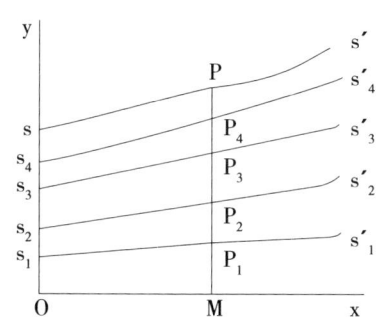

图 7 - 8 - 2　马歇尔的供给曲线②

马歇尔是这样解释这幅曲线图的："这家代表性企业生产毛布

---

① 马歇尔：《经济学原理》（下卷），商务印书馆 2011 年版，第 24 - 26 页。
② 马歇尔：《经济学原理》（下卷），商务印书馆 2011 年版，第 25 页。

OM 数量时，我们可以把它的生产费用分成：(1) MP_1，即生产它所使用的羊毛和其他流动资本的供给价格，(2) P_1P_2，即厂房、机器和其他固定资本的相应的耗损和折旧，(3) P_2P_3，即全部资本的利息和保险费，(4) P_3P_4，即工厂员工的工资，(5) P_4P_5，即承担风险和监督经营者的总报酬之类。从而，随着 M 从 O 向右方移动，P_1，P_2，P_3，P_4 都各成为一条曲线，由 P 所成之最后供给曲线也可以用把毛布的各生产要素的供给曲线向上加而成。"① 由此可见，马歇尔的供给曲线是由生产该商品的各生产要素的供给曲线加总而成的。

马歇尔认为供给曲线的形状并不是一定向右上方倾斜的，而是波浪式起伏的，分为报酬不变、递减和递增三种情况。马歇尔将供给曲线和需求曲线相交，就得到了均衡价格和均衡产量。由于供给曲线的形状有三种情况，所以均衡价格和均衡产量也有三种情况，如下图所示。

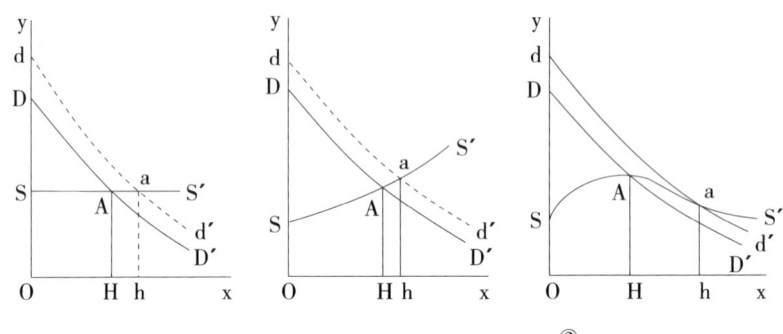

图 7-8-3　马歇尔的均衡曲线图②

以相互独立的供给曲线和需求曲线的相交来求均衡价格，是马歇尔的原创。马歇尔坚持认为："我们讨论价值是由效用所决定还是由生产成本所决定，和讨论一块纸是由剪刀的上边裁还是由剪刀的

---

①　马歇尔：《经济学原理》（下卷），商务印书馆1997年版，第25页。
②　马歇尔：《经济学原理》（下卷），商务印书馆1997年版，第153页。

下边裁是同样合理的。的确,当剪刀的一边拿着不动时,纸的裁剪是通过另一边的移动来实现的,我们大致可以说,纸是由第二边裁剪的。但是这种说法并不十分确切,只有把它当作对现象的一种通俗的解释,而不是当作一种精确的科学解释时,才可以那样说。"①

马歇尔之后,通过瓦伊纳、希克斯等人的进一步阐释,资本经济学呈现出这样的演化趋势:价值论从资本经济学的中心地带逐步消失,让位于价格论。供给曲线的推导过程在资本经济学主流教科书中也变得越来越复杂,需要先推导出边际收益曲线、边际成本曲线和平均可变成本曲线,然后在前三个曲线的基础上推导出供给曲线。资本经济学的这种演变加深了它在技层次的丰富性,但同时也使资本经济学对经济矛盾的掩饰程度达到新的历史高度。

九 不完全竞争论与反垄断法

垄断是自由竞争的产物,也是对自由竞争的破坏。垄断与竞争的矛盾是个体资本间的矛盾,也是资本雇佣劳动制的内在矛盾。如何处理竞争与垄断的矛盾,对于资本企业生产和利润获取有直接关系。从斯密开始,资本经济学家探讨的重点之一就是论证完全竞争市场的有效性。他们将市场分为完全竞争市场、完全垄断市场、寡头市场和垄断竞争市场四种类型。随着垄断资本在资本主义国家的日益壮大,边际学派将市场分析的范围扩展到了不完全竞争市场,形成了不完全竞争论。

安东尼·奥古斯丁·古诺(1801~1877)是最早提出完全垄断、双寡头垄断和完全竞争数学模型的经济学家。在1838年出版的《财富理论的数学原理的研究》一书中,古诺说明了数学方法对经济学

---

① 马歇尔:《经济学原理》(下卷),商务印书馆2011年版,第30页。

研究的重要性，提出了需求函数的概念。他写道："假设某人发现他拥有的矿泉水，含有其他矿泉水缺少的健身物质。他当然能将价格定为每升 100 法郎；但他很快就会因为问津者极少而认识到，这样的定价，并不是从这份产业赚尽可能多的钱的办法。所以他将不断地降低每升矿泉水的价格，直到获得可能的最大利润为止；亦即，如果 F（p）表示需求规律，他在经过多次试验之后，终于得到了令 pF（p）极大的 p 值。"①

这里古诺假设获取矿泉水的总成本为零，他认为，通过把价格定在边际收益等于边际成本的那一点，企业可以实现利润最大化。之后，古诺将他的分析扩展到边际成本大于零的情形。他认为，垄断者面对正的成本也会在 MR = MC 的产量水平上实现其利润最大化，这也适用于存在无数竞争者的情形。

古诺还提出了双寡头垄断论，分析了两个企业竞争的市场中卖者的行为和表现。他假设由买者决定价格，而两个卖者仅仅根据买者决定的价格来调整产量。每一个垄断者都会估计出这种产品的总需求，并且在对手的产出不变的假设下确定自己的产出量和销售量。两者都通过逐步调整产量达到一个稳定的均衡点，在均衡点上，两个垄断者最终销售相同数量的产品，价格高于竞争价格而低于垄断价格。

门格尔对于垄断也有一些探讨，他指出："在交换现象上，垄断者并不是独一无二的决定者。无论是怎样的交换，经济利益都必须为交换双方所分享。这是贯通一切财货交换的一般规律。这个规律也完全适用于垄断交易。所以垄断者就在其狭隘的势力范围内，也不是完全无拘束的。如上所述，垄断者既想卖出其垄断财货的一定量，则他就不能任意决定其财货的价格。他既决定其财货的价格，

---

① 古诺：《财富理论的数学原理的研究》，商务印书馆1994年版，第60页。

则他就不能规定卖出的数量。既想卖出多量的财货,而同时又规定昂贵的价格;或既规定昂贵的价格,而同时又想卖出多量的财货,都是既矛盾而不可能的。不过,在经济生活中,垄断者是有其特殊地位的,其特殊地位就是:无论在任何场合,他都可以不受其他经济主体的影响,而完全出于自己利益的考虑,或定其提供交易的财货数量,或定其垄断财货的价格。"[①] 门格尔认为垄断者在市场中并不是无所不能、具有完全决定权的。如果垄断者制定了产品的价格,他就不能控制卖出的数量;如果想要卖出一定的数量,垄断者就不能随意制定价格。

埃奇沃思修正了古诺的双寡头垄断论。在古诺那里,两个垄断寡头会各自索要相同的价格并且各自获得总销售量的一半,双方的最大利润或反应曲线会产生一个确定的均衡价格。埃奇沃思从两个方面改变了古诺的假设。首先,他假设每一个矿泉水的卖者满足消费者需求的能力都是有限的。其次,埃奇沃思假设在短期中两个卖者可以对矿泉水索要不同的价格。假设垄断者1作为完全垄断者进入市场,将其价格设为 P_1,在边际收益等于边际成本且等于零时,垄断者1获得最大利润。此时,垄断者2进入市场,他看到垄断者1定价为 P_1 并假定他会保持一段时间,垄断者2就有动机索要一个略低于 P_1 的价格,从而可以从垄断者1那里夺走部分生意。同理,垄断者1也会效仿垄断者2的做法。按照埃奇沃思的观点,在两个垄断者没有采取共谋的条件下,均衡价格与均衡产出不存在。

维克塞尔认识到在零售市场上完全竞争模型的不足,因此他在20世纪初提出了不完全竞争论。在《国民经济学讲义》中,维克塞尔写道,零售商通常拥有固定的消费者群体,使他们有一个接近固

---

① 门格尔:《国民经济学原理》,上海人民出版社2001年版,第172—173页。

定的价格。而零售价格确实会对批发价格的变动作出反应，只是滞后一段时间并且以一种变更的形式作出反应："我们不该忘记实际上几乎每一个零售商在其最直接的圈子内都拥有我们可以称之为销售垄断的东西，虽然就像我们下面很快就会看到的，这只是基于买主们的无知和缺乏组织。当然他无法像一个真正的垄断者那样随意地抬高价格——只有在远离贸易中心的地方才会发生区域性的价格上升——但是如果他保持与其竞争对手同样的价格和质量，他几乎总是能够指望其邻里街坊成为顾客。结果是零售商过多，这种情况并不少见，表面上为消费者带来了方便，但实际上却伤害了消费者。比如，如果两个同一类的店铺分别坐落于同一条街的两端，那么它们各自的销售范围在街道的中间相交。现在如果在街道的中间又开了一间同种类的店铺，那么位于街道两端的两家店铺迟早都会流失一部分顾客到新开的店铺，因为居住在街道中部附近的人们相信如果是以同样的价格得到同样的物品，那么他们去距离最近的店铺购买省时省事。然而，在这一点上他们却错了，因为原来那两个失去了一些顾客的店铺无法把它们的营业费用降低到相应的程度，会逐渐被迫提高价格，而从一开始就不得不接受一个较小营业额的新竞争者也面临同样的问题。这就解释了据说在废除货物入市税（对于货物进入到一个市镇时的税收在欧洲大陆很普遍）时所观察到的现象——尽管零售商的数量大幅增加了，但所期望的价格降低从未出现。除非其中一个竞争者（例如一个大店铺）设法超越了所有其他对手，正确的补救方法显然是在买方之间形成某种形式的团体。然而只要这样的联合不存在，并且在不同位置生活的人们之间如果没有更为密切的纽带，这种联合是极难建立的，那么竞争在有些时候带来的不是人们所期望的价格降低而是价格上升的这种异常现象就必然会持续。"①

关于完全垄断，维克塞尔沿袭了古诺和其他一些经济学家的观点，他指出，销售量会被人为地限制在能够产生最大利润的那一点上。价格的每一次上升都会减少商品的需求量。"但是只要需求的下降的比例小于相对应的更高价格所带来的单位商品利润的增加，（这些产品的）总净收益将增加。"② 相反，如果销售量的减少大于每单位利润增加的比例，进一步提高价格就是不利的。维克塞尔说，需要注重的一点是，在决定使利润最大化的垄断价格时，固定成本或日常开支没有影响，只有可变成本（边际成本）将会被考虑到。

罗宾逊在1933年出版的《不完全竞争经济学》中，论说了厂商享有一定自由余地的经济体系是如何运行的，强调了市场的不完美性。她说："在老式教科书中，通常都是按照完全竞争的观点着手价值分析的，这种分析方案几乎是同质的，而且还有某种审美魅力。但是在某一章的某处，有关垄断的分析就不得不着手进行了。这就呈现出了竞争分析永无可能消化的一大堆难题。"③ 罗宾逊所说的垄断均衡与竞争均衡，是从卖者的出卖行为即产品供给出发，分析买主买入行为的基本原则，重点在对买方垄断情况的研究——在买方垄断中，买方只有一个。她比较了自由竞争条件下与买方垄断条件下买方的行为原则，认为如果买方是竞争的，各买主的边际效用必然与商品的价格或卖主的平均成本相等，因为买主的边际成本就等于价格，边际效用则是与边际成本相等的数量。这样，在商品供给价格不变的前提下，如果边际成本与平均成本相等，自由竞争的购

---

① 维克塞尔：《国民经济学讲义》（上卷），商务印书馆2017年版，第110—111页。
② 维克塞尔：《国民经济学讲义》（上卷），商务印书馆2017年版，第113页。
③ 罗宾逊：《不完全竞争经济学》，华夏出版社2012年版，第3页。

买量必定与买方垄断条件下的购买量相等；如果商品生产的供给价格是可变的，边际效用与价格购买量就会不相等，就会发生如何使边际成本与边际效用相等的调整。价格将是该种商品量的供给价格，它可以不等于商品对买主的边际成本。因此，不论供给价格递减还是递增，买方垄断者支付的商品价格，都会低于竞争条件下的商品价格。

与罗宾逊此书发表同年，张伯伦出版了《垄断竞争理论》，提出他的垄断竞争论。张伯伦指出："垄断竞争理论是迄今为止仍然分离的垄断理论和竞争理论的一种融合，而不完全竞争理论不包含垄断（传统意义上的），使传统二分法依旧不可调和。"[①] 张伯伦研究的重点是介于垄断和竞争之间的垄断竞争或垄断与完全竞争两种因素混合的价格决定。张伯伦垄断竞争论的要点是用产品差别来解释垄断竞争。在他看来，产品都是有差别的，而产品的差别，就意味着售卖者对其供给的控制和垄断，差别程度越大，垄断程度越高。但是，在有很多售卖者的情况下，所有有差别的产品都会面临其替代品的不完全竞争。因此，每人都既是竞争者，又是垄断者，张伯伦称这种"起作用的力量"为垄断竞争。垄断竞争不同于完全竞争及纯粹垄断。在垄断竞争中，特定产品的价格、产品性质、销售开支三种因素，都会影响这种商品的销售量，销售量与这三种因素之间构成一种均衡关系。张伯伦将这种均衡分为两种：单个企业均衡与集团均衡，或者说单个厂商均衡与全行业厂商均衡。

基于张伯伦的"垄断竞争论"，哈佛大学的乔·贝恩等人又提出了SCP模型，其观点可以归结为"大即原罪"，强调大企业利用高壁垒及市场集中优势获得超额利润，阻碍了技术进步、降低了经济效率。看一家企业是否涉嫌垄断，只需参考市场结构，即市场集中度高低、企业数量多少和规模大小。

[①] 张伯伦：《垄断竞争理论》，华夏出版社2009年版，第4页。

资本经济学"主流"派的不完全竞争论者提出了反垄断的建议,受此影响,各国为解决垄断导致的经济运行中的问题,相继颁布了不同程度的反垄断法和相应政策。美国是世界上最早制定反垄断法以实现竞争政策的国家,也是世界上实施反垄断政策最严厉的国家。在自由竞争阶段,美国实施的主要反垄断法分别是1890年的《谢尔曼法》、1914年的《克莱顿法》和1914年的《联邦贸易委员会法》。现将上述三部法律的核心条文引述如下。

《谢尔曼法》:"1. 任何意在或阴谋组建托拉斯或类似托拉斯的安排,以限制州际贸易或国际商务活动的合同,均属非法。2. 凡垄断或企图垄断,或与其他任何人联合或勾结,以垄断州际贸易或国际商务的任何个人,均可视为犯罪。"①

《克莱顿法》:"2. 若对于等级和质量类似的商品的不同买者实施价格歧视,而这种歧视可能显著地削弱竞争,或在任何行业形成垄断,则该类价格歧视为非法行为。……当然,上述情形不包括因合理的成本差异所造成的价格差别。……3. 当承租人或购买者不使用或交易其竞争对手的商品,而这将显著地削弱竞争,或在任何行业形成垄断时,若租赁人或出售者以此为条件,或者同意或知悉上述情形,则租赁人或出售者的行为被视为非法。7. 任何企业不得收购……另一企业……的整体或其一部分,如果这将显著地削弱竞争,或在任何行业形成垄断。"②

《联邦贸易委员会法》:"5. 不公平的竞争方法……不公平或欺

---

① 转引自萨缪尔森、诺德豪斯:《经济学》,商务印书馆2012年版,第336页。

② 转引自萨缪尔森、诺德豪斯:《经济学》,商务印书馆2012年版,第336页。

诈的行为或实施……都属于非法。"①

尽管反垄断法的条文简明直接,但在实践中,根据具体的企业行为和市场结构对其加以运用,却并非易事。在反垄断经济分析中,界定相关市场与测度市场势力是评估分析垄断行为反竞争效应的基础性工作,同时也是最大的难题。正如萨缪尔森所言:"许多案例中都凸显出这样一个问题:如何恰当地定义'市场'?举例来说,在新墨西哥州的阿尔布开克,什么是'电话'市场?它是指所有的信息产业,还是仅指通信产业,或者仅指有线通信产业,抑或新墨西哥州的有线电话产业,甚至仅仅局限于某个特定的通话区域?"② 换言之,对相关市场范围界定的不同,会导致完全不同的结论。比如说对于可口可乐牌饮料,如果把碳酸饮料定义为一个相关市场,那么它就是寡头垄断者;但如果把软饮料定义成一个相关市场,那么它的市场份额就很小,根本算不上是垄断者。

围绕如何界定相关市场与测度市场势力,在法庭上关于反垄断案法的诉讼双方往往会援引资本经济学中的不同模型和测算方法为自己的依据,资本经济学家对此也往往莫衷一是。因此,一个大企业最后究竟是否会被判定触犯了反垄断法而被拆分,最关键的因素其实并不取决于资本经济学的不完全竞争论,而是取决于代表各个垄断资本集团的政治势力。在美国的两党政治下,反垄断法往往被执政党用作政治斗争工具,借以打击在野党的金主集团。事实上,无论一个大企业如何定价,都有可能受到反垄断机构的指控:如果产品价格比竞争对手高,企业可能被指控索取垄断价格;如果产品价格比对手定得低,企业可能被指控为消灭竞争对手而搞倾销;如

---

① 转引自萨缪尔森、诺德豪斯:《经济学》,商务印书馆2012年版,第336页。

② 萨缪尔森,诺德豪斯:《经济学》,商务印书馆2012年版,第336–337页。

果产品价格和竞争对手相同,可能被指控为搞共谋。所以,资本经济学的不完全竞争论在反垄断中所起到的实际作用,不过是为诉讼双方提供法庭辩论上的那种"公说公有理,婆说婆有理"式的理由,仅此而已。

十　帕累托最优

如何为众多个体资本在自由竞争条件下探索一个生产与实现利润的一般标准,即供给与需求的均衡点,是资本经济学家努力的方向。维弗雷多·帕累托(1848~1923)承继的是瓦尔拉的思路。他发展了瓦尔拉的一般均衡论,运用无差异曲线来分析经济均衡,使用立体几何来进行经济变数间关系的分析,继续构造由瓦尔拉开始的全面均衡的代数体系,并用他的均衡论来阐述分配问题,帕累托承续瓦尔拉的思维用数学方法和图形,试图为斯密的"看不见的手"建立一般均衡模型。瓦尔拉在《纯粹经济学要义》里,依完全自由竞争、生产要素自由流动、价格灵活等假设条件建立了多部门多商品的交换模型,证明了一个多市场一般均衡的存在性、唯一性和局部稳定性。他得出的结论是,自由市场必然存在一组价格,能使所有商品的供求同时相等,即自由市场达到一般均衡。帕累托在瓦尔拉的基础上,进行了更广泛、深入探讨。

帕累托以"帕累托最优"闻名,与瓦尔拉一样,他试图证明完全竞争能够达到经济效率最优水平。"帕累托最优",也称为"帕累托效率",是指资源分配的一种理想状态,在不使某个人境况变坏的情况下,不可能使任何人的处境变得更好。假设固有的一群人和可分配的资源,如果从一种分配状态到另一种状态的变化中,在没有使任何人境况变坏的前提下,使得至少一个人变得更好,这就是"帕累托改善"。"帕累托最优"的状态就是不可能再有"帕累托改善"的状态;换句话说,不可能在不使任何其他人受损的情况下再改善某些人的境况。帕累托在《政治经济学教程》中说:"考虑到任何一种有这种境遇的情况,并假定对它有了很小的偏离。如果集体中每个人的福利都因此增大了,那么新局面对集体中的每个人就显然比旧局面要好些,反过来说也一样,如果每个人的福利都减少了,它就是不合意的。再者,如果有些人的福利根本不变,也并不影响我们的结论……依据这种考虑,如果有这样的一种情况,只要稍有偏离就不可能使有关的个人增加或保持所享有的集体福利,我们就给这种情况下个定义,叫作最大集体福利(Maximum ophelimity)。"[①]

应该明确的是,"帕累托最优"并不是最高理想的状态,而是理想状态的"最低标准",即:没有达到帕累托最优的状态一定还存在帕累托改进的余地,可以在不损害其他人福利的情况下提高某些人的福利,但"帕累托最优"并不是最高的理想和公平的状态。所谓"帕累托公平",仍属于价值判断,不仅从社会福利来评判公平,还评判资源配置的效率,可以说,这种所谓"公平",仍是效率意义上的公平。在现实经济活动中,绝对的"帕累托公平"是难以实现的,但它可以为资本效率的提高,提供一个标准,依循这个标准,可以最大程度地接近"帕累托公平"。

当经济没有达到"帕累托最优",意味着某些人可以在其他人福利不被损害的情况下提升自身福利。这种产出情况是需要避免和改进的。可见,"帕累托最优"所提供的是一个重要的经济运行效率评价标准。

帕累托认为,在完全竞争市场中要达到资本效率的最优水平,必须同时具备以下三个条件:

---

① 转引自鲍莫尔:《福利经济及国家理论》,商务印书馆2013年版,第148页。

第一，消费者市场的均衡，交换条件的最优。只要两个消费者的边际替代率不同，就有交易的可能，他们可以约定一种商品的交换比率，这个商品的数量交换比率只要在大于较小的边际替代率，小于等于较大的边际替代率，交易就会发生，使双方得到帕累托改进，最终达到二者的边际替代率相等，达到帕累托最优。这样我们就得到了福利经济学的第一定理：如果所有的人都在竞争市场上进行贸易，则所有互利的贸易都得以完成，并且其生产的均衡资源在经济上是有效的。用公式可表示为：$MRS_{XY}^A = MRS_{XY}^B$。

第二，生产市场的均衡，生产条件的最优。这个经济体必须在自己的生产可能性边界上，任意两个生产不同商品的生产者，需要投入的两种生产要素的边际技术替代率是相同的，且两个生产者的产量同时得到最大化。即任何两种生产要素之间的边际技术替代率在使用这两种生产要素的所有场合必须是相等的。用公式可表示为：$MRTS_{LK}^C = MRTS_{LK}^D$。

第三，生产和交换条件最优。经济体产出产品的组合必须反映消费者的偏好。此时任意两种商品之间的边际替代率必须与任何生产者在这两种商品之间的边际产品转换率相同。用公式可表示为：$MRS_{XY} = MRT_{XY}$。

上述条件有任何一个不满足的状态，称为"帕累托次优"，即资源配置达到如下状态：可以通过资源的重新配置而使至少一个人的效用增加而不减少其余人的效用。

在帕累托之前，也有人探索过集体福利最大化的条件，比如边沁和马歇尔，他们都是从基数效用论出发的，假定不同人之间的效用量可以比较，因此一定的分配状态也成为集体福利最大化的部分条件。若其他条件不变，只是某种物品的一定量通过再分配由 A 转归 B 所有，于是 A 的总效用下降而 B 相反，只要 A、B 两人总效用的变化额的代数和为正，则再分配以后的状况就要优于以前的状况。

只有任何类型的再分配都不可能使各人总效用的变化额的代数和为正时，初始的那种分配状况才是对应于集体福利最大化的状况。"帕累托最优"与这些人的区别在于它以效用不可测定，从而不同人之间效用不可比较为前提。因此，"帕累托最优"并不以一定的分配状况为条件，它也无法判定分配状况不同时集体福利的大小。它只是说，在既定的分配状况下，集体福利最大化的条件是生产和交换都达到均衡。于是对应任何一种初始的资源分配状况，经过自由交换都会实现特定的"帕累托最优"，而在不同的最优状况（对应于不同的分配状况）之间，是无法进行集体福利的大小比较的。

作为资本经济学技层次的一个新环节和手段，帕累托最优概念的意义在于指出了集体福利的评价和比较涉及的两方面标准：一方面与生产和交换有关，可以通过分析予以确定；另一方面则与分配有关，无法通过分析予以确定，因为分配方面的标准取决于人们的价值观念，而人们的价值观念往往是相互冲突的。

十一　市场不灵及其对策

市场不灵（Market Failures[①]）及其对策是福利经济学的一个重要内容。在福利经济学中，存在所谓的"福利经济学第一定理"。这个定理可以简单地作如下表述：假如有足够的市场，假如所有的消

[①] 国内经济学界通常将此英语术语翻译为"市场失灵"，此译法并不佳。"市场失灵"，暗含了"市场本灵"之前提，正如刹车失灵一词暗示了正常情况下刹车总是"灵"的。因此，"市场失灵"的译法具有市场拜物教的不良倾向，也扭曲了英语的原本意思。本文依从萨缪尔森《经济学》中文译者萧琛的译法，将 Market Failures 译作"市场不灵"。这个译法意味着，市场机制在很多场景中本身就是不灵的，其缺陷是内在固有的，而不是正常情况下应灵却因为某些偶然因素的干扰而失灵。

费者和生产者都按竞争规则行事,并假如存在均衡状态,那么,在这种均衡状态下的资源配置就会达到"帕累托最优"状态。倘若情况不符合这项定理的结论时,即如果市场不能有效地配置资源,则可以判定为出现了市场不灵的状态,同时也就提出政府是否以及如何干预经济以矫正这种市场不灵的问题。

在资本经济学中,市场不灵主要表现在不完全竞争、外部性,公共物品,信息的不对称和不完全等环节。关于不完全竞争及其对策,本章第九节已作了阐述。至于信息的不对称和不完全的问题,主要是市场经济阶段博弈论兴起后资本经济学才对此有所认识,相关内容可参看第八章。本节重点论说自由竞争阶段的资本经济学对外部性和公共物品问题的认识及其对策。

"外部性",指一个经济主体对他人福利施加的一种未在市场交易中反映出来的影响。即在相互作用的不同经济主体之间,一个经济主体的行为对其他经济主体造成了好的或坏的影响,但是前者却不能根据这种影响获得报酬或付出成本。

马歇尔在《经济学原理》中专门讨论了生产的外部性,他说,"我们可把因任何一种货物的生产规模之扩大而发生的经济分为两类:第一是有赖于这工业的一般发达的经济;第二是有赖于从事这工业的个别企业的资源、组织和经营效率的经济。我们可称前者为外部经济,后者为内部经济。"[①] 马歇尔首次提出了外部经济概念并讨论了行业发展给企业带来的外部经济问题,但对生产所产生的负外部性(外部不经济)和消费的外部性并没有进行讨论。

庇古对外部性进行了更深入探讨,他在《福利经济学》中通过对比社会和私人净边际产品的差异,分析了一些典型的具有外部性的例子。他用火车头喷出的火星可能给周围的森林造成的损害来解释外部

---

① 马歇尔:《经济学原理》(上卷),商务印书馆2011年版,第315页。

性问题。他说:"火车头喷出的火星会给周围的森林造成无法补偿的损害,由此而可能使没有直接关系的人付出代价。在计算任何用途或地方的资源边际增量时,所有这些影响都应包括在内——其中有些是正面的,有些则是负面的。而且,某一产业中一个企业所使用的资源数量的增加,会给整个产业带来外部经济,从而降低其他企业生产一定产量的实际成本。所有这一切都应计算在内。"[1]

庇古认为,外部性会影响价格机制的作用。如果某种产品具有外部性特征,其私人成本或收益与社会成本或收益可能不一致,二者的差额就是外部成本或收益。某些市场主体的行为导致外部(其他主体或社会)的经济损失,不可能由市场机制自发调节。比如化工厂的污水排放,会损害养鱼场的利益,化工厂的私人成本没有增加,但养鱼场却要因此承担更高的成本,这就是社会成本的一部分。私人成本与价格相等,所以化工厂的社会成本高于价格,这样就会扰乱资源的有效配置。可见,在负的外部性存在时,私人生产者虽然可以实现利益最大化,但因为社会成本高于私人成本与价格,价格无法补偿社会成本,便会使社会遭受损失。此外,外部性还有一种相反的表现:正外部性行为无法获得鼓励。比如,种植树林会净化周边空气、改善环境,其他人会因为这种行为收益。显然,社会收益高于经营者的成本与私人利益,但他的私人利益只能是社会收益的一部分。有益的、正的外部性得不到鼓励,同样会影响资源有效配置。

庇古指出:"显而易见,我们到目前为止所讨论的私人和社会净产品之间的那种背离,不能像租赁法引起的背离那样,通过修改签约双方之间的契约关系来缓和,因为这种背离产生于向签约者以外的人提供的服务或给他们造成的损害。然而,如果国家愿意,它可

---

[1] 庇古:《福利经济学》,商务印书馆2006年版,第146页。

以通过'特别鼓励'或'特别限制'某一领域的投资,来消除该领域内这种背离。这种鼓励或限制可以采取的最明显形式,当然是给予奖励金和征税。"① 在这里,庇古提出了运用税收和补贴制度来矫正由外部性所导致的市场不灵,即对有负外部性的经济活动征收额外税收(如环境税),对有正外部性的经济活动给予补贴。

"公共物品"是相对私人物品而言的。私人物品具有两个鲜明的特点。第一是"排他性":只有对商品支付价格的人才能够使用该商品;第二是"竞用性":如果某人已经使用了某个商品,则其他人就不能再同时使用该商品。资本经济学通常把国防这一类既不具有排他性也不具有竞用性的物品叫作公共物品,公共物品可以看成是外部性导致市场机制不灵的一个特例。

资本经济学家对公共物品的关注起始于对"灯塔"问题的讨论。约翰·穆勒在《政治经济学原理及其在社会哲学上的若干应用》最后一章中写道:"确保航行安全的灯塔、浮标等设施,也应该由政府来建立和维护,因为虽然船舶在海上航行时受益于灯塔,却不可能让船舶在每次使用灯塔时支付受益费,所以谁也不会出于个人利益的动机建立灯塔,除非国家强制课税,用税款报偿建立灯塔的人。"② 尽管约翰·穆勒在书中并没有对"灯塔"问题进行更深入的讨论,但后来的经济学家反复地提及"灯塔"问题,借用"灯塔"来讨论外部性和公共物品问题。维克塞尔在《财政理论研究》一文中提出了公共物品提供的一种判断标准,即一致同意原则。尽管当时许多经济学家认为维克塞尔提出的这个原则是无法实现的。林达尔在维克塞尔的基础上,引入局部均衡分析,林达尔在1919年提出了后来

---

① 庇古:《福利经济学》,商务印书馆2006年版,第206页。
② 约翰·穆勒:《政治经济学及其在社会哲学上的若干应用》,商务印书馆1991年版,第568页。

被称为"林达尔均衡"的新论点。经过萨缪尔森的改进之后,最终公共物品论成了现代资本经济学技层次的一个重要组成部分。

因为公共物品消费带有非排他性与非竞用性,一个人对特定公共物品的消费,不会影响其他人对同一产品的消费质量和数量,而且不可能排除某人对特定产品的消费。当生产出某一公共物品,如果对它的使用收费,就会导致社会福利降低或社会支付成本上升。无论是国防还是海上的灯塔,都是典型的公共物品,对它们的消费都具有非竞争性与非排他性。出于自身利益,人们都会希望免费使用公共物品。基于这种想法,由私人资本自发地有效提供公共物品就是不可能的。此外,准公共物品往往具有排他性,可以由私人提供,如教育、医疗、邮政、公路、自来水、煤气、有线电视等,既可以供每个人消费,也可以对之收费。但按照市场原则由私人提供准公共物品,同样不可能完全实现。因为,相对于对准公共物品的需求,它的供给是不足的,如果准公共物品由私人资本按市场规则提供,就会只有高收入者才能获得相应商品或服务——消费者的收入水平会限制他们对准公共物品的消费。可见,无论是公共物品还是准公共物品,都不能靠市场机制实现优化配置社会资源。但公共物品与准公共物品又是不可或缺的,国家干预的必要性就在这一领域显现出来。

那么,国家如何确定公共物品是否要生产及其产量呢?资本经济学家认为,成本——收益分析是一个适合的方法,其主要程序如下:首先,评估相应项目的成本及可能的收益,其次,将二者加以比较,最后根据比较结果决定是否启动、运行该项目。在他们看来,公共物品或准公共物品也是一个项目,可以运用成本——收益法来研究它。一旦评估结果是收益高于成本,它就值得启动、运行,否则就不应启动。

总之,在论证市场不灵时,资本经济学的主流教材往往只谈外部性、公共物品等局部性问题，至于那些事关资本雇佣劳动制本质缺陷的两极分化、经济危机等问题，并非市场不灵讨论的问题。

十二 维克塞尔的货币均衡论

如何保证经济过程的货币均衡，是资本家确定投资意愿和方向，以及利润的生产和实现的一个必要条件。维克塞尔在1898年的《利息与价格》和1906年的《国民经济学讲义》中，阐述了其对货币均衡问题的思想，他指出："在任何时，在每个经济情况下，总有着一定的平均利率水平，一般价格水平变动时，其趋向是既不会高于、也不会低于这个水平的。这个我们称作正常利率。它的量决定于资本自然率的现时水平，跟着它上升或下降。如果为了任何原因，将平均利率规定并保持在这个正常水平以下时，其间的差距不论怎样微小，价格将上涨，而且将不断地上涨；否则如果价格原来是在下降过程中，将降落得迟缓一些，终将开始上涨。另一方面，如果将利率保持在自然率现时水平以上，其差距不论怎样微小，价格将不断下跌，而且并无限制。为了求准确起见，我们特意避去'为保持着稳定的价格，货币率与自然率必须是相等的'这样的说法。实际上货币率和自然率两者的概念都是有些模糊的，如果研究的是一般平均水平，则如何加以严格确定，即使从理论的角度来说，也不免有很大困难。以某一定义为根据时，谈到这两种利率之间的绝对相等也许是正确的；以别一个定义为根据时，则认为自然率总是要超过货币率的，其间的差额相当于无可避免的企业风险之类——这将是一个问题。主要的一点是，不变的价格水平的保持，如果别的方面无变化，有赖于贷款的某一利率的保持，而实际利率与这个利率之间的水平的永恒的差异则对价格起着渐进的和累积的影响。"① 维克塞尔的有关思想，被人们称为"货币均衡论"。

维克塞尔认为，货币均衡的关键，是实际利息率等于自然利息率。所谓实际利息率，就是在提供信贷时的现实利息率。对于自然利息率，他的定义有些含混，实则使用货币贷款时预期的利息率来表示。这两个概念并不是维克塞尔提出的，而是他为了说明利息率与价格变动间关系，从庞巴维克的资本利息说中引入的。此前的资本经济学认为，利息率降低，信贷会扩大，有支付能力的需求会增加，价格水平随之上涨。在维克赛尔看来，这一认识过于简单和表面化，必须加以充实和完善。根据庞巴维克对实际利息率与自然利息率的区分，维克塞尔认为，如果实际利息率低于自然利息率，资本家借贷投资会有利可图，就会增加借贷来扩大投资，生产随之增加，利润与工资都会由此上升，对生产资料与生活资料的需求也会增加，物价水平最终会提高。反之，如果实际利息率比自然利息率高，借贷投资便无利可图，借贷、投资都会减少，随之而来的是，总产量、工资下降，对生产资料与生活资料的需求下降，物价水平下降，资本利润也随之下降。

维克塞尔认为，因为利息率变动导致物价水平变动的过程，都具有累积性质，因此称之为"累积过程"。但累积过程会永久持续吗？维克塞尔的答案是否定的。在他看来，利息率还是关键因素，利息率调整可以视作累积过程的制动器，终止不断的累积。投资与物价提高的累积过程，会使银行存款日益下降，当储蓄额小于投资需求量，银行会据此提高实际利息率，使导致这一累积过程的实际利息率与自然利息率差额缩小。这样，资本家的投资动力会因此减弱，进而使投资、物价提高的速率降低。当实际利息率越接近自然

---

① 维克塞尔：《利息与价格》，商务印书馆2011年版，第115–116页。

利息率，投资、生产、价格增加的速率会越减缓。直至二者相等，累积过程被"制动"。反之，当投资、物价下降时，银行会降低实际利息率，遏制这一向下的累积过程。"当实际利息率等于自然利息率即预期利润率时，增减投资既不增加利润，也不减少利润，于是投资不增亦不减，生产和收入保持不变，因而物价稳定，出现均衡状态。"①

维克塞尔的货币均衡论，与瓦尔拉的一般均衡论有明显差异。一般均衡论的基础是萨伊定律，即以产品交换产品，供给与需求总会相等。维克塞尔则将货币因素引入研究，并认为货币借贷的利息率是决定因素。因此，他将这种均衡称作货币均衡。当货币均衡实现，商品的供给与需求相等，价格随之稳定。他反对简单认为货币只是商品，价格波动只是商品供求不等结果的观点。在他看来，关键在于商品的货币需求，他的任务就是研究商品的货币需求高于或低于其供给的原因。其次，投资量与储蓄量相等。在维克塞尔头脑中，消费品与生产资料有很大区别，总需求与总供给应当据此区分。为此，俄林在他为《利息与价格》写的序言中提出，维克塞尔最有成效的改进，是通过分析消费品供给、生产资料供给、用于消费品的收入、用于生产资料的收入，填平了"价格理论和货币理论之间的缺口"②。

维克塞尔均衡状态下的自然利率有三个定义：一、自然利率是相当于实物资本的收益率或生产率的利率；二、自然利率是借贷资本的需求（投资）与供给（储蓄）相一致时形成的利率；三、自然利率是使货币保持中立，不影响物价涨跌的利率。在这三个定义中，

---

① 杨德明：《维克赛尔的经济思想》，维克塞尔：《利息与价格》，商务印书馆2011年版，第6页。

② 维克塞尔：《利息与价格》，商务印书馆2011年版，第8页。

显然，第一个定义是用以表示自然利率实质的，它关系于生产过程；第二个定义是用以说明自然利率的形成，它关系于资本市场；第三个定义是用以表示自然利率作用的，它关系于商品市场。他认为，虽然这三个定义的用处各不相同，但也不妨同时并存。问题是在这三个定义之间有一些矛盾存在。第一个定义所谓的资本的生产率，是常因科学技术进步而提高的。当生产率提高后，劳动消耗自然要减少，因而生产成本会降低，物价会下落，这时又怎么能够保持物价不变呢？所以第一个定义与第三个定义是矛盾的。又如，借贷资本的需求与供给是资本市场的事，而所谓资本的生产率则又是生产过程的事，两者性质各异，互不相关，不知在资本市场为借贷资本供求所决定的利率，何以会相等于生产过程内所表现的资本生产率？这又是一个矛盾。再如，物价决定于商品市场上的供给与需求，而利率决定于资本市场上借贷资本的供给与需求，这两个市场互不相同，两种供求也属各异，所谓各有领域，互不相涉，不知使物价不涨不跌的利率，何以就是为借贷资本的供求所决定的利率？这也是一个矛盾。

马克思曾经指出："一个国家中占统治地位的平均利息率——不同于不断变动的市场利息率——不能由任何规律决定。在这方面，像经济学家所说的自然利润率和自然工资率那样的自然利息率，是没有的。"① 马克思又说："利润率的决定在本质上是建立在剩余价值和工资的分割基础上的，在剩余价值和工资的分割上，劳动力和资本这两个完全不同的要素起着决定的作用；那是两个独立的互为界限的可变数的函数；从它们的质的区别中产生了所生产的价值的量的分割。我们以后会知道，在剩余价值分割为地租和利润时，会出现同样的情况。但在利息上，却不会发生类似的情况。我们立即

---

① 马克思：《资本论》（第三卷），人民出版社2004年版，第406页。

就会看到，在这里，质的区别相反地是从同一剩余价值部分的纯粹量的分割中产生的。根据以上所述可以得出结论，并没有什么'自然'利息率。"① 利息是剩余价值的一部分，它在资本家之间通过自由竞争来分割。究竟能分割多少，即利率究竟能有多高，完全要当时资本市场上货币资本的供求关系来决定，所以它是一个量的问题。货币数量论认为，利率总是可以完美地协调储蓄和投资。按照维克塞尔的分析，只要银行和企业最终在不正确或不完全的信息基础上行动，货币利率就是"错误的"，随着货币利率过高或者过低，实际储蓄会超出或者低于投资。维克塞尔坚持认为，产出波动源于利率无法成功地协调储蓄与投资，从而承认了货币供求关系"非均衡"的存在，以及货币变动对实际变量的影响，开启了以货币供求关系探讨经济周期的思路，影响了包括凯恩斯和哈耶克在内的诸多资本经济学家。

十三　马歇尔的国际收支平衡说

马歇尔所处的时期，国际贸易迅速发展，如何为国家外贸政策提供可操作的建议，以保持国际收支平衡，保证资本投资于相关行业获得适当利润，是资本经济学技层次重要一环。马歇尔由此提出了国际收支平衡说。他指出，各个国家已逐步打破贸易界限，各国之间都为本国和外国居民之间的贸易和支付开立账目。"在讨论国际贸易时，'国家'被看作是一个有确定边境的国家的居民构成的。对通过边境的货物一般都征税；由于这个原因和其他原因，通过边境的贸易都受到'海关'官员的监视。海关官员相当于过去征收'习

---

① 马克思：《资本论》（第三卷），人民出版社2004年版，第408页。

惯'过境税的人。"① 这使各国以国家界限划分国界内外的住户、企业、地方政府等。而国界内居民的收入一部分来自国民的活动或财产，一部分来自外部；他们的支出，一部分用在国界内的货物和劳务或地方赋税上，一部分用在外部。而企业则是从国内和国外销售货物赚到利润的，利用国际的差价达到获利的目的。马歇尔指出："一国的贸易是由其商品的输出和商品的输入这两方面构成的，而且输出和输入的总值有相等的趋向。但这种趋向在某种程度上很容易受资本输出和资本利息（有时是利润）输入的阻碍。此外，从乙国得到其收入的一个人在甲国消费的商品，实际上是乙国对甲国的输出，但除少数例外，这种商品既没有列入乙国的输出表，也没有列入甲国的输入表。"② 在分析劳务和资本项目有形贸易差额时，他是以经营项目以及基本项目的平衡为前提的，而马歇尔时期各国的国际收支，基本也是平衡的。

马歇尔指出："如果研究的是一国的贸易状况，就不能对数量仅仅具有一般印象。因为没有人，也不可能有人直接了解一国的大部分贸易，而没有这种了解，就不能正确地判断某些实例是否恰当地代表全体；因此，根据这些实例而得出的关于数量的一般性结论，就可能是错误的。"③ 因此他认为，一国应该有与其他国家的居民之间所进行的各种经济交易的全部记录，即特定时期的统计报表，它反映某种国与国之间商品、劳务和收益的交易活动；该国所持有的货币黄金的变化；不需偿还的单方面转移的项目和相对应的科目；核算上必须用来平衡的尚未抵消的交易，以及不易互相抵消的交易。这些都是影响国际间有形贸易差额的因素。

---

① 马歇尔：《货币、信用与商业》，商务印书馆2011年版，第145页。
② 马歇尔：《货币、信用与商业》，商务印书馆2011年版，第146页。
③ 马歇尔：《货币、信用与商业》，商务印书馆2011年版，第329–330页。

通过对影响有形贸易差额的因素的分析，他认为，在既定的国际收支平衡的前提下，劳务输出可以增加有形贸易差额，劳务输入则可以减少这种有形贸易差额。资本的输出将促进本国商品的输出，从而降低有形贸易差额，资本的输入则增加有形贸易差额；资本利益汇入本国将增加有形贸易差额，使他国商品的输入大于本国商品的输出；资本利润汇出本国则将减少有形贸易差额。

马歇尔高度重视国际收支问题，认为在两个都采用黄金通货的国家之间，黄金对调整贸易差额具有关键作用，指出在金本位制下，黄金的流入和流出，国际收支起着自动调节作用，一国的国际收支很难由政府控制。这是因为大规模的短期资金流动破坏了各国的国际收支平衡：各国为了维护本国利益，相继实行贸易管制，差别汇率、竞争性货币贬值等措施，维护自己的国际收支平衡，但严重地阻碍了国际贸易发展。

马歇尔在探讨国际收支问题时，还提出了现在仍广为应用的"马歇尔—勒纳条件"：一国贸易收支逆差会引起本币贬值，而本币贬值会改善贸易收支逆差，但需要具备的条件是进出口需求弹性之和必须大于1。需求弹性对价格变化是负向，即：价格越高，需求越小；价格越低，需求越大。但对不同国家、不同商品的价格变化对需求产生的影响是不同的，即需求弹性有一定的差异。

马歇尔认为信用和工业活动的波动愈来愈具有国际性。在银行紧缩的金融市场上，证券的价格有下跌的倾向，价格下跌会使证券转手，这说明高利率会使有些人，尤其是投机商，减少手中掌握的所有可以出售的商品。马歇尔对英国进出口额随商业信用变动的研究表明：在繁荣时期，出口大部分是以信贷为基础的，因此，英国的工业活动取决于别国，特别是新兴国家的工商企业所获得的信用，取决于资本输出的增加。在商业萧条时期，尽管英国的无形输出减少了，但资本输出也减少了，甚至以前的投资可能流回本国。由于资本外流量的减少往往大于劳务输出的减少，这就造成了萧条时期商品的输入大于商品的输出。各国利率水平的变动，对国际资本流动产生影响，利率提高会抑制国内资本的流出，吸引国外资本的流入。

在马歇尔看来，经济稳定性与经济增长质量正相关，经济稳定性与通货膨胀波动水平负相关。因此，国际收入失衡越严重，通货膨胀的波动幅度越大，经济稳定性随之越差，结果则是经济增长的低质量。如此说来，总体经济波动的重要因素，就是国际收支不平衡，它也会通过经济波动严重影响增长质量。

受自由竞争体制的限制，马歇尔的国际收支平衡说是不系统，也不充分的。实际上，他就此更多地是在提出问题，而不是或不能解决问题，这也是自由竞争阶段资本经济学技层次的局限和缺陷所在。而突破这些局限，弥补其缺陷，正是市场经济阶段资本经济学技层次的重要任务。

第八章
资本经济学技层次【3】：市场经济阶段

  资本雇佣劳动制自由竞争阶段的矛盾促使其体制改革，即转变为市场经济体制而进入第三阶段，其主要变化就是从注重个体资本的经营转变为注重资产阶级国家从总体对经济的调控。市场经济体制的特点，在于国家经济职能的完善，由大资本财团控制国家从资产阶级的总体利益出发，对经济进行总体的调节和掌控，以稳定经济、缓解经济矛盾，以财政政策、货币政策和产业政策制约并平衡企业的投资与利润。市场经济阶段资本经济学以凯恩斯主义为主导，"新自由主义"为辅助的技层次的要点，在于配合国家对经济的干预和调控，探讨相关的对策和方式，同时兼顾个体资本企业的经营与利润获取。与此同时，以弗里德曼为代表的"新自由主义"者在观念上坚持自由竞争传统，在技层次对凯恩斯主义的挑剔、批评，以及其所提出的一些政策主张，依然是国家调控经济的大逻辑中的思考和算计，一定意义上可以视为以特殊方式对凯恩斯主义的补充。

一　国家调控经济的手段

在自由竞争阶段，国家从总体调节、控制经济，是违反资本经济学自由竞争的"教条"的。正是由于在自由竞争阶段充分扩张和壮大的私有资本间的恶性竞争与垄断，及其引发的国际矛盾激化，不仅导致各国愈益严重的经济危机，更导致了两次世界大战。自由竞争体制下激烈的经济矛盾，严重威胁到各国资本雇佣劳动制的存续，列宁曾据此作出"帝国主义是资本主义最高阶段"的论断。在生死存亡的关头，资产阶级不得不提升自身的总体性，违反自由竞争"教条"，运用由其掌握的国家机器调控经济。第二次世界大战结束后，因总体性提升而成熟的资产阶级，吸取经济危机与战争的教训和经验，纷纷确立了国家作为总体经济调控者的市场经济体制。与之统一的，是资本经济学在术层次的大转型，论证市场经济体制改革的同时，也在技层次展开广泛探讨，不仅涉及国家治理，也包含企业经营方式的改进。

国家调控经济的手段，最初来自国家面对经济危机与战时的经济控制，并没有系统的理论指导，例如罗斯福政府在"新政"中的调控，曾因"没有任何全面的或详细的计划"而被认为"许多事都是实验性质的"[①]。资本经济学作为资产阶级经济利益与意识的集中概括，面对经济矛盾的演变，必须更新。以凯恩斯为代表的资本经济学家，基于罗斯福"新政"的经验，借鉴苏联"计划经济"，更新方法形成"总量分析"法，在术层次提出诸多观点，论证国家调控经济合理性并提出国家调控经济的原则，进而展开术层次，形成技层次国家调控经济手段的思想。技层次既是术层次的基础，也是

---
① 福克讷：《美国经济史》（下卷），商务印书馆2018年版，第409页。

术层次原则的体现与其内容的具体化,术、技两个层次与道、法层次内在统一。由于这一时期资本经济学凸显工具化"实用性",各种资本经济学思想代表不同阶层、集团的利益,技层次的内容往往体现流派的差异甚至冲突。从理念和方法上概括,这些互相冲突的思想大致有两条主线:凯恩斯主义与新自由主义——前者基于资产阶级总体利益主张国家干预经济,后者则从个别大资本财团利益出发主张自由放任,在批评、修改国家政策的同时谋取其财团利益。这两条主线贯彻、体现于两派对国家调控经济手段的探讨中。

凯恩斯主义的基本思路是从经济总量论证国家调控的合理性,由此阐述国家调控经济的手段,形成庞杂的工具化思想系统。在逻辑上,其首要环节是总需求-总供给模型。在凯恩斯的研究中,曾将"价格刚性"作为前提,萨缪尔森则引入价格因素,得出描述价格水平与总需求量关系的总需求曲线,以及描述价格水平与总供给量关系的总供给曲线,两条曲线的交点即市场均衡状态——在他看来,总体经济均衡集中体现于总需求与总供给的均衡。萨缪尔森指出,国家通过调控经济的政策影响总需求曲线的位置,就可以对市场均衡施加影响,调整总需求的调控手段主要是财政政策和货币政策。总需求由消费、投资、政府收支和净出口构成,政府对财政的调整,可以直接调节总需求,进而影响市场均衡和就业水平,保证资本的利润获取与实现,而且投资与政府收支的变化会引起倍加的乘数效应。国家调控经济的目标是抑制经济波动,因此制定和实行财政政策的原则,就是相机抉择的"逆对经济形势"。在凯恩斯对自由竞争阶段有效需求的论证中,投资是消费外的另一环节,如果能够通过特定经济政策影响总投资,就可以调节总需求和市场均衡。利率是总投资量的决定因素。凯恩斯指出,利率是放弃流动性的报酬,利率决定于货币的供给与需求,只要国家货币当局通过货币政策变动货币供给,就能调整利率,进而调节总投资及总需求。公开市场业务、贴现窗口融资与法定准备金政策，这些都是货币政策工具。与财政政策一样，制定、实行货币政策的原则也是"逆对经济形势"。

在"主流"资本经济学教科书中，产业政策是不存在的。但考察市场经济阶段西方各国的经济政策，我们认为产业政策现实地存在于资本主义国家对经济的总体调控中。无论是"罗斯福新政"，还是二战后西方各国的经济调控，都是直接或间接对产业结构的调整与平衡。"主流"教科书所论说的主要经济政策——财政政策与货币政策的制定与实行，都是以产业结构的调整、平衡为目的，并作用于产业结构。财政政策、货币政策与产业政策之间的关系，是局部与总体、具体与抽象的关系。由此，我们将西方资本主义国家的产业政策概括为六个环节：立法、兴建国有企业、制定经济计划、国家机构采购、财政与货币政策、干预对外经济交往。这些环节内在统一于总体产业政策之中，并现实地存在于资本经济学对产业政策广泛而具体的论证和建议中。

总需求—总供给模型、财政、货币政策和产业政策，更多是对国家调控经济手段的总体概括，资本经济学还要面对、研究与解决一些具体经济问题，如通货膨胀、失业、国际收支平衡、对外经济交往、经济增长与发展、经济周期等。针对这些问题，资本经济学在技层次形成了相关思想及调控主张。

根据"总量分析法"，凯恩斯主义者认为失业的原因在于有效需求不足，并将通货膨胀的原因概括为三种：需求拉动、成本推动及结构性通货膨胀。尽管失业与通货膨胀看似两个问题，但凯恩斯主义者认为，失业与通货膨胀之间存在相互替代关系，并概括出菲利普斯曲线表示这种关系。基于菲利普斯曲线，资本经济学家提出主动替换失业与通货膨胀的政策主张，以使失业与通货膨胀都维持在可以容忍的范围内。市场经济阶段，资本主义国家根据货币国定论废除金本位制后，国际收支平衡的自发调节让位与国家调控，国际收支平衡成为国家调控、平衡经济的重要目标,也是资本经济学技层次的必要内容。资本经济学家们将国际收支分为统计国际商品与服务的经常账户记录,与统计国际资本流动的资本账户记录,国际收支平衡即两个账户记录的平衡。以国际收支平衡为前提,资本经济学通过对净出口与国际资本流动的考察,推导出向右上方倾斜的BP曲线,表明利率与总产出间存在正相关关系。通过联立BP曲线与产品市场、货币市场均衡的方程,得出唯一的均衡状态,即产品市场、货币市场与国际收支同时达到均衡——即IS-LM-BP模型。基于这一模型,资本经济学认为,在开放经济条件下,同样可以通过实行财政政策或货币政策,有效调节均衡总产出,以实现充分就业和抑制经济波动的政策目标。对外贸易是这一时期经济的必要内容,同样是国家调控经济的必要内容,调控对外贸易的手段包括汇率政策与对外贸易政策。资本经济学家运用"总量分析法",形成了论证政策效果、指导政策实践的蒙代尔—弗莱明模型,依据该模型,得出经济政策有效性的结论:在固定汇率制下,财政政策有效,货币政策无效;浮动汇率制下,货币政策有效而财政政策无效。作为后继者的克鲁格曼,在蒙代尔—弗莱明模型的基础上,进一步提出"货币三重困境",认为在开放经济的前提下,在三个政策目标——维持固定汇率、独立的货币政策、跨境资本充分流动之中,国家干预经济最多只能实现其中两个。

资本雇佣劳动制自由竞争体制末期,资本经济学家试图将其学说进一步"自然化",相应的是方法"数学化",经济计量学应运而生。这一时期经济计量学在方法上的特点是"回归分析"。经济计量学真正的"发展"是在市场经济阶段。经济计量学家们引入随机扰动项完善方法,以"总量分析"与其结论为基础,对消费、储蓄、投资、通胀等指标进行建模测算,为国家制定调控经济的政策提供了定量和具体实施的学理依据。20世纪70年代,由于经济计量学未能事先预测西方国家"滞涨"的发生，受到自由派经济学家的严厉批判。面对经济矛盾的演变，经济计量学家们也更新方法，形成不同路线的新进展，继续为国家制定经济政策提供支持。

"总量"成为资本经济学研究的必要内容后，资本经济学家从总体研究经济增长与经济发展，形成了"增长经济学"与"发展经济学"。二者在理念与研究方法上基本一致，但前者侧重研究发达资本主义国家经济增长；后者侧重对落后国家经济发展方向的的研究和把控。作为凯恩斯学派分支的结构主义学派，认为落后国家应基于自身独特的经济结构，充分利用"比较优势"促进自身经济发展，并强调资本积累与国家调控。发展经济学的研究，看似对落后国家经济发展"善意的帮助"，实则从大资本财团利益出发，为落后国家加入大资本财团所主导的产业链、成为其"外围"进行论证。对落后国家而言，发展经济学实为"外围经济学""依附经济学""殖民地经济学"。

由于资本雇佣劳动制内在矛盾导致经济危机周期性爆发，研究经济周期是资本经济学的"传统"内容。由于市场经济体制以前缺少"总量"概念，经济周期曾被称为"商业循环"。运用"总量分析法"，米契尔与伯恩斯首次规定了经济周期概念，认为经济周期由扩张、衰退、紧缩和复苏四个阶段构成。凯恩斯学派认为，经济周期源自资本主义经济自身缺陷，并针对性地提出国家抑制波动的政策主张。

市场经济阶段资本经济学的另一条主线，是货币主义为代表的新自由主义。他们反对国家主动调控经济，主张自由放任、依靠市场自发调节达到市场均衡。尽管他们对国家调控经济的看法似乎与自由竞争时期的"主流"思想类似，但新自由主义并不是要回到自由竞争体制，而是在承认国家总体调控职能的前提下，提出其不同于凯恩斯主义的调控政策主张。

新自由主义者反对国家"亲自"直接干预经济的财政政策，但不反对货币政策,并提出其工具性政策主张。货币主义代表弗里德曼认为,货币是经济中"最要紧"的因素,在国家调控经济的前提下,货币已不再是特殊商品,必须由国家提供信用"背书",因此国家需承担以适当货币政策保证经济发展的责任。在他看来,货币政策应有如下功效:抑制经济波动、提供稳定经济环境、抵消其他方面的经济波动。但他又反对国家主动干预经济,认为经济学对经济的"知识还不充分",凯恩斯主义者主张的经济的主动干预只会加剧经济波动。货币主义的政策主张要点是:一是以国家本身能控制的名义变量指导政策;二是避免政策的大起大落,实行"单一货币规则",更多由市场"自然地"调节,以使经济"自然地"发展。

新自由主义者同样反对凯恩斯学派的失业与通货膨胀思想。根据市场自发调节达到均衡的理念,他们认为,虽然经济结构的变化会导致非自愿失业,但市场会自发调节实现充分就业,此时的失业率是"自然失业率",无碍于资本的利益,因此无害。通货膨胀被他们视作货币政策无效的体现,只是一种货币现象,无需国家主动应对。对于菲利普斯曲线,他们认为由于有效的市场自发调节,总产出在长期会稳定在自然失业率的水平上,失业与通货膨胀不存在替换关系,因此国家主动替换失业与通货膨胀的经济政策是无效的,而且只会引起进一步的通货膨胀。对落后国家的经济发展,他们认为,落后国家与发达资本主义国家的经济发展是同质的,因此落后国家发展经济的关键,是建立与发达资本主义国家相同的经济制度,国家干预、保护都妨害经济发展。尽管在这一问题上,他们与凯恩斯学派观点相悖,但在从大资本财团利益出发论证落后国家应成为美国的"外围",却是一致的。对经济周期问题,他们倾向于以外部因素解释,比如货币主义者将之归结为经济政策的冲击,实际经济周期论将之归结为外生技术变化冲击,进而提出放任市场自发调整的政策主张。

在凯恩斯主义与新自由主义这两条主线之外，资本经济学还在企业投资经营方面有所进展，突出表现是博弈论的形成与发展。博弈论是资本经济学"数学化"的重要表现，从其内容看，已将经济学视为应用数学的分支。不同于资本经济学其他环节的"普遍个量"或"总量"的研究视角，博弈论的新颖之处，在于强调个体预期的作用及个体间的博弈、竞争。博弈论的基本模型是"囚徒困境"，两名"囚徒"的博弈会以纳什均衡为最终结果。博弈论研究者提出，博弈由七个要素构成：参与人、行动、信息、策略、回报、均衡、结果。博弈论的分析过程，就是将参与人、行动、信息、策略与回报作出量化处理，进而通过数学模型来求解、预测结果。博弈论之所以风靡一时，在于其为资本投资和经营管理，以及解决复杂的委托—代理问题提供了新的分析思路，从学理上支持了经营管理研究的深化。此外，尽管博弈论背弃了以"看不见的手"为前提的"普遍的个体均衡"，却认为通过博弈最终会达到均衡。博弈论也因此被新自由主义者用来反对凯恩斯主义：既然均衡会在博弈中实现，国家干预经济就没有必要了。

市场经济阶段资本经济学的技层次内容，既是对国家调控经济手段的具体探讨，又是术层次内容的基础与展开，体现了其道、法、术、技层次的内在统一，充实、丰富了国家调控经济的职能与手段，为市场经济体制不同时期的经济调控提供了具体的、可操作的学理支持。

二　总需求——总供给模型

进入资本雇佣劳动制市场经济阶段的资本经济学技层次，重点在国家从总体调节、控制经济的手段。凯恩斯率先对此作了开创性研究，进而资本经济学家展开了广泛、深入探讨。其首要环节，就是从"总量"对需求与供给的分析，为国家调控和企业投资经营提供数量参考。

汇集有关成果，萨缪尔森在资本经济学第三次"大综合"的过程中，概括了总需求—总供给模型。

萨缪尔森在其《经济学》第12版序言中写道："我们引入了总供给和总需求（AS – AD），作为理解价格和国民产值的总体变动的核心方法。宏观经济学中的所有重大问题现代都用这些新的工具加以分析。"[①] 在这个模型中，他没有固守凯恩斯"价格刚性"的规定，而是"综合"了货币主义关于货币供给量影响价格水平与凯恩斯主义总需求、总供给的观点，规定了总供给量与总需求量的关系。他称这一模型为"宏观经济学"的基础和前提。

萨缪尔森认为，"宏观经济学"所研究的，是总体经济问题中各个变量间的关系。因此，他将宏观经济视作一个"黑箱"，而包括政策、目标及一国经济的条件、基础，都是这个"黑箱"中的变量。其"黑箱"如图所示：

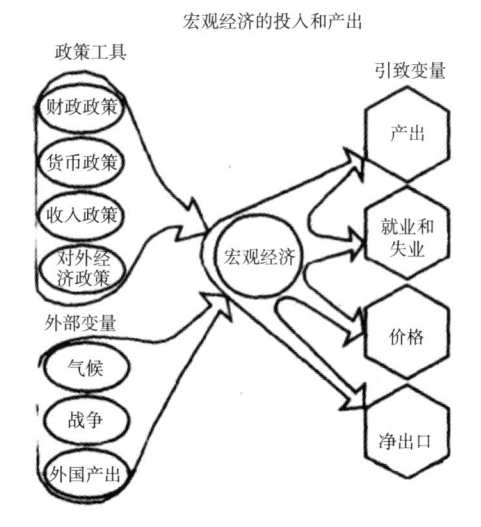

图 8 - 2 - 1　宏观经济的"黑箱"

---

① 萨缪尔森、诺德豪斯：《经济学》（第12版上），中国发展出版社1992年版，第2页。

萨缪尔森认为，对宏观经济的研究，首要的就是认识变量之间的关系："我们现在碰到了关键的宏观经济变量。它们怎样相互发生作用呢？哪个是原因，哪个是结果？让我们确切地看一看经济机器是如何运转的。"① 萨缪尔森将这些变量分为政策变量、外部变量和引致变量三类。其中，外部变量属于不可改变的条件与基础，政策变量是为了实现宏观调控目标的手段变量，调控目标则是一种需要基于外部变量、通过政策变量来实现的引致变量："引致变量，即由经济体系本身决定的变量。引致变量包括宏观经济政策的全部目标——产出、就业、价格水平和净出口。"② 基于对宏观经济学中变量的分类，萨缪尔森通过下图表达了这几种变量的关系。

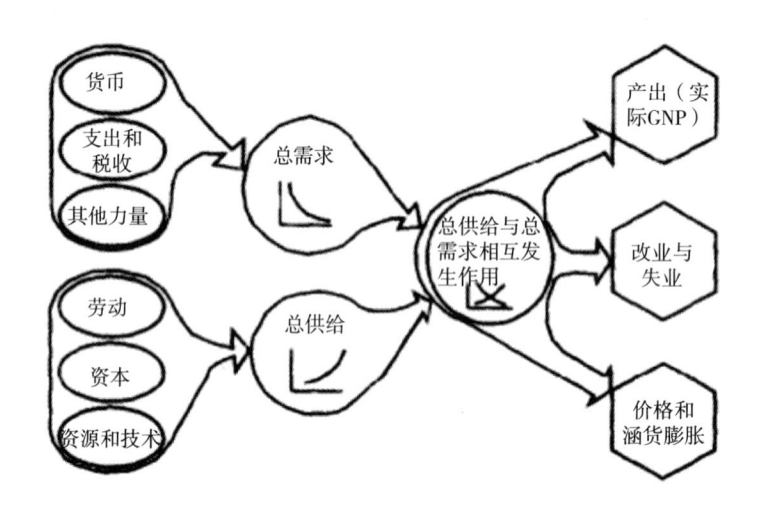

图 8-2-2 黑箱内部变量相互连接的方式

对于这幅图他写道："图 5-6 是理解多种力量在宏观经济中相互

---

① 萨缪尔森、诺德豪斯：《经济学》（第12版上），中国发展出版社1992年版，第148页。

② 萨缪尔森、诺德豪斯：《经济学》（第12版上），中国发展出版社1992年版，第148页。

作用的中心图解。……以表示黑箱内部变量相互连接的方式。……图5-6中的两个主要的新概念是总供给（AS）和总需求（AD）。"① 在图中我们可以看到，萨缪尔森认为总需求与总供给是宏观经济中的两个基本变量。政策变量调控的作用，就在于调整总需求与总供给，并以此来达成政策目标的实现。他认为："总供给是指厂商在流行价格、生产能力和成本既定条件下将生产和出售的产出数量。一般说来，厂商的目的是要生产它们的潜在产出。但是，如果价格和支出很低，厂商生产的产量会少于潜在产出；而在高价格和高需求条件下，厂商生产的产量可能暂时高于潜在产出。……总供给与潜在产出水平紧密地连接在一起。总供给是由生产性投入（最重要的是劳动与资本）的数量和这些投入组合的效率（即社会的技术）决定的。总需求是指在价格、收入和其他经济变量既定条件下，消费者、厂商和政府将要支出的数量。因此 AD 衡量的是经济中各种主体的总支出：消费者购买的汽车、政府购买的坦克、厂商购买的卡车，等等。推动 AD 的力量包括像价格水平、人民收入、对未来的预期等因素，以及像税收、政府购买或货币供给等政策变量。"② 可以说，总供给是对总供给量与价格关系的概括，而总需求则是对总需求量与价格关系的概括。其中的对总需求量论说，显然是对凯恩斯"有效需求"的展开，包括居民消费、企业投资与政府（国家）购买。由于总需求与总供给间的相互作用，构成了宏观经济的结果，涉及就业、产出与价格水平——这是总需求、总供给模型要研究和阐述的问题："为了了解实际经济后果——产出、就业、价格等的实际水

---

① 萨缪尔森、诺德豪斯：《经济学》（第12版上），中国发展出版社1992年版，第149页。

② 萨缪尔森、诺德豪斯：《经济学》（第12版上），中国发展出版社1992年版，第149页。

平——我们必须考察总供给与总需求的相互作用。……AS（主要由潜在 GNP 推动）与 AD（由支出及其决定因素推动）的相互作用产生了我们所分析的后果：实际 GNP 水平、工作职位数目和失业率、价格以及通货膨胀率。"① 要揭示二者的相互作用关系，就要进一步对 AD、AS 展开论述，并以曲线的方式表现出来。为此，画出了一条向右下方倾斜的总需求曲线以及一条向右上方倾斜的总供给曲线。

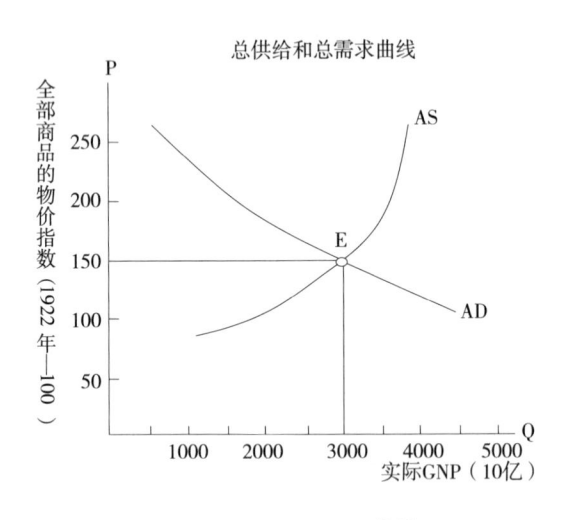

图 8-2-3　AD-AS 曲线

对于 AD 与 AS 曲线，他写道："向下倾斜的粗曲线是总需求表，或 AD 曲线。它表示经济中的全部主体——消费者、厂商、政府——在不同价格总水平下可能购买的各种数量。向上倾斜的粗曲线是总供给表，或 AS 曲线。这条曲线表示厂商索取的价格与它们生产和销售的产出数量之间的关系。"② 如同资本经济学中诸多模型一样，规定

---

① 萨缪尔森、诺德豪斯：《经济学》（第 12 版上），中国发展出版社 1992 年版，第 150 页。
② 萨缪尔森、诺德豪斯：《经济学》（第 12 版上），中国发展出版社 1992 年版，第 152 页。

并作出曲线的目的,在于寻找一个均衡状态,总需求-总供给模型也不例外。关于这一模型的目的,他写道:"把 AS 和 AD 合并起来,我们还可以找到总价格和总产量的均衡值——我们可以找到实际 GNP 水平和某一既定时期可能保持的 CPI。……只有在 E 点,价格总水平才达到这样一个水平,以至于使得买者愿意购买的数量恰好等于卖者愿意生产和出售的数量。"① 这样,萨缪尔森像他的前辈马歇尔一样,将宏观经济学的基本变量统一于供给与需求的关系模型中。同样,总供给与总需求不能仅仅停留于经验的概括,他还需要阐述其形状的原因。

在这一模型中,总需求曲线是向右下方倾斜的,萨缪尔森这样解释其原因:"它(AD 曲线)向下倾斜,这表示支出数量随价格总水平下降而增加,其原因在于家庭的消费支出。当我所购买的东西的货币价格下降时,我的货币收入能使我购买更多的食品、衣服或书籍。……甚至在低价格水平开始反馈回来从而(通过降低工资)减少了我的收入以后,我仍发现我的货币财富(现金、债券、银行账户)价值没有像价格水平那样下跌得那么多。因此,较低的价格总水平导致较高的实际消费和较高的总需求——即:AD 曲线向下倾斜。"② 对 AD 曲线形状的解释,在其《经济学》第 12 版中尚不够系统,仅仅将之归结于价格水平变化时实际余额购买力的变化。在他之后的资本经济学教科书中,编写者对这一问题进一步系统化。

对于 AD 曲线的形状,资本经济学界没有太多争议。AS 曲线则由于各学派的认识不同,有着诸多见解。萨缪尔森作为"新古典综

---

① 萨缪尔森、诺德豪斯:《经济学》(第 12 版上),中国发展出版社 1992 年版,第 152-153 页。
② 萨缪尔森、诺德豪斯:《经济学》(第 12 版上),中国发展出版社 1992 年版,第 154 页。

合派"的"掌门",对 AS 曲线形状的阐述充分体现了其学说"综合"(实为拼合)的特点,将不同学派的观点加以引申和拼合,分为短期和长期的总供给曲线。

萨缪尔森认为,短期总供给曲线是一条向右上方倾斜的曲线,随着供给量的提高,从平缓趋于陡峭:"在这一段时期内,AS 曲线在它的大部分范围内——在达到潜在产出水平之前的区域内——是相对平缓的。AS 曲线的平缓外观表示,在较高的总需求水平,厂商愿意生产和出售更多的产量,但是一般说来,随着产出增加,它们会多少提高一些价格。这样,越来越高的 AD 水平在短期内描述了一种不断上升的总产出和价格的形式。但是,当产出超过潜在水平,工厂和劳动供给变得越来越紧张时,价格会急剧上升。"[①] 他认为,短期总供给曲线之所以向右上方倾斜并从平缓趋于陡峭,在于短期中由于货币价值的稳定而导致的货币工资与成本价格的稳定,而出现额外的需求时,厂商扩大产出并提高价格是有利可图的。在短期的"固定成本"中,最重要的成本是工资率。他写道:"我们应该注意到:在这些暂时固定的成本中最重要的是工资率。几乎拥有一半的制造业工人的许多厂商与工会签订了长期协定。这一协定一般持续三年,它们具体规定了货币工资率(按价格变动进行局部调节)。因此,在劳动契约生效期间,厂商面对的工资率部分地是用货币固定下来的。当消费者或厂商需要较多汽车或卡车或其他物品时,厂商的反应是提高价格,赚取较多利润,并生产更多的产出。"[②]

与短期总供给曲线不同,长期总供给曲线则是一条与横轴垂直

---

① 萨缪尔森、诺德豪斯:《经济学》(第 12 版上),中国发展出版社 1992 年版,第 154-155 页。

② 萨缪尔森、诺德豪斯:《经济学》(第 12 版上),中国发展出版社 1992 年版,第 155 页。

的曲线:"长期 AS 曲线被画成一条实际产出等于潜在产出水平的垂直线。长期 AS 曲线之所以垂直是因为在长期中所有成本都得到了调整。厂商不可能长期利用它们的劳动协议所规定的固定工资率的好处:过一段时间,劳动者就会认识到价格已经提高。工人就会坚持要求补偿性地提高工资。最终,在所有成本要素都调整之后,厂商面对的价格成本比率便会与开始时一样,从而厂商增加其产量的积极性不再存在。因此长期 AS 曲线是垂直的。"[1] 可见,萨缪尔森认为在长期中,短期的"固定成本"也会随货币价值发生改变,从而总供给量固定于潜在产出水平,因此 AS 曲线是一条垂直于横轴的曲线:"在长期内,不存在这种使成本冻结的因素。随着成本的调整,产出对需求变动的反应越来越小,价格的反应越来越大。长期 AS 曲线将最终变得几乎是垂直的。"[2]

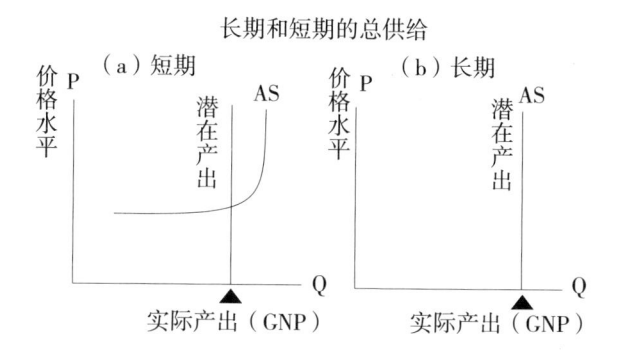

长期和短期的总供给

图 8-2-4 总供给曲线

对总供给曲线短期和长期形状的论述,使得均衡的情况又与上文所述有所不同。萨缪尔森写道:"来自经验的证据证实:AS 曲线

---

[1] 萨缪尔森、诺德豪斯:《经济学》(第12版上),中国发展出版社1992年版,第156-157页。

[2] 萨缪尔森、诺德豪斯:《经济学》(第12版上),中国发展出版社1992年版,第157页。

在一两年期间是相对平缓的；而在十年或更长的时期中，厂商的行为就像图 5-8 垂直的 AS 曲线所表示的那样。这种行为差别是理解实际产出的决定因素的关键。它表明（只要产出位于或低于潜在水平）产出的短期变动主要由支出的变动决定；当需求变化在相对平缓的 AS 曲线上来回变动时，产出便上下移动。然而在长期内，总需求对实际产出变得较不重要。如果 AS 曲线是垂直的，产出只是由潜在产出水平决定：AD 变化影响价格水平，但不影响实际产出水平。"① 基于这一认识，他又给出结论："总需求是实际产出短期变动背后的推动力量。然而在非常长的时期内，实际产出主要由潜在产出所推动，而总需求所影响的主要是价格水平。"② 这一结论影响了此后的资本经济学教科书，编写者们认为由于宏观经济政策会对总需求构成影响，因此宏观经济政策在短期中是有效的，而在长期中则只会影响价格水平。

萨缪尔森之所以在《经济学》第 12 版中引入 AD-AS 模型，无非是为经济政策的制定给出理论依据。从其"宏观"的视角来看，经济的波动来源于总需求与总供给的震动与冲击，进而影响均衡产出与价格水平："其中有些震动来自需求，它们随着总支出对范围广大的各种经济力量的变动所作出的反应而把 AD 曲线向左方或右方移动。另一些扰动来自供给的冲击；作为对石油价格的变动、美元突然变化、工资较高的协议等的反应，它们使 AS 曲线向上或向下移动。"③ 这样，为了应对经济波动，就需要依据总需求、总供给的关

---

① 萨缪尔森、诺德豪斯：《经济学》（第 12 版上），中国发展出版社 1992 年版，第 157 页。

② 萨缪尔森、诺德豪斯：《经济学》（第 12 版上），中国发展出版社 1992 年版，第 157-158 页。

③ 萨缪尔森、诺德豪斯：《经济学》（第 12 版上），中国发展出版社 1992 年版，第 161 页。

系来制定适宜的经济政策。他写道:"现代经济中宏观经济政策制定的主要任务是:要判断 AS 或 AD 曲线所受冲击的类型并提出适当的政策。在某些情况下,政策制定者并不感到为难。如果经济位于其潜在产出水平,而且预见到防务开支或投资的大量增加,这就会趋于把 AD 曲线向右上方移动。大多数人都会赞同:经济对策应该是采取收缩性的步骤——使用货币或财政政策来抵消 AD 曲线的向上运动。"① 可见,他认为国家通过经济政策调整总需求对经济的调控,可以解决经济波动问题,显然这种观点源自凯恩斯。但是,作为新古典综合派的"掌门",他又受到新自由主义的影响,将其观点拼合进教科书中,这体现于他关于经济政策面对经济波动有时会无所适从的认识中。他写道:"另一些冲击则会引起比较困难的,在某些情况下是不可调和的两难矛盾,对 1973 年的那种供给冲击(滞胀)的适当反应是什么呢? 经济政策是否应当通过 AD 曲线的右移来避免产出损失以便'迁就'价格的上升呢? 或者,经济政策应否是'非迁就性的',即:使 AD 曲线左移以阻止价格上升呢? 经济学对这些问题不能提供科学上的正确答案。相反地,经济对策会涉及关于如何在伦理上公正地区分通货膨胀和失业的痛苦这一根深蒂固的信念——在我们民主程序范围内作出的一种价值判断。"② 这一命题显然承认即便是国家机构,在面对某些经济波动时已然无能为力,这是他作为资本经济学家的无奈,也是资本经济学固守资本雇佣劳动制,以现象描述法回避和掩饰经济矛盾的无奈,充分表现了其技层次的局限。

---

① 萨缪尔森、诺德豪斯:《经济学》(第 12 版上),中国发展出版社 1992 年版,第 161 页。

② 萨缪尔森、诺德豪斯:《经济学》(第 12 版上),中国发展出版社 1992 年版,第 161 页。

三 凯恩斯主义的财政政策思想

资本雇佣劳动制自由竞争阶段末期,面对经济矛盾激化的大萧条,主张自由竞争的经济学家束手无策。凯恩斯参照"罗斯福新政"与苏联的实践,形成了以总量分析为特点的研究方法,开创了从总体出发但回避总体阶级分析的研究总量的方法,将研究从经营管理层次提升至经济结构与运行机制层次,并论证了市场经济体制合理性。凯恩斯认为之所以出现经济萧条,主要原因在于有效需求不足。要解决有效需求不足的问题,依据"萨伊定律"的"不作为"显然行不通,只能由国家主动干预才能调节有效需求,由此给资本创造获取利润的条件。而财政政策显然是通过政府调节收支而调节总需求最为直接和重要的手段。

在《就业、利息和货币通论》中,凯恩斯在阐述"何谓通论"并对"古典经济学的假设前提"进行批判后,阐述了他的有效需求概念。他写道:"企业家所决定雇用的劳动者的数量 N 取决于两种数量的总和（D）,即:D_1,社会愿意消费的数量,和 D_2,社会愿意投资的数量。D 就是我们的所谓有效需求。"① 他认为,萨伊的"供给创造需求"并不绝对正确,尤其在大萧条、大失业的经济危机当中。由于没有足够的有效需求,导致生产不足和就业不足:"事实上,消费倾向和新投资的数量二者在一起决定就业量,而就业量又决定实际工资——并不是颠倒过来的情况。如果消费倾向和新投资量造成有效需求不足,那末,现实中存在的就业量就会少于在现行的实际工资下所可能有的劳动供给量。"② 在《通论》的主体内容中,凯恩

---

① 凯恩斯:《就业、利息和货币通论》,商务印书馆1999年版,第34页。
② 凯恩斯:《就业、利息和货币通论》,商务印书馆1999年版,第36页。

斯通过对消费、投资、价格等问题的阐述，论证了有效需求不足的命题。尽管他并未系统、具体地探讨解决经济波动（尤其是萧条）问题的手段，但有效需求不足的命题，已经为资本雇佣劳动制的体制改革——从自由竞争转化为国家从总体干预经济的市场经济体制——提供了充足的理论基础，也证明了率先进行改革的"罗斯福新政"的合理性，并为各国资产阶级提供了一个新的理念：面对有效需求不足导致的经济萧条，必须利用国家经济职能，由国家从总体调控经济。二战之后，这一理念为各国资产阶级所接受，促成了资本雇佣劳动制的又一次体制改革。

从限制国家在经济作用中"守夜人"的定位，到强调国家的总体调控者的定位，国家的经济职能逐渐强化和完善，而凯恩斯的后继者也对这一问题进行了持续的探讨。关于国家调控经济的目标，在资本经济学中居于主流的"新古典综合派"代表萨缪尔森这样写道："宏观经济的主要目标是高水平的和快速增长的产出率、低失业率和稳定的价格水平。"[1] 为了实现这些宏观经济目标，资本经济学对国家调控经济手段的政策工具进行了探讨和概括，主要包括财政政策与货币政策："政府有一些能用以影响宏观经济活动的政策工具。政策工具是一种处于政府的控制之下，并能对一个或多个宏观经济目标施加影响的经济变量。通过改变货币政策、财政政策或其他政策，政府能够避免经济周期中最坏的情况，并提高潜在产出的增长率。"[2]

财政政策，顾名思义，就是通过国家机构中行政权行使机构——政府财政政策的调整，实现对总体经济的调控。财政的内容，包括政

---

[1] 萨缪尔森、诺德豪斯：《经济学》，商务印书馆2012年版，第634页。注：在较早版本的此书中，目标还包括国际收支平衡。

[2] 萨缪尔森、诺德豪斯：《经济学》，商务印书馆2012年版，第642页。

府的收与支。对于财政政策,萨缪尔森认为涉及政府的支出与税收的调整:"财政政策是指税收和政府支出的使用。政府支出有两种形式:其一是政府购买,指的是政府在物品和劳务上的花费——购买坦克、修建道路、支付法官的薪水,等等;其次是政府转移支付,以提高某些群体(如老人或失业者)的收入。……从宏观经济角度看,政府支出也会影响经济的总体支出水平,从而会影响 GDP 的水平。……税收是财政政策的另一种形式,它通过两种途径影响整体经济。首先,税收影响人们的收入。通过增加或减少家庭可支配或可花费的收入,税收可以影响人们用于购买物品和劳务的支出以及私人储蓄量。不管是短期还是长期,私人的消费和储蓄对产出和投资都有重大的影响。此外,税收还能影响物品和生产要素的价格,因而也能影响激励机制和行为方式。"① 无论是政府支出还是税收的调整,之所以会影响经济总量,在于二者对于总需求的影响。

财政政策是凯恩斯有效需求说的延伸和应用,因为政府的收入与支出可以对总需求构成与消费、投资同样的影响,由行使国家行政权的政府调整其收与支,便可以对总体经济进行调控,所以财政政策可以说是凯恩斯主义的"经典政策"。二战后,市场经济体制在各资本主义国家确立,财政政策成为各国政府调控经济的主要政策工具,对财政政策的探讨、规定与概括,则成为资本经济学在市场经济阶段技层次的重要内容。

凯恩斯将国家干预之前的总需求(即有效需求)归于消费与私人投资,但在市场经济体制国家广泛调控经济的情况下,总需求也包含着政府的支出与净出口。这一命题由阿尔文·汉森提出。萨缪尔森指出:"汉森不仅仅是美国的凯恩斯,凭他本身的能力,他是一个

---

① 萨缪尔森、诺德豪斯:《经济学》,商务印书馆 2012 年版,第 642—643 页。

重要的创新者。……当今天学校里的每一个人在使用非常熟悉的……收入决定的 C + I + G 这一公式时,他不过是在使用如下表述的一个打折扣的版本,即由汉森于20世纪30年代后期创造的,并由他的圈子中的我们这些人为了教育上的应用而将其公式化并加以包装的表述。"① 总需求在萨缪尔森的《经济学》中,被这样表述:"总需求(AD)是指在其他条件不变的情况下,在某一给定的价格水平上人们所愿意购买的产出的总量,也即所有生产部门所愿意支出的总量。它包括:消费、国内私人投资、政府采购商品与服务,以及净出口。"② 但是在阐述财政政策时,萨缪尔森尚未对对外经济交往作出论述:"假定经济是封闭的、不存在对外贸易,则GDP 由前3项组成,即等于 C + I + G。"③ 政府支出是总需求的重要内容,财政政策对于政府收支的调整可以直接影响总需求。基于这种简化的总需求概念,萨缪尔森对财政政策的效果进行了集中论述。

资本经济学演化到萨缪尔森时期,市场经济体制已经全面形成,国家调控的目标已经不局限于经济萧条,而是对经济的波动进行抑制,他及其"新古典综合派"也发现财政政策起着自动稳定器的作用。他写道:"现代财政还具有巨大的内在的自动稳定性质。不管白天黑夜,不管总统是睡还是醒,财政体制一直在保持着我们经济的稳定。……自动稳定器包括:自动改变税收收入、失业保险和其他福利转移支付。"④ 这意味着,在市场经济体制的财政中,即使政府

---

① Paul Samuelson, "Alvin Hansen as a Creative Economics Theorist," Quarterly Journal of Economics 90 (February 1976): 25, 31.
② 萨缪尔森、诺德豪斯:《经济学》,商务印书馆2012年版,第737页。
③ 萨缪尔森、诺德豪斯:《经济学》,商务印书馆2012年版,第759页。
④ 萨缪尔森、诺德豪斯:《经济学》(第12版上),中国发展出版社1992年版,第286 – 287页。注:关于自动稳定器的阐述,在较新版本的《经济学》中被删掉,但仍保留在较为主流的资本经济学教科书中。

不实行特别的财政政策，国家经济职能的丰富，其对经济波动也具有抑制作用。但是，这种自动稳定器的作用是有限的，当经济波动超出国家可以接受的范围时，特别财政政策的实行就是必要的了。

既然财政政策可以通过对总需求的影响来调控经济，那么，当财政政策被使用时，会在什么程度影响总需求就成为一个重要的问题。为了解决这一问题，主流资本经济家引入了乘数概念加以阐释。乘数是一个比例，用来衡量一单位外生支出变化会导致几个单位总需求和均衡产出的变化。乘数概念是由卡恩提出的，对此凯恩斯曾写道："乘数的概念系由 R. F. 卡恩先生在他的论文《国内投资和失业之间的关系》（载《经济学杂志》，1931 年 6 月号）中首先引入于经济理论。"[①] 凯恩斯将乘数概念引入到自己的思想体系中，在他那里，乘数是在阐述消费后引入的，他将乘数规定为投资与收入之间的比例："我们可以在收入和投资之间确立一个被称为乘数的固定比例，而通过某些简单化的措施，可以在总就业量和直接被用于投资的就业量（被我们称为初期就业量）之间，确立一个被称之为乘数的固定比例。"[②] 通过对边际消费倾向的考察，他认为乘数即 k："$\triangle Y_w = k \triangle I_w$，在这里 $1 - 1/k$ 即等于边际消费倾向。我们称 k 为投资乘数，它告诉我们：当总投资增加时，收入的增加量会等于 k 乘以投资的增加量。"[③]

萨缪尔森在《经济学》中写道："乘数是指外生支出变化 1 美元对于总产出的影响。在简单的 C + I 模型中，乘数是总产出变化率和投资变化率的比率。"[④] 一般而言，乘数是大于 1 的，而其根据在于

---

① 凯恩斯：《就业、利息和货币通论》，商务印书馆 1999 年版，第 117 页。
② 凯恩斯：《就业、利息和货币通论》，商务印书馆 1999 年版，第 117 页。
③ 凯恩斯：《就业、利息和货币通论》，商务印书馆 1999 年版，第 119 页。
④ 萨缪尔森、诺德豪斯：《经济学》，商务印书馆 2012 年版，第 753 页。

凯恩斯在《通论》中所提出的观点：当收入增加时，会将一定比例用于消费："乘数为什么大于1？假设我利用闲置资源建造了一幢价值1000美元的木屋。我的木匠和木材生产者会因此增加1000美元的收入。但事情并未到此为止。如果他们的边际消费倾向均为2/3，则他们会支出666.67美元购买新的消费品。因而这些商品的生产者又会增加666.67美元。如果他们的MPC也是2/3，则他们又会支出444.44美元，或者说是666.67美元的2/3。这个过程会一直持续下去，每一轮新支出都是上一轮收入的2/3。这样，我最初的1000美元的投资就导致了一系列次一轮的再消费支出。尽管这一系列的再支出永无止境，但其数值却是一次比一次减少。最终的总和是一个有限的量。"① 可见，最初的支出增加所导致的总需求增加会形成一个以边际消费倾向为公比的等比数列，通过等比数列的计算可得出支出乘数："简单的乘数总是边际储蓄倾向的'倒数'，因此，等于 $1/(1-MPC)$。"② 经过这样的推导可知，支出的增加会造成总需求和均衡产出的乘数倍增加，这恰是财政政策可以有效解决波动问题的根据。基于这种认识，萨缪尔森又对政府支出乘数和税收乘数进行了论证。

萨缪尔森认为，由于政府支出增加对于总需求的作用与增加私人投资是一致的，因此，政府支出乘数与支出乘数的机理和数值也是一致的。他写道："政府支出乘数是指政府在商品和服务上每增加1美元开支所能引起的GDP增长。……政府支出乘数和投资乘数是完全相同的，它们被统称为支出乘数。"③ 相应的，税收的调整也会

---

① 萨缪尔森、诺德豪斯：《经济学》，商务印书馆2012年版，第753页。
② 萨缪尔森、诺德豪斯：《经济学》，商务印书馆2012年版，第754页。
③ 萨缪尔森、诺德豪斯：《经济学》，商务印书馆2012年版，第762－763页。

产生乘数效应，但其乘数较支出乘数为小，原因在于减税造成的可支配收入增加，并不会全部用来增加消费："税收乘数之所以小于支出乘数，原因显而易见。当政府在 G 上支出 1 美元时，这 1 美元会直接花费在 GDP 上。而另一方面，当政府减少 1 美元税收时，这 1 美元只有一部分花费在 C 上，另一部分则会被储蓄起来。这种对 1 美元的 G 和 1 美元的 T 所做出的不同反应，就足以使税收乘数低于支出乘数。"① 在乘数效应的基础上，萨缪尔森的继承者又在他们的教科书中加入了转移支付乘数、平衡预算乘数等，但基本思路与之一致，使乘数思想更加丰富和系统化。

由于乘数效应的作用，财政政策对总需求的直接影响，会以倍加的数额影响总需求。在政策实行中，也曾有实行扩张经济政策导致经济过热从而引发下一步萧条的失败经验，因此，财政政策的目标从凯恩斯最初设想的抑制萧条转变为对波动的抑制。出于这样的目的，财政政策工具的使用必须遵循"相机抉择"的原则，在萨缪尔森那里，这一原则也被称作"斟酌使用"或者"逆对现行经济风向"。他写道："以税收和公共开支为手段的财政政策，在货币政策的配合下，把迅速的经济增长、高就业和稳定的价格作为它们的目标。理想的方式是：'逆对现行经济风向'。"② 而用以实施财政政策的工具，被他称作"武器"："斟酌使用的财政政策的主要武器——那些牵涉到具体的公共事务决策的方案——有：公共工程和其他开支方案、公共就业项目、转移开支方案、税率。"③

---

① 萨缪尔森、诺德豪斯：《经济学》，商务印书馆 2012 年版，第 767 页。
② 萨缪尔森、诺德豪斯：《经济学》（第 12 版上），中国发展出版社 1992 年版，第 286 页。
③ 萨缪尔森、诺德豪斯：《经济学》（第 12 版上），中国发展出版社 1992 年版，第 289 页。

四　凯恩斯主义的货币政策思想

面对1929年开始的资本世界经济大危机，凯恩斯认为其原因在于有效需求不足，由此突破了自自由竞争阶段对"自由放任"的迷信，以有效需求不足命题为基础，在提出由国家调控经济的财政政策思想的同时，还提出了货币政策思想，即通过调节货币供给量调节利率，进而影响有效需求中的投资，保证资本边际效率的正常与均衡。

相比财政政策通过政府收支变化直接影响总需求，货币政策通过货币供给量的改变来影响利率、进而"诱导"投资变化从而影响总需求的货币政策，则显得"间接"，也"温婉"了许多。凯恩斯认为，在影响投资的诸多因素中，利率是关键。如不考虑政府支出与对外贸易，有效需求是由消费和投资构成的。其中，消费是收入的函数，收入取决于有效需求引致的产出，而且消费习惯并不是国家调控可以影响的。因此，投资成为有效需求学说中的关键问题和环节。他认为，利息率是决定投资的因素之一。凯恩斯的货币政策思想，集中于投资和利率关系的阐述中。

资本经济学的基本命题是，投资的目的在于获取利润，一旦没有利润，投资便不会发生。凯恩斯依从这一命题，从总投资的角度提出了他学说中的核心概念：资本边际效率。在他看来，资本边际效率是投资的预期收益，其与利息率的对比，决定了总投资的数量。如果说预期收益因为投资周期不定而无法与利息率作对比，凯恩斯的资本边际效率概念，则将之"贴现率"化，使之成为一个可以与利息率作对比的数量，明确了利息率对总投资量的影响。对于资本边际效率的概念规定，属于资本经济学的术层次，这里所探讨的是其在技层次的影响和作用。

凯恩斯之所以用资本边际效率称谓利润，在于他不仅要从个体资本企业考虑其利润，更要考察"总投资"：投资是从预期收益率高的投资进行，随着总投资量的增加，最后发生的"边际"投资的预期收益率会体现出递减的趋势。他写道："在任何时期中，如果增加在任何一种资产上的投资，那末，随着投资量的增加，该种资产的资本边际效率就会递减；其部分原因在于：当该种资产的供给量增加时，预期收益会下降；另一部分原因在于：一般说来，该种资产的增加会使制造该种资产的设备受到压力，从而，它的供给价格会得以提高。"① 他认为，总投资来自于个体投资的加总，出于上述认识，就可以得出一条向右下方倾斜的资本边际效率表（曲线），表示随着总投资的提高，资本边际效率是递减的。完成这一规定后，就可以进一步解释利率是如何影响总投资了，他写道："现在，显然可以看到，实际的投资量会增加到如此的地步，以致没有任何种类的资产的资本边际效率会大于现行的利息率。换句话说，投资量会增加到投资曲线上的一点，在该点，一般的资本边际效率等于现行的市场利息率。"② 当然，凯恩斯并不认为利息率是决定投资总量的唯一要素，但基于现有的资本边际效率曲线，利息率就是决定总投资的关键："我们仍然有理由把利息率当作至少在正常条件下能影响投资的重大因素，虽然并不是决定性的因素。然而，只有经验才能证明：在任何程度上，控制利息率能够持续地刺激投资，使它处于合适的水平。"③

凯恩斯得出总投资受利息率影响的结论后，对诱导投资的论证重点就转向了利息率的决定。在他看来，利息率并不是市场"自然"

---

① 凯恩斯：《就业、利息和货币通论》，商务印书馆1999年版，第140页。
② 凯恩斯：《就业、利息和货币通论》，商务印书馆1999年版，第140页。
③ 凯恩斯：《就业、利息和货币通论》，商务印书馆1999年版，第167页。

地决定的，而是可以通过货币供给量的变动而影响的，均衡利息率是货币供给与需求矛盾的结果。

凯恩斯指出："古典学派的传统把利息率当作能使对投资的需求和意愿的储蓄保持均衡的因素。投资代表对可投入的资金的需求，而储蓄代表它的供给；与此同时，利息率则是能使二者相等的资金的'价格'。"[①] 在对利息率这样的看法中，利息率是一个由市场自发决定的量，因而不可能成为国家从总体调控经济的一个重要指标。这样的观点符合自由竞争阶段国家应对经济"自由放任"的观点，其思想基础是货币商品说。但凯恩斯不同意货币商品说，坚持"货币国定论"。基于"货币国定论"，以及一战中和一战后各国在货币发行中的"作为"，凯恩斯形成了自己关于利息率的新看法。凯恩斯认为，利息率并不是自然的，而是放弃流动性的报酬："利息率是放弃流动性的报酬，所以在任何时期的利息率都能衡量持有货币的人不愿意放弃流动性的程度。利息率并不是能使对投资资金的需求量和自愿放弃目前的消费量趋于均衡的'价格'，而是能使以现金形式持有财富的愿望和现有的现金数量相平衡的'价格'。"[②] 通过凯恩斯对利息率概念的改造，利息率是一种价格，一种基于所有权不变而放弃或获得流动性的代价。这一价格，就取决于对之需求与供给矛盾："货币数量便是另一个因素来和流动性偏好在一起决定在既定条件下的利息率的高低。"[③] 坚持货币国定论的凯恩斯认为，货币数量是由货币当局确定的，因此是一个可由国家操纵的变量，但这个变量是一个"外生变量"，于是他侧重研究货币的需求——流动性偏好。

他认为，流动性偏好取决于三种动机："（1）交易动机，即由

---

① 凯恩斯：《就业、利息和货币通论》，商务印书馆1999年版，第180页。
② 凯恩斯：《就业、利息和货币通论》，商务印书馆1999年版，第170页。
③ 凯恩斯：《就业、利息和货币通论》，商务印书馆1999年版，第171页。

于个人或业务上的交易而引起的对现金的需要;(2)谨慎动机,即为了安全起见,把全部资产一部分以现金的形式保存起来;(3)投机动机,即相信自己比一般人对将来的行情具有较精确的估计并企图从中谋利。"① 由这三种动机所决定的货币需求,在货币数量增加的情况下,就可以实现利息率的下降,并由此导致总投资进而有效需求的提升:"一般说来,我们可以假设:表明货币数量与利息率之间的关系的流动性偏好曲线是一条平滑的曲线;该曲线表明:随着货币数量的增加,利息率下降。"② 凯恩斯通过对投资、利息率的概念改造,得出结论:通过国家机构货币当局对货币供给量的改变,可以实现对总需求,进而是产出、就业的干预和调控。这样,货币供给量的调整就不再是一种被动的调整,而可以成为国家主动调控总体经济的手段。凯恩斯由此完成了对此后资本经济学货币政策思想基础的论证。

值得一提的是,凯恩斯看到大萧条中国家增发货币但仍无力扭转局面的情况,他对此给出了自己的解释,即所谓"凯恩斯陷阱"或"流动性偏好陷阱"。他写道:"货币是刺激经济制度活跃起来的酒,那末,我们必须提醒自己,在酒杯和嘴唇之间还有几个易于滑脱的环节。"③ 之所以会出现调整货币供给量刺激经济失效,原因在于特定形势下,民众更加倾向于持有货币:"货币数量即使大量增加也只能对利息率施加相对微小的影响。其原因在于:货币数量的大量增加可以造成如此之大的对将来的不肯定性,以致来自安全动机的流动性偏好得以加强,而与此同时,对将来利息率的看法可以达

---

① 凯恩斯:《就业、利息和货币通论》,商务印书馆1999年版,第174页。
② 凯恩斯:《就业、利息和货币通论》,商务印书馆1999年版,第175—176页。
③ 凯恩斯:《就业、利息和货币通论》,商务印书馆1999年版,第177页。

到非常一致的程度，以致现行利息率的微小变化可以使大批的人转向于持有现金。"① 凯恩斯由此指出了传统货币政策在大萧条中失效的原因，也为此后货币政策的制定提供了重要借鉴。

基于凯恩斯"有效需求——投资——利率——货币数量"的分析框架，资本经济学形成了关于货币政策的系统思想，其要点是通过国家的货币当局调整货币供给量来影响利率，进而影响投资和总需求，实现总体调控经济的目的。萨缪尔森在《经济学》中，对货币政策这样规定："它是通过政府对国家的货币、信贷及银行体制的管理来实施的。"② 货币政策的制定和实施主体，是他所说的政府。但显然他并未从概念上区分清楚政府与国家。他在这里所说的"政府"，实则国家机构中的货币当局，尤其在美国，制定货币政策的是美联储，它是美国大资本财团在政府之外联合成立的权力机构，在市场经济阶段的金融系统中，它居于核心和主导地位。萨缪尔森指出："每一个现代国家都有一个中央银行。设于华盛顿的联邦储备委员会，再加上12个地区联邦储备银行，构成了美国的中央银行。它的主要使命是制定货币政策，以影响货币和信贷条件，达到低通货膨胀、高就业率和稳定的金融市场的目标。"③ 在凯恩斯思想的基础上，由央行所制定和执行的货币政策，关键仍是利率。为此，萨缪尔森写道："联储是通过短期利率（被称作联邦基金利率）来制定其政策的。联邦基金利率是银行之间相互借贷，交易在联储准备金账户余缺资金时所支付的利率。它是一种以美元计价的短期（隔夜）无风险

---

① 凯恩斯：《就业、利息和货币通论》，商务印书馆1999年版，第176页。
② 萨缪尔森、诺德豪斯：《经济学》，商务印书馆2012年版，第643页。
③ 萨缪尔森、诺德豪斯：《经济学》，商务印书馆2012年版，第817—818页。

利率。联储运用以下重要的货币政策工具来控制联邦基金利率。"①

为了实现调控利率的目的，基于对金融系统的认识，资本经济学提出了一系列货币政策工具："公开市场业务——在公开市场上买卖美国政府债券，以影响银行的准备金水平。贴现窗口融资——设定商业银行、其他存款机构、一级交易商可以向联储借取资金时所用的利率以及关于抵押要求。法定准备金政策——针对银行和其他金融机构的存款，确定并有权变动法定准备金比率。"② 基于这些政策工具，萨缪尔森对货币政策进行了更为具体的描述："对货币政策的描述如下：当经济状况改变时，联储判断经济是否偏离了关于通胀和产出的预定路径以及其他的目标。如果经济偏离了所预定的目标，则美联储就会宣布改变其目标利率，也即联邦基金利率。为了实现新的目标利率，联储将进行相应的公开市场操作并改变贴现率。上述措施进而逐级影响整个利率体系和资产价格，并最终改变总体经济运行方向。"③

关于货币政策的操作和反应过程，萨缪尔森概括道："1. 中央银行提高目标利率。2. 中央银行实施公开市场操作业务。3. 资产市场对货币政策的反应。4. 投资和其他支出对利率变动的反应。5. 货币政策最终影响产出和价格。"④ 他这样概括货币政策的传导机制："货币政策变动→利率、资产价格、汇率相应变化→影响投资 I、消费 C 和出口 X→影响总需求 AD→影响产出 Q 和价格 P。"⑤ 这一传导机制基于凯恩斯关于货币政策变动影响利率，进而影响总需求的思

---

① 萨缪尔森、诺德豪斯：《经济学》，商务印书馆2012年版，第818页。
② 萨缪尔森、诺德豪斯：《经济学》，商务印书馆2012年版，第818页。
③ 萨缪尔森、诺德豪斯：《经济学》，商务印书馆2012年版，第818-819页。
④ 萨缪尔森、诺德豪斯：《经济学》，商务印书馆2012年版，第830页。
⑤ 萨缪尔森、诺德豪斯：《经济学》，商务印书馆2012年版，第832页。

想。依据凯恩斯的思想，结合几十年美国及西方各国货币政策经验，萨缪尔森对货币政策发生效果的过程作了进一步概括："货币供给的增加导致总需求增加，引起 AD 曲线右移。这种移动说明，在存在闲置资源的情况下货币扩张的作用。在这里，货币的扩张使总需求由 AD 移动到 AD′，总体均衡由 E 移动到 E′。这个例子说明货币的扩张能增加总需求，并对实际产出产生有力影响。"[①] 值得注意的是，货币政策的效果也会因为其目标的不同而是双向的。因此使用货币政策的原则，依然如萨缪尔森在论证财政政策时一样，是"相机抉择"和"逆对经济形势"。

五 货币主义的货币政策思想

"凯恩斯革命"后，凯恩斯学派成为资本经济学的主流。基于凯恩斯的"有效需求论"，展开了国家调控经济主要手段——财政政策与货币政策的论证。财政政策与货币政策成为资本经济学经济政策主张的两个主要手段与工具。这使资本经济学传统的"自由派"备受挫折，但它们并未消失和服输，而是一方面固守自己的理念，另一方面则依据形势的变化攻击凯恩斯主义，同时更新自己的思想和方法。其中，最有代表性是弗里德曼为首的货币主义者，他们坚持从斯密到马歇尔"自由放任"的观念，提出了自己独树一帜的货币政策主张，并在凯恩斯主义面对"滞胀"束手无策时，一度成为指导各国经济政策的"主流"。

在二战后反对凯恩斯主义的学派中，货币主义与此后的供给学派、理性预期学派统称为"新自由主义"。新自由主义学派的主体，是石油、军火等大垄断财团，它们在市场经济体制的国家调控中倍感

[①] 萨缪尔森、诺德豪斯：《经济学》，商务印书馆 2012 年版，第 836 页。

"压抑",因此反对凯恩斯主义的国家调控。弗里德曼及其他货币主义者认为,不恰当的国家调控是导致经济波动的原因,市场会在长期自动实现均衡;货币是经济活动中"最要紧"的因素,因而货币政策是唯一调节经济波动和促进经济增长的手段。在与凯恩斯主义者的辩论中,他们发现了凯恩斯主义的局限——为了理论简化而假定的"价格刚性",这也恰是货币主义思想突破的重要方面,并由此攻击凯恩斯货币主义政策,进而形成了"现代货币数量论"。据此,弗里德曼等人提出了"单一货币规则"的货币政策。

针对凯恩斯主义以有效需求不足的非均衡状态为前提,论证国家对经济进行总体干预的合理性,弗里德曼依据其"现代货币数量论"提出了几乎截然相反的观点。主张实行稳定、温和的货币政策,这一主张也被称作"单一货币规则"。

弗里德曼坚持斯密的自由放任观点,认为市场在"看不见的手"的作用下可以实现市场均衡与出清。在《亚当·斯密与当今的联系》中,他写道:"这只'手'是他对一种方式的想象,在这种方式中,千百万人的自愿行动可通过价格体系来协调,而不需要指导中心。"[①]由此,他提出了"回到斯密"的号召。为了"回到斯密",就必须借助"斯密的眼睛",即基于斯密自由放任的观念和视角。只要能坚持这一观念和视角,均衡便成为总体经济的常态。他写道:"一个市场,每个人各行其是,没有中心机构去安排社会的轻重缓急,去避免重复和协调活动,这在无知者的眼中,似乎是一团混乱。但我们通过斯密的眼睛,却看到市场是一个秩序井然、有效地协调起来的体系,它产生于人们具有各自动机的行为,但又不是人们有意创造的。它是一个能把千百万人分散的知识和技能为了共同目标而协调

[①] 弗里德曼:《亚当·斯密与当今的联系》,《现代国外经济学论文选》(第四辑),商务印书馆1982年版,第130页。

配合的体系。"① 在他看来，用"斯密的眼睛"来观察"看不见的手"的作用，而这只"手"就是货币对市场的自发调节。

在弗里德曼的言论中，似乎存在一个明显的悖论：斯密强调的是私有资本自由竞争和国家的"守夜人"地位，而弗里德曼却由此论证其关于国家以货币政策调控经济的主张。其现实原因，在于斯密处于资本雇佣劳动制的自由竞争阶段，而弗里德曼面对的，则是资本雇佣劳动制的市场经济阶段，国家调控的经济政策已经是市场经济体制的必要手段，取消国家调控经济政策是不可能的。因此他并不是从一般意义上反对经济政策，而是在反对凯恩斯主义政策主张的同时，提出自以为是坚持斯密自由放任观点的货币政策主张。

在资本雇佣劳动制自由竞争阶段，由于国家经济职能受限且不够完善，其对货币的作用还要受市场和货币商品论的限制。否定自由竞争体制而形成的市场经济体制，国家的权势已成市场的主导，国家从总体上调控经济，货币政策成为调控的重要手段。这势必导致货币性质及其概念的转变，对此弗里德曼在《货币稳定方案》中给出了自己的解释，并将之作为阐述其货币政策观点的前导。他写道："维持一种商品本位需要使用实际资源来生产出货币商品的追加数量，也需要使用人力以及其他资源来从地下挖掘出金、银、铜，或者生产出可以构成本位的任何其他商品。在一个静态的经济中，生产只须补偿由于磨损而造成的消耗；而在一个增长的经济中，生产还需要为货币存量的增长提供资源。有趣的是，为增长所需要提供的资源的数量并不取决于用作本位的那一种商品或那几种商品，而仅仅取决于公众的现金余额偏好和经济增长率。"② 显然，他认为

---

① 弗里德曼：《亚当·斯密与当今的联系》，《现代国外经济学论文选》（第四辑），商务印书馆1982年版，第130页。
② 弗里德曼：《货币稳定方案》，中国人民大学出版社2016年版，第6页。

以特殊商品为货币，对于人力与财力都是一种浪费，而且由于经济的增长，对特殊商品的需求不断提高，有限的贵金属资源限制了货币数量必需的增长，因此需要提供一种新的、成本低廉的货币："为了维持一种商品本位，要耗费如此大量的资源。这就在一个增长的经济中形成一种强烈的社会动机，就是要去寻求以更为廉价的方法来提供交易媒介。"① 这种新形式货币的通行，要为所有使用货币的人的认可和接受，这种货币就需要一种普遍接受的信用作为其"背书"。他进一步说："如果支付的承诺总是能够得到兑现，或者，在另一种可能的情况下，即如果这个社会愿意将'买者自慎'的教条奉行至极致，那么信用因素的引入就不需要政府干预。但是第一种情况不太可能发生，而第二种情况不仅不太可能发生，而且也不明了其是否可取。……对于这两个方面的职能，大多数自由主义者都希望国家能够将其承担起来。"② 可见，即使他认为"看不见的手"可以实现市场的均衡，但他也认为货币中所体现的信用，必须由国家来提供，也就是说，国家要成为这种货币价值的规定者和信用背书者："商品和信用因素混合在一起构成了货币，而由这种货币所引起的诸多麻烦或许是可以解决的，方法是将货币进一步转换成由民间团体发行的一种纯粹信用纸币。……由于没有信用纸币，从而也就没有静态的均衡价格水平。……由于印制纸币所增加的成本可以忽略不计，所以不能确定市场上存在任何限定的价格水平，在这一点上，事实就是如此。"③ 信用货币的价值是由国家的货币当局通过货币发行量规定的，这与特殊商品充当的货币有着本质的区别。关于这一认识，弗里德曼写道："到目前为止就我所知，正是这种垄断

---

① 弗里德曼：《货币稳定方案》，中国人民大学出版社2016年版，第6页。
② 弗里德曼：《货币稳定方案》，中国人民大学出版社2016年版，第7页。
③ 弗里德曼：《货币稳定方案》，中国人民大学出版社2016年版，第8页。

才具有这样一种独特的性质——该垄断产品存货的总体价值完全独立于存货中产品单位的数量。对于我能想到的进入经济交易的任何其他产品来说，比如鞋子、帽子、桌子、房子甚或是光鲜的头衔，其存货的总价值取决于存货中该产品单位的数量，至少后者对前者存在某种外在的限制。而对于货币来说却非如此。假如有五百万纸张，或者有五亿张，或者有五十亿张，只要纸的数量是相对稳定的，那么其总价值就是相同的；将纸转换成纸币所造成的唯一影响是，每一个纸币单位所具有的价值与上述例子中的纸张所具有的价值与上述例子中的纸张所具有的价值相比要么小一些，要么大一些；也就是说，用该种货币所表示的纸的价格要么高一些，要么低一些。"①由此可以看到，虽然弗里德曼坚持自由放任，反对国家干预经济，但还是有条件地接受了凯恩斯货币国定论。

弗里德曼认为，当国家信用成为货币的本质要素，国家就有必要承担货币体系适合经济发展的责任，如同国家提供一个法律架构一样："要使一个私有市场经济得以有效运行，像适度稳定的货币架构这样的东西看起来是必不可少的先决条件。但无法确定的是，市场能否依靠其自身的力量就可以提供这样一种货币架构。因此，提供这样一种稳定的货币架构，如同提供一种稳定的法律架构一样，是政府的一项基本职能。……政府的中心任务也是明确的：在广义上，就是要为货币数量设定一个外部限制，并且防止货币伪造。"②可见，虽然不认同凯恩斯关于国家从总体调控经济的观点，弗里德曼依然基于个体资本的视角，通过货币随经济发展向信用货币的转变，论证了国家必须承担发行和调节货币的责任，自以为"完美"

---

① 弗里德曼：《货币稳定方案》，中国人民大学出版社2016年版，第9页。
② 弗里德曼：《货币稳定方案》，中国人民大学出版社2016年版，第9-10页。

地解决了上文所述的"自由放任与国家通过货币政策调控经济"之悖论,他关于货币政策主张就变得顺理成章了。

他从其学说的术层次的"现代货币数量论"出发,认为货币当局无法如凯恩斯主义所认为的那样,通过经济政策实现对实际数量控制的目标:"让我们再换一种说法来表述这个一般性结论,即货币当局对名义数量予以控制,直接地,是对货币当局本身的负债数量予以控制。原则上,货币当局可以利用这一控制手段而钉住名义数量——如汇率、价格水平、国民收入的名义数量、以这种或那种定义限定的货币数量;或者钉住名义数量之变动率——如通货膨胀率或通货紧缩率、名义国民收入增长率或下降率、货币数量增长率。货币当局无法利用其对名义数量的控制而钉住实际数量——如实际利率、失业率、实际国民收入水平、实际货币数量、实际国民收入增长率或实际货币数量增长率。"[1] 但即便如此,并不妨碍货币政策的实行对实际数量的影响:"货币政策无法将上述那些实际变量固定在某一事先确定的水平上。但货币政策可以而且确实能够对这些实际变量施以重要影响。在这两者之间并没有什么不协调的地方。"[2] 在他看来,货币是经济发展的首要推力,因此货币政策的重要性不言而喻:"的确,货币仅是一架机器,但它却是一架极为有效的机器。没有它,我们无法取得我们在过去的两个世纪中,在产量及生活水平方面所取得的惊人成就。……但是,货币有着一个为其他机器所不具备的特征。由于货币的渗透是如此之广泛,所以当它出现

---

[1] 弗里德曼:《货币政策的作用》,《弗里德曼文萃》,北京经济学院出版社1991年版,第508页。
[2] 弗里德曼:《货币政策的作用》,《弗里德曼文萃》,北京经济学院出版社1991年版,第509页。

问题时，所有其它机器的运行过程都会陷入混乱。"① 因为货币对经济的全过程都如此重要，货币政策因此具有了重要的功效。他从三个方面阐述了货币政策的功效。首先，货币政策能够有效抑制经济波动："在货币政策具有哪些功效的问题上，历史给我们上的第一课，也是最重要的一课——关于这一问题也是意义最为深远的一课——是货币政策能够防止货币本身成为经济波动的一个主要根源。"② 因为这个功效，掌控货币发行权的国家机构肩负着抑制经济波动的重大责任："货币当局肩负着一项积极的、且重大的任务：提出对货币这架机器的改进意见，从而减少其出现失调的可能性；并且对货币这架机器自身所具有的力量加以运用，从而使货币这架机器保持良好的运行状态。"③

货币政策的第二种功效，在于提供一个稳定的环境："货币政策所能发挥的第二个作用，是为经济的运行提供一个稳定的环境——继续使用米尔的比喻，就是使货币这架机器润滑运行。"④ 通过这一功效，货币作为经济"血液"的作用才能充分发挥和体现。

货币政策的第三种功效是："货币政策有助于抵消经济体系中来自其他方面的主要波动。"⑤ 与此同时，他又认为这并不意味着国家

---

① 弗里德曼：《货币政策的作用》，《弗里德曼文萃》，北京经济学院出版社1991年版，第509页。
② 弗里德曼：《货币政策的作用》，《弗里德曼文萃》，北京经济学院出版社1991年版，第510页。
③ 弗里德曼：《货币政策的作用》，《弗里德曼文萃》，北京经济学院出版社1991年版，第510页。
④ 弗里德曼：《货币政策的作用》，《弗里德曼文萃》，北京经济学院出版社1991年版，第510页。
⑤ 弗里德曼：《货币政策的作用》，《弗里德曼文萃》，北京经济学院出版社1991年版，第512页。

可以在经济调控中肆意妄为："我将这一问题放在最后，同时以严格限定的词句来阐述它——当与主要波动有关时——这是因为我相信：货币政策在抵消导致不稳定的其他力量方面所具有的潜力，比人们普遍所认为的要有限得多。"[1]

虽然有这三种功效，但国家不能滥用货币政策，其原因在于人们对经济的认识还不够充分，超出认识水平的政策操作，可能导致南辕北辙的结果："我们的知识并不充分，从而不足以在较次要的波动发生时认识它们；或者对它们的影响作出具有准确性的预测；或者对需要什么样的货币政策来抵消它们的影响作出预测。我们的知识并不充分，从而不足以通过货币政策与财政政策相结合的精心的、或甚是相当粗糙的变动，而达到既定的目标。特别是在这一问题上，'最好的'很可能就是'好'的反面。经验告诉我们：最明智的方法，是仅在其他波动带来了'明显的、且现时的危险'时，才使用货币政策公开地去抵消这些波动。"[2] 在他看来，因为"知识不充分"，虽然货币政策可以从总体上调控经济，但货币政策应当是在经济波动的危险明显时才能使用的。笃信斯密理念的弗里德曼，对无论是凯恩斯主义者还是以他为代表的货币主义者掌握经济矛盾的本质缺乏自信，面对经济波动，不是从本质出发来解释并解决问题，而是如他自己所说"消极"地使用货币政策，使经济回归"自然"的正轨。

依据对于货币政策的这种认识，弗里德曼提出了货币政策的主张。他以"应该如何引导货币政策"为标题，分两个环节阐述了其

---

[1] 弗里德曼：《货币政策的作用》，《弗里德曼文萃》，北京经济学院出版社1991年版，第512页。

[2] 弗里德曼：《货币政策的作用》，《弗里德曼文萃》，北京经济学院出版社1991年版，第512页。

货币政策主张:"第一条要求是:货币当局应该以本身所能控制的变量来指导自己,而不应该以不能控制的变量作为指导。如果(正如货币当局通常所作的那样)货币当局以利率或者目前的失业百分率作为评判政策的直接标准,那么,它将像一艘错误地选择了星球方位的宇宙飞船一样,无论它的导航仪器多么灵敏、多么精密,它始终都将驶入迷路。"① 他延伸了关于货币政策无法实现对实际变量控制的观点,强调如果国家机构通过货币政策随心所欲地控制总体经济,其结果必然是"驶入迷路"。

之所以如此,一般地说还是通过对现象进行描述的学说"知识不充分",具体而言,则是对货币政策发挥作用的时间和效果(即时滞效应)难以形成准确认识:"在上面所提到得这三种指示器当中,价格水平以其本身所具有的性质,毫无疑问是最为重要的一个。……货币当局的政策行动与价格水平之间的联系,虽然毫无疑问地存在着,但比货币当局的政策行动与这几个货币总量之中任何一个的联系,则要间接得多。此外,货币行动对价格水平产生影响所需要的时间,长于对各货币总额产生影响所需要的时间,而且,货币行动对价格水平的影响的时滞与程度,都随情况的不同而不同。所以,我们根本无法就某一特殊的货币行动对价格水平的影响,进行准确的预测,而且,同样重要的是,我们根本无法对这一影响将何时出现作出准确的预测。所以,直接控制价格水平的努力,很可能由于错误的起止时间而使货币政策本身成为经济波动的一个根源。……我相信:与选择价格水平的作法相比,具体选择哪一种货币总量所带来的妨害则会小得多。"②

---

① 弗里德曼:《货币政策的作用》,《弗里德曼文萃》,北京经济学院出版社1991年版,第513页。

② 弗里德曼:《货币政策的作用》,《弗里德曼文萃》,北京经济学院出版社1991年版,第514页。

时滞效应的原因，在于货币政策影响价格水平的过程是间接的，货币政策面对的终究还是一个不明就里的"黑箱"。面对"黑箱"，货币政策依据经验会影响价格水平，但一定会产生时滞效应。在这种情况下，试图通过货币政策直接影响价格水平的政策，很容易导致与政策目标相反的结果。

弗里德曼进一步写道："对货币政策第二条要求是：货币当局应该避免政策方面的大起大落。"① 之所以如此，他仍旧将原因归结为"知识不充分"："过度反应这一倾向的原因似乎是明显的：货币当局未能对它们的行动与对经济的一系列影响之间的时滞问题予以考虑。"② 尽管时滞效应问题无法解决，肩负抑制经济波动重任的国家也不能无视问题："对于这一问题，我个人提出的解决办法仍然是：货币当局应该通过公开地采取这样一种政策，即实现某一特定的货币总量的稳定增长速度，而在其行动中自始至终地避免此类的摇摆不定。……我本人提出了这样一种速度，一般说来这种速度能够实现最终产品的价格水平方面的大致稳定性。按照我的估计，要实现最终产品价格水平的大致稳定，则要求通货加所有商业银行存款之总和的大约3%－5%的年增长率，或者要求通货仅加活期存款之总和的略低的增长比率。然而，与遭受那些我们业已经历过的、广泛的、且变化无常的骚乱相比，拥有一种大致说来将会导致温和的通货膨胀或者温和的通货紧缩的固定增长比率（如果它是稳定的话），则要可取得多。"③ 他的这一主张，被称作"单一货币规则"。在他

---

① 弗里德曼：《货币政策的作用》，《弗里德曼文萃》，北京经济学院出版社1991年版，第514页。
② 弗里德曼：《货币政策的作用》，《弗里德曼文萃》，北京经济学院出版社1991年版，第515页。
③ 弗里德曼：《货币政策的作用》，《弗里德曼文萃》，北京经济学院出版社1991年版，第515页。

看来，对货币政策的这一要求，无非仍是将解决经济波动的希望寄托于市场在长期的自行调节，但与斯密的"自由放任"最大的区别，在于认为货币供给要以一个相对确定的速度，即与经济增长大致同速率增加。这种基于"不充分知识"的主张，也确实表现出他对自己通过现象描述而来的思想自信心的缺乏。而他论证这种主张的依据，依旧来自于经验总结："在没能采取这样一种公诸于众的、以稳定的货币增长率为内容的货币政策的情况下，如果货币当局能够奉行避免大幅度摇摆的原则，这也将是一项重大的改进。不论是在美国还是在其它国家，货币增长率相对稳定的时期也是经济活动相对稳定的时期，这一点已经为历史所证实。而货币增长率大幅度波动的时期，同样也是经济活动大幅度波动的时期。"① 从他将这一主张称为对此前政策实行"重大的改进"来看，他反对凯恩斯主义，不在于凯恩斯主义者与他一样不能深入认识经济矛盾的本质，而在于不懂本质却没有像他主张的将经济调控交于"看不见的手"。

对于这一政策主张，费里德曼寄予了美好的愿望："通过为自己确立一条稳定的航线并始终保持这一航线，货币当局可以在促进经济稳定方面作出重大贡献。通过以稳定的然而却是温和的货币数量增长为航线，货币当局可以在避免价格膨胀或价格紧缩方面作出重大贡献。其它方面的力量也会对经济产生影响，从而要求变动与调整，甚或干扰了我们的措施的顺利进行。但是，稳定的货币增长将创造出一个有利于下述基本力量有效运转的货币环境：进取心、独创性、创造力、勤奋及节俭。而这些基本力量才是经济增长的真正动力所在。这就是在我们现有的知识水平上对货币政策所能提出的最高要求。然而，这一要求——同时也是一项伟大的政策——毫无

---

① 弗里德曼：《货币政策的作用》，《弗里德曼文萃》，北京经济学院出版社1991年版，第515-516页。

疑问地是在我们力所能及的范围之内的。"① 在这条愿望中我们看到，一方面他将抑制经济波动寄希望于"自然经济规律"，另一方面，他认为在"单一规则"的稳定货币政策中，经济发展的动力来自于个体资本所有者的优良品质。这一认识突出了个体资本所有者的"理性"，在其基础上形成了理性预期学派。在"看不见的手"作用下，经济即使偶有波动，仍不能阻挡其"自然"发展。

弗里德曼是货币主义的代表人物，他将国家通过货币政策掌控经济的"血液"纳入到对货币的认识中，深化和充实了资本经济学对于货币的认识。尽管他固守斯密"自由放任"的观点，但资本雇佣劳动制已演进至市场经济阶段，他所坚持的"自由放任"已然从经济体制层次的特征转变为经济结构层次的特征——国家总体调控经济前提下的自由放任。其政策主张在凯恩斯主义政策面对"滞胀"无能为力时，一度成为资本主义国家货币政策的主流，在弥补了凯恩斯主义缺陷后一度发挥了积极作用。但由于他不能突破资本雇佣劳动制的"自然合理性"，其政策主张在"红极一时"后，随着资本雇佣劳动制市场经济体制矛盾日益激化，也表现出无可奈何，终会因其理念落后和"知识不充分"而被资本大财团抛弃。

六 产业政策

经济政策是国家调控经济的主要手段。只要国家存在，经济政策就存在并起作用。在资本雇佣劳动制的自由竞争阶段，国家的经济职能被大大限制了，经济政策作用的范围和程度相对减少，到了市场经济阶段，由于资产阶级需要国家对经济的总体干预，经济政

---

① 弗里德曼：《货币政策的作用》，《弗里德曼文萃》，北京经济学院出版社1991年版，第516页。

策成为资本经济学技层次的重要内容。对于经济政策，萨缪尔森写道："政策工具是一种出于政府的控制之下，并能对一个或多个宏观经济目标施加影响的经济变量。"① 无论是凯恩斯主义还是新自由主义，经济政策都是其研究的重要内容。在资本经济学中，财政政策与货币政策是其研究的主要内容。此后曾有人提出产业政策，② 虽有人在研究，但它始终未被视为资本经济学主流的必要内容，在诸多主流教科书中都没有产业政策的论说。但产业政策并不因为资本经济学主流的回避和不承认而不存在，它现实地存在于资本主义国家调控经济的实践和经济学研究之中。

如同财政政策主要针对国家的财政，货币政策主要针对货币，产业政策的含义，就是国家通过各种手段对产业结构的调控。经济政策是由作为阶级统治工具或者公共权力机构的国家制定并施行的。资本经济学重点研究财政政策和货币政策，目的是实现均衡，并抑制经济波动。在凯恩斯主义的思想中，经济波动来自于总供给与总需求的矛盾。但经济政策的作用，仅限于经济结构、经营管理和对外经济关系层次，对于总供给与总需求矛盾的根本原因经济制度及其经济体制，并不起作用。资产阶级所掌控的国家通过经济政策调控经济，主要的着眼点和着力点就在对产业结构的调整。可见，产业政策并不因为资本经济学的回避、掩饰而不存在，甚至是经济政策的首要环节，而财政政策、货币政策是产业政策的展开和具体操作形式，而其作用也都归结于产业结构。经济政策成为资本经济学技层次的重要内容，是市场经济体制确立，并要求资产阶级的公共权力机构——国家从总体调控经济的产物。资本雇佣劳动制之所以

---

① 萨缪尔森、诺德豪斯：《经济学》，商务印书馆2012年版，第642页。
② 注：产业政策这一概念的首次提出，是1970年日本通产省代表在经济合作与发展组织（OECD）大会上发表的题为《日本的产业政策》的演讲中。

从自由竞争体制演进至市场经济体制，是制度矛盾经体制矛盾展开的经济结构层次矛盾激化、尖锐化的结果。

自由竞争体制矛盾的激化，主要以产业结构的畸形与不平衡表现出来。在否定自由竞争体制后，国家调控经济的关键，就在于产业结构调整。调节产业结构的经济政策，即产业政策。但是，为什么在资本经济学中鲜见关于产业政策的系统阐述呢？重要原因在于资本经济学家们对社会主义制度的认识及其"回避"心态。

俄国"十月革命"后，建立了世界上第一个以劳动者为主体的初级社会主义国家。资产阶级对此既仇视，又恐惧，很多经济学家将之论证成一个"历史的错误"。与此同时在资本主义国家中，也有一批支持新兴制度的研究者存在。于是，在20世纪二、三十年代，展开了一场关于社会主义制度的大辩论。支持一方认为"苏联模式"的公有制可以通过经济计划来消除私有资本无序竞争所导致的经济危机；反对一方则认为其"计划经济"无法解决价格的形成问题，更无法形成平衡的产业结构。但无论是哪一方，都仅仅从"苏联模式"的"计划经济"出发，来规定这种新生的经济、社会制度。这样的认识，也导致资本经济学家往往刻意回避以经济计划对产业结构的调节和控制，对于罗斯福的"新政"以对产业结构的调整而获得的成功，也只是强调其辅助性的财政政策和货币政策。此外，资本经济学家在实证主义、逻辑实证主义以及实用主义的导引下，更加强化和固守现象描述法。在这样的方法论原则制约下，当他们对市场经济体制的经济政策进行概括时，一方面会刻意回避可能被指责为"计划经济"的产业政策，另一方面则停留于具体的政策操作层面，因此在居主流地位的"新古典综合派"的教科书中，仅有财政政策和货币政策，并没有关于总体性产业政策的论述与规定。虽然资本经济学的主流派回避了产业政策的论述，但西方国家干预经济的现实职能及其实际运作，产业政策一直是重要环节。而产业政策之所以由日本经济学家提出，首先在于20世纪70年代产业政策已经成为各国经济政策的常态，其次在于日本通过产业政策的实行完成战后经济的重建与迅速增长。

为资本经济学产业政策思想"正名"之后，我们还需要明晰的问题，便是产业政策与财政政策与货币政策关系。如上文所述，国家对经济总体调控的着力点是产业结构，财政政策与货币政策的作用对象，同样是产业结构，而非教科书中无视总体结构规定的空洞的"总量"。由此可见，产业政策与财政政策和货币政策并非边界清晰的平列关系，而是抽象与具体的关系：产业政策是总体目标和原则，财政政策与货币政策则是具体环节与操作手段。美国及西方国家从1929年大危机以来，特别是二战后全面进入市场经济体制后，历届政府调控的实践充分证明了这种关系。但是，资本经济学的"主流"，不论新自由主义还是凯恩斯主义都没能从学理上对之进行论证，甚至否认产业政策的存在与作用。例如，在罗斯福的"新政"中，政府针对经济结构不均衡的问题，对农业、工业、电力、运输、失业救济等实施了各种政策，包括通过扶植工会来制约不符合总体资本利益的个体私有资本。在"新政"的各项具体政策中，不仅包括对财政进行调整，也包括在金融、信贷方面的调整，甚至由财政出资兴建国有企业，其最终的目的都在于使美国总体产业结构达到平衡。尤其是财政出资创建的诸多国有企业，除去军工相关行业，还填补了由于利润率低下而没有个体资本家愿意投资的那些行业的空白，成为平衡产业结构的重要工具。如果从国企投资的角度看，这似乎应被视作财政政策，但显然财政政策并不能充分概括国家机构这一行为的目的与效果。从"罗斯福新政"的案例可以看到，财政和货币政策绝非后来在教科书中所论说的主导政策工具，而是资产阶级国家总体调整、控制产业结构的具体手段，服从、从属于总体的产业政策。这种情况，在"二战"后西方国家反复出现，已成常态，但资本经济学的"主流"经济学家，虽然在现实的研究中与其雇主政府一样高度重视产业政策调整，但在教科书中，却依然没能准确地定位产业政策与财政政策货币政策的关系，足见其滞后与保守。

概观资本雇佣劳动制市场经济体制下国家推行产业政策的实践，我们将其产业政策的操作概括为立法、兴建国有企业、制定经济计划、国家机构采购、财政与货币政策、干预对外经济交往六个环节：

一是为产业政策的实行立法。资本主义国家中立法权是基本国家权力并制约着其他国家权力，政府以产业政策调控经济，绝非单纯的行政权运用，其前提是立法，明确产业政策的合法性与原则，并受司法权的监督。"罗斯福新政"中，曾由国会通过了几百条法律授予政府以及美联储相应的权力；1946年美国国会通过《就业法》，之后历年美国政府都提请国会通过有关产业政策的立法；西方各国在"二战"后，也都由议会多次通过产业方面的法律，总体上保证并制约产业政策的实行。为产业政策的实行立法，是市场经济体制确立的标志，立法权对国家干预经济的认可，是产业政策制定和实行的前提与保证。

二是兴建国有企业。为了解决自由竞争体制矛盾所导致的产业结构不平衡，西方各国由财政出资兴建国有企业，是产业政策的重要环节，这不仅是填补因为利润率低下导致的个体资本家不愿、不能投资的产业空缺，也涉及关于总体经济发展需要高新产业和技术研发。国家财政出资兴建国有企业以平衡产业结构，国家资本成为现代资本主义经济的必要环节，几乎占据了关乎国民经济基础和命脉的主要行业，成为国家调控经济、实行产业政策不可替代的工具。

三是制订经济计划。与国有企业一样，经济计划也曾被视作"公有制"的特征而被资本经济学排斥。在市场经济阶段，由于对产业及相关政策的立法，特别是兴建国有企业，国家为参与、调控经济，不能不突破斯密、李嘉图等人对国家"守夜人"定位的桎梏，制订经济计划就成为总体产业政策的必然环节。经济计划包括两种：指令性计划与指导性计划。指令性计划主要针对国有企业，指导性计划则针对个体资本企业。由于国有企业的地位和作用，指令性计划对全国经济发展的大趋势作出限定，指导性计划不可能通过指令的方式发挥作用，但对个体私有资本的作用和影响是显著的。通过总体计划的制订和实行，调控产业结构，产业政策才具有了总体和长期的目标，摆脱资本自由竞争的无序性和恶性竞争。

四是国家机构采购。当国家不再是总体经济的"守夜人"，国家机构的规模也迅速扩大。规模扩大的国家机构就会产生巨额的支出，包括各个机构的建筑、办公设施、军事设备以及由政府支配管理的各种公共设施等。这巨额的支出需求，除了一部分由国有企业有偿提供之外，大部分则要从私有资本企业采购。这部分市场需求，相当大程度上导引和影响着各个行业的发展，以至总体产业结构的变化调整。国家机构的采购，作为国家调控产业的重要手段，直接制约着相关行业中企业的经营和发展。

五是财政、货币政策的使用。作为现代资本经济学主流的"新古典综合派"，将财政政策与货币政策视为实现总体经济目标的主要政策手段。但无论其总体经济目标，还是政策手段，都停留于表面的现象描述，虽然以有效需求论和市场均衡论作为基础，却只谈空洞的"总量"，而没有论及总体的产业结构。不论财政政策还是货币政策，最终都要作用于产业结构调整。从国家对经济的总体调控来说，财政政策与货币政策都是调整、影响产业结构而实现其平衡的具体手段。国家从干预经济的目的出发，动态地调节税率和支出，就是以财政政策来调节、制约产业结构；货币政策则主要以控制利率和对金融市场的监管和干预来制约产业结构均衡。只对财政和货币政策分别进行概述并从"总量"上说其对经济的作用，并不能切实说明其作用的目标和机理。明确二者都是产业政策实行的手段，实行财政、货币政策的目的，并非简单地实现"总量"均衡，而在于国家从总体对以产业结构为基础的经济结构调整——这正是产业政策的内涵。

六是干预对外经济交往。对外经济交往是资本增殖的必要环节，也是资本雇佣劳动制经济的重要层次。资本为了获取利润，不仅要在国内市场扩张和渗透，更要突破国界，将国外市场作为其扩张和实现利润的战场。看上去，对外经济交往的主体是私有资本，但利用资本或为资本服务的国家，自资本雇佣劳动制形成，就成为资本对外经济交往的后盾与保证。这一点，在自由竞争阶段英国获得世界霸主的地位，以及各个资本制国家间激烈的竞争甚至战争的历史中，充分地显现出来。到了市场经济阶段，国家不仅要对本国经济进行总体调控，更要为本国资本在国际竞争中提供支持与保护。对外经济交往的根据，在于本国经济矛盾，从经济结构矛盾层次而论，即本国的产业结构。因此，不仅是为了实现本国产业结构平衡，更为了本国资本在竞争中取得优势，国家对本国资本对外交往，尤其是对本国相关产业的扶持、保护以及对国外处于竞争地位的产业进行限制甚至打压，成为产业政策的必要环节。在当今进行的美国政府对中国的贸易战中充分展示了其产业政策。此外，产业政策还在依据本国的实力，对国际经济交往规则、法律、协议和国际金融的控制干预中体现出其对对外经济交往的干预。这些内容，在近几年美国大资本财团对中国及其他国家所发动的各种经济战中，表现得淋漓尽致。

以上六个方面，是市场经济阶段资本主义国家从总体调控产业结构的必要环节。这些环节并不是资本经济学主流派依现象描述法所阐述的各个展开，分别作用的，而是内在统一于资产阶级总体控制的国家通过调整产业结构而实行的总体经济调控中。尽管资本经济学"主流"派因为对公有制的"回避"，没有在教科书系统阐述产业政策，但其对产业政策的研究和论证却是相当广泛而具体，并体现于国家对经济总体调控的各种政策手段中，成为市场经济阶段资本经济学技层次的必要内容。

七　失业与通货膨胀论

失业和通货膨胀，是二战之后资本主义市场经济体制的两种最为突出的不治之症。面对这两种不治之症，就连以超一流的和稀泥本领而著称的"新古典综合派"的领军人物萨缪尔森也不得不哀叹："在北美和欧洲经常出现的高失业率现象，是现代资本主义社会的一个主要缺陷。事实上，失业率有时候必须高于该国社会性最优水平以保证价格稳定。价格稳定和低失业率两者不可兼得是现代社会最痛苦的困境之一。"①

在资本雇佣劳动制自由竞争经济阶段，有以下两个方面的情况使得失业和通货膨胀并不会成为当时资本经济学的突出议题：一方面各国均坚持金本位制，货币能够发挥贮藏手段的职能，因此物价总水平能够在短时期内保持相对稳定，发生大规模通货膨胀的概率很小；另一方面主流资本经济学家将资产阶级政府定位于"守夜人"，不主张政府对失业和通货膨胀的治理承担主要责任，而是主张市场自发调节，最终使这些经济问题在市场机制作用下得到"自然"消解。市场经济体制建立之后，上述两个方面都发生巨大的变化：第一，金本位制在资本主义世界体系中发生不可逆转的大崩溃，由国家规定货币价值成为常态，发生大规模甚至超级通货膨胀的概率空前加大；第二，经过"大萧条"、"罗斯福新政"和"凯恩斯革命"后，主流资本经济学家将资产阶级政府（实为国家，政府仅是

---

① 萨缪尔森、诺德豪斯：《经济学》，商务印书馆2012年版，第1078页。

国家机构中的行政权机构）定位为"有为政府"，力主政府应该对失业和通货膨胀的治理承担主要责任，必须尽可能地实现"充分就业"和"物价稳定"的双重目标。为此，论证和设计了失业率和通胀率的统计指标，并在政府的国民经济统计和经济政策的制定中得到广泛应用。

对于失业现象，凯恩斯派和新自由主义者基于各自的劳动市场[①]论，提出了多种相互矛盾的解释。

在凯恩斯之前，庇古曾对当时愈发严重的失业问题进行了研究，他认为，所谓的"自愿失业者"不应该被政府统计为失业者。他在《论失业问题》一书中这样写道："失业应排除那些老弱或暂时的疾病而导致的确实无法从事有工资收入的劳动者，而且那些不是因为迫不得已的必需性，而是出于自愿，选择空闲在家的也应当排除在失业之外。事实上，劳动者每天的工作时间不是 24 小时，而是 8 个、10 个或 12 个小时，那么每天当中扣除工作时间之后的剩余时间里的闲暇并不能算失业。同时，流浪阶层中的绝大多数人，他们很大程度上追求的就是闲散而逃避工作，他们的无业状况也不能算作失业。最后，工人们由于罢工而被工厂拒之门外'闲玩'，他们的空闲状况也应从失业中排除。"[②]

与庇古师出同门的凯恩斯，参照大萧条时期苏联与罗斯福新政使用国家干预经济的经验，背叛了师门教条，打破了均衡的前提来论证失业。凯恩斯认为，资本主义制度下存在非自愿失业的现象。凯恩斯特别强调资本主义社会存在这样一个铁一般的事实："总有一些人愿意接受现行工资而工作，但却无工可做。"[③] 凯恩斯将这个现

---

① 资本经济学家往往不承认劳动力市场，只承认劳动市场。
② 庇古：《论失业问题》，商务印书馆 2018 年版，第 6 页。
③ 凯恩斯：《就业、利息和货币通论》，商务印书馆 1999 年版，第 12 页。

象定义为"非自愿失业":"如果当工资品的价格相对于货币工资作出微小上升时,为了现行的货币工资而愿意工作的劳动供给总量和在同一货币工资之下的对劳动的需求总量都大于现行的就业量,那末,人们便处于非自愿失业状态。"①

为了解释非自愿失业,凯恩斯提出了"有效需求原理":"仅仅存在着有效需求的不足便有可能、而且往往会在充分就业到达以前,使就业量的增加终止。尽管在价值上,劳动的边际产品仍然多于就业量的边际负效用,有效需求的不足却会阻碍生产。"② 在他看来,有效需求不足,阻碍生产并导致了严重的失业。而失业对于资产阶级和资本雇佣劳动制的重要性,这从他代表作的题目《就业、利息和货币通论》可见一斑。因此,凯恩斯将"充分就业"定义为这样一种状况:"在其中,总就业量的产量对有效需求的增加的反应已经缺乏弹性。"③ 不同于庇古,凯恩斯从总量看待失业,也因为对美国、苏联经验的借鉴,充分认识到国家的重要性,论证需要国家对经济进行干预以实现"充分就业"。"充分就业"特指"没有'非自愿失业'的情况"④。简而言之,凯恩斯主义经济学的失业论,主要是需求不足型失业。

在凯恩斯看来,这种失业的成因与货币工资"刚性"有关。凯恩斯说:"与古典学派相比,劳动者倒是更加合理的经济学者,虽然他们是在下意识中做到这一点的。以他们抵抗货币工资的削减而论,即使这时的工资的实际购买力大于现行的就业量的边际负效用,他们也会这样做,因为货币工资的削减往往限于个别的行业,并且很

---

① 凯恩斯:《就业、利息和货币通论》,商务印书馆1999年版,第20页。
② 凯恩斯:《就业、利息和货币通论》,商务印书馆1999年版,第36页。
③ 凯恩斯:《就业、利息和货币通论》,商务印书馆1999年版,第32页。
④ 凯恩斯:《就业、利息和货币通论》,商务印书馆1999年版,第20页。

少，或者从来就不涉及全体劳动者。相反，他们并不抵抗货币工资不变时的实际工资的降低，因为，这种降低会和总就业量的增加联系在一起。除非降低到如此程度，以致实际工资有可能下降到现行就业量的边际负效用之下。每一个工会都会采取一些手段来抵抗货币工资的削减，不论削减的数量小到何种程度。"① 换言之，货币工资往往难以根据实际的劳动力供求关系向下调整，从而经济无法吸纳更多的就业人口。失业的存在表明资本不能有效生产和实现利润，财政政策与货币政策的主要目的就是消减影响资本利润生产和获取的失业。

新自由主义者则认为，资本主义的劳动市场不可能出现严重的非自愿失业问题，因为在一定的货币工资水平下，那些能够接受现有工资水平、认为现有工资水平能够补偿劳动带来负效用的人，都已经就业，只有那些认为工资水平太低的人才会失业。这些不愿接受现有"低水平工资"的人，可以视为"自愿失业者"。

在新自由主义者看来，自愿失业者的出现本身就是劳动市场自发调节的表现。从微观劳动市场的角度看，"当人们跳槽或者离开劳动大军，也即自愿失业之时，均衡失业就会出现。这有时也称作摩擦性失业，因为人们不可能在辞职以后立即找到另一份工作。比如，某个在汉堡店前台工作的人可能觉得工资太低，或者工作时间不太方便，于是辞职去找更好的工作。又如，一些人在离开学校以后可能不想立即开始第一份工作；一个刚生孩子的人可能会休三个月产假。这些人在权衡了自己对收入、工作性质、闲暇以及家庭责任等各种偏好之后，都选择了失业。"② 因此，"自愿失业"也就被新自由主义者称为"均衡失业"。新自由主义者也承认，摩擦性失业在资

---

① 凯恩斯：《就业、利息和货币通论》，商务印书馆1999年版，第19页。
② 萨缪尔森、诺德豪斯：《经济学》，商务印书馆2012年版，第1025页。

本主义经济中不可避免地普遍存在，但对任何一个具体的个体劳动者而言，它都是短期的、过渡性的。因此，摩擦性失业并不被新自由主义者看成是什么严重的经济问题。

一直与凯恩斯主义者激烈辩论的新自由主义者认为，所谓的"充分就业"概念，并不应该被理解为非自愿失业现象的完全不存在，而是应该被理解为：资本主义经济中虽然有"非自愿失业"现象，但这种现象仅限于"结构性失业"。

所谓"结构性失业"，起源于劳动市场的需求结构变化，是指由生产行业的结构性突变造成的短期、局部性失业。结构性失业说强调资本主义经济制度本身是可以实现劳动市场的供求均衡的。之所以出现失业，是因为产业结构变化引起的。这种结构性失业的特点是，既有失业又有职位空缺，失业者或者因为没有适当技术或者因为居住地点不当而无法填补既有的职位空缺。"举例来说，最近由于老年人口增加，美国对护士的需求急剧上升，但同期有经验的护士数量的增长却相对缓慢，于是导致这一时期护士严重短缺。等到护士的薪金上升、供给调整完成之后，这一结构性短缺才能得到缓解。与此相反，由于劳动和资本缺乏跨地区的流动性，对煤矿工人的需求连续几十年低迷，煤矿产业的失业率至今仍然高居不下。"[①] 新自由主义者承认，过于迅速的技术创新可能会导致结构性失业。但他们往往把结构性失业的增加看成是长期经济增长中不可避免的现象，看作为了资本获取利润所必须付出的"代价"。至于凯恩斯主义者所说的那种"周期性失业"的问题，其主要原因是遭受了各种外部冲击，而非资本主义经济本身所固有的。

新自由主义者认为，可以把资本主义经济的失业现象叫"自然失业"。由此推导出的政策主张是，政府不需要干预"自然"，停留

---

① 萨缪尔森、诺德豪斯：《经济学》，商务印书馆2012年版，第1027页。

在"自然失业率"水平上的资本主义经济,完全可以判别为已实现了"充分就业"。所谓"自然失业率",等价于"非加速通货膨胀的失业率":"指与稳定的通货膨胀率相一致的失业率。当经济处于非加速通货膨胀的失业率时,那些作用于价格和工资通货膨胀的向上或向下的力量得以平衡,从而通货膨胀不存在变化的趋势。非加速通货膨胀的失业率是指在没有向上的通货膨胀压力的情况下,能够维持的最低失业率。"①

对于通货膨胀现象,现代资本经济学界主要有三种解释:第一,以"货币数量论"为基础的"需求拉动"的通货膨胀说;第二,建立在生产费用论基础上的"成本推动"的通货膨胀说;第三,强调部门结构方面的物价变动特点的"结构性通货膨胀说"。

"需求拉动"的通货膨胀说,是流行较早也是影响面较广的对通货膨胀的解释,它断定,通货膨胀是由于总需求超过总供给,从而提高物品和劳务的价格。"无论出于什么原因,只要总需求的增长速度超出经济的潜在生产能力,就会发生需求拉动型通货膨胀,使物价上升以平衡总供给与总需求。这就是说,由于需求方的货币竞相追逐有限的商品供给,从而将价格提拉起来。由于失业率下降,劳动力变得稀缺,工资也被抬高,所以通货膨胀会加速到来。"② "需求拉动"的通货膨胀说的理论基础是货币数量论,认为决定价格的变化的主要因素是货币数量,所以,反通货膨胀的主要措施是限制货币发行量。

"成本推动"的通货膨胀说是20世纪50年代后期流行的一种通货膨胀观点。它建立在生产费用论的基础上,把通货膨胀归于供给或成本上,认为即使是没有出现对物品和劳务的过度需求,但由于

---

① 萨缪尔森、诺德豪斯:《经济学》,商务印书馆2012年版,第1065页。
② 萨缪尔森、诺德豪斯:《经济学》,商务印书馆2012年版,第1057页。

生产成本的增加,也会推动物价上涨。"我们今天可以发现通货膨胀率的上涨,有时候是因为成本增加而不是需求增加。这种现象我们称之为成本推动型通货膨胀,或称为供给冲击的通货膨胀。通常,它会导致经济增长放缓和'滞胀'现象,或称通货膨胀和经济停滞的并存。"① "成本推动"的通货膨胀说认为,由于垄断劳动要素的工会对高工资的要求与维护,以及垄断企业利用市场优势谋求垄断利润,最终会推动成本上涨。所以,反通货膨胀的主要措施是在生产要素市场和产品市场上积极反垄断,倡导自由竞争。

结构性通货膨胀说,是由希克斯等人在20世纪70年代提出的,强调结构上的不均衡对通货膨胀的影响,认为即使整个经济中的总需求和总供给处于平衡状态,但由于经济结构的变化,物价水平也会上涨。结构性通货膨胀论的要点是:第一,工业部门的生产增长率高于服务性部分。第二,工业、服务性部门的名义增长率最终将趋同,但在工会组织的影响下,工资增长水平首先取决于生产增长率较高的部门,也就是说,服务性部门的工资水平会向工业部门"看齐"。第三,大多数商品的价格是由成本加利润构成,因此当两大部门的工资水平同步增长时,价格水平也会随之上涨。第四,服务性部门的商品需求弹性往往较小,而收入弹性较大,因此其工资成本上升,必然导致价格的普遍上涨。第五,价格水平与名义工资都具有刚性难以下落。

希克斯说:"象在旧时一样,在繁荣期中提高的工资是特殊工业(现在依然存在的易受周期影响的工业)的工资。但是在旧时,工资在繁荣期中提高,在衰退期中降低;现在,工资在繁荣期中提高,但在(温和的)衰退期中却不降低。所以这就使别的工业的工资不稳定。由于工人从非扩展工业向扩展工业移动,工资当然总要有些

---

① 萨缪尔森、诺德豪斯:《经济学》,商务印书馆2012年版,第1058页。

不稳定的；所以，如果繁荣（甚至在旧时）持续的时期够长的话，从易受循环影响的工业开始的工资上升，将在某种程度上普遍化。尽管劳工专门化，劳工的缺乏总是会蔓延开来的。但是在新情况下所发生的事情还不止于此。在非扩展工业中的工资上升，不是由于劳工缺乏，而是由于不公平所造成的；因为在非扩展工业中的工人感觉到他们是被丢在后面了。这在旧日是不会发生到这种程度的，因为易受循环影响的工业在繁荣时期所发的高工资被认为是暂时的。对在其他工业里的工人来讲，在繁荣期间仍发给他们相对低的工资，并不是那样不公平，因为他们知道他们从工资的稳定中得到好处的那个时刻一定会到来。但是，在新的情况下，当由繁荣时期劳工缺乏而造成的高工资看来带有比较永久性的时候，其他工业的工人就要施加更大的压力，使他们的工资能够'赶上去'。这种压力可能采取罢工的形式，但这并不是必需的形式。任何仲裁者都会认为提高工资是'公平'的。而且，雇主们也很清楚，为了搞好劳资关系，他们必须提高工资。"[1] 针对这种新型的通货膨胀，希克斯认为有必要进一步研究劳动市场的结构，采取比较平衡的经济增长，兼顾经济效率和"公平原则"，而不能沿用传统的处方，即用抑制需求的办法来控制通货膨胀，或用政治上的压力来防止"工资推进"。

对于失业和通货膨胀的关系，凯恩斯主义者认为失业率和通货膨胀率之间存在着此消彼长、互相替换关系，并用曲线表示，被人称为"菲利普斯曲线"。

在英国任教的新西兰人菲利普斯，在研究1861-1957年的货币工资增长情况与失业率的统计材料后，于1958年提出一条曲线，表达了失业率与货币工资率之间的相互替代关系。这条曲线被称作"菲利普斯曲线"。它以失业率为横轴，货币工资增长率为纵轴，向

---

[1] 希克斯：《凯恩斯经济学的危机》，商务印书馆1979年版，第58-59页。

右下方倾斜的曲线表达了失业率与货币工资增长率间呈负相关关系。考虑到实际工资实质上是再生产劳动力必要商品和服务的价值，货币工资增长率也可以被视作通货膨胀率。因此，萨缪尔森等人把失业率与货币工资增长率间的关系改造为失业率与通货膨胀率的关系，即现在主流资本经济学教科书中的菲利普斯曲线。

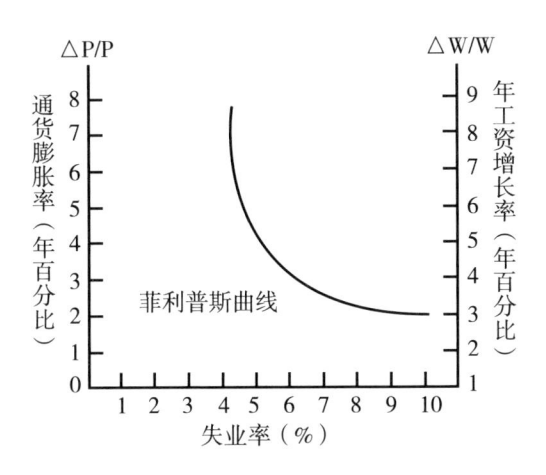

图 8 - 7 - 1　菲利普斯曲线（短期）[1]

萨缪尔森指出："理解通货膨胀的主要宏观经济工具是菲利普斯曲线。菲利普斯曲线显示了失业率和通货膨胀之间的关系。有关菲利普斯曲线最基本的思想是当产出高、失业率低的时候，货币工资和价格就趋于快速上升。这种情况之所以会发生，是因为当工作机会很多的时候，工人和工会就会强烈要求涨工资；而当产品销售很火爆的时候，企业也更容易提高销售价格。反之亦然，高失业率会降低通货膨胀率。"[2]

---

[1]　萨缪尔森、诺德豪斯：《经济学》，商务印书馆2012年版，第1063页。
[2]　萨缪尔森、诺德豪斯：《经济学》，商务印书馆2012年版，第1062页。

菲利普斯曲线在解释通货膨胀的同时，还具有指导政策的作用，因为失业率与通货膨胀率之间的"替代关系"，国家调控经济时，可以主动选择一种失业率与通货膨胀率的组合：当通货膨胀率低，失业率高企时，可以通过扩张的经济政策推高通货膨胀率来降低失业率；而通货膨胀率过高且失业率较低时，可以通过紧缩的经济政策提高失业率来降低通货膨胀率。据此，凯恩斯主义者提出，为了降低失业率，民众应忍受凯恩斯主义的财政政策和货币政策所带来的通货膨胀。凯恩斯主义者甚至认为，通货膨胀是弥补财政赤字的有力手段，从而认为"温和的和可以控制的"通货膨胀是有益和必要的。

为了反对凯恩斯主义者的政策主张，弗里德曼及其货币主义学派认为，在资本主义经济中，工资能够自由伸缩，劳动者也能够自由流动，因而经济总是可以通过自发调整实现充分就业。在这种情况下，现实中存在的失业主要是结构性失业和摩擦性失业，这种隐含在经济体系内部、无法通过扩张总需求予以消除的失业率，弗里德曼称为"自然失业率"。由于它同时也是劳动力市场供求力量处于均衡状态时形成的失业率，故又被称为均衡失业率。"自然失业率"是相对稳定的，它在长期中与通货膨胀率不存在交替关系。

与货币主义者相似，以卢卡斯、萨金特等人为代表的理性预期学派也对菲利普斯曲线提出了批评。他们认为，通货膨胀与失业之间无替代关系，从而使菲利普斯曲线变成了一条垂直线。

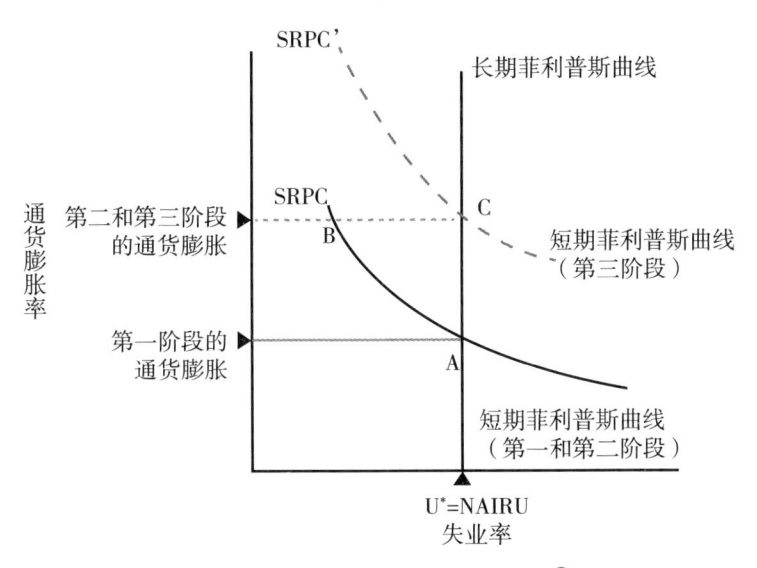

图 8-7-2 菲利普斯曲线（长期）[①]

"理性预期学派"的理由是，存在失业时，人们会形成国家通过通货膨胀来提高就业的预期，而国家这种调控行为会使实际工资下降。因此，他们会在价格水平上涨之前，要求货币工资提高；那些雇主则因为通货膨胀不会降低实际工资，选择不增加工人的雇佣数量。他们认为，通货膨胀会被公众合理地预测到，即使是短期内出现货币供给量增加，也不能降低利率以促进投资增加。因为，当公众预期到货币供给量增加后，物价水平会提高，因而当签订借贷协议时，会要求对利率有相应的贴水，保持实际利率不变。他们据此而反对凯恩斯主义者关于就业和通货膨胀的观点及其政策主张。

八 IS-LM-BP 模型：国际收支平衡

获取利润的欲求驱使资本向全世界扩张，国际贸易、资本市场

[①] 萨缪尔森、诺德豪斯：《经济学》，商务印书馆 2012 年版，第 1067 页。

的货币、利率、物价等各种因素都直接影响利润的获取。统制经济阶段，重商主义就将这个问题在其学说技层次进行了探讨论证。自由竞争阶段，马歇尔提出了国际收支平衡说，构成其学说技层次的必要内容。演变到市场经济阶段，这个问题更为突出，国际收支平衡成为国家调控、平衡经济，保证资本利润获取的重要内容。凯恩斯学派资本经济学家以术层次的 IS – LM 模型为基础，提出技层次的 IS – LM – BP 模型，考察国际市场的收支平衡，将国际收支平衡作为国家调控经济的目标之一，通过对净出口与国际资本流动的考察推导出 BP 曲线，表明利率与总产出的正相关关系，为国家制定对外经济和货币政策提供参考，形成资本经济学在市场经济阶段技层次的重要环节。"新古典综合派"发展了凯恩斯的国际收支思想，将国际收支界定为一国在与其他各国进行经济交往的资金记录，包括从国外收进的全部货币资金和向国外支付的全部货币资金。国际收支由"国际收支平衡表"[①]表示，包含国际贸易和国际金融两部分内容：一是商品和劳务交易及各种转移支付，在国际收支平衡表中以经常账户记录；二是为购买实物资产和金融资产而发生的国际间资本流动，在国际收支平衡表中以资本账户/金融账户记录。除此之外，国际收支平衡表还记录一国官方机构所持有的黄金和外汇储备。

在简单国民收入模型中，四部门经济均衡以及净出口函数针对的主要是产品市场上的商品和劳务交易，考察的是净出口与有效需求及国民收入的关系，但主要是从国外对本国产出的消费需求着手，并未考察投资需求。实际上，产品市场均衡不仅与本国收入水平有关，而且与汇率有关。对于出口，如果实际汇率上升，本国货币实际贬值，本国商品出口将变得容易，因此，出口与汇率存在正相关关系。相应的，进口与汇率存在反向相关关系。

---

① 萨缪尔森、诺德豪斯：《经济学》，商务印书馆 2012 年版，第 934 页。

在国际产品市场上,"净出口由国民储蓄和投资之间的差额决定,也是由国内因素和国际利率水平共同决定的。"[1] 将汇率因素纳入,得到净出口函数:

$$nx = x - m = -\bar{\chi}(m_0 + \gamma y)$$

其中,$\bar{\chi}$ 为既定的外国购买需求,m_0 表示自发性进口;γ 表示边际进口倾向。

进一步可以将净出口看作边际进口倾向与实际汇率水平的函数,即:

$$nx = x(e) - m(y, e) = q - \gamma y + n * \frac{EP_f}{P}$$

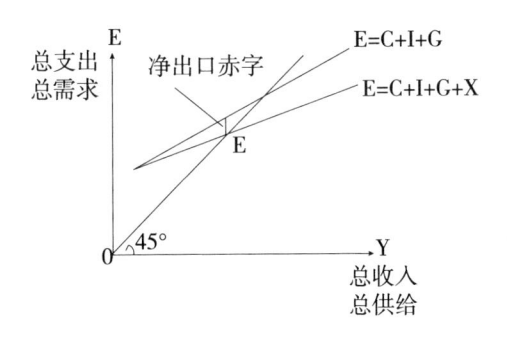

其中,q、γ、n 都是正参数,参数 γ 表示边际进口倾向,反映由收入变动引起的净出口变动情况;$\frac{EP_f}{P} = \frac{名义汇率 * 国外格水平}{国内价格水平}$,表示实际汇率水平,反映国外价格水平与国内价格水平的相对比值。可见,净出口是汇率的函数,汇率通过影响产品市场的进出口来影响总需求,从而影响国民收入(参照四部门经济均衡的收入支出模型)。

图 8-8-1 收入—支出模型:四部门经济的均衡[2]

---

[1] 萨缪尔森、诺德豪斯:《经济学》,商务印书馆 2012 年版,第 988 页。
[2] 萨缪尔森、诺德豪斯:《经济学》,商务印书馆 2012 年版,第 976 页。

国际货币市场的均衡需要考察国际间资本流动，国际间资本流动可以由净资本流出函数来反映。与国际产品市场的"净出口"类似，国际货币市场上的"净资本流出"表示由本国流向外国的资本量与从外国流入本国的资本量的差额，用 F 表示：

F = 流向外国的资本量 − 从外国流入本国的资本量

由于"货币政策通过利率影响到汇率、净出口和国内投资。紧缩型货币政策会使汇率升值，引起出口的下降、进口上升。"[1] 扩张型货币政策则会使汇率贬值，引起出口上升、进口下降，国外的货币政策也是以同样的机制发挥作用，因此，可以将净资本流出看作是本国利息率 r 与外国利息率 r_F 之差的函数：$F = \sigma(r_F - r)$

其中，$\sigma > 0$，r 是本国利息率，r_F 是外国利息率。

当外国利息率既定，本国利息率越高，流出资本越少，流入资本越多，净资本流出越少；反之，本国利息率越低，流出资本越多，流入资本越少，净资本流出越多。由此可得，F 是本国利息率 r 的减函数。

在开放经济中，每个国家在一定时期内都有可能产生资本账户的顺差或逆差。因此，可以净出口衡量一国出口与进口之间的不平衡；以资本净流出衡量本国居民购买的外国资产量与外国人购买的本国资产量之间的不平衡。[2] 净出口和净资本流出的差额称"国际收支差额"，即：

国际收支差额 = 净出口 − 净资本流出

用 BP 表示国际收支差额，则：

BP = nx − F

如果 nx > 0，即它出售给外国人的物品与服务多于外国人购买

---

[1] 萨缪尔森、诺德豪斯：《经济学》，商务印书馆2012年版，第984页。
[2] 曼昆：《经济学原理》，北京大学出版社2015年版，第199页。

的，它从国外的物品与服务经销售中得到的外国通货又必定会用来购买外国资产，也就是净资本流出 F < 0；反之，如果 nx < 0，即它出售给外国人的物品与服务少于外国人购买的，它为这些净购买需要支付的货币又必定来自出售外国资产，也就是净资本流出 F > 0。因此，"一个重要又微妙的核算事实表明，对于整个经济而言，资本净流出必然等于净出口"，[1] 正如在均衡条件下，国民产出与国民收入是一回事一样，"国际物品与服务的流动和国际资本流动是同一个问题两个方面。"[2]

可见，国际收支平衡被规定为外部均衡，均衡条件为：BP = 0

当国际收支平衡即 BP = 0 时，有：nx = F

将净出口函数 $nx = q - \gamma y + n * \dfrac{EP_f}{P}$

净资本流出函数 $F = \sigma (r_F - r)$

代入，可得：$q - \gamma y + n * \dfrac{EP_f}{P} = \sigma (r_F - r)$

得到在国际收支平衡（外部均衡）条件下 y 与 r 的关系：

$$y = \dfrac{q}{\gamma} + \dfrac{n}{\gamma} * \dfrac{EP_f}{P} - \dfrac{\delta (r_f - r)}{\gamma}$$

或者

$$r = \dfrac{\gamma}{\sigma} * y + (r_F - \dfrac{\sigma}{n} * \dfrac{EP_f}{P} - \dfrac{q}{\sigma})$$

该平衡式就是国际收支平衡函数，反映一国对外交往中国民产出等于国民收入的均衡。在国际收支平衡条件下，国民收入 y 与利息率 r 之间存在正向关系。可以将利息率 r 与国民收入 y 之间的这种关系以曲线图示：

---

[1] 曼昆：《经济学原理》，北京大学出版社 2015 年版，第 200 页。
[2] 曼昆：《经济学原理》，北京大学出版社 2015 年版，第 200 页。

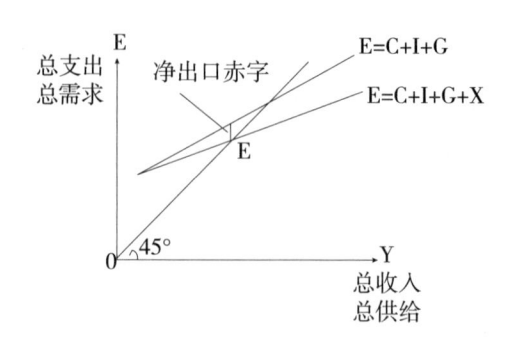

图 8 - 8 - 2　BP 曲线

在这条反映国民收入 y 与利息率 r 之间关系的曲线中，净出口 nx 始终等于净资本流出 F，即 nx = F，意味着国际收支始终平衡，这就是 BP 曲线，反映的是一国对外经济交往中对外投资支付等于对外贸易差额的状态。

由于反映国民收入 y 与利息率 r 之间关系的 BP 是由净出口函数、净资本流出、国际市场的均衡条件 nx = F 共同推导来的，因此 BP 曲线也可以从净出口 nx 与收入 y 的关系、净资本流出 F 与利息率 r 关系、净出口 nx 与净资本流出 F 相等三条曲线推导而来：

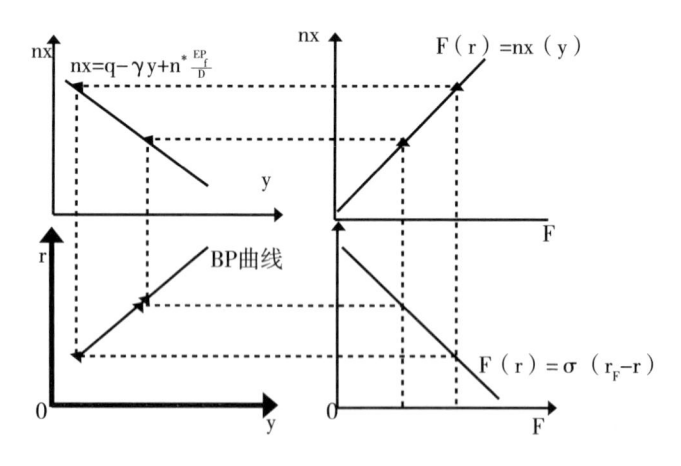

图 8 - 8 - 3　BP 曲线的推导

IS 曲线描述的是当产品市场达到均衡时，收入 y 与利息率 r 之间的关系；IS – LM 曲线描述的是当产品市场和货币市场都达到均衡时，收入 y 与利息率 r 之间的关系；IS – LM – BP 曲线则是开放经济条件下，产品市场、货币市场、国际市场都达到均衡时，收入 y 与利息率 r 之间的关系。IS – LM – BP 模型是由开放条件下的 IS 函数、LM 函数、BP 函数三个方程模型联立得到的。

首先可以根据四部门经济的收入恒等式 y = c + i + g + nx 得到 IS 曲线方程：

$$y = \frac{\alpha + e + g + q - \beta t}{1 - \beta + \gamma} - \frac{dr - n * \frac{EP_f}{P}}{1 - \beta + \gamma}$$

将 IS 曲线方程与 LM 曲线方程、BP 曲线方程联立：

(1) $y = \dfrac{\alpha + e + g + q - \beta t}{1 - \beta + \gamma} - \dfrac{dr - n * \dfrac{EP_f}{P}}{1 - \beta + \gamma}$ 四部门经济的 IS 曲线方程

(2) $y = \dfrac{hr}{k} + \dfrac{1}{k}\left(\dfrac{M}{P}\right)$ 四部门经济的 LM 曲线方程

$r = \dfrac{\gamma}{\sigma} * y + \left(r_F - \dfrac{\sigma}{n} * \dfrac{EP_f}{P} - \dfrac{q}{\sigma}\right)$ BP 曲线方程

这一模型也可以用三条曲线，即 IS、LM、BP 曲线表示：

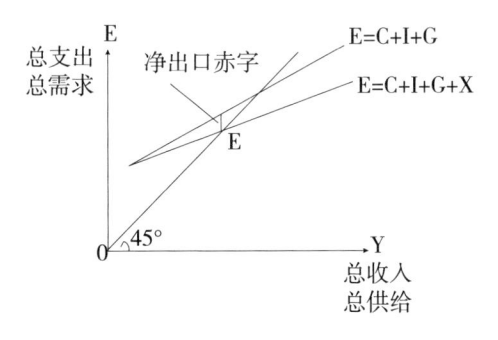

图 8 – 8 – 4　IS—LM—BP 曲线

其中，IS、LM、BP三条曲线的交点反映的就是国内产品、货币市场和国际收支同时实现均衡的状态。由于决定贸易平衡的因素与决定资本账户平衡的因素不同，"对外投资收付率取决于国内外的相对利率，对外贸易差额则取决于国内外的相对物价水准"①，即贸易是生产成本、需求弹性和价格水平的函数；国际投资是汇率、利率和利润论的函数。因此，不能假定贸易账户差额和资本账户差额能自动实现平衡，当然也就不能指望通过平衡国际收支而导致的价格变化和利率调整来提升国内就业和收入水平。对国际收支平衡的考察应该服从国内就业和投资的目标，正如国内收入水平和利率水平会影响国际收支平衡一样，国外收入水平和利率水平的变动也会通过影响国际收支平衡而对国内收入水平和就业产生影响。因此，在封闭经济条件下，当经济萧条或者经济过热时，可以运用财政政策调整IS曲线或者运用货币政策调整LM曲线实现充分就业水平的国民收入。同样，在开放经济条件下，也可以通过调整对外贸易政策或利率实现国内充分就业水平的市场总量均衡。

九 汇率政策与对外贸易政策

汇率是国际市场的必要因素，对资本国际贸易、投资的规模与结构有重大影响，更关乎利润的获取。市场经济阶段，西方国家参照凯恩斯学派国际收支平衡的 IS – LM – BP 模型，提出了相应的汇率政策和对外贸易政策。其汇率政策，是政府所采取的旨在处理政府与外汇市场的关系，以及干预外汇交易额和汇率高低的政策。其基本形式有两种：固定汇率制和浮动汇率制。

固定汇率制是指由一国政府制定和公布汇率，且汇率只能在一

---

① 凯恩斯：《货币论》（上卷），商务印书馆1986年版，第296页。

定限度内波动的汇率制度。在固定汇率制度下，一国货币同他国货币的汇率基本固定。从金本位制的形成到20世纪70年代初，国际货币基金组织的成员国基本上都实行固定汇率制度。1944年，布雷顿森林国际货币会议建立了各国货币钉住美元的固定汇率制度，亦称"可调节的钉住制"。按《国际货币基金协定》的规定，当时1美元的金平价为0.888671克纯金，即1盎司黄金的官方价格为35美元。美元与黄金挂钩，各成员国的货币与美元挂钩，以各国货币的金平价与美元的金平价对比，确定各国的官方汇率。各成员国货币的金平价一旦确定，不能任意变动，如果变动超过10%，必须经国际货币基金组织同意。各国货币对美元的汇率波动幅度控制在平价上下1%，超过这个范围，该国货币当局有义务干预外汇市场。

浮动汇率制，是指汇率由外汇市场的供给需求关系决定，本国货币当局不规定本币的汇率或其波动范围的汇率制度。实行浮动汇率制的国家，并不是完全放弃对汇率的调控，而是放弃直接规定与干预汇率的调控模式，根据本国经济矛盾，以其他方式调控汇率。因此，又可以根据货币当局对汇率的干预情况，将浮动汇率制分为有管理的浮动汇率制与自由浮动汇率制。某些反对凯恩斯主义的新自由主义资本经济学家，将自由浮动汇率制称作"清洁浮动汇率制"，将有管理的浮动汇率制称作"肮脏浮动汇率制"。1971年12月和1973年2月美元两次贬值，使西方外汇市场极度混乱，布雷顿森林体系无法继续维持下去，西方各国不得不开始尝试浮动汇率制。1976年1月西方各国签订《牙买加协定》，浮动汇率制才第一次作为一种汇率制度被写进国际协定中。1978年生效的《国际货币基金协定第二次修正案》，使浮动汇率制合法化。

对外贸易政策，是指一国在一定时期内对进出口贸易实行的各项管理措施的总称。其基本形式有两种：自由贸易政策与贸易保护政策。

自由贸易政策是指国家对商品进出口活动一般不进行干预，允许商品自由输出输入，在市场上自由竞争的政策。二战后自由贸易政策在西方及其控制的国家迅速普及，其重要原因有：美国的倡议与推动，生产的国际化、资本的国际化、国际分工在深度与广度上的发展，西欧和日本经济的迅速恢复和发展，跨国公司的大量出现，多边贸易条约与协定的签署。而区域性关税同盟、自由贸易区、共同市场等地区性经济合作，也均以促进国际商品的自由流通，扩展自由贸易为宗旨。二战后贸易自由化是在国家垄断资本主义日益加强的条件下发展起来的，它主要反映了垄断资本的利益及其对世界经济的影响。

贸易保护政策是指由国家采取各种措施干预对外贸易，并对本国出口商给予优惠或津贴，奖励出口，限制进口，以保护本国市场免受外国商品的竞争的政策。贸易保护政策包括关税政策和非关税政策。关税政策是国际贸易诸政策中历史最为悠久的一项政策，主要措施包括进口关税、反倾销税、反补贴税、紧急关税、惩罚关税、报复关税、差价税等。非关税政策的主要措施有出口补贴、出口信贷、进口配额制、自动出口配额制、进口许可证制、外汇管制、进口和出口的国家垄断、政府采购政策、最低限价、进口押金制度、技术标准、卫生检疫规定以及商品包装和标签规定等。简言之，"奖出限入"是贸易保护政策的基本特征。但在不同时期，其内容也不尽相同。从内容和形式上看，关税壁垒这一传统的保护贸易措施受到战后贸易自由化浪潮的不断冲击，其作用在相对削弱，非关税壁垒的作用逐步得到加强。20世纪70年代以来，非关税壁垒成为许多国家限制进口、实施保护贸易措施的主要手段。

二战以后，在布雷顿森林货币体系下的国际贸易经验表明，固定汇率制带来的汇率稳定成为国际自由贸易的一个重要基础条件。

然而，好景不长，受困于美元的"特里芬难题"①，布雷顿森林货币体系于20世纪70年代初最终解体。全球大一统的固定汇率制消亡，浮动汇率制开始大行其道。与此同时，随着美国国力的相对衰弱，新贸易保护主义的思想在美国国内抬头，尤其在2008年经济危机后，美国为了实现"再工业化"、转嫁经济危机，开始逐渐弱化自由贸易政策，不断强化贸易保护，并向多个国家主动挑起了贸易战。

依从凯恩斯主义国际收支平衡思想，蒙代尔、弗莱明提出了一个关于汇率政策和对外贸易政策的模型，即"蒙代尔—弗莱明模型"。它具有明显而丰富的政策含义，不论是同意还是不同意该模型的学者，在理论讨论和政策建议时，都无法完全绕过该模型。蒙代尔1960年在《经济学季刊》发表了《固定及浮动汇率下国际调节的货币动态机制》，提出了是否应该采用货币政策来解决内部失衡和外部失衡取决于汇率是浮动的还是固定的。1961年，蒙代尔发表了两篇相关主题文章《国际非均衡体系》和《浮动汇率和就业政策》。他认为，在通常情况下，对恢复内部平衡来说，货币政策和财政政策在浮动汇率下比在固定汇率下更有效；而货币政策的作用更大。在其1963年发表的论文《资本流动与固定及浮动汇率下的稳定政策》中，蒙代尔又提出，在资本完全流动的极端情形下，财政政策对恢复内部平衡的效果不佳。弗莱明在1962年发表的论文《在固定和浮动汇率体系下的国内金融政策》中提出，在浮动汇率下，货币政策比财政政策更加有效。弗莱明在论文脚注中提到了蒙代尔对他的启发。1976年，蒙代尔的学生多恩布什在一系列关于汇率政策的论文中，提出了"蒙代尔—弗莱明模型"的概念，并将这个概念写入1980年出版的《宏观经济学》教科

---

① 美国经济学家特里芬在1960年出版的《黄金与美元危机》一书中率先提出，布雷顿森林体系所依赖的美元汇兑本位制在美国的国际清偿能力机制与其他国家对该制度的信心之间存在本质上的矛盾，后人将其称为"特里芬难题"。

书中。他指出:"在资本完全流动的情况下,些微的利差引起资本巨大的流动。在固定汇率制下,由于资本的完全流动,中央银行无法独立实施货币政策。要了解为什么,就假定一国打算提高利率,它采取紧缩货币政策,利率就会上扬。全世界的资产组合持有者立刻就会将其财富调拨过来,从新利率中赚取利润。其结果是大量资本流入,国际收支出现巨额盈余;外国人设法购买国内资产,使得汇率升值,迫使中央银行进行干预,以维持汇率固定不变。它购买外币,放出本国货币。这种干预使本国货币供给增加。结果是最初的货币紧缩被逆转了。当本国利率已经被压低回到初始水平时,这个过程才告结束。换言之,一个小的利差引起了足够大的货币进出国内外,完全淹没了可以得到的中央银行的储备。避免汇率下跌的唯一途径就是让货币当局消除利差。结论是:在固定汇率制和资本完全流动条件下,一国无法独立运用货币政策。利率无法背离那些在世界市场上通行的利率水平。实施独立货币政策的任何尝试都会导致资本流动,并因而需要干预,直到利率重新回到与世界市场上的利率相一致为止。"[1]

简而言之,蒙代尔—弗莱明模型的主要论点有两条:

第一,"资本具有完全流动性的固定汇率制下,财政政策高度有效。财政扩张会提高利率,从而使中央银行增加货币存量,以保持汇率的固定不变,加强了扩张性财政的效应。"[2]

第二,"在浮动汇率制下,货币政策在变动产出方面高度有效,而财政政策则无效,货币扩张引起贬值,增加出口并增加产出。但

---

[1] 多恩布什、费希尔、斯塔兹:《宏观经济学》,中国人民大学出版社2010年版,第254-255页。

[2] 多恩布什、费希尔、斯塔兹:《宏观经济学》,中国人民大学出版社2010年版,第263页。

是财政扩张引起货币升值完全挤出净出口。"①

1979年,克鲁格曼从蒙代尔—弗莱明模型的主要结论和基本假设出发,提出了"货币三重困境"(又名"三元悖论"、"蒙代尔不可能三角")。"货币三重困境"的内容是:一个开放的资本市场会在很大程度上削弱一国政府自发实现其汇率目标和追求其他经济目标使用货币政策的能力。一国宏观经济政策最多仅仅包括三个目标中的两个,这三个目标是:维持固定汇率;为实现国内政策目标采取独立的货币政策;跨境资本流动的充分自由。"因为上面列出的三项包括了大多数经济学家认为一个合意的国际货币体系应该具有的性质,对政策制定者来说,只能从其中选择两项使其陷入了三重困境。这是一个三重困境而不是一重困境,因为可能的选项有三个:1和2,1和3,或者2和3。"②

如图8-9-1所示,三角形的三个顶点表明了在开放经济中,政策制定者希望其货币体系能达到的三个性质。遗憾的是,最多只能同时满足其中的两个性质。三角形的三条边表示三种政策安排(浮动汇率、固定汇率、金融控制),每一条边上的政策表示该条边所在的两个顶点表示的性质组成的政策框架。

---

① 多恩布什、费希尔、斯塔兹:《宏观经济学》,中国人民大学出版社2010年版,第263页。

② 克鲁格曼、奥伯斯法尔德、梅里兹:《国际经济学:理论与政策》,中国人民大学出版社2016年版,第418页。

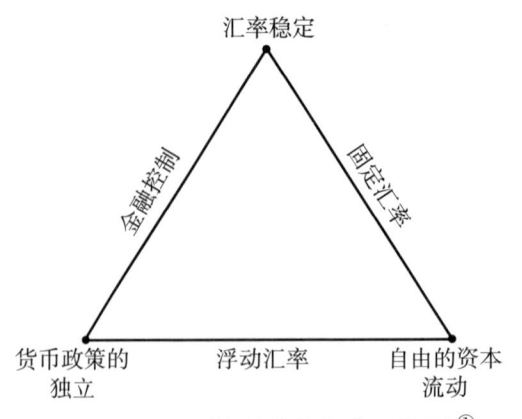

```
                    汇率稳定
                      /\
                     /  \
               金融控制  固定汇率
                   /      \
                  /        \
                 /_____\
            货币政策的  浮动汇率  自由的资本
              独立              流动
```

图 8-9-1　开放经济体的货币三重困境[①]

如果某国实施资本流动管制，即排除第一目标，就可以在实行固定汇率制的同时，在国内实行有效的、独立的货币政策。如果实行浮动汇率制，意味着排除第二目标，资本自由流动就对国内货币政策构成影响。如果实行固定汇率制又不限制资本自由流动，货币政策就难以获得独立性而达到政策目标，要坚持第一、第二目标，就不得不放弃第三目标。

克鲁格曼提出"货币三重困境"，说明对资本市场开放与汇率、利率关系的认识。依据"货币三重困境"，当资本市场开放，国家就不可能同时管控利率和汇率。在汇率固定的前提下，货币政策只能作为维持汇率固定的工具；只有浮动汇率制，才能使货币政策实现国内经济目标。在国家经济调控的历史上，还没有同时控制二者的成功案例，失败案例却比比皆是，如亚洲金融危机、墨西哥金融危机。如果国家不仅坚持国内政策目标的立场，还试图固定汇率，就必须严格管制外汇交易及国际贸易。这就意味着，放开资本市场，就等于放松或放弃限制国际证券交易，以与汇率机制相协调。如果

[①] 克鲁格曼、奥伯斯法尔德、梅里兹：《国际经济学：理论与政策》，中国人民大学出版社 2016 年版，第 418 页。

严格管制外汇，开放的资本市场必然与货币政策的有效性相冲突。克鲁格曼据此给中国提出"指导"："在面对危机的时候，中国和印度推迟了开放其资本账户的计划；一些已经实施资本流动自由化的国家则考虑重新实施限制的可能性（就像马来西亚实际上已经做的那样）。不过，多数发展中国家和西方世界的政策制定者仍然认为资本管制或者是不可能执行的，或者对正常商业关系的破坏作用太大（还有可能成为潜在的腐败根源）。这些储备被应用于对资本外流的控制，因为当财富所有者为避免潜在的损失而外逃时，限制条件很难有实效。"[①] 这充分反映了大资产财团操纵世界经济的意愿。

在克鲁格曼看来，汇率稳定、资本自由流动及货币政策的独立性这三者不可能同时存在。任何一个国家必须根据自己特定的经济环境及经济发展的不同阶段，从中选择两个而放弃另一个，以使经济运行处于最优状态。例如美国选择了资本的自由流动及货币政策的独立性而放弃固定汇率制，这种模式容易产生贸易摩擦，滋生贸易保护主义。而大多数发展中国家选择汇率的稳定与货币政策的独立性而放弃资本的自由流动，这种模式倾向于自由贸易政策，以此扩大出口，主张出口导向的贸易战略。由于蒙代尔—弗莱明模型具有鲜明的政策指导意义，引发了资本经济学家的激烈讨论和持续关注，是资本经济学技层次的一个重要环节。

十 经济计量学

经济计量学，英语为 Econometrics，是一门将资本经济学的理论、统计数据、统计推断方法和计算机技术结合使用来研究经济变

---

① 克鲁格曼、奥伯斯法尔德、梅里兹：《国际经济学：理论与政策》，中国人民大学出版社2016年版，第535页。

量之间的相关关系的学科。所谓"计量",顾名思义,就是用统计学的方法来测量。计,统计也;量,测量也。经济计量作为资本经济学的手段是技层次的一个环节。

"经济计量学"一词,是挪威经济学家弗里希于1926年仿照"生物计量学"一词①首次加以阐释的。他给经济计量学下了"三合一"定义:"统计学、经济理论和数学,对于真正理解数量与现代经济生活的联系均是必要而非充分的条件。三者的统一才是强有力的,正是这个统一体组成了经济计量学。"② 对于 Econometrics 一词,中国经济学界在1998年以前通常译为"经济计量学",1998年③以后"计量经济学"上升为主流中文译法。这种译法的改变看似仅仅是语序的细微调整,实则影响了人们对该学科从业人员的定位——使一些统计学家变成了经济学家。④ 其实,就 Econometrics 学科的内容而言,该学科本身毫无任何经济理论建树,其核心内容不过是依据经

---

① 这里有一个经济学界很少有人注意到的事实:现代生物学界早已经改用 Biostatistics(生物统计学)一词来指称过去 Biometrics 所指称的领域,至于 Biometrics 一词,在现代生物学界的主流含义则已演变为"生物特征识别技术"。从生物学界的这种术语变化看,Econometrics 一词显然译为"经济计量学"才更为合适,这样才符合它作为一门统计学分支学科的学科性质。

② 弗里希:《弗里希文萃》,首都经济贸易大学出版社2006年版,第93页。中译本译者将 Econometrics 译为"计量经济学",这是不确切的翻译。此处笔者改译为"经济计量学"。

③ 1998年7月,教育部高等学校经济学学科教学指导委员会将"计量经济学"确定为经济学类各专业的8门核心课程之一,教指委当时采用的学科名称是"计量经济学"而非"经济计量学"。

④ 据美国资深经济计量学家约翰·拉斯特透露,在美国,经济学系的薪水远远高于统计学系,所以一些搞经济计量学研究的纯粹统计学家更喜欢自称自己是经济学家,而非统计学家。详见姚王信、崔志娟、李凤美:《计量形式主义还是问题导向主义——拉斯特论基本无用的计量经济学》,《海派经济学》,2018年第4期。

济统计数据的特殊性，对数理统计学中的推断统计技术加以系统化改良而已。所以，译为"经济计量学"才名副其实。①

经济计量学的发展历程大体可划分为三个阶段。其一，20世纪初至20世纪30年代。这一阶段经济计量学的主要特征是："先用精确函数关系式表述经济理论，再用实际测量值同理论进行比较，最后就两者的对照做出'好'或'坏'的评判。"② 1901年，数理统计学的创始人卡尔·皮尔逊与高尔顿、韦尔登等人联合创立了著名的数理统计学期刊《生物计量》。通过多篇发表在该期刊上的论文，由高尔顿率先提出的"回归"思想被皮尔逊逐步加以充实提高，形成了回归分析方法。在随后的数十年间，回归分析中参数估计的三种主流方法——最小二乘法、极大似然法和矩估计法在皮尔逊及其学生们的不懈努力下逐渐成熟，为后来的学者进行经济计量研究奠定了关键的数理统计学基础。

率先将皮尔逊所开创的数理统计学方法用于检验既有经济学理论的，是美国学者亨利·穆尔。1914年，穆尔发表《经济周期的规律与原因》一书，通过降雨量、农作物产出和价格等统计数据的回归分析来探讨经济扩张与经济萧条的规律与原因。他在书中还使用统计推断方法对需求函数的参数进行估计，得出了一个斜率为正的需求曲线，使他成为经济计量学思想史上将统计推断方法与经济学理论相结合的首倡者，探讨了对需求曲线的统计推断和对经济周期的统计推断。

1930年12月29日，美国和其他资本主义国家的统计学家、经济学家，在美国成立了国际性学术组织——经济计量学会，学会中

---

① 参见吴承业、陈燕武：《关于"Econometrics"学术译名的统一问题》，《数量经济技术经济研究》，2004年第12期。

② 哈维尔莫：《经济计量学的概率论方法》，商务印书馆1994年版，第1页。

心设在耶鲁大学。学会创办者包括弗里希、丁伯根、费雪、熊彼特、舒尔茨等，费雪出任第一届会长。根据学会的章程，经济计量学会"是一个关联于统计学和数学的经济理论发展的国际性的学会。这个学会应作为一个完全公正的、科学的组织运行，没有政治、团体、金融或民族主义的偏见。其主要宗旨将是增进旨在统一针对经济问题的理论定量方法和经验定量方法的研究，以及增强基于诸如逐渐统治自然科学的推定和严密思考的研究。"① 由于缺少经费支持，并且不被当时的主流经济界认可，经济计量学会早期的运转非常艰难，其转机来自阿尔弗雷德·考尔斯三世的支持。考尔斯是美国科罗拉多州的一位大资本家。1929 年的美国股市崩盘使得他遭受了巨额损失，引发了他对统计学家能否完全准确地预测股市走向的兴趣。经过中间人的介绍，考尔斯找到了经济计量学会，双方一拍即合，由考尔斯提供资金支持，供学会组织学术活动和出版学术刊物，学会成员则对考尔斯的证券投资活动提供智力支持，为此成立了考尔斯委员会，组织统计学家和经济学家们定期出版研究报告，尝试用经济计量学的方法对股票市场进行较准确的预测。考尔斯委员会在成立之初的确做过一些预测股票市场的工作，但后来的工作远远超出了这个范围②，在二战后实际上成为美国经济计量学者聚集地和前沿的统计推断技术的发源地。在考尔斯的资金支持下，经济计量学会从 1933 年起定期出版《经济计量学》季刊。从此，经济计量学就以美国为中心逐渐发展起来。但没过多久，经济计量学就遭遇了凯恩斯的当头棒喝。

凯恩斯在 1939 年和 1940 年连续发表了两篇论文，将丁伯根等

---

① 弗里希：《弗里希文萃》，首都经济贸易大学出版社 2006 年版，第 92 页。
② 经过数十年的专注研究，最后考尔斯不得不承认：任何经济计量学的方法，都无法对未来的股价作到精准预测。

人的经济计量工作判定为"统计炼金术",这就是经济计量学思想史上的"凯恩斯批判"。① 凯恩斯认为,当经济计量学家开始他们的工作时,他们必须假定既定的经济理论是对现实经济因果关系绝对无遗漏的准确刻画(简称为"理论无偏性假设"),必须假定既定的经济理论中所有的重要因素都是能够得到量化统计数据的(简称为"统计可得性假设"),必须假定现有的统计数据是对现实经济因果关系的准确测量(简称为"数据无偏性假设")。结果经济计量学家发现他们陷入了两个极为尴尬的局面:第一,当经济计量学家发现他们最终得到的参数估计值和既定的经济理论的结论发生矛盾时,那么究竟是因为经济理论错了("理论无偏性假设"被证伪),还是因为理论中的某些因素缺乏统计数据(违反"统计可得性假设"),还是因为现有的统计数据的质量不佳(违反"数据无偏性假设"),经济计量学家根本无法区分清楚。这意味着,经济计量学对经济理论的"证伪"功能是不成立的。第二,经济计量学家对同一种经济关系,可以依据不同的经济理论建立不同的计量模型,从而估计出截然不同的参数值,而且这些不同的参数值在各自的经济理论情境中都合乎逻辑。从经济计量学的角度看,这些经济理论似乎就被同时"证实"了,但问题在于这些不同的经济理论本身在逻辑上就是相互冲突的,以科学自诩的经济计量学怎么能同时"证实"多种相互冲突的经济理论呢?这种自相矛盾的"证实"现象,被经济计量学界称为"计量模型多样性悖论"②。在排除了人们对计量模型的误

---

① 详见 Keynes, J. M., 1939, "Professor Tinbergen's Method.", The Economic Journal, 49, 558–568. 以及 Keynes, J. M., 1940, "Comment", The Economic Journal, 50, 154–156.

② 详见俞立平、刘骏:《"计量模型多样性悖论"研究》,《统计与信息论坛》,2016年第11期。

用后，这种悖论仍然不可避免地出现了。这意味着，经济计量学对经济理论的"证实"功能也是不成立的。

在凯恩斯看来，经济计量学家的工作其实只是对回归方程的结构参数进行统计学的测量。经济计量学家在统计学上固然可以不断改良测量技术，确保这种测量在统计学上符合"最佳线性无偏估计量"的标准，但其实这种测量本身并不可能起到证伪或证实任何经济理论的作用。因此，经济计量学对于经济理论的发现和检验均不可能产生任何科学意义上的贡献。弗里希等人所期望的那种理想状态——通过经济计量学"将理论性的政治经济学或'纯粹'经济学的抽象定理限定在实验验证和数值验证上，因而尽可能地将纯粹经济学转化成严格意义上的科学"[①]——注定是一种乌托邦。凯恩斯坚持认为，经济计量学只是一种"统计炼金术"，而不是一门值得人们尊敬的经济科学。迄今为止，经济计量学界也没有能够彻底驳倒"凯恩斯批判"。在"凯恩斯批判"之后，经济计量学界对计量模型的建模方法论作出调整，由此经济计量学演进到第二阶段。

其二，20世纪40至70年代。这一阶段经济计量学的主要特征是：以凯恩斯主义经济学作为计量建模的理论依据，以概率论作为计量建模的方法论依据，将模型设定、假设检验和政策规划上升到与参数估计同等重要的地位，通过对消费、储蓄、投资、货币供给、财政支出、国民收入、就业、通货膨胀等各种宏观经济总量进行建模测算，为资本主义国家出台管理国民总需求的宏观调控政策提供定量依据。在这一阶段，经济计量学的建模方法论在业内取得了共识，以"考尔斯委员会方法"为主干的经济计量学范式在西方主流经济学界获得了广泛认可。挪威学者哈维尔莫于1944年公开发表的博士论文《经济计量学的概率论方法》在经济计量学界引发了一场"概率论革命"。在哈维

---

① 弗里希：《弗里希文萃》，首都经济贸易大学出版社2006年版，第1页。

尔莫之前，经济计量学中的回归方程都是确定性方程，其中没有任何随机扰动项，经济计量学和概率论无关。哈维尔莫认为，可以把经济统计数据看作是服从某种假定的联合概率分布的数据，由此概率论的方法就可以适用于经济计量学了。那些坚持使用确定性方程进行参数估计的人们，会发现无论如何估计，统计数据和经济理论之间仍会存在一定的差距，而不是严丝合缝的。其中有些差距被经济计量学家视作可以接受的（即合理区间内的扰动），有些差距则被视作足够证伪理论的证据。这种分类方法本身就说明，那种试图通过统计数据回归出一条严格精确的函数曲线并用这条曲线严格证实或证伪既定经济理论的做法，是徒劳无益的。"凯恩斯批判"攻击的正是以前经济计量学的这一弱点。通过将随机扰动项引入经济计量学，划清了经济计量学与数理经济学的学科界限，从而在一定程度上避开了"凯恩斯批判"所攻击的一些技术问题。

　　哈维尔莫认为，经济计量学与那种忽略随机扰动项的现实存在的所谓"数理经济学"在方法论上是截然不同的："若将一方程组中的 x 称为'消费'，y 称为'价格'，如此等等，是否就能减少这个方程组的数学性质而增加其经济学性质了呢？就经济学意义来看，仅是换用数学形式而无实质性进展的经济研究是不乏其例的。这些研究实在谈不上对经济学有什么贡献。我认为，要使一项数理经济学研究不仅成为数学而且也成为经济学，就应该这样做：即当我们建立理论关系方程组并对其中纯理论变量赋予经济名称时，我们在头脑中应当设有某种实际实验或者实验设计，我们至少可以设想有某种实验，以达到测量真实经济生活中的一些量，我们认为这些量服从我们施于它们的同名理论变量之上的规律。例如，在社会选择理论中，我们引入了无差异曲面的概念，以表示在价格给定的条件下个人是如何将其固定收入分配于各种商品的消费之上的。这听起来象'经济学'，但其实只是形式数学表达法罢了。要想成为经济学，我们就必须加入实验设计，以表明：第一，什么真实现象对应于理论上的价格、数量、收入；第二，上述'个人'的定义何在；第三，我们应如何去观测个人的选择过程。很多迹象表明，经济学家在建立理论模型时，大都要在头脑深处设计某种理想的实验方案。"① 哈维尔莫继而将经济计量学的程序归结为"四步法"：第一步模型设定，第二步参数估计，第三步假设检验，第四步未来预测及政策规划。哈维尔莫的概率论革命的关键突破在于第一步。哈维尔莫认为，在设定模型时，列作自变量的只能是起主要作用的少数几个经济变量，但实际影响因变量数值发生变化的，还有未列入方程式的、为数众多但影响细微的其他因素，它们的联合作用往往形成一个随机干扰因素，使得因变量的每一次数值变动不可能全部由列入方程式的自变量的数值变动来解释，而必然留下一个残差由这样的随机干扰因素来承担，从而使因变量成为随机变量。设定模型就是要用全体外生变量和随机干扰因素作为已知条件来解释全部内生变量的数值最终是怎样决定的。

哈维尔莫的"概率论革命"得到了他在考尔斯委员会中的同事们的认同。现在大多数被视为经济计量标准操作的统计假设检验，如对自相关性、异方差性、多重共线性、内生解释变量等问题的检验与处理方法，都是由考尔斯委员会的成员们在20世纪40年代至70年代逐步提出的。

克莱因对于推广"考尔斯委员会方法"起到了重要作用，他曾担任经济计量学会会长。克莱因以凯恩斯主义经济学为基础理论，提出了"克莱因－戈德伯格模型"。它是经济计量学界最早建立的凯恩斯主义宏观经济计量模型，是一个包括63个变量的巨型联立方程

---

① 哈维尔莫：《经济计量学的概率论方法》，商务印书馆1994年版，第11页。

模型。20世纪70年代，凯恩斯主义宏观经济计量模型得到大财团和美国政府的认可，各种巨型的联立方程模型层出不穷，经济计量学由此也逐渐在资本经济学界得到某种程度的认可。联系到凯恩斯生前对经济计量学的批判，凯恩斯主义宏观经济计量模型的大流行俨然一部反转剧。但好景不长，1973—1975年资本主义世界经济危机的爆发，使得各种凯恩斯主义宏观经济计量模型突然全部失灵。没有任何一个模型在事先预测到了滞涨的发生，更别说提出应对之策了。1976年，卢卡斯发表了一篇题为《经济计量政策评价：一个批判》的论文。在论文中，卢卡斯论证了这样一个道理："假如经济计量学模型结构中包含经济个体的最优决策规则，并且，这个最优决策规则随着和决策者有关的序列结构的变化而变化，那么，任何政策变化将系统地改变经济计量学模型结构。"[①] 这就是经济计量学思想史上"卢卡斯批判"。

"卢卡斯批判"的核心思想是，经济计量模型的失败之处在于它完全没有考虑公众的理性预期能力。因为公众具有理性预期，所以公众在面对政府推行的凯恩斯主义政策时，会迅速改变行为模式，从而造成"上有政策，下有对策"的现象，其结果必然是政策效果完全背离模型建立者早先的估计。反映在计量模型上就是，在短时段内较为稳定的经济结构的参数，在长时段内可能会发生各种难以预测的突变。所有的经济计量模型在预测未来的经济形势时，都暗藏了一个根本的前提假设：结构参数是一个长期不变的固定常数。遗憾的是，常参数假设在现实的资本主义经济中是无法成立的，因而经济计量模型对未来长时段的预测必然失效。迄今为止，经济计量学界也没有能够彻底驳倒"卢卡斯批判"。在"卢卡斯批判"之后，经济计量学界对计量模型的建模方法进行了改变，由此经济计

---

① 卢卡斯：《经济周期理论研究》，商务印书馆2012年版，第152-153页。

量学演进到第三阶段。

其三，20世纪80年代至今。在这一阶段，经济计量学出现了许多方向各异的发展路线。其中值得一提的有：赫克曼与麦克法登对Probit模型和二元logit模型的研究；格兰杰）对虚假回归、协整和误差修正模型的研究；恩格尔对自回归条件异方差模型的研究；西姆斯对向量自回归模型的研究；汉森对广义矩估计法的研究；以安格里斯特、皮施克等为代表的实验主义学派对因果推断模型的研究。

我们认为，经济计量学成为为资本经济学之技层次的一个环节，其原因大体有：第一，在实证主义哲学的指导下，资本经济学界迫切渴望采用通过数学建模和统计推断等计量形式主义的手段，来实现经济学的"科学化""可验证化"和"精确化"。诺贝尔经济学奖大量颁发给经济计量学家，既是这种思潮的反映，又对这种思潮起了推波助澜的作用。第二，市场经济体制的建立，国民经济核算体系的确立与完善，政府统计信息的公开化，互联网技术的发达，大大推进了西方国家统计机构对各类经济数据的统计调查和数据披露工作。一方面，统计数据正以前所未有的高速度积累下来；另一方面，各类经济统计数据的获得成本对经济学科研工作者而言已经降到了几乎为零的地步。第三，电脑和各类经济计量软件的逐渐普及，使得过去那些需要一群数学家耗时数天纯手工计算的模型估算过程，简化到了一个本科生稍加培训就可通过短短几步"傻瓜式"的电脑操作（哪怕这个本科生还不能从统计学的原理上深刻理解为什么要这么操作）即可轻松完成的地步（业内俗称"跑数据"）。

西方经济计量学家们虽在表面上宣称自己是没有意识形态色彩的，但其实际上几乎所有模型无非都是基于资本经济学中某个命题建立的，无非是资本经济学相关学说的应用手段。

十一　博弈论

资本所有者考虑的首要问题都是：资本投向何处？获利多少？风险有多大？资本经济学就是从资本所有者及其阶级总体角度对这个问题的探讨与回答。资本经济学家为了获得其雇主资本所有者或其阶级的国家政权的青睐，"自由竞争"地提出了各种观点、概念、公式、模型或奇思妙想。应用数学中的"博弈论"也就由此演变为资本经济学技层次的一个环节。

博弈论，是一门研究多个决策主体在一个互动的环境中，如何作出最佳行动选择的学问。"博弈论"，是中国经济学界对英语 game theory 一词的翻译。相对而言，中国数学界更偏爱于用"对策论"来译 game theory 一词。严格来说，博弈论是应用数学的一个分支学科，其学科层级为：数学—应用数学—运筹学—决策论—对策论。

1944 年，冯·诺伊曼与其在普林斯顿大学的同事摩根斯顿合著出版了《博弈论与经济行为》一书。该书的出版意味着博弈论这门应用数学分支学科的正式创立。在这部书的开篇，冯·诺伊曼和摩根斯顿严厉抨击了当时在美国流行的新自由主义经济学，他们认为仅仅依靠微积分和微分方程来分析人的经济行为是极不可靠的，经济学迟迟没有在理论上发生重大进步的"原因在于，它们要么没有得到充分发展——如在试图决定一个一般均衡状态时只计算方程式和未知数的个数；要么只是完成了从文字表达到符号表达的转换，没有后续的数学分析"[①]。因此，冯·诺伊曼和摩根斯顿在书中以一门新的应用数学学科的创立者自诩："我们将会看到，我们必须利用

[①] 诺伊曼、摩根斯顿：《博弈论与经济行为》（上册），生活·读书·新知三联书店 2004 年版，第 6 页。

数理经济学中迄今为止还没有使用过的数学技术，而且进一步的研究很有可能引致新的数学分支的创立。"①

二战结束后，虽然没能得到当时的美国主流经济学界的认可，普林斯顿大学的博弈论科研团队的工作仍然在美国军方的资助下继续推进。1950年5月，塔克为斯坦福大学心理学系做博弈论的专题讲座时，编了两个囚犯关于是否选择出卖同伙的博弈故事，这就是后来大名鼎鼎的"囚徒困境"的最初版本。不过，塔克本人低估了"囚徒困境"博弈的学术价值，他仅把"囚徒困境"博弈当作对从未接触过博弈论的人科普时的一种方便法门。"囚徒的困境发明以后并没有立即公开，在20世纪50年代只是在科学界口头传播，但它确确实实满足民间文学家对二难推论故事所下的定义。"② 出乎塔克意料的是，"囚徒困境"博弈在20世纪60年代激发了一大堆心理学家和博弈论专家的兴趣，并在众人的研究热潮中逐渐发展出了不断迭代的新版本。

这里我们以拉斯穆森的《博弈与信息：博弈论概论》一书中的表述为据，把"囚徒困境"博弈的现代版本简述如下：两个共谋犯罪的人被警察拘留，不能互相沟通情况。如果两个人都抵赖，则由于证据不确定，每个人都会被判坐牢一年；若一人坦白，另一人抵赖，则坦白者因为揭发立功而立即获释，抵赖者因不合作而入狱十年；若互相揭发，则因证据确凿，二者都判刑八年。

依照博弈论，我们可以将囚徒困境博弈画成如下表的博弈矩阵来分析。博弈矩阵是描述二人有限完全信息静态博弈的最佳分析工具。在二人有限完全信息静态博弈模型中，它是一个 2×2 的表格

---

① 诺伊曼、摩根斯顿：《博弈论与经济行为》（上册），生活·读书·新知三联书店2004年版，第7页。

② 庞德斯通：《囚徒的困境》，北京理工大学出版社2005年版，第5页。

（见表8-10-1）。博弈矩阵中四个单元格里的数字组合，分别表示博弈的四种策略组合所对应得到的回报组合。每一个单元格中的第一个数字是囚徒甲得到的回报，第二个数字是囚徒乙得到的回报。

表8-11-1 囚徒困境博弈

		囚徒乙	
		坦白	抵赖
囚徒甲	坦白	$\underline{-8}$，$\underline{-8}$	$\underline{0}$，-10
	抵赖	-10，$\underline{0}$	-1，-1

从表中可以清晰地看出，"坦白，坦白"是这个博弈的唯一纳什均衡解。这是因为，由于两个囚徒是完全理性的经济人，根本无法信任对方，因此倾向于互相揭发，而不是各自抵赖。尽管二人都明明白白地知道，各自抵赖能够使二人达到帕累托最优，但最终博弈的纳什均衡结果却是互相揭发，未能实现帕累托最优。拉斯穆森强调："对于许多从未接触过博弈的人来说，囚徒困境看起来既荒谬又不现实（虽然我的检察官朋友们向我担保说这是对付犯罪的标准工具之一）。如果在你看来结果是不正确的，你应该意识到，模型的主要用处通常就是引致困惑。困惑是你的模型与你的设想有所不同的标志——你遗漏了对于你所期望但却并未得到的结果来说必不可少的东西。此时，要么是你最初的想法有问题，要么是你的模型有错误。发现这类错误便是建模过程中的收获。这种收获虽然略带痛苦，但却是真实的。拒绝接受出乎意料的结论就是拒绝逻辑。"①

在塔克提出了"囚徒困境"的同时，约翰·纳什和沙普利分别

---

① 拉斯穆森：《博弈与信息：博弈论概论》，中国人民大学出版社2009年版，第24页。

在非合作博弈与合作博弈领域中探讨，并最终奠定了这两类博弈在数十年之后的发展中的主线索。1950—1951 年，约翰·纳什相继发表了《n 人博弈的均衡点》《非合作博弈》提出了被后世称为"纳什均衡"[①] 的概念，并利用角谷静夫不动点定理和布劳威尔不动点定理证明了被后世称为"纳什定理"[②] 的博弈论定理。1953 年，沙普利发表论文《n 人博弈的值》，正式提出了被后世称为"沙普利值"[③] 的重要概念。继约翰·纳什和沙普利之后，一大批数学家、政治学家和经济学家长期深耕博弈论领域，使得博弈论最终在 20 世纪 90 年代形成了比较完整成熟的体系。

博弈论之所以能在 20 世纪得到迅速发展，其原因：第一，二战的冷战极大地激起了美国军方对博弈论的智力需求，并为博弈论学界引来了美国军方的资金支持；第二，巨型寡头垄断企业的出现，迫切需要数学家对寡头企业之间的激烈竞争进行研究；第三，企业经理人阶层的不断壮大，保险市场和拍卖市场的持续繁荣，引发了大量复杂难解的委托—代理问题，需要数学家对委托—代理关系进行数学上的机制设计；第四，集合论、拓扑学、概率论、测度论和泛函分析等一系列支撑博弈论演算的现代数学知识已基本趋于成熟。

博弈论作为一门应用数学，广泛运用于各种能够定量分析的政治、军事、外交等领域，而运用最多还是资本经济学。自 20 世纪 80 年代以来，西方国家大学的经济学教科书大多都以专门章节介绍博弈论，而且所占的篇幅也在不断扩大。博弈论之所以在资本经济学

[①] 当时纳什本人在论文里使用的术语是"均衡点"，详见约翰·纳什：《纳什博弈论论文集》，首都经济贸易大学出版社 2000 年版，第 12 页。

[②] 当时纳什本人在论文里使用的术语是"存在性定理"，详见纳什：《纳什博弈论论文集》，首都经济贸易大学出版社 2000 年版，第 33 页。

[③] 当时沙普利本人在论文里使用的术语是"基本情况的值"，详见纳什等著：《博弈论经典》，中国人民大学出版社 2012 年版，第 75 页。

中得以应用，在于博弈论的起点概念和资本经济学是一致的——都是"经济人"；其终点概念也和经济学一致——都是均衡。拉斯穆森认为，博弈论的研究范式就是建模者对参与人规定支付函数和策略集，观察当参与人选择策略以最大化其收益时会产生什么结果。这里所谓的结果，具体而言就是"纳什均衡"。在博弈论中，任何一场博弈均可以分解为七个要素：一是参与人。参与人是在博弈中进行决策的主体，如个人、企业、国家甚至国际组织，其目的是通过选择行动使自己的回报最大化。当博弈涉及外生不确定性时，一般引入一个名为"自然"的虚拟参与人。二是行动。行动是参与人在博弈中的某个时点时的决策变量。根据行动的顺序，可以将博弈分为静态博弈和动态博弈。三是信息。信息是参与人拥有的有关博弈的知识，尤其是与"自然"的选择，其他参与人的特征以及行动的知识。根据信息的完整性，可以将博弈分为完全信息博弈和不完全信息博弈。四是策略。策略是参与人的一整套的完备的相机行动方案，它规定了参与人在给定的信息条件下该如何行动。不含概率向量的策略称为纯策略，含有概率向量的策略称为混合策略。在静态博弈中，没有人能掌握其他人的行动信息，故策略和行动是相同的；在动态博弈中，策略和行动是不同的。五是回报。很多中文出版物将payoff译为"支付"，给读者造成了反方向的误解，故应译为"回报"才比较合适。回报，是指每个参与人在给定策略组合时所得到的报酬（可正可负）。所有参与人在博弈中所得到的回报的集合称为回报组合。当一个博弈的每一个回报组合的所有回报之和都恰好为零，则此博弈称为"零和博弈"。六是均衡。在博弈论中，均衡特指纳什均衡，即博弈的一种相对静止状态，在这个状态下，所有参与人都不再愿意单方面改变自己的策略。七是结果。结果，是博弈论研究人员所关心的、在博弈时将出现的各方参与人的行动组合或相应的回报组合。在绝大多数情况下，特指均衡行动组合或均衡回报组合。

一个标准的博弈分析过程，就是先将博弈的参与人、行动、信息、策略和回报作数学上的量化处理，然后通过建立数学模型（博弈矩阵、博弈树或反应函数方程组）来求解、预测博弈的"结果"。正如泽尔腾所言："博弈是一种数学模型，其中具有不同目的的多个参与者之间存在策略上的相互作用。博弈论考察博弈中理性行为的特征与后果。"①

虽然"囚徒困境"博弈一度挑战了"看不见的手"的逻辑，但资本经济学教科书中的博弈论其实还是处于新自由主义经济学的范畴之内。一方面，博弈论确实严厉批评了新自由主义经济学的两个"保护带"——"完全信息"和"非策略性决策"，正如弗登博格和梯若尔所言："博弈论的观点在参与人数较少的时候更有用，因为那时参与人更有可能关心其对手。例如，在市场中厂商数目很少时，每个厂商的产量很可能会对市场价格产生很大的影响，因而，认为每个厂商将市场价格视为给定就不合理了。"②但更为重要的是另一方面，博弈论又捍卫了新自由主义经济学的"理论硬核"——"经济人"假设和"均衡"。

在美国经济学界有一个有趣的现象，当有凯恩斯主义者从"囚徒困境"中读出了政府干预的必要性时，马上就有一群新自由主义者一拥而上，通过将"囚徒困境"博弈动态化为重复博弈模型，并由此证明了一个"无名氏定理"：囚徒们可以通过重复博弈走出一次博弈时的困境。新自由主义经济学者，往往能通过"囚徒困境"模型提出强烈的反凯恩斯主义经济学思想：如果一种资源配置方式不能满足个人理性的话，那么即使政府强制干预也无济于事，因为非纳什均衡的协

---

① 泽尔腾：《策略理性模型》，首都经济贸易大学出版社2000年版，第1页。
② 弗登博格、梯若尔：《博弈论》，中国人民大学出版社2010年版，第2页。

议一定是无法自动实施的。具体到"囚徒困境"模型中,可以这么解释,即使有某个黑道大佬事先三令五申要求两个囚徒一定要讲江湖义气,但最后二人被捕后还是会出于个人理性而相互揭发,无法实现帕累托最优。推而广之,从新自由主义者的立场看,博弈论恰恰证明了凯恩斯主义经济学所主张的政府干预政策违背了个人理性,注定是不可能长久有效的,以致要用一个"自作聪明的"政府与"十足精明的"老百姓之间的动态博弈模型来证明凯恩斯主义宏观经济政策的无效性了。

博弈论之所以能被资本所有者及为他们服务的人群关注,据说它能够提高在市场博弈中的获胜概率。互联网上流行的各种博弈论通俗课程的广告,也极力以此作为课程的卖点来推销。然而一个残酷的事实却是,博弈论根本不可能具有广告推销商们所鼓吹的那种实用效果。这也表明,博弈论之所以得到资产所有者及经营者的欢迎,恰在于它以数学的演算的广告语言,诱发了其赌徒心态,也表明资本经济学技层次的的特有功效。

博弈论学家鲁宾斯坦直言,虽然他极其欣赏博弈论在数学上的形式美感,但同时又深度怀疑博弈论的实际可用性:"如果提高你的策略IQ 最终归结为'预期对手的反应',那么,我不相信博弈论在实现这些目标时会比侦探小说、浪漫爱情诗或棋类游戏更富价值。"[1] 鲁宾斯坦一针见血地指出:"博弈论中公式的使用创造了一种精确性的假象,它实际上并不具有现实基础。"[2]

博弈论之所以实用性不高,原因就在于数学上的求解和现实经济中的矛盾其实是两回事。我们固然可以在数学上得到精致的公式,但这个公式不过是以通过抽象掉现实中的一些关键性的细节得到的。

---

[1] 鲁宾斯坦:《经济学与语言》,上海财经大学出版社2004年版,第98页。
[2] 鲁宾斯坦:《经济学与语言》,上海财经大学出版社2004年版,第99页。

这些关键性的细节包括：第一，人并不总是按照自身利益最大化来行事的，所谓的"经济人假设"其实是一个应用场景极其有限的假设①；第二，人不是人工智能计算机，不可能像"阿尔法狗"那样算无遗策，即使"经济人"确实可以拟合部分真实场景，这些真实场景中的人也不可能做到"完全理性"；第三，博弈论只能对规则明确、全部博弈结果可数学化的阳谋型博弈进行建模分析，但现实中的博弈往往以"出其不意攻其不备"、"你打你的我打我的"的阴谋型博弈居多，而博弈论对这种阴谋型的博弈根本无法进行建模分析；第四，许多人学习博弈论的目的往往是希望能依靠博弈论在现实的博弈中战胜对手，而博弈论对此则仅仅回报了一张盖了"纳什均衡"邮戳的空头支票。

十二　经济周期论

"经济周期已经以一种实质上不变的形式困扰资本主义社会至少达两个世纪"②，由此也就引发了经济周期论，即资本经济学家对资本主义经济周期进行解释及寻求治理对策思想的总称。

资本经济学家通常将资本主义经济周期称之为"商业循环"（Business Cycles，也有人译为"商业周期"），这是因为早期西方国家没有关于国民生产总值、工业生产、就业、物价等反映整体经济活动指标的统计，因而很难准确地判断经济活动的好坏，危机的出现，一般是通过商业销售和库存的变动反映出来，因而他们便把商

---

① 在"经济人假设"中，参与人对他人的利益持一种漠不关心的立场。但现实中很多的博弈则不同，人们经常会采取一种"杀敌一千自损八百"的"玉石俱焚"策略，哪怕自己利益相对受损，也要让对手付出惨痛的代价。

② 卢卡斯：《经济周期理论研究》，商务印书馆2012年版，第23页。

业活动出现的周期变化称为商业循环,这种用法一直延续至今。实际上,Business Cycles 一词反映的是资本主义总体经济活动反复出现的大起大落的波动现象,并不局限于商业部门。因此,应将 Business Cycles 译为"经济周期"。

资本经济学主流学者一般认可米契尔和伯恩斯二人在 1946 年对"经济周期"所下的定义:"经济周期是某些国家总量经济活动中可以发现的一种波动,在这些国家中经济工作主要以实业企业的形式来组织;一个周期包括同时发生在许多经济活动中的扩张,接下来是同样一般性的衰退、紧缩和复苏,复苏又溶入下一周期的扩张之中;这一系列的变化是周期性的,但并不是定期的。在持续时间上各周期不同,从多于一年到十年或十二年;它们不能再分为更短的与具有相同特征的周期。"[①] 尼米诺和克莱因认为,米契尔和伯恩斯的这个定义的贡献在于:"一旦周期的特性定义完毕,描述周期中的阶段便是可能的了。伯恩斯和米契尔的观点区分了周期中的两个关键点:峰和谷。经济周期是连续的——扩张转为衰退,跟着是紧缩,然后是复苏,接着又重新开始这一过程,因此用峰和谷来标识经济活动的转折点就足够了。通行的术语只保留了伯恩斯和米契尔所提出四阶段中的三个:衰退、复苏和扩张。衰退这一术语指的是从上位转折点(初峰)到下位转折点(谷)这一时期。复苏系指从低谷到经济活动恢复到其原来高峰水平这一时期。扩张则指经济增长超出原有边界的时期。"[②] 显然,他们对于周期的认识,仍然是一种对现象的归纳。其目的是为国家干预、调控经济政策提供参考。

---

① 尼米诺、克莱因:《金融与经济周期预测》,中国统计出版社 1998 年版,第 5 页。
② 尼米诺、克莱因:《金融与经济周期预测》,中国统计出版社 1998 年版,第 5 页。

概而言之，西方国家的总体经济波动一般是通过国内生产总值、就业人数、工业生产指数等综合性经济指标来衡量的。根据这些指标运行的周期性特点，资本经济学家通常把经济周期划分为4个阶段，或者说两个趋势性阶段和两个转折点。两个趋势性阶段是：一是扩张阶段，即总体经济活动持续高涨的繁荣阶段；二是萧条阶段，即总体经济活动持续收缩阶段。两个转折点是：一是谷底，即萧条阶段的最低点，也是经济活动由萧条过渡到繁荣的转折点；二是峰顶，即扩张阶段的最高点，也是经济活动由繁荣过渡到萧条的转折点。

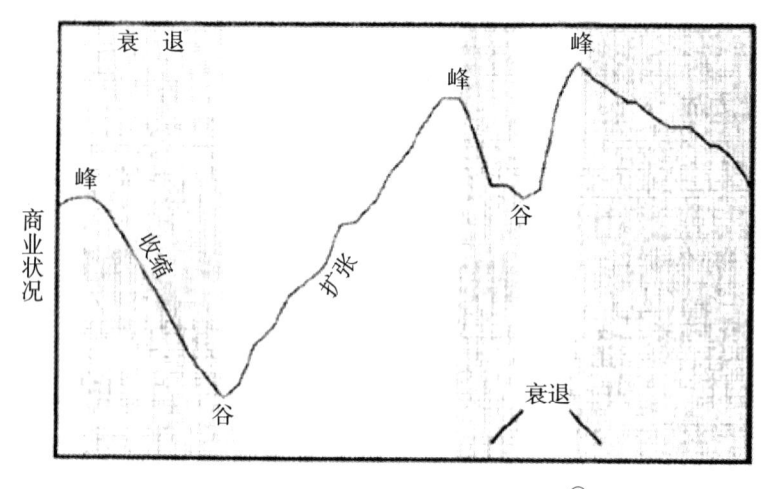

图 8-13-1 经济周期的波峰与波谷①

通常来说，由于人口增长、技术进步等因素，一个国家的总体经济活动有一个长期增长的趋势。这样，经济周期就表现为这些经济活动围绕一个长期向上趋势的反复波动。在经济波动或经济周期的谷底，如果国民经济产出总量绝对下降，称为"古典型波动"或"古典型周期"。如果国民经济产出总量并未下降，而是经济增长速

---

① 萨缪尔森、诺德豪斯：《经济学》，商务印书馆2012年版，第731页。

度明显减缓,则称为"增长型波动"或"增长型周期"。在市场经济体制之前,西方的经济周期以"古典型周期"为主。进入市场经济体制阶段后,西方的经济周期以"增长型周期"为主。

对经济周期的成因及其治理对策的研究,从19世纪初算起,至今已有200多年的历史,尤其1929年大危机以后,资本经济学家进行大量研究,形成许多不同的观点、学派、模型或方法。各种周期论流派发现了很多可能与经济周期的形成有关的因素。这些因素大体可归为两类:一类为资本主义经济体系本身的因素,即内部因素;另一类为资本主义经济体系之外的因素,即外部因素。所谓"内生周期论",就是从经济体系的内部因素来解释经济周期的思想。从经济体系的外部因素解释经济周期的思想,则被称作"外生周期论"。比如货币主义将经济周期的成因归结为政府政策的冲击,实际经济周期论将经济周期的成因归于外生的技术变化的冲击。持"内生周期论"的学者,从方法论上认定资本主义经济体系内部存在不稳定因素,所以资本主义经济体不可能自发达到一般均衡状态。这样的资本经济学者往往属于凯恩斯主义阵营。持"外生周期论"的学者,从方法论上认定资本主义经济体系内部是完全和谐的,所以在没有外界冲击的情况下,资本主义经济体完全可以自发达到一般均衡状态。这样的资本经济学者往往属于新自由主义阵营。

"内生周期论"是凯恩斯在1936年出版的《就业、利息和货币通论》一书中提出的。在该书中,凯恩斯说:"既定量的资本品的边际效率取决于预期的改变。理解这一点是重要的,因为,主要是这一依赖关系才使得资本边际效率具有相当剧烈的波动,而这种剧烈波动可以解释经济周期。"[①] 他认为:"经济周期中最重要的两个阶段是'繁荣'和'萧条'。当繁荣阶段进入后期,资本所有者乐观

---

① 凯恩斯:《就业、利息和货币通论》,商务印书馆1999年版,第148页。

地预期未来收益而继续扩大投资。实际上这时已出现几种情况：第一，劳动力与资源日益紧缺，价格上涨，生产成本愈发提高；第二，生产成本提高与资本边际效率下降，使利润率日趋下降。但不论投资还是投机，个体资本所有者很难从总体视角发现这些问题，最终造成投资过量，经济形势急转直下。这种局势下，资本所有者对未来失去信心，更偏好于灵活的流动性，利率迅速上升，投资大幅减少，经济危机爆发，经济进入萧条阶段。萧条中，资本边际效率维持在低水平，金融、工商界同样不能控制市场，投资、生产萎靡，商品存货严重积压。而在萧条阶段，资本家对未来信心不足，资本边际效率难以恢复，银行家和工商界也无力控制市场，因而投资不振，生产萎缩，就业不足，商品存货积压，经济处于不景气状态。"要想恢复资本边际效率并不那样容易，因为，资本边际效率在目前系由无法控制和不听控制的工商业界的心理状态所决定。用普通的语言来说，在个人行为自己作主的资本主义经济中，信心的恢复远非控制所能奏效。"① 随着时间的推移，资本边际效率缓慢恢复，存货逐渐被吸收，利率降低，投资逐渐增加，经济发展就进入复苏阶段。此阶段资本边际效率完全恢复，投资大量增加，经济又进入繁荣阶段。"经济周期的基本特征，特别是能使我们称它为周期的时间过程和时间长短的规律性，主要是由于资本边际效率的波动。我相信，经济周期最好应被当作系由资本边际效率的周期性的变动所造成；当然，随着这种变动而到来的经济制度中的其他重要短期变量会使经济周期的情况变为更加复杂和严重。"② 如果在萧条时期任由资本边际效率自然恢复，其速度将极其缓慢，整个社会将承受巨大

---

① 凯恩斯：《就业、利息和货币通论》，商务印书馆1999年版，第328－329页。

② 凯恩斯：《就业、利息和货币通论》，商务印书馆1999年版，第325页。

代价。凯恩斯由此对资本主义自由竞争体制提出了极其严厉的批评,主张政府必须主动出台反周期的干预政策:"可以看到,在以现有的方式加以组织并且易于受到影响的市场中,市场对资本边际效率的估计会具有如此巨大的波动幅度,以致它不能为利息率的相应波动所补偿……因此,在自由放任的经济体制的条件下,除非投资市场的心理状态能使自己作出毫无理由这样做的巨大逆转,要想避免就业量的剧烈波动是不可能的。我的结论是:安排现行的投资的责任决不能被置于私人手中。"[①]

凯恩斯之所以如此认识"周期",在于他从国家的总体视角,认为自由竞争体制下个体资本的无序竞争,必然会导致总体经济无法回避有效需求不足导致的经济危机,而任由其"自然复苏",漫长的过程会使失业等危及资本雇佣劳动制存在的问题持续相当长一段时间。因此,国家的介入和干预是必要的。这是其由国家对经济进行主动干预与调节观点的延续。尽管他笃信国家在经济干预与调节中的作用,但国家并非所有社会成员的"公共权利机构",而仅是私有资本的"公共权利机构"。

"外生周期论"主要由货币主义者提出并坚持。弗里德曼等人把经济周期波动原因归于外生的货币扰动,特别是政府对经济的过度干预。他们认为,如果没有外生的货币波动,私人支出包括私人投资是基本稳定的,私人支出与产出、就业的自然增长率是相一致的。在价格和工资调整之后,政策促成的货币供给增长偏离其均衡,导致了产出与就业偏离其均衡的波动。

货币主义者将货币存量的变化,即货币存量对其均衡的偏离,作为主要的外生变量。他们认为货币变量的变化对经济活动有重大

---

① 凯恩斯:《就业、利息和货币通论》,商务印书馆1999年版,第331-332页。

影响。在货币主义学派的代表作《美国货币史：1867—1960》一书中，弗里德曼和施瓦茨梳理了美国经济史上的海量统计数据，得出了这样一个结论："尽管从货币到经济活动这一方向的影响是主要的，但同时也显著存在反向的影响，尤其是在与商业周期相联系的短期变动中。存款－准备金比率的周期模式就是一个例子。铸币支付的恢复及白银时期、1919年的通货膨胀，以及1929－1933年的经济衰退，都清楚地反映了经济活动对货币其他方面的反作用。所以，货币存量的变动不仅是名义收入与价格变动的根源，而且还是名义收入与价格变动的独立结果（尽管货币存量一旦发生变动，它就会反过来对国民收入和价格产生进一步的影响）。这是一种相互的作用，但是在较长期的波动以及主要的周期性波动当中，货币的作用明显更大。"① 弗里德曼和施瓦茨认为："货币存量的增长速度恰好会在商业周期到达峰顶之前减慢，而在商业周期到达谷底之前加快。无论是从我们数据所涉及的最早期的商业周期看，还是从最近的商业周期看，这一模式的主导地位都贯穿始终。"② 由于货币供给量的变动总是出现在经济周期波峰与波谷之先，货币主义经济学家就把经济周期波动的根源归结于货币供给量的大幅波动。由于货币政策存在时滞效应，所以凯恩斯主义主导的"逆对经济形势"政策，往往在不恰当的时机发挥作用，非但不能稳定经济，反而引发经济波动。因此，弗里德曼等人提出，货币政策不应主动调节利率，而在于保持使货币供给的均匀和稳定，为资本投资和获取利润营造稳定的环境。弗里德曼等人主张保持中央银行的独立性，采取固定货

---

① 弗里德曼、施瓦茨：《美国货币史：1867—1960》，北京大学出版社2009年版，第496页。

② 弗里德曼、施瓦茨：《美国货币史：1867—1960》，北京大学出版社2009年版，第487页。

币增长规则的稳定货币政策,即"单一规则"的货币政策,按均匀的速率发行货币。

弗里德曼等货币主义经济学家,所代表的是在凯恩斯主义国家干预政策下利益受损的那些大资本财团,出于其经济利益,他们从抽象个体资本的视角反对国家对经济的某些总体调节和干预政策,为此而依从传统的"市场自动出清"理念,提出自己的政策主张。

在"内生经济周期"和"外生经济周期论"之外,还有"实际经济周期论"。该周期论是在 20 世纪 80 年代提出的,代表人物是巴罗、普雷斯科特、基德兰德。实际经济周期论是从批判卢卡斯的货币经济周期论开始的。巴罗根据美国的统计数据检验货币经济周期论时,逐渐对其产生了怀疑。1980 年,巴罗发表了一篇名为《均衡商业周期模型中的资本市场》的论文,通过引入资本市场拓展了货币周期模型,在模型中考虑了政府购买等实际因素,以实际冲击阐明经济波动,从而开辟了与货币周期论不同的解释经济周期的新思路。巴罗之后,出现了一大批以相似方法来建造模型解释经济周期的论文。其中,比较有影响力的两篇论文分别是:基德兰德和普雷斯科特合著的《置备新资本的时间和总量波动》一文,以及朗与普洛索合著的《实际经济周期》一文。前一篇论文建构了一个非常简约的计量模型,有效地拟合了美国数十年的经济波动数据,从而被视新古典宏观经济学的动态随机一般均衡模型的策源地。

实际经济周期论者认为,资本主义经济体经常受到外生实际因素的冲击,比较明显的例子就是 20 世纪 70 年代美国遭遇的石油危机。这些外生冲击能够引起产出、消费、投资及就业等实际变量的波动。冲击可分为暂时冲击和持久冲击。在种种实际冲击中,技术冲击最为持久,因此他们认为技术冲击是经济周期之源。技术冲击主要影响供给,所以实际经济周期论表现为供给侧周期论。经济周期是经济中所有部门的协同运动。技术冲击同时引起经济各部门变化的情况是不常见的,技术冲击通常发生在某一个部门内,被称为部门性波动源,实际经济周期论说明了个别部门的技术变化在整个经济中的传导。如果出现了一个正的技术冲击,如机械行业出现了机器人,而后,其他能从这项新技术中获益的行业,诸如食品制造企业、汽车生产企业等,将向生产机器人的企业定货,从而对机器人的需求增长,生产机器人的企业增加工人,就业量和实际工资都增加。生产和使用机器人的企业工人的实际工资增加,工人收入中的一部分用于消费,带动了其他部门需求的增加,生产扩张,从而部门的冲击引起了整个经济的波动。实际经济周期论者还认为,工资小幅度的变动便会引发生产和就业的大幅度变动,当实际因素冲击经济使生产上升时,工资虽增加幅度不大,但由于劳动力的供给弹性大,人们会将当前的闲暇推迟至将来经济情况不好的时候,利用当前的时机,加班加点地工作,这样,工资小幅度的变动就造成了生产和就业的大幅度增加;相反,如果实际因素使生产下降,人们便会大量减少工作,选择闲暇,结果生产的下降也剧烈。

实际经济周期论者认为,经济波动本身不足以构成政府干预的理由。经济增长过程中出现的波动是一种常态,波动不是对理想产量下社会福利的偏离,而是对实际经济变量不确定性作出的最优反应;现实经济中国民收入波动的轨迹不过是持续移动的充分就业均衡。连巴罗本人也发出了这样的评论:"从实际经济周期方法中产生了很多有助于构造宏观经济模型的新观念和新技术。但是,究竟这些模型对于理解现实的经济周期或者对于形成有用的政府政策究竟作出了多大贡献,我们还不十分清楚。"[①]

虽有不同学派的争论,但为了提高对经济周期的测量与预警水平,西方学者还收集整理了大量的统计数据,编制了许多指标体系,

---

① 巴罗主编:《现代经济周期理论》,商务印书馆1997年版,第5页。

并且使用各种经济统计学的方法来试图预测经济周期的动向,其中最引人注目的工作是编制经济景气指数。经济景气指数可从事后的统计数字和事前的景气调查两个层面构造获得。用统计数字构造的景气指数通常称为"宏观经济景气指数",是在大量的统计指标基础上,找出代表性指标,建立监测指标体系,构建衡量宏观经济状况及预测未来经济趋向的指数或模型。利用经济变量间的时差关系指示景气动向。其具体操作是,第一,确定基准循环,即时差关系参照系,编制景气循环年表;第二,根据时差关系参照系,遴选超前、同步、滞后指标;第三,编制扩散指数、合成指数,描述经济运行情况,预测转折点,并在某种意义上反映经济循环变动的程度。用统计调查构造的指数以调查的内容和范围来区别,主要为企业景气指数和消费景气指数。其特点是以定性调查代替定量调查,是二次大战后出现的一种新的信息采集方法。基本做法是,以企业和消费者为调查对象,采用问卷方式收集调查对象关于景气变动的判断;最后以扩散指数法进行调查信息的综合,从而得到景气指数。其独特之处在于,问卷中的问题都是定性判断的选择题形式,调查对象只需就调查内容的上升、不变和下降三种答案作出选择即可;最后经过扩散指数处理将定性判断定量化。企业景气指数可反映企业的生产经营状况和企业家对整个宏观经济的预期。消费景气指数反映个人消费情况和消费者对整个宏观经济的预期。编制景气指数的最主要目的是预测经济周期波动的转折点,为国家调控经济和资本所有者的投资经营提供决策参考。

十三 "增长经济学"与"发展经济学"

西方经济学界有关一国经济增长与经济发展的研究主要包括两个方面:(1)总结归纳发达资本主义国家长期经济增长的成功经验

的相关研究，称为经济增长论，有时被称为"增长经济学"；（2）探讨发展中国家的经济发展路径的相关研究，称为经济发展或"发展经济学"。虽然以"学"来自谓，但不论"增长经济学"还是"发展经济学"，都不能成为一门学科，而是资本经济学技层次的一个环节。

关于"经济增长"和"经济发展"的区别，"发展经济学"者是这样界定的："经济增长是指人均实际国民收入的增长，即经过通胀指数调整的、按人均计算的、一个经济体所生产的产品和服务的增长。这是一个对经济体生产力的相对客观的衡量。它被广泛接受，并被大多数国家在不同程度的准确度上计算出来。但对于经济发展，大家还没有形成广泛一致的定义。大多数人把基本健康、教育和个体福利的增长纳入经济发展的定义中；还有一些人则把生产结构的变化（包括制造业、农业和服务业的比例）、环境的改善、经济公平甚至政治自由囊括到经济发展的定义中。经济发展是一个规范经济学的概念，它无法被纳入任何单一标准当中。"[①] "经济增长是发展过程中的关键，没有经济增长，就不可能有经济的可持续发展和贫穷的减少"[②]，"但经济发展绝不仅限于此，不仅有人均收入水平，它还涉及收入如何被生产、消费和分配，这会决定发展的结果。"[③] "增长经济学"往往被看成是"发展经济学"的一个子集。在"发展经济学"的教科书中，往往专门设一章或数章，集中讲授"增长经济学"。

[①] 波金斯、拉德勒、林道尔、布洛克：《发展经济学》，中国人民大学出版社2018年版，第17页。

[②] 波金斯、拉德勒、林道尔、布洛克：《发展经济学》，中国人民大学出版社2018年版，第42页。

[③] 波金斯、拉德勒、林道尔、布洛克：《发展经济学》，中国人民大学出版社2018年版，第18页。

然而，一些"增长经济学"者却不承认其与"发展经济学"的内在逻辑关系。"为什么劳动生产率在某些国家中较低，而在另一些国家中较高？……增长理论家可能将这一现象看作是总量生产函数中出现报酬递增（在这一名词的最广泛的意义上）或者总量生产函数中的全要素生产率在国家水平上有差异的证据，而发展经济学家却怀疑总量生产函数作为一种知识结构的有用性。基于从发展中国家收集的微观证据，他们认为，支持总量生产函数构造（即所有要素的总供给都被有效地配置到经济的无数种用途之中）的那些假设条件远远不是实际的情形，从而总量生产函数这一想法或多或少地是与主题不相干的。"① 因此，在增长经济学的教科书中，几乎找不到发展经济学的身影。甚至有些新自由主义者坚持认为，发展经济学压根就没有存在的必要。在他们的眼中，新自由主义经济学已然是放之四海而皆准的绝对真理，那些试图另搞一套发展经济学的人无异于走火入魔。例如舒尔茨（Theodore Schultz）曾这样讥讽"发展经济学家"："（他们）主要的错误是，他们假设标准的经济理论不适用于理解低收入国家的经济情况，而需要建立一门独特的经济理论，才能解释这类国家的经济发展状况。直到事实证明了为此目的而逐步研究出来的各种模式至多也不过是经济学家头脑中的好奇心的产物，人们才不再那么普遍地赞赏这些模式了……目前已有越来越多的经济学家开始认识到，与适用于解决高收入国家的相应问题一样，标准的经济学理论也适用于解决低收入国家的经济匮乏问题。"②

可见，在西方学界，"增长经济学"与"发展经济学"这两门

---

① 阿格因、豪伊特：《增长经济学》，中国人民大学出版社2011年版，第351页。

② 舒尔茨：《对人进行投资：人口质量经济学》，首都经济贸易大学出版社2002年版，第4页。

学问的地位是不对称的："增长经济学"以"主流"自居，其中充斥各种数学形式主义的精致模型；而"发展经济学"则内容庞杂，流派各异，其在西方经济学界的地位也相对边缘化，二者处于彼此分割的状态，有时候甚至相互攻讦。

尽管"增长经济学"和"发展经济学"在学术地位上有所争执，但它们在资本经济学技层次，均是从不同角度对一国长期经济波动及其政策的探讨。当资本经济学家关注资本主义经济发达的母国时，其主要的理论任务就是加速推进母国的经济增长，由此形成"增长经济学"；当其关注点集中于和本国发生各种经济联系的落后国家时，其目的在于这些落后国家如何适应资本发达国家的经济增长而"发展"其本国经济，由此形成"发展经济学"。

"增长经济学"的渊源，可以追溯到斯密和李嘉图的有关观点。但经济增长作为一个特定的经济范畴并且成为一门学科，是第二次世界大战以后的事。在与苏联东欧社会主义阵营对峙的冷战格局下，如何实现高速经济增长，成为以美国为首的资本主义国家的紧迫问题。为此，它们大力推行凯恩斯的"反危机"理论和政策。但凯恩斯的理论分析方法是短期的分析方法，"反危机"政策也只能见效于一时，需要加以长期化和动态化。适应这种客观要求，英国经济学家哈罗德在1948年出版了《动态经济学导论》一书，系统考察了资本主义国家的长期经济增长问题。美国经济学家多马也发表相关论文，强调资本主义国家有可能在波动中实现增长。他们的论著为"增长经济学"奠定了基础。20世纪五六十年代，经济学家提出了各种经济增长模型，为经济增长提供理论依据，逐渐形成了"增长经济学"。

"增长经济学"的内容主要有：

一是经济增长动态论。经济增长动态论表现于经济增长模型，以哈罗德—多马模型、索洛模型、内生增长模型为代表。这些模型的差别只在于其设定的总量生产函数 Y = F（K，L）有所不同。

哈罗德—多马的经济增长模型，是在凯恩斯的"有效需求"基础上，把有关经济因素概括为三个变量：储蓄、资本和有保证的增长率。并从资本的供给（储蓄）和资本的需求（投资）来考察经济的增长，从而得出基本方程式：g =（s/v）– d。其中 g 为产出增长率，s 是平均储蓄率，v 是资本—产出比，d 是资本折旧率。"这个方程式的基本观点是：厂房和设备投资所创造的资本是增长的主要决定因素，而个人与公司的储蓄使投资成为可能。它使得人们关注增长过程中的两个关键因素：储蓄（s）以及资本在生产使用中的效率（v）。模型的意思是清楚的：多储蓄并且进行富有成效的投资，那么经济将会增长。"[1]

以索洛为代表的"新古典综合派"在经济增长模型中引进了"新古典"的生产函数，即在生产中使用资本和劳动两种生产要素，并且假定这两种生产要素完全可以互相替代。这意味着哈罗德—多马增长模型中的资本—产出比 v 不是常数，而是可变的量。因此，在索洛增长模型中，通过资本和劳动比例的改变可以改变资本—产出比 v，从而实现经济均衡增长所需要的条件，因而改进了哈罗德—多马增长模型对均衡经济增长的"刃锋式"解释。索洛增长模型有两个基本方程式：第一个方程为 y = f（k），其中 y 为人均产出，k 为人均资本存量，且生产函数具有资本边际收益递减的性质；第二个方程为 Δk = sy –（n + d）k，其中 Δk 表示资本深化，sy 表示人均储蓄量，（n + d）k 表示资本广化。"索洛模型有几个非常有利的含义。包括：（1）穷国有相对较快增长的潜质；（2）伴随着收入增长，增长率趋于减缓；（3）在具有相同特征的国家间，穷国的收入

---

[1] 波金斯、拉德勒、林道尔、布洛克：《发展经济学》，中国人民大学出版社 2018 年版，第 76 页。

与富国的收入具有潜在的一致性；（4）获得新的技术对于加速和保持经济增长来说具有核心作用。"①

20世纪80年代，以罗默和卢卡斯等为代表的美国经济学家，突破了"新古典增长论"的局限，将经济增长的源泉完全归结为经济体系内部力量（如内生技术变化）的作用，引发了人们对经济增长论和经济增长问题的兴趣，他们发展的经济增长论被相应地称为新经济增长论或内生增长论。内生增长论的主要模型有AK模型（生产函数为 Y = AK）、产品多样化模型、熊彼特模型等。② 由于将各种生产要素内生化，着手研究知识外溢、人力资本投资、收益递增、劳动分工和专业化、开放经济以及垄断倾向等新问题对经济增长的影响，并试图解释经济增长率和人均收入在世界范围内的跨国差异。"但是，新模型对于发展中国家经济增长的适用性也一直存在争议。譬如很多发展中国家可以通过直接从发达国家引进先进的技术而不是自己投资于研发来获得经济的增长。对于大多数发展中国家而言，索洛模型中关于总生产函数中技术进步与规模报酬不变的假定更为适宜。"③

二是经济增长因素论。以索洛、丹尼森等人的研究为代表。20世纪50年代，美国的经济增长率落后于除英国以外的西欧、苏联和日本各国。为了找出原因，索洛发起了对经济增长源泉的因素分析，并提出了著名的"全要素生产率"的概念。索洛将经济增长的会计核算方程中各种观测到的生产要素对经济增长的贡献确定之后，所

---

① 波金斯、拉德勒、林道尔、布洛克：《发展经济学》，中国人民大学出版社2018年版，第97页。

② 上述三种模型中的变量及参数的含义，详见阿格因、豪伊特：《增长经济学》，中国人民大学出版社2011年版，第11–15页。

③ 波金斯、拉德勒、林道尔、布洛克：《发展经济学》，中国人民大学出版社2018年版，第97页。

剩余的无法直接观测到的影响因素解释的经济增长就归因于技术进步，并将这个无法被直接观测到的残差因素命名为"全要素生产率"。"全要素生产率用于衡量生产效率、技术和其他影响生产力的因素的贡献。"① 在索洛之后，阿布拉莫维茨、丹尼森、乔根森等人改进了索洛的方法，试图用一种更为精确的方法来度量各种投入对增长过程的贡献。这其中以丹尼森的成果最为突出。丹尼森在《美国经济增长的来源和我们面临的抉择》（1962）一书中，开始建立增长因素的分析和估算体系。首先扩大要素投入量的种类，把影响生产效率各种人力和非人力的生产要素都引入生产函数中。其次，用以下四类因素解释产出量的变化（即全要素生产率）：一长期因素；二过渡性因素；三短期因素；四立法环境和人类环境的变化。根据丹尼森《较慢经济增长的核算：70年代的美国》（1979）一书中的计算结果，美国经济增长的主要来源是技术进步、就业量提高、教育水平的上升、资本投入量扩大以及规模经济效益等。经济思想史学家罗斯托对丹尼森的研究成果作了如下评价："为了让人们相信他的这种处理可以相当好地捕获1948—1973年间的知识进步，丹尼森给出了合理的、令人信服的理由；但是他发现，他的体系无法解释1973年之后生产率增长的崩溃。我认为，丹尼森以及其他那些从事类似研究的人的工作，打开了现代理论家们用来包裹发明和创新的各种索然无味的黑箱，充满希望。然而我还是怀疑，就1973年之前以及之后而言，丹尼森所提供的部门分解是否足以令人满意。"②

三是经济增长限度论。以"罗马俱乐部"的研究为代表。意大

---

① 波金斯、拉德勒、林道尔、布洛克：《发展经济学》，中国人民大学出版社2018年版，第52页。

② 罗斯托：《经济增长理论史：从大卫·休谟至今》，浙江大学出版社2016年版，第567-568页。

利实业家佩切伊于 1968 年在罗马发起成立了一家名为"罗马俱乐部"的国际性民间学术团体，主张从全人类的立场出发，对有限的地球和人类面临的人口增长、资源枯竭和环境污染等问题进行综合的研究。1972 年罗马俱乐部发表了《增长的极限》一书，阐述了增长是有限度的主张，认为影响经济增长的有人口增长、粮食供应、资本投资，环境污染和资源消耗等五个主要因素，它们增长的共同特点是指数增长。依据他们所建立的世界模型分析："如果在世界人口、工业化、污染、粮食生产和资源消耗方面现在的趋势继续下去，这个行星上增长的极限有朝一日将在今后一百年中发生。最可能的结果将是人口和工业生产力双方有相当突然的和不可控制的衰退。"①因为罗马俱乐部建立的世界模型得出了世界不久就要崩溃的结论，所以此模型又被称为"世界末日模型"。罗马俱乐部认为，要避免世界的崩溃，就必须抵制人口和工业资本的急剧增加，大幅度地降低出生率、限制粮食生产和限制工业化的进程。增长限度论的提出，尤其是它所得出的极端悲观的结论，引起了广泛注意和争论。反对罗马俱乐部的人认为增长限度论纯属危言耸听，不过是"马尔萨斯主义"的谬种流传；自由市场的忠实信徒认为增长极限论暗藏使市场经济全面走向计划化的危险主张；第三世界的部分民族主义者则认为罗马俱乐部暴露了帝国主义者妄图把发展中国家经济锁定在零增长状态的国际阴谋。而其赞成者，则往往将增长限度论视为"可持续发展"思想的典范。

与"增长经济学"类似，"发展经济学"也是第二次世界大战后的产物。战后亚洲、非洲、拉丁美洲几十个殖民地半殖民地国家先后宣布独立，在冷战格局下，为了继续以新的形式制约它们依附

---

① 米都斯等：《增长的极限——罗马俱乐部关于人类困境的报告》，四川人民出版社 1984 年版，第 19 - 20 页。

于大财团控制的"中心"国家，诱使这些国家选择符合大资本财团利益要求的发展道路，以美国为首的西方国家向它们提出作为诱饵的经济援助方案，并要求这些国家沿袭西方资本主义道路，促使一部分西方经济学者对这些国家的经济发展进行论说。这些西方学者所依据的资本经济学术、技层次并不完全一致，因此出现了很多分歧。另外，民族独立国家倾向社会主义的知识分子，以及发达资本主义国家中一部分有社会主义倾向的学者，也开始探讨这些国家的经济发展。这就在"发展经济学"名义下呈现出"范式之争"。大体上可分为四类：宏观发展论，微观发展论，结构发展论，激进主义经济发展论。影响最大的是以下三个流派：一是新自由主义学派。这个学派认为落后国家的经济发展过程与发达国家在本质上并无不同，主张用新自由主义的经济学说来演绎、规制落后国家的经济发展；二是结构主义学派。这个学派认为落后国家的经济结构与发达国家相比存在重大差异，主张更多地关注落后国家独特的经济结构，用结构主义的方法去分析这些国家的经济；三是激进主义学派。这个学派的思想来源于马克思的剩余价值论和列宁的帝国主义论，并吸收了李斯特的部分观点。该学派认为落后国家不发达的主要原因在于帝国主义的剥削和不平等的国际经济秩序，不赞同新古典主义与结构主义两派对这些国家的欠发达性质的论断。从思想主体和主义论，激进主义学派的经济发展思想不属于资本经济学的思想体系。能够纳入资本经济学思想体系的发展经济学，是新自由主义和结构主义这两派。为了规制经济落后国家纳入大财团的全球垄断格局，资本经济学以"发展"的名义为它们设计经济制度、体制和机制，并掩饰自己的高傲心态，礼貌地将这些国家称为"发展中"国家。

新自由主义学派的发展经济学最具代表性的观点是所谓的"华盛顿共识"。"华盛顿共识"最早是由美国国际经济研究所的经济学家约翰·威廉姆森提出的。1989年，美国国际经济研究所邀请国际货币基金组织、世界银行、美洲开发银行和美国财政部的研究人员以及拉美国家代表在华盛顿召开研讨会，旨在为拉美国家经济发展提供方案。会后，约翰·威廉姆森总结了与会各方达成共识的十项政策措施，这些政策措施被称为"华盛顿共识"①，其要点为：（1）平衡政府预算，严格财政纪律；（2）调整政府补贴的优先顺序，从优先补贴农产品转向优先补贴卫生、教育和基础设施；（3）降低税率扩大税基；（4）利率市场化；（5）汇率市场化；（6）贸易自由化；（7）外商直接投资的自由化；（8）国有企业私有化；（9）大幅削减政府管制；（10）保护私有产权。

由于"华盛顿共识"充分体现了新自由主义学派发展经济学的"市场化、自由化和私有化"的理念，又恰逢20世纪90年代苏联解体、东欧剧变的世界格局的大变化，便被美国的发展经济学家极力推销给各经济落后国家。那些积极践行"华盛顿共识"的经济落后国家，将优先获得国际货币基金组织、世界银行和美国财政部的对外援助资金以及债务免除。在此期间，哈佛大学经济学家萨克斯在"华盛顿共识"的基础上提出了著名的"休克疗法"，被美国和西方国家政府用来"改革"俄罗斯和东欧国家，从而使"华盛顿共识"获得了席卷全球的现实影响力。对于"华盛顿共识"美国的发展经济学家有这样的评价："华盛顿共识是一个失败吗？毋庸置疑，它的确把经济发展的过程过于简单化了。并不是所有华盛顿共识中所提到的政策对所有发展中国家都是需要的。并且有很多重要的因素，例如对于政府质量的讨论在华盛顿共识中就是欠缺的。然而，和那些没有贯彻华盛顿共识的国家相比较，华盛顿共识对非洲和拉丁美

---

① 详见约翰·威廉姆森：《从改革议程到破损了的招牌——华盛顿共识简史及对未来行动的建议》，《金融与发展》，2003年第3期。

洲的经济发展还是起到了一定的促进和推动作用的。"①

　　结构主义学派的代表思想是刘易斯的二元发展模型。该模型是刘易斯在1954年的《劳动无限供给条件下的经济增长》论文中首次提出的。刘易斯认为，经济落后国家一般存在土生土长的维持生计部门（又名"传统部门"）和受前宗主国影响而产生的资本主义经济部门（又名"现代部门"），它们的这种二元经济结构，与新自由主义经济学描绘的那个资本主义劳动市场一元化的均衡体系相差甚远。据此，刘易斯认为，经济落后国家的经济发展具有不同于发达资本主义国家的特殊性。"我们发现，像矿业或电力业这种少数高度资本主义化的工业与原始的技术并列；少数高级商店处于大量老式商贩的包围之中；少数高度资本主义化的种植园处于农民的汪洋大海的包围之中。但是，我们还在他们的经济生活之外看到了同样的对照。拥有雄伟建筑物，自来水和交通之类的现代化城市，人们从那些几乎属于另一个星球的其他城镇和乡村涌向这些城市。而在人与人之间也有同样的对照：一方面是少数完全西方化的、衣冠楚楚的当地人，他们在西方大学受过教育，讲西方语言，以贝多芬、穆勒、马克思或爱因斯坦为光荣；另一方面则是大量生活在完全另一个世界的乡下人。"② 刘易斯认为，资本主义部门的工资水平高于维持生计部门劳动者的收入水平，因此"发展中"国家的农业剩余劳动将源源不断地流向资本主义部门。"发展中"国家的经济发展过程是资本主义部门相对维持生计部门的扩张过程，这一扩张过程将一直持续到把沉积在维持生计部门中的剩余劳动全部转移干净，直至出现城乡一体化的劳动市场为止。此时劳动市场上的工资，便是按

---

① 波金斯、拉德勒、林道尔、布洛克：《发展经济学》，中国人民大学出版社2018年版，第122页。

② 刘易斯：《二元经济论》，北京经济学院出版社1989年版，第8—9页。

新自由主义学派的方法确定的均衡工资。刘易斯的二元发展模型可以分为两个阶段：一是劳动无限供给阶段，此时劳动供给绝对过剩，资本主义工资取决于维持生活所需的生活资料的价值，自由主义经济学的学说适用于这一阶段；二是劳动短缺阶段，农业的剩余劳动被资本主义工业吸收殆尽，相应的劳动供给曲线开始向上倾斜，资本主义部门工资水平也开始不断提高。当传统农业部门与现代工业部门的边际产品相等时，也就是说传统农业部门与现代工业部门的工资水平大体相当时，意味着一个城乡一体化的劳动市场已经形成，生产要素的供求完全市场化了，经济发展将结束二元经济的劳动剩余状态，开始转化为新自由主义学派所说的一元经济状态。发展经济学界后来把连接第一阶段与第二阶段的转折点称为"刘易斯拐点"。显然，这是将资产主义国家等同于现代先进的"工业文明"了。

刘易斯认为，经济发展的核心是资本积累。他说："经济发展理论的中心问题是去理解一个由原先的储蓄和投资占不到国民收入4%或5%的社会变为一个自愿储蓄增加到占国民收入12%到15%以上的经济的过程。它这之所以成为中心问题，是因为经济发展的中心事实上是迅速的资本积累（包括用资本的知识和技术）。"① 在刘易斯看来，"发展中"国家之所以储蓄率低，就在于传统部门的势力太强，而资本主义部门的发展太过迟缓。他自问自答地说："如果我们问：'为什么他们储蓄得这样少？'那么正确的回答不是'因为他们这样穷'……正确的回答是：'因为他们的资本主义部门太小了。'"② 为了加速调整"发展中"国家的产业结构，实现快速的资本积累，刘易斯主张依靠国家计划的力量，利用信贷和接受外商直接投资等途径，加速培育资本主义部门。刘易斯反对新自由主义的自由放任

---

① 刘易斯：《二元经济论》，北京经济学院出版社1989年版，第15页。
② 刘易斯：《二元经济论》，北京经济学院出版社1989年版，第18页。

信条:"国家越落后,政府开拓的余地越大。(非常说明问题的例子是伊丽莎白一世时期伯利的经济活动及日本政府19世纪末期的经济活动。)需要由政府来支持研究、请移民来建立新工业、保护新兴工业、支持外贸工作、建立农业推广服务、低息提供信贷等等。因此,如果一个落后国家的政府不管是由于懒惰还是由于哲学信念,采取自由放任的态度,那是不幸的。"①

由于刘易斯的二元发展模型重视国家计划的作用,反对市场自发调节,反对比较优势论,因此受到了新自由主义发展经济学家的种种非难。新自由主义者坚持认为市场机制是充分有效的,即使是"发展中"国家的传统小农,其行为依然符合"经济人"的特征,作为生产要素的劳动已经被高度有效地配置到市场中去了,并不可能存在任何的"剩余劳动"。不过,从大多数"发展中"国家的情况来看,比重很大的、落后的农业部门与比重很小的现代工业部门并存,确实是"发展中"国家发展初期的常见特征存在。无论对"剩余劳动"下什么定义,"发展中"国家农村中的剩余劳动力的确是一个规模庞大的现实存在。从这一点说,新自由主义者认为结构主义的发展经济学还是有一定可取之处的。20世纪60年代,在刘易斯的基础上,费景汉和拉尼斯对二元经济论加以修改充实,提出了他们的经济发展模型,人们把它们合称为"刘易斯—费景汉—拉尼斯模型"。

"增长经济学"和"发展经济学"作为市场经济阶段资本经济学技层次的两门学问,不仅具有当代资本经济学固有的庸俗性,同时又具有一定的实用性。

在新自由主义者眼中,经济增长和经济发展被看作一个没有冲突、没有质变的过程,只要有适当的外在刺激、完善的市场机制,

---

① 刘易斯:《经济增长理论》,商务印书馆1983年版,第507页。

增长就会自行发生。但是，他们这种增长与发展观点，与经济落后国家的实际情况并不符合。只有单纯的市场机制，无法合理、恰当地调节经济，同时，经济增长的利益不能惠及所有人，尤其是普通劳动者，经济落后国家仍存在着普遍的失业、贫困等现象，甚至愈发严重。以刘易斯为代表的结构主义发展经济学者，从制度、结构上着重研究经济落后国家的经济发展、增长，与新自由主义经济学有所区别，但他们要求这些国家以"依附"的地位服从"中心"国家大资本财团利益的观念，与新自由主义经济学是完全一致的。但也应注意，"增长经济学"和"发展经济学"在一些局部的、具体的问题上的认识，如"增长经济学"对资本主义经济增长所带来的消极后果有所反思，对经济增长的具体测算方法有过比较细致的"实证"分析，都在技层次有其必要性。而"发展经济学"对经济落后国家的人口、工业、农业、贸易、财政、金融以及教育等等，都有所研究，为资本大财团控制的"中心"国家制操作"外围"国家的政策是有用的，而对于努力摆脱依附大资本财团"中心"控制的"发展中"国家来说，或许也有一定的参考价值。

第九章
资本经济学的内在矛盾与没落

资本主义是否定封建领主制度和专制制度的主导观念，它曾在人性升华的历史上起过推动作用，并作为资本雇佣劳动制度的理论基础主导了一个时代人类的思想和行为。资本经济学作为资本主义思想体系的重要内容，从重商主义开始到现在，已经几百年的历史，它集中体现着资产阶级的利益和意识，支撑着资本雇佣劳动制的建立与演变。当代人类生活的每一方面每时每刻，都受它左右。资本随着其经济学的传播，成为真正的"上帝"，而资本经济学的传教士们也恰如其分地将资本主义制度和体制说成像春夏秋冬交替的"自然规律"，是永远不会改变也不应改变的。

但是，资本主义并不是上帝的旨意，更不是"自然规律"的展现。资本主义只是人类在特定历史阶段的主导观念，它的进步性只在于否定封建主义和专制主义，并在特定时期转化为社会的制度和体制，由此制约人们的行为。资本主义的经济学也是在这特定历史阶段形成和演进的，它的道、法、术、技层次是这一历史阶段出现的资产阶级经济利益的体现，是实现其利益的原则和方式。资本主义是历史地出现的，它也必然历史地衰落和消亡，就像资本雇佣劳动制取代封建领主制和集权官僚制一样，它也一定会被新的适应人性升华要求的制度所取代。否定资本雇佣劳动制的根据就在这个制度本身的矛盾。资本不仅是对劳动创造的剩余价值的剥夺，更是其所有者对劳动者的控制。这种剥夺和控制以制度、体制、结构、国家治理和企业经营及对外关系展开并体现于经济、政治、文化的各个层次和环节。资本的本性要求并驱使其所有者无限度地以各种手段占有财富，并强化对劳动者的控制，因此形成了资本雇佣劳动制的系统矛盾，其矛盾的演化势必导致制度与人本质的背离和人性升华大趋势的冲突，其矛盾内生着资本雇佣劳动制的否定势力，即与资本所有者相对立矛盾的另一个方面——雇佣劳动者。雇佣劳动者素质技能的提高并在与资产阶级的斗争中组织成阶级，就成为否定资本雇佣劳动制的社会势力。资本与雇佣劳动的矛盾是这个制度的主要矛盾，作为矛盾的主要方面，资本统治、控制雇佣劳动者，占有他们生产的剩余价值并再将之积累为资本。这种情况只能在劳动者素质技能和组织都相对低下时才能维持，当劳动者在社会化大生产中不断提高素质技能和组织，就会展开争取自己利益的劳动解放运动，劳动解放运动又会进一步提高劳动者素质技能和组织，就像资本的不断积累一样，劳动解放运动也在不断积累自己的势力，并形成劳动者的主义，就会和资本主义者批判封建主义与专制主义一样，批判、进而否定资本主义。劳动者的主义，即"劳本主义"或"劳动社会主义"也会形成自己的经济学。作为劳动者经济利益和意识的集中体现，劳本经济学是在与资本经济学的对立斗争中形成和发展的，揭示并论证资本雇佣劳动制与资本经济学的矛盾是其首要任务。从马克思开始的这种批判已经延续一百多年，时至今日，规定、批判资本雇佣劳动制及资本经济学的矛盾仍是劳本经济学的重要内容。

资本经济学的矛盾是资本雇佣劳动制的矛盾的学理表现，在论证、辩护资本雇佣劳动制，为资产阶级实施统治、谋取利益的过程中，其道、法、术、技都展现出与人本质背离和与人性升华冲突的内在矛盾。资本经济学的内在矛盾是不可能自己解决的，因为它不可能背离资产阶级主体，也不可能抛弃资本雇佣劳动制，只能随着资本雇佣劳动制矛盾的演变，即劳动者阶级在素质技能提高的基础上强化组织，资产阶级在逐步丧失其统治地位的过程而衰落、消亡。分析其道、法、术、技各层次与人本质的背离和人性升华的冲突，由此界定其历史的局限和缺陷以及衰落的必然性，依然是劳本经济学的重要课题。

一 道层次资本主义与人本质的背离和人性升华大趋势的冲突

资本经济学的内在矛盾，首先体现于其道层次资本主义与人本质的背离和人性升华大趋势的冲突中。

资本主义作为人类演进过程一个特定阶段一小部分人即资产阶级利益的集中概括，它的形成和扩展，是欧洲封建领主制矛盾冲突的结果。欧洲封建领主制建立于五世纪，是日耳曼各部族推翻西罗马帝国后形成联盟的社会制度，与两千年前中国周代的制度相似。演化到十二、三世纪，若干大的部族联盟首领开始强化其专制权，不断削弱乃至废除本部族联盟中其他部族领主的势力，同时向外扩张，侵占领土和人口，形成初级集权官僚制的民族国家，与中国周代后期的春秋、战国时代相似。与两千年前中国不同的是，欧洲部族联盟的封建领主制是以天主教教皇和各层级教会维持并控制意识形态的，而各大部族联盟首领强化专制时，所依靠的经济基础不是中国战国时的农业发展，而是商业，特别是对外贸易，因此要利用商工业资本家，给他们以经营的特权并鼓励支持他们的商业及手工业活动。资本主义也就在商工业资本家不断增加其资本，改进经营生产方式进而形成资产阶级的过程中孕育发展。商工业资产阶级在协助国王建立初级集权官僚制之后，在其实力增长而扩大的追逐利润欲求的驱使下，逐步对抗王权，以至要求摆脱国王的专制，建立由资产阶级统治的社会制度。资本主义由此得以系统化并成为统治意识形态。资本经济学从重商主义时期形成，演化到资本雇佣劳动制的建立和扩展至全世界的几百年，以资本主义为其道层次的基本观念。

资本经济学之所以形成和发展，与资本主义在特定历史阶段，即否定封建领主制和集权官僚制时的进步性密切相关，主要表现就是废除部族联盟中部族首领及其家族、氏族的特权，进而取消国家民族中王权的专制统治，形成了全民在人身权、财产所有权的形式上的平等。这是人类摆脱其自身动物一般性野蛮成分的重要一步，也是人性升华的必要环节。然而，形式上的平等中却包含着内容上的不平等，人类的动物一般性野蛮成分在内容的不平等中得以延续，随着资本雇佣劳动制所保证的大资本财团势力的扩大及其对全世界的控制，资本主义已成为现阶段与其曾反对过的封建主义、专制主义那样的人性进一步升华的主要思想障碍。

人性升华是人类进化的内在逻辑，其根据在于人本质。资本主义从物质自然性规定人本质，进而认为人性就是源于物质自然的动物性自由。这种观点与封建主义从上帝主义、专制主义从自然神论对人本质与人性的规定相比，是有进步意义的，为打破血统特权和王权专制提供了依据。然而，人的本质并不是物质自然性，人性也不是源于物质自然的动物性的欲望和自由，而是人在以其特有的活动劳动改造自然物质的过程改造自己而形成的特殊性。

资本主义从物质对人本质和从自然动物性对人性的规定，是资产阶级利益的体现，这与以前的奴隶主阶级从神、封建领主阶级从上帝、官僚地主阶级从天道、天命规定人本质有一个共同点，就是都认为人的本质是人之外的世界"本原"、"本体"规定的，人则是由这些本体制造并受其支配的。脱离人的特殊性社会存在和活动而从人之外规定人本质和人性,并将本阶级视为外在的"本体"在人世的代表,是不劳动却占有、享用大量劳动成果的剥削者意识。而劳动者则从自己的劳动中,深切认识到劳动对人的存在和发展的决定作用,马克思作为雇佣劳动者阶级的思想家,开创了从劳动规定人本质和人性的新思路,沿着这个思路,我们可以对人的本质和人性作出规定,并探讨突破资本主义的障碍进一步促进人性升华的途径。

人是自然界演化的结果,但人之所以为人,并不是由于物质自然的一般性,而在于人的特殊活动劳动及由此形成的社会关系。本质是事物现象的内在联系,人的本质,就是对人存在与发展的基本要素内在联系的规定。对人本质的规定,并不只是找出人区别于其他动物的特征,而是从人的生存活动和关系分析其基本要素,进而综合各要素的内在联系。马克思关于"人的本质是一切社会关系的总和"的论述,划定了人本质的外延,即规定人本质要在人类生存的社会关系范围内,而非从人的存在之外——诸神、上帝、天道、物质都不是人的本质——去寻找。社会关系是人类存在的形式,其内容是人生存发展的基本要素。马克思和恩格斯在《德意志意识形态》中,曾将生产、需要、交往、意识规定为人类生存的四个"因素""方面""前提",循此思路,我将劳动、需要、交往、意识规定为人本质的四要素,并从其内在联系中规定人本质。这四要素是人类生存发展的基本内容,人的生存、发展,就是这四要素综合作用的体现。这四要素都以动物的一般性生理、心理活动为前提,并有与其他动物所不具备的特殊性。这个特殊性就来自人所特有的活动——劳动。其他动物的活动只是满足生理需要的手段,其生理构造也是适应自然环境的产物。而人的劳动则是在意识指导下有目的地运用身体器官和工具,改造自然物和服务于人,以满足生存和发展的需要,并且不断地改进和提高劳动技能和自身素质及社会关系。

由于劳动,人的需要也在满足生理存在的基础之上,不断改变和提升。劳动要求个体人逐渐扩展和密切与他人的交往,既有劳动的协作和分工,也有各种社会关系。劳动与需要、交往的全过程,都反映于意识,并受意识的支配,人的意识也由此形成其特有的思维层次,并形成语言和概念,作用于劳动、需要和交往,促进人类个体性与总体性的统一和发展。

人的本质是由劳动、需要、交往、意识四要素构成的,但这四要素并不是平列的,更不能认为其中某一要素单独构成人的本质。四要素中,劳动是根本的、决定性的核心要素,需要、交往和意识都是围绕劳动而形成和展开的。人的本质就是劳动这个核心要素与需要、交往、意识的内在统一。人的需要、交往、意识是劳动的必要条件,乃至劳动的内在因素,因而不能单独将劳动视为人本质,而应从劳动与需要、交往、意识的内在统一中规定人本质。

人性是人本质的展开,是以动物的一般性为前提的,同时也是对动物一般性的否定、扬弃。或者说,人性是由人本质核心要素劳动与需要、交往、意识统一创造的人的特殊属性。人性并没有消灭其动物一般性,但是这种一般性是被劳动和社会关系、意识形态所制约并改造的。人类的发展就是不断通过劳动确立人的本质,改造动物一般性,创造人性的过程。人性就是以劳动为根据,在人本质四要素的历史结合中创造并不断升华的。人性首先是社会性,它内在地支配着人的生存和发展,是人生存和发展的基本条件,体现于经济、政治、文化各个方面。社会性具体化为主体性,包括社会总体的主体性和个体人的主体性。由主体性引发思想性和目的性,进而形成创造性。马克思指出:"正是在改造对象世界中,人才真正地证明自己是类存在物。"① 思想性、目的性和创造性首先表现于劳动，进而是需要、交往和意识。人类发展就是在有目的的思想进程中不断创造的过程。这个过程集中表现为人性的升华，即以劳动为根据的人性演进提升，创造并提高人的个体素质技能，发展总体的生产力，改进和丰富人的生活方式，变革人的社会关系。人性的升华，使人性中的动物一般性越来越被改造为特殊性，动物的野蛮性也逐渐被克服和抑制。

人性升华是人类社会发展的主导，是人性特殊性与动物一般性矛盾的斗争演化过程。这个过程总体上表现为人类社会的历史阶段，即原始社会、奴隶制社会、封建领主制社会、集权官僚制社会、资本雇佣劳动制社会、民主劳动制社会。人性升华阶段的演进，以劳动者素质技能和社会地位的提高为基本内容。民主劳动制社会以前的各阶段，劳动者由于素质技能相对低下，并未取得社会主体地位，但从原始人到奴隶到农奴到农民到雇佣劳动者的演化，表明劳动者随素质技能的提高和不断斗争，其社会地位是在逐步提升的。这种提升，并不是"自然"而顺畅的，每一步都是经过剧烈的社会变革才得以完成。旧制度的统治者绝不会自动放弃其统治地位，总是充分发动人性中动物一般性的野蛮成分，以各种方式千方百计地阻碍人性升华驱动的社会变革。

资本主义是在人性升华进程资本雇佣劳动制形成和确立阶段的主导者资产阶级意识形态的集中概括，在历史上曾是先进的，但随着资产阶级统治地位的确立，其先进性逐步消失，并成为阻抑人性升华的主要社会势力，资本主义与人本质的背离和人性升华的冲突日益显现。

---

① 马克思：《1844 年经济学哲学手稿》，《马克思恩格斯全集》（第 42 卷），人民出版社 1979 年版，第 97 页。

资本主义与人性升华大趋势的冲突，内生于其从物质自然性规定人本质，从动物性的欲望和自由规定人性，并以动物的"丛林法则"阐释人类关系和规律。这是资产阶级利益和意识的集中体现，相比以前奴隶主阶级从诸神、封建领主阶级从上帝、官僚地主阶级从天道（自然神）对人本质和人性的规定，资本主义的规定是有进步性的，也曾在人性升华的特殊阶段起过积极作用，然而，它仍然是以非劳动者为主体的，还是以人之外的所谓"本体"来看待人的生存和社会关系的，因而也是错误的。这种错误随资本主义制度化的进程而不断扩大，以致大资本财团运用其掌握的政治和经济权力，肆无忌惮地将其人性中的动物一般性的野蛮成分无限扩大，在使用包括核武器的武装暴力威胁和镇压有可能反对其统治的国家与民众的同时，还利用"高科技"骗赚全世界的财富，这其中就包括资本经济学之技所导演的"科技金融"的虚拟资本和虚拟经济。至此，资本主义与人性升华的冲突日益激化，它已经成为现代人类发展的主要思想障碍。

资本主义关于人本质和人性的规定，导致其将人生的目的规定为对物质财富的不断占有，也就是说将资本所有者占有和支配剩余价值的目的视为人生的目的，是人本质、人性的集中体现。由此为资产阶级的统治奠定合乎"物质自然规律"的基础。资本主义的制度化，使资产阶级可以合理、合法地通过体制、机制来攫取劳动者创造的剩余价值，进而再将剩余价值资本化，在不断积累资本的过程中愈来愈强，并在巩固制度的基础上，改变体制和机制，攫取更多劳动者的剩余价值。演化至今，大资本财团已经控制了美国与欧洲的绝大部分财富，并以强大的国家机器保护其所有权，弱势的劳动者除了不停地出卖劳动力使用权换取必要的基本生活资料，没有任何资源来维持生命。而对那些经济落后的国家，大资本财团通过其控制的国家政权，以武装干涉或收买其权贵等各种方式，强迫其成为依附大财团这个"中心"的外围，进而通过投资或与其权贵合谋掠夺资源、榨取劳动者的剩余价值。特别是"科技金融"、美元霸权、虚拟资本和虚拟经济，已成为大资本财团占有全人类财富的主要手段！对于资本主义来说，这种现象及其不断加强的倾向，都是符合其所规定物质性的人本质和动物性欲望和自由的人性的，是"丛林法则"的要求，也是"物质自然规律"的体现。

资本所有者占有的财富，不仅是物质资料，更是权力，是支配雇佣劳动者，进而是控制全部人类的权力。当重商主义时期专制王权承认资本的所有权，容许并鼓励其经营和积累资本时，就使资本具有了权力的性质，虽然是在专制王权的统制下，但资本主义及其制度化就已开始。资产阶级正是运用资本所有权，逐步壮大其阶级权力，与专制王权对抗乃至夺取政权。资产阶级的国家是资本所有权之权力的集合，是对劳动者的全面系统控制，进而主导着其民族乃至全世界的演化方向和方式。资本主义以对物的占有为人生目的时，绝非只是为了生活资料，也不仅是占有生产资料以增加利润，更在于资本的社会权力属性，在于对劳动者和全社会的控制。几百年来，资本已经所有了地球上几乎全部物质财富，人类生活的每一细节都由资本所有权及其派生的经济政治权力支配。资本不断积聚物质财富，壮大并行使其所有权的权力，人本质在资本权力的支配下被物化、异化，人性中动物一般性的野蛮成分被社会化、国家化、军事化。资本主义的制度化，就是资本权力控制人类的过程。"顺我者昌，逆我者亡"，资本权力的社会化、国家化、军事化，打着"文明"的招牌，实则资产阶级所体现的动物一般性野蛮成分对人类的全面控制。资本权力构成了人类有史以来最为系统和严密的专制统治，不仅支配、控制所有被其雇佣的劳动者，更以国家政权支配人类创造的最新最优的科学技术，制造先进的"常规"杀人武器，甚至制造了上万枚足以毁灭几十个地球的核武器。几百年来为争夺和积聚资本权力而发动的不可计数的战争，屠杀了数以亿计的人，而今天活着的人，分分秒秒在科技暴力的威胁之下，并随时都有被屠杀的危险。

资本主义在以贫困、死亡胁迫人类劳动创造物质财富以补充其权力的过程中，系统地控制着人类的交往和意识。

由自然权利、社会契约和国家构成的资本主义基础概念，是资本权力支配人类交往的系统。在自然权利的规定中，就把人的生命与物质财富统一起来，若从简单的生存而论，这并没有什么问题，任何人的生命都需要物质资料来维持，物质资料的质与量直接关乎人生命的延续。但资本主义规定的自然权利中财产所有权并不仅是针对生活资料的，或者说主要不是针对生活资料的，而是针对体现为资本的财产的。资本财产的所有权，不仅是其所有财产的控制权力，更是对他人劳动力和生命的控制权力，一旦形成资本交换劳动力使用权的契约关系，这种权力就已发挥作用并控制劳动者的生命活动。按社会契约而结成的资本雇佣劳动关系，实际上是少数人通过财产所有权对多数人生命权的控制与侵害。在自然权利和社会契约的规定中，就已内含着矛盾，而当这种矛盾展开于资本雇佣劳动制上，就是对自然权利的违反或否定。资本所有权绝非"自然"的权利，而是少部分人由法律和武力保证的对他人生命权利的控制。试想，美国大资本财团的几个所有者，也不过是和我们一样的"自然的"个体人，若按"自然权利"，他们怎么可能所有上百万亿美元的资产，又凭什么掌控美国和全世界？只有运用国家机器及其法律、政策和多种机制，才使这么几个"自然人"拥有无限的社会控制力。当个别资本所有者结合成阶级，并建立自己的国家政权，以制度、体制、机制来维护资本所有权，就在总体上掌控了占人类绝大多数劳动者的生命，劳动者除了按社会契约出卖自己生命所体现的劳动力使用权，并按资本所有者的利益和意志而劳动之外，没有任何活命的手段，他们只能运用能为资本创造利润的技能，更要在观念上认可资本所有者的统治和利益，服从其控制。当今世界上大资本财团通过其国家政权以社会契约为根据，制造了足以控制全人类的法律、政策和机制，严密地掌控人们全部的社会交往，资本经济学术、技层次众多的论点和公式，都是资本所有者控制劳动者的手段，被资本权力控制的劳动者只能服从于追逐利润的资本所有者的意志，而这种意志作为少数人动物一般性野蛮成分的集中体现，它对人类的控制，势必与人性升华的大趋势相冲突，阻碍人性升华的进程。

由自然权利、社会契约和国家概念所派生的资本主义经济观、政治观和文化观，虽然也都在反封建、反专制过程中起过积极作用，但当资产阶级成为统治阶级以后，这些观念因其阶级局限，日益显现出与人本质的背离和与人性升华的冲突。资本主义经济观的要点就在于保证资本所有权与增加资本的竞争，这是自然权利和社会契约的具体化。资本所有权的控制力，不仅使资本所有者的人性被异化，更使劳动者异化。这种权力不断强化了人性中动物一般性的野蛮成分，成为人性升华的障碍。为增加资本而依"丛林法则"展开的竞争，不仅加剧资本权力对劳动者的剥削，还挑起并激化了资本所有者之间的矛盾，乃至集团之间，国家之间的矛盾。名义上是为了增加社会财富，实际上是为了攫取利润而对巨额物质资源和人力的浪费与毁坏。资本竞争的直接表现，就是周期性的经济危机，由此导致国家势力的强化及其增发货币而导致的物价上涨，而劳动者的收入在危机中不断下降。在大资本财团的资产几倍、十倍、百倍、千倍、万倍增长的过程中，劳动者不仅个人收入、而且总体收入也在相应地降低。为了保证资本所有权及其增加资本的竞争，资本经济学家探讨了系统而细致入微的规则、机制和公式，并努力将之转化为政策、法律和经营模式，在确保资产阶级统治的过程中，将经济演变的方向日益背离人本质，与人性升华大趋势相冲突。

资本主义政治观所强调的"民主"政治，实则维护资本为主要内容的财产所有权的政治体系和机制。这是社会契约和国家概念的展开，其初步实行时，完全以财产量为选举权的依据，是纯粹的"财主"或"资主"，这在反专制的时期有其进步作用，但这样的以"民主"名义的政治观，实际上是将绝大多数无资财的劳动者和妇女（共占总人口百分之九十以上）排斥于"民"的范畴之外。虽然经过一百多年的斗争，劳动者和妇女争得了选举权，资本主义政治中才有了与资主相对立的民主成分。但资本大财团通过各种手段干预和控制选举，更重要的是掌控国家机器，制定维护资本所有权的法律和机制，阻抑和压制劳动者阶级的斗争。2020年春美国大选过程中，代表下层民众的桑德斯在民主党预选中获得绝大多数选票，很快就会当选民主党的总统候选人，似乎民主势力要占上风了。但大资本财团却只稍动一下手脚，就扭转了民主党的选举方向，让拜登这个能代表其利益的老牌政客在后来的选举中获胜。类似情况，在历届美国大选及其他国家的选举中屡见不鲜。现今的资本主义国家中，以劳动者为主体的民主观和社会势力已经形成，而以资产阶级为主体的资主观和社会势力，正全力破坏民主运动，阻抑体现人性升华趋势的民主运动。

资本主义的个人自由主义文化观，名义是保证每个人源于自然权利的自由，但这种自由是以个人的财产所有权为基础的，没有资本财产权的劳动者，只能出卖劳动力使用权换取必要生活资料（并非财产），他们只有选择将劳动力使用权出卖给哪个买者的自由，没有不出卖劳动力使用权的自由。而资本财产所有权的所有者，虽然不必为生计而去从事"负效用"的劳动，但却要为维护其资本财产所有权而劳心费力，他们作为资本的人格化，不仅丧失了人的自由，甚至扭曲了自己的人性。在资本主义制度化的几百年，最初反封建、反专制的个人自由主义，已经没有任何先进性和积极作用，在将劳动者和资本所有者确立为对立阶级的同时，也将这两个阶级都异化成为资本增殖服役的奴隶，只不过一方表现为生产者，另一方表现为监管者，双方都要依从资本增殖的逻辑，而不能依从人本质要求的人性升华所有应有的人的自由。

二 法层次以诡辩论掩饰矛盾，编造"经济规律"

在资本主义道层次对人本质的背离和与人性升华相冲突的前提下，资本经济学法层次的方法论在其演变过程中，逐步消失了其曾有的为新生的资本雇佣劳动制进行论证的内容，强化了为已经确立并腐朽的资本雇佣劳动制辩护和维持的内容。

资本经济学对资本雇佣劳动制的论证，是以对旧制度的批判和否定为前提的，这是其进步性的主要表现，但也就是在这个环节，其法层次方法论受道层次资本主义理念的制约，也已显现出相当的片面性和矛盾。作为资产阶级经济利益和意识的学理体系，资本经济学对旧制度的批判，不论对封建领主制还是初级的集权官僚制，都是从资产阶级主体性来揭示其矛盾与不合理。这里讲的"理"，就是资产阶级的利益的概括，以从哲学观念上的物质主义对上帝主义和自然神论的批判为逻辑起点，通过论证自然权利来否定封建特权，用社会契约和国家概念批判和否定王权专制。也就是将资本主义确立为"正"，是物质自然规律的要求与体现，将封建领主制和初级集权官僚制作为对立面，凡是与"正"不符合的都是"反"，都是错误，都应被否定。在明确了旧制度不合理的同时，资本经济学展开了对资本雇佣劳动制之理的正面论证，其要点就是以资本所有者的财产所有权为依据，将保证增加资本财产的自由竞争视为增加国民财富，发展生产力的唯一途径。这样的批判和论证，是以不断增长的资产阶级势力为根据，也是符合形式逻辑的，因而起到了聚结资产阶级，理直气壮地与封建和专制势力斗争的历史作用，使资本主义得以制度化。

资本主义的制度化是资产阶级革命的胜利，但并不能因为胜利就否认资本经济学的偏见和矛盾。资本经济学的主体是资本所有者因共同利益而结成的阶级，这是明确而坚定的，资本经济学的目的就是论证并保证资本获取利润而增殖、积累，资本主义的制度化不过是资产阶级总体利益的体现。然而，从重商主义者开始，资本经济学就极力掩饰其主体性，以为国王和国家利益服务的面目出现，由此获得合法性。资产阶级夺取政权以后，又以"国民"思想代表名义，批判专制国家对经济的阻碍，论说资本雇佣劳动制是物质自然规律的展现，是绝对合理的，为此，他们不仅以现象描述掩饰矛盾，更编造了各种源于自然规律的"经济规律"。这已经不仅是知性形式逻辑的片面论证，而是以诡辩论进行辩护和编造了。

诡辩是知性思维形式衍生的一种特殊思维论证方式，其要点是为了特定个人和阶级的利益，有目的地回避主体性并掩饰矛盾，或者以现象描述代替本质规定；或者以偏概全，将事物的某一局部说成全体；或者故意混淆一般与特殊的关系，将一般性结论直接套用于对特殊事物的规定；或者将特殊性结论直接说成一般性规律。资本经济学对资产阶级利益及其资本雇佣劳动制的辩护与维持，充分体现了诡辩论的特点。

资本雇佣劳动制的矛盾，主要就是资本与雇佣劳动，或者说资产阶级与雇佣劳动者阶级的矛盾，在这个制度成为统治制度初期，斯密、李嘉图等人在为之论证时，还能正视这个主要矛盾及其体现于各层次的矛盾。而从萨伊开始，就以现象的描述代替本质的规定，提出了各种论点来掩饰资本雇佣劳动制及其体制、结构等层次矛盾。首先就是资产阶级与雇佣劳动者阶级的矛盾，这集中体现于对利润概念的规定和论说上。利润既是资本所有者利益的核心，也是资产阶级与雇佣劳动者阶级矛盾的焦点，如何规定利润概念直接关乎资本雇佣劳动制的合理性。斯密和李嘉图从劳动价值论规定利润的作法，只能得出利润来自劳动，即并非由不劳动的资本所有者，而是由他们雇佣的劳动者的劳动所创造的，马克思指出"国民经济学家对我们说，劳动的全部产品，本来属于工人，并且按照理论也是如此。但是他同时又对我们说，实际上工人得到的是产品中最小的，没有就不行的部分，也就是说，只得到他不是作为人而是作为工人生存所必要的那一部分以及不是为繁衍人类而是为繁衍工人这个奴隶阶级所必要的那一部分。"① 虽说这种雇佣关系是依社会契约而结成的，因此是合法的，但总避不开利润是对雇佣劳动者劳动成果无偿占有的结论，特别是代表劳动者利益的思想家们不断指出并强调这一结论时，问题就更为突出了。萨伊及其后的资本经济学家只能放弃乃至攻击劳动价值论，从经济现象的表面联系另外规定价值，进而演绎利润。不论萨伊从"三要素价值论"得出的"三位一体公式"，还是门格尔和庞巴维克的"效用价值论"，都是服从于掩饰利润是雇佣劳动者剩余劳动创造并为资本所有者无偿占有的矛盾而提出的，以这样的价值论为前提所规定的利润概念，就与劳动者无关，成为资本本身的产物了。此外，还有经济学家干脆不顾价值这个前提，直接从资本所有者的"节欲"、资本自身具有生产力、投资与产出的时差和投资风险等规定利润。如此一来，关于资本雇佣劳动制度合理与否，利润是否对工人劳动无偿占有的问题通通都不存在了，资产阶级可以名正言顺地享用和支配利润，并打压聚焦于利润的来源和本质而展开的劳动者争取自己利益的社会运动。

资本经济学以现象描述掩饰矛盾的诡辩，还表现于以经济过程

---

① 马克思：《1844年经济学哲学手稿》，《马克思恩格斯全集》第42卷，人民出版社1979年版，第54页。

的变化来宣扬资本雇佣劳动制的"优越",比如,机器(含机器人)乃至计算机、互联网等的广泛使用,以及随之而来生产效率的提高,这本来是劳动者素质技能提高的表现,资本经济学家则都将之归功于资本雇佣劳动制和资本所有者,是制度的"优越"、国家政权的英明治理、资本所有者的精致经营,才导致"文明的进步";随着生产方式的演进,人们生活资料的品种数量有所增加和变化,生活方式及其衣食住行等方面也有所改变,这些也都被代表资本利益的经济学家用来宣传资本雇佣劳动制的优越,并以此掩饰日益尖锐的劳资双方的对立和不断激化的社会矛盾。如运用统计数据(包括假数据),或者是用全国性的数据来掩饰某一地区或行业的矛盾,或者是突出某一地区、行业的数据来转移人们对全国经济矛盾的注意。还有就是用国际关系的矛盾冲突来淡化国内经济矛盾,用外国的经济落后或贫困现象来论说本国制度的优越,掩饰本国的各种经济矛盾。严格说来,这些辩护方式,并不属于经济研究的范畴,而是宣传的方式,但资本经济学家并不在乎这一点,只要雇主们给适当的报酬,他们就会用经济学的术语和公式把这种宣传包装成"科学研究"。

科学研究演变为宣传,是其衰落的体现,资本经济学就在全面的宣传中逐步消解其曾有过的科学性,加强其辩护性。

资本经济学在法层次还承担着维持资本雇佣劳动制的责任,随着资本雇佣劳动制矛盾的激化,资本经济学家在为之辩护的同时努力地编造各种"经济规律",既为制度的维持寻找理论支撑,又是术、技层次的为经济体制辩护以及为国家治理和企业营利服务的必要前提。

资本经济学家对"经济规律"的编造是以从物质自然性规定人本质和从动物一般性规定人性为前提的,在这个前提下,斯密将所有人都视为只顾自己利益的"经济人",这本来是一个假设,但在斯密及其后继者那里都将之视为"定理",他们所说的"经济规律",

也就是"经济人"利益、意志和行为的组合。

斯密关于"经济人"及"看不见的手"的规定，是将所有经济过程中的个人都视为按自己利益从事经济活动，并在"看不见的手"的支配下既获取个人利益，又形成并促进社会利益的人。资本雇佣劳动制及其体制、结构、机制的合理性就存在于"经济人"和"看不见的手"的规定中。斯密的后继者如西尼尔、门格尔、杰文斯等人，在将斯密关于"经济人"的思想与边沁功利主义相结合，从"心理原则""数理原则"加以展开运用的过程中，逐步从"经济人"出发编造了一套人类经济活动的"定理""原则"和"规律"，在以此掩饰资本雇佣劳动制矛盾的同时，为维持其运行提出各种论点、模型和公式。

"经济人"的假设及由之而编造的"经济规律"，是以所有人的自然权利平等为前提的。而这个前提自身就是矛盾的，资本雇佣劳动制中的人，与原始社会的人是有重大区别的，资本所有者与雇佣劳动者虽说在形式上都有财产所有权，但资产所有者有除自己消费之外的可以用于投资的财产，而雇佣劳动者则只有自己基本生活的资料，二者如何平等？资本所有者和雇佣劳动者都追求自己的利益，但他们的利益是对立的，虽经社会契约而达成劳动力使用权的买卖关系，但不能消除二者的对立，又怎么能形成并促进二者共同的社会利益？由此看来，"经济人"假设是舍去了社会制度、阶级对立、个人财产、能力差异等等各种实际因素之后所编造出来的。至于将"心理原则"和"数理原则"充实进这个假设，并不能使之与现实经济关系更为适合，只能是将人的心理状况等齐划一，并将人的存在条件进一步单一化。这样做，除了可供经济学家进行数学演算，为资本所有者获取利润及政府决策提供一些参考数据之外，最大的效能就是掩盖日益尖锐的经济矛盾。

资本经济学家进一步将"经济人"假设为前提的"心理原则"

"数理原则"编造为"经济规律"。巴师夏从人的心理感受展开斯密的"个人利益",把避免痛苦和满足欲望规定为人的本性,每个人都依从这个本性来从事劳动和其他经济活动。他认为,劳动对于个人来说并非乐意的,从心理感受上说是努力和紧张,也是一种痛苦的活动,而且大多数的劳动都不是直接满足自己的欲望而是满足他人的欲望,为他人服务的。经济活动就是人与人之间相互提供服务的过程。不仅工人在以努力和紧张的劳动提供服务,资本家、债权人、地主和官僚等都在付出努力和紧张,因而也是以劳动为他人提供服务。社会中的每一阶层、每个人应当在以努力和紧张互相提供服务的过程和谐相处。如果说在巴师夏那里,是从付出劳动角度为其相互服务的"经济和谐"论提供心理上的一个支撑点,西尼尔则进一步展开了对欲望的心理分析,将资本所有者的投资经营作为"节欲"的过程,其利润是节欲应得的报酬。这样,心理原则就更为完满,并向"经济规律"靠近,到门格尔、庞巴维克、马歇尔,则进一步将"心理原则"系统化为通行人类社会的一般性的普遍经济规律,其要点是以排除人社会、历史、政治、文化特殊性的"自然"的动物性心理感受来界定个体人的经济行为,并将个体人的求乐避苦、趋利避害心理动机说成经济的本质和规律,进而从这个规律界说各种经济范畴。这个以"心理原则"编造的"经济规律",是资本所有者的心态和意志的展现,上升到资产阶级总体意识形态,对于指导资本的投资经营,乃至国家治理,维持资本雇佣劳动制运行都起作用,资本主义国家的经济法律和政策从其总则到每一细节,都体现着"经济人假设"和"心理原则"的制约。而当这种制约历经几百年已演变成"普世价值",并为社会所接受,甚至一部分雇佣劳动者也以"经济人"的身份依"心理原则"思想时,资本经济学为资本雇佣劳动制辩护和维持的功效得到了充分展现。2020年美国大疫和大选期间,特朗普的不顾疫情驱动企业开工的政策,之所以得到一些工人的支持，就在于这些工人已经接受了资本经济学的说教：企业不开工就不能就业，不能就业就拿不到工资，就没法生活，至于别人是病是死，与我无关！这些被资本经济学洗脑了的工人就不会去想：那些积聚于大资本财团的巨额财富（疫情期更增长数倍！）本来是他们的劳动创造的，为什么不能拿来用于防疫和保障工人的生活？

资本经济学的"数理原则"是"心理原则"的伴生物，也是将"心理原则"展开的具体形式。资本经济学家从动物性对人性的规定，使之得出所有"经济人"都依循求乐避苦、趋利避害"心理规律"的结论，这个结论使本来具有众多差异且有复杂关系的所有个体人都简单化为"同质"的经济单位，而且完全可以用数学进行以货币为单位的纯粹量的计算，经济关系就是数量关系，经济活动就是数量变化，不论现实的经济状况，还是其历史来源，乃至未来的趋势，都可以用数学计算出来。在这些数理学派的经济学家看来，经济就好像是由某个创世主预先设计好的数量演变过程，而数学是领会创世主经济设计唯一科学的方法，只有运用数学原理、符号、方程和图式，才能把握经济中的数量关系。任何经济问题，不论其如何表现，都要从其数量的逻辑加以演算和推论。只要在其方程式的计算中通得过，在现实中就行得通。计算与现实如果出现不符合的情况，一定是现实的错，必须依照计算来纠正。经济学的概念、范畴只有通过数学的计算和验证才能成立，经济学的论述也必须以数学的公式、图线为主轴，一本经济学著作，就是一套数学题的演算！数量关系演变的逻辑就是经济规律。杰文斯、瓦尔拉等人在资本雇佣劳动制已经巩固时期所编造的"数量经济规律"，虽然没能在解决资本雇佣劳动制经济矛盾中发挥多大作用，但却为掩饰其矛盾提供了绝好的说辞，因而为一个多世纪以来的资本经济学"主流派"所坚持并扩充和细化，以致今天的"主流派"经济学家所学最多的不是经济学和与之相关的哲学、政治学、法学、历史,而是数学,他们的"经济研究",并不是对经济矛盾进行调查分析,而是单纯的数学演算,主要是各种设量分析,只要在数理上通得过,并以公式和图线描述出来,就是"科学研究成果",至于作为研究者所必备的逻辑思维和语言表达,在他们的观念中微不足道。这些"纯粹经济学家"也因此丧失了这些作为研究者必备的能力。"数量经济规律"的提出及数理方法在主流经济学家中的泛滥,既是掩饰资本雇佣劳动制矛盾的需要,又是资本经济学矛盾和衰落的突出表现。资本经济学必将在日益严重的数学化过程,在其大量脱离实际的"数理八股文"的编制中衰败。

集合以"经济人"假设和"心理原则"、"数理原则"编造的经济规律,资本经济学从总体上抹杀资本雇佣劳动制的特殊性,直接将它所特有的经济关系编造成人类社会共有的一般性规律。在反封建、反专制的过程中,资本经济学家将其理想的资本主义经济制度作为"应该"的一般规律,如李嘉图曾把原始人最初使用的石块、木棒称作"资本",由此证明资本的一般性,这在当时还具有进步意义,而到资本雇佣劳动制已经确立并巩固其统治之后,特别是因日益尖锐的矛盾而受到劳动者思想代表的批判时,仍然将这个制度的特殊性说成自古而今乃后共有的一般性,就只有辩护的意义了。为辩护而将资本雇佣劳动制特殊性直接说成人类共有的一般性规律的作法,贯穿着"经济人"假设的"原则"。既用"经济人"来界定历史上的人,把原始人、奴隶和奴隶主、农奴和领主、农民和官僚地主通通说成是为了自己利益而促进社会利益的"经济人",又将资本所有者与雇佣劳动者的关系依"经济人"假设和"心理原则"、"数理原则"推定为人类社会的一般关系。至于经济矛盾的国度性,重商主义者、重农学派和斯密还是相当注意的,但已将其与制度混而论之。资本雇佣劳动制巩固以后,资本经济学更将其国度性的资本雇佣劳动制直接说成人类共有的经济制度,不再提国度差异,并强调其制度应当而且必须通行于全人类。当俄国革命和中国革命创建了与资本雇佣劳动制不同的公有制之后,资本经济学家又从"经济人"的自私自利"本性"批判公有制是违背人性和人类一般规律的,是一种"历史的误会",是不可能成功的。"苏联模式"在被资本经济学家积极参与其中的强大国际资本势力摧毁以后,福山曾兴奋地宣称"历史的终结",即人类将永远而绝对地在资本雇佣劳动制下生存,他的这个说法,正是资本经济学将资本雇佣劳动制度编造为一般经济规律的集中体现。

资本经济学努力掩盖其所代表的资产阶级及其资本雇佣劳动制的特殊性,在将资本雇佣劳动制泛化为人类自古而今乃后共有的制度,其经济规律是一般经济规律的同时,他们避开"资本"、"资本主义"等术语,提出所谓的"市场经济规律","市场"不过是交易的场所,资本经济学的"市场经济"与我们界定的资本雇佣劳动制第三阶段由国家调控的"市场经济体制"是不同的,他们的"市场经济"内涵应为"公平交易的经济",泛指所有商品经济,是人类本性中"交换"因素的体现,其规则是符合人性的一般经济规律。

三 术层次实用功能的局限与派系冲突

资本经济学在道、法层次上以人类共有的一般经济规律代言的面目出现,在术层次则强调从其编造的一般经济规律出发,为资本获取利润的经济运行和国家治理提供实用主义的指导原则,论证体制和机制的建构和改变。在这个层次上其工具性作用是明显的,有效地加速了资本增殖的进程,展开了资本对全部经济和社会生活的控制,但同时激化了资产阶级内部及其与雇佣劳动者的矛盾,迫使资本经济学在术层次不断演变和冲突。

经济学是以经济矛盾的层次系统的研究为主题的①，其道层次在规定基本理念的同时主要针对基本经济矛盾和商品经济矛盾，法层次在探讨方法论的同时主要针对国度及其制度的经济矛盾，术层次主要针对体制及其运行机制矛盾，技层次主要针对经济结构、国家治理和企业经营、对外经济关系的矛盾。资本经济学虽然没有对经济矛盾层次系统的明确认识，但由于经济矛盾的现实存在，其研究也不能不是针对经济矛盾层次系统的，并能一定程度意识到经济矛盾的层次性，如其关于"宏观经济学"与"微观经济学"的区分，以及对国内外经济矛盾的区分等。大体说来，资本经济学在道、法层次的探讨并不深入且不系统，而是散见于各经济学家（尤其早期经济学家）和哲学家、历史学家、法学家的著述中，我们只能通过摘要归纳，对之进行概括，而术、技层次是资本经济学家着力最多的，其著述大部分以此为内容。但由于其道、法层次的矛盾，资本经济学家并没能认识商品经济的一般性及其与资本雇佣劳动制的差异，因而把有关商品和价值的规定放在资本雇佣劳动制之下的体制层次进行论证。这是一种错位，但我们也只能依从既成事实将其有关的论点放在术层次探讨。

资本经济学本质上是一种短视的功利性的学说体系，其将资本雇佣劳动制当作永恒的"自然规律"的体现，为了使自己的学说、观点、公式、模型为雇主所接受，他们都是以工具化"实用"、"有用"为标榜的，其术、技层次贯彻着以获取利润为核心的实用主义原则，因而其在术、技层次的探讨，表现出明显的功利性，这既与他们受其雇主（大资本财团或资产阶级国家支配的大学和研究机构）意志的驱使有关，也是其道、法层次理念和方法论的具体展现。也

---

① 关于经济矛盾层次系统的规定，请参见刘永佶《中国政治经济学方法论》（中国社会科学出版社2015年版）第四章。

正因此，其道、法层次的矛盾也充分表现于术、技层次，特别是"数学化"以来，将"经济人"与"心理原则"作为前提的演绎性的数学推论，连起码的语言论说都做不完全，致使其承诺的实用功效表现出明显的短期性和局部性，加之资产阶级内部阶层、集团与国度的矛盾，造成派别林立，术、技层次的矛盾、冲突不断，所提出的论点、公式及政策主张迅速淘汰更替。

资本经济学术层次首要解决的，应是资本雇佣劳动制的阶段性体制的规定及其转型问题，但由于其没有经济矛盾层次系统的正确规定，因此没有区分基本经济矛盾、商品经济矛盾与国度性经济矛盾、资本雇佣劳动制矛盾，而是将四层次混为一谈。在资本经济学那里，资本雇佣劳动制是人类有史以来就存在的，而且永远不会改变的制度。其规律就是"自然规律"，这样，基本经济矛盾和商业经济矛盾就不是高于资本雇佣劳动制经济矛盾的两个层次，并未进行专门系统的论证，但有时又避不开这两个层次，特别是商品经济矛盾中的一般性范畴，如商品和价值，就将其作为资本雇佣劳动制的要素，在论及体制矛盾时才有所规定。这样，商品和价值等与资本有本质区别并更为一般的范畴，不是归于法层次，而是归于术层次了。至于国度性，早期经济学家还是强调的，但当资本雇佣劳动制已经巩固并成功地向全世界扩展后，资本经济学就将其与资本雇佣劳动制一同归于"一般经济规律"的表述，不再提国度性了。

早期的资本经济学要论证资本雇佣劳动制及利润的合理性，就必须在批判封建的、专制的旧制度的同时，为利润找到一个合理的来源，这样就要对商品和价值作出规定，为此重商主义者提出了交换价值论，配第、斯密、李嘉图等规定了劳动价值论。但他们并不是要论证商品经济层次的矛盾，而是为利润寻找合理性才提出和规定价值的，在这个过程中，也"顺带"着对商品——价值的载体作了论说。而从交换价值论到劳动价值论的过渡，恰是资本雇佣劳动制的统制经济阶段向自由竞争阶段转变的体现。萨伊及其后的经济学家之所以用"要素价值论"、"效用价值论"、"资本生产力论"等否定劳动价值论，又是资本雇佣劳动制处于自由竞争阶段的体现，其目的仍是为利润的合理性提出根据，但此时旧的封建势力和专制势力已经对资产阶级不构成威胁，资本经济学所要回击的正是资本雇佣劳动制主要矛盾的一方面——雇佣劳动者思想代表对利润的质疑和批判，因此必须清除劳动与利润的关系，将利润说成是资本自身的产物。而到了市场经济阶段，资产阶级的势力已经强大到不必为资本雇佣劳动制辩护，也不必论说利润是否合理的问题，所以这时的资本经济学家也就不必再论说什么价值论，直接将价值等同于价格，价格就是价值。

这样，本来应是资本雇佣劳动制前提的一般性商品和价值的规定，在资本经济学家那里成了在不同体制下论证利润合理性的附属品。在没有将商品经济矛盾作为经济矛盾的一个层次进行探讨的情况下，商品和价值以及分工、交换、货币等一般性范畴，都被作为资本雇佣劳动制经济的要素，而资本雇佣劳动制也因此成为超越其特殊性历史存在的人类共有的经济制度了。这样做，既可以否定资本雇佣劳动制出现之前经济制度的存在，更排除了资本雇佣劳动制被否定之后商品经济矛盾会继续发展为民主劳动制经济的可能性。这是资本经济学实用性的集中体现：不论任何经济范畴或概念，都是论证资产阶级利益和统治合理性，使资本所有者增加利润，并为资本雇佣劳动制经济矛盾进行辩护的手段，而非对现实经济矛盾进行实证抽象的结果。

资本经济学术层次的矛盾，具体地表现于其对资本雇佣劳动制各阶段经济体制与机制的论证中。

经济体制是经济制度阶段特殊性的规定，是制度中所有权关系的展开和具体化，由相应的法律界定各阶级、阶层、个人的经济关系，并设置相关的政权机构制定和执行法律，保证并协调各方面的经济关系。经济体制的机制，就是各种权利主体的相互关系与政权机构在经济运行中的制约和作用。资本经济学对资本雇佣劳动制经济体制的认识，主要表现于对其三个阶段体制机制的论证中，在其方法论和实用主义原则的指导下，资本经济学以利润为核心的"有用"为目的，并不注重制度与体制的概念规定，往往将制度与体制混而论之，其关注的重点在于体制的机制。三个阶段的资本经济学家分别对各自所处经济体制的权利关系和政权机构进行了探讨和论证，其中包含着他们对经济体制虽没有明确概念规定，却有深切感受的认识，并从这些认识提出了关于体制之机制的论点。

资本经济学虽然没有对经济矛盾阶段性和制度层次与体制层次的界定，但作为奉行实用主义并努力使自己"有用"的资本经济学家，还是从现实经济矛盾的冲突与变化中意识到经济体制的存在，并对其转换提出主张和建议。资本雇佣劳动制形成以来经济体制的转换，是其经济矛盾阶段性的体现，其焦点，在于国家对经济的作用，资本经济学术层次对经济体制的认识，也集中于对国家作用的认识上。重商主义处于资本雇佣劳动制的统制经济阶段，虽然资本雇佣劳动制已经形成并在经济中具有重要地位，但此时的社会制度却是初级集权官僚制，国王是为了增强王权专制的实力才利用商业资本家并容许资本雇佣劳动制在经济中存在发展的，这是一种短视的实用主义，不过几百年因此而壮大的资产阶级就推翻了尚不巩固的集权官僚制。而同样奉行实用主义的商业与工业资产阶级，则充分利用国王及其政府增强国家实力的需要，积极而快速扩展商业和手工业，获取大量利润并积累资本。重商主义者作为商工业资产阶级的代表，相当清楚王权专制的特点与国王的实用主义需要，努力探讨并论说如何适应王国富强而发展商工业的必要性，以及商工业资本所有者如何在王权专制对经济全面统制条件下投资经营。他们并不反对王权专制对经济的统制，而是将商工业资产阶级利益依附于国王的需要，以富强国家的名义提出既可增加税收又能增加资本利润的建议。其货币财富论、交换价值论和交换利润说，就是根据统制经济特点，从依附于专制王权谋取商工业资产阶级利益的目的提出的，是国王制定保护商工业资产阶级，并由政府掌控干预经济政策的理论依据。重商主义学说是实用主义的典范，它的实行，使资本雇佣劳动制的统制经济体制得以形成，但奉行实用主义的资产阶级事先也没有想到富强了的王权专制对经济的统制会阻碍商工业资本的发展，而同样奉行实用主义的国王及其政府要员也没有想到，那些本来依附于我的商工业资本所有者竟然会强大到与自己分庭抗礼，以致发动革命来反抗并推翻王权专制。

资产阶级对王权专制的反抗，集中体现于反对王权专制对经济的干预和限制，从统制经济体制末期的重农学派开始，就要求实行资本企业的自由竞争，减少乃至消除政府对经济的干预，斯密更明确说政府只应是自由经济的"守夜人"，只能由体现"经济人"规律的"看不见的手"支配经济活动。这是资产阶级推翻王权专制，建立本阶级政权的体现。"自由竞争"不仅是刚成为统治阶级的资产阶级的口号，也是其主宰的资本雇佣劳动制经济体制的标志。资本经济学家在为这个体制合理性进行论证的同时，对其机制展开了探讨，从萨伊的"三位一体公式"到巴师夏的"和谐论"、西尼尔的"节欲"论，再到庞巴维克的"时差利息说"，明显地是在为利润进行辩护，也是对自由竞争体制的机制的论说。至于瓦尔拉和马歇尔的需求与供给均衡说，则已是从数理角度对自由竞争体制的机制的专门论证。费雪和马歇尔、庇古的货币数量论，维克塞尔的"累积过程"论，都对自由竞争体制的机制进行了比较深入的探讨，对于自由竞争体制的运行起到了重要作用。而李嘉图的"比较优势"说则是对自由竞争体制的国际经济关系的界定，历史学派的"国民经济"说和制度学派的"制度"论,是对自由竞争体制的比较系统论证。自由竞争体制实行了一个多世纪,这个体制将政府对经济的干预减到最小限度,虽然对促进资本企业发展和资本积累、积聚起到了一定积极作用,却很快表现出其负作用。各资本企业的无序竞争在没有国家总体调控的情况下,周期地形成生产过剩的经济危机,而且资本所有者与雇佣劳动者的矛盾也日益激化,形成了国际性的以劳动者为主体的社会主义组织和运动。更为严重的是,各资本财团及其控制的国家之间矛盾冲突加剧,以致引发两次世界大战。资本雇佣劳动制因自由竞争体制的局限,已面临崩溃。这种情况,与资本经济学家固守将自由竞争视作源于"经济人"本性的"自然规律"密切相关。如果说斯密提出将政府作为"守夜人"的著名论断时,资产阶级势力还不足以强大到消除政权中的专制势力,因而限制国家政权作用还有一定道理的话,那么后来的一百多年间,资产阶级已经完全掌握了国家政权,它作为其阶级利益的集中体现,完全能够从总体上协调本阶级资本所有者和集团的关系,并对全国经济运行进行调控,由此来巩固其阶级总体利益和统治。但此时的资本经济学家及法学家们,却顽固地奉行自由竞争的信念,并依据"心理原则"和"数理原则"设计自由竞争体制的运行机制。只有受到1929年大危机的冲击,才由凯恩斯提出改革的思路——利用国家政权来协调和干预经济,以保证资本雇佣劳动制的延续。

凯恩斯是斯密之后唯一能够提出体制改革的资本经济学家。他关于动用国家政权干预、调控经济的思路,是总结了罗斯福应对美国经济危机的经验,并参照了苏联、德国等国家政权对经济的控制而形成的。他将国家政权从斯密的"守夜人"变换成"管理者",经过第二次世界大战各国对经济的"军事管制",资本主义各国政权的经济职能得以强化,也为其干预、调控经济准备了必要条件,在美国民主党政府的主导下,西方各国都从自由竞争体制转化为市场经济体制，这两个体制的区别，就在于国家政权地位和职能的变化。国家政权成为经济的"管理者"，表明资产阶级在各种矛盾的激烈斗争中进一步成熟，总体阶级意识日趋系统化。不论是与雇佣劳动者阶级的矛盾斗争，还是资产阶级内部个人与集团相互间的竞争，甚至国与国之间的战争，都使资产阶级认识到必须有效地运用国家政权——这也是它唯一可以使用的——这个工具，来协调本阶级内部乃至国与国之间的矛盾，否则，资本雇佣劳动制就会被社会主义运动推翻。"凯恩斯革命"充实了资本经济学的术层次，促成了自由竞争体制向市场经济体制的转变，延续了资本雇佣劳动制。市场经济体制的特点，就在于国家政权对经济的管控，使资本所有者及其集团的追逐利润——凯恩斯称之为"资本边际效率"——活动纳入国家政权的监管和干预。这与统制经济体制有相似处，但又有质的不同，统制经济体制中实行管控的是君主王权，而市场经济体制中实行管控的是资产阶级政权，是代表资产阶级总体阶级利益的。应当说市场经济体制在初期的二三十年间，对于维持资本雇佣劳动制是发挥了相当功效的。

  对于市场经济体制及其机制，凯恩斯与他的后继者进行了深入探讨和系统的论说。凯恩斯是马歇尔的学生，信从"心理原则"和"数理原则"，他并没有从制度阶段性论说经济体制变化，而是依据从"心理原则"和"数理原则"编造的"经济规律"推论"总量分析"的必要性，并开始对一国的经济总量进行规定。由"总量"而将国家政权的经济职能引入经济分析，进而提出国民总收入和国内生产总值等论点及其计算方式，为国家政权干预、调控经济提供了理论和数理依据。并将"货币国定论"系统化，强调货币政策是国家干预、调控经济的主要手段之一。进而，凯恩斯学派对国家干预、调控经济的机制进行了专门探讨，提出了有效需求论与消费函数，各生产部门均衡论，产品市场和货币市场的一般均衡及其 IS – LM 模型等。与此同时布坎南从"公共选择论"对财政进行了专门探讨，新制度学派则以"产权析分论"深入论证了经济权利关系。这些都是市场经济体制及其机制的主干内容，在得到各国政府的认可与运用的过程中，凯恩斯学派不断地对之进行验证与修正，在实用中有效地支撑着市场经济体制。在凯恩斯学派主导资本经济学时期，仍有一批坚持"自由竞争"的经济学家，他们将"自由竞争"视为经济的一般规律和原则，认为国家干预经济是违背经济规律的，必须加以纠正。他们是资产阶级内特定大财团及其保守派政党在经济学界的代言人，虽然他们并不能将市场经济阶段退回自由竞争阶段，但他们对市场经济体制及其机制的批评，特别是他们从"自由竞争"原则提出的"修正"机制的论点，在保守派政党执政时得以实行。其中最为突出的，就是弗里德曼对货币数量论的修正，为从货币政策贯彻其"自由主义"提供了理论基础。

虽然冲突相当尖锐，但凯恩斯学派与"自由派"经济学家，在道层次都坚定地依循资本主义，反对社会主义，在法层次都奉行工具化的实用主义原则，并依循"心理原则"和"数理原则"，他们的冲突，只是资产阶级不同集团矛盾的表现。两大派的冲突在政权因执政党的更替而剧烈变化中，轮番出现相互矛盾甚至对立的政策，充分显示了资本经济学正因其矛盾而不断失去其自我标榜的实用性效能。

四 技层次的急功近利与短期效应

从资本雇佣劳动制自由竞争阶段后期以来，资本经济学为了突出其"实用"和"有用"，几乎只涉及术、技层次，不再论说道、法层次，所谓"现代经济学"的教科书，将经济学分为"微观"和"宏观"两大部分，前者是从资本企业角度对经济结构及企业经营的论说，后者是从国家治理角度对经济结构调整的论说。这样的区分，体现着资本经济学先个体后总体的观念，同时也有照顾时间顺序的意思："微观"部分大都是自由竞争体制时期的经济学说，"宏观"部分则主要是凯恩斯及市场经济体制时期的经济学说。但从逻辑角度却有许多问题，因此也有资本经济学教科书先论"宏观"后论"微观"。但依然有问题。这里的问题主要是：资本经济学没有关于经济矛盾层次系统的规定，因而没有将经济结构作为经济矛盾一个层次专门探讨，而是分别从企业经营和国家治理的角度对各自涉及的经济结构问题进行论说，因此对经济结构的认识大部分归于其技层次，但在术层次探讨体制和机制时也有所涉及。这样做的原因在于资本经济学的工具化的实用主义原则，其"实用"、"有用"的目的和标志在于得到资本所有者或其阶级的国家政权认可，为此其研究的主题不是系统地规定经济矛盾，而是如何提出被政府或资本所有者认可的政策建议或经营谋划。虽说写政策建议或经营谋划也要涉及经济矛盾，尤其是经济结构层次矛盾，但急功近利的心态使资本经济学家只是将与其短期、局部性政策建议或经营谋划有关的经济结构某一部分作为"论据"而提及，并不会从总体上对经济结构进行系统探讨。特别是"数理化"以来，只要以数学公式先验地描绘出关于经济结构的模型，就可以作为其政策建议或经营谋划的"依据"了。

因此，我们对资本经济学技层次的分析，不能按其教科书的"微观""宏观"两部分，而是依从贯通其道、法、术、技的实用主义原则，以其追求"有用"的政策建议或为获取利润的经营谋划为主线进行分析。这条主线，是从重商主义起就一直为资本经济学家所坚持，也可以说是资本经济学的"生命线"。一个经济学家、一个学派，成功与否，就取决于其政策建议或经营谋划是否被当政者或某大财团采纳。资本经济学自产生以来，除部分重商主义者是成功的商人及李嘉图是从证券投资获大利的资本家外，几乎所有经济学家都是某大学或研究机构的雇员，其雇主则是政府或资本财团，他们对雇员的唯一要求，就是"有用"，而"有用"的标志就是其所提政策建议或经营谋划被雇主采纳。这就导致资本经济学技层次的急功近利和短期效应，以及为之"铺垫"的道、法、术层次的内在矛盾和局限。

从重商主义到如今，资本经济学的重点和目标，集中于政策建议或经营谋划。这是其实用主义原则的要求，也是其"有用"性的集中表现。几百年来，历经资本雇佣劳动制的三个阶段，在不断更替的政权下为之提供政策建议或经营谋划的资本经济学家，以急功近利的心态为自己所代表的阶级、阶层、资本集团的利益，提出了多如牛毛的短期的相互矛盾的政策建议或经营谋划，对专制王权和资产阶级政权调控经济、资本企业获利经营起到一定的作用，但由于政权的快速更迭，大多数政策建议或经营谋划只在短期内得到采纳，随着政权的变换又被弃之不用，至于为企业提供的经营谋划，则随变化而时用时弃，因而其功效都是短暂的，特别是"数理化"以来，经济学家从数学公式演绎过来的政策建议或经营谋划，往往脱离实际，执政者或企业主们宁可根据经验和惯例来制定政策，只把这些数学试卷作为一种参考。现今的资本经济学在大学和研究机构已有了相对稳定的生存环境，因而经济学家们可以安心地继续写其"数理八股文"，但其对政策的影响日渐衰弱。

重商主义贯穿资本雇佣劳动制统制经济阶段，其主要的努力和作用，就在政策建议上。大多数重商主义者的著述本身就是政策建议，此外就是以各种方式向执政者建言献策。他们有关法、术层次的思想，也往往包含在政策建议中。

重商主义者始终处在一种不可回避的矛盾中，他们作为商工业资产阶级的代表，却要向专制王权的政府提政策建议，因而要将商工业资产阶级的利益依附于国王和国家的利益，以富强国家的名义来论说其主张。因而其著述有一种"跪式"奏章的形式，如蒙克莱田的《献给国王和王后的政治经济学》就是通过"献"策于国王和王后来表达意见的。这种形式不仅在论述上，就是在探讨问题的思维中，都限制了重商主义者的主体性，他们的政策建议只能将商工业资产阶级的利益包裹于富强国家的论说中。在这样的矛盾状态中，重商主义者相继提出了"货币差额论"、"贸易差额论"、为发展商业而发展手工制造业的主张，以及关于货币政策、外贸政策、殖民政策等的建议。这些主张和政策建议都在不同时期、不同国家被采纳，在发展商工业进程中发挥其作用。正是由于重商主义者的政策建议，使资本经济学首先在技层次形成了比较系统的思想，并使其中所含的术层次思想为人们所认知。更为重要的是，重商主义者的努力使资本雇佣劳动制在初级集权官僚制中的存在有了理论依据，资产阶级由此形成，资本主义的基本观念也随之孕育。而重商主义者在技层次的努力，也为资本经济学自命的实用性得以确立，并贯穿于资本经济学的全过程。

相比后来的资本经济学家，重商主义者的政策建议是时效最长的，即使早期重商主义者的货币差额论主张和相关的贸易政策，也通行了二三百年。这与当时的经济活动相对简单、经济发展及其矛盾演化相对缓慢有关。重商主义之技层次的矛盾，到柯尔培尔那里得到充分展现，他作为一名重商主义的执政者，极力片面发展商工业，损抑农业，由此导致法国经济结构严重失衡，引发了重农学派的激烈反对，并提出以自由竞争体制取代统制经济体制的观念。重农学派从批判重商主义政策入手，虽然也有杜尔阁等人在政策上提出一些设想并努力推行，但由于与王权专制相抵触，只得转而思考体制和制度的变革，由此启发了斯密对自由竞争体制的比较系统的探讨。

自由竞争阶段的资本经济学虽然反对国家政权干预经济，但国家政权不可能因为这种反对而取消其经济职能，已经由资产阶级掌控的国家政权，比统制经济阶段的王权专制对资本所有者的管控要宽松，但总要从财政、货币、对外经济关系等进行总体性治理，因而斯密和李嘉图也在其学说技层次对此提出相应主张和建议。他们政策主张的特点是从资本所有者个体角度要求国家政权保证自由竞争，为资本企业的发展提供必要条件。既不同于重商主义者从王权专制角度所建议的加强对经济的管控，也不同于凯恩斯学派从资产阶级总体对经济的干预调控。斯密、李嘉图政策主张的基本思路，一直为自由竞争阶段的资本经济学家所坚持，后来的经济学家只是作了一些局部调整。这是导致自由竞争阶段经济矛盾激化，经济危机周期爆发的一个重要因素。而以斯密名义在市场经济阶段奉行"自由主义"的经济学家，以反对国家管控监督为特定大财团谋利益，则与斯密所提政策主张的本意并不一致。

自由竞争阶段资本经济学在技层次一个重要内容，是以对经济结构及其运行机制的系统分析，为国家政权的管控和资本企业的投资经营提供依据。经济结构及其运行机制是经济矛盾的重要环节，虽然资本经济学家没有从经济矛盾系统规定这一层次，但其对经济的探讨不能不涉及相关问题。从"实用主义"原则论，对这一层的论证，又是国家政权管控经济和资本企业经营所需要的，资本经济学家因此下了一番功夫，其成果不仅通行于自由竞争阶段，而且贯通于市场经济阶段。所谓"微观经济学"的内容，大都在于此。

对经济结构及其运行机制的分析，首创于魁奈，为了反对重商主义政策，他在《经济表》提出了初级的、以一国为范围的经济均衡论，既以此说明国家政权强行控制经济是违反"自然规律"的，又为自由竞争体制提供了一个必要支撑点。魁奈《经济表》是从阶级关系分析经济结构的，这在斯密、李嘉图那里还有所表现，但萨伊则认识到这样做不利于掩饰资本雇佣劳动制的矛盾，因而避开人际关系，只从生产与消费关系分析经济结构。萨伊的观点被其后资本经济学家所继承并发挥，特别是"心理原则"和"数理原则"被编造为"规律"以后，马歇尔等人就设计了需求曲线和供给曲线，将需求和供给两部分的关系界定为基本的经济结构，他及其后继者们由此展开论说了边际报酬、市场类型和反垄断，以及市场不灵、交易方程式、货币均衡、国际收支平衡等经济机构及其运行机制问题。这些都是从个体资本企业出发来探讨其所面对经济结构，目的在如何投资和经营能够获取"利润最大化"，并据此对政府提出相应的要求，如反垄断以保证自由竞争和个体资本所有者的利益，以及实行什么样的货币政策和国际贸易政策为个体资本所有者的投资经营服务。也正因此，其对经济结构的分析是不完全的，只从交易中供需双方的关系，是不可能系统规定经济结构的，而且对于分配结构、阶级和阶层结构、区域经济结构等几乎没有涉及。更为重要的是，由数理学派经济学家所作的经济结构分析，实则是以数学方法的设量演绎，以需求与供给结构均衡为基本，分别对由其衍生的各结构中的相关要素再进行均衡性演算，虽然符合"经济人"的心理规律，所列公式、图线也能从数学上进行计算，论证假设性的"应该"，但毕竟与实际经济结构有很大差距，而当其他经济学研究者或政府主管经济官员提出政策建议，或为资本所有者提供经营谋划（这是资本经济学家们的一项重要工作和收入来源，但因企业经营差异并变化多端，这些谋划也都更为具体化，在一定意义上说是资本经济学技层次的应用）时，这些公式和图线只能是一种抽象的参考性提示。对于不断激化的经济矛盾，特别是周期性经济危机，这些经济学家几乎束手无策，甚至有人将危机说成应有的"规律"的表现。以"有用"自诩的经济学之技的"无用"，累积到1929年大危机，终于诱发了更"有用"的凯恩斯及凯恩斯学派新的技层次。

凯恩斯及凯恩斯学派发现了马歇尔等人从资本所有者个体角度分析经济结构的局限，但他们并没有彻底否定其分析，而是依从"总量分析"法提出了总需求—总供给模型，拓展了对经济结构及其运行机制的分析，以此为其政策建议提供了一个新的支点。但是，凯恩斯的总需求—总供给模型与其衍生的其他关于经济结构的分析，按"数理原则"进行设量计算，因此仍然显得片面抽象，只能对经济结构的数量关系有所认识，不能切实深入地规定经济结构及其运行机制的矛盾。而凯恩斯及凯恩斯学派在资本经济学技层次的作为，突出表现在他们对国家的财政政策、货币政策、产业政策以及汇率政策和外贸政策的建议中，并编写了"财政学""金融学""企业管理"等论著或教材。这些政策建议充分展现了国家政权对经济结构及其运行机制的干预和调整，特别是由国家政权主导的"通货膨胀运动"，就像给不治之症的病人打激素一样，暂时缓解经济危机，虽然并没有改变资本的所有权及其制度的根本矛盾，却从总体上制约着个体资本所有者的投资和获取利润，并从就业、社会福利角度调节劳资双方的关系，努力保持总需求与总供给结构的平衡以实现经济总体上的平稳发展。这些建议被二战后西方各国执政者所采纳，使资本雇佣劳动制摆脱了自由竞争体制导致的困境，转变为市场经济体制，在与苏联为首的"社会主义阵营"的对抗中得以延续。在这个过程中，凯恩斯学派还从增长模式、经济周期对其技层次的应用作了概述。

然而，以凯恩斯及凯恩斯学派之技层次为根据的所谓"宏观政策"，并没能打造出固不可破的资本主义"千年帝国"，其好景大约维持三十年左右，就在日益激化的制度、体制矛盾中显现出其短期性和缺陷，其对经济结构及运行机制的调节、控制不断失效，引发了经济结构总体上的大不平衡和危机，特别是20世纪60年代末至70年代美欧各国"通货膨胀运动"所导致的"滞胀"，充分显现了凯恩斯学派的矛盾和失效。这种情况不仅导致奉行此政策的政党失去执政权，也使那些反对国家政权调控经济的所谓"自由派"经济学家得以复兴，并在攻击凯恩斯学派的政策的同时，为其雇主特定大资本财团及其政党提供了相应政策建议。这些"自由派"经济学家是企图恢复旧的自由竞争体制的保守派，但历史的阶段性已使他们不可能重建自由竞争体制，于是就在市场经济体制中充当起"主流反对派"，将主要力量用于技层次对凯恩斯学派的批判，在政策上提出自己的主张和建议。"自由派"经济学家的政策主张和建议，核心就是突出特定大财团的利益，要求国家政权减少、放松从总体上的干预和管控。他们针对凯恩斯学派增加税收用于社会保障的财政政策，提出减轻企业和富人税收刺激投资，增加就业，强调政府只要以货币政策把控货币供应量就能调节经济结构及其运行，同时反对政府对金融机构的监管。这种政策建议被采纳实行，导致美国及西方资本主义国家经济结构进一步失衡，资本金融化，金融虚拟化，形成了庞大"虚拟资本"、虚拟经济，投机和炒作成为大资本财团的主业，并雇佣了一群"科技金融"精英——已经异化了的"虚拟工具人"——为其诈取全球财富。资本经济学家则为投机和炒作设计了种种数理规则和机制，由此加剧矛盾，并扩展成世界性经济危机。2008年开始的金融危机至今仍然延续，共和党的布什政府因此而倒台，而民主党奥巴马政府依从凯恩斯的干预、调控政策，又因特定大财团及共和党的反对、干扰而见效甚微，并导致特朗普这位集结了资产阶级动物一般性野蛮成分的共和党人上台，不仅推翻了奥巴马的政策，更依"丛林法则"而推行的"自由派"经济政策，不仅搅乱了美国，也搅乱了世界，充分展示并激化了资本主义及其制度的矛盾，若他再持续执政，恐怕就要在危机和战争中结束资本主义及其制度的寿命。美国资产阶级则在另一派大财团主导下，以"选举"结束了特氏政权，代之而起的拜登又要推行凯恩斯学派政策了。

　　凯恩斯学派和"自由派"的政策主张，虽然有从资产阶级总体或资本所有者个体为出发点的差异，但其实质都是保证资本利润的生产和实现。它们相互争宠，轮流被更替上台的美国及西方其他国家两大政党所采纳实行，其各自的局限性和缺陷也相继展现。尤其突出的是，凯恩斯学派财政政策通过对企业和富人加税而增加社会保障的结果，是投资减少，企业经营难以持续，甚至大量倒闭，加税导致无税可收，社会保障的资金也就没有了保障。这在20世纪70年代末英国工党执政时表现得相当明显。"自由派"的减税收增就业政策主张则由保守派政党所实行，在取得短期效果后，又暴露出更严重的问题，资本生产企业在对利润的追逐中，不断增加对投资的需求，而金融资本则以"科技"衍生出众多"新产品"，除少部分用于资本生产、企业贷款，大部分则游离于实体经济之外，经大量的"科技"炒作，形成了巨量的虚拟资本，时刻威胁实体经济并不断吸走实体经济的利润，以致引发"海啸"般的金融危机。而已成为世界霸主的美国政府与美联储，又依"自由派"经济学家的谋划，以"量化宽松"的货币政策滥发只有印制成本的钞票，在某些依附于美国势力打着"救美国就是救本国"旗号的权势者配合下，不仅缓解了美国内部的阶级矛盾，更将其金融危机之害引入本国。虽然有如此之"用"，却也将"自由派"经济学之技层次的短期性及其效能低下充分暴露，被时下某些中国高校经济学院主管者奉为经济学"尖端"的"科技金融"，以及各式各样的数学模型，大部分用于构建虚拟资本和虚拟经济，因而也都是虚拟科技和模型，一旦经济回归于人的经济，虚拟的泡沫就会破灭，其科技、模型也就一钱不值。当这场大危机因"新冠病毒"导致的全球大疫而继续时，他们解救资本主义的唯一办法就是再加强"量化宽松"货币政策，由此造成一种现代资本主义特有奇观：在经济快速下滑，劳动者收入降低甚至大量失业的情况下，股票价格却飞涨，大财团的财富激增，贫富差距更加扩大。市场经济体制及其经济结构矛盾的尖锐化，充分证明资本经济学术、技层次之矛盾与失效，如果不是社会主义运动因"苏联模式"的异化而陷入低谷，资本雇佣劳动制能否渡过这场危机，而"主流经济学家"们还能否用电脑计算写作其"数理八股文"，就很难说了。

市场经济阶段的资本经济学在技层次上还有专门探讨数量关系的经济计量学和博弈论，这是"数量原则"在经济学之技中的集合性表现，经济计量虽然不能说完全无用，但其在国家政权的经济治理和资本企业的投资经营中的应用，却功效不佳，虽然在大财团及其掌控的国家政权所办的大学、研究机构中还留给了他们一席之地，但其自诩"实用"、"有用"的成果，除了以"科学"名义迷惑大众外，对于解决经济矛盾已经没有多大用处。而博弈论则是从赌博者角度对经济活动的数学演算，以求"概率多数"，这对企业主的决策有一定参考作用，特别受证券投机者欢迎，但其功效不一。而博弈论出现并通行于资本经济学之主流，恰印证了资本经济学主体的性质和心态。

资本经济学"主流派"技层次的"工具化""数量化"，以"科技金融""博弈"为手段的虚拟资本和靠投机诈取全球财富的"虚拟工具人"主导的虚拟经济，是资本雇佣劳动制没落的标志，而资本雇佣劳动制的没落也必然导致资本经济学在虚拟化的数字泡沫中破灭。

五　劳本经济学对资本经济学的否定

资本经济学作为资产阶级意识形态的重要内容，主导人类思想和生活已经几百年，其思想体系的矛盾展示于其主导的资本雇佣劳动制经济矛盾系统，资本雇佣劳动制经济系统的矛盾冲突在展示资本经济学思想体系矛盾的同时，也制约着并加剧了资本经济学思想系统的矛盾。当资本雇佣劳动制的矛盾演化为人性升华的障碍，而资本经济学已经不能再用"自然规律"、"丛林法则"、"经济人"的说教迷惑素质技能提高了的劳动者，不能为资本雇佣劳动制的矛盾及其导致的巨大贫富差距和战争危险辩解，不能以"实用主义"的术、技解决市场经济体制、经济结构和国家政权管治经济和企业经营及国际经济关系的矛盾时，也就丧失了其历史合理性和有用性，就会像曾经主宰人类命运的奴隶主阶级、封建领主阶级、官僚地主阶级的经济思想一样被新的经济思想体系所否定。这个新的经济思想体系，就是以现代劳动者为主体的劳本经济学。

劳本经济学是资本经济学主导的资本雇佣劳动制内在矛盾的体现和要求，资本经济学是矛盾主导方资本所有者利益和意识的集中概括，劳本经济学则是矛盾另一方面的劳动者利益和意识的集中概括。资本，是以"资""财"为根据，劳本，则以"劳动"为根据。资本的主体是其所有者，劳本的主体则是劳动者自己。资本并非人类有史以来就存在，只是在历史一个特定阶段少数人的物质财富所有形式，并因这种所有形式而与不所有物质财富的劳动者结成特殊关系。而劳动则是人成为人的本质性活动，是人本质的核心要素，对人类来说，劳动是绝对的永恒的，资本则是相对的短期的。劳动者是人类的主要部分，原始社会每个人都要从事初级的谋生劳动，是劳动者自身素质技能提高形成剩余产品，异化出了脱离人类本质活动的不劳动的统治者，他们虽占人类的极少数，却依据有组织的暴力和欺骗构成的统治机构和权势，占有劳动者的剩余产品，不仅满足其远高于劳动者的生活需要，更用于维持和强化其统治机构和权势，继续占有剩余产品，并控制劳动者进行更多时间和更大强度的劳动以生产更多剩余产品。而劳动者在这样的劳动中不仅增加了剩余产品的生产，更逐步提高了自身素质技能，由此导致社会关系和制度的变化。奴隶制、封建领主制、集权官僚制都是劳动者素质技能提高并生产更多剩余产品而异化出来少数人统治劳动者的社会阶段的制度。相应的，劳动者社会地位也在制度变革中有所提高，但仍未能成为社会主体。资本是欧洲初级集权官僚制所采用的重商主义政策的产物，是在王权专制的支持和保护下形成的无偿占有劳动者剩余产品集成的物质财富的社会形式。资本雇佣劳动制在资本不断扩大的对剩余产品价值的占有过程中积累发展，资本所有者由此形成阶级并逐步壮大，成为社会的统治者。与以前各历史阶段的统治阶级不同，资本所有者阶级除了由国家政权向劳动者强行收取个人的所得税和各种税收外，其个体则通过商品交换形成购买劳动者的劳动力使用权，以强制迫使劳动者生产超出劳动力使用权价值的剩余价值，由此积累资本，强化国家政权，继续对劳动者从个体到总体的控制与统治。资本经济学就是论证、辩护、维持资本统治劳动者，无偿占有劳动者剩余价值的制度、体制和结构、管治、经营及其机制的学说。

作为资本雇佣劳动制矛盾一个方面的劳动者，并不是牲畜和机器人，他们有着与资本所有者一样的生理、心理和思维能力。在资本所有者以阶级统治暴力强迫的劳动中，不仅给资产阶级生产了用于延续其身体和暴力统治的剩余价值，还促使劳动者提高了素质技能并组织成阶级，更在与资本所有者阶级的斗争中形成阶级意识。既然资本主义从物质自然性否定了以上帝、自然神（天道）为根据的封建特权和专制王权，论证了所有人平等的自然权利，那么，为什么少数资本家，特别是大资本财团掌控几乎全部剩余劳动创造的财富和自然资源，而绝大多数劳动者只能以基本生活资料维持生命？为什么同样拥有生命权的劳动者要受大资本财团及其领导的资产阶级控制和支配？劳动者怎样摆脱这种控制和支配而成为自己生命和劳动产品的主人？这是每个劳动者都在思考的问题，并由其思想代表概括为阶级意识。劳本经济学就是劳动者阶级意识的重要内容，在概括劳动者阶级利益对资本雇佣劳动制矛盾进行学理性批判的过程中，明确了资本雇佣劳动制的短期性与其体现于劳动者阶级利益中的人性升华大趋势的冲突。劳动者的阶级组织、阶级总体素质技能和阶级意识在与资本所有者阶级的斗争中不断提高，使他们认识到资本雇佣劳动制被否定的必然性，而劳动者自己正是这种否定的主力。当劳动者完全有能力组织经济，有效运用和管理自己劳动创造的生产资料，并按民主劳动原则进行生产和全部经济活动时，资本就成为多余，并像它在历史特定阶段形成时否定的封建特权和专制王权一样，在新的历史阶段被新的民主劳动关系所否定。在资本雇佣劳动制中处于主要矛盾次要方面的劳动者，组织成阶级并发展阶级意识，不断强大阶级势力，现代劳动者阶级反对资产阶级的斗争就是资本雇佣劳动制的否定过程，当其强大到成为矛盾主要方面时，这种否定就完成了质变，人类一个新的以劳动者为主体的民主劳动制社会也就形成。

劳本经济学在批判和否定资本雇佣劳动制的阶级斗争中形成，这种批判和否定只是其形成阶段的内容，它的历史责任和内容更多的是创建并不断改革完善民主劳动制，以及对这个制度及经济矛盾的规定与解决。马克思以《资本论》开创了劳本经济学，一个多世纪的劳动社会主义运动，深化了对资本雇佣劳动制的批判，并由俄国革命和中国革命创建了初级公有制经济——这是人类历史上最具革命意义的创造，但由于"苏联模式"的缺陷，异化出了反民主的以权谋私利益集团，它们内在地破坏公有制，侵占公有资产，压制民主，阻碍对初级公有制的改革发展，更投靠、依附美国大资本财团，阻挠对资本雇佣劳动制的批判，甚至引进资本经济学辩护和掩饰其以权谋取的既得和欲得利益，企图在资本大财团的"全球化"

中取得合法地位并世代延续。劳动社会主义运动在以权谋私利益集团和美国大资本财团的双重打压下陷入低谷，劳本经济学的发展也因此受到严重的阻碍。

但是，人本质所要求的人性升华大趋势是不可逆转的，资本雇佣劳动制虽因"苏联模式"异化出来的以权谋私利益集团的依附与协助而得以短期延续，但不可能解决其内在矛盾，反而会在大资本财团以虚拟经济和"科技金融"为手段疯狂掠夺占有全人类财富的过程中，进一步加剧各层次矛盾的冲突。这种冲突势必会促进劳动者阶级组织和阶级意识的提升，劳动社会主义运动在反思历史教训的同时，正准备以新的形式展开。劳本经济学作为现代劳动者阶级意识的重要内容，必然在新的劳动社会主义运动的要求和支撑下进一步发展，并为新的劳动社会主义运动提供应有理论指导。

资本雇佣劳动制压迫下劳动者素质技能的提高与积累，不仅使资本所有者积累了巨量财富，也使资本所有者日益脱离企业经营管理，成为资本人格化的权利形式，依靠"科技金融"制造虚拟资本的诈骗，充分证明其已腐朽和没落。资本势必在虚拟化中失去其存在的理由。当劳动者具备经营管理劳动创造的生产资料的技能，并普遍从事这种经营管理的时候，生产资料的集合也就不必采取资本这个形式而直接用于劳动生产时，资本的特殊历史作用也就结束了。资产阶级掌控国家政权的暴力所维护的，只是与经济发展内容相冲突的权利形式，劳动者为主体的劳动社会主义运动是解决这种内容与形式的矛盾的必要途径，民主劳动制则是劳动者拥有劳动力所有权和生产资料所有权，并通过民主法制组织管理劳动力和劳动创造的生产资料有机结合的经济制度。这并不是梦想，而是实际生产和全部经济活动已经证明了的趋势。民主劳动制作为人性升华新阶段的社会制度的必然性就在于此。

劳本经济学作为资本经济学的否定，从批判资本雇佣劳动制开始，在创建、改革、完善民主劳动制的过程中发展，这是人性升华的新时代精神在劳动者阶级意识中的展现，也是人类经济思想史的新阶段。

劳本经济学的主体是现代劳动者，与历史上被阶级统治隔离压制的分散的个体劳动者不同，现代劳动者在社会大生产的协作中形成了阶级意识并组织为阶级，他们是人本质核心要素劳动的承载者，也是人性升华的主体。劳动者素质技能与其社会地位的基本矛盾，在历史上的各阶段都表现为劳动者作为劳动主体并没有社会主体的地位，只是为历代统治者生产剩余产品和剩余价值的工具、"要素"。现代劳动者素质技能已提高到要求并能够成为社会主体的程度，劳动者要求其劳动创造的生产资料所有权并自己经营管理生产和管控全部经济活动，劳本经济学就是规定这种要求，探讨其实现过程中各种矛盾的经济学说。

劳本经济学的主义是争取并成为社会主体的现代劳动者阶级意识的集中概括，即劳本主义或劳动社会主义。由于"社会主义"一词中"社会"的含义并不能准确界定其主体，几乎什么人都可以称自己有关于社会、群体的思想为"社会主义"，马克思在《共产党宣言》中就列出"封建的社会主义""小资产阶级的社会主义""保守的或资产阶级的社会主义"，20 世纪还出现过"国家社会主义""基督教社会主义""儒教社会主义""伊斯兰社会主义""佛教社会主义"等各种提法。主义，是特定阶级或集团的总体意识的集中概括，主体决定主义。资本主义作为资产阶级意识的集中概括，就是一个准确的概念体系，而"社会主义"则因其主体性的不明确，不能准确体现并概括现代劳动者阶级意识，以致各种非劳动者阶级的思想代表都可以随意自称"社会主义"，"苏联模式"中的以权谋私利益集团更在"社会主义"名义下压制民主、侵吞国有资财。因此，我认为应将集中概括现代劳动者阶级意识的主义界定为劳本主义，即以劳动为根据，劳动者为主体的主义。而为了照顾一百多年人们思想、语言的习惯，也可以使用"社会主义"一词，但必须明确其主体，以"劳动社会主义"来区别五花八门的非劳动者、反劳动者的"社会主义"。① 劳本主义的哲学观念是劳动主义。从人类形成的根据和人本质、人性，而非从外在于人的诸神、上帝、天道、物质界定哲学观念，更不是形而上学式臆想什么世界"本体""本原"。世界是人的世界，世界的主体就是人，不仅臆想出来的诸神、上帝不是本体，就连天道、物质也不过人们规定外部环境的一般性初级概念。诸神、上帝可供宗教信仰，天道、物质可由自然科学家深入探讨，但若将它们规定为世界"本体""本原"，就体现了统治阶级的恶意。劳本主义方法论是基于劳动"改造世界"的实践辩证法，在实践辩证法的指导下形成劳动社会观，规定人类社会的一般规律及其演化的各个阶段。劳本主义的本质是：劳动者在建立、完善民主劳动的公有制和民主制进程中实现其社会主体地位和自由发展。劳本主义的原则是：以民主促进并强化劳动者的自由联合。

劳本经济学的主题，是展开劳本主义理念，揭示并系统规定现实经济矛盾。为此，有必要规定经济矛盾系统的层次，即基本经济矛盾、商品经济矛盾、国度性经济矛盾、制度性经济矛盾、体制性经济矛盾、经济结构及其运行机制矛盾、国家治理和企业经营矛盾、国际经济矛盾。劳本经济学是在劳动主义理念指导下，以规定基本经济矛盾和商品经济矛盾为前提，根据不同国度的特殊性，展开对资本雇佣劳动制度和民主劳动制度及其体制、结构和运行机制、国家治理和企业经营、国际经济关系各层次矛盾，系统规定各层次经济矛盾的内在联系及其演化趋势。

劳本经济学的主张，是依据对经济矛盾及其演化趋势的系统规定，探讨解决矛盾的途径，实现现代劳动者作为社会主体和提高素

---

① 刘永佶：《劳动社会主义》，中国经济出版社2003年版。

质技能的根本利益。历来的统治者,都把经济利益归结为对物质财富的占有与享用,信守中国儒学传统的专制统治者,在以暴力压制民众自由的同时,也会用片面的"民生",即只从满足劳动者基本生活资料的角度鼓吹其"仁政",在他们的观念中,作为"民"的劳动者除了吃、穿、住、行之"生"外,并没有任何其他利益,更不应有政治权利和主张,不许他们参与政治。至于社会主体只能是"奉天承运"的专制者及其附庸,民众若要求政治权利或参与政治活动,就是"造反",就要用各种手段镇压。欧美的资产阶级,虽然也主张"民主",但其"民"的范围是以资财所有量界定的,广大劳动者自然被排除在外,并延续封建主义、专制主义的传统,不许妇女有政治权利。资本经济学所界定的劳动者,只是劳动的载体,劳动者的利益只在出卖其劳动力使用权(就业)换取必要生活资料。劳本主义与所有统治阶级的主义的根本区别,就在争取和确定劳动者的社会主体地位,明确并保证劳动者的人身权和劳动力、生产资料所有权及民主权。确立并保证了主体地位的劳动者,不仅可以充分占有和享用自己的劳动成果,而且是政治和社会生活的主体。依据提高了的素质技能有组织地发挥而争取并巩固社会主体地位,由社会主体地位保证素质技能的进一步提高和发挥,就是现代劳动者的利益。为此,劳本经济学现阶段的主张是在探讨解决资本雇佣劳动制的经济矛盾,从其矛盾的对立斗争中发现其否定途径的同时,探讨民主劳动制的创立和改革。

劳本经济学的主体、主义、主题、主张贯彻于其研究的全过程,体现在道、法、术、技四个层次。

劳本经济学的道层次,是对劳本主义的规定和论证,在劳动主义哲学观念和社会观的前提下,探讨劳本主义的本质和原则,明确与资本主义的区别,进而论证劳本经济学的特殊性及其必然性。

劳本经济学的法层次即其方法论,是实践辩证法在经济学研究中的具体化、验证和充实，也是实践辩证法形成和发展的重要来源。概括而论，劳本经济学的方法论就是系统的实证抽象法。劳本经济学的研究，是内省外化的思维过程。内省，首先是对现代劳动者利益和意识的概括，进而是研究者思考和确立与现代劳动者阶级利益相一致的价值观，研究者将自己的目的统一于现代劳动者总体意志，并由此明确主义。劳本经济学的研究者不同于被资本财团和资产阶级国家政权雇佣的资本经济学家，他们是以劳动者的身份代表劳动者阶级总体，是从与劳动者阶级总体利益统一的个人利益和价值观，依循集中概括现代劳动者阶级意识的劳本主义进行研究的。外化，是由内省主导的对经济矛盾的研究过程，内省在主导外化的同时又要根据研究的进程而不断充实、修正，二者统一作用于实证抽象的研究中。实证和抽象并不是对立的两种思维过程，实证是思维性质的规定，强调思维对实际事物的现象本质的探究，抽象则是对思维进程的规定，或者说，实证是对现象的本质联系的抽象，抽象则是不断展开的对现象的本质联系的实证。资本经济学家自诩其方法论是"实证""实用"的，然而当其实用地掩饰资本利润来源，并为资本雇佣劳动制矛盾辩护时，其"实证"就演化为脱离实际的"数量化"设量推论的诡辩，特别是当其以"科技金融"设计各种离奇怪诞的模型导致虚拟资本和虚拟经济时，其"实证"也就变成"虚设"了。与资本经济学不同，劳本经济学方法论并不包括为掩饰制度矛盾的辩护，而是在正视矛盾，从实际经济矛盾出发，充分占有现实和历史材料，以实证抽象的概念运动为主干，处理好定性与定量、专题研究与系统研究的关系，依逻辑与历史统一原则建立并不断修正从抽象到具体的概念论证体系，由此规定并说明经济矛盾，探讨解决矛盾的途径。劳本经济学法层次在明确实证抽象法的系统和原则的同时，着重对制度层次矛盾的规定。

劳本经济学的术层次，是实证抽象法的展开，着重探讨经济制度的阶段性及其体制的矛盾与解决。劳本经济学所要规定的是资本雇佣劳动制和民主劳动制两种社会形态的经济矛盾。资本雇佣劳动制已经几百年，历经统制经济、自由竞争、市场经济三个阶段，体现为三种经济体制。资本经济学术层次主要就是针对这三个阶段及其体制的论证。劳本经济学形成于自由竞争阶段，马克思从事经济学研究时，自由竞争阶段尚没有向市场经济阶段转化，他所涉及的经济矛盾的体制层次也不明显，自由竞争体制并未显示其特殊性，或者说其特殊性与资本雇佣劳动制的一般性是混杂一起的，体制的特殊性也就是制度的一般性。突出的表现就是排斥国家的经济职能和政权对经济的干预、控制。或者说，国家政权只是政治统治的机构，只能从"外部"以财政政策、货币政策制约经济，不能从"内部"干预、参与、管控经济运行。罗斯福、凯恩斯提出的由国家干预、参与、管控经济运行的主张时，马克思已去世半个世纪了。因此，马克思的《资本论》中并不包含国家政权的经济职能和作用，其涉及的体制层次矛盾，主要针对自由竞争体制。但对于现在处于市场经济体制中的劳本经济学研究者，就必须明确资本雇佣劳动制的一般性与其阶段体制特殊性的关系，并对其三种体制，特别是市场经济体制经济矛盾的特殊性作出规定，进而探讨其演化的趋势。

劳本经济学对体制层次经济矛盾的研究，重点是在否定资本雇佣劳动制后，对民主劳动制的创建和发展的阶段性与体制的探讨。对此，资本经济学术层次的相关内容虽不明确，但毕竟指出了同一经济制度中体制的阶段性转化及其特殊性，斯密和凯恩斯的有关思想和方法对劳本经济学的研究是有借鉴意义的。而"苏联模式"的局限及经济体制"改革"的历程，也表明民主劳动制经济要经历若干阶段，并表现为相应的经济体制。探讨民主劳动制度中各阶段的转化及其体制的改革，是劳本经济学主题和主张的重要内容。劳本经济学术层次对经济体制矛盾的探讨，必须从实际出发，根据现实矛盾的演化进行实证抽象，避免将某一阶段经济体制的特殊性视为制度一般性，斯密和"苏联模式"论证者的教训是应当认真吸取的。更不能预先就"设计"民主劳动制会有哪几个阶段及其体制，只能从初级公有制形成的一个多世纪的实际矛盾中，规定其特殊性，分析其局限和缺陷，探求在矛盾的演化趋势中经济体制改革应当而且可行的途径。

劳本经济学的技层次，是实证抽象法的进一步展开，是对经济结构与国家治理和企业经营及国际经济关系矛盾的具体研究，这些矛盾是制度和体制层次矛盾的展开，是人可以感知并能以数量统计表达的。资本经济学的"宏观"和"微观"两大部分，主要是针对这些矛盾的，其所提出的论点和政策主张、建议相当丰富，而且都以"实用""有用"为标榜，并都回避制度和阶级的性质。劳本经济学对经济结构、国家治理和企业经营、国际经济关系矛盾的研究，不仅要准确区分资本雇佣劳动制与民主劳动制的本质差异，还要从制度、体制层次说明资本经济学这些内容的制度属性以及其提出的体制阶段性与特殊性，进而论说其矛盾和局限，特别是其以"数理原则"作出的"自然规律"的缺陷，与此同时，展开劳本经济学的道、法、术层次，具体地规定这些矛盾，探讨其演化趋势，形成关于资本雇佣劳动制各经济体制中经济结构及其运行机制与国家治理、企业经营及国际经济关系矛盾的概念体系，以此为资本主义国家中的劳动社会主义运动提供必要的建议和参考，而非帮助资产阶级及其国家政权如何获利和治理摆脱危机。

资本经济学正在其导演的"数理""科技"的虚拟经济中虚拟化，但虚拟化的经济学不能掩饰实实在在的经济矛盾，人性升华主导的经济矛盾的演化在抛弃虚拟化的资本经济学的同时，要求并促成能够规定并解决实际经济矛盾的劳本经济学。

劳本经济学在否定资本经济学的进程中形成和发展，但其目的绝非只是否定资本经济学，而是在批判和变革资本雇佣劳动制的基础上，依循概括现代劳动者主体利益的劳本主义实证抽象地规定人类历史新阶段的民主劳动制的经济矛盾，探讨解决矛盾的途径，创造人类经济思想的新时代。

跋

　　思想被工具化，是人类已有历史的普遍趋向，几乎所有曾引领人性升华进程的思想体系，都被后来的既得利益者修正为其统治民众、获取财富的工具。

　　中国春秋、战国时代的诸子在封建领主制向集权官僚制变革的进程中，以老子天道观和孔子仁义论为逻辑大前提，展开了几百年的探索、论证和实践，创立了人类历史上第一个系统思想体系，在它的引导下，终于在秦始皇和汉武帝时期完成了这场伟大变革。而诸子思想也就此终结，最后一位可以称为"子"的思想家董仲舒，集合诸子思想中关于集权专制的内容，概述了以孔子为名号的儒学道统，构建了集权官僚制意识形态的基干，这是诸子思想的总结，也是诸子思想被工具化的开始。自此而后，皇帝成了一切权利的所有者，也是唯一的"自由人"，只有他有权思想，而他所思想的则是如何役使臣民这些工具。但皇帝又不愿受思想及论说之劳累，就将这些差事派给那些愿为名利而吃苦耐劳的人，他们是皇帝的工具，由这些工具来讲授、注解作为工具的儒学道统经典。工具用工具控制工具。

　　稍晚于诸子思想的基督教，是欧洲从奴隶制向封建领主制转变的思想导引，它将上帝作为唯一的神，是人和万物的创造者与支配者。这种观念既一定程度表现了奴隶和平民要求平等的愿望——人是上帝造的，上帝造的所有人都是人；也体现了由诸神分别标志的各部族联合的历史趋势。这也是一次思想大变革，经过几百年的传播、讲解、分歧、杀戮、战争，在公元5世纪才由日耳曼的部族联盟打败西罗马帝国，将部族联盟的封建领主制推广于欧洲。而导引历史变革的基督教，也被封建领主阶级用作思想工具，并改称天主教或"东正教"。教廷和教会，成为部族联盟的标志和纽带。不仅《圣经》，就连上帝也在作为封建领主阶级统治工具的教皇、教士的讲授和监督中被工具化，并将上帝造人，人在上帝面前平等的初始观念，修正为上帝造人的同时就界定了等级，人只有在同等级中才是平等的。

黑格尔在界定中国"只是一个人自由（专制君主）"的同时，说封建领主制下的日耳曼"所有的人皆自由"①。这只是他的意愿。欧洲封建领主制下，实际上没有一个人是可以自由思想的，只有上帝这个唯一的神——上帝之外无他神——才是自由的，而以上帝名义的宗教思想，也是被工具们使用的一个工具。为了改变被工具化宗教统治的无人自由的状态，欧洲出现了以"文艺复兴"为旗号的思想和社会变革。由于欧洲这次变革的主体是商工业资产阶级，而非中国春秋、战国时的士阶层，因而虽然其依附并资助的大国君主以中国的集权专制为目标，并一度接近完成，却被专制君主视为工具的资产阶级，以黑格尔所说的"所有的人皆自由"以及平等、博爱为口号的"启蒙运动"导引的社会革命所取代。"启蒙运动"是欧洲历史上最伟大的思想变革，只有它可以在规模、深度和历史意义上与中国诸子思想变革相提并论。"启蒙运动"不仅否定了上帝主

---

① 黑格尔：《哲学史讲演录》（第一卷），商务印书馆1959年版，第108页。

义和专制主义，导引集权官僚制向资本雇佣劳动制的变革，废除了血统的封建等级和君主专制，带动了工业文明发展，充分展示了思想在人类历史上的引导作用。然而，当资产阶级成为统治阶级，资本主义制度化以后，其思想逐步趋于保守，"启蒙运动"的思想日益被工具化。

资本经济学作为资本主义思想体系的重要内容，是资产阶级经济意识的学理概括，其历史的进步意义是伟大而深远的，但也在资本雇佣劳动制确立、巩固之后，由进步的思想演变为辩护矛盾、维持制度、保证利润获取的工具。19世纪中期以后的资本经济学，只是以思想形式出现的为资本所有者及其阶级利益服务的工具，而且一些以此为职业的人，甚至将其思想的形式视为累赘，不愿操心费力进行逻辑思辨和语言表述，干脆在"数学即科学"的口号下，逐渐形成一套"数理八股文"的表达方式，以显示其作为工具的科学性。虽然它作为工具的效用越来越少，但富强的资产阶级还愿拿出其巨额利润中的极少部分，雇佣一批没有思想的工具经济学者，既可从他们海量的数学习题演算的数字、预测、建议中得到一些参考，又可以用"科学"的名义，向全世界推广以数理逻辑设计的大资本财团攫取"发展中"国家劳动者剩余价值的"全球化"体系和机制，通过"发展中"国家的追随者将这些国家"数理"地变成大资本财团控制的"中心"之"外围"。现代的资本经济学已成为大资本财团统治地球人的必要工具。

对于思想的被工具化，作为雇佣劳动者阶级思想家的马克思有清醒的认识，他不仅将资本经济学的工具化称为"庸俗化"，还在有些人以"马克思主义者"名义，将他的思想修改为谋取名利的工具时，明确说"我只知道我不是'马克思主义者'"①。他虽预见后世肯定会有人以教条主义、修正主义的手法将他的思想工具化，反复强调自己为后人留下的只是方法论原则，却不能阻止苏联的以权谋私利益集团支使教科书编写者将他的著作在"经典化"名义下的工具化，以为其获取政治、经济利益的"理论依据"。"苏联模式"的失败，充分说明将马克思的思想工具化的巨大危害。

思想被工具化的同时形成了工具化的思想，它虽然以被工具化的思想为名号，但抽去思想的进步理念，清除了其变革、创新精神，改掉了其批判态度，使之变成保守、僵化、辩护的教条。诸子思想、耶稣的基督教思想、启蒙运动思想都是如此。作为统治者维护其既得利益的工具化思想，在为现行制度及其矛盾辩护的同时，为维护制度运行和保证统治者的私利出谋划策。这些都是"有用"的，是历史阶段性制度存续的必要条件，那些以工具化思想为统治者服务的人，往往因其"有用"，而得到官位、名誉、财产等各种奖赏，显赫一时，甚至被史书记载传扬。但细究起来，无论"中国思想史"汉武帝之后的各位"儒学大师"，还是"欧洲思想史"中的经院哲学家，以及19世纪中期之后的所谓思想家，特别是资本经济学家，都是以工具化思想来讨取统治者喜欢的，虽有其名位却无思想价值。

思想被工具化，也就是被异化。工具化的思想就是异化的思想。思想作为人类特有的意识形态，是人本质发展和人性升华的集中体现，只有以人本质发展和人性升华为目的和原则的思想，才能在历史变革和发展中起导引作用。思想的真谛和要旨，在于依人性升华的大逻辑，作为变革势力的意识形态，阶段性地体现素质技能提高了的劳动者提高其社会地位的要求，揭示和规定限制劳动者素质技

---

① 引自恩格斯：《给＜萨克森工人报＞编辑部的答复》，《马克思恩格斯选集》（第四卷），人民出版社1995年版，第398页。

能提高和发挥，并因此障碍社会生产力发展的制度与体制矛盾，探讨解决矛盾的途径，因而势必与导致社会矛盾的制度及其统治势力发生冲突，由此具有创造性、批判性和斗争性。而工具化的思想则是投靠统治者的专职学者特有思维方式的产物，其要点在于为了个人的名利维护统治者既得利益。把先进思想家以上帝旨意、天道、物质规律等阶段性哲学观念论证制度变革的思想，演绎论说成绝对的思想、观念，以为现行制度及其矛盾辩护，反击新的变革思想。精心揣测统治者意图、喜好而写作，为其巩固统治、行使权力献计献策，以"有用""被用"为标准，尤其细致而具体地探寻统治的术与技。统治者当然清楚工具化思想的有用性，在以暴力实行思想专制的制度下，用各种方式打压变革思想，并设计了役使工具化思想者的体制和机制。中国秦至清两千年的荐举、科举，古代欧洲的教廷和教会，近代以来西方各国的大学、研究咨询机构，都以其特有的机制培养和使用职业的工具化思想者，而他们工具化的思想"成果"，也被统治者选择应用。包括对统治者地位合法性的论证，对制度的法律及政权的政策合理性的论证，以至对统治者集团与个人的宣传、颂扬，对社会矛盾的掩饰和辩解，对新的变革思想的批驳、打压。近现代殖民地、附属国对宗主国、"中心"国意识形态和语言的尊崇，为依附"中心"国的本国统治者出谋划策，用"中心"国的工具化思想来规制本国制度、体制。被统治者或其中某集团所用，就可以升官、升职、获奖。工具化思想者的人生价值就在于此。

思想被工具化和工具化的思想占有记载历史的大部分，这是人类尚未摆脱马克思所说的"史前时期"的必然表现，也是进一步人性升华所要解决的重要问题。对个体思想者来说，能够明确主体性而自由地思想，则是自己仅有的一个生命历程必须把握的关键。思想的价值在于思想，在于如何将个体思维统一于总体的人性升华，并由此规定现实社会矛盾。理念和方法制约着思维的目的、方向和程度，思想者不可能超越时代，但却可以从时代的特殊矛盾中发现其发展的一般性和趋势。这是思想的价值所在，也是辩证法的真谛。为了使思想有价值，思想者就要确立与总体人性升华统一的价值观，也就是思想者个人价值与思想的价值相一致。工具化思想者的共同点，是将个人价值放在思想之外，以非思想的名誉、地位、财富为追求的目标，而思想只是实现这些目标的手段，依循"主公""领导"、雇主的意愿使用自己的大脑，就像一台车床可以加工各种器件一样。他们的思维过程没有价值，其价值在思维过程之外。中国古代文人写八股文考科举，现代资本经济学者写"数理八股文"拿学位、教职都是如此。这里并不想指责他们，如果不写八股文，就考不上秀才、举人、进士；如果不按"数理八股文"的程式写经济文章，就不能发表，不能获学位和升职。这是时代使然。但应当明确的是，如此写作的东西，只是工具化思想的体现，并没有思想价值。

确立从思想本身创造个人价值的观念，是思想者的首要条件。老子、孔子及其他诸子、悉达多、耶稣、启蒙运动思想家、黑格尔、马克思、毛泽东，都是在具备这个条件的前提下，形成他们有时代意义的思想的。他们也注重个人价值，但将个人价值体现于社会变革的思想和行为中。值得一提的是庄子，他通过对老子天道观的深刻理解明确了自己人生的价值，他并没像其他诸子那样积极参加社会活动，而是专注于对天道和人道的思考、充实和阐释，这是当时思想变革的基本观念和原则。庄子将自己人生价值集中于此，也体现于此，他绝不是在历史大变革中无所作为的，更不是后人说的"隐士"。他相当清楚："隐，故不自隐。古之所谓隐士者，非伏身而弗见也，非闭其言而不出也，非藏其智而不发也，时命大谬也。"①

---

① 《庄子·缮性》。

外部条件不具备，就不要强行去做那些不可能有结果的事，而应集中探索大道，为此，就要放弃名利。当楚王派使者请他去做官时，他以楚之神龟被藏于庙堂，而问楚使："此龟者，宁其死为留骨而贵乎；宁其生而曳尾于涂中乎？"楚使答："宁生而曳尾涂中。"庄子说："往矣！吾将曳尾于涂中。"① 庄子去见为梁（魏）国相的惠施，惠施恐怕庄子要代他为相，派人搜查三日三夜。庄子对惠施说，南方有神鸟名鹓鶵，"发于南海，而飞于北海，非梧桐不止，非练实不食，非醴泉不饮。于是鸱得腐鼠，鹓鶵过之，仰而视之曰：'吓！'今子欲以子之梁国而吓我邪！"② 相位，在我庄子眼中，不过腐鼠耳！正是由于他摒弃名利，不比不阿，净心思索，才有《庄子》这人类第一部十几万字的思想论著传世，其价值，不仅在思想，在文学艺术上也对后世有深远影响。而"独与天地精神往来"③，"乘道德而浮游"④ 的庄子，以艰苦的脑力劳动，为自由思想者树立了典范。

历史演化到今日，启蒙运动思想家为反对君主专制而倡导的资本自由竞争，已经演变为资本专制。大资本财团通过对国家政权的掌控，通过虚拟货币和虚拟资本对自然权利与社会契约的异化，以强大的"科学"军事暴力为保证，由各种旧统治势力依附、配合，制定了规范人类的"规则"，其中基本的一条，就是在将启蒙运动思想工具化的基础上推行工具化的思想。这是新形式的更为深刻、全面、细致的思想专制，几乎所有思想都要被纳入工具化。这是资本主义没落的突出表现，也是依附资本大财团而残存的旧势力死亡前的挣扎。就像历史上的社会变革一样，统治者的垂死疯狂只能说明

---

① 《庄子·秋水》。
② 《庄子·秋水》。
③ 《庄子·天下》。
④ 《庄子·山木》。

社会矛盾的激化，变革势力在激化的矛盾中聚集、发展。社会变革需要变革的思想导引，变革思想的依据是，也只能是人本质发展和人性升华的大趋势，其内容就是在历代社会变革逐步提高劳动者社会地位的基础上，提高了素质技能的现代劳动者争取成为社会主体的斗争。为此，就要从观念、方法上批评和克服工具化思想，发掘并继承被工具化的思想曾具有的为阶段性提高劳动者社会地位而形成的变革精神和方法论原则，确立概括现代精神的理念和方法，在揭示现代劳动者素质技能与社会地位矛盾的过程中，探讨依人性升华大趋势解决矛盾的途径。劳动者的社会主体地位只能由劳动者为主体的思想和运动来争取，只有明确自己是劳动者，并将个人与劳动者总体统一起来的思想者，才能冲破工具化思想的罗网，进行自由的思想，探讨马克思所说"每个人的自由发展是一切人的自由发展的条件"①的社会的实现，以自己的思想劳动创造人生价值。

刘永佶

二〇二一年九月十八日

---

① 马克思、恩格斯：《共产党宣言》，《马克思恩格斯选集》（第一卷），人民出版社1995年版，第294页。

后 记

本书写作从 2018 年冬开始计划，到 2019 年夏拟定提纲，分工如下：

导言、第一章、第二章，第三至第八章引言　刘永佶

第三章　第 1–3 节 孙晓飞　第 4–5 节 赵晓明

第四章　第 1、3、5–9 节 孙晓飞　第 2 节 张德政 第 4 节 许卫岳　第 10 节 雷光宇　第 11 节 雷光宇　张兴无 第 12–13 节 雷光宇　孙晓飞　第 14 节 雷光宇 第 15 节 雷光宇　孙晓飞

第五章　第 1–4 节 顾瑶　第 5–10 节 石越　第 11 节 王敏 第 12 节 王敏　孙晓飞

第六章　第 1 节 赵晓明　第 2–4 节 许卫岳　第 5–8 节 马淮

第七章　第 1–7 节 吴欢　第 8–10 节 张兴无 第 11 节 张兴无　张德政　第 12 节 张兴无　孙晓飞 第 13 节 张兴无

第八章　第 1 节 顾瑶　孙晓飞　第 2–6 节 王敏　孙晓飞 第 7 节 石越　第 8–13 节 张德政

第九章　刘永佶

本书于2020年春完成初稿，王彦林、石越、孙晓飞、许卫岳、张德政、顾瑶（以姓氏笔画为序）参加修改和校对。最后由我统一定稿。

本书涉及面广，作者多，文风不一，虽努力趋同，也不免有纷杂、重复之处。敬请读者谅解。

感谢河北省社会科学重要学术著作出版资助项目的支持。本书由河北工程大学管理工程与商学院提供资助和相应条件。

对资本经济学进行系统的概述，是件很困难、麻烦的事。本书只是做了初步尝试，还有许多问题，我们将继续探讨。望读者朋友多批评。

刘永佶

2021年9月3日